高等职业教育本科教材

生物化学

李玉珍　肖怀秋　主　编

胡亚泽　王　婧　曹慧君　副主编

李　文　主　审

SHENGWU
HUAXUE

化学工业出版社
·北京·

内容简介

本教材共分为4个部分，共17个章节。第一部分为生物分子的结构与功能，主要介绍糖类、蛋白质、脂类、核酸、酶、维生素与辅酶等生物分子的结构、性质及生物学功能，生物分子与医药学的关系，相关代谢疾病及药品等内容；第二部分为生物分子的代谢与途径，主要介绍生物氧化，糖类、脂类、蛋白质及核酸等生物分子的合成与分解代谢途径及相关代谢疾病；第三部分为专题生物化学，主要介绍肝脏生物化学、血液生物化学、水盐代谢与酸碱平衡、药物在生物体内转运与代谢转化、药物研究的生物化学理论基础等内容；第四部分为生物分子合成，主要介绍蛋白质的生物合成体系。全书结合药学类、药品生产类及相关专业职业本科高层次技术技能人才培养需求，校企共同编写，全书内容翔实，理实结合，充分融入岗位（群）职业技能培养要求、专业课程思政以及岗课赛证创职业技能要求，具有较好的产教融合和科教融汇特色。

本书可作为职业本科药学类、生物化学与分子生物学、合成生物技术、生物检验检测技术等专业教材，以及高职高专药物化学、药理学、生物制药技术类及相关专业教材，也可作为从事药学、药品生产及生物医药相关科研等工作人员的参考书目。

图书在版编目（CIP）数据

生物化学 / 李玉珍，肖怀秋主编. -- 北京：化学工业出版社，2025.5. --（高等职业教育本科教材）.
ISBN 978-7-122-47324-0

Ⅰ. Q5

中国国家版本馆 CIP 数据核字第 2025YU6440 号

责任编辑：蔡洪伟　李　瑾　毛一文
责任校对：边　涛　　　　装帧设计：王晓宇

出版发行：化学工业出版社
　　　　　（北京市东城区青年湖南街 13 号　邮政编码 100011）
印　　装：三河市君旺印务有限公司
787mm×1092mm　1/16　印张 29¼　彩插 1　字数 780 千字
2025 年 9 月北京第 1 版第 1 次印刷

购书咨询：010-64518888　　　　售后服务：010-64518899
网　　址：http://www.cip.com.cn

定　　价：59.80 元　　　　　　　版权所有　违者必究

2014 年 5 月，《关于加快发展现代职业教育的决定》首次提出"探索发展本科层次职业教育"。同年 6 月，《现代职业教育体系建设规划（2014—2020 年）》提出"以举办本科职业教育为重点"。2019 年 2 月，《国家职业教育改革实施方案》提出"开展本科层次职业教育试点"。2021 年 10 月，《关于推动现代职业教育高质量发展的意见》提出，到 2025 年，现代职业教育体系基本建成，国家发展职业本科教育的政策目标进一步明确。2021 年 12 月，《"十四五"医药工业发展规划》明确提出，要重点培养生物医药行业复合型人才，健全人才培养机制，重点培养生物医药领域的原始创新人才、工程化开发人才和高层次技术技能人才，而职业本科教育正是培养高层次技术技能人才的主体。生物化学是制药工程技术、药学、合成生物技术、生物检验检测技术等高职本科专业和药学类、药品生产类、生物技术类及相关医药学专业等高职专科专业重要的专业基础课程。本教材编写结合教育部高等职业教育本科专业教学标准（2025 年修订），充分考虑职业本科高层次技术技能人才培养需求和专业学习需要，以学生为中心，教学内容的选取和编排充分融入药学、药品生产、生物检验等新理论、新技术、新工艺、新规范，把生物化学与现代生物医药充分融合。教材内容选取大量生物医药典型案例进行生物分子结构、性质与生物学功能，生物分子代谢及代谢疾病，以及肝脏生化、血液生化、药物代谢转运等知识讲解。各章节内插入教学重点和难点的教学微课视频、科学典故与课程思政、生化与健康，生化与医药、执业药师考点提示等拓展知识，课程内容充分融入执业药师、生物药品制造工、生化检验员、疫苗制品工和血液制品工等职业资格证书考核要求，对接生物技术赛项等职业技能竞赛内容，充分体现课程岗课赛证创融通，并很好地将党的二十大报告提出的"健康中国""以人民为中心""守正创新""把保障人民健康放在优先发展的战略位置"等思政元素融入教学内容，充分体现专业课程思政，并增强教材的趣味性和可读性，章末附有目标检测及参考答案。

教材编写人员均来自职业院校从事多年生物化学教学工作的一线教师和企业从事生物药物研究的技术人员，编写团队体现校企双元、产教融合、科教融汇。全书共分为 4 个部分，共 17 个章节。第一部分为生物分子的结构与功能，主要介绍糖类、蛋白质、脂类、核酸、酶、维生素与辅酶等生物分子的结构、性质及生物学功能，生物分子与医药学的关系，相关代谢疾病及药品等内容；第二部分为生物分子的代谢与途径，主要介绍生物氧化，糖类、脂类、蛋白质及核酸等生物分子的合成与分解代谢途径及相关代谢疾病；第三部分为专题生物化学，主要介绍肝脏生物化学、血液生物化学、水盐代谢与酸碱平衡、药物在生物体内转运与代谢转化、药物研究的生物化学理论基础等内容；第四部分为生物分子合成，主要介绍蛋白质的生物合成体系。

绪论、蛋白质化学和蛋白质分解代谢由湖南化工职业技术学院李玉珍副教授编写，糖类化学和糖类代谢由湖南化工职业技术学院肖怀秋教授和王斌讲师编写，脂类化学和核酸化学由河北工业职业技术大学胡亚泽讲师编写，酶化学和蛋白质的生物合成体系由河北化工医药职业技术学院李楠讲师编写，维生素与辅酶、生物氧化和药物在生物体内转运与代谢转化由湖南食品药品职业学院彭必武讲师编写，脂类代谢、水盐代谢与酸碱平衡由安徽职业技术学院刘磊和湖南食品药品职业学院王婧讲师编写，核酸与核苷酸代谢由石家庄职业技术学院孙百虎教授和张丽媛副教授编写，肝脏生物化学由湖南中医药高等专科学校蒋叶军讲师编写，血液生物化学由东北师范大学宫磊教授编写，药物研究的生物化学理论基础由华北制药集团新药研究开发有限责任公司朱京童正高级工程师和湖南化工职业技术学院曹慧君副教授编写。全书由中南林业科技大学李文教授主审。

由于编者水平有限，书中不足之处在所难免，敬请专家学者和学生批评指正。

编者

2024 年 10 月

绪　论

第一章　糖类化学

第二章　蛋白质化学

第九章 脂类代谢

第十章 蛋白质分解代谢

第十五章 药物在生物体内转运与代谢转化

第十六章 药物研究的生物化学理论基础

第十七章 蛋白质的生物合成体系

附录　教材内容对应国家职业工种名称与相应的职业技能

参考文献

绪 论

📚 **学习目标**

1. 知识目标
　　（1）掌握生物化学基本概念和生物化学的研究内容；
　　（2）熟悉生物化学的发展阶段和生物化学的特点；
　　（3）了解生物化学在制药工业中的应用，生物化学与医药学的关系。

2. 思政与职业素养目标
　　（1）了解我国在生物化学领域取得的巨大成就，树立科技报国的爱国情怀；认识我国科技进步蕴藏的艰苦奋斗历程，树立以爱国主义为核心的民族自豪感；
　　（2）了解生物化学发展简史以及生物化学在医药学的应用，培养专业自豪感。

　　生物化学（biochemistry）即生命的化学（chemistry of life），是研究生物体的化学组成和生命过程中化学变化规律的一门科学。根据研究对象不同，可分为动物生物化学、植物生物化学、微生物生物化学和医学生物化学等，是以化学、生物学、遗传学、免疫学、生理学、解剖学、组织学等学科为基础，与生物制药工艺学、药理学、药学概论、分子生物学、基因工程技术等相关专业基础课程与专业核心课程学习有密切关系，起承前启后的重要作用。随着医学理论与技术的发展，生物化学的理论与实验技术越来越多地应用到临床疾病诊断、预防和治疗中，在分子水平和细胞水平研究生理与病理变化，是临床医学、药学和药品生产技术等医药相关专业重要的专业基础课程。对药学、药品生产技术、生物制药技术和医学等医药专业学生来说，理解和掌握生物化学的基本原理可以更好地理解临床生理与病理、药品生产原理、药物代谢、药理学等相关知识，生物化学对专业学习具有非常重要的意义。

第一节　生物化学的发展简史

一、生物化学概念

　　生物化学是从分子水平研究生物体的化学组成、结构与功能、物质代谢过程与调节、遗传信息传递与调控等各种生命现象，阐明生命活动本质与规律。生物体的所有生命现象都是生物化学的研究内容，与生物体的物质代谢、能量代谢及其调控有重要关系。生物体是由糖类、脂类、氨基酸、多肽、蛋白质、核酸和维生素与辅酶等生物分子在严密调控下形成的有序整体，由成千上万种化学成分构成。研究这些基本物质的化学组成与结构、理化性质、结构与功能的关系是生物化学的研究重点。此外，生物大分子之间的互作机制也是生物化学的研究重点。如蛋白质互作在细胞信号转导过程中有重要作用，蛋白质与核酸互作，以及核酸互作是基因表达与调控的重要手段。分子结构、分子识别及分子调控是生物信息传递与功能表达的重要研究内容，这些也是当前功能生物化学的研究热点。

二、生物化学的研究内容

1. 构成有机体的物质基础

生物化学的一个主要研究内容是探索组成生物体的物质的化学组成与分子结构、理化性质及生理功能。对这部分内容进行研究时，往往是从相对静止的角度把这些物质孤立起来进行研究，不涉及它们的变化及相互转化，这一阶段也称静态生物化学研究阶段。

所有组成生物体的物质都是由元素组成的，其中，C、H、O 和 N 这 4 种元素是组成生物体的最基本元素，约占生物体总质量的 99% 以上。C、H、O、N、P、S 及微量元素组成自然界所有生命物体的基本物质——水、无机离子、生物小分子和生物大分子。其中，生物小分子包括维生素、激素、辅酶、有机酸、色素等，而生物大分子则包括糖类、脂类、核酸和蛋白质 4 类物质。组成生物体的这些物质种类繁多、结构复杂、功能各异，是生命现象的物质基础。所谓生物大分子是指由基本结构单位（如葡萄糖、氨基酸和核苷酸等）按一定顺序和方式连接而成的多聚体。生物体内大分子种类多、结构复杂、性质各异，是一切生命活动的物质基础。生物化学其中一个重要任务就是研究这些基本物质的化学组成与结构、理化性质、生物学功能，以及其结构与功能的关系等。生物大分子间的相互识别、相互作用及其在细胞信号转导和基因表达调控中的作用，是当今生物化学的热点研究领域之一。

2. 物质代谢及其调节

生物化学另一个主要内容是研究生物体新陈代谢及组成生命体的物质在生命活动过程中所进行的化学衍变，研究生物体物质代谢及其调控是生物化学的中心内容，这一阶段研究也称动态生物化学研究阶段。生命基本特征之一是新陈代谢，是生物体通过同化、异化过程和外界进行物质与能量交换，这是生物体与非生物体、生命与非生命在运动形式上的根本区别。生物体时刻不停地与环境进行着有规律的物质交换，摄入营养物质，排出代谢产物，提供生命活动所需能量，更新体内基本物质组成，以维持内环境相对稳定，从而维持生命活动，延续生命及繁衍后代。生命体能将从外界获得的物质分解为简单的化学物质，然后生物体根据自身需要合成蛋白质、核酸、脂肪、糖类等化学物质。那么这些物质是如何合成的？变化规律是什么？这就是所谓的物质代谢问题。物质代谢需要大量能量，那么这些能量物质是怎样生成的？又以什么样的形式相互转化？能量代谢有何特点？这些都是生物化学重要的研究内容。

组成生物体的物质不断地进行着多种有规律的化学变化，即新陈代谢或物质代谢。新陈代谢是生物体的基本特征，也是医药学生物化学学习内容中最本质、最重要和最具特色的部分。生物体在生长发育、繁殖及病理等过程中，除与外界环境进行能量和物质交换外，在生物体内还进行了大量的能量与物质代谢。如生物体从环境中获得的营养物质经消化吸收后生成葡萄糖、脂类、氨基酸、水、维生素及无机盐等物质和能量，并以这些物质为基础合成生物大分子。生物体的合成代谢和分解代谢正常情况下是保持动态平衡的，物质代谢也在生物体的精密调控下有序进行。若生物体内物质代谢发生紊乱，可引起特定疾病。因此，研究物质代谢与物质代谢相互间的关系，以及代谢调控，也是生物化学重要的研究内容。生物体内所有生物化学过程均在酶催化作用下有条不紊地进行，掌握生理条件下的各种生物大分子的物质代谢及调控规律，有利于研究代谢异常可能引发的相关疾病，如糖尿病、高脂血症、酮尿酸症、地中海贫血症、肥胖症、阿尔茨海默病、骨质疏松等。研究物质代谢、能量代谢及代谢调控规律是医药生物化学课程的重要内容，与病理学、药理学及临床相关学科有重要关联。生物体内的各种物质在代谢过程中不断地进行着相互联系而又制约、互相对立而又统一、多样复杂而又有规律的化学变化，这种复杂的体系是通过多种调节因素来完成的。目前，人体内进行的主要代谢途径及其代谢反应已基本清楚，但对代谢的调控机制和规律仍有待继续探索和发现。

3. 物质结构、物质代谢与生理功能的关系

研究由生命物质构成的器官、组织、细胞等在生命活动中的整体功能，以及相互之间的协调和调控，称为功能生物化学。生物体，尤其是人体具有各种各样的生理功能，如视觉、听觉、肌肉收缩、神经传导、腺体分泌、生物合成等，这些生理功能的正常发挥与构成生物体物质的结构，以及与生物体内的物质代谢具有密切联系。如果构成生物体的物质结构及生物体体内的物质代谢出现异常，生物体整体生理功能就会发生紊乱，器官、组织、细胞之间就不能正确地进行协调和调控。基因信息传递涉及遗传、变异、生长、分化等生命过程，也与遗传病、恶性肿瘤等多种疾病的发病机制相关。核酸是遗传信息的携带者与传递者，遗传信息控制生命过程与生命活动，使遗传性状稳定相传。分子生物学是从分子水平研究生物大分子的结构与功能，从而阐明生命现象本质的科学，其主要内容之一就是研究 DNA 复制、基因转录、蛋白质翻译等遗传信息的传递过程和调控机制，及其基因表达的时空规律，从而使人们能在分子水平上改造生物的遗传性状。基因信息以 DNA 为模板，通过 DNA 碱基序列形式储存在细胞核内染色体中，通过 DNA 复制、RNA 转录和蛋白质翻译实现基因表达与调控。基因表达调控有多个层次，如转录水平调控、翻译水平调控和翻译后水平调控等。基因信息的正确传递和翻译与细胞增殖、分化、衰老、凋亡等正常生理过程有重要关系，也与细胞病理过程，如肿瘤、免疫疾病、高血压、心血管疾病、血液疾病等有重要关联。在细胞和分子水平研究正常的生理及病理机制，观察药物对生理过程的干预机制，也是当前药学生物化学和医学生物化学等的重要研究内容。

三、生物化学的历史及发展趋势

1. 古代生物化学

我国古代劳动人民不自觉地运用生物化学知识来改造和改善生活，发展和应用最广泛的是发酵和医药行业。早在 4000 年前我国劳动人民就已发明酿酒技术，酿酒所用酵母称"曲"，又称"媒"，与"酶"通用。周朝已掌握制酱和制醋技术，商朝已经掌握"制饴"工艺。酿酒、制醋、制酱、制饴都是发酵工业的一部分，其实质都是利用微生物产生的特殊催化剂所催化的化学反应。而在医药方面，最早在春秋战国时期，《左传》记载用"曲"增进消化能力，治疗胃病。东周时期《庄子》记载因海藻含碘，故可用于治疗"瘿病"，即甲状腺病。唐代孙思邈用动物肝脏治疗夜盲症，用羊甲状腺治疗地方性甲状腺肿，用牛乳、豆类、谷皮等防治脚气病，这些实质是生物化学在医药学中的应用。此外，生物化学还在其他方面也得到广泛应用。如我国保存最早的中医著作《黄帝内经·素问》已将食物分为"谷、畜、果、菜"四大类，初步提出了营养学说。北魏贾思勰所著的我国最早的一部完整的农学著作《齐民要术》中已经掌握生产豆腐的工艺。由此可见，我国古代劳动人民积累了丰富的生物化学知识，为生物化学发展作出了突出贡献。

2. 近代生物化学

欧洲 17 世纪工业的兴起推动了生物化学快速发展，并涌现出大量生物化学科学家。1777 年，法国科学家 Lavoisier 研究"生物体内的燃烧"，指出"燃烧"过程耗氧并排出二氧化碳，证明动物体温形成是食物在体内"燃烧"的缘故，否定了当时盛极一时的燃素学说。1828

年，德国化学家 Wohler 在实验室里用氰酸铵合成了尿素，在实验条件下使无机物变成了有机物，证明了有机物也可以被合成，破除了当时盛行的生命起源"活力论"。1833 年，法国化学家 Anselme Payen 发现第一个酶（淀粉酶）并开启酶学研究历史。1840 年，德国科学家 Liebig 将食物分为糖类、脂类和蛋白质类，并提出"代谢"一词，最先写出两本生物化学相关专著，为近代生物化学发展作出突出贡献。1869 年，瑞士生物学家 Miescher 发现核酸，为正式开启核酸研究打下基础，后人称他是"生物化学之父"。1897 年，德国科学家 Buchner 兄弟证明了无细胞酵母提取液也具有发酵作用，可使糖类转变成乙醇及二氧化碳，为生物化学及酶学发展打下坚实基础。1903 年，德国科学家 Neuberg 首次提出"Biochemistry"一词，又称"生理化学"，现译为"生物化学"，标志着生物化学学科正式确立。1937 年，英国科学家 Krebs 发现糖代谢的三羧酸循环，奠定了物质代谢基础，标志着动态生物化学研究取得重大进展，并获得诺贝尔奖（1953 年）。1944 年，美国科学家 Avery 通过肺炎链球菌转化实验证实了 DNA 是生物遗传物质。1949 年，美国科学家 Pauling 指出镰刀型红细胞贫血是一种分子病并于 1951 年提出蛋白质存在二级结构，获得诺贝尔奖（1954 年）。在此期间，我国科学家提出利用分光法测血糖及蛋白质变性学说，为生物化学发展也作出了突出贡献。

科学典故与课程思政

我国学者对生物化学的贡献

我国学者对生物化学发展作出了重要贡献。20 世纪 30 年代，吴宪提出了蛋白质变性学说，创立了血滤液制备和血糖测定法。新中国成立后，我国生物化学迅速发展。1965 年，我国首次人工合成具有生物活性的结晶牛胰岛素。1981 年，又成功合成酵母丙氨酰 -tRNA。1999 年，我国承担人类基因组计划的 1% 测序任务并于次年完成；2002 年，我国学者完成了水稻基因组"精细图"的制作；2002 年启动的人类蛋白质组计划中，中国科学家领衔完成人类肝蛋白质组计划，在 2010 年精确鉴定出 6788 种蛋白质，成为首个被鉴定的人体蛋白质组；2010 年，中国科学家又承担了人类染色体蛋白质组计划中 1 号、8 号和 20 号染色体对应蛋白质的鉴定任务。此外，在基因工程、蛋白质工程、疾病相关基因研究等方面，我国均取得重要成果。

3. 现代生物化学

20 世纪 50 年代后，生物化学得到了深入发展。1953 年，美国科学家 Watson 与英国科学家 Crick 提出 DNA 分子双螺旋结构模型，随后又提出遗传中心法则，标志着生物化学研究深入到分子生物学时期，此后生物化学研究对象也主要集中在蛋白质和核酸两类生物大分子。1969 年，Arber、Smith 和 Nathans 在核酸限制酶分离与应用方面作出突出贡献，为基因工程研究及开展提供可能。1972 年，美国斯坦福大学的 Berg 在体外将猿猴病毒 SV40 的 DNA 和 λ 噬菌体的 DNA 分别进行了限制性内切酶酶切消化，然后用 T4 DNA 连接酶将两种消化片段连接起来，获得包括 SV40 和 λ DNA 的重组杂交 DNA 分子，证明任何来源的 DNA 都可以相互重组，为外源 DNA 重组提供了重要理论基础。1973 年，美国科学家 Cohen 等用核酸限制性内切酶 EcoR I 首次基因重组成功，开创基因工程新时代。1983 年，美国科学家 Barbara McClintock 发现可以移动的基因，说明基因可以游动，改变基因不能移动这一错误认识。1989 年，加拿大科学家 Altman 和美国科学家 Cech 发现 RNA 也具有催化活性，拓展了酶的概念及研究范围。1992 年，美国科学家 Mullis 发明 PCR 技术，为 DNA 体外复制及基因克隆提供了一种便捷且高效的方法。1990 年，国际人类基因组计划正式启动，主要由美、日、德、法、英、中等国的科学家共同参与，并于 2001 年完成人类基因组草图测序。除上述事件，在此期间还有诸多科学家也作出创造性的原创工作，大约有 40 位科学家因生物化学领域贡献获得诺贝尔奖，占生理学或医学奖的一半和化学奖的三分之一以上。因此，这段时间也被称为生物化学的发展期。在此期间，我国科学家也对生物化学发展作出一定贡献。1965年，首先人工合成出具有生物学活性的牛胰岛素；1973年，测定了猪胰岛素空间结构；1983年，完成酵母丙氨酸-tRNA的人工合成；随后，在植物收缩蛋白、生物膜结构与功能，以及蛋白质合成后转运、人类3号染色体碱基测序等方面也做了大量工作。1990～2003年实施和完成的人类基因组计划，成功绘制了人类基因组序列，揭示了人类遗传学图谱的基本特征，为后基因组时代进一步深入研究各种基因的结构、功能与调节奠定了基础，为人类健康和疾病防治带来根本性的变革。

　　20世纪以来，我国生物化学家在营养学、临床生化、蛋白质变性学说、免疫化学的抗原与抗体分析、免疫反应机制以及人类基因组研究等方面都做出积极贡献。近年来，我国在基因工程技术、蛋白质工程、水稻基因组、新基因的克隆与功能、疾病相关基因定位克隆及其功能等研究领域取得了重要的成果。值得注意的是，我国科学家参与人类基因组计划并提前绘制完成"中国卷"，展示了我国在生物化学与分子生物技术领域的实力。党的二十大报告提出，要推动战略性新兴产业融合集群发展，要构建生物技术等新的增长引擎，构建健康中国和以人民为中心的发展理念，生物化学的发展对于健康中国的建设具有重要意义。现代生物化学的发展趋势是基础与应用结合，综合应用现代生物技术，加速新型生物药创新和产业化。现代生物化学理论与技术的创新发展将会给疾病诊断、治疗和预防，以及新药研发带来巨大的新机遇和新突破。

第二节　生物化学的应用

一、生物化学在药学中的应用

　　药学研究对象是应用于人体疾病预防、诊断和治疗的药物。生物化学作为医药学各专业的重要基础课，为药学研究与新药研发提供了理论基础、技术和方法。

1. 生物化学是药学的基础

　　生物化学作为一门基础学科，与药学联系紧密，为药物化学、药理学、药代动力学、药剂学等药学学科提供了理论基础，在此基础上，生物化学与药学又进一步交叉、融合、渗透而形成和衍生了一批新的学科，如生化药学、生化药理学、分子药理学等，从而为药学学科进一步发展奠定了坚实的理论基础，成为当前药学学科发展的先导学科。

2. 生物化学指导新药的设计和开发

　　药物设计是新药研究的重要内容，是研究和开发新药的重要手段和途径。生物化学为新药开发提供新的理论、技术和方法，为新药合理设计提供依据，减少寻找新药的盲目性，提高了新药发现概率。目前，生物化学在新药设计和开发中的应用主要集中在：①酶与药物设计。将酶作为靶标来进行酶抑制剂设计（如磺胺类药物及磺胺增效剂设计、乙酰胆碱酯酶抑制剂设计、奥司他韦的发明等）。②受体与药物设计。受体介导的靶向药物设计、受体与药物结合的构象分析是新药设计中的常用方法。③药物代谢转化与前体药物设计。根据药物转化途径及其中间体的药理活性改变设计前体药物，使其经代谢转化后才显示药理作用，从而更好地发挥药理作用。④生物大分子结构模拟与新药设计。利用蛋白质工程技术改造具有明显生物功能的天然蛋白质分子，以蛋白质结构规律及生物功能为基础，通过分子设计和基因修饰对蛋白质进行定向改造，设计出更加符合人类需要的活性蛋白。⑤药物基因组学与新药设计。研究遗传变异如何影响每个病人对药物的反应性，即研究药物作用、吸收、代谢、转运、清除等基因差异。

3. 生物化学在制药工业中的应用

生物化学实验方法及技术在制药工业中应用广泛，如利用重组 DNA 技术进行基因克隆、定向改造生物基因结构、生产自然界所没有的重组基因工程药物及重组蛋白质类药物（如重组胰岛素、重组生长素、重组细胞因子及工程酶等），或利用酶催化作用进行一些生物自身无法完成的反应（如没有相应的催化酶、非生物反应环境），进而生产出人类所需的产品（如手性拆分药物等），抑或利用生物化学方法提取、分离和纯化药物（如利用盐溶、盐析、有机溶剂沉淀、色谱、结晶及重结晶等方法对药物进行提取、分离及纯化）。此外，还可利用生物化学分析方法进行药物质量控制（如利用电泳法检测蛋白质药物纯度、微量凯氏定氮法测定含氮药物的氮含量、酶法测定酶类药物的酶活力）。由此可见，利用生物化学技术生产的生物药物种类越来越多，生物化学在药品生产领域应用越来越广泛，并成为传统制药工艺改造的重要手段。

知识拓展

生化药物

生化药物是生物药物的重要组成部分，一般是指从生物体提取、生物 - 化学半合成或用现代生物技术制得的生命基本物质，包括氨基酸、多肽、蛋白质、酶、多糖、核苷酸、脂类和生物胺等，以及它们的衍生物、降解物及大分子的结构修饰物等。

二、生物化学在其他学科中的应用

生物化学除应用在医学、药学和药品生产等领域外，还广泛应用于食品工业、农业及环保等领域。如将酶及代谢调控用于食品加工、酿造及新材料、新能源开发与研制；利用生化技术进行工业污染治理；利用转基因技术进行育种、生物病虫害防治；利用代谢调控技术保证产品贮藏质量等。

总之，生物化学是医药学科的重要理论基础，是医学、药学以及药品生产技术等专业学生学好专业课，从事新药研究与开发、药物生产、药物分析、药物使用与药事管理等专业领域工作必备的专业基础能力。

知识拓展

生物化学发展前沿

1. 蛋白质结构与功能。目前，可利用多种技术手段研究蛋白质的结构与功能。如结构生物学通过 X 射线晶体学和核磁共振技术等手段可以解析蛋白质的高分辨率结构，蛋白质工程、蛋白质相互作用研究等技术也是探究蛋白质功能的重要手段。

2. 基因编辑技术。CRISPR-Cas9 系统作为一种高效、便捷的基因编辑技术已广泛应用。通过 CRISPR-Cas9 系统，可准确地编辑生物体的基因序列，以探究基因在生物发育、生理功能和疾病发生中的作用。

3. 代谢组学。代谢组学是研究生物体内代谢产物（如葡萄糖、氨基酸、脂类等）在特定条件下的变化规律。代谢组学发展需要高通量技术支持，如质谱和核磁共振技术等。通过对大规模代谢产物的定量和鉴定，可了解生物体在不同生理状态和疾病状态下的代谢网络变化，为药物研发、疾病诊断和治疗提供重要依据。

4.合成生物学。合成生物学研究的目标是通过重组DNA、设计新的代谢路径和生物部件，构建具有特定功能的合成生物系统，可用于生产工业化产品、制造新型药物，并用于环境修复和能源开发等众多领域。

📋 目标检测

一、单选题

1. 近代生物化学诞生于（　　）。
A.1982 年　　　　　　　　B.1903 年　　　　　　　C.1912 年　　　　　　　D.1954 年

2. 关于生物化学叙述错误的是（　　）。
A. 是生命的化学　　　B. 是生物与化学　　　C. 是生物体内的化学　　D. 研究对象是生物体

3. DNA 双螺旋结构模型创立于（　　）。
A.1903 年　　　　　　　B.1926 年　　　　　　　C.1953 年　　　　　　　D.1981 年

4. 我国生物化学家吴宪作出贡献的领域是（　　）。
A. 蛋白质变性及血液分析　　　　　　　B. 生物分子合成
C. 酶的催化学说提出　　　　　　　　　D. 免疫化学

5. 我国科学家首先合成的具有生物活性的生物分子是（　　）。
A. 酶　　　　　　　　B. 牛胰岛素　　　　　　C. 抗原　　　　　　　D. 细胞生物因子

二、判断题

1. 生物化学与普通化学的根本区别是研究对象不同，生物化学以生物体为研究对象。（　　）

2. 生物化学是生物学与化学交叉形成的一门学科。（　　）

扫一扫

目标检测答案 0

第一章

糖类化学

学习目标

1. 知识目标

（1）掌握糖、单糖、寡糖、多糖、淀粉、糖原、同多糖、杂多糖和糖类药物等基本概念；

（2）了解糖类化合物的生物学作用及分类；

（3）掌握常见单糖、寡糖和多糖的结构与理化性质；

（4）了解糖类药物的来源、药理活性及糖类药物的设计与临床应用。

2. 技能目标

（1）能正确区分醛糖和酮糖，能正确理解单糖、寡糖、多糖及复合糖的结构特点；

（2）能利用糖类化合物的显色反应性质进行糖的分类与鉴别；

（3）能解析常见糖类药物的药理学性质，并能理解糖类化合物在生活与医药中应用的生化原理；

（4）能利用3,5-二硝基水杨酸法测定还原糖和总糖的含量。

3. 思政与职业素养目标

（1）了解糖类化合物在健康生活和医药领域的应用，增强专业学习兴趣和自豪感，培养学生健康生活的积极态度；

（2）了解《中国药典》收载的多糖类药物以及我国在糖类药物研发领域取得的成就，培养学生民族自豪感和爱国主义情怀。

导学案例

先天性葡萄糖、半乳糖吸收不良症多发于婴幼儿，患儿如果喂食含葡萄糖、半乳糖的食物会随着腹泻的加重而出现脱水、营养不良等症状，为什么？

糖类也称碳水化合物，根据其化学组成的复杂程度可分为单糖、寡糖和多糖，是指多羟基醛或多羟基酮，或多羟基醛酮的缩合物及其衍生物，是自然界分布最广、含量最多的生物分子，也是生物体的主要供能物质。糖类化合物占到地球总生物量的50%以上，在植物中占到其干重的80%以上，主要来源于绿色植物、海洋藻类及部分微生物的光合作用，是动植物和微生物等生物体供能的主要来源。糖是人类食物的主要成分，也是人体能量获得的主要源泉。糖类是生物体诸多含碳物质分子的前体，可转化为多种非糖物质，并与蛋白质、脂类等物质组成复合糖，参与细胞识别、信息传递等多种重要生物学功能。

第一节 糖类化合物概述

一、糖的概念与分布

糖类在生物界中分布极广，几乎所有动植物、微生物均含有糖类，尤其在植物中含量最高，如谷物淀粉、甘蔗和甜菜中的蔗糖，水果中的果糖、秸秆中的纤维素等均属于糖类。人体和动物组织器官中含糖量不超过干重的 2%，如血糖、肝糖原、肌糖原、乳糖等。微生物含糖量占到菌体干重的 10% ～ 30%，常以糖或与蛋白质、脂类结合成复合糖的形式存在。糖类主要由碳、氢、氧三种元素构成，可用通式 $C_n(H_2O)_m$ 表示，符合水分子中氢和氧的比例，旧称碳水化合物。随着糖类结构研究的深入，发现部分糖类并不符合上述通式，如脱氧核糖（$C_5H_{10}O_4$）、鼠李糖（$C_6H_{12}O_5$）和岩藻糖（$C_6H_{12}O_5$）等，而有些非糖类物质却符合这一通式，如甲醛（CH_2O）、乙酸（$C_2H_4O_2$）和乳酸（$C_3H_6O_3$）等。因此，碳水化合物概念并不能确切表示糖类化合物。

二、糖类的主要生物学作用

1. 提供人和动物代谢所需能量

糖类在生物体内可通过糖酵解、三羧酸循环及线粒体生物氧化等途径产生能量，供机体物质代谢和能量代谢所需，是机体获得能量的最主要来源。动物主要利用植物淀粉作为能量来源，食草类动物和部分微生物能利用纤维素作为能源物质。摄入到机体多余的能量可转变为植物淀粉、动物糖原（如肝糖原、肌糖原）等储存起来。

2. 作为生物体重要的结构物质

植物的根、茎、叶中含有大量纤维素、半纤维素和果胶等物质，均为多糖，是构成植物细胞壁结构的主要成分，是植物组织中主要起结构支持作用的物质。细菌细胞壁中肽聚糖也是糖类物质，对维持细胞形态结构具有重要作用。昆虫和甲壳类外骨骼为壳多糖，也是多糖成分。细胞间质中黏多糖也是结构性物质。此外，细胞膜结构的蛋白质、脂类等也常与糖形成糖蛋白或脂蛋白，参与细胞信号传导、细胞识别、物质转运、物质代谢调控等生理过程。

3. 在生物体内转化为其他物质

糖类作为重要的中间代谢物，可合成转化为其他物质，如氨基酸、核苷酸、脂肪酸等，可为这些生物分子合成提供碳骨架，是重要的碳源。

🔲 生化与健康

糖类与健康

糖在生物体内发挥着重要作用，不可或缺，但如果吃糖过多，除有长胖及患上糖尿病等风险外，还可能对人们外在形象有很大影响。吃糖过多会造成体内蛋白质过度糖基化，使胶原蛋白失去弹性、失去光泽，从而使皮肤颜色变黄，产生皱纹。所以，日常生活中为了身体健康和良好的外在形象，不要过多摄入糖类。

4. 具有多种生物活性与功能

糖蛋白和糖脂是生物体内最重要的复合糖，具有多种生物学功能，如糖蛋白和糖脂在细胞识别、增强免疫保护、参与代谢调控、受精机制、细胞衰老、细胞癌变、决定血型、器官移植排异等方面有重要作用。部分糖还被研制成药物用于临床疾病的治疗。如 1,6-二磷酸果糖可用于急性心肌缺血性休克的治疗。多糖类可用于心血管疾病、免疫系统、血液系统和消化系统疾病的治疗。真菌多糖，如香菇多糖、猪苓多糖在肿瘤细胞抑制等已有临床应用，为肿瘤、艾滋病及其他疾病的治疗开辟了新方向。右旋糖酐是一种葡萄糖的聚合物，也叫葡聚糖，是一种微生物产生的黏性复合物，是制作药品的原材料之一，可作为补铁制剂载体，和铁结合制成右旋糖酐铁用于治疗缺铁性贫血。此外，糖类还有降血糖、抗病毒和增强机体免疫等重要的生物学功能。

▤ 生化与医药

血型与氨基糖

人类血型可分为 A 型、B 型、AB 型和 O 型四类。O 型血能与其他三种血型相匹配，但其他三者却不能成为 O 型血者的血源，否则将发生凝血，危及生命。这是为什么呢？原来，人的血红细胞质膜上结合着一个寡糖链，不同血型的红细胞表面寡糖链不同。A 型血糖链末端为 N-乙酰半乳糖胺，B 型血为半乳糖，AB 型血两种糖基都有，O 型血则两种糖基都没有。

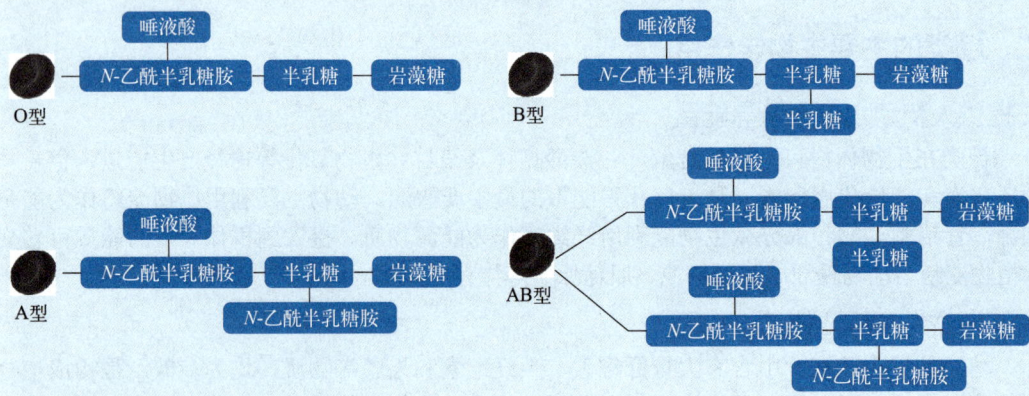

三、糖的分类

根据聚合程度、能否水解及水解产物情况，可分为单糖、寡糖、多糖和复合糖 4 类。

1. 单糖

单糖是最简单的糖，只含有一个多羟基醛或多羟基酮单位，不能继续水解成更小分子。根据含碳数目不同，可分为丙糖、丁糖、戊糖和己糖等，常见单糖如葡萄糖、果糖和核糖等。目前，发现的天然单糖超过 200 种，特别以戊糖和己糖在自然界分布最广泛，也最重要，如核糖、脱氧核糖、葡萄糖、果糖、半乳糖等。根据分子结构中羰基特点，可分为醛糖和酮糖，如葡萄糖是醛糖，果糖是酮糖。

2. 寡糖

也称低聚糖，是由 2～10 个单糖单位通过糖苷键连接形成的短链聚合物。根据含单糖单位数目不同，分为双糖、三糖、四糖和五糖等，最常见的寡糖是双糖。典型双糖如麦芽糖、蔗糖和乳糖。麦芽糖由两分子葡萄糖缩合形成，蔗糖由 1 分子葡萄糖和 1 分子果糖缩合形成，乳糖由 1 分子葡萄糖和 1 分子半乳糖缩合形成。三糖由 3 分子单糖缩合形成，如棉籽糖分别由 1 分子半乳糖、葡萄糖和果糖组成。细胞内三糖以上的寡糖通常以结合形式存在，如与蛋白质形成糖蛋白，与脂类形成糖脂等。在细胞内还存在四糖、五糖和六糖等。

3. 多糖

是由 10 个以上单糖单位缩合形成的高分子聚合物。根据组成单元不同，分为同多糖和杂多糖 2 个大类。同多糖是由相同单糖单位通过缩合形成的高分子聚合物，水解时仅能得到一类单糖，如植物淀粉、纤维素、动物肝糖原、肌糖原、右旋糖酐等。杂多糖由不同糖单位构成，如透明质酸、硫酸软骨素、硫酸角质素、肝素等。多糖与人类健康极为密切，最重要的多糖是淀粉、糖原和纤维素等。

4. 复合糖

与蛋白质、脂质等共价连接形成糖蛋白、蛋白聚糖和糖脂、脂多糖等，称为复合糖。

根据糖的来源不同，可分为植物性糖（如蔗糖、果糖、淀粉、纤维素等）、动物性糖（如肝糖原、肌糖原等）及微生物糖（如肽聚糖）。也可根据糖的功能进行分类，可分为支持性糖（如纤维素）、储备性糖（淀粉和糖原）和凝胶性糖（果胶、琼脂）等。

第二节　糖类化合物的结构与理化性质

单糖是组成多糖的基本结构单元，单糖是多羟基醛或多羟基酮，醛糖和酮糖结构如下。

$$
\begin{array}{cc}
\text{CHO} & \text{CH}_2\text{OH} \\
| & | \\
(\text{CHOH})_n & \text{C=O} \\
| & | \\
\text{CH}_2\text{OH} & (\text{CHOH})_{n-1} \\
 & | \\
 & \text{CH}_2\text{OH} \\
\text{醛糖} & \text{酮糖}
\end{array}
$$

单糖至少含两个羟基，含羟基的碳原子多为手性碳原子，可形成具有不同立体结构（构型）的化合物。所有单糖中，己碳糖最重要，特别是葡萄糖，它既是生物体内最丰富的单糖，又是寡糖和多糖最主要的组成成分。以葡萄糖为例介绍单糖的化学结构及主要理化性质。

一、单糖的结构及主要化学性质

（一）单糖

1. 葡萄糖的开链结构和构型

最简单的单糖是三碳醛糖或三碳酮糖。三碳醛糖也称甘油醛，分 D- 型甘油醛和 L- 型甘油醛。三碳酮糖称为二羟基丙酮，其他单糖可理解为在此基础上进行碳链的延长。

L-甘油醛　　D-甘油醛　　二羟基丙酮　　D-葡萄糖　　L-果糖

单糖链状结构（醛糖和酮糖）均含有不对称碳原子，也称手性碳原子，用 C^* 表示。单糖有 D- 型和 L- 型两种异构体。D- 型和 L- 型的区分是依据甘油醛结构为标准规定的，—OH 在甘油醛右侧称 D- 型，而位于甘油醛左侧称 L- 型。单糖构型则根据其分子中离羰基最远的手性碳原子（C^*）连接的—OH 的空间位置与甘油醛对比，在右边为 D- 型，在左边为 L- 型。

葡萄糖（$C_6H_{12}O_6$）是发现最早的单糖，是含有 5 个羟基和 1 个醛基的己醛糖，其开链结构中有 4 个手性碳原子（C_2^*、C_3^*、C_4^*、C_5^*）。含多个手性碳原子的单糖分子，其相对构型也是根据离羰基最远的手性碳原子连接的—OH 来确定。具有不对称手性碳原子的分子通常都具有旋光性，能使偏振光偏振面发生旋转。具有旋光性的物质称旋光物质，使偏振光偏振面旋转的角度称旋光度。在标准条件下（1mL 含 1g 旋光性物质的溶液，放在 1dm 长的旋光管中）测得的旋光度称为该物质的比旋度，通常用 $[\alpha]_D^t$ 表示（D 为钠光谱的 D 线，t 为测定时的温度）。对于旋光方向，规定用（+）表示偏振面向右（即顺时针方向）旋转，称右旋；用（−）表示偏振面向左（即逆时针方向）旋转，称左旋。葡萄糖为右旋，在生物体内的葡萄糖几乎都为 D- 构型。

2. 葡萄糖的环式结构

葡萄糖以水溶液存在时，其中两种为环状结构，一种为开环结构。

α-D-(+)葡萄糖(36%)　　　D-(+)葡萄糖(0.024%)　　　β-D-(+)葡萄糖(64%)
（环式结构）　　　　　　　（链式结构）　　　　　　　（环式结构）

在水溶液中，D- 葡萄糖 C_5—OH 与 C_1—CHO 发生分子内加成反应，形成环式半缩醛，C_1 成为手性碳原子。C_1 通过加成得到的羟基称半缩醛羟基。上述 3 种形式在葡萄糖水溶液中最终会达到平衡。平衡时，其中 α-D-(+) 葡萄糖占 36% 左右，而 β-D-(+) 葡萄糖占 64% 左右，开链结构葡萄糖构型占比仅为 0.024%。α- 葡萄糖和 β- 葡萄糖必须经由开链结构葡萄糖才能进行相互转变。根据葡萄糖键投影位置不同，分为 α 构型（半缩醛羟基投影在右边）和 β 构型（半缩醛羟基投影在左边），上述结构为葡萄糖的 Fischer 投影式。

3. 葡萄糖的 Haworth 透视式

用 Fischer 投影式表示单糖环状结构无法准确表征环中氧桥长度（太长）和成环时绕 C_4 和 C_5 之间的键发生旋转的事实。1926 年，英国化学家 Haworth 建议使用一种透视式来表示单糖环状结构，称为 Haworth 投影式或 Haworth 透视式。单糖环式结构用 Haworth 透视式表示更为合理。在写 Haworth 透视式时，把糖环横写（成环碳原子省略不写，与成环碳原子相连的氢原子有时也省略不写），为一平面，朝向读者一面的 3 个 C—C 键用粗实线表示。连在环上的原子或原子团则垂直于糖平面，将 Fischer 投影式中碳链左边的原子或基团写在环的上面，右边的原子或基团写在环的下面。溶液中单糖有两种环式结构：一种结构的环式骨架类似于吡喃，称吡喃糖；另一种结构的环式骨架类似于呋喃，称呋喃糖。葡萄糖的两种环式结构骨架类似吡喃。因此，葡萄糖环式结构也称吡喃葡萄糖，分别命名为 α-D- 吡喃葡萄糖和 β-D- 吡喃葡萄糖（图 1-1）。

4. 葡萄糖的构象

Haworth 透视式虽然将葡萄糖环氧结构用平面环表示，但无法确切表示葡萄糖的空间结构，也无法解释为什么葡萄糖水溶液中 α-D- 葡萄糖和 β-D- 葡萄糖在平衡状态时，其比值为 36∶64。构象是通过旋转单糖使分子中的原子或基团在空间产生的不同排列形式。吡喃葡萄糖有椅式和船式等典型构象。葡萄糖为六元环氧结构，其在空间分布时就肯定有构象，由于氧原子参与成环，氧的电负性较大使环上电子云分布不均匀，同时，环上有多个羟基存在。其中，1 位—OH 在平面下为 α-D- 吡喃葡萄糖椅式结构，1 位—OH 在平面上为 β-D- 吡喃葡萄糖椅式结构（图 1-2）。

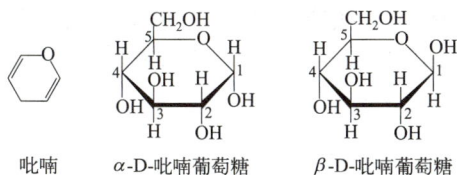

图1-1 α- 和 β-D- 吡喃葡萄糖化学结构

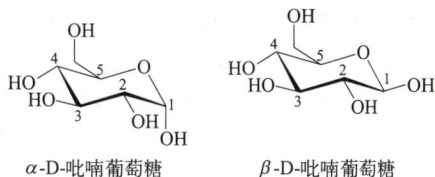

图1-2 葡萄糖椅式结构

5. 其他单糖的 Haworth 结构

单糖结构中含碳数量在 5 个以上的都有环式和开链结构。在溶液中以环式结构为主要存在形式，基本上也存在两种环式同分异构体，可参考葡萄糖环式结构的命名分为 α 构型和 β 构型 2 种类型。

（1）果糖、半乳糖　果糖为己酮糖，半乳糖为己醛糖，在溶液中，结合型果糖主要以呋喃糖形式存在，游离型果糖和半乳糖则以吡喃糖形式存在。果糖和半乳糖成环方式与葡萄糖基本相同（图 1-3）。

（2）核糖、脱氧核糖　核糖和脱氧核糖都属五碳醛糖，都具有开链结构和环式结构。环式结构核糖和脱氧核糖以呋喃形式存在（图 1-4）。

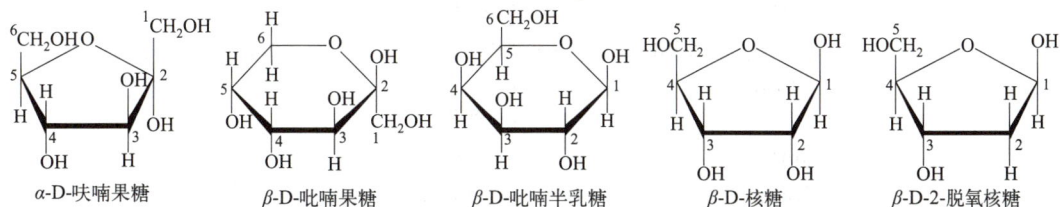

图1-3 果糖与半乳糖结构

图1-4 β-D- 核糖和 β-D-2- 脱氧核糖结构

（二）单糖的主要化学性质

单糖结构中含有羟基，能发生醇的反应，也有醛或酮基基团，可发生醛或酮的反应，环式单糖的半缩醛羟基还能发生特殊反应。

1. 成苷反应

环状单糖的半缩醛（或半缩酮）羟基可与另一化合物发生缩合反应形成的缩醛（或缩酮），称为糖苷或苷。糖苷分子中提供半缩醛羟基的糖部分称为糖基，与之缩合的"非糖"部分称糖苷配基或配基，这两部分之间的连键称糖苷键。

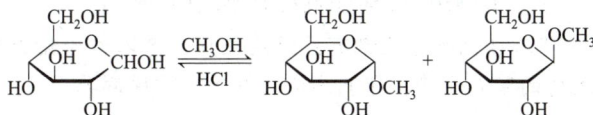

糖苷键可以通过氧、氮（或硫原子）起连接作用，也可以使碳碳直接相连，糖苷分别简称 O- 苷、N- 苷、S- 苷、C- 苷。自然界中最常见的是 O- 苷，称 O- 糖苷键；其次是 N- 苷，称 N- 糖苷键（如核苷酸糖苷键）；S- 和 C- 苷少见。糖苷结构中没有游离半缩醛羟基，无还原性。糖苷广泛分布在自然界生物体内，中药的很多药效成分就是糖苷，如苦杏仁苷有止咳平喘作用，人参皂苷有调节中枢神经系统和增强机体免疫功能等作用，洋地黄苷有强心作用，槐花米中的芸香苷（也称芦丁）有维持血管正常机能的作用。

2. 成酯反应

单糖结构中的羟基能与磷酸形成酯。如甘油醛和葡萄糖与磷酸酯化可生成 3- 磷酸甘油醛、

6- 磷酸葡萄糖、1- 磷酸葡萄糖、1,6- 二磷酸葡萄糖等。磷酸酯在生物体内有重要的生理功能，是人体糖代谢的重要中间产物。体外条件下，单糖磷酸化不易发生，为耗能反应。在生物体内，糖的磷酸化常由 ATP 提供磷酸基团和能量。

3-磷酸甘油醛   6-磷酸葡萄糖

3. 氧化反应

一定条件下，单糖分子中的醛基和羟甲基可被氧化，氧化条件不同时氧化产物不同。

（1）与碱性弱氧化剂反应   在碱性条件下，葡萄糖、半乳糖、核糖和果糖都能被弱氧化剂（托伦试剂或班氏试剂）氧化，生成金属单质或低价金属银或砖红色氧化亚铜沉淀。醛糖具有还原性，能被托伦试剂或班氏试剂氧化，称还原糖。酮糖在碱性条件下，可异构成醛糖，也可发生还原反应。因此，单糖中的醛糖和酮糖都具有还原性，均为还原糖。

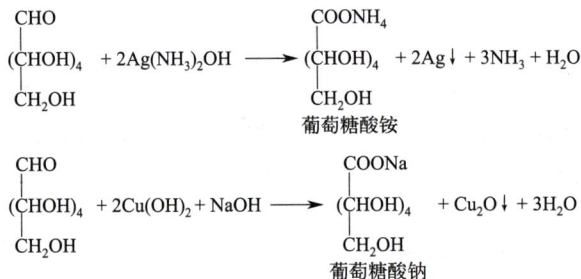

葡萄糖酸铵

葡萄糖酸钠

班氏（Benedict）试剂是由硫酸铜、碳酸钠和柠檬酸钠配制而成的一种深蓝色溶液，试剂较稳定，且不易受肌酸和尿酸等物质干扰，常被用于尿糖（葡萄糖）定性与半定量测试。医院或药房出售的家庭用糖尿病自测试剂盒就是应用 Benedict 反应。当尿中葡萄糖低于 0.1% 时，为阳性反应（黄红色）。由于班氏试剂与葡萄糖并非特异性反应，其他单糖或部分双糖有干扰，因此，在测定血糖时，常用葡萄糖氧化酶法进行测定，可排除其他单糖的干扰。

🔖 生化与健康

山梨醇及其在食品医药中的应用

山梨醇在食品、医药、日化等行业都有广泛的应用，可以作为甜味剂、保温剂及防腐剂等。此外，还具有多元醇的营养优势，即低热值、低糖、防龋齿等。

（2）与非碱性弱氧化剂反应   葡萄糖等醛糖能被非碱性弱氧化剂（如溴水）氧化生成糖酸，溴水被还原而褪色。如葡萄糖与溴水反应生成葡萄糖酸。酮糖不发生此反应，可利用此反应鉴别醛糖和酮糖。

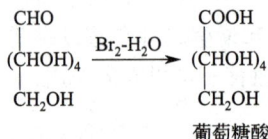

葡萄糖酸

（3）与较强氧化剂反应   单糖在较强氧化剂（如稀硝酸）作用下可生成糖二酸。

$$\begin{matrix}CHO\\(CHOH)_4\\CH_2OH\end{matrix} \xrightarrow[100℃]{HNO_3,H_2O} \begin{matrix}COOH\\(CHOH)_4\\COOH\end{matrix}$$

葡萄糖二酸

【课堂互动】葡萄糖酸钠是医药上常用的药物，是否可以利用葡萄糖作为原料来进行生产？

（4）酶促反应　在人体和动物的肝脏内，葡萄糖经酶促氧化生成尿苷二磷酸葡萄糖醛酸（UDP-葡萄糖醛酸），可参与肝脏生物转化，具有保肝、解毒作用。

（5）彻底氧化　葡萄糖在体内生物氧化系列酶作用下可彻底氧化成 CO_2 和 H_2O，并释放大量热量（生成ATP）（图1-5）。

图1-5　葡萄糖彻底氧化生物途径

4. 还原反应

单糖羰基在适当还原条件下，用硼氢化钠处理醛糖或酮糖，可被还原成多元醇，称为糖醇，如核糖还原可得到核（糖）醇，是维生素 B_2 组成成分。葡萄糖 C_1 醛基可还原为—OH而生成山梨醇，山梨醇在糖尿病患者的晶状体中积聚引起白内障。酮糖也可发生类似反应，如甘露糖可还原成甘露醇，甘露醇在临床上常用作减少脑水肿的渗透性利尿剂。

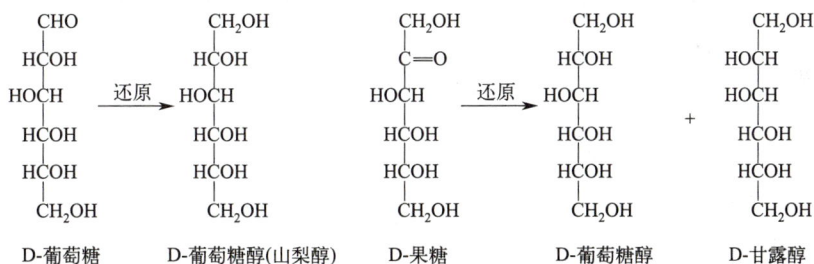

D-葡萄糖　　D-葡萄糖醇(山梨醇)　　D-果糖　　D-葡萄糖醇　　D-甘露醇

二、常见低聚糖的结构与性质

低聚糖也称寡糖，由 $2 \sim 10$ 个单糖通过糖苷键连接而成，为低聚合度糖类，自然界主要以二糖和三糖为主，超过6个单糖残基连接而成的低聚糖较为少见。最重要的寡糖是双糖，如麦芽糖、蔗糖和乳糖等，三糖如棉籽糖等。细胞内三糖以上的寡糖通常以结合形式存在，如与蛋白质形成糖蛋白、与脂类形成糖脂等。在细胞内还存在四糖、五糖和六糖等。目前已发现的低聚糖（含衍生物）有近600种，二糖314种、三糖157种、四糖52种、五糖23种、六糖23种、七糖12种和八糖7种等。

（一）二糖

构成低聚糖的残基单位几乎全部为己糖，除果糖为呋喃环结构外，葡萄糖、甘露糖和半乳糖等均为吡喃环结构。单糖中多个碳原子可参与连接配体，如蔗糖1,2-糖苷键、纤维二糖1,4-糖苷键、海藻糖1,1-糖苷键、龙胆二糖1,6-糖苷键。构型可以是 α 型，也可以是 β 型的。

1. 蔗糖

是由 α-D- 吡喃葡萄糖的半缩醛羟基与 β-D- 呋喃果糖的半缩醛羟基脱水缩合而成，连接键为 α, β-1, 2- 糖苷键，为非还原糖，广泛存在于植物果实、根、茎、叶、花及种子中。以甘蔗和甜菜中含量最高，是重要的食品甜味剂和药用辅料。纯净蔗糖为无色透明单斜状晶体，相对密度为 1.588，熔点 160℃，200℃以上可发生焦糖化反应。易溶于水，有甜味，溶解度随温度升高而变大，受盐类如 NaCl、KCl 等影响，溶解度增加，$CaCl_2$ 对溶解度有影响，会影响蔗糖溶解。在乙醇、氯仿、醚等有机溶剂中难溶。蔗糖比旋度 $[\alpha]_D^{20}=+66.5°$，水解后因生成果糖比旋度 $[\alpha]_D^{20}=-92.4°$，葡萄糖比旋度为 $[\alpha]_D^{20}=+52.5°$，平衡时，比旋度为 $[\alpha]_D^{20}=-19.9°$。人体内蔗糖在肠道蔗糖酶作用下水解生成葡萄糖和果糖，可参与体内生物氧化。高浓度蔗糖溶液对微生物有抑制作用。

蔗糖

2. 麦芽糖

俗称饴糖，是饴糖的主要成分。由 2 分子 α-D- 葡萄糖通过 α-1, 4- 糖苷键结合形成，是淀粉在 β- 淀粉酶水解作用下的产物，为还原糖，有变旋现象，可发生氧化还原反应，主要存在于麦芽、蜂蜜及大豆植物根、茎及叶柄部。麦芽汁中主要含麦芽糖。常温条件下，麦芽糖为透明针状晶体，易溶于水，微溶于乙醇，但不溶于醚。熔点为 $102 \sim 103$℃，相对密度为 1.540，甜度是蔗糖的 1/3，口感较蔗糖柔和。由于具有还原性，能与过量苯肼形成糖脎。工业中，常通过将淀粉用麦芽糖酶酶解后加乙醇沉淀糊精并结晶制备得到。

麦芽糖

3. 乳糖

由 β- 吡喃半乳糖与 D- 吡喃葡萄糖通过 β-1, 4- 糖苷键缩合形成。溶解度为蔗糖的 1/6。由于结构中存在半缩醛羟基，有还原性，能成脎。有旋光性，比旋度 $[\alpha]_D^{20}=+55.4°$，常温条件下为乳白色固体。乳糖是哺乳动物乳汁的主要成分，牛乳中含量约为 4.6% $\sim$ 5.0%，人乳中约 5% $\sim$ 7%。乳糖有助于钙吸收，在婴幼儿肠道内能促进双歧杆菌因子生长，在乳酸菌作用下可生成乳酸。在乳酸酶作用下可水解生成葡萄糖和半乳糖。部分乳糖酶缺失的患者可产生乳糖不耐症。

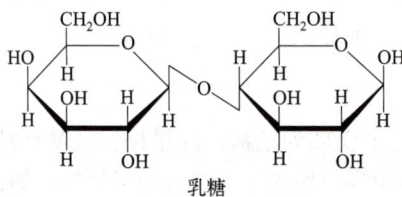

乳糖

生化与健康

乳糖不耐症

乳糖不耐症是指人体内不产生分解乳糖的乳糖酶的状态，多发在亚洲地区，是一种先天的遗传性表达疾病。由于患者肠道不能分泌乳糖酶，不能消化吸收乳糖，乳糖会在肠道中由细菌分解变成乳酸，从而破坏肠道碱性环境，促使肠道分泌大量碱性消化液来中和乳酸，所以容易发生轻度腹泻。婴幼儿断奶前发生乳糖不耐症应及时咨询医生，避免出现营养不良。有乳糖不耐症的人不是一旦摄入微量乳糖就立即出现腹泻等症状，而是当摄入超过一定量后才出现。所以，大多数有乳糖不耐症的人是可以喝牛奶的，只是不能过量。乳糖酶在人体中如果长期不用将消失，但坚持长期喝牛奶，乳糖酶可再生，所以，一开始腹泻的人应坚持喝一段时间的牛奶，然后就可能不会有腹泻现象了。

（二）三糖

棉籽糖由 α-D-吡喃半乳糖、α-D-吡喃葡萄糖和 β-D-呋喃果糖组成，为非还原糖，酵母不能利用棉籽糖进行发酵，是除蔗糖外广泛存在于植物中的低聚糖，是大豆低聚糖的主要成分，主要来自棉籽、甜菜、豆类植物、土豆及谷物粮食和蜂蜜等。纯净棉籽糖为白色或淡黄色长针状晶体，常含 5 个结晶水，水溶液比旋度为 $[\alpha]_D^{20}=+105°$，无水棉籽糖比旋度为 $[\alpha]_D^{20}=+123.1°$，含结晶水和不含结晶水的棉籽糖熔点分别为 80℃和 118～119℃。易溶于水，微溶于乙醇等极性溶剂，不溶于石油醚等非极性溶剂。在 20℃时水中溶解度为 14%，且随温度升高溶解度显著增大，80℃时，高于蔗糖的溶解度。甜度为蔗糖 1/5～2/5，即与蔗糖 10% 溶液比较，棉籽糖的甜度为 22～30。棉籽糖晶体粉末含有 5 分子结晶水，即使在相对湿度 90% 的环境下也不会吸湿结块，相比其他低聚糖粉末较强的吸湿性，这是棉籽糖晶体粉末的一个显著特点。140℃以下稳定，超过 180℃分解为蜜二糖和果糖。酸性条件下能保持较好稳定性，主要从甜菜糖蜜和脱毒棉籽中提取。

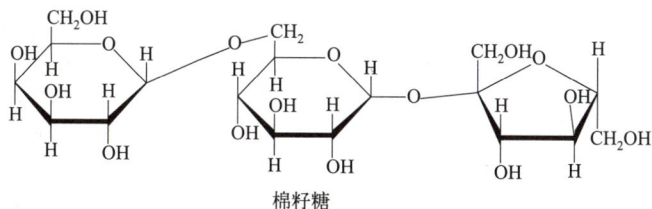

棉籽糖

常见寡糖及其结构、来源如表 1-1 所示。

三、常见多糖的结构与性质

多糖也称多聚糖，是重要的天然高分子聚合物，由单糖通过糖苷键连接而成，自然界中糖类主要以多糖形式存在。根据来源不同，分为植物多糖、动物多糖和微生物多糖，分子量比较大，所有多糖均无还原性，无变旋现象，无甜味，大多不溶于水，其水溶液可形成胶体溶液。植物中主要以淀粉形式存在，人体和动物体内主要以糖原形式存在，如肝糖原、肌糖原。根据组成成分不同，可分为同多糖和杂多糖。按生物功能不同，可分为贮存或贮能多糖（如淀粉、糖原、右旋糖酐和菊粉等）和结构多糖（如纤维素、壳多糖）。常见多糖的组成成分如表 1-2 所示。

（一）同多糖

同多糖是由相同单糖单位通过缩合形成的高分子聚合物，水解时仅能得到一类单糖。重要的同多糖如淀粉、糖原、纤维素和壳多糖等，它们是糖的储存形式或机体的结构成分。

表 1-1 常见寡糖的结构和来源

序号	名称	结构	来源
1	麦芽糖	α-葡萄糖（1→4）葡萄糖	麦芽糖酶水解淀粉产物
2	异麦芽糖	α-葡萄糖（1→6）葡萄糖	淀粉酶水解淀粉产物
3	槐二糖	β-葡萄糖（1→2）葡萄糖	槐树
4	纤维二糖	β-葡萄糖（1→4）葡萄糖	纤维素酶解产物
5	昆布二糖	β-葡萄糖（1→3）葡萄糖	昆布
6	龙胆二糖	β-葡萄糖（1→6）葡萄糖	龙胆根
7	海藻二糖	α-葡萄糖（1→1）α-葡萄糖	海藻、真菌
8	蔗糖	α-葡萄糖（1→2）β-果糖	甘蔗、水果
9	菊（粉）二糖	β-果糖（2→1）果糖	菊粉组分
10	乳糖	β-半乳糖（1→4）葡萄糖	哺乳动物乳汁
11	别乳糖	β-半乳糖（1→6）葡萄糖	乳糖经酵母异构化
12	蜜二糖	α-半乳糖（1→6）葡萄糖	棉籽糖组分
13	芦丁糖	β-鼠李糖（1→6）葡萄糖	芦丁糖苷
14	樱草糖	β-木糖（1→6）葡萄糖	白珠树
15	异海藻糖	β-葡萄糖（1→1）β-葡萄糖	酵母、真菌孢子
16	新海藻糖	α-葡萄糖醛酸（1→1）β-葡萄糖	藻类、蕨类等
17	软骨素二糖	β-葡萄糖醛酸（1←3）半乳糖胺	软骨素组分
18	透明质二糖	β-葡萄糖醛酸（1←3）葡萄糖胺	透明质酸组分
19	龙胆糖	β-葡萄糖（1→6）α-葡萄糖（1→2）β-葡萄糖	龙胆根
20	松三糖	α-葡萄糖（1→2）β-葡萄糖（3→1）α-葡萄糖	松属植物等
21	棉籽糖	α-半乳糖（1→6）α-葡萄糖（1→2）β-果糖	甜菜

表 1-2 常见多糖的组成成分

多糖类别			组成成分
同多糖	戊聚糖	阿拉伯聚糖	L-阿拉伯糖
		木聚糖	木糖
	己聚糖	淀粉	D-葡萄糖
		糖原	D-葡萄糖
		纤维素	D-葡萄糖
		壳聚糖	N-乙酰-β-D-葡萄糖胺
		葡聚糖	D-葡萄糖
		菊糖（果聚糖）	果糖
杂多糖	半纤维素		木糖、葡萄糖、甘露糖、己醛糖酸等
	阿拉伯胶		半乳糖、阿拉伯糖、鼠李糖、葡萄糖醛酸
	琼脂		D-半乳糖、L-半乳糖
	果胶		半乳糖醛酸、鼠李糖、阿拉伯糖、甘露糖、木糖
	黏多糖		己糖胺、糖醛酸
	细菌多糖	肽聚糖	肽、N-乙酰-D-葡萄糖胺、N-乙酰胞壁酸
		磷壁酸	磷酸、葡萄糖、甘油或核酸等
		脂多糖	多种己糖、辛酸衍生物、糖脂等
		免疫多糖 肺炎菌Ⅰ型多糖	D-葡萄糖胺、葡萄糖醛酸
		免疫多糖 结核菌多糖	L-阿拉伯糖、葡萄糖、甘露糖

1. 淀粉

是植物生长期间以淀粉粒形式储存于细胞中的储存多糖，种子、块茎和块根等器官中含量丰富，是葡萄糖在植物中的主要存储形式。大米淀粉含量约 75% ～ 80%，小麦约 60%，分为直链淀粉和支链淀粉。直链淀粉是 D-葡萄糖通过 α-1,4-糖苷键连接而成的线性分子，支链淀粉是由 D-葡萄糖通过 α-1,4-糖苷键和 α-1,6-糖苷键相连，有分支。大约每间隔 30 个 α-1,4-糖苷键就有一个 α-1,6-糖苷键分支。直链淀粉一般存在于淀粉内层，其 1′ 端为还原性末端，4′ 端为非还原性末端，不溶于冷水，能溶于热水，分子量相当于 200～980 个葡萄糖单元，大约由 200～300 个葡萄糖以 α-1,4-糖苷键连接而成。中括号内的二糖基为麦芽糖基，相当于一个麦芽糖单位。直链淀粉就是以这个基本单位进行连接并延伸的。

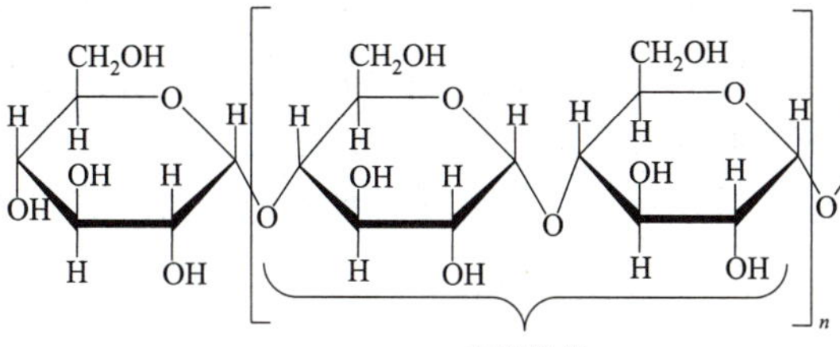

麦芽糖基

支链淀粉存在于淀粉外层，由 D-葡萄糖通过 α-1,4-糖苷键连接成短链，并通过 α-1,6-糖苷键相连形成分支，分子量相当于 600～6000 个葡萄糖，含葡萄糖基约 1300 个，有 50 多个支链，每条支链由 20～30 个葡萄糖通过 α-1,4-糖苷键相连。在分支点，葡萄糖的第 1、4 和 6 位羟基均参与了糖苷键形成。

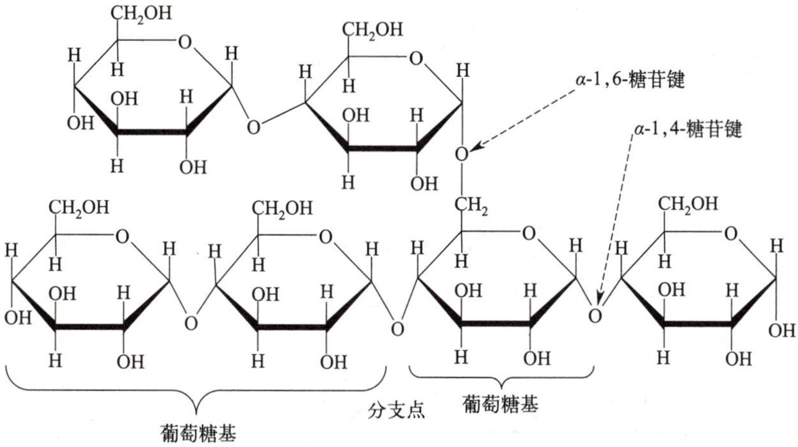

α-1,6糖苷键
α-1,4糖苷键
葡萄糖基 分支点 葡萄糖基

支链淀粉在淀粉中占 70%～80%，不溶于水，在热水中膨胀而成糊状。在多数淀粉中，直链淀粉：支链淀粉约为（20%～25%）：（75%～80%）。糯米淀粉几乎全部为支链淀粉，皱缩豌豆直链淀粉高达 98%。淀粉遇碘呈蓝色，在酸或酶催化作用下可逐步水解，生成系列分子量不同的中间产物，与碘反应呈现不同颜色，分别称紫色糊精、红色糊精和无色糊精等。

水解：淀粉→紫色糊精→红糊精→无色糊精→麦芽糖→葡萄糖
遇碘： 蓝色 紫红色 红色 无色 无色 无色

【课堂互动】在电影或电视剧中，常看到地下党员采用无字密信来传递重要情报。这些无字密信用某种方法稍加处理时，真"面目"就显现出来了。那么，无字密信是怎样写成的呢？

科学典故与课程思政

2021 年我国首次人工合成淀粉

人工合成淀粉是中国科学家历时 6 年多科研攻关，继 20 世纪 60 年代在世界上首次完成人工合成结晶牛胰岛素之后，又在人工合成淀粉方面取得的重大颠覆性、原创性突破——国际上首次在实验室实现二氧化碳到淀粉的从头合成。中国从二氧化碳人工合成淀粉被国际学术界认为是影响世界的重大颠覆性技术，这一成果于 2021 年 9 月 24 日在国际学术期刊《科学》发表。在玉米等农作物中，自然光合作用的淀粉合成与积累涉及 60 多步生化反应以及复杂的生理调控，理论能量转化效率为 2% 左右。中国科学院天津工业生物所科研团队联合大连化物所，采用一种类似"搭积木"的方式，通过耦合化学催化和生物催化模块体系，实现了"光能—电能—化学能"的能量转变方式，成功构建出一条从二氧化碳到淀粉合成只有 11 步反应的人工途径。首次人工合成淀粉是我国在生物化学领域取得的重大突破，表明我国生物化学领域在世界上具有引领作用，体现出我国科学家在探索科学高峰中做出的巨大努力，还体现出我国科研团队协同创新攻关的能力，这些都值得我们好好学习。

2. 糖原

又称动物淀粉，是由多个 D- 葡萄糖组成的带分支的多糖聚合物，分子量约 $10^6 \sim 10^7$，以颗粒形式存在于动物细胞液内，是动物体内糖的重要储存形式，分为肝糖原和肌糖原。糖原在肝脏和骨骼肌中约分别占湿重的 5% 和 1.5%。骨骼肌糖原储量比肝脏多，平均 70kg 体重成年男子储存约 450g 糖原和肝糖原约 80g。在大肠杆菌和甜玉米中也发现糖原。糖原是人和动物餐间和肌肉剧烈运动时能动用的葡萄糖储库。当血糖含量低于正常水平时，糖原可分解产生葡萄糖供机体能量代谢用。糖原结构类似支链淀粉，但分支程度更高且分支链更短，平均 8 ～ 12 个葡萄糖单位就有一个分支。纯净糖原为白色无定形颗粒，易溶于热水，与碘作用呈紫红色或红褐色。

糖原

3. 纤维素

纤维素是地球上含量最多的一类多糖，占植物界碳素的 50% 以上，是植物细胞壁的主要成分，在木材中约占 > 50%，麻中占 70% ～ 80%，棉中占 92% ～ 98%，脱脂棉和滤纸几乎全部为纤维素。某些动物体内也有动物纤维素。纤维素由 β-D- 葡萄糖通过 β-1, 4- 糖苷键相连而成，无支链，其分子长链与长链之间绞成绳索状，有较强的韧性。

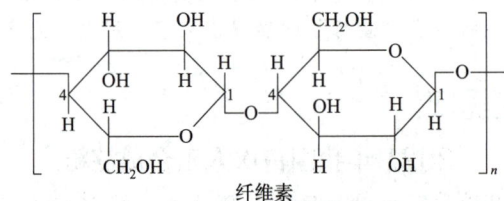

纤维素

　　纯净的纤维素为白色固体，无臭无味，不溶于水、稀酸、稀碱及乙醇等有机溶剂，能溶于浓硫酸及氢氧化钠溶液。纤维素在体外用浓碱或酸，经过高温、高压和长时间处理能水解产生 β-D- 葡萄糖。人和哺乳类动物缺乏纤维素酶，不能消化纤维素。反刍动物（如牛、羊）消化道微生物可分泌纤维素酶，能消化纤维素，所以它们能以草（含大量纤维素）为食。白蚁消化木头是依赖于消化道中的原生动物。人类虽不能消化食物纤维，但肠道细菌却能分解部分纤维素，得到的部分产物和利用纤维素合成的维生素等物质可被人体吸收利用。食物中的纤维素能和胆固醇代谢产物胆酸在肠道中结合，减少人体对胆固醇的吸收。纤维素还能促进肠蠕动，可防止便秘。纤维素在食物中起支架作用，还可给人以饱腹感。

生化与健康

纤维素——药用辅料

　　纤维素作为药用辅料，种类很多，有黏合作用的羧甲基纤维素钠、羟丙基纤维素、羟丙基甲基纤维素、甲基纤维素和乙基纤维素；有填充作用的微晶纤维素；有崩解作用的低取代羟丙基纤维素和交联羧甲基纤维素钠等，这些药用辅料在固体制剂（如片剂）生产中发挥重要作用。

　　几种常见多糖的结构与性质的区别如表 1-3 所示。

表 1-3　几种常见多糖的结构与性质的区别

结构与性质	淀粉	糖原	纤维素
完全水解产物	D- 葡萄糖	D- 葡萄糖	D- 葡萄糖
二糖基	麦芽糖	麦芽糖	纤维二糖
糖苷键	直链：α-1, 4- 糖苷键； 支链：α-1, 4- 糖苷键和 α-1, 6- 糖苷键	α-1, 4- 糖苷键和 α-1, 6- 糖苷键	β-1, 4- 糖苷键
托伦试剂、费林试剂	无反应	无反应	无反应
苯肼	不成脎	不成脎	不成脎
变旋现象	无	无	无
水解酶类	淀粉酶	糖原酶类	纤维素酶类
与 I_2 反应	显蓝紫色，纯直链淀粉显蓝色，纯支链淀粉显红色	显红色	无
来源	植物	动物	植物

　　【课堂互动】有人提出膳食纤维可用于减肥，请谈谈膳食纤维如何起到减肥作用？

4. 几丁质

　　也称壳多糖、甲壳质，是虾、蟹和昆虫甲壳的主要成分，是 N- 乙酰 -β-D- 葡萄糖胺同聚物，广泛分布于生物界，含量仅次于纤维素，是大多数真菌和一些藻类的组成成分，处于分裂期的酵母细胞壁中也发现有几丁质。壳多糖主要存在于无脊椎动物，如昆虫、蟹虾、螺蚌等，是很多节肢动物和软体动物外骨骼的主要结构物质。低等植物、菌类和藻类细胞膜和高等植物细胞壁等也含有壳多糖。壳多糖的结构与纤维素类似，但每个残基的 C_2 上羟基被乙酰化的氨基所取代，是由 N- 乙酰葡萄糖胺通过 β-1, 4- 糖苷键连接起来的同聚多糖。去乙酰化形成聚葡萄糖胺称脱乙酰壳多糖。脱乙酰壳多糖在水和饮料处理、化妆品、制药、医学、农业（种子包衣）及食品加工中广泛应用。

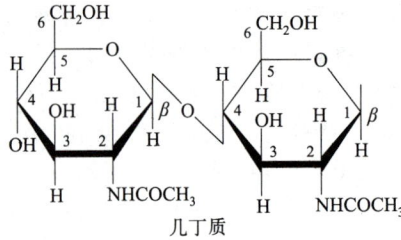

几丁质

（二）杂多糖

杂多糖是指由两种或两种以上单糖构成的多糖，是细胞外基质成分，可维持细胞、组织、器官的形态并具有重要的生物学功能，以糖胺聚糖或氨基多糖最为重要。糖胺聚糖（GAG）也称黏多糖，是一类含氮的不均一多糖，由氨基己糖、己糖醛酸组成的二糖结构单位缩合形成的线性高分子多糖聚合物。因其溶液有较大黏性，故称黏多糖。部分黏多糖还含有硫酸基团，呈酸性，是结缔组织基质的重要成分。腺体与黏膜分泌液、血及尿等体液都含有少量糖胺聚糖。常见杂多糖有透明质酸、硫酸软骨素和肝素等。

1. 透明质酸

透明质酸是糖胺聚糖中结构最简单的，由 N-乙酰氨基葡萄糖和葡萄糖醛酸通过 β-1,3-糖苷键和 β-1,4-糖苷键反复交替连接而成，是分布最广的糖胺聚糖，存在于一切结缔组织中。在动物结缔组织细胞外基质、胚胎、滑液、玻璃体、脐带、鸡冠等组织中尤为丰富。眼球玻璃体、角膜、脐带、细胞间质、关节液、某些细菌细胞壁及恶性肿瘤也发现有透明质酸。透明质酸表面含有很多亲水基团，能结合大量的水，形成透明的高黏性水合凝胶，有润滑和保护细胞的作用。牛玻璃体、人脐带和公鸡冠是提取透明质酸的重要原料。

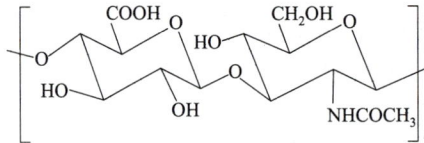

透明质酸

2. 硫酸软骨素

硫酸软骨素是从动物软骨组织中分离得到的酸性黏多糖，在软骨中与蛋白质结合，以蛋白糖形式存在。硫酸软骨素有 A（4-硫酸软骨素）、B（硫酸皮肤素）和 C（6-硫酸软骨素）3 种异构体。硫酸软骨素是骨骼和软骨的重要成分，广泛存在于结缔组织中，肌腱、皮肤、心瓣膜、唾液中均含有。药用硫酸软骨素主要含 A 和 C 两种异构体，在防治动脉粥样硬化和冠心病等方面有重要药理作用，还具有缓和抗凝血、抗炎和加速伤口愈合以及抗肿瘤等作用。硫酸软骨素 A 由 D-葡萄糖醛酸和 2-N-乙酰氨基半乳糖-4-硫酸通过 β-1,3-糖苷键和 β-1,4-糖苷键反复交替连接而成。在机体中，硫酸软骨素与蛋白质结合形成糖蛋白。动脉粥样硬化病变是由硫酸软骨素 A 含量降低所致，因此，硫酸软骨素可用于治疗动脉粥样硬化。

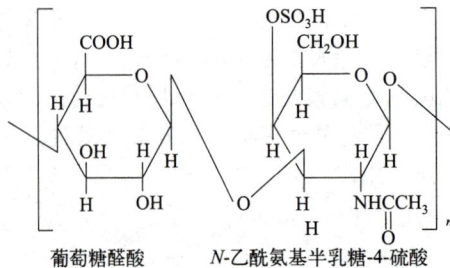

葡萄糖醛酸　　N-乙酰氨基半乳糖-4-硫酸

3. 肝素

肝素由 L-2- 硫酸艾杜糖醛酸与二硫酸氨基葡萄糖通过 β-1,4- 糖苷键和 α-1,4- 糖苷键交替连接而成，广泛存在于动物的肝、肺、肾、脾、胸腺、肌肉、血管等组织细胞中，因肝脏中含量最为丰富，且最早在肝脏中发现而得名。临床上用作抗凝血酶Ⅲ增强剂，具有阻止血液凝固的特性，是动物体内的天然抗凝血物质，对凝血过程各环节均有影响。临床上采血时以肝素为抗凝剂，也常用于防止血栓形成。

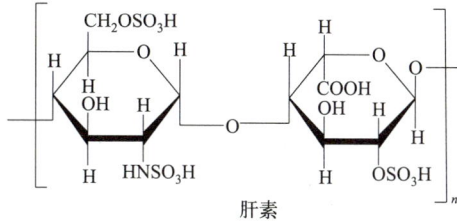

肝素

第三节　糖类药物概述

多糖类药物在抗凝血、降血脂、提高免疫力、抗肿瘤、抗辐射等方面有显著药理作用。如 PS-K 多糖和香菇多糖对肿瘤细胞有明显抑制作用，猪苓多糖能起到免疫调节作用。多糖药物中有相当一部分属于黏多糖，如肝素、透明质酸、硫酸软骨素等。肝素可用于防治血栓及周围血管病、心绞痛、充血性心力衰竭与肿瘤等辅助治疗。硫酸软骨素有利尿、解毒和镇痛等作用。右旋糖酐能代替血浆蛋白以维持血液渗透压，中分子量的右旋糖酐常用于增加血容量、维持血压，以抗休克为主，低分子量右旋糖酐则主要用于改善微循环，降低血液黏度，改善血液流变学特性，小分子量右旋糖酐是一种安全有效的血浆补充剂。海藻酸钠能增加血容量以恢复血压正常。一些硫酸化修饰多糖还可用于抗病毒治疗。目前，糖类药物主要来源于动植物和微生物，通过提取、发酵和酶法制备。动植物来源糖类药物多采取直接提取法，微生物来源则主要选择发酵法生产。

一、糖类药物来源及作用特点

糖类药物是指以糖类为基础的药物，包括单糖、多糖、寡糖以及糖衍生物等（表 1-4）。

多糖类药物根据其来源分为植物多糖类药物、动物多糖类药物和微生物多糖类药物。植物多糖类药物主要来源于植物组织，如人参、刺五加、黄芪、枸杞、当归、牛膝、海藻等，具有免疫调节、抗肿瘤、抗辐射等药理作用。动物多糖类药物是研究最多、临床应用最早的药物，主要存在于动物结缔组织或细胞间质中，如肝素、类肝素、透明质酸、硫酸软骨素、壳多糖等。肝素具有抗凝血作用。硫酸软骨素具有保护结缔组织弹性的作用，可防治动脉粥样硬化和骨质增生等。刺参中提取的酸性黏多糖对肿瘤有显著抑制作用。贝类壳聚糖有抗癌活性。微生物多糖类药物，主要有右旋糖酐类、云芝糖苷、香菇多糖、猪苓多糖、猴头菇多糖、银耳多糖等，是一类无毒、高效、无残留的免疫增强剂，能提高机体非特异性免疫和特异免疫反应，增强抗感染能力和抗肿瘤能力。《中华人民共和国药典》（2025 年版）收载的部分多糖类药物见表 1-5。

表 1-4 常见糖类药物

类型	品名	来源	作用和用途
单糖及其衍生物	甘露醇	海藻糖提取或葡萄糖提取	降低颅内压、眼内压，利尿，抗脑水肿
	山梨醇	葡萄糖氢化或电解还原	降低颅内压，抗脑水肿，治疗青光眼
	葡萄糖	淀粉水解	葡萄糖输液，营养作用
	葡萄糖醛酸内酯	葡萄糖氧化	治疗肝炎、肝中毒、风湿性关节炎
	葡萄糖酸钙	淀粉或葡萄糖发酵	钙补充剂
	植酸钙	玉米、米糠提取	营养剂，促进生长发育
	肌醇	植酸钙制备	治疗肝硬化、血管硬化，降血脂
	1,6-二磷酸果糖	酶转化法制备	治疗急性心肌缺血性休克、心肌梗死
多糖及其衍生物	右旋糖酐	微生物发酵	血浆扩充剂，改善微循环，抗休克
	右旋糖酐铁	右旋糖酐与铁络合	治疗缺铁性贫血
	糖酐酯钠	由右旋糖酐水解酯化	降血脂，防治动脉粥样硬化
	猪苓多糖	真菌猪苓提取	抗肿瘤转移，调节免疫作用
	海藻酸	海带或海藻提取	增加血容量，抗休克，抑制胆固醇吸收等
	透明质酸	由鸡冠、眼球、脐带提取	化妆品基质、眼科用药
	肝素钠	由肠黏膜和肺提取	抗凝血、抗肿瘤转移
	肝素钙	由肝素制备	抗凝血、防治血栓
	硫酸软骨素	由喉骨、鼻中隔提取	治疗偏头疼、关节炎
	冠心舒	由猪十二指肠提取	治疗冠心病
	甲壳素	由甲壳动物外壳提取	人造皮、药物赋形剂
	脱乙酰壳聚糖	由甲壳质制备	降血脂、金属解毒、止血等
	香菇多糖、灵芝多糖等	香菇、灵芝等	提高机体免疫力
	人参多糖、黄芪多糖等	人参、黄芪等	抗肿瘤
	硫酸酯多糖	多糖经硫酸酯化	抗病毒

表 1-5 《中华人民共和国药典》（2025 年版）收载的部分多糖类药品

品种	来源	类别	剂型
右旋糖酐 20	发酵	血浆代用品	粉剂
右旋糖酐 20 葡萄糖注射液	右酐 20，葡萄糖	血浆代用品	注射剂
右旋糖酐 20 氯化钠注射液	右酐 20，氯化钠	血浆代用品	注射剂
右旋糖酐 40	发酵	血浆代用品	粉剂
右旋糖酐 40 葡萄糖注射液	右酐 40，葡萄糖	血浆代用品	注射剂
右旋糖酐 40 氯化钠注射液	右酐 40，氯化钠	血浆代用品	注射剂
右旋糖酐 70	发酵	血浆代用品	粉剂
右旋糖酐 70 葡萄糖注射液	右酐 70，葡萄糖	血浆代用品	注射剂
右旋糖酐 70 氯化钠注射液	右酐 70，氯化钠	血浆代用品	注射剂
右旋糖酐铁	络合物	抗贫血药	粉剂
右旋糖酐铁片	右酐铁	抗贫血药	片剂
右旋糖酐铁注射液	右酐铁	抗贫血药	注射剂
肝素钠	猪、牛肠黏膜	抗凝血药	注射剂
肝素钠注射液	肝素钠	抗凝血药	注射剂
肝素钠乳膏	肝素钠	抗凝血药	软膏
硫酸软骨素钠片	硫酸软骨素钠	酸性黏多糖类	片剂
硫酸软骨素胶囊	硫酸软骨素钠	酸性黏多糖类	胶囊剂

二、多糖药理活性

1. 提高机体免疫机能

多糖类药物可作为免疫促进剂，主要通过促进淋巴细胞增生、激活吞噬细胞功能、激活补体系统、促进抗体产生、增强抗体消炎和抗疲劳能力等方式实现，如香菇多糖、黄芪多糖、人参多糖、灵芝多糖等。香菇多糖、猪苓多糖和云芝多糖等已开发成新药。

2. 抗肿瘤和抗凝血

抗肿瘤多糖药物分为 2 类。第一类是通过增强机体免疫机能发挥抗肿瘤作用，如灵芝多糖可提高 NK 细胞活性，人参多糖、黄芪多糖等多糖药物能增强淋巴因子激活的杀伤细胞的杀伤能力和增殖能力，云芝蛋白多糖可促进白细胞介素 -2 分泌。第二类是多糖药物本身具有细胞毒性，能直接抑制或杀伤肿瘤细胞，如五味子多糖能诱导甲状腺癌细胞凋亡，枸杞多糖能降低肝癌细胞血管内皮生长因子表达，且这些多糖能阻止血小板凝血和破坏，广泛应用于抗血栓和肿瘤治疗。

3. 抗病毒

多糖衍生物硫酸酯多糖具有良好的抗免疫缺陷病毒作用，通过与 HIV-1 病毒包膜蛋白 gp120 结合，阻止其与淋巴细胞、单核细胞及巨噬细胞表面 CD_4^+ 受体结合，阻止病毒进入宿主细胞。香菇多糖、裂褶菌多糖、右旋糖酐、木聚糖等经硫酸酯化后均有明显抗病毒活性。

4. 降血糖和降血脂

硫酸软骨素、小分子肝素、壳聚糖及其衍生物等多糖药物能降低胃肠道中胆汁酸和胆固醇的吸收和消化，降低血液中甘油三酯和低密度脂蛋白含量，升高高密度脂蛋白与甘油三酯的比值，如仙人掌多糖可提高糖尿病小鼠免疫功能，调节胰岛素与受体结合，提高机体对胰岛素的敏感性。壳多糖有降血糖和降血脂活性。甘蔗多糖、茶叶多糖、紫菜多糖、木耳多糖等多糖也具有降血糖、降血脂活性。

5. 其他活性

来源于黑木耳、海带、灵芝、枸杞、银耳、云芝等食品与中药的多糖具有一定的抗辐射活性，可用于肿瘤辅助治疗，特别是对一些肿瘤患者，在临床治疗上辅助使用会改善患者生活质量并提高治愈率。一些中药多糖还有很强的自由基清除能力，如灵芝多糖、雷公菌多糖、发菜多糖等能清除超氧自由基，在抗衰老活性中发挥很大作用，可用于抗衰老等保健药品中。

三、糖类药物的设计与应用

糖基化是真核细胞蛋白质翻译修饰的重要手段，是保证糖蛋白生物学活性的重要前提。在酶催化作用下，蛋白质或脂质连接糖类的过程称为糖基化，主要有 N- 糖基化和 O- 糖基化。糖类药物通常无毒或低毒，进入人体后，在体内糖酶作用下可水解并被代谢。糖类药物对细胞表面受体有特异性识别机制，能增加药物靶向性，对抗生素类药物进行糖基化修饰和结构改造，能增强抗菌活性及降低耐药性，如氯霉素糖基化修饰后，其溶解性明显改善，药物体内的生物利用度也显著提升。糖类药物设计可以采取以下几个策略：

（1）设计开发含有糖类的"复方"药物。如 γ - 干扰素单独使用时半衰期为 1min，与肝素合用后，半衰期可提高至 100min。有些糖类虽然不是"君"药，但能起到"臣""佐""使"的功效。

（2）开辟糖类药物新来源。采用酶解、化学降解或部分水解法建立不同类型的糖库，如糖蛋白中 *N/O-* 糖链库、鞘糖脂类糖库等。充分开发海洋生物资源，藻类多糖中有相当部分是酸性多糖，在结构上与蛋白聚糖上的糖胺聚糖有一定相似，且表现出多种生物活性。利用糖类合成技术开展拟糖蛋白和拟糖脂合成。

（3）对已有药物进行改造。主要通过以下 3 个方面对已有糖类药物进行改造：①对已有药物进行糖基化改造，制备多价糖药物。肝脏细胞表面半乳糖结合蛋白的配体，每增加一价，结合常数增加许多。因此，多价的糖复合物有其广阔的开发应用前景。②提高原有糖类药物的导向和靶向性。把糖类药物靶向到机体中的特定部位，不仅能进一步减少副作用，还能降低糖类药物的使用剂量。③提高蛋白质药物体内半衰期。通过基因工程方法在蛋白质中一些酶切位点附近引进糖基化位点，致使酶切位点因糖链的存在而得到保护。

（4）建立糖类研究新的技术平台。建立糖及衍生物的合成技术平台，如糖链固相合成技术、酶组合生物合成技术、一釜法合成技术等。糖活性测试平台，如质谱技术、表面等离子共振技术、糖芯片技术等，以及细胞与整体动物水平评价方法平台等。

（5）探索糖类药物开发新用途。如肝素非抗凝活性等方面的用途等。

📋 目标检测

一、填空题

1. 糖类按水解程度分为 _____、_____ 和 _____。

2. 多糖按组成成分不同，可分为 _____ 和 _____ 两类。

3. 蔗糖是由 _____ 和 _____ 组成的二糖。

4. _____ 是植物的储能多糖，而 _____ 是人和动物体内的储能多糖。

5. 糖苷键有两种类型：_____ 和 _____。

二、判断题

1. 淀粉具有还原性，可与费林试剂发生反应。（　　）

2. 纤维素与淀粉的基本组成单元是葡萄糖，因此，理化性质相同。（　　）

3. 麦芽糖是由葡萄糖与果糖构成的双糖。（　　）

4. 蔗糖是非还原性糖。（　　）

5. 乳糖是由葡萄糖与半乳糖构成的双糖。（　　）

三、单选题

1. 下列单糖中属于酮糖的是（　　）。

A. 葡萄糖　　　　　　B. 果糖　　　　　　　C. 半乳糖　　　　　　D. 甘露糖

2. 均一多糖（同多糖）完全水解产物为（　　）。

A. 葡萄糖　　　　　　B. 果糖　　　　　　　C. 半乳糖　　　　　　D. 蔗糖

3. 下列不具有还原性的糖为（　　）。

A. 葡萄糖　　　　　　　　　B. 果糖　　　　　　　　　　C. 半乳糖

D. 蔗糖　　　　　　　　　　E. 麦芽糖

4. 有关多糖的叙述中哪一项是不可能的？（　　）

A. 生物体主要能源物质　　　　　　　　B. 植物细胞壁主要成分

C. 遗传信息载体　　　　　　　　　　　D. 分子量大

5. 植物细胞和动物细胞中储藏能量的物质分别是（　　）。

A. 纤维素和糖原　　　　B. 麦芽糖和乳糖　　　C. 淀粉和糖原　　　　D. 葡萄糖和纤维素

6. 下列属于植物二糖的是（　　）。

A. 蔗糖、纤维素　　　　B. 麦芽糖、葡萄糖　　　C. 淀粉、纤维素　　　　D. 蔗糖、麦芽糖

7. 在人体的肝脏和骨骼肌中含量较多的糖是（　　）。

A. 乳糖　　　　　　　　B. 淀粉　　　　　　　　C. 麦芽糖　　　　　　　D. 糖原

8. 当两个葡萄糖分子结合成一分子麦芽糖时，麦芽糖分子式不是 $C_{12}H_{24}O_{12}$ 而是 $C_{12}H_{22}O_{11}$，原因是（　　）。

A. 发生了水解作用　　　B. 发生了蒸腾作用　　　C. 发生了同化作用　　　D. 发生了缩合作用

9. 下列选项中，属于动植物细胞共有的糖类是（　　）。

A. 葡萄糖、核糖、脱氧核糖　　　　　　　　B. 葡萄糖、淀粉、果糖

C. 淀粉、脱氧核糖、乳糖　　　　　　　　　D. 麦芽糖、果糖、乳糖

10. 糖原经过酶的催化作用，最后水解成（　　）。

A. 麦芽糖　　　　　　　B. 乳糖　　　　　　　　C. 葡萄糖　　　　　　　D. CO_2 和 H_2O

四、简答题

简述糖的生理功能。

扫一扫

目标检测答案1

第二章

蛋白质化学

学习目标

1. 知识目标

（1）掌握蛋白质的基本概念和分类，以及氨基酸的结构特点与性质的关系；

（2）掌握蛋白质和氨基酸的两性解离性质，以及氨基酸等电点计算公式；

（3）掌握蛋白质和氨基酸的理化性质及蛋白质测定方法的基本原理；

（4）掌握肽键和多肽链的基本概念，以及蛋白质一级结构和空间结构的关系及其生理（病理）意义；

（5）理解蛋白质分离纯化常用方法的基本原理与操作；

（6）理解常见氨基酸、蛋白质（多肽）药物的作用特点及药理学活性。

2. 技能目标

（1）能运用凯氏定氮法、考马斯亮蓝法、Folin-酚法等方法进行蛋白质含量的测定和结果计算；

（2）能进行氨基酸等电点的计算；能根据等电点、荷电性质和胶体性质等进行蛋白质的分离纯化；

（3）能解析蛋白质一级结构与蛋白质空间结构和生物学功能的内在关系；

（4）能运用 SDS-PAGE、色谱法、沉淀法等进行蛋白质的分离与纯化。

3. 思政与职业素养目标

（1）通过对吴宪教授与蛋白质变性、我国首次人工全合成活性结晶牛胰岛素等科学典故的学习，了解我国在蛋白质化学领域做出的巨大贡献，增强民族自豪感和爱国情怀；

（2）通过学习了解蛋白质一级结构与空间结构的内在关系及生理、病理意义，培养敬畏生命、尊重生命和关爱生命的职业道德。

导学案例

2008 年 9 月，我国爆发了奶粉污染事件。由于某奶制品公司生产的婴幼儿奶粉中掺入三聚氰胺，婴幼儿食用该问题奶粉后，造成许多孩子发生泌尿生殖系统损害，患上膀胱肾部结石，并导致 4 人死亡。请思考：为什么奶制品生产企业要在奶粉中掺入三聚氰胺，三聚氰胺在化学结构上与蛋白质有何相似之处？三聚氰胺事件让人们对蛋白质含量测定方法有了怎样的再认识？

蛋白质是生物体内一类最重要的含氮有机生物大分子，具有重要的生理作用。无论是低等生物，如病毒、细菌，还是复杂的高等动植物，都含有蛋白质。人体几乎所有的组织器官中都含有不同类型的蛋白质，达到 10 万余种，占人体总固体成分的 45%。微生物中的蛋白质含量也较高，细菌一般含 50% ～ 80%，干酵母含 46.6%。病毒除含有少量核酸外，几乎都由蛋白质组成，甚至朊病毒只含蛋白质而不含核酸。高等植物细胞原生质和种子中也含有较多蛋白质，如大豆蛋白质含量高达 40%。许多重要的生命现象和生理活动都是通过蛋白质来实现的，每一种蛋白质都有其特有的生物学功能，决定生物体代谢类型及生物学特性。人体酶、抗体、凝血因子、多肽激素、转运蛋白、收缩蛋白和调控蛋白等蛋白质在物质代谢、能量代谢、血液凝固、肌肉收缩、细胞信息传导、生长发育以及组织修复等生物过程中发挥着极为重要的作用。可以说，蛋白质是生命活动的物质基础。在医药学领域，目前已经开始大规模生产和应用生物药品，生物药品有效成分多为蛋白质或多肽（如酶、激素等），可从动植物和微生物体内直接提取制备，也可采用现代化生物技术生产。

第一节　蛋白质的分子组成

一、蛋白质的元素组成

生物体内的蛋白质种类很多，结构和功能各异，但组成元素基本相似，主要由碳（50% ～ 55%）、氢（6% ～ 7%）、氧（19% ～ 24%）、氮（13% ～ 19%）和硫（0 ～ 4%）组成，有些蛋白质还含一些微量元素，如 P、Fe、Cu、Zn、Mg、Ca、I 和 Mo 等。不同蛋白质含氮量比较接近，平均为 16%，这是蛋白质元素组成的一个特点，也是运用凯氏定氮法（Kjeldahl method）测定蛋白质含量的计算基础，通过测定蛋白质样品中的含氮量可推算蛋白质的含量。

$$100g \text{ 样品中蛋白质含量（%）} = \text{每克样品含氮克数} \times 6.25 \times 100\%$$

式中，6.25 是 16% 的倒数，即每测得 1g 氮相当于 6.25g 的蛋白质。

凯氏定氮法是通过测定生物样品中氮元素含量，间接求出蛋白质大致含量的方法。在利用凯氏定氮法测定粗蛋白时，由于样品消化时，有些非蛋白物质（如硝基、氨基等）也会游离释放出来，造成测定值偏高，限制了凯氏定氮法的应用。并非所有蛋白质中氮元素含量均为 16%，如肉类、蛋类的换算系数为 6.25，而植物性食物中换算系数偏低，如小麦与大麦为 5.83、花生为 5.46，动物胶为 5.30，大豆为 5.11 等。

扫一扫

蛋白质的化学
组成

二、蛋白质的分类

1. 按分子组成分类

根据分子组成不同，可分为单纯蛋白质和结合蛋白质。单纯蛋白质是指蛋白质分子组成中仅含氨基酸，如清蛋白、球蛋白、鱼精蛋白、谷蛋白、醇溶蛋白、组蛋白及硬蛋白等。结合蛋白质是指蛋白质分子组成中，除含有氨基酸外，还含有非氨基酸组分，如核蛋白、磷蛋白、脂蛋白和糖蛋白等。其中，非蛋白质部分称为辅基，一般通过共价键与蛋白质部分相连。构成蛋白质辅基的种类很多，常见有寡糖、色素化合物、脂质、磷酸、金属离子及核酸等。

2. 按分子形状和溶解度分类

根据形状和溶解度不同，可分为纤维状蛋白质、球状蛋白质和膜蛋白质等。纤维状蛋白质分子结构成长纤维状，由几条肽链绞合成麻花状，具有较好韧性，较难溶于水，在生物体内主要起结构作用，作为细胞坚实的支架或连接各细胞、组织和器官。典型纤维状蛋白质，如大量存在于皮肤、骨骼、结缔组织中的胶原蛋白、弹性蛋白，毛发、指甲中的角蛋白，蚕丝的丝心蛋白等，不溶于水和稀盐溶液。有些纤维状蛋白质，如肌球蛋白和血纤蛋白原可溶于水。球状蛋白质分子形状近似球形或椭圆形，多数可溶于水，生物界绝大部分蛋白质属球状蛋白质，有特异性的生理活性，其疏水性氨基酸侧链位于分子内部，亲水侧链在外部，在水溶液中溶解性好。细胞中大多数可溶性蛋白质，如酶、转运蛋白（血红蛋白、肌红蛋白）、蛋白类激素、免疫球蛋白等都属球状蛋白质。膜蛋白质常与各种膜系统结合存在，其疏水氨基酸侧链伸向外部，因此，不溶于水但能溶于去污剂溶液，膜蛋白质所含亲水氨基酸残基比胞质蛋白质少。

3. 按蛋白质功能

根据功能不同，可分为酶、调节蛋白、运输蛋白、结构蛋白、接头蛋白、保护和防御蛋白、毒蛋白和奇异性蛋白等。也可分为结构蛋白质、活性蛋白质和信号蛋白质 3 大类。目前，蛋白质分类多倾向根据功能分类，结构蛋白质如角蛋白、胶原蛋白等，活性蛋白质如运输蛋白、运动蛋白等，信号蛋白质如 GTP 结合蛋白、受体等。

三、蛋白质的水解

1. 酸水解

常用 6mol/L 的盐酸或 4mol/L 的硫酸在 105 ～ 110℃条件下进行蛋白质酸水解，反应时间约 20h。该法优点是不容易引起水解产物消旋化；缺点是色氨酸会被沸酸完全破坏，并且含有羟基的氨基酸，如丝氨酸或苏氨酸，有一小部分被分解，天冬酰胺和谷氨酰胺侧链的酰胺基被水解成了羧基。

2. 碱水解

蛋白质碱水解常用 5mol/L 氢氧化钠煮沸 10 ～ 20h。该法优点是色氨酸在水解中不受破坏；缺点是部分水解产物发生消旋化。由于水解过程中许多氨基酸都受到不同程度破坏，导致产率不高。

3. 酶水解

蛋白质酶解是指在适宜条件下，使用特定蛋白酶对蛋白质进行特异性水解的方法。目前，用于蛋白质水解的酶已有 10 多种。该法优点是不会破坏氨基酸，也不会发生消旋化；缺点是产物为较小肽段，水解不彻底。

生化与健康

毒也美丽

当肉或鱼烹调不当，或腌制不当时，一种致命的食物中毒——肉毒杆菌中毒可能会发生。毒素来源是肉毒杆菌分泌的肉毒毒素，肉毒杆菌属厌氧型革兰阳性杆菌，一般生活在土壤中，可产生孢子，在不正确加工包装储存的罐头食品或真空包装食品里也能生长。肉毒毒素是一种神经毒素蛋白，本来是单一肽链，后被切成一大一小两条肽链（轻链和重链），通过二硫键相连，是已知毒性最强的物质之一。据估算，1mg 纯的肉毒毒素可杀死 2 亿只小白鼠。1986 年，加拿大 Carruthers 夫妇发现，这种能麻痹肌肉神经的药物可使过度收缩的小肌肉放松，从而达到舒展皱纹的效果，对表情纹特别有效。美国 FDA 已批准肉毒毒素使用于化妆品，用于除皱纹。局部注射肉毒毒素，这种毒素如果能在局部加以控制地使用，可阻止面部肌肉不受控制收缩，而减轻面部变形。但若使用不当，会造成头痛、过敏、复视、表情不自然等不良反应，过量使用有可能扩散到其他地方，而产生强烈副作用，严重可致死。

四、蛋白质的基本结构单位——氨基酸

蛋白质是由氨基酸通过酰胺键（肽键）组成的多聚生物大分子，基本组成单位是氨基酸。

（一）氨基酸的结构

自然界中氨基酸种类超 300 种，构成蛋白质的天然氨基酸只有 20 种，有相应遗传密码子，称基本氨基酸、编码氨基酸或标准氨基酸。与羧基直接相连的碳原子称为 α- 碳原子，其上连接一个氨基，称 α- 氨基酸（脯氨酸为 α- 亚氨基酸）。除甘氨酸外，其他标准氨基酸的 α- 碳原子都是手性碳原子，有 D 型和 L 型之分，天然蛋白质氨基酸均为 L-α- 氨基酸，结构通式如图 2-1 所示。

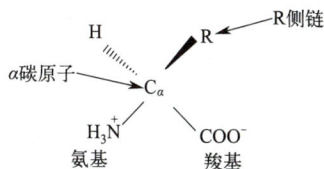

此外，在自然界还存在许多非编码氨基酸，以游离或结合形式存在。有些在代谢中是重要的前体或中间体，发挥重要的生物学功能。如 β- 丙氨酸是构成维生素泛酸的主要成分，D- 苯丙氨酸参与组成抗生素短杆菌肽 S，同型半胱氨酸是甲硫氨酸代谢产物。瓜氨酸、鸟氨酸和精氨酸代琥珀酸是尿素合成中间产物，γ- 氨基丁酸（γ-GABA）是谷氨酸脱羧产物，可以抑制神经递质，在大脑中含量较高。当前，一些非蛋白质氨基酸已被开发并作为药物应用于临床疾病治疗。

图 2-1 氨基酸通式

（二）氨基酸的分类

1. 根据侧链 R 基团化学结构分类

根据 R 侧链结构不同，可分为脂肪族氨基酸、芳香族氨基酸和杂环族氨基酸 3 类。其中，脂肪族氨基酸最多。根据脂肪族氨基酸结构差异，分为一氨基一羧基氨基酸（甘氨酸、丙氨酸、缬氨酸、亮氨酸、异亮氨酸 5 种）、含羟基氨基酸（丝氨酸和苏氨酸 2 种）、含硫氨基酸（半胱氨酸和甲硫氨酸 2 种）、含酰胺基氨基酸（天冬酰胺和谷氨酰胺 2 种）、一氨基二羧基氨基酸（天冬氨酸和谷氨酸 2 种）和二氨基一羧基氨基酸（赖氨酸和精氨酸 2 种），共 15 种。芳香族氨基酸有苯丙氨酸和酪氨酸 2 种。杂环族氨基酸有色氨酸、组氨酸和脯氨酸 3 种。组成蛋白质的 20 种氨基酸如表 2-1 所示。

表 2-1　组成蛋白质的 20 种氨基酸

中文名	英文名	结构式	三字母符号	单字母符号
甘氨酸	Glycine	$H_2N-CH-C(=O)-OH$，CH下为 H	Gly	G
丙氨酸	Alanine	$H_2N-CH-C(=O)-OH$，侧链 CH_3	Ala	A
缬氨酸	Valine	$H_2N-CH-C(=O)-OH$，侧链 $CH-CH_3$，CH_3	Val	V

续表

中文名	英文名	结构式	三字母符号	单字母符号
亮氨酸	Leucine		Leu	L
异亮氨酸	Isoleucine		Ile	I
苯丙氨酸	Phenylalanine		Phe	F
甲硫氨酸（蛋氨酸）	Methionine		Met	M
脯氨酸	Proline		Pro	P
色氨酸	Tryptophan		Trp	W
丝氨酸	Serine		Ser	S
酪氨酸	Tyrosine		Tyr	Y

续表

中文名	英文名	结构式	三字母符号	单字母符号
半胱氨酸	Cysteine	$H_2N-CH-C-OH$ (O), CH_2, SH	Cys	C
天冬酰胺	Asparagine	$H_2N-CH-C-OH$ (O), CH_2, $C=O$, NH_2	Asn	N
谷氨酰胺	Glutamine	$H_2N-CH-C-OH$ (O), CH_2, CH_2, $C=O$, NH_2	Gln	Q
苏氨酸	Threonine	$H_2N-CH-C-OH$ (O), $CH-OH$, CH_3	Thr	T
天冬氨酸	Aspartic acid	$H_2N-CH-C-OH$ (O), CH_2, $C=O$, OH	Asp	D
谷氨酸	Glutamic acid	$H_2N-CH-C-OH$ (O), CH_2, CH_2, $C=O$, OH	Glu	E
赖氨酸	Lysine	$H_2N-CH-C-OH$ (O), CH_2, CH_2, CH_2, CH_2, NH_2	Lys	K

中文名	英文名	结构式	三字母符号	单字母符号
精氨酸	Arginine	$H_2N-CH-C(=O)-OH$，侧链 $CH_2-CH_2-CH_2-NH-C(=NH)-NH_2$	Arg	R
组氨酸	Histidine	$H_2N-CH-C(=O)-OH$，侧链 CH_2-咪唑基	His	H

　　根据氨基酸 R 侧链基团酸碱性质差异，可分为酸性氨基酸、中性氨基酸和碱性氨基酸。酸性氨基酸有天冬氨酸和谷氨酸 2 种，碱性氨基酸有赖氨酸（侧链有氨基）、精氨酸（侧链有胍基）和组氨酸（侧链有咪唑基）3 种，其他氨基酸均归类到中性氨基酸，共 15 种。根据 R 侧链基团极性和带电特性不同，可分成非极性氨基酸（疏水氨基酸）、不带电荷的极性氨基酸、带正电荷氨基酸和带负电荷氨基酸 4 类。带正负电荷的 R 基氨基酸均为亲水性氨基酸（表 2-2）。

表 2-2　按氨基酸 R 基的极性和带电特性分类（pH=7）

氨基酸类别	氨基酸
非极性氨基酸	丙氨酸、缬氨酸、亮氨酸、异亮氨酸、苯丙氨酸、色氨酸、甲硫氨酸、脯氨酸
不带电荷的极性氨基酸	甘氨酸、丝氨酸、苏氨酸、半胱氨酸、酪氨酸、天冬酰胺、谷氨酰胺
带正电荷氨基酸	赖氨酸、精氨酸、组氨酸
带负电荷氨基酸	天冬氨酸、谷氨酸

　　非极性氨基酸共有 8 种，其中，4 种侧链为脂肪烃（丙氨酸、缬氨酸、亮氨酸和异亮氨酸）、2 种侧链含芳环（苯丙氨酸和色氨酸）、1 种侧链含硫（甲硫氨酸）和 1 种含亚氨基酸的脯氨酸，这些氨基酸在水中溶解度比极性氨基酸小，丙氨酸 R 基疏水性最小，介于非极性氨基酸和不带电荷的极性氨基酸之间。不带电荷的极性氨基酸有 7 种，其侧链为不解离的极性基团或亲水性基团，能与水形成氢键。甘氨酸侧链介于极性与非极性之间，半胱氨酸和酪氨酸极性最强。带正电荷的氨基酸为碱性氨基酸，在 pH=7 时带净正电荷，侧链为高极性基团，包括赖氨酸、精氨酸和组氨酸。带负电荷的氨基酸为酸性氨基酸，在 pH=7 时带净负电荷，侧链羧基完全解离，包括天冬氨酸和谷氨酸。

　　20 种基本氨基酸中，脯氨酸与半胱氨酸较为特殊，脯氨酸属亚氨酸，但亚氨酸仍可与另一氨基酸的羧基缩合形成肽键。因 N 在杂环中移动的自由度受限，故肽链走向常常在脯氨酸处形成折角。半胱氨酸巯基最易失质子，极性最强。两个半胱氨酸通过脱氢以二硫键结合形成胱氨酸，蛋白质中有不少半胱氨酸以胱氨酸形式存在。蛋白质组成中，少数蛋白质还存在一些不常见的特有氨基酸，这些氨基酸没有编码密码子，通常是合成后由相应氨基酸残基加工修饰形成，如羟脯氨酸、羟赖氨酸等。

羟脯氨酸(Hyp)　　　　　　羟赖氨酸(Hyl)

2. 根据营养价值分类

根据人体或动物体对氨基酸的需求，以及氨基酸在人体和动物体中的合成情况，可分为必需氨基酸（人体不能合成或合成量较少，不能满足机体需要，需外源提供）、半必需氨基酸和非必需氨基酸 3 个大类。必需氨基酸有 8 种，包括异亮氨酸、亮氨酸、赖氨酸、蛋氨酸（甲硫氨酸）、苯丙氨酸、苏氨酸、色氨酸和缬氨酸。半必需氨基酸 2 种，包括组氨酸和精氨酸。组氨酸是婴幼儿必需氨基酸，若缺乏时会患湿疹。常见氨基酸来源及用途如表 2-3 所示，非蛋白质氨基酸的来源及用途如表 2-4 所示。

知识链接

必需氨基酸记忆口诀

携一两本淡色书来：携（缬氨酸）一（异亮氨酸）两（亮氨酸）本（苯丙氨酸）淡（蛋氨酸）色（色氨酸）书（苏氨酸）来（赖氨酸）；

笨蛋来宿舍晾一晾鞋：笨（苯丙氨酸）蛋（蛋氨酸）来（赖氨酸）宿（苏氨酸）舍（色氨酸）晾（亮氨酸）一晾（异亮氨酸）鞋（缬氨酸）。

【课堂互动】构成蛋白质的 20 种氨基酸，以及存在于多种组织和细胞的非蛋白质氨基酸（约 180 种）有各自的存在方式及生理作用。许多氨基酸在人们生活中以单一制品、添加剂及复合营养品等形式出现，请结合表 2-3 和表 2-4 举例说明或进行课下调研。

表 2-3　常见氨基酸的来源及用途

名称	来源及用途	名称	来源及用途
甘氨酸	胶原中含 25%～30%，可治胃酸过多与肌力衰竭	半胱氨酸	毛发、角质蛋白与动物蹄中，有解毒作用
丙氨酸	丝纤维蛋白中含 25%	天冬氨酸	多数蛋白均有，植物蛋白较多
缬氨酸	卵及乳蛋白中含量 10%	谷氨酸	谷物中，降血氨，治疗肝昏迷
亮氨酸	谷物、玉米蛋白中含量 10%	精氨酸	鱼精蛋白中
异亮氨酸	糖蜜、肉蛋白中含量 10%	赖氨酸	血红蛋白中
苯丙氨酸	一般蛋白含 4%～5%	甲硫氨酸	肉、卵蛋白中，治疗肝病
酪氨酸	乳酪中含量多，明胶中较少	组氨酸	血红蛋白最多，消化溃疡辅助治疗
色氨酸	各种蛋白中均含少量	天冬酰胺	多种蛋白中均有
丝氨酸	丝蛋白中含量丰富，精蛋白中 7.8%	谷氨酰胺	多种蛋白中均有
苏氨酸	酪蛋白中较多，有抗贫血作用	脯氨酸	结缔组织中

表 2-4　非蛋白质氨基酸的来源及用途

名称	来源及用途	名称	来源及用途
β- 丙氨酸	泛酸及辅酶 A 的组成成分	鸟氨酸	尿素生成的中间产物
γ- 氨基丁酸	存在于脑组织中，与脑组织营养及神经传递有关	瓜氨酸	尿素生成的中间产物
高半胱氨酸	甲硫氨酸合成的中间产物		

（三）氨基酸的物理性质

1. 氨基酸的两性电离与等电点

除脯氨酸外，所有编码氨基酸分子中均含有酸性的 α-COOH 和碱性的 α-NH$_2$。在酸性溶液中，氨基酸可与 H$^+$ 结合形成阳离子（—NH$_3^+$）；在碱性溶液中，氨基酸可与 OH$^-$ 结合，失去 H$^+$ 形成阴离子（—COO$^-$）。因此，氨基酸是两性电离物质。氨基酸解离与所处溶液 pH 值有关，同一氨基酸在不同 pH 值条件下解离方式不同，可带正电荷或负电荷。当氨基酸处于某特定 pH 值溶液时，所带正负电荷相等，净电荷为零，成为兼性离子，呈电中性，此时溶液 pH 值称为该氨基酸等电点（pI）。不同氨基酸有不同的 pI。当溶液 pH < pI 时，氨基酸带正电荷；当溶液 pH > pI 时，氨基酸带负电荷。溶液 pH 可改变氨基酸带电性质及电荷数量。

等电点是氨基酸的重要物理常数。一般情况下，pI 值中性氨基酸在 5.0 ~ 6.3，酸性氨基酸在 2.8 ~ 3.2，碱性氨基酸在 7.6 ~ 10.8 之间。氨基酸两性解离与等电点变化见图 2-2。

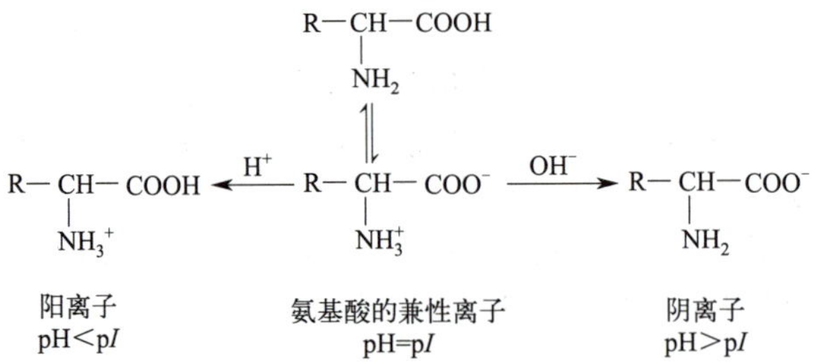

图 2-2　氨基酸的两性解离与等电点

对于中性氨基酸来说，由于其侧链 R 基团不解离，所以 pI=（pK_1' +pK_2'）/2，如甘氨酸、丙氨酸、缬氨酸、亮氨酸、异亮氨酸、丝氨酸、苏氨酸、天冬酰胺、谷氨酰胺、半胱氨酸、甲硫氨酸、苯丙氨酸、酪氨酸、色氨酸和脯氨酸。对于酸性氨基酸来说，由于其结构中含有 3 个可解离基团，在完全质子化的状态下，氨基酸可看作一个三元酸，这是因为其结构中有 3 个可释放质子的位置，一个在 α-COOH 上，一个在 α-NH$_2$ 上，以及侧链上的羧基，因此在完全质子化时，可以电离出 3 个 H$^+$，其 pI=（pK_1' +pK_R'）/2，如天冬氨酸和谷氨酸。而碱性氨基酸 pI=（pK_2' +pK_R'）/2，如赖氨酸、精氨酸和组氨酸。在等电点时，氨基酸溶解度最小，可基于此原理进行氨基酸分离。常见氨基酸表观解离常数和等电点如表 2-5 所示。

表 2-5　常见氨基酸表观解离常数和等电点

氨基酸	pK_1'（α-COOH）	pK_2'（α-NH$_3^+$）	pK_R'（R 基）	pI
甘氨酸	2.34	9.60	—	5.97
丙氨酸	2.34	9.69	—	6.02
缬氨酸	2.32	9.62	—	5.97
亮氨酸	2.36	9.60	—	5.98
异亮氨酸	2.36	9.68	—	6.02
丝氨酸	2.21	9.15	—	5.68
苏氨酸	2.63	10.43	—	6.53
天冬氨酸	2.09	9.82	3.86（β-COOH）	2.97

续表

氨基酸	pK_1'（α-COOH）	pK_2'（α-NH$_3^+$）	pK_R'（R 基）	pI
天冬酰胺	2.02	8.80	—	5.41
谷氨酸	2.19	9.67	4.25（γ-COOH）	3.22
谷氨酰胺	2.17	9.13	—	5.65
精氨酸	2.17	9.04	12.48（胍基）	10.76
赖氨酸	2.18	8.95	10.53（ε-NH$_3^+$）	9.74
组氨酸	1.82	9.17	6.00（咪唑基）	7.59
半胱氨酸	1.71	8.33	10.78（巯基）	5.02
甲硫氨酸	2.28	9.21	—	5.75
苯丙氨酸	1.83	9.13	—	5.48
酪氨酸	2.20	9.11	10.07（酚羟基）	5.66
色氨酸	2.38	9.39	—	5.89
脯氨酸	1.99	10.60	—	6.30

2. 晶体形状

不同氨基酸可形成不同的晶体形状，如 L- 谷氨酸是四角柱形。同一氨基酸在不同结晶体系中形成的晶体也有差异。如脯氨酸在水中晶形为柱状体，在乙醇中为针状晶形。所有氨基酸均为无色晶体，晶形可作为氨基酸鉴定的重要依据。除胱氨酸和酪氨酸外，其他氨基酸都能溶于水，均能溶于稀酸（碱）溶液。除脯氨酸和羟脯氨酸能溶于乙醇或乙醚外，其他均不能溶于有机溶剂。常见氨基酸晶体形状如表 2-6 所示。

表 2-6　常见氨基酸的晶体形状

氨基酸	分子量	晶体形状	氨基酸	分子量	晶体形状
甘氨酸	75.05	白色单斜晶	谷氨酰胺	146.08	—
丙氨酸	89.06	菱形晶体[①]，柱状晶体[②]	精氨酸	174.4	柱状晶[①]，片状晶[②]
缬氨酸	117.09	六角形叶片状晶[②]	赖氨酸	146.13	扁六角形片状晶[②]
亮氨酸	131.11	无水叶片状晶[①]	组氨酸	155.09	叶片状晶[①]
异亮氨酸	131.11	菱形叶片或片状晶[②]	半胱氨酸	121.12	晶粉
丝氨酸	105.06	六角形片或柱状晶	甲硫氨酸（蛋氨酸）	149.15	六角形片状晶
苏氨酸	119.18	斜方晶	苯丙氨酸	165.09	叶片状晶
天冬氨酸	133.6	菱形叶片状晶	酪氨酸	181.09	丝状针晶[①]
天冬酰胺	132.6	—	色氨酸	204.11	六角形叶片状晶
谷氨酸	147.08	四角柱形晶	脯氨酸	115.08	柱状晶[①]，针状晶[②]

① 表示自水中结晶。

② 表示自乙醇中结晶。色氨酸、天冬酰胺、谷氨酰胺在 5mol/L HCl 中不稳定，故在较低的 HCl 浓度下测定。

3. 熔点

由于氨基酸以兼性离子形式存在，熔点比相应羧酸或胺类要高些，一般在 200 ～ 300℃之间。熔点较低的氨基酸如半胱氨酸为 178℃，较高的如酪氨酸为 342℃。常见氨基酸的熔点如表 2-7 所示。

表2-7 常见氨基酸的熔点

氨基酸	熔点/℃	氨基酸	熔点/℃	氨基酸	熔点/℃	氨基酸	熔点/℃
DL-丙氨酸	295*	L-丙氨酸	297*	DL-精氨酸	228*	L-缬氨酸	244*
DL-天冬酰胺	213～215*	L-天冬酰胺	236*	DL-天冬氨酸	278～280*	L-天冬氨酸	269～271*
DL-瓜氨酸	220～221*	L-瓜氨酸	234～237*	L-半胱氨酸	240*	L-半胱氨酸盐酸盐	178*
DL-胱氨酸	260*	L-胱氨酸	258～261*	DL-谷氨酸	225～227*	L-谷氨酸	247～249*
L-谷氨酰胺	184～185*	甘氨酸	292*	DL-组氨酸	285～286*	L-组氨酸	277*
L-组氨酸二盐酸盐	245～246*	L-羟脯氨酸	270*	DL-异亮氨酸	292*	L-异亮氨酸	285～286*
DL-高丝氨酸	184～187*	L-赖氨酸	224*	L-赖氨酸盐酸盐	263～264*	DL-甲硫氨酸	281*
L-甲硫氨酸	283*	DL-鸟氨酸	195	DL-鸟氨酸盐酸盐	225～232*	L-鸟氨酸	226～227*
L-鸟氨酸盐酸盐	230～232*	DL-苯丙氨酸	318～322*	L-苯丙氨酸	283～284*	DL-脯氨酸	213
L-辅氨酸	220～222*	DL-丝氨酸	246*	L-丝氨酸	223～228*	DL-苏氨酸	235*
L-苏氨酸	253*	DL-色氨酸	283～285*	L-色氨酸	281～282*	DL-酪氨酸	316*
L-酪氨酸	342*	DL-缬氨酸	293*	L-精氨酸	315*	L-精氨酸盐酸盐	220*
DL-精氨酸盐酸盐	243～246*	L-高丝氨酸	203*				

注：*表示熔点分解。

4. 味感

各种氨基酸都有一定的味感，味感与氨基酸的结构和构型有关。一般 D 型氨基酸多数有甜味，而 L 型氨基酸有甜、苦、鲜、酸等 4 种味感。其中，疏水性氨基酸多具有苦味，而亲水性氨基酸多具有甜味，天冬氨酸钠盐和谷氨酸钠盐有显著鲜味。常见氨基酸及其盐酸盐的味感如表 2-8 所示。

表2-8 常见氨基酸及其盐酸盐的味感

味感	氨基酸	界限值[1]	甜味	苦味	鲜味	酸味	咸味	氨基酸	界限值*	甜味	苦味	鲜味	酸味	咸味
甜味	甘氨酸	110	+++[2]					羟脯氨酸	50	++	+			
	丙氨酸	60	+++					赖氨酸盐酸盐	50	++	++	+		
	丝氨酸	150	+++			+		谷氨酰胺	250	+		+		
	苏氨酸	260	+++	+		+		脯氨酸	300	+++	++			
苦味	缬氨酸	150	+	+++				色氨酸	90		+++			
	亮氨酸	380		+++				精氨酸	10		+++			
	异亮氨酸	90		+++				精氨酸盐酸盐	30		+++			
	甲硫氨酸	30		+++	+			组氨酸	20		+++			
	苯丙氨酸	150		+++										
酸味	组氨酸盐酸盐	5		+	+++	+		天冬氨酸	3				+++	
	天冬酰胺	100		+	++			谷氨酸	5				+++	
鲜味	天冬氨酸钠	100			+++		+	谷氨酸钠	30			+++		++

①界限值单位为 mg/100mL。
②"+"表示味感强度。

5. 溶解度

由于氨基酸均有 α-氨基和 α-羧基等极性基团，故均能溶于水，但在水中溶解性有显著差异。不同温度条件下，L-氨基酸和 DL-氨基酸在水中的溶解度分别如表 2-9 和表 2-10 所示。

表 2-9 L- 氨基酸不同温度条件下在水中的溶解度

单位：g/100mL

氨基酸	在水中的溶解度					氨基酸	在水中的溶解度				
	0℃	25℃	50℃	75℃	100℃		0℃	25℃	50℃	75℃	100℃
丙氨酸	12.73	16.65	21.79	28.51	37.30	精氨酸	8.3	14.8	40.0	—	174.1
精氨酸盐酸盐	45.0	90.0	144.0	—	900	天冬酰胺	0.85	3.0	9.1	24.1	55
天冬氨酸	0.21	0.50	1.20	2.875	6.989	瓜氨酸	—	12	50		
胱氨酸	0.005	0.011	0.0239	0.0523	0.114	谷氨酸	0.34	0.864	2.186	5.532	14.00
谷氨酰胺	3.6 (18℃)	4.25	4.8 (30℃)	—	—	甘氨酸	14.18	24.99	39.10	54.39	67.17
组氨酸	2.3	4.3	6.4	—	42.8	组氨酸盐酸盐	29.1	39.0	50.1	—	93.5
羟脯氨酸	28.86	36.11	45.18	51.67	70.70	异亮氨酸	3.79	4.117	4.82	6.076	8.22
亮氨酸	2.27	2.426	2.89	3.823	5.64	赖氨酸盐酸盐	53.6	89	111.5	142.8	
甲硫氨酸	3.0	5.6	7.4	—	—	鸟氨酸盐酸盐	—	55	68	86 (60℃)	—
苯丙氨酸	1.983	2.965	4.431	6.624	9.900	脯氨酸	127.20	162.3	206.7	239.0	335.4
丝氨酸	2.20	5.02	10.34	19.21	32.24	苏氨酸	—	10.6	14.1	19.0 (61℃)	—
色氨酸	0.823	1.136	1.706	2.795	4.987	酪氨酸	0.020	0.0453	0.1052	0.2438	0.565
缬氨酸	8.34	8.85	9.62	10.24	—						

表 2-10 DL- 氨基酸不同温度条件下在水中的溶解度

单位：g/100mL

氨基酸	在水中的溶解度					氨基酸	在水中的溶解度				
	0℃	25℃	50℃	75℃	100℃		0℃	25℃	50℃	75℃	100℃
丙氨酸	12.11	16.72	23.00	31.89	44.01	天冬酰胺	—	2.16	—	—	—
天冬氨酸	0.262	0.778	2.000	4.456	8.594	胱氨酸	—	0.003	0.01		
谷氨酸	0.855	2.054	4.934	11.86	28.49	高丝氨酸	—	125	—		
异亮氨酸	1.826	2.229	3.034	4.607	7.802	亮氨酸	0.797	0.991	1.406	2.276	4.206
甲硫氨酸	1.818	3.381	6.070	10.52	17.60	苯丙氨酸	0.997	1.411	2.187	3.708	6.886
丝氨酸	2.204	5.023	10.34	19.21	32.24	苏氨酸	—	20	—	55	
色氨酸	—	0.25	—			酪氨酸	0.0147	0.0351	0.0836		
缬氨酸	5.98	7.09	9.11	12.61	18.81						

6. 旋光性

除甘氨酸外，所有氨基酸均有旋光性，因为 α- 碳原子是不对称碳原子，4 个取代基各不相同，分别为羧基、氨基、氢原子和侧链。由于 α- 碳原子连接的 4 个取代基在空间有不同排布，所以有 D 型和 L 型构象之分，它们为镜像结构或左右手关系，这两种形式称为光学异构体、对映体或立体异构体。氨基酸的其中一个异构体使偏振光平面向左旋转（称左旋，记为 "−"），另一个异构体使偏振光平面向右旋转（称右旋，计为 "+"），两者旋转程度相等。α- 氨基酸具有的这一性质称为旋光性。旋光度除与侧链 R 基性质有关外，还与测定 pH 有关，因为不同 pH 条件下氨基和羧基解离状态不同。比旋度是可以用于氨基酸鉴别和纯度测定的物理常数。常见氨基酸的旋光性如表 2-11 所示。

表 2-11　常见氨基酸的旋光性

氨基酸	比旋度		氨基酸	比旋度	
	水中 /°	5mol/L HCl/°		水中 /°	5mol/L HCl/°
甘氨酸	—	—	谷氨酰胺	+6.3	+31.8（1mol/L HCl）
丙氨酸	+1.8	+14.6	精氨酸	+12.5	+27.6
缬氨酸	+5.6	+28.3	赖氨酸	+13.5	+26.0
亮氨酸	−11.0	+16.0	组氨酸	−38.5	+11.8
异亮氨酸	+12.4	+39.5	半胱氨酸	−16.5	+6.5
丝氨酸	−7.5	+15.1	甲硫氨酸	−10.0	+23.2
苏氨酸	−28.5	−15.0	苯丙氨酸	−34.5	−4.5
天冬氨酸	+5.0	+25.4	酪氨酸	—	−10.0
天冬酰胺	−5.3	+33.2（3mol/L HCl）	色氨酸	−33.7	+2.8（1mol/L HCl）
谷氨酸	+12.0	+31.8	脯氨酸	−86.2	−60.4

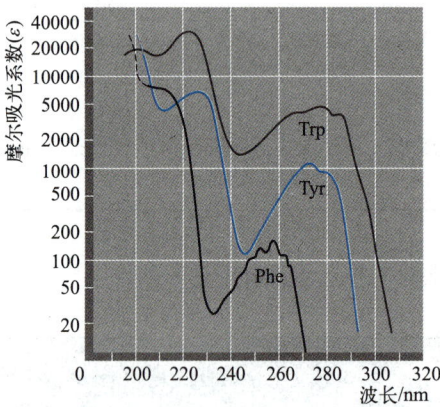

图 2-3　几种芳香族氨基酸的紫外吸收曲线

7. 紫外吸收特性

　　氨基酸在可见光区没有光的吸收，但对于侧链基团含有苯环的氨基酸（酪氨酸、色氨酸和苯丙氨酸），因其含有共轭双键结构，所以对紫外光具有光吸收现象，可吸收一定波长的紫外光。酪氨酸和色氨酸的紫外吸收峰在 280nm 左右，苯丙氨酸的紫外吸收峰在 260nm 左右（图 2-3），其吸光度（A_{280}）与氨基酸浓度在一定范围成正比关系。绝大多数蛋白质均含有这些含芳环侧链的氨基酸（酪氨酸和色氨酸残基），具有共轭双键结构，在 280nm 处也有紫外光吸收现象，因此可以利用蛋白质在 280nm 的吸光度值测定样品中蛋白质含量，该法称为紫外分光法测定蛋白质含量。

8. 疏水性

　　蛋白质在水中的溶解度与氨基酸侧链极性有重要关系。氨基酸侧链的极性基团（带电荷或不带电荷）和非极性（疏水）基团的分布情况与蛋白质溶解性、结构及脂质结合能力等有重要关系。疏水性（G）为 1mol 氨基酸从水溶液转移至乙醇溶液时所产生的自由能变化。不考虑活度系数变化的前提下，$\Delta G° = -RT\ln(S_{乙醇}/S_水)$，$S_{乙醇}$ 和 $S_水$ 分别为氨基酸在乙醇和水中的溶解度，单位为 mol/L。

　　氨基酸结构可分为甘氨酸基和侧链，假定甘氨酸侧链（R=H）的 $\Delta G°$ 为 0，则 $\Delta G° = \Delta G°_{(甘氨酸)} + \Delta G°_{(侧链)}$，所以氨基酸侧链残基的疏水性 $\Delta G°_{(侧链)} = \Delta G° - \Delta G°_{(甘氨酸)}$。氨基酸侧链残基的疏水性常用 Tanford 法测定。$G°_{(侧链)}$ 数值较大时，表示该氨基酸侧链是疏水的，通常位于蛋白质结构内部。疏水性数值为较大负值时，该氨基酸侧链为亲水的，常位于蛋白质结构的外部。赖氨酸是一个例外，该氨基酸为亲水性氨基酸，但疏水值却为正数，这是由于赖氨酸分子中含有 4 个易溶于有机相的亚甲基。常见氨基酸侧链的疏水性如表 2-12 所示。

表 2-12 常见氨基酸侧链的疏水性

氨基酸	$\Delta G^{\circ}_{(侧链)}$/(kJ/mol)	氨基酸	$\Delta G^{\circ}_{(侧链)}$/(kJ/mol)	氨基酸	$\Delta G^{\circ}_{(侧链)}$/(kJ/mol)
丙氨酸	2.09	亮氨酸	9.61	精氨酸	3.10
赖氨酸	6.25	天冬酰胺	0	甲硫氨酸	5.43
天冬氨酸	2.09	苯丙氨酸	10.45	半胱氨酸	4.18
脯氨酸	10.87	谷氨酰胺	−0.42	丝氨酸	−1.25
谷氨酸	2.09	苏氨酸	1.67	甘氨酸	0
色氨酸	14.21	组氨酸	2.09	酪氨酸	9.61
异亮氨酸	12.54	缬氨酸	6.27		

（四）氨基酸的化学性质

1. α- 氨基参与的反应

（1）与亚硝酸反应　氨基酸的游离 α- 氨基可与亚硝酸反应生成 α- 羟基酸和氮气，反应式如下：

该反应生成的 N_2 中，有 50% 氮来自氨基酸，50% 来自亚硝酸，通过测定 N_2 生成量，可换算出蛋白质的含量，是范式（Van Slyke）定氮法的理论基础。$\varepsilon\text{-}NH_2$ 与 HNO_2 反应较慢，脯氨酸为亚氨基酸结构，没有游离 α- 氨基，不能与 HNO_2 反应。组氨酸和色氨酸被环结合的 N 也不能发生此反应。赖氨酸除了 α- 氨基外，含有的 ε- 氨基也能与亚硝酸反应生成氮气，但反应速率较慢，控制反应时间在 3 ～ 4min，α- 氨基可作用完全。

（2）酰基化和烃基化反应　氨基酸的氨基可与酰基化试剂或烃基化试剂反应，α- 氨基上的 H 原子被酰基或烃基取代生成相应的产物，其反应通式为：

R′为酰基或烃基，X为卤素(Cl或F)

该取代产物对氨基酸的氨基有保护作用，在多肽及蛋白质人工合成时常用于保护氨基，以及蛋白质一级结构测定时进行 N 末端氨基酸分析与测定。常用酰基化试剂有苄氧甲酰氯、叔丁氧甲酰氯、对甲苯磺酰氯、邻苯二甲酸酐、丹磺酰氯等。常用烃基化试剂有 2,4- 二硝基氟苯（DNFB，Sanger 试剂）和苯异硫氰酸酯（PITC）。DNFB 在弱碱性溶液中与氨基酸发生取代反应，生成黄色化合物二硝基苯基氨基酸（DNP- 氨基酸），常用来鉴定蛋白质和多肽的 N 末端氨基酸残基。

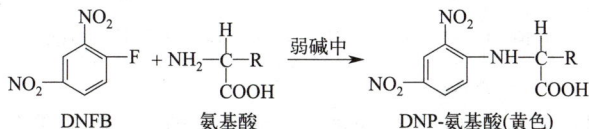

苯异硫氰酸酯（PITC）和氨基酸反应比较特殊，在弱碱性条件下，先和氨基酸反应生成烃基化产物苯氨基硫甲酰氨基酸（PITC-AA），在硝基甲烷中与酸作用发生环化，生成苯乙内酰硫脲衍生物（PTH-AA），此反应在多肽和蛋白质氨基酸序列分析中具有重要作用。

异硫氰酸苯酯
(PITC)

多肽

PITC-多肽

无水
R³CCOOH

除去原多肽链上
N端残基

噻唑啉酮衍生物

H+

PTH-氨基酸

（3）脱氨基反应　氨基酸在氧化剂或氨基酸氧化酶的作用下发生氧化脱氨反应生成相应的 α- 酮酸。氧化脱氨基包括脱氢和水解两个反应，脱氢产物是亚氨基酸，能自发分解生成 α-酮酸和氨。该反应是生物体氨基酸分解代谢的第一步，氨基酸只有脱除氨基后才能进行体内的代谢。

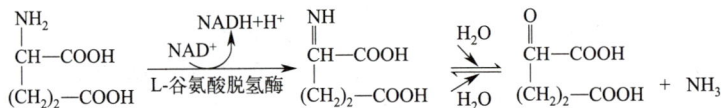

2. α- 羧酸参加的反应

（1）成盐或成酯反应　氨基酸成盐或成酯反应常在多肽与蛋白质合成中应用。

氨基酸与碱作用（如 NaOH）即生成盐，如氨基酸钠盐。氨基酸重金属盐不溶于水。氨基酸羧基与醇反应可生成酯。如在干燥 HCl 气体条件下，氨基酸与无水甲醇或乙醇反应可生成相应的甲酯或乙酯。氨基酸成盐或成酯后，羧基被保护，氨基化学性质加强，容易与酰基、烃基等发生取代反应。但有一个例外，氨基酸与对硝基苯酚生成相应对硝基苯酯后，羧基反应活性反而增强了，易发生酰化反应，这种酯称为活化酯。

（2）成酰氯反应　氨基酸的氨基经保护后，结构上的羧基可与五氯化磷或二氯亚砜等反应生成相应的酰氯，羧基被活化，容易与另一个氨基酸的氨基形成肽键，在人工合成多肽中经常使用。

（3）叠氮反应　氨基酸的氨基用适当基团保护后，羧基经酯化后生成相应的酯，再与肼和亚硝酸反应生成叠氮化合物，使羧基被活化，也常应用于多肽的人工合成。

（4）脱羧基反应　氨基酸在体内脱羧酶催化下，脱去羧基生成相应伯胺并放出 CO_2。脱羧酶有严格专一性。一种氨基酸脱羧酶只能催化一种氨基酸脱羧。氨基酸发酵过程中，可利用该反应进行氨基酸产量测定，加入特定氨基酸脱羧酶后，利用瓦勃呼吸计可以定量测定 CO_2 量，从而进行氨基酸的计量。

3. α- 氨基和 α- 羧基共同参加的反应

（1）茚三酮反应　在弱酸性条件下，氨基酸与茚三酮水合物共热时，氨基酸氧化脱氨、脱羧，而茚三酮水合物被还原，其还原物与氨结合，再与另一分子茚三酮缩合成为蓝紫色化合物，该蓝紫色化合物最大吸收波长为 570nm，其颜色深浅与蛋白质浓度呈正比，茚三酮反应非常灵敏，可用于氨基酸和蛋白质的定性与定量分析。

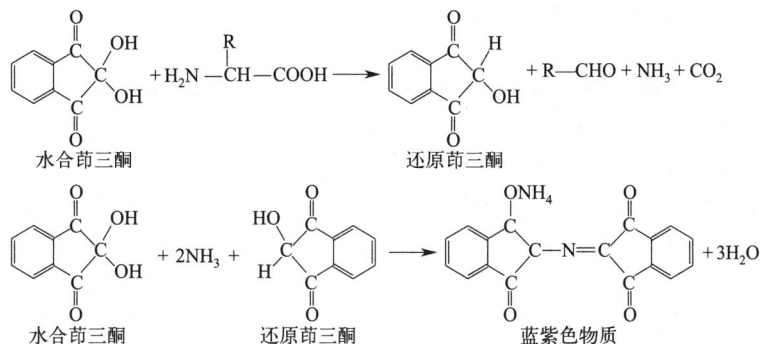

氨基酸在 $0.5 \sim 50\mu g/mL$ 范围内，含量与吸光度值成正比。脯氨酸是亚氨基酸，与茚三酮反应生成一种黄色物质，其最大吸收波长在 440nm 处。

（2）合成肽反应　一个氨基酸的氨基与另一个氨基酸的羧基之间脱水缩合生成酰胺化合物，形成的酰胺键为肽键。由两个氨基酸组成的肽称为二肽。两种不同的氨基酸可形成两种二肽，三种不同的氨基酸可形成 6 种三肽，n 种不同的氨基酸可以形成 $n!$ 种不同的多肽。

4. 侧链 R 基参与的反应

氨基酸侧链 R 基团上存在可发生多种化学反应的官能团，如 Ser 和 Thr 的羟基、Tyr 的酚羟基、Cys 的巯基、Trp 的吲哚基、His 的咪唑基、Arg 的胍基、Met 的甲硫基、Lys 的 ε- 氨基、Asp 和 Glu 的侧链羧基等。侧链参与的化学反应可用于氨基酸的定性定量分析和蛋白质化学修饰。

（1）半胱氨酸巯基参与的反应　半胱氨酸巯基（—SH）化学性质很活泼，在较弱的氧化剂作用下，两个 Cys 巯基之间发生氧化形成二硫键，产物是胱氨酸，反应可逆。

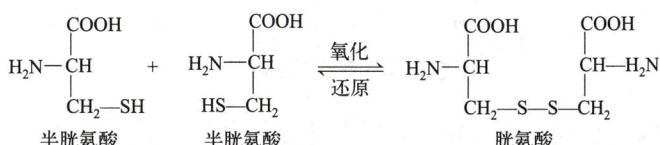

在还原剂如 β- 巯基乙醇、二硫苏糖醇等作用下，胱氨酸—S—S—键打开重新形成两个

Cys。二硫键广泛存在于蛋白质分子中，可存在于同一条肽链中，也可以是两条肽链之间的连接键，对于稳定蛋白质空间结构有重要作用。在较强氧化剂如过甲酸作用下，巯基或二硫键被氧化成磺酸基，此反应不可逆，常用于蛋白质一级结构测定时打开二硫键。巯基易与烷化剂，如碘乙酸、对氯汞苯甲酸等作用生成相对稳定的烷基化衍生物。当烷化剂与巯基作用后可使这些蛋白质失去活性。

（2）酪氨酸酚羟基参与的反应　酪氨酸酚羟基在碱性条件可使 Folin- 酚试剂（含磷钼酸和磷钨酸）还原生成钼蓝和钨蓝，产物在 680nm 有最大光吸收，利用 Folin- 酚试剂可进行酪氨酸含量测定。因大多数蛋白质含有酪氨酸，可用 Folin- 酚法进行定量测定，也可用于蛋白酶酶活力测定。Tyr 酚基在羟基两侧的 3 位和 5 位容易发生亲电取代反应，如碘化和硝化，还可和重氮化合物结合生成橘黄色化合物（Pauly 反应），也可用于酪氨酸测定。氨基酸侧链基团参与的部分化学反应如表 2-13 所示。

表 2-13　氨基酸侧链基团的部分化学反应

反应基团	反应种类	重要性和应用
苯环[①]	与浓硝酸作用产生黄色物质	黄蛋白反应，可用于蛋白质定性分析
Tyr 的酚基	（1）Folin- 酚试剂反应生成蓝色物质	可用于 Tyr 及蛋白质定性定量分析
	（2）和重氮化合物反应生成橘黄色物质	Pauly 反应基础，用于检测 Tyr
	（3）与 $HgNO_3$、$Hg(NO_3)_2$ 和 HNO_3 生成红色	Millon 反应基础，用于检测 Tyr
Trp 的吲哚基	（1）与乙醛酸及浓硫酸作用生成紫红色物质	可用于 Tyr 及蛋白质的定性定量分析
	（2）与 Folin- 酚试剂反应生成蓝色物质	
Arg 的胍基	（1）碱性条件下与 α- 萘酚和次溴酸盐生成红色物质	Sakaguchi 反应基础，可用蛋白质定性
	（2）与硝酸反应生成硝基取代产物	可作为胍基保护剂，用于人工合成肽
His 的咪唑基	咪唑基中亚氨基与三苯甲基或磷酸基结合	有保护咪唑基的作用
Cys 的巯基	（1）—SH/—S—S—之间相互转化	组成氧化还原体系，维持蛋白质结构
	（2）氧化成磺酸基	Cys 代谢中的反应，打开二硫键
	（3）与烷化剂作用	作为巯基酶的抑制剂
羟基[②]	通过乙酰化、磷酸化作用成酯	人工合成肽时保护羟基，是生物体内对蛋白质修饰调控的重要手段

① 如 Phe、Trp 和 Tyr。

② 如 Ser 和 Tyr。

五、肽和肽键

（一）肽键

肽键是氨基酸的 α- 羧基和另一个氨基酸的 α- 氨基缩合脱去 1 分子水形成的酰胺键（图 2-4）。

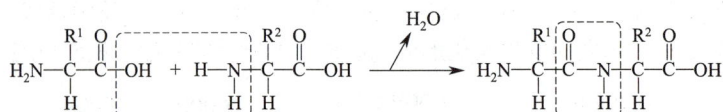

图 2-4　肽键形成及结构

酰胺键为特殊共价键，较稳定。从键长来看，肽键键长（0.132nm）介于 C—N 单键（0.147nm）和双键（0.127nm）之间，具有部分双键性质，其 C═O 具有部分单键性质，肽键不能自由旋转。从键角看，肽键中键与键的夹角均为120°。与肽键相连的 6 个原子（$C_{\alpha 1}$、C、O、N、H、$C_{\alpha 2}$）始终处在同一平面上，称"肽键平面""酰胺平面"或"肽单元"（图 2-5）。与 C—N 相连的氢和氧原子与两个 α 碳原子呈反向分布。

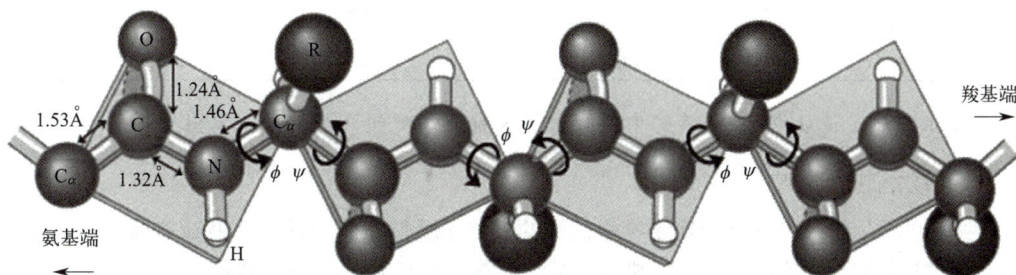

图 2-5　肽单元结构（见彩图）

1Å=0.1nm

（二）肽

肽是氨基酸的线性聚合物，由氨基酸通过肽键形成。由 2 个氨基酸形成的肽称为二肽，3 个氨基酸形成的肽称为三肽。10 个以下氨基酸形成的肽常称为寡肽，10 个以上氨基酸形成的肽称为多肽。多肽为链状结构，也称多肽链。多肽链中形成肽链的原子和 α 碳原子交替重复排列构成主链骨架，伸展在主链两侧的 R 基称为侧链。蛋白质分子结构可含有一条或多条共价主链和许多侧链。多肽链有游离 $\alpha\text{-}NH_2$ 的一端称为氨基末端或 N 端，有游离 $\alpha\text{-}COOH$ 的一端称为羧基末端或 C 端（图 2-6）。肽链中的氨基酸因形成肽键而分子不完整，故称其为氨基酸残基。

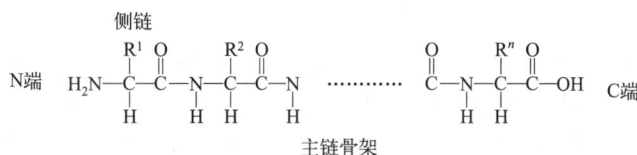

图 2-6　多肽链结构

表示蛋白质（或肽）分子时，常以氨基末端的氨基酸为第 1 个氨基酸残基。习惯命名时，从氨基末端开始，在每个氨基名称后面加上"酰"字，阅读时，常由左至右进行。如下列由甘氨酸和丙氨酸组成的二肽，由于氨基酸的顺序不同，可生成甘氨酰丙氨酸和丙氨酰甘氨酸两种二肽。

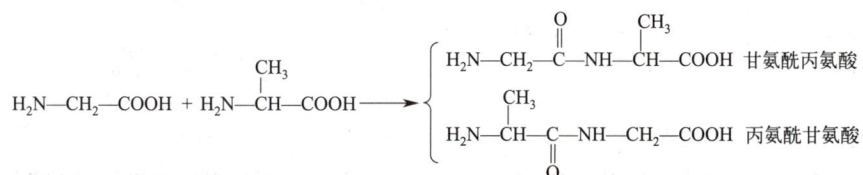

由两种不同氨基酸组成的二肽有两种异构体，而由 20 种不同氨基酸组成的二十肽其异构体有 2×10^{18} 种，这就可以解释为什么蛋白质结构具有多样性了。不同蛋白质分子，由于其组成的氨基酸种类不同以及氨基酸排列顺序不同，就构成了自然界的蛋白质的多样性（表 2-14）。

表 2-14　氨基酸分子数与肽键数的关系

氨基酸分子数	肽	肽键数	脱水分子数
2	二肽	1	1
3	三肽	2	2
……	……	……	……
n	N 肽	$n-1$	$n-1$

【课堂互动】请从 20 种氨基酸中任意选择 5 种氨基酸组合成五肽，写出结构，给予命名。

（三）生物活性肽

生物体内存在许多具有特殊生物学活性的低分子量肽，有三肽、寡肽或多肽，如催产素、加压素、舒缓激肽、谷胱甘肽、抗利尿激素、血管紧张素Ⅱ、β- 内啡肽及表皮生长因子等（表 2-15），在能量代谢、物质代谢及代谢调控及神经传导等过程中发挥重要生物学功能。

表 2-15　体内重要的生物活性肽

肽（激素）中文名称	氨基酸残基数	生理功能
抗利尿激素	9	维持体内水平衡和渗透压
催产素	9	强烈刺激子宫收缩
促甲状腺激素释放激素	3	促进垂体分泌促甲状腺激素
脑啡肽	5	与痛觉的调节及情绪活动有关
β- 内啡肽	31	主要涉及疼痛、心血管和免疫等相关功能
P 物质	11	传递痛觉，使肠道收缩等作用
表皮生长因子	53	调节表皮细胞生长、分化，促进伤口愈合
血管紧张素Ⅱ	8	使血管收缩，刺激醛固酮分泌，升高血压

1. 谷胱甘肽

还原型谷胱甘肽（GSH）是由谷氨酸 γ- 羧基与半胱氨酸和甘氨酸通过肽键形成的三肽（图 2-7），巯基是谷胱甘肽的主要功能基团，具有还原性，具有保护细胞膜结构和细胞内酶蛋白分子巯基还原性，使蛋白质或酶处于活性状态。H_2O_2 是细胞内产生的重要氧化剂，可氧化蛋白质巯基并破坏其功能。在谷胱甘肽过氧化酶催化下，GSH 可还原细胞内产生的 H_2O_2 变成 H_2O，同时，GSH 被氧化成氧化型谷胱甘肽（GSSG），氧化型谷胱甘肽在谷胱甘肽还原酶催化下再生成 GSH（见图 2-8）。巯基还具有嗜核特性，能与外源嗜电子毒物，如致癌剂、药物、重金属离子等结合，避免这些毒物与 DNA、RNA 及蛋白质结合，保护机体免遭毒物损害，并促使其排出体外。

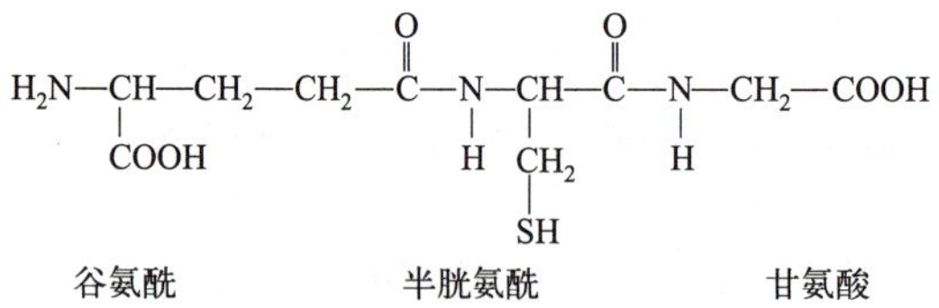

图 2-7　还原型谷胱甘肽（GSH）

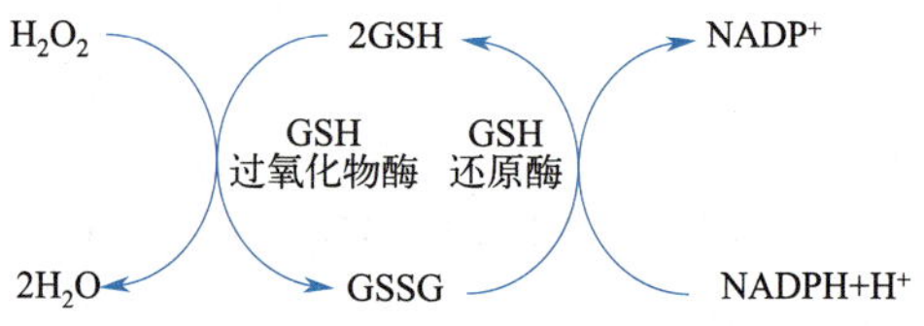

图 2-8　谷胱甘肽巯基的还原保护作用

2. 多肽类激素和神经肽

人体内许多激素属于寡肽或多肽，如催产素（9 肽）、加压素（9 肽）、促肾上腺皮质激素（39 肽）、促甲状腺激素释放激素（3 肽）等，均具有重要生理功能。催产素是由 9 个氨基酸残基组成的多肽类激素，链内有一个二硫键（图 2-9），具有种属特异性，能使多种平滑肌收缩（特别是子宫肌肉），具有催产（使子宫收缩，分娩胎儿）及促使乳腺排乳作用，黄体酮可抑制催产素的作用。加压素又称抗利尿激素，与催产素相比，只有两个氨基酸残基不同（图2-9）。加压素无种属特异性，能使小动脉收缩而增高血压，也有减少排尿作用，是调节水代谢的重要激素。

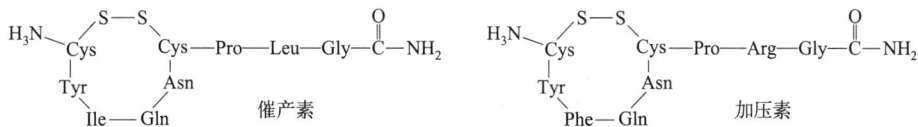

图 2-9　催产素与加压素的化学结构

促肾上腺皮质激素（ACTH）是由 39 个氨基酸残基组成的单链多肽（图 2-10），可促进体内储存的胆固醇在肾上腺皮质中转化成肾上腺皮质酮，并刺激肾上腺分泌激素。医学上，可用 ACTH 来诊断肾上腺皮质的生理状况以及治疗痛风、气喘、皮肤病等疾病。

图 2-10　促肾上腺皮质激素化学结构式

图 2-11　促甲状腺激素释放激素化学结构式

促甲状腺激素释放激素（TRH）是一个特殊的三肽（图 2-11），N 末端谷氨酸环化为焦谷氨酸，C 末端脯氨酸酰化为脯氨酰胺，由下丘脑分泌，可促进垂体分泌促甲状腺激素。

在神经传导过程中起信号转导作用的肽类称为神经肽，如脑啡肽（5 肽）、β- 内啡肽（3 肽）和强啡肽（17 肽）等，它们与中枢神经系统产生痛觉抑制作用密切相关，可被用于临床镇痛治疗。此外，还包括 P 物质（10 肽）、神经肽 Y 等，发挥神经递质作用，是中枢神经系统调控机体功能的一类重要化学物质。脑啡肽是一类比吗啡更有镇痛作用的五肽物质。1975 年底明确其结构，并从猪脑中分离出两种类型，Met- 脑啡肽结构为 Tyr-Gly-Gly-Phe-Met，Leu- 脑啡肽结构为 Tyr-Gly-Gly-Phe-Leu。由于脑啡肽类物质是高等动物脑组织中原来就有的，对其进行深入研究不仅有可能人工合成出一类既有镇痛作用而又不会成瘾的药物，而且更重要的是为分子神经生物学的研究开阔了思路。目前发现 3 种内啡肽，分别称为 α- 内啡肽、β- 内啡肽、γ- 内啡肽，β- 内啡肽镇痛作用最强，α- 内啡肽和 γ- 内啡肽除有镇痛作用外，还对动物行为起调节作用。强啡肽有较强吗啡类活性与镇痛作用，是 Met- 脑啡肽的 700 倍、Leu- 脑啡肽的 50 倍。

3. 多肽类抗生素

抗生素是一类能抑制或杀死细菌的药物，有些抗生素也属肽或肽衍生物，如短杆菌肽 S、短杆菌肽 A、缬氨霉素、多黏菌素 E、放线菌素 D、博来霉素等。目前，研究发现很多小肽具有多种生理功能，可作为药物。由于含量极微而难以分提纯化，故化学合成小肽成为重要的研发途径。

第二节　蛋白质的分子结构

根据肽链折叠方式与复杂性，蛋白质分子结构可分为一级结构和空间结构。一级结构是空间结构的基础，也是蛋白质生物功能的基础，决定蛋白质的空间结构与功能。空间结构也称高级结构，包括二级、三级和四级结构。一条以上的多肽链按一定的方式组合成具有特定结构的生物活性大分子。肽链数目、氨基酸组成及其排列顺序不同，形成不同的蛋白质。蛋白质与多肽并无严格界限，通常将分子量 > 6000 以上的多肽称为蛋白质。蛋白质分子量变化范围很大，从 6000 到 10^8，甚至更大。蛋白质结构不同层次逻辑关系为：一级结构→二级结构→超二级结构→结构域→三级结构→亚基→四级结构（图 2-12）。

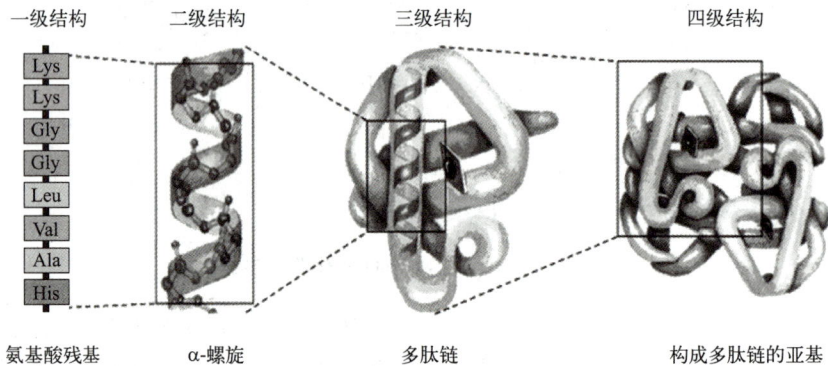

图 2-12　蛋白质的结构层次

一、蛋白质的一级结构

蛋白质一级结构是指多肽链中氨基酸残基的组成及排列顺序，也称初级结构或基本结构。一般指 N 端至 C 端的氨基酸残基排列顺序。氨基酸排列顺序是由遗传密码决定的，是蛋白质作用特异性、空间结构差异性和生物学功能多样性的基础。一级结构包括多肽链数目、每条多肽链氨基酸残基顺序以及多肽链内或链间二硫键数量和位置等。维持一级结构的主要作用键是肽键，有些还含有少量二硫键（—S—S—），二硫键是维持一级结构的重要键，可存在于链内或链间。牛胰岛素（图 2-13）是第 1 个被测定一级结构的蛋白质分子。1954 年，Sanger 报道了胰岛素的一级结构，并获得 1958 年诺贝尔化学奖。

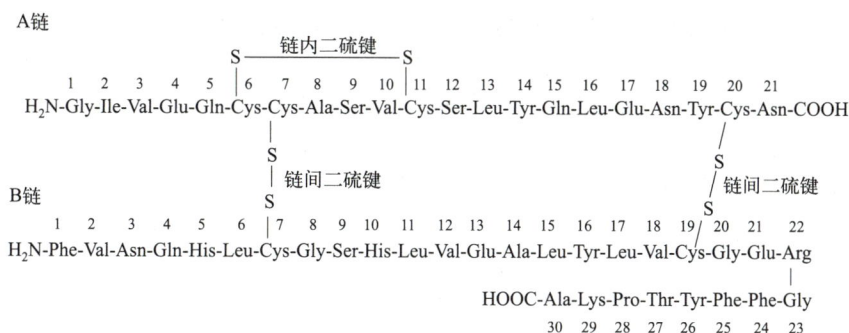

图2-13　牛胰岛素一级结构

1965年，我国科研人员根据牛胰岛素的氨基酸残基顺序，人工合成了具有生物活性的牛胰岛素，第一次成功地完成了蛋白质的全合成，为生物化学发展做出了重大贡献。牛胰岛素由A链和B链组成，共51个氨基酸残基，A链和B链分别有21个和30个氨基酸残基。牛胰岛素有3个二硫键，1个位于A链链内，由A链第6位和第11位半胱氨酸巯基脱氢形成，称链内二硫键。另外2个位于链间，称链间二硫键。人胰岛素也由两条多肽链组成，共51个氨基酸残基，A链和B链也分别含21个和30个氨基酸残基，有2个链间二硫键和1个链内二硫键（见图2-14）。

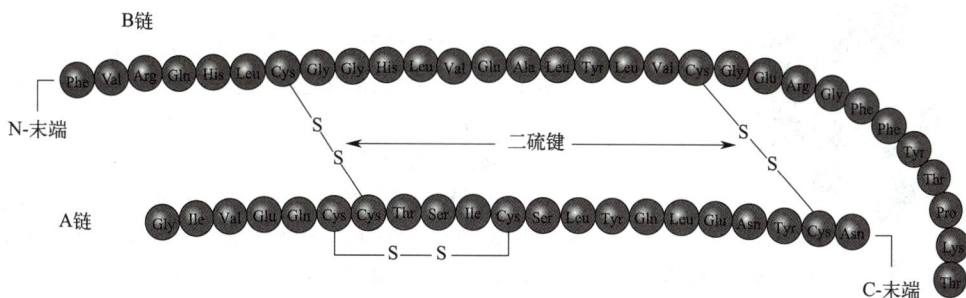

图2-14　人胰岛素的一级结构

生化与医药

门冬胰岛素

门冬胰岛素是通过基因工程方法生产的人胰岛素类似物，与人胰岛素一级结构的差异在于其B28位氨基酸残基由中性的脯氨酸变成了酸性的天冬氨酸，没有改变其作用于糖的活性，但改变了其在皮下组织液中的吸收速率，是临床上广泛使用的起效更快的超短效胰岛素。

科学典故与课程思政

世界上首次人工合成结晶牛胰岛素

1958年，中国科学院上海生物化学研究所的科研人员最早提出研究"人工合成胰岛素"这一意义重大、难度很高的科研项目。1959年，该项目被列入国家科研计划并获得国家机密研究计划代号"601"，意为"六十年代第一大任务"。项目立项后，组建科研团队，确定研究方向，克服重重困难。首先建立了氨基酸的生产工艺，保证研究过程中氨基酸的供应。1961年10月，对天然牛胰岛素的拆分与重组的研究成果发表并进一步摸索条件，将天然牛胰岛素

A、B 链重组生成胰岛素的产率提高到 50% 左右，进而确定先分别合成 A、B 两条链，然后进行组合的全合成牛胰岛素的研究策略。历经近 7 年科研攻关，中国科学家们在世界上第一次人工全合成了与天然牛胰岛素分子化学结构相同并具有完整生物活性的蛋白质。这一成果标志着人工合成蛋白质时代的开始，人类在揭示生命本质的征途上实现了里程碑式飞跃，是我国前沿研究的典范和中国自然科学基础研究的重大成就。

二、蛋白质的二级结构

蛋白质空间结构包括二级结构、三级结构和四级结构，是在一级结构基础上通过旋转、折叠、转曲等形成的高级结构，也称立体结构和空间构象，空间结构决定蛋白质的性质和功能。维持蛋白质空间结构的作用力包括氢键、范德华力、疏水作用力以及共价键和配位键等。蛋白质二级结构是指局部多肽链的主链骨架若干单元盘绕折叠形成的空间结构，是主链结构，不涉及氨基酸侧链构象，是蛋白质构象单元。肽平面相对旋转角度不同，构成不同类型二级结构，包括 α- 螺旋、β- 折叠、β- 转角和无规则卷曲等。二级结构主要作用力是主链内或主链间所形成的氢键。

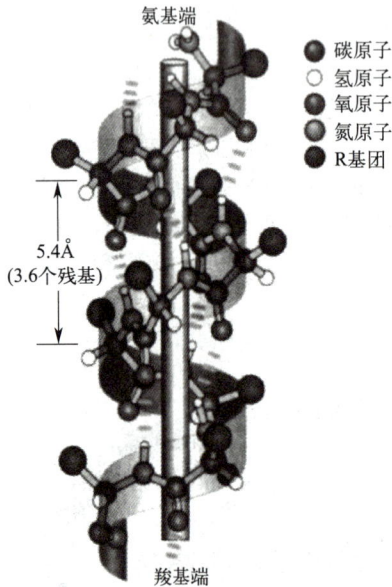

氨基端

- ● 碳原子
- ○ 氢原子
- ● 氧原子
- ● 氮原子
- ● R 基团

5.4Å
(3.6个残基)

羧基端

图 2-15　α- 螺旋结构（见彩图）

1Å=0.1nm

1. α- 螺旋

α- 螺旋是最稳定的二级结构，广泛存在于各类蛋白质中，第一个被阐明的蛋白质（肌红蛋白）二级结构几乎都是 α- 螺旋，其结构如图 2-15 所示。

α- 螺旋结构的特点：

① 以肽单元为基本单位，以 α- 碳原子为折点绕其分子长轴顺时针旋转，盘绕形成右手螺旋（也可以是左手螺旋）。螺旋一圈需 3.6 个氨基酸残基，螺距 0.54nm，每个氨基酸残基高度为 0.15nm，肽键平面与螺旋长轴平行。

② 相邻 2 个螺旋之间形成氢键，氢键由两个氨基酸残基的羰基氧（C＝O）与间隔第 4 个氨基酸残基氨基氢（N—H）形成，是维持二级结构稳定性的主要作用力。氢键取向与中心轴基本平行。肽链中所有肽键的 N—H 和 C＝O 都可形成氢键。

③ 氨基酸残基 R 侧链分布在螺旋外侧，其形状、大小及电荷影响 α- 螺旋的形成和稳定性。如多肽中连续存在酸性或碱性氨基酸，由于电荷排斥，阻止链内氢键形成，不利于 α- 螺旋形成。较大的氨基酸残基 R 侧链（如异亮氨酸、苯丙氨酸、色氨酸等）集中的区域，因空间位阻，也不利于 α- 螺旋形成。脯氨酸或羟脯氨酸残基也阻碍 α- 螺旋形成，因其 N 原子位于吡咯环中，C_a—N 单键不能旋转，加之其 α- 氨基形成肽键后，N 原子无氢原子，不能生成维持 α- 螺旋所需的氢键。所以，氨基酸组成和排列顺序对 α- 螺旋形成和稳定性有决定性影响。

α- 螺旋是蛋白质分子中最常见的二级结构形式，在蛋白质表面存在的 α- 螺旋常具有两性特点，即由几个疏水氨基酸残基组成的肽段与亲水氨基酸残基组成的肽段交替出现，这类蛋白质可在极性或非极性环境中存在，这种两性 α- 螺旋可见于血浆脂蛋白、多肽激素及钙调蛋白激酶等。肌红蛋白和血红蛋白分子中有许多肽段成 α- 螺旋结构。毛发角蛋白、肌肉肌球蛋白及胶原蛋白类、血凝块中纤维蛋白，多肽链几乎全卷曲成 α- 螺旋。数条 α- 螺旋的多肽链缠绕起来，形成缆索，从而增强了其机械强度，并具有可伸缩性。

🔲 生化与健康

烫发的原理

很多女性为了美丽都喜欢烫发，烫发原理是什么？烫发就是使用化学和物理方法，使自然直发形成卷曲形状。目前，烫发主要方法为化烫。烫发时，物理性地将头发卷在不同直径与形状的卷芯上，在烫发水第一剂作用下，大约有45%的二硫键被切断，变成单硫键。单硫键在卷芯的影响下，产生挤压而移位并留下许多空隙。烫发水第二剂中的氧化剂进入发体后，在这些空隙中膨胀变大，使原来的单硫键无法回到原位，而与其他一个与之相邻的单硫键重新组成一组新的二硫键，使头发中原来的二硫键的角度产生变化，从而使头发长时间地变卷。

【课堂互动】什么蛋白质是由α-螺旋组成的？请以人体内的蛋白质为例，实例说明。

2. β-折叠

β-折叠又称β-片层，其结构如图2-16所示。

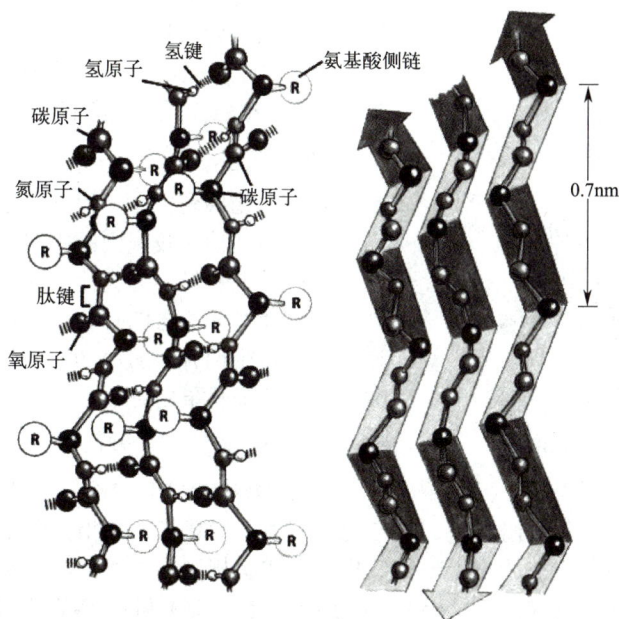

图2-16　β-折叠结构

β-折叠结构的特点：

① 主链走向呈折叠纸状，以C_α为旋转点，相邻肽键平面依次折叠成锯齿状，平面之间夹角为110°，R侧链交错伸向锯齿样结构左下方。

② 两条以上肽链（或同一条多肽链的不同部分）平行排列，相邻肽链之间靠肽键的羧基氧（C＝O）和氨基氢（N—H）形成氢键相连，氢键方向与肽链长轴垂直。

③ 有顺式和反式两种结构。β-折叠形成需要一定条件，肽链中氨基酸残基R较大造成空间位阻或同种电荷的相互排斥都会妨碍β-折叠形成，肽链N端在同侧为顺式，两残基间距为0.65nm；在不同侧为反式，两残基间距为0.70nm。反式结构比顺式结构要稳定。链间有氢键相连。氢键也是维持β-折叠结构的主要作用力。形成β-折叠的氨基酸残基较小且不带同种电荷。如甘氨酸和丙氨酸在β-折叠中出现频率较高。纤维状蛋白、丝心蛋白（蚕丝蛋白）几乎都是β-折叠结构，一级结构存在大量甘氨酸、丙氨酸和丝氨酸。一些球状蛋白也含有β-折叠。

蛋白质二级结构并非单纯 α- 螺旋或 β- 折叠结构，而是不同类型构象组合，只是各占比例不同而已（表 2-16）。

表 2-16　部分蛋白质中 α- 螺旋或 β- 折叠的占比

蛋白质名称	α- 螺旋	β- 折叠	蛋白质名称	α- 螺旋	β- 折叠	蛋白质名称	α- 螺旋	β- 折叠
血红蛋白	78%	0	羧肽酶	38%	17%	溶菌酶	40%	12%
细胞色素 C	39%	0	核糖核酸酶	26%	35%	凝乳蛋白酶	14%	45%

【课堂互动】什么蛋白质是由 β- 折叠组成的？请举出实例。

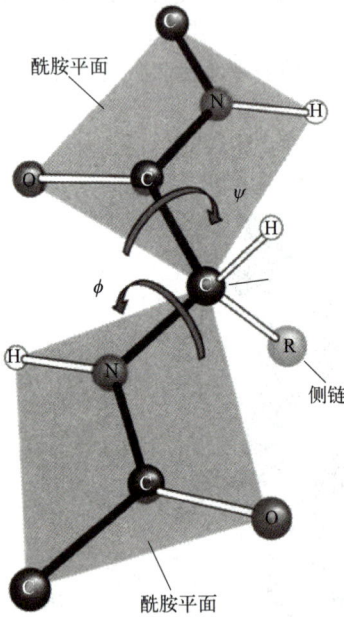

图 2-17　β- 转角结构图
$\phi=180°$，$\psi=180°$

3. β- 转角

β- 转角是球蛋白广泛存在的结构形式，伸展的肽链形成 180° 的倒转回折形成 U 形结构，如图 2-17 所示。球状蛋白是由 β- 转角通过肽链不时扭转走向形成。β- 转角通常由 4 个连续的氨基酸残基构成，由多肽链残基的第 n 个羧基氧（C=O）和第 $n+3$ 个氨基酸的氨基氢（N—H）形成氢键，是维持该构象的主要作用力。β- 转角的第二个氨基酸残基常为脯氨酸，其他残基有甘氨酸、天冬酰胺、天冬氨酸和色氨酸等。

4. 无规则卷曲

也称自由回转，是指没有一定规律的松散肽链结构。除上述几种比较规则的构象外，其余没有确定规律性的肽链构象统称为无规则卷曲，是蛋白质分子中许多无规律空间构象的总称。无规则卷曲大体分为紧密环和连接带两种。酶的功能部位常处于这种构象区域，常见于球状蛋白质中。

5. 蛋白质的超二级结构

超二级结构（图 2-18）由美国物理学家和微生物学家 Rossmann 在 1973 年提出。超二级结构又称模体或模序，是指由两个或两个以上的蛋白质二级结构在空间折叠中彼此靠近，相互作用形成有规则的二级结构聚集体，从而完成特定生物学功能。常见有 α- 螺旋组合（αα）、β- 折叠组合（βββ）和 α- 螺旋 β- 折叠组合（βαβ）等，可直接作为三级结构或结构域组成单位，是介于二级结构和结构域间的一个构象层次，但没有聚集成有功能的结构域。

6. 蛋白质的结构域

结构域由 Edelman 在 1970 年提出，是介于超二级结构和三级结构的一个结构层次，是蛋白质分子空间结构内独立的折叠单元，通常是几个蛋白质的超二级结构单元的组合。多肽链往往形成几个紧密的球状构象，彼此分开并以松散肽链相连，此球状结构称为结构域。

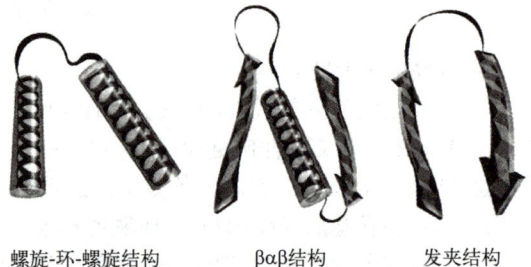

螺旋-环-螺旋结构　βαβ结构　发夹结构
图 2-18　蛋白质的超二级结构

结构域一般由 100 ～ 200 个氨基酸残基组成，氨基酸可以是连续的，也可以是中断的，具有独特的空间构象，承担不同生物学功能。如纤连蛋白是由两条多肽链通过 C 端的两个二硫键相连而成，含有 6 个结构域，每个结构域执行一种功能，可分别与细胞、胶原、DNA 或肝素等配体结合。纤连蛋白分子结构域见图 2-19。对于分子量较小的蛋白质，结构域与其三级结构等同，较大的蛋白质为多结构域，它们可能是相似的，也可能是完全不同的。

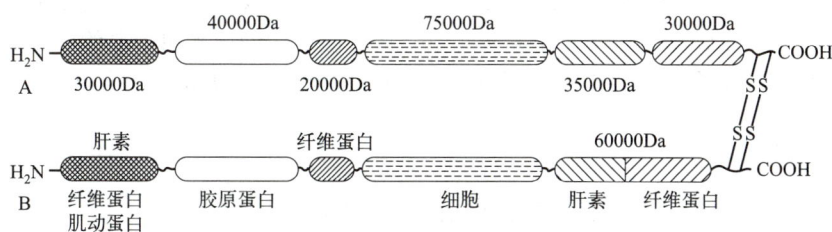

图 2-19 纤连蛋白分子结构域

结构域通常是几个超二级结构的组合，结构域之间常形成裂隙，较为松散，是蛋白酶的优化酶解部位。酶活性中心常位于两个结构域的界面，结构域使蛋白质分子具有一定柔性。结构域可分为 4 个大类：①全 α 结构域，即全部由 α- 螺旋组成，如蚯蚓血红蛋白；②全 β 结构域，即全部由 β- 折叠组成，如清蛋白；③ α/β 结构域，即由 α- 螺旋和 β- 折叠相间排列，如丙酮酸激酶；④ α+β 结构域，即由 α- 螺旋和 β- 折叠混合排列，如己糖激酶。

三、蛋白质的三级结构

蛋白质三级结构是指具有二级结构的多肽链进一步折叠盘曲形成的空间结构，一般为球状或椭圆状，有一定生物学活性，是整条肽链全部氨基酸的相对空间位置。蛋白质三级结构稳定的主要作用力为疏水键、离子键（盐键）、氢键、范德华力及少量二硫键等（图 2-20）。其中，以疏水键最为重要。疏水作用是维持三级结构最主要的作用力，氢键是次级键中键能最弱的，但数量最多。次级键都是非共价键，容易受到环境 pH、温度、离子强度的影响。二硫键、配位键为共价键，对于三级结构的稳定性有重要影响。

图 2-20 维持蛋白质三级结构的主要作用键

疏水键是由两个非极性基团因避开水相而群聚在一起形成的次级键，是蛋白质三级结构维持的最主要次级键。非极性疏水侧链因疏水作用趋向分子内部形成疏水核，而极性基团分布在分子表面形成亲水区。有些球状蛋白质分子的亲水表面常有一些疏水微区，或者在分子表面形成一个内陷的"洞穴"或"裂缝"，某些辅基就镶嵌其中，常常是蛋白质分子的活性部位。离子键也称盐键，是蛋白质分子中正、负电荷基团之间静电吸引形成的次级键。范德华力是原子、基团或分子间一种弱的相互作用力，对蛋白质稳定性的维持也有重要作用。

知识小结

维持蛋白质结构稳定的作用力

维系蛋白质分子的一级结构：肽键、二硫键。
维系蛋白质分子的二级结构：氢键。
维系蛋白质分子的三级结构：疏水键、氢键、范德华力、离子键、二硫键。
维系蛋白质分子的四级结构：氢键、范德华力、离子键、二硫键。

四、蛋白质的四级结构

蛋白质四级结构是指由两条或两条以上具有独立三级结构的多肽链相互作用，通过非共价键结合而形成的特定空间构象，每条具有独立三级结构的多肽链称为蛋白质的一个亚基。有些蛋白质由相同的几个亚基聚合形成，称为同聚体，否则称为异聚体。由 2 个亚基组成的称二聚体，由 3 个亚基组成的称三聚体，由 4 个亚基组成的称四聚体。一般将由多个亚基组成的蛋白质称为寡聚蛋白质。具有四级结构的蛋白质，亚基单独存在时没有活性，需聚合后才能表现生物学功能。维持蛋白质四级结构的作用力主要是各亚基之间所形成的次级键，包括氢键、离子键、疏水键、范德华力等，并非所有蛋白质均有四级结构。

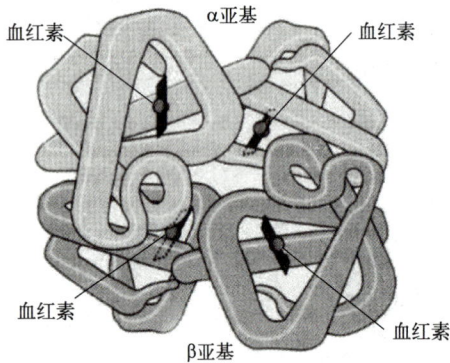

图 2-21 血红蛋白四级结构

血红蛋白是最早被阐明的四级结构蛋白质。正常健康人体血红蛋白 HbA 含有两个 α 亚基和两个 β 亚基，α、β 两种亚基的三级结构极为相似，每个亚基都结合一个血红素辅基。4 个亚基通过 8 个离子键相连，形成血红蛋白四聚体（$\alpha_2\beta_2$），发挥携带氧和 CO_2 的生理功能。一定条件下，血红蛋白四聚体可解聚，亚基聚合和解聚对血红蛋白运输氧的功能有调节作用，但每一个亚基单独存在时，虽能结合氧且与氧亲和力增强，但在机体组织中难以释放氧。血红蛋白四级结构如图 2-21 所示。

第三节 蛋白质结构与功能的关系

蛋白质所具备的特殊生物学功能取决于特定空间构象。蛋白质一级结构是空间结构的基础，蛋白质空间结构发生改变，常会影响到蛋白质生物学功能。研究蛋白质结构和功能的关系是从分子水平认识生命现象的一个极为重要的领域，它能从分子水平上阐明酶、激素等活性物质的作用机制，以及一些遗传疾病的发生机制，这将为疾病的防治、诊断和药物研究提供重要的理论依据。

一、蛋白质一级结构与功能的关系

1. 一级结构是空间构象的基础

蛋白质一级结构决定多肽链中氨基酸残基种类、数量及排列顺序，也决定链中氨基酸残基 R 侧链的位置，而 R 侧链的大小、性质又决定着肽链如何盘曲折叠形成空间结构。20 世纪 60 年代，在研究牛核糖核酸酶时发现，蛋白质功能与其三级结构密切相关，而特定的三级结构是以氨基酸顺序为基础的。牛核糖核酸酶是由 124 个氨基酸残基组成，有 4 对二硫键。在牛核糖核酸酶溶液中加入适量蛋白质变性剂（尿素和 β- 巯基乙醇），分别破坏其次级键和二硫键，使其不再具有天然空间构象，酶活性丧失，但是由于肽键不受影响，所以一级结构依然存在。利用透析法缓慢地去除蛋白质变性剂，可使松散的多肽链按照其特定氨基酸序列，又卷曲折叠成天然酶空间构象，4 对二硫键也正确配对，酶活性几乎完全恢复。因此，蛋白质一级结构是其空间结构、理化性质和生理功能的分子基础。

2. 一级结构相似的蛋白质具有相似的空间构象与功能

蛋白质一级结构的比较常被用来预测蛋白质之间结构与功能的相似性。大量实验结果证明，一级结构相似的蛋白质，其空间构象及功能也相似，如不同哺乳动物的胰岛素分子都是由 A、B 两条肽链构成，它们的一级结构虽不完全相同，但与空间构象形成有关的氨基酸残基却完全一致，且二硫键配对也极其相似，具有一定的保守性，都执行着相同的调节物质代谢等生理功能（表 2-17）。又如神经垂体释放的催产素和抗利尿激素均为环八肽，仅两个氨基酸不同，催产素和抗利尿激素生理功能有相似之处，催产素兼有抗利尿激素的作用，抗利尿激素也兼有催产素的作用。

表 2-17　几种哺乳动物胰岛素分子中氨基酸残基的差异

来源	氨基酸残基的差异部分				来源	氨基酸残基的差异部分				来源	氨基酸残基的差异部分			
	A8	A9	A10	B30		A8	A9	A10	B30		A8	A9	A10	B30
人	Thr	Ser	Ile	Thr	兔	Thr	Ser	Ile	Ser	马	Thr	Gly	Ile	Ala
猪	Thr	Ser	Ile	Ala	牛	Ala	Ser	Val	Ala					
狗	Thr	Ser	Ile	Ala	羊	Ala	Gly	Val	Ala					

注：A 表示 A 链，B 表示 B 链；A8 表示 A 链第 8 位氨基酸，其余类推。

3. 一级结构不同，生物学功能不同

不同蛋白质多肽具有不同生物功能的根本原因是它们一级结构各异。有时仅微小差异就可表现不同生物学功能，如加压素与催产素都是由垂体后叶分泌的九肽激素，分子中仅有两个氨基酸差异，但生理功能却有根本区别。加压素能促进血管收缩，升高血压及促进肾小管对水的重吸收，表现抗利尿作用，而催产素则能刺激平滑肌，引起子宫收缩，表现催产功能，其结构如图 2-22 所示。

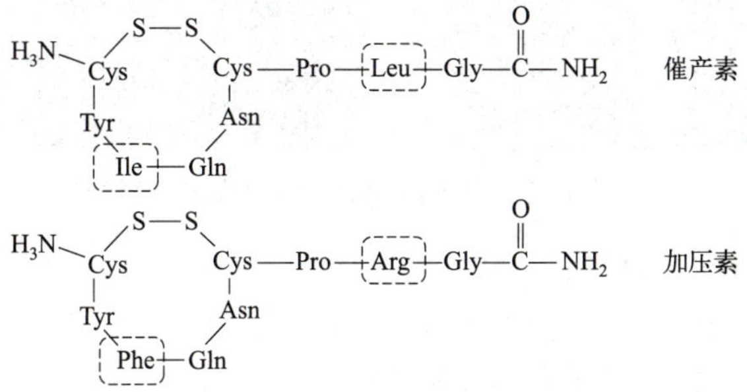

图 2-22　加压素和催产素的一级结构

4. 一级结构中"关键"部分相同，其功能也相同

如促肾上腺皮质激素（ACTH）是由垂体前叶分泌的 39 肽激素，其 1～24 肽段是活性所必需的关键部分，若 N 端 1 位丝氨酸被乙酰化，活性显著降低，仅为原活性的 3.5%；若切去 25～39 片段仍具有全部活性。不同来源的 ACTH 其氨基酸顺序差异主要在 25～33 位，而 1～24 位的氨基酸顺序相同表现出相同的生化功能。又如促黑色素激素（MSH），其作用是促进黑色素细胞的发育和分泌黑色素，控制皮肤色素产生与分布。MSH 有 α 和 β 两类，不同来源的 MSH 一级结构各异，但具有相同活性所必需的氨基酸顺序部分结构相同，因而表现出相同的生化功能。

α-MSH　H₂N—丝—酪—丝—[蛋—谷—组—苯丙—精—色—甘]—赖—脯—缬—CO—NH₂

β-MSH　H₂N—脯—酪—精—[蛋—谷—组—苯丙—精—色—甘]—丝—脯—赖—CO—NH₂

应用蛋白质工程技术，如选择性基因突变或化学修饰等，定向改造多肽中一些"关键"氨基酸，可得到自然界不存在而功能更优的多肽或蛋白质，对开发多肽类新药具有重要意义。

5. 一级结构"关键"氨基酸的变化所引起的蛋白质功能的改变

蛋白质要发挥正确的生物学功能必需要有正确的一级结构和空间结构。多肽中某些关键氨基酸残基缺失或被替代，会严重影响空间构象和生物活性，甚至导致疾病产生。镰状细胞贫血是一种致死性疾病，正常人血红蛋白由两条 α 链（141 个氨基酸）和两条 β 链（146 个氨基酸）组成，β 链第 6 位氨基酸是谷氨酸，而镰状细胞贫血患者的血红蛋白中，谷氨酸变成了缬氨酸，即酸性氨基酸被中性氨基酸替代，谷氨酸亲水侧链被缬氨酸非极性疏水侧链所取代，在 β6Val 与 β1Val 间出现了一个因疏水作用而形成的局部结构，导致氧结合能力过低，使红细胞从正常的双凹盘状扭曲成镰刀状，导致溶血性贫血（图 2-23）。血红蛋白分子表面带电特性发生了变化，细胞在氧分压较低的情况下呈现镰刀形状并极易溶血，影响了血红蛋白携氧能力，仅一个氨基酸之差，原来水溶性的血红蛋白就聚集成丝。镰状细胞贫血患者的血红蛋白含量仅为正常人的一半，红细胞数目也是正常人的一半。研究发现，β 亚基氨基酸的变化是基因突变造成的。

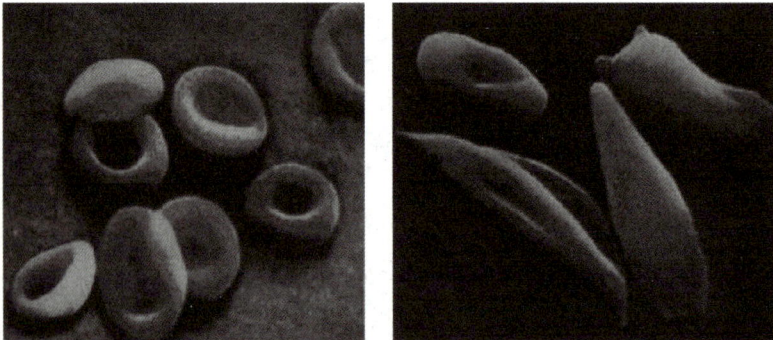

N－Val·His·Leu·Thr·Pro·**Glu**……C（146）　HbA　β 肽链

N－Val·His·Leu·Thr·Pro·**Val**……C（146）　HbS　β 肽链

图 2-23　正常红细胞与镰状细胞贫血患者红细胞

这种由遗传物质突变或缺失导致某特定蛋白质一级结构变化并导致生物学功能改变的遗传病称为分子遗传病。常见分子遗传病与相关蛋白质（酶）如表 2-18 所示。与血红蛋白突变有关的地中海贫血病属分子遗传病，患者血红蛋白结构不完整，缺少了 α 或 β 链，分为 α 和 β-

地中海贫血病。

表 2-18　常见分子遗传病与相关蛋白质（酶）

分子遗传病	相关蛋白质（酶）	分子遗传病	相关蛋白质（酶）
镰状细胞贫血	血红蛋白	白化病	酪氨酸酶
痛风	磷酸核糖焦磷酸合成酶	蚕豆病	6-磷酸葡萄糖脱氢酶
苯丙酮尿症	苯丙氨酸羟化酶	腺苷酸脱氨酶缺陷病	腺苷酸脱氨酶
维生素 D 缺乏性佝偻病	1,25-(OH)$_2$D$_3$ 羟化酶	家族性高胆固醇血症	低密度脂蛋白受体
同型半胱氨酸尿症	胱硫醚合成酶	肝豆状核变性	铜转运 P 型 ATP 酶

6. 一级结构中氨基酸序列提供重要的生物进化信息

　　如果两种不同蛋白质的氨基酸序列非常相似，则它们有同源性，有可能来源于同一始祖基因。在不同物种中行使同样功能的蛋白质，其一级结构常具有同源性，如存在于所有脊椎动物中的血红蛋白都具有相似结构。亲缘关系越近的物种，蛋白质同源程度越高，如细胞色素 C 广泛存在于需氧真核细胞线粒体内，在细胞呼吸链中起传递电子作用，不同生物细胞色素 C 同源性较高，如 104 个氨基酸中有 35 个氨基酸是相当保守的，其中，第 14、17 位是半胱氨酸，第 18 位是组氨酸，第 48 位是酪氨酸，第 59 位是色氨酸，第 80 位是甲硫氨酸。这些氨基酸所在部位是细胞色素 C 的关键部位，第 14、17 位两个 Cys 是与血红素辅基连接的关键位置。亲缘关系越近的生物细胞色素 C 同源性越高，可通过测定细胞色素 C 的氨基酸序列进行亲缘性和种属鉴定。通过分析氨基酸序列发现，在 40 个不同物种中，细胞色素 C 基本由 104 个氨基酸残基组成，人和黑猩猩的氨基酸组成完全相同，猕猴与人类很接近，两者只相差 1 个氨基酸残基，人和绵羊有 10 个氨基酸残基不同，而人和高等植物的细胞色素 C 有 40 多个氨基酸残基不同。人体与其他生物细胞色素 C 氨基酸残基相异的数目如表 2-19 所示。可通过比较不同物种间细胞色素 C 一级结构差异，为同源性和生物物种进化关系提供有价值的依据（图 2-24）。

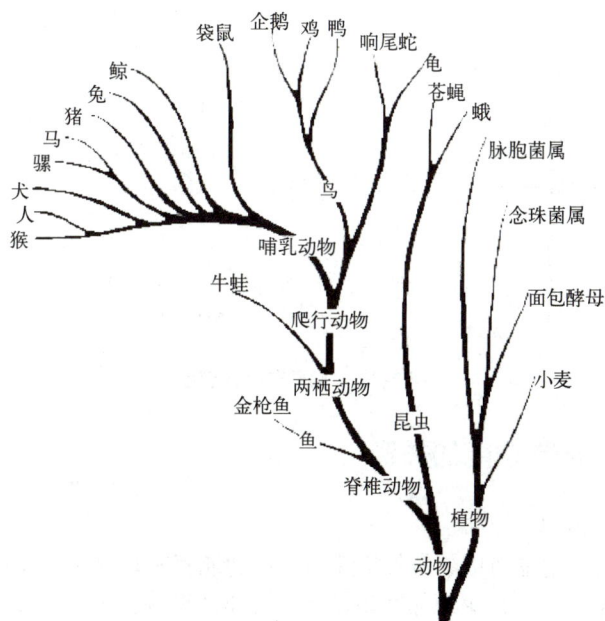

图 2-24　细胞色素 C 与物种亲缘性关系进化树

表2-19   人体与其他生物细胞色素C氨基酸残基相异的数目

单位：个

生物来源	相异氨基酸残基数目	生物来源	相异氨基酸残基数目	生物来源	相异氨基酸残基数目
黑猩猩	0	猕猴	1	兔	9
袋鼠	10	猪、牛、羊	10	犬	11
驴	11	马	12	鸡	13
响尾蛇	14	海龟	15	金枪鱼	21
狗鱼	23	果蝇	25	天蚕蛾	31
小麦	35	粗糙链孢霉	43	酵母菌	45

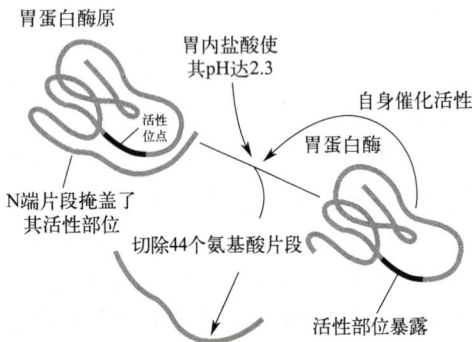

图2-25   胃蛋白酶原激活

7. 一级结构的局部断裂与酶原激活

生物体内许多酶、蛋白质激素和凝血因子在合成时并没有活性，而以酶原形式存在。这些酶原一级结构中的部分肽段被切除后可表现生物学活性。如胃蛋白酶原本有392个氨基酸，在胃酸作用下，酶原的第42、43位氨基酸形成的肽键被破坏，失去44个氨基酸后即表现催化活性（图2-25）。胰蛋白酶原在进入小肠后，在Ca^{2+}催化作用下，受到肠激酶作用而激活，酶原中的赖氨酸和异亮氨酸之间的肽键被破坏，失去6个氨基酸肽段，成为有催化活性的胰蛋白酶（图2-26）。

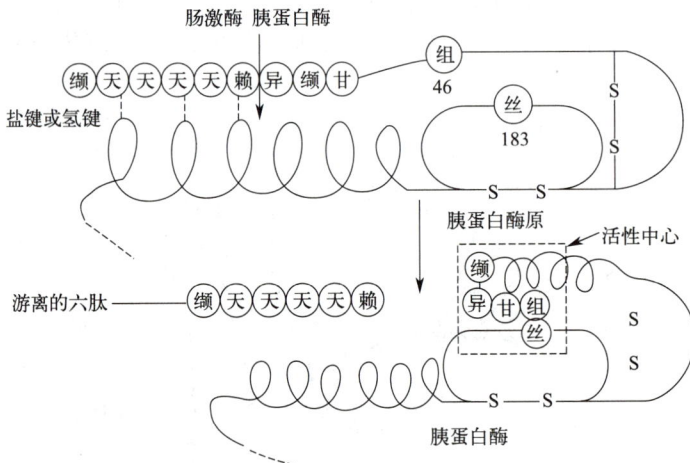

图2-26   胰蛋白酶原激活

二、蛋白质空间结构与功能的关系

1. 空间结构决定蛋白质的功能

蛋白质所具有的特定空间构象与其特殊的生理功能有密切关系，如角蛋白二级结构主要是α-螺旋结构，与富含角蛋白组织的坚韧性并富有弹性直接相关。丝心蛋白分子含有大量β-折叠结构，使蚕丝具有伸展和柔软的特性。生物体内有许多蛋白质是以无活性的蛋白质原形式在体内合成、分泌，在一定条件下，肽链以特定方式断裂后才呈现生物学活性，这是生物体内自我保护及调控的重要方式，也是蛋白质分子结构与功能高度统一的表现，主要包括消化系统中的一些蛋白质水解酶、蛋白质激素和参与血液凝固作用的一些蛋白质分子等。如胰岛素前体是胰岛素原，猪胰岛素原是由 84 个氨基酸残基组成的一条多肽链，活性仅为胰岛素活性的 10%。在体内，胰岛素原经两种专一性水解酶作用，切掉肽链中第 31、32 位和第 62、63 位的四个碱性氨基酸残基及 C 肽段（29 个氨基酸残基），生成由 A 链（21 个氨基酸残基）与 B 链（30 个氨基酸残基）两条多肽链经两对二硫键连接的胰岛素分子，胰岛素分子具有特定的空间结构才表现其完整的生物活性。

2. 空间结构改变，蛋白质功能改变

　　由于受某些因素影响，蛋白质一级结构不变但空间构象发生变化，导致生物学功能改变。如血红蛋白（Hb）与肌红蛋白（Mb）均为含有血红素辅基的蛋白质，血红素为铁卟啉化合物，由 4 个吡咯环通过 4 个甲炔基连成一个环形，位于环中的 Fe^{2+} 能以配位与 O_2 连接，所以 Hb 和 Mb 都有结合并携带 O_2 的功能，但两者氧解离曲线不同。Hb 氧解离曲线呈 S 形，Mb 氧解离曲线呈直角双曲线（图 2-27）。

　　正常健康人体的血红蛋白为 4 亚基寡聚蛋白质，由 2 个 α 亚基和 2 个 β 亚基聚合形成，通过 8 对盐键连接 4 个亚基形成亲水性的球状蛋白质，每个亚基含有一个亚铁

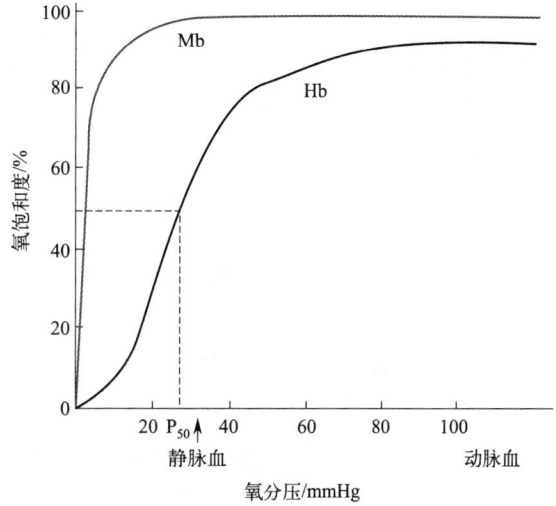

图 2-27　血红蛋白与肌红蛋白氧解离曲线
血红蛋白氧饱和度为 50% 时的氧分压称为 P_{50}

血红蛋白辅基，辅基中含有 Fe^{2+}，能与 O_2 可逆性结合，1 分子 Hb 可结合 4 分子 O_2，主要功能是在血液中结合并转运 O_2，存在于血液红细胞中，在红细胞成熟期间产生大量血红蛋白。血红蛋白未结合 O_2 时，结构紧致，称为紧张型血红蛋白（T 型），T 型 Hb 与 O_2 亲和力小，随着 Hb 与氧结合，亚基羧基末端的盐键断裂，二级、三级和四级空间构象发生改变，结构变得松散，称松弛型血红蛋白（R 型），R 型血红蛋白与 O_2 亲和力大。第 1 个 O_2 与 Hb 结合时，发生构象改变，促进第 2、3 和 4 个亚基与 O_2 结合，血红蛋白构象由松弛型向紧密型变化，R 型对 O_2 的亲和力是 T 型的数百倍。因此，蛋白质空间构象改变对其生物学功能有显著影响。肌红蛋白是哺乳动物肌肉中贮氧的蛋白质。在潜水哺乳类如鲸、海豹和海豚的肌肉中肌红蛋白含量丰富，以致它们的肌肉呈棕色，使这些动物能长时间潜在水下。肌红蛋白和血红蛋白的比较如表 2-20 所示。

表 2-20　肌红蛋白和血红蛋白的比较

类别	肌红蛋白（Mb）	血红蛋白（Hb）
种类	1 种	3 种：HbA₁（成人 98%）、HbA₂（成人 2%）和 HbF（胎儿）
一级结构	单条肽链，153 氨基酸	4 条肽链，α 亚基约 141 个氨基酸，β 亚基约含有 146 个氨基酸
二级结构	75% 为 α- 螺旋，有 A、B、C、D、E、F、G 和 H 共 8 段螺旋	每条链同 Mb，但 D 螺旋极短
三级结构	典型球蛋白，内部含珠蛋白折叠模体，分子表面有一个疏水口袋，血红素藏在其中	每条链同 Mb
四级结构	无	4 个亚基占据着四面体的 4 个角，链间以盐键结合，一条 α 链与一条 β 链形成二聚体，Hb 是 α₂β₂，二聚体之间结合疏松

续表

类别	肌红蛋白（Mb）	血红蛋白（Hb）
辅基	血红素（Fe^{2+}），结合氧气	每个亚基结合 1 分子血红素（Fe^{2+}），1 分子血红蛋白最多可结合 4 分子氧气
氧合曲线	双曲线	S 形曲线
功能	在肌细胞贮存氧气	将氧气从肺部运输到外周组织

　　牛胰核糖核酸酶是具有三级结构的单链蛋白质，分子内的 4 个二硫键和次级键对维持生物活性有重要作用，若这些键被破坏，则酶催化活性会消失。用尿素和 β- 巯基乙醇处理牛胰核糖核酸酶溶液，次级键和二硫键被破坏，肽链完全伸展，空间结构被破坏，一级结构是完整的，但酶失去催化功能。用透析法除去尿素和 β- 巯基乙醇，活性可慢慢恢复（图 2-28）。说明蛋白质一级结构决定蛋白质空间构象，空间构象决定生物学功能。

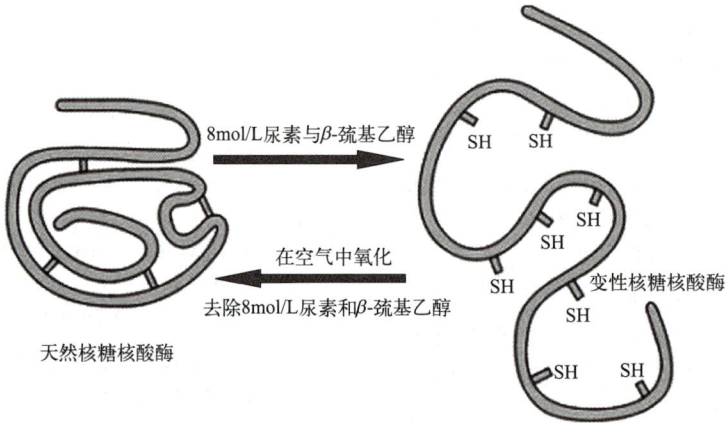

图 2-28　牛胰核糖核酸酶变性与复性

3. 蛋白质构象改变可引起疾病

　　生物体内多肽链正确折叠对空间构象形成和蛋白质功能发挥非常重要。一些蛋白质尽管一级结构不变，但蛋白质折叠发生错误，构象发生改变，可影响其功能，严重时可导致疾病。因蛋白质折叠错误或折叠导致构象异常变化引起的疾病称构象病，如肌萎缩侧索硬化症患者体内超氧化物歧化酶蛋白空间构象形成过程中存在错误折叠，导致蛋白质功能改变。有些蛋白质错误折叠后相互聚集，常形成抗蛋白水解酶的淀粉样纤维沉淀，产生毒性而致病，如阿尔茨海默病、人纹状体脊髓变性病、亨廷顿舞蹈症等，主要表现为蛋白质淀粉样纤维沉淀病理改变。

　　牛海绵状脑病（疯牛病）是由朊病毒蛋白（PrP）感染引起的一组人和动物神经系统退行性疾病，具有传染性、遗传性和散在性发病的特点，其在动物间传播是由 PrP 组装的传染性蛋白质颗粒（不含核酸）完成的。正常 PrP 水溶性强，对蛋白酶敏感，二级结构为多个 α- 螺旋，称为 PrP^c。富含 α- 螺旋的 PrP^c 在某种未知蛋白质作用下可转变成分子中大多数为 β- 折叠的 PrP，称为 PrP^{sc}。空间结构改变使得该蛋白质对水解酶不敏感，水溶性差，具有稳定

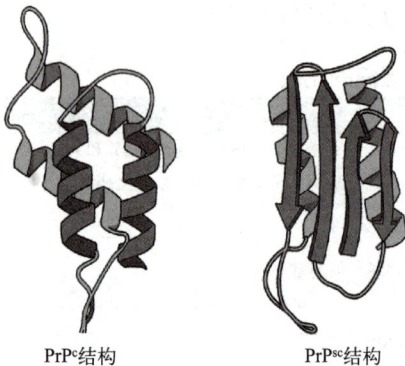

PrP^c结构　　　　　　PrP^{sc}结构

图 2-29　正常朊病毒蛋白质（PrP^c）和
异常朊病毒蛋白质（PrP^{sc}）结构

性。空间结构变化使它们相互聚集，最终形成淀粉样沉淀而致病，正常朊病毒蛋白质（PrP^c）和异常朊病毒蛋白质（PrP^{sc}）结构如图 2-29 所示。

📑 生化与医药

丁酸的妙用

人们发现，丁酸能有效治疗镰状细胞贫血和 β- 地中海贫血，前者是由于 β- 珠蛋白发生一个点突变引起，后者是由于 β- 珠蛋白不能正常表达引起，这两种遗传病并不影响胎儿，因为出生前和出生后几个星期，机体主要表达没有 β- 珠蛋白的 HbF，而不是 HbA。HbF 对 O$_2$ 的亲和力高于 HbA，可确保胎儿能通过胎盘从母亲血液中获得足够 O$_2$。利用丁酸来治疗这两种遗传疾病的灵感来自两个偶然发现的交汇。一是有医生发现一些镰状细胞贫血患者只有轻微症状，原因是他们体内能继续产生高水平 HbF；二是一些糖尿病母亲所生的婴儿，在出生后很长一段时间内继续产生大量的 HbF。巧合的是，在这些婴儿血液中发现有高水平的氨基丁酸，于是 Susan Perrine 有了灵感，想到通过激活处于休眠状态的胎儿珠蛋白基因来治疗镰状细胞贫血，她和她的同事向 3 名镰状细胞贫血患者和 3 名 β- 地中海贫血患者注入丁酸钠溶液。经过约 3 周实验性治疗，患者体内 HbF 水平上升 45%，其中一个地中海贫血患者的所有症状被完全逆转，且这种治疗方法不良反应很小。

第四节　蛋白质的理化性质

蛋白质理化性质和氨基酸相同或相关，如两性解离、等电点、紫外吸收及呈色反应等，但也有氨基酸不具备的理化性质，如变性和复性、胶体性质、沉降与沉淀等。

扫一扫

蛋白质的性质

一、蛋白质的紫外吸收特性

多数蛋白质分子中含有酪氨酸和色氨酸残基，这两种氨基酸分子中的共轭双键在 280nm 波长处有特征性紫外吸收，特别是色氨酸。紫外吸收强弱与蛋白质浓度成正比，可利用 280nm 处的紫外吸收强度对蛋白质进行定量分析和纯度分析。核酸在 260nm 的特征性吸光会影响测定，需进行校正。校正公式为：蛋白质浓度（mg/mL）=1.45A$_{280}$-0.74A$_{260}$，测定范围为 0.1～0.5mg/mL。

二、蛋白质的呈色反应

1. 双缩脲反应

双缩脲（H$_2$NOC—NH—CONH$_2$）是两分子尿素在 180℃左右加热释放出一分子氨（NH$_3$）后得到的产物。在碱性条件下，含有 2 个或 2 个以上氨基甲酰基（—CONH$_2$）的化合物均能与 Cu^{2+} 反应生成紫红色复合物，称为双缩脲反应（图 2-30）。肽键数量越多，反应溶液颜色越深，氨基酸及二肽无此反应，常用于蛋白质和多肽定性与定量分析。

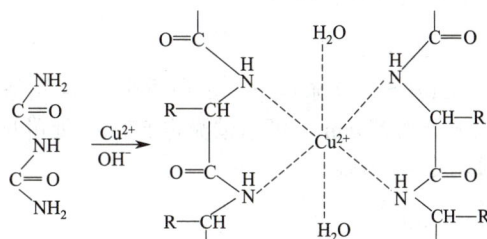

图 2-30　双缩脲反应

由于氨基酸不具备此反应，蛋白质随着水解进行，反应物颜色深浅会逐步变浅，可监测蛋白质水解过程。临床上常用于血清总蛋白、血浆纤维蛋白原含量测定。

2. 考马斯亮蓝反应

当 pH < pI 时，蛋白质分子带正电荷，能与阴离子染料结合产生颜色反应，产物颜色深浅与蛋白质含量成正比。常见染料有溴甲酚绿、邻苯三酚红和考马斯亮蓝 G250 等，以考马斯亮蓝应用最广泛。考马斯亮蓝 G250 在游离状态下呈红色，最大吸收波长为 465nm，与蛋白质结合后变为青色，最大吸收波长变成 595nm，可测定微克级蛋白质（Bradford 法）。考马斯亮蓝 R250 与 G250 结构类似，也含有 6 个苯环和带 2 个负电荷，但比 G250 更加敏感（图 2-31）。临床上常用于血清清蛋白和脑脊液中总蛋白等含量测定。

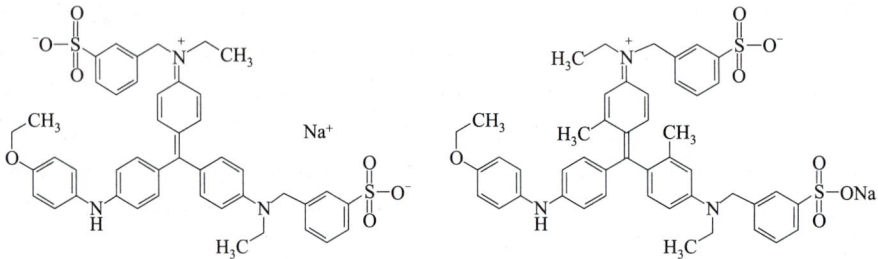

图 2-31　考马斯亮蓝 R250（左）和 G250（右）结构式

3. Folin- 酚试剂反应

酚试剂最早由 Folin 于 1912 年首先发现，也称 Folin- 酚试剂。1922 年，吴宪等将酚试剂用于蛋白质定量分析，1951 年 Lowry 改良了酚试剂反应。酚试剂由 A 和 B 两部分组成。试剂 A 相当于双缩脲试剂，试剂 B 为磷钨酸和磷钼酸。首先，在碱性条件下，蛋白质分子中酪氨酸和色氨酸与试剂 A 中的 Cu^{2+} 形成蛋白 - 铜紫红色络合物，然后再与试剂 B 反应。酪氨酸中的酚基能将试剂 B 中磷钼酸和磷钨酸还原为蓝色化合物（钼蓝和钨蓝混合物），颜色深浅与蛋白质含量成正比。Folin- 酚试剂法是进行蛋白质定量分析的常用方法，该法灵敏度高，比双缩脲反应灵敏度高 100 倍，比紫外分光光度法提高 10 ～ 20 倍，可测定微克级水平的蛋白质含量。缺点是 Folin- 酚试剂只与蛋白质中个别氨基酸反应，受蛋白质中氨基酸组成特异性影响，即不同蛋白质所含酪氨酸、色氨酸不同而显色强度有所差异，要求作为标准的蛋白质其显色氨基酸的量应与样品接近，以减少误差。临床上常用于测定血清黏蛋白、脑脊液中的蛋白质等微量蛋白质的含量。

4. 米伦试剂反应

米伦试剂为 $HgNO_3$、$Hg(NO_3)_2$、硝酸和亚硝酸的混合物，加入到蛋白质溶液后可产生白色沉淀，沉淀加热后变成红色，这是由于蛋白质分子结构中含有酚基。酪氨酸以及含酪氨酸的蛋白质均有此反应。

5. 茚三酮反应

在 pH 5 ～ 7 条件下，蛋白质中的 α- 氨基可与茚三酮反应生成蓝紫色化合物，产物最大吸收波长为 570nm。可通过测定 570nm 处可见光吸收强度来测定蛋白质含量，常用于蛋白质定性与定量分析。

6. 黄色反应

蛋白质溶液遇到浓硝酸后先产生白色沉淀，白色沉淀加热后变为黄色，再加碱，颜色呈更深的橘黄色。其原理是由于硝酸能将蛋白质芳环的苯环硝化产生黄色硝基苯衍生物。所有含有芳环（包括苯丙氨酸、酪氨酸和色氨酸）的蛋白质均有此反应。

7. 乙醛酸反应

往乙醛酸和蛋白质的混合溶液中缓慢加入浓硫酸，可发现两液层之间出现紫色环，这是由于吲哚基参与了反应。因此，含色氨酸的蛋白质及色氨酸可有此反应。

8. 坂口反应

精氨酸分子中的胍基能与次氯酸钠（或次溴酸钠）及 α-萘酚在碱性条件下（NaOH 溶液）产生红色反应物。此反应可用于精氨酸及含精氨酸的蛋白质的定性与定量分析。

9. 醋酸铅反应

含有半胱氨酸、胱氨酸的蛋白质均能与醋酸铅反应生成黑色的硫化铅沉淀，这是由于半胱氨酸、胱氨酸及含巯基蛋白的分子结构中含有—S—S—或—SH 基团。

常见蛋白质的呈色反应如表 2-21 所示。

表 2-21　常见蛋白质的呈色反应

呈色反应	试剂	颜色	反应基团	用途
米伦反应	$HgNO_3$、$Hg(NO_3)_2$、硝酸和亚硝酸混合物	红色	酚基	鉴定含 Tyr 残基的蛋白质
黄色反应	浓硝酸及碱	黄色至橘黄色	苯基	鉴定含 Phe 和 Tyr 残基的蛋白质
乙醛酸反应	乙醛酸	紫色	吲哚基	鉴定含 Trp 残基的蛋白质
茚三酮反应	茚三酮	蓝色	自由氨基及羧基	游离氨基酸与蛋白质含量测定，脯氨酸呈黄色反应
酚试剂反应	硫酸铜及磷钼酸-钼酸	蓝色	酚基，吲哚基	鉴定含 Tyr 残基的蛋白质，蛋白质含量测定
坂口反应	α-萘酚，次氯酸盐	红色	胍基	鉴定含 Arg 残基的蛋白质
双缩脲反应	NaOH、硫酸铜	紫红色	两个以上相邻肽键	蛋白质含量测定
醋酸铅反应	醋酸铅	黑色	—S—S—或—SH 基团	半胱氨酸、胱氨酸及含巯基蛋白的定性与定量

三、蛋白质的胶体性质

蛋白质是生物大分子，分子量一般在 10～1000kDa，蛋白质在溶液中的形状常为球形、椭圆形和纤维状等，分子颗粒直径大小在 1～100nm 之间，为比较稳定的亲水胶体溶液，具有胶体性质，如布朗运动、丁达尔效应及不能透过半透膜等。

蛋白质胶体溶液维持稳定性需具备两个条件：①表面有水化膜。蛋白质表面多为亲水性基团（如—COO^-、—NH_3^+、—CO—NH_2、—OH、—SH、—NHCO 等），可吸引水分子，在表面形成"水化膜"，每克蛋白质可结合 0.3～0.5g 水，避免蛋白质颗粒聚集。②表面带有相同电荷。蛋白质在 pI 时，表面静电荷为零，在非 pI 时，蛋白质表面均带有同性电荷。蛋白质分子靠近时，由于同性电荷相斥作用，使蛋白质颗粒很难聚集而沉淀。破坏表面水化膜或电荷可使蛋白质沉淀析出，如盐析法等。蛋白质的亲水胶体性质有非常重要的生理意义，生物体含大量水分，蛋白质与水分结合后能形成各种流动性不同的胶体系统，如细胞原生质就是复杂且非均相胶体系统，物质代谢和能量代谢均可在此进行。蛋白质弹性、组织细胞形状、体液黏度等均与亲水胶体性质有关。

由于蛋白质不能透过半透膜，常利用透析法除去蛋白质溶液中的小分子物质。将蛋白质装入透析袋并置于蒸馏水中，由于小分子物质可自由透过半透膜，在膜内外浓度差作用下，小分子物质从膜内透析出来，蛋白质得到纯化，这种方法称为透析法。生物膜也具有半透膜性质，如人体细胞膜、线粒体膜和微血管壁等，有利于体内蛋白质专属性分布在膜内外，也有利于蛋白质在细胞内定位和发挥功能，对维持细胞内外水和电解质平衡有重要生理意义。如血浆蛋白质等大分子胶体物质不能通过毛细血管壁，成为影响血管内、外两侧水平衡的重要因素。球状蛋白质表面多为亲水基团，在溶液中具有强烈吸引水分子作用，使蛋白质分子表面形成水化膜，将蛋白质分子相互隔开，阻止其聚集而沉淀。

四、蛋白质的两性电离与等电点

除两端氨基和羧基可解离外，侧链中的某些基团，如天冬氨酸、谷氨酸残基的 β- 羧基和 γ- 羧基，赖氨酸残基中的 ε- 氨基，精氨酸残基的胍基和组氨酸的咪唑基等在一定条件下也可解离。因此，在纯水溶液中和结晶状态下均以两性离子形式存在，即蛋白质分子可同时带正负电荷，羧基带负电荷，氨基带正电荷。蛋白质解离状态可用下式表示：

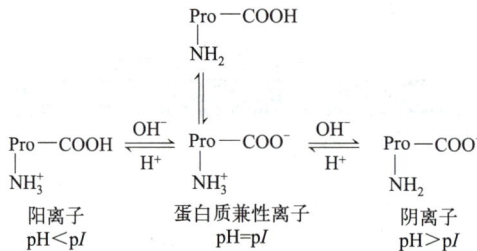

$$\begin{array}{ccc}
& \begin{matrix} Pro—COOH \\ | \\ NH_2 \end{matrix} & \\
& \updownarrow & \\
\begin{matrix} Pro—COOH \\ | \\ NH_3^+ \end{matrix} \underset{H^+}{\overset{OH^-}{\rightleftharpoons}} & \begin{matrix} Pro—COO^- \\ | \\ NH_3^+ \end{matrix} & \underset{H^+}{\overset{OH^-}{\rightleftharpoons}} \begin{matrix} Pro—COO^- \\ | \\ NH_2 \end{matrix} \\
\text{阳离子} & \text{蛋白质兼性离子} & \text{阴离子} \\
pH < pI & pH = pI & pH > pI
\end{array}$$

蛋白质带电特性与溶液 pH 有关。当蛋白质溶液处于某特定 pH 值时，其解离成正负离子趋势相等，呈兼性离子状态，净电荷为零，此时溶液 pH 值称为该蛋白质等电点（pI），溶解度最小，能沉淀析出。不同蛋白质由于氨基酸组成和数量不同，具有不同等电点。等离子点是蛋白质特征性常数，而等电点是蛋白质的条件特征性常数，与所含氨基酸种类和数目有关（表 2-22）。

表 2-22　蛋白质的氨基酸组成与 pI

蛋白质	酸性氨基酸数	碱性氨基酸数	pI	蛋白质	酸性氨基酸数	碱性氨基酸数	pI
胃蛋白酶	37	6	1.0	RNA 酶	10	18	7.8
胰岛素	4	4	5.35	核糖核酸酶	7	20	9.5
血清蛋白	82	99	4.7	细胞色素 C	12	25	9.8～10.8
血红蛋白	53	88	6.7				

通常情况下，含酸性氨基酸残基较多的蛋白质其等电点偏酸（如胃蛋白酶、丝蛋白等），而含碱性氨基酸残基较多的蛋白质其等电点偏碱（如鱼精蛋白、组蛋白等）。当溶液 pH > pI 时，蛋白质带负电荷；pH < pI 时，则带正电荷。人体大多数蛋白质等电点在 pH=5.0 左右，所以，在生理条件下（pH 为 7.4），蛋白质多以阴离子存在。蛋白质的两性解离与等电点特性是重要性质，对蛋白质的分离纯化等有重要意义。人体常见蛋白质等电点如表 2-23 所示。

表 2-23　人体内部分蛋白质的等电点

蛋白质	pI	蛋白质	pI	蛋白质	pI
清蛋白（血浆）	4.80	γ- 球蛋白（血浆）	6.30～7.20	胰蛋白酶	5.0～8.0
α- 球蛋白（血浆）	4.80～4.85	纤维蛋白原	5.80		
β- 球蛋白（血浆）	5.60	组蛋白	10.8		

当溶液 pH 远离蛋白质 pI 时，由于蛋白质本身所带电荷，在电场作用下会向电性相反的方

向移动，这种现象称为蛋白质电泳。由于蛋白质所带电荷、分子形状和分子量不同，在电泳过程中泳动速度也不同。因此，可利用电泳进行蛋白质分离与纯化。此外，离子交换色谱技术、等电点沉淀技术也常用于蛋白质分离纯化。临床上利用三氯乙酸沉淀蛋白质制备无蛋白血滤液。

五、蛋白质的变性、复性与沉淀、凝固

在某些理化因素作用下，空间结构受到破坏，导致其理化性质和生物学活性改变或丧失的现象称为蛋白质变性。主要作用机制是蛋白质结构中的非共价键和二硫键断裂，不涉及肽键断裂。变性后，高度折叠的空间结构变得松散，疏水基团外露，溶解性降低，黏度增加、不对称性增加、失去结晶能力、生物学功能减弱或丧失，易受到酶水解。引起蛋白质变性的因素有高温、高压、紫外线、超声波、强酸、强碱、重金属离子、生物碱试剂等，可分为可逆变性和不可逆变性 2 类。

变性蛋白质在一定条件下去除其变性因素，能恢复或部分恢复原来空间构象，并再现其生物学活性的现象称为蛋白质复性，如变性牛胰核糖核酸酶溶液透析除去尿素和 β-巯基乙醇后，酶恢复催化活性现象。一般情况下，蛋白质变性是不可逆的，蛋白质复性与变性因素、蛋白质类型、分子结构改变程度等有关。如鸡蛋加热凝固就是不可逆变性，胰蛋白酶在酸性环境条件下短暂加热可变性，但缓慢冷却又可复性。

在生物学和医学上，变性因素常被用来消毒及灭菌，如用乙醇、紫外线照射消毒，用高温灭菌等。药品生产过程中可利用蛋白质变性原理进行药物灭（除）菌，如利用乙醇、紫外线、高温及高压等使致病微生物蛋白质变性而灭菌。在中草药有效成分提取或其注射液制备时利用加热和浓乙醇等除去杂蛋白。在酶、蛋白质或生物制品（疫苗、抗体等）生产时，常采用低温条件下生产、储存、运输和保存蛋白质生物制剂，或加入保护剂、抑制剂等增强蛋白质抗变性能力，如将蛋白质制剂制备成干粉状，其目的是防止在水溶液条件下蛋白质在运输和保存过程中变性失效。

蛋白质变性后，其疏水侧链暴露出来，肽链相互缠绕聚集而析出，称为蛋白质沉淀。变性蛋白质易于沉淀，但蛋白质发生沉淀并不一定变性。蛋白质在强酸或强碱中虽然变性，但因溶液 pH 值远离等电点，所以蛋白质仍能溶解于强酸或强碱溶液中。若将溶液 pH 值调至等电点，变性蛋白质可凝结成絮状物，但此絮状物仍可溶解于强酸和强碱中。加热絮状物即可将其转变成坚固的凝块，此凝块不再溶于强酸和强碱中，这种现象称为蛋白质凝固作用。如鸡蛋煮熟后形成固体状、豆浆中加氯化镁变成豆腐等都是凝固现象。

蛋白质变性后，理化性质发生了变化，如旋光性改变、溶解度降低、黏度增加、光吸收性质增强、结晶性破坏、渗透压降低、易发生凝聚沉淀、颜色反应增强。同时，生化性质也发生了变化，如变性蛋白质比天然蛋白质易被蛋白酶水解。此外，蛋白质原生物活性丧失，如酶变性失去催化作用、血红蛋白失去运输氧的功能、胰岛素失去调节血糖的生理功能、抗原失去免疫功能等，这是蛋白质变性最重要的标志。

🔖 科学典故与课程思政

吴宪与蛋白质变性学说和食物营养

1931 年，我国著名生物化学家吴宪教授在世界上首次提出蛋白质变性学说。他们团队在进行系列有关蛋白质变性研究基础上，较为全面地研究了影响蛋白质变性的因素及蛋白质变性的生化特性，提出了蛋白质变性学说（protein denaturation theory）。他毕生从事生物化学研究，是中国生物化学奠基人之一，也是国际生化某些领域的开创者，他与 Folin 建立的血液系统分析法为临床诊断提供了重要手段，在国际上被广泛采用，为现代临床化学奠定了基础。

吴宪教授热爱祖国，关注国家前途和人间疾苦。他研究的营养问题就是为了解决中国人营养不良的问题。从1927年起，吴宪教授对素膳进行系列研究，他用大鼠传种数十代，观察纯素膳与荤素膳的营养价值，比较其对大鼠生长、生殖、基础代谢、自发性活动及寿命的影响。研究结果显示，当时国民体格矮小与素膳营养价值过低、钙和脂溶性维生素摄入过少有重要关系，批判西方认为的亚洲人体格矮小是遗传原因，并有力驳斥西方人污蔑中华民族的生理结构只适合素食的谬论。1938年他主持制定了《中国民众最低限度之营养需要》标准，并首次对我国食物进行了系统分析并编制《食物成分表》。

【课堂互动】为什么人们不吃生鸡蛋，而要把鸡蛋煮熟了吃，其目的及原理是什么？举例说明蛋白质变性这一特性在日常生活和实践中的应用。

六、蛋白质沉淀技术

蛋白质从溶液中析出的现象称为蛋白质沉淀，分为可逆沉淀和不可逆沉淀。用透析等方法除去沉淀因素后，蛋白质能恢复天然构象的现象称为蛋白质可逆沉淀。重金属盐类、有机溶剂、生物碱试剂等使蛋白质沉淀后，无法用透析等方法去除沉淀剂而使蛋白质恢复天然构象的称为不可逆沉淀。常用沉淀方法有盐析法、有机溶剂沉淀法、等电点沉淀法、金属盐沉淀法、加热变性沉淀、生物碱试剂沉淀、有机聚合物沉淀和聚电解质沉淀法等。

1. 盐析法

盐析法常用于酶、激素等具有生物活性的蛋白质药物生产。在蛋白质溶液中加入大量中性盐后（如硫酸铵、硫酸钠、氯化钠等）可产生"盐溶"和"盐析"反应。在中性盐浓度较低时，随着盐浓度增加，蛋白质溶解度增加的现象称为"盐溶"。主要是由于低盐浓度可使蛋白质表面吸附某种离子，蛋白质颗粒表面携带同种电荷而排斥，同时与水分子作用也增强，增强了蛋白质溶解性。一般情况下，无机盐浓度在生理离子强度范围内（0.15～0.2mol/kg）时，蛋白质溶解度最大，而高盐浓度时，因破坏蛋白质水化层和中和电荷，使蛋白质颗粒相互聚集而沉淀的现象称为"盐析"。蛋白质经盐析后，其分子内部结构并没有发生改变，不会引起蛋白质变性并保持原有生物活性。沉淀剂透析去除后，可重新溶解，为可逆沉淀。一般蛋白质分子量越大，所需中性盐浓度越小，可利用这种差异分离不同分子量的蛋白质，这种方法称为分段盐析法。如用半饱和硫酸铵溶液沉淀血清球蛋白，饱和硫酸铵溶液分离血清清蛋白。盐析时溶液pH值越接近蛋白质pI，效果越好。

应用案例

硫酸铵分级盐析分离血清中的主要蛋白质

1. 取100mL血浆或血清置于500mL烧杯中，加pH=7.0的磷酸缓冲溶液（PBS）100mL搅拌10min。

2. 在搅拌下慢慢滴加200mL（pH=7.2）饱和硫酸铵溶液。

3. 加完饱和硫酸铵溶液后继续搅拌20～30min以充分沉淀球蛋白。

4. 3500r/min离心20min，弃上清液（主要含清蛋白），沉淀含有球蛋白（清蛋白和球蛋白初步分离）。

5. 取4中沉淀溶于PBS中使体积达100mL并转移至250mL烧杯中搅拌15min。

6. 在搅拌下，慢慢滴加43～50mL饱和硫酸铵溶液，达30%～33%饱和度。

7. 3500r/min离心20min得上清液（含β-球蛋白）和沉淀（主要含γ-球蛋白）（清蛋白和球蛋白分离）。

8. 取 7 中上清液在搅拌下，慢慢滴加 35～40mL 饱和硫酸铵溶液，饱和度约达 45%。

9. 3500r/min 离心 20min 得上清液（主要为 α- 球蛋白）和沉淀（主要为 β- 球蛋白）。

2. 有机溶剂沉淀

在蛋白质溶液中，加入适量与水互溶的有机溶剂（如乙醇、丙酮、甲醇等）能破坏蛋白质表面水化膜，使蛋白质相互聚集而析出，称为有机溶剂沉淀法，常用于蛋白质、酶、核酸和多糖等药物提取。基本原理是由于亲水性有机溶剂加入降低了介质的介电常数，使溶质分子间静电引力增加，聚集而形成沉淀。优点主要有：①提取溶剂易挥发，不易残存在蛋白质溶液中，产品纯度较高；②沉淀的蛋白质与母液密度差较大，可利用离心分离法进行产物收集，但往往会引起蛋白质变性，需在低温条件下进行。有机溶剂易燃易爆，车间和设备需做好防护。有机溶剂沉淀蛋白质往往引起变性，如酒精消毒灭菌就是如此，但若在低温条件下，则变性较缓慢，可用于分离制备各种血浆蛋白质。常见溶剂介电常数如表 2-24 所示。其中，乙醇和丙酮由于介电常数较低，是最常用的沉淀用溶剂。2.5mol/L 甘氨酸介电常数很高，可用作蛋白质溶液稳定剂。水溶性有机溶剂还能降低自由水浓度，使蛋白质表面水化层厚度降低，并降低蛋白质亲水性，导致蛋白质脱水聚集。在有机溶剂沉淀中，脱水作用比静电作用更突出。

表 2-24 常见溶剂的介电常数

溶剂	介电常数	溶剂	介电常数	溶剂	介电常数
水	80	20% 乙醇	70	40% 乙醇	60
60% 乙醇	48	100% 乙醇	24	2.5mol/L 甘氨酸	137
2.5mol/L 尿素	84	5mol/L 尿素	91	丙酮	22
甲醇	33	丙醇	23		

利用有机溶剂进行蛋白质沉淀时，溶液 pH 应尽量选择在蛋白质等电点附近。此外，应减少无机盐使用，因为少量中性盐存在会出现"盐溶"现象。用硫酸铵析出的蛋白质进一步用有机溶剂沉淀法纯化时，应先脱盐，并要考虑蛋白质低温条件下的稳定性和溶解性，应在低温下进行。对不耐热蛋白质，常采取搅拌和少量多次加入的方法，避免有机溶剂与水混合时产生的热量使蛋白质变性。一般将蛋白质冷却至 0℃ 左右，然后在充分搅拌下加入预冷（-10℃）的有机溶剂进行蛋白质沉淀。有机溶剂沉淀蛋白质应用很广，如乙醇沉淀法目前常用于血浆蛋白质（如血清清蛋白）制备，也常用于食品药品级酶制剂沉淀。中草药注射液和胰岛素制备大都用有机溶剂分离沉淀蛋白质。

3. 等电点沉淀法

两性物质（如蛋白质、氨基酸）在等电点时净电荷为零，容易沉淀析出。等电点法操作简单、试剂消耗少，分离过程中引入杂质少，是常用的分离纯化方法，主要适用于水化程度不高，在等电点时溶解度很低的物质，如四环素在 pI=5.4 左右难溶于水而沉淀。对亲水性很强的蛋白质，在等电点左右仍不产生沉淀，或由于不同蛋白质等电点较为接近，常与其他沉淀法联合作用。在部分药物生产过程中，常利用等电点沉淀法进行杂质去除，如胰岛素纯化时，调 pH 至 8.0 以除去碱性杂蛋白，调 pH=3.0 以除去酸性杂蛋白。

4. 金属盐沉淀法

蛋白质在 pH＞pI 的溶液中呈阴离子状态，可与金属离子（Cu^{2+}、Hg^{2+}、Pb^{2+}、Ag^{2+}、Ca^{2+} 等）结合成不溶性蛋白盐而沉淀。重金属盐沉淀法在临床上常用于抢救误食重金属盐中毒患者。灌服大量牛奶、豆浆、蛋清等蛋白质，使灌服的蛋白质与消化道内的重金属离子形成不溶性络合物，阻止该重金属吸收，然后用催吐剂将结合的重金属盐呕吐出来或洗胃进行解毒。长期从事重金属作业的人员，提倡多吃高蛋白食物，以防止重金属离子被机体吸收而造成损害。金属盐沉淀法常用于生物活性物质的分离纯化，如锌盐用于杆菌肽和胰岛素的沉淀。$CaCO_3$ 用于人血清清蛋白、柠檬酸及乳酸等分离。细胞胞内产物提取时，常用锰盐选择性除去核酸，降低溶液黏度。如 *E.coli* 小规模连续分离 β- 半乳糖苷酶时，在细胞匀浆中加入 0.05mol/L Mn^{2+} 可除去 30% ～ 40% 核酸，对酶无损失。红霉素发酵液中杂蛋白可用 $ZnSO_4$ 沉淀除去。DNA 和其他核酸可用 $MgSO_4$ 除去。金属盐沉淀有时分解困难，并容易使蛋白质变性，需注意操作条件。重金属沉淀的蛋白质常常是变性的，但若在低温条件下，并控制重金属离子浓度，也可用于分离制备不变性蛋白质。

5. 加热变性沉淀

几乎所有蛋白质加热都会变性而沉淀。少量盐可促进蛋白质加热凝固。当蛋白质处于等电点时，加热凝固最完全和最迅速。我国很早便创造了将大豆蛋白溶液加热并点入少量盐卤（氧化镁）来制作豆腐，这是成功地应用加热变性沉淀蛋白质的一个例子。

6. 生物碱试剂沉淀

蛋白质含有与生物碱相似的含氮基团，能与生物碱试剂结合形成不溶性沉淀。当 pH ＜ p*I* 时，蛋白质呈正离子，可与生物碱试剂（如苦味酸、浓硝酸、单宁、磷钨酸、磷钼酸、三氯乙酸和磺基水杨酸等）酸根离子结合成不溶性盐而沉淀，反应不可逆。使用时，应使溶液 pH ＜ p*I*，使蛋白质解离成正离子，易与酸根负离子结合成盐。临床检验中，常用三氯乙酸和磷钨酸沉淀血液中蛋白质以制备无蛋白血滤液，或者用苦味酸检验尿蛋白及中草药注射液中蛋白质。单宁、苦味酸的收敛作用等也是利用生物碱对蛋白质的沉淀作用。生物碱试剂可引起蛋白质变性。蛋白质变性和沉淀反应是两个不同的概念。变性可表现为沉淀和溶解状态，而蛋白质沉淀并不一定变性。

七、蛋白质的免疫学性质

蛋白质是具有特异结构和活性的大分子物质，作为异体蛋白有很强抗原性，其抗原性不仅与分子大小有关，还与氨基酸组成和结构有关。一些小分子物质本身不具有抗原性，但与蛋白质结合后而具有抗原性。免疫球蛋白作为一类特殊蛋白质，是体内主要抗体，能与外源异体蛋白特异结合发生免疫应答反应，起到保护作用，免疫反应是人类对疾病具有抵抗力的重要标志。蛋白质免疫学性质具有重要的理论与应用价值，如利用蛋白质抗原性免疫动物，可制备特异的抗血清或抗体。免疫球蛋白在疾病诊断、预防和治疗及蛋白质分离纯化方面也发挥重要作用。蛋白质的免疫学性质有时也带来严重危害性，如异体蛋白进入人体内可产生病理性免疫反应，甚至可危及生命。对一些生产过程中可能带入潜在异体蛋白的注射用药物，如生化药物、中药制剂、抗生素和基因工程产品等，主要质量标准之一是异体蛋白控制，过敏实验应符合规定，以保证药品安全性。

第五节　蛋白质的分离与纯化

蛋白质的分离纯化就是从生物样本中提取具有生物活性及化学结构完整的特定蛋白质的过程，是研究化学组成、结构及生物学功能的关键。由于蛋白质在组织器官及细胞中含量极低，从复杂体系中提取蛋白质，并保持蛋白质天然构象及生物活性是相当困难的。蛋白质类药物生产制备的关键技术是分离与纯化。利用蛋白质理化性质及免疫学差异可对蛋白质进行分离。

一、蛋白质的提取

不同蛋白质氨基酸组成有差异，其理化性质也存在差异，这是蛋白质分离的物质基础。蛋白质提取过程为：样本选择→细胞破碎→蛋白质提取。胞外蛋白质可直接提取，由于大多数蛋白质位于细胞内，需采取合适方法进行破壁处理，动植物细胞和微生物细胞破壁方式有区别。细胞破碎后，蛋白质常与脂肪、糖以及核酸等结合，常用化学裂解液进行处理，如十二烷基磺酸钠（SDS）、聚乙二醇辛基苯基醚（Triton）等。为避免蛋白质变性，常在低温条件下进行，如冰浴或4℃水浴。提取过程中要避免细胞内外蛋白酶对其降解，还要注意提取条件对蛋白质构象及生物学活性的影响。稀盐和缓冲系统对构象有稳定作用，且蛋白质溶解性也较好。提取过程要注意提取液用量、提取温度和提取pH等关键工艺参数。尽量选择含量较高的样本。如果由于研究目的的特殊需要，就只能根据研究特殊要求选择特定样品。碱性蛋白质常用偏酸性提取液提取，酸性蛋白质则用偏碱性提取液提取。

二、蛋白质的分离与纯化

（一）透析与超滤

透析是利用蛋白质生物大分子为胶体物质，不能穿透半透膜，而蛋白质溶液中的其他小分子可透过半透膜，从而实现蛋白质与杂质的分离。透析袋一般用超小微孔的膜，如玻璃纸或醋酸纤维素膜制成，分子量低于10 kDa的可透过微孔膜。用硫酸铵或氯化钠等中性盐盐析得到的蛋白质常用透析法除去中性盐。如果在袋外放入吸水剂（如PEG），透析袋内的水分随小分子流出袋内，可起到浓缩蛋白质的作用（图2-32）。

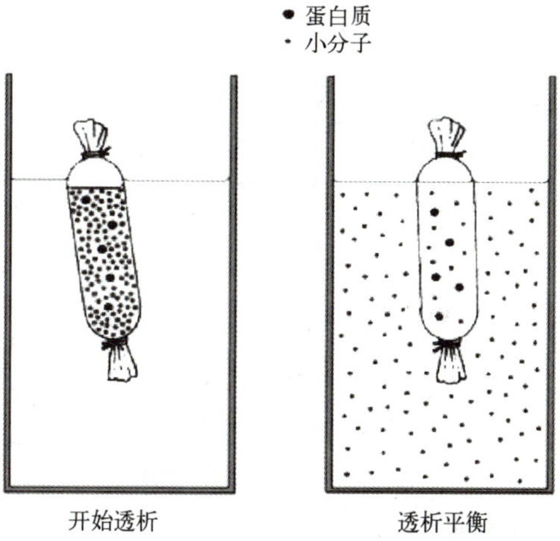

超滤是利用正压或离心力使蛋白质溶液透过有一定截留量的超滤膜，从而实现蛋白质溶液浓缩的目的。通过选择不同孔径的超滤膜，可实现不同分子量的蛋白质分离。超滤可选择性分离蛋白质、无相态变化、条件温和、不易变性，广泛应用于蛋白质溶液浓缩、脱盐和分级纯化等过程。

● 蛋白质
· 小分子

开始透析　　　　透析平衡

图2-32　蛋白质透析示意图

（二）低温有机溶剂沉淀法

是在低温条件下，利用有机溶剂对蛋白质沉淀进行提纯的操作。其原理是有机溶剂介电常数比较低，如20℃时，水为79，乙醇为26，丙酮仅为21。因此，丙酮常用作蛋白质有机溶剂沉淀溶剂。需注意的是，丙酮沉淀操作通常在0～4℃下进行，用量为蛋白质样品的10倍。蛋白质经丙酮沉淀后，需立即分离，否则易变性。乙醇也是较为常见的有机沉淀溶剂，如用冷乙醇法从血清分离制备人体清蛋白和球蛋白。

（三）盐析沉淀法

盐析时常用硫酸铵、氯化钠、硫酸钠等中性盐。利用中性盐能中和蛋白质表面电荷和破坏水化膜，破坏蛋白质胶体溶液稳定因素，从而使蛋白质出现聚沉。每种蛋白质盐析所需盐浓度和pH值不尽相同。如血清清蛋白溶于pH=7.0的半饱和硫酸铵溶液，而血清球蛋白则在该溶液中沉淀析出。当硫酸铵达到饱和时，清蛋白也随之析出。盐析法常用于蛋白质初步提纯，需与其他分离纯化方法联用才能保证获得高纯度蛋白质。一般情况下，单价离子的中性盐（如 NaCl）比二价离子的中性盐［如（NH_4）$_2SO_4$］对蛋白质溶解度的影响要小些。

（四）免疫沉淀法

蛋白质具有抗原性，与特异性抗体结合可形成免疫沉淀反应。利用特异性抗体可识别对应的抗原蛋白并形成抗体-抗原复合体，从而从复杂的蛋白质混合液中分离纯化特异性的抗原蛋白质，这种方法称为免疫沉淀法。在具体操作中，常将抗体交联至固定化的琼脂糖珠上，再将含抗原的蛋白质混合液通过该柱子，从而获得特异性结合的抗原-抗体复合物。将复合物溶于含 SDS 和二巯基丙醇的缓冲液后加热，抗原可从复合物中分离出来。

（五）电泳法

当蛋白质溶液偏离 pI 时，蛋白质颗粒带有正电荷或负电荷，在电场中会向与其电性相反的电极泳动，这种因电荷性质、数量和分子量不同而在电场中泳动速度不同，进而实现蛋白质分离的技术称为蛋白质电泳技术。根据支持物不同，可分为薄膜电泳和凝胶电泳 2 类。薄膜电泳以薄膜作为电泳支持物，如醋酸纤维素薄膜在临床中常用于血浆蛋白质电泳分析。凝胶电泳支持物主要有琼脂糖和聚丙烯酰胺凝胶等。

1. 十二烷基磺酸钠 - 聚丙烯酰胺凝胶电泳（SDS-PAGE）

十二烷基磺酸钠（SDS）为常见阴离子表面活性剂，能断裂蛋白质分子内和分子间氢键，使蛋白质空间结构破坏。在蛋白质样品和凝胶中加入 SDS 后，蛋白质聚合物解聚为多肽链，解聚后的氨基酸侧链与 SDS 结合形成蛋白质 -SDS 胶束，SDS 所带负电荷远远超过蛋白质分子原有的电荷量，结合后能消除蛋白质本身所带电荷对电泳的影响。由于不同蛋白质 -SDS 胶束短轴长度都相同，蛋白质在电泳时，电荷和分子形状对电泳的影响可以消除，而仅取决于蛋白质的分子量。聚丙烯酰胺凝胶有分子筛效应，电泳分辨率高（图 2-33）。如醋酸纤维素薄膜电泳分离人血清只能分出 5 ～ 6 种蛋白质成分，而 SDS-PAGE 可分出 20 ～ 30 种蛋白质成分，且样品需要量少，一般用 1 ～ 100μg 即可，常用于蛋白质分子量测定。

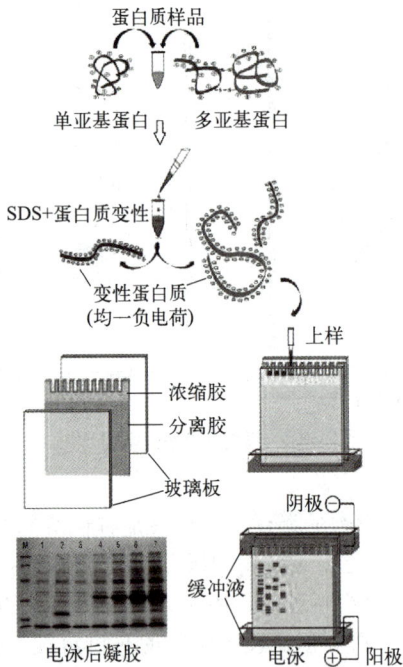

图 2-33　SDS-PAGE 电泳操作示意图

2. 等电聚焦电泳

等电聚焦电泳（IFE）是利用在凝胶中加入人工合成的两性电解质，电泳时形成一个由阳极到阴极逐渐增加的 pH 梯度，蛋白质在其等电点相应的 pH 区域实现分离，分辨率极高，蛋白质 pI 相差 0.01pH 单位可完全分开，是分离蛋白质等两性物质的重要分离纯化和分析方法（图 2-34）。常用电解质 Ampholine 是人工合成的含多氨基和多羧基的脂肪族混合物，具有导电性能好、电场中分布均匀、水溶性好、缓冲能力强、紫外吸收低、易从聚集蛋白质中洗脱等优点。根据蛋白质特点可选择 pH 梯度范围较宽（pH=3 ～ 10）的两性电解质，也可选择 pH 梯度范围较窄（pH=7 ～ 8）的两性电解质。两性电解质 pH 范围越小，分辨率越高。利用 IFE 可从人血清蛋白质中分离出 40 ～ 50 种组分，而一般的 PAEG 仅能分离出 20 ～ 30 种蛋白质。在 PAGE 中为一条带的蛋白质，在 IFE 中表现为 3 个区带。IFE 主要用于蛋白质分离分析，也可用于高纯度蛋白质制备，成本较高，但操作简单、分辨率极高，也可用于未知蛋白质等电点测定。将已知等电点的标准蛋白质与未知蛋白质同时进行 IFE，并根据标准蛋白质区带到凝胶某一侧的距离作标准 pI 曲线，通过标准曲线可测定未知蛋白质样品的 pI。IFE 主要采取水平平板电泳，常采用低浓度的 PAGE（如 4%）薄层电泳。

3. 聚丙烯酰胺凝胶双向电泳

聚丙烯酰胺凝胶双向电泳（2-D PAGE）是将 IFE 和 SDS-PAGE 结合起来的一种电泳技术，是当前获得组织细胞内蛋白质表达情况的重要手段。在混合蛋白质中，只要 pI 和分子量有差异的均可以实现分离，分辨率极高，可直接检测细胞内某特定蛋白质表达。如蛋白质 mRNA 转入到青蛙卵母细胞中，通过对转入和对照细胞蛋白质提取液进行双向电泳，对比分析图谱可鉴定 mRNA 转入后产生的特异性蛋白质，可直接检测 mRNA 的表达情况。

双向电泳第一向为 IFE（等电点信息），第二向为 SDS-PAGE 凝胶电泳（分子量信息）。将 IFE 分离后的凝胶紧贴在 SDS-PAGE 上面，即可进行第二向电泳。第二向电泳主要根据蛋白质分子量进行分离，经第一向和第二向分离后，蛋白质将根据等电点和分子量显示在双向图谱中（图 2-35）。细胞提取液经双向电泳后可分离 1000 ～ 2000 个蛋白质，双向电泳是目前所有电泳技术中分辨率最高、信息量最多的技术，广泛应用于蛋白质组学研究。

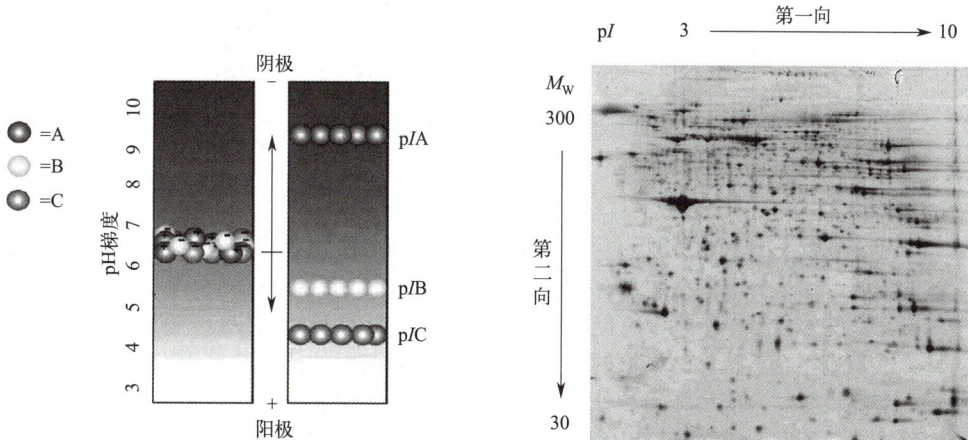

图 2-34　等电聚焦电泳示意图（见彩图）

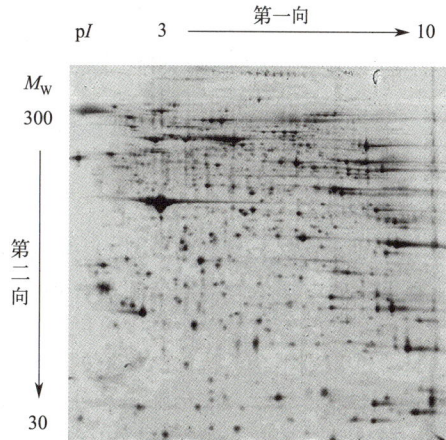

图 2-35　蛋白质双向电泳图谱

聚丙烯酰胺凝胶双向电泳分为蛋白质样品制备、IFE 和 SDS-PAGE、凝胶染色与显色、二维图谱分析等过程。蛋白质样品要经过变性、还原等手段破坏蛋白质之间的相互作用力，去除非蛋白成分（如核酸）、IFE 完成后要在含 SDS 缓冲液中平衡 30min，以保证二向电泳时组分的均匀性，提高蛋白质的转移效率。

（六）色谱法

由于待分离蛋白质分子量、电荷及亲和力等不同，当待分离蛋白质溶液（流动相）经过一个固定相时，待分离蛋白质组分在两相中反复分配，并以不同速度流经固定相，从而分离蛋白质。常用的色谱方法有离子交换色谱法、凝胶过滤色谱法和亲和色谱法等。

1. 凝胶过滤色谱法

凝胶过滤色谱法也称分子筛色谱法，适用于各类生化物质，如肽、激素、蛋白质、多糖、核酸等的分离纯化、脱盐、浓缩以及分子测定等。分离范围较宽，葡聚糖凝胶（Sephadex G）

分离的分子量范围为 $10^2 \sim 10^5$，琼脂糖凝胶（Sepharose）类分离范围为 $10^5 \sim 10^8$，其分离原理是通过凝胶的分子筛效应，利用蛋白质分子量的差异实现蛋白质的分离。一般采用葡聚糖凝胶。葡聚糖凝胶是以葡聚糖与交联剂形成网状结构物，孔径大小用 G 表示。G 越小，交联度越大、孔径越小。大分子蛋白质被排阻于胶粒之外。小分子蛋白质则进入凝胶分子内部。在色谱柱洗脱时，大分子受阻小而最先流出，小分子受阻大而最后流出（图 2-36）。

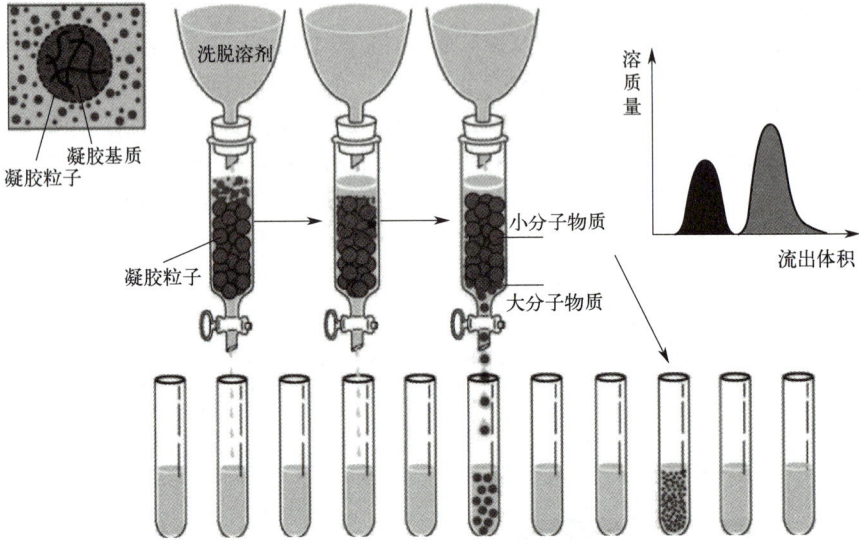

图 2-36　凝胶过滤色谱法示意图

2. 亲和色谱法

亲和色谱法又称选择色谱法、功能色谱法或生物特异吸附色谱法，是利用共价键连接有特异配体的色谱介质来分离蛋白质混合物中能特异结合配体的目标蛋白质，或其他分子的色谱分离技术。在某些生物分子结构中有能与其他分子识别并特异结合的位点，如酶的活性中心与底物的特异性识别结合、抗体与抗原的特异性结合、受体与配体的特异性识别结合等。配体与待分离物具有的特异结合能力即亲和性。基于这种具有特异亲和力的化合物之间能可逆结合与解离的性质建立的色谱方法称为亲和色谱法（图 2-37）。常用亲和配体有底物类似物、抑制剂、辅酶等。抗体常作为抗原、病毒和细胞纯化的亲和配体，凝集素常作为糖蛋白纯化的亲和配体，核酸互补碱基序列常用于 DNA 聚合酶或 RNA 聚合酶、核酸结合蛋白等的配体，金属离子常用于聚组氨酸融合蛋白表面含组氨酸、半胱氨酸和（或）色氨酸残基的蛋白质纯化的配体。本法具有简单、快速、纯化倍数高等显著优点，是一种高度专一性分离纯化蛋白质的有效方法。

（七）超速离心法

离心力常用地球引力倍数表示，也称相对离心力（RCF），表示为数字乘以"g"（9.8m/s^2），如 $1000g$。相对离心力与每分钟转速（n, r/min）的关系为 RCF=$1.119 \times 10^{-5} \times n \times R$，$R$ 为离心机转头半径。离心机转头通常都配有相互转换表格。如果用 r/min 表示离心力大小时，必需指出离心机的品牌及转头型号，而 RCF 与离心机转头半径无关。一般真核细胞在 $1000g$ 离心 5min 即可沉淀，核糖体蛋白质需在 $100000g$ 离心 3h 以上才能沉淀。颗粒物质越小，离心沉淀所需的离心力就越大。普通离心机的 RCF 一般为（$5000 \sim 6000$）g，可用于组织碎片、真核细胞等大颗粒物质的分离。高速冷冻离心机 RCF 一般为（$80000 \sim 90000$）g，可在 $0 \sim 4℃$ 条件下进行低温冷冻离心，常用于微生物菌体、细胞碎片、大细胞器、盐析沉淀和抗体 - 抗原免疫沉淀等颗粒物的分离。超速离心机其 RCF 可达到（500000 ~ 600000）g，可用于核酸、病毒、蛋白质和多糖等分离。普通低速离心机对称离心管允许的重量误差在 0.1g 左右，而高速冷冻离心机和超速离心机则要求误差在 0.01g 以下。

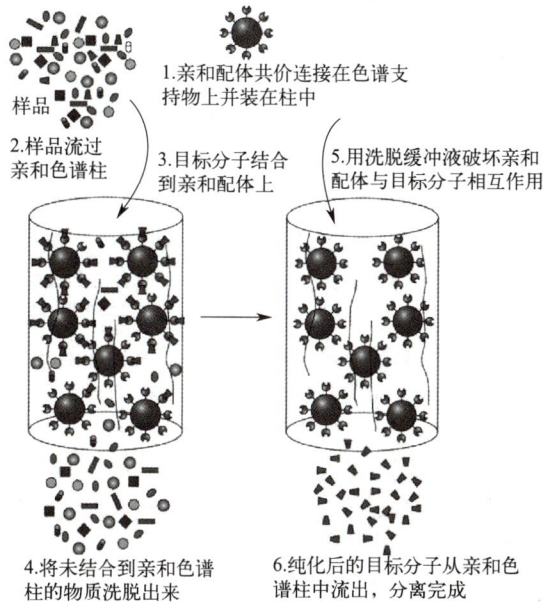

1.亲和配体共价连接在色谱支持物上并装在柱中

2.样品流过亲和色谱柱

3.目标分子结合到亲和配体上

4.将未结合到亲和色谱柱的物质洗脱出来

5.用洗脱缓冲液破坏亲和配体与目标分子相互作用

6.纯化后的目标分子从亲和色谱柱中流出，分离完成

样品

图 2-37　亲和色谱分离原理的示意图

超速离心法既可以用来分离纯化蛋白质，也可用于测定蛋白质的分子量。蛋白质在离心场中的行为用沉降系数（S）表示。沉降系数与蛋白质密度和形状相关。因为沉降系数大体上和分子量成正比关系，故可应用超速离心法测定蛋白质分子量，但对分子形状高度不对称的大多数纤维状蛋白质不适用。

三、蛋白质的应用

① 在临床化学分析中的应用。不仅包括生物体化学成分分析，也包括将各种酶的活力测定作为临床诊断的指标，如将乳酸脱氢酶同工酶检定作为心肌梗死诊断指标，转氨酶作为肝病变指标，血清淀粉酶作为包括急性胰腺炎、胰腺癌早期、腮腺炎、消化性溃疡穿孔以及机械性肠梗阻等疾病的诊断指标。

② 许多蛋白制剂是安全有效的药品，如蛋白水解酶复合制剂作为消化药物广泛应用。胰岛素、人胎盘丙种球蛋白、细胞色素 C 等也都是有效的药物。

③ 酶法分析也应用于食品分析中，其对象主要是辅酶和有机酸。此酶法分析很灵敏，如 L-乳酸、DL-柠檬酸可测定范围分别为 0.2 ~ 10μg/mL 和 2 ~ 50μg/mL。食品分析中还包括农药毒物分析，即利用毒物可以非竞争性抑制某些酶的活性，求出毒物在食品中的浓度。如小麦受 DDT 污染，可用牛红细胞碳酸酐酶测定，检查精度为 1g 中含有 10μg 的毒物。

④ 在一些工业生产上也常常利用酶制剂，如生丝处理。天然生丝是互相黏着在一起的，为了使生丝分开，就要破坏着天然生丝的"天然胶水"。以肥皂和苏打水洗煮生丝，生丝结构会受到破坏；如果以酶制剂处理生丝，对生丝无害并可大大提高丝线质量。

⑤ 日常生活中使用的合成洗涤剂以蛋白水解酶为添料，可以去除牛乳、蛋白质、血液等不易去除的污物。

⑥ 在农业生产上也有应用，如苏云金杆菌的晶体蛋白可用于防虫。

第六节　氨基酸、多肽和蛋白质类药物概述

一、临床常用氨基酸类药物

1. 临床常用氨基酸类药物的特点

临床上常用的氨基酸药物有甘氨酸、丙氨酸、丝氨酸、胱氨酸、赖氨酸、精氨酸、天冬氨酸和组氨酸等。

甘氨酸是结构最简单的氨基酸类药物，为白色至类白色结晶性粉末，无臭，味甜，溶于水，微溶于吡啶，不溶于乙醇、乙醚，与盐酸反应能生成盐酸盐，用于医学微生物和生物化学氨基酸代谢研究，常作氨基酸营养输液、头孢菌素原料，是合成咪唑乙酸中间体的原料。丙氨酸为白色至类白色结晶性粉末，有香气，味甜，易溶于水，不溶于乙醇、丙酮和乙醚，可预防肾结石，协助葡萄糖代谢，缓和低血糖，是合成新型甜味剂及某些手性药物中间体的原料。丝氨酸为白色结晶或结晶粉末，无臭、味甜，易溶于水，不溶于乙醇、乙醚和丙酮。有助于免疫球蛋白产生，在脂肪和脂肪酸物质代谢及肌肉生长中有重要作用。L- 丝氨酸是合成嘌呤、胸腺嘧啶和胆碱的前体，衍生物环丝氨酸是抗生素，可用于治疗结核病、稳定滴眼液 pH 值，无刺激性，是重要的自然保湿因子，可保持皮肤角质层水分。胱氨酸为白色结晶或结晶性粉末，溶于稀酸和碱溶液，极难溶于水，不溶于乙醇，具有促进毛发生长和防止皮肤老化等作用，可防治先天性同型半胱氨酸尿症、继发性脱发症、慢性肝炎、放射线损伤等，也可用于改善各种原因引起的白细胞减少症和药物中毒、辅助治疗支气管哮喘、湿疹和烧伤等。赖氨酸可促进发育、增强免疫、提高中枢神经组织功能、增强记忆力、增加血红蛋白、促进细胞生长、增强体质、增进食欲、改善营养不良状况、改善睡眠，帮助产生抗体、激素和酶，帮助钙吸收、预防骨质疏松症，降低血液甘油三酯、预防心脑血管疾病等。精氨酸对治疗高氨血症、肝功能障碍等疾病有效果。天冬氨酸钾、镁盐可用于缓解疲劳，治疗低钾血症性心脏病、肝病、糖尿病等。组氨酸可扩张血管、降低血压，用于心绞痛、心功能不全等疾病的治疗。

2. 氨基酸类药物的临床应用

氨基酸在医药上主要用来制备复方氨基酸输液，也可用作治疗药物和用于合成多肽类药物。目前，用作药物的氨基酸有 100 多种，氨基酸及其衍生物主要用于下列疾病的治疗：①治疗消化道疾病。如谷氨酸及其盐酸盐、谷氨酰胺、乙酰谷氨酰胺铝、甘氨酸及其铝盐、磷酸甘氨酸铁等。②治疗肝病。如精氨酸盐酸盐、谷氨酸钠、甲硫氨酸、瓜氨酸等。③治疗脑及神经系统疾病。如谷氨酸钙盐及镁盐、色氨酸、5- 羟色氨酸及左旋多巴等。④用于肿瘤治疗。如偶氮丝氨酸、氯苯丙氨酸、磷天冬氨酸及重氮氧代正亮氨酸等。⑤其他疾病治疗。如天冬氨酸的钙、镁盐可用于缓解疲劳，治疗低钾血症性心脏病、肝病、糖尿病等，组氨酸可扩张血管、降低血压，可用于心绞痛和心功能不全等疾病的治疗。

二、临床常用多肽和蛋白质类药物

多肽、蛋白质类药物根据其应用可分为多肽类激素药物、细胞生长因子、抗体药物、抗菌肽、酶类药物、蛋白质或多肽疫苗和用于诊断的蛋白质药物等 7 种类型。来源于动植物的多肽和蛋白质类药物称为生化药物，来源于基因工程菌表达生产的多肽和蛋白质类药物称为基因工程药物。

1. 多肽类激素药物

生物体内合成和分泌很多激素和生物活性肽。多肽类激素药物具有浓度低、活性强的特点，易被机体吸收利用，具有防病、治病和调节人体生理功能的功效。根据作用机制和存在

部位分为下丘脑 - 垂体肽激素（如促甲状腺激素释放激素、促生长素抑制素、促性腺素释放素、促肾上腺皮质素、促黑素、促黑素抑制素、催产素和加压素等）、甲状腺激素（如甲状旁腺素、降钙素等）、胰岛激素（如胰高血糖素等）、消化道激素（如肠抑胃肽、胃泌素、肠泌素、缓激肽等）、胸腺激素（如胸腺肽等）和心脏激素（如心房肽等）等。

生化与医药

临床应用的常见多肽类药物

1. 胸腺五肽是由精氨酸、赖氨酸、天冬氨酸、缬氨酸和酪氨酸组成的合成五肽，用于各种细胞免疫功能低下的疾病和肿瘤的辅助治疗，能诱导 T 细胞分化，促进 T 淋巴细胞亚群发育、成熟，调节 T 淋巴细胞亚群的比例，使其趋于正常，还可通过提高 cAMP 水平，促进 T 细胞分化并与 T 细胞特异性受体结合，使细胞内 GMP 水平提高，从而诱发一系列胞内反应，起到调节机体免疫功能的作用。

2. 醋酸格拉替雷是一种人工合成的多肽制剂，由谷氨酸、丙氨酸、酪氨酸和赖氨酸四种氨基酸组成，于 1996 年获美国 FDA 核准用于治疗多发性硬化症。

3. 醋酸亮丙瑞林是一种自然产生的促性腺激素释放激素或促黄体生成释放激素的合成九肽类似物，适应证较广，包括子宫内膜异位症、子宫肌瘤、绝经前乳腺癌、前列腺癌和中枢性性早熟等。

4. 醋酸奥曲肽是一种人工合成的天然生长抑素的八肽衍生物，它保留了与生长抑素类似的药理作用且作用持久。适应证包括肢端肥大症，缓解与功能性胃肠胰内分泌瘤有关的症状和体征，对具有类癌综合征表现的类癌肿瘤、VIP 瘤、胰高糖素瘤有效。

5. 艾塞那肽是第一个肠降血糖素类似物，是人工合成的由 39 个氨基酸组成的肽酰胺，为皮下注射剂，是用于改善血糖控制的辅助疗法，也可用于正在服用磺酰脲类药物、二甲双胍或磺酰脲类复方药，但却不能有效控制血糖的 2 型糖尿病患者。

2. 细胞生长因子

细胞生长因子能调节细胞生长分化、免疫功能、抗炎、抗病毒和促进伤口愈合等，不包括免疫球蛋白和补体，在生物体内含量极低，目前主要依靠基因工程获得。根据其功能不同，可分为白细胞介素、集落刺激因子、干扰素、肿瘤坏死因子、趋化因子和其他细胞因子（如转化生长因子、表皮生长因子和成纤维细胞生物因子）等。

3. 抗体药物

抗体是机体受抗原刺激后由 B 淋巴细胞产生，能与抗原发生特异性结合，具有免疫功能的球状蛋白质，主要分布于血清、组织液和外分泌液中。抗体药物以细胞工程、基因工程技术为主体的抗体工程技术进行制备，与靶抗原结合具有高度特异性、有效性和安全性。抗体药物分为多克隆抗体药物、单克隆抗体药物和基因工程抗体药物，主要用于器官移植排斥反应、肿瘤免疫诊断、免疫显像、导向治疗等，以及哮喘、银屑病、类风湿关节炎、红斑狼疮、急性心肌梗死、脓毒症、多发性硬化症及其他自身免疫疾病等。

4. 抗菌肽

抗菌肽是指分子量在 10kDa 以下，具有某种抗菌活性的多肽类物质。根据其分子结构及功能特征不同，可分为 α 螺旋结构类（如天蚕素）、伸展性螺旋结构类、环链结构类和 β 折叠型，具有抗菌活性、免疫活性、抗氧化作用、结合矿物质、杀虫、抗病毒等药理作用。

5. 酶类药物

酶类药物是直接用各种剂型的酶来改变体内酶活力，或改变体内某些生理活性物质和代谢产物数量等，从而达到治疗某些疾病的目的。按临床作用不同，可分为消化酶类（如胰酶、胰脂酶、胃蛋白酶、纤维素酶、淀粉酶等）、抗炎、黏痰溶解酶（如胰蛋白酶、糜蛋白酶、胶原酶、超氧化物歧化酶、葡聚糖酶等）、溶解纤维素酶类（如链激酶、尿激酶、纤溶酶、蛇毒抗凝酶等）、抗肿瘤酶类（如谷氨酰胺酶、神经氨酸苷酶、纤维蛋白酶等）和其他生理活性酶类（如青霉素酶、透明质酸酶、弹性蛋白酶等）及复合酶（如双链酶、复方磷酸酯酶、风湿宁三合酶、过敏宁复合酶等）等。

6. 蛋白质或多肽疫苗

伴随蛋白质或多肽疫苗制造技术的发展，"治疗性疫苗"的理论及应用也不断成熟，从本质上改变了传统疫苗的概念。无论从研发手段、生产工艺，还是从产品标准、质量控制等角度，蛋白质或多肽疫苗与蛋白质药物已经没有区别，特别是以治疗性肿瘤疫苗为代表的"治疗性疫苗"已逐步成为临床上的主动特异性免疫治疗药物。随着对肿瘤、自身免疫性疾病以及传染性疾病研究的深入，将会有更多的重组蛋白或多肽应用于预防及治疗性疫苗的开发，并将在重组蛋白药物领域占有一席之地。

7. 用于诊断的蛋白质药物

该类蛋白质药物兼有药物及诊断试剂的双重功能，可用于某些特定疾病的体外及体内诊断，特别是体内诊断，如肿瘤显像剂多用抗体偶联放射性核素（同位素），在肿瘤定位诊断的同时，同位素也可对肿瘤细胞发挥抑制或杀伤作用。

目标检测

一、填空题

1. 蛋白质组成单位是_____，组成人体的蛋白质氨基酸仅有_____种。
2. 蛋白质分子中一个氨基酸的 α-_____与另一个氨基酸的 α-_____脱水缩合所形成的酰胺键称为_____。
3. 谷胱甘肽是由____、____和____组成的三肽，该物质的主要功能基团是_____。
4. 蛋白质一级结构的连接键主要是_____，有的还包括_____。
5. 疯牛病是由朊病毒蛋白（PrP）引起的一组人和动物神经退行性病变。正常的 PrP 富含_____，称为 PrP^c，PrP^c 在某种未知蛋白质的作用下可转变成全为_____的 PrP^{sc}，从而致病。

二、判断题

1. 胰岛素分子中含有两条多肽链，所以，每个胰岛素分子是由两个亚基构成。（   ）
2. 重金属盐毒性主要是重金属离子会与人体内功能蛋白质结合引起蛋白质变性所致。（   ）
3. 所有的蛋白质都有一、二、三、四级结构。（   ）
4. 在蛋白质和多肽分子中只存在一种共价键——肽键。（   ）
5. 变性后的蛋白质其分子量也发生改变。（   ）

三、单选题

1. 一个生物样品的含氮量为 5%，它的蛋白质含量为（   ）。
A. 12.50%   B. 16.00%   C. 38.00%   D. 31.25%
2. 天然蛋白质中不存在的氨基酸是（   ）。

A. 半胱氨酸   B. 瓜氨酸   C. 丝氨酸   D. 甲硫氨酸

3. 在下列所有氨基酸溶液中，不引起偏振光旋转的氨基酸是（   ）。

A. 丙氨酸   B. 亮氨酸   C. 甘氨酸   D. 丝氨酸

4. Glu 的 $pK_1=2.19$（α-COOH）、$pK_2=9.67$（α-NH$_2$）、$pK_3=4.25$（β-COOH），则 pI=（   ）。

A.（2.19+9.67）/2   B.（9.67+4.25）/2   C.（2.19+4.25）/2   D.（2.17+9.04+9.67）/3

5. 维持蛋白质二级结构稳定的主要因素是（   ）。

A. 静电作用力   B. 氢键   C. 疏水键   D. 范德华作用力

6. 在寡聚蛋白质中，亚基间的立体排布、相互作用以及接触部位间的空间结构称为（   ）。

A. 三级结构   B. 缔合现象   C. 四级结构   D. 变构现象

7. 下列不属于蛋白质的变性在实际生活中应用的是（   ）。

A. 酒精消毒   B. 理疗

C. 高温灭菌   D. 煮熟后的食物蛋白易消化

8.（   ）使蛋白质沉淀又不变性。

A. 加入硫酸铵溶液   B. 加入三氯醋酸   C. 加入氯化汞   D. 加入 1mol HCl

9. 有一混合蛋白质溶液，各种蛋白质 pI 分别是 3.2、4.8、6.6、7.5，要使所有蛋白质泳向正极，缓冲液 pH 是（   ）。

A. 8.0   B. 7.0   C. 6.0   D. 5.0

10. 蛋白质电泳是由于其具有（   ）性质。

A. 酸性   B. 碱性   C. 两性解离   D. 亲水性

11. 蛋白质在 280nm 紫外光区有最大光吸收的主要原因是存在（   ）。

A. 碱性氨基酸   B. 酸性氨基酸   C. 亲水性氨基酸   D. 疏水性氨基酸   E. 芳香族氨基酸

12. 下列哪些蛋白质具有四级结构？（   ）

①血红蛋白   ②肌红蛋白   ③胰岛素   ④乳酸脱氢酶   ⑤烟草斑纹病毒外壳蛋白

A. ①②③   B. ①③   C. ①④⑤   D. ②③④   E. ①②③④

四、问答题

1. 什么是蛋白质的二级结构？主要包括哪些类型？

2. 请举例说明蛋白质的结构与功能的关系。

3. 试述镰状细胞贫血的发病机制。

五、案例分析

2003 年发生"非典"疫情，人们深刻地认识到良好卫生习惯对预防疾病传播的重要性，当时杀菌消毒的产品供不应求，人们家中的碗筷每天进行蒸煮消毒以杜绝病原菌传播。2020 年发生"新冠"疫情，家家户户进出都进行乙醇消毒，公共场所也进行乙醇消毒，以杜绝病毒的传播扩散。试分析：①利用了蛋白质什么性质？②除蒸煮外，消毒杀菌还有哪些方法？③蛋白质理化性质发生了哪些变化？

目标检测答案 2

第三章

脂类化学

学习目标

1. 知识目标

（1）掌握脂类的基本概念与分类；

（2）掌握脂类化合物的生理功能与病理意义；

（3）掌握必需脂肪酸的基本概念及必需脂肪酸对人体健康的重要意义；

（4）掌握脂肪的理化性质及理化指标测定的意义；

（5）了解脂质体、脂质体药物与脂肪替代物。

2. 技能目标

（1）能进行卵磷脂的提取与鉴定，能进行血清中磷脂的测定操作；

（2）能解析胆固醇和胆汁酸代谢的生理与病理意义；

（3）能进行皂化值、碘值的测定并进行脂类质量的评价；

（4）能将脂类相关知识应用于有关脂类药物生产、检测、运输和储存过程中。

3. 思政与职业素养目标

（1）通过必需脂肪酸、油脂酸败、多不饱和脂肪酸、氢化油的危害等"生化与健康""生化与医药"的学习，培养学生养成健康生活的积极态度；

（2）增强学生对我国生物医药自主创新发展的信心和民族自豪感，培养爱国情怀，引导学生践行社会主义核心价值观。

导学案例

城市下水道中流淌着一种名为"地沟油"的恶劣物质，其经不法分子加工而摇身变为餐桌上的"食用油"。不法分子每天从下水道中捞取大量呈红色、暗淡浑浊的膏状物，经过一夜的过滤、加热、沉淀、分离后，这些散发着恶臭的垃圾就变成了清亮的"食用油"，最终低价销售。"地沟油"并非真正食用油，它主要由甘油三酯组成，但还含有许多致病、致癌的有毒物质，是一种极不卫生的非食用油品。食用后对人体白细胞和消化道黏膜造成破坏，引发食物中毒，甚至致癌。"地沟油"严禁用于食品领域。请思考：为什么不法分子要生产"地沟油"？"地沟油"和普通食用油有什么区别？如何鉴别"地沟油"？

第一节 脂类概述

脂类是由脂肪酸和醇作用生成的酯及其衍生物的统称，作为机体内的一类有机大分子物质，其化学组成和化学结构是非均一的，但有一个共性，即不溶于水，而易溶于乙醚、氯仿、苯等非极性有机溶剂。脂类化合物是不溶于水而易溶于有机溶剂的一类化合物总称，含有碳、氢、氧元素，有些也含有氮和磷。食用油属脂类。脂类是油脂和类脂等化合物的总称。油脂是由甘油和脂肪酸组成的中性酯，如牛油、猪油、花生油等动植物油，一般把常温是液体的称为油，常温是固体的称为脂。脂类是构成生物体的重要成分且广泛存在于动植物体内，脂类可储存能量，也广泛应用于食品、化工、医药等行业。生物体内的脂类分子常与其他化合物结合在一起，如脂蛋白和糖脂类。这些特殊结合的生物分子有不同物化性质，在化学组成和结构上有较大差别，由于这些物质在物态及物理性质方面与油脂类似，也属脂类，称为类脂，包括磷脂、糖脂等化合物。

一、脂类的分布与分类

1. 脂类的分布

（1）脂肪组织　人体最大脂类储存场所是脂肪组织，主要分布在皮下组织和内脏周围。皮下脂肪位于皮肤下方，起保护和保温作用。内脏脂肪位于腹腔内，包围在内脏器官周围，如肝脏、肾脏和肠道。内脏脂肪与代谢健康有关，过多内脏脂肪与心血管疾病和代谢综合征风险增加相关。

（2）肝脏　肝脏是体内重要的代谢器官，也是脂类代谢的主要场所，参与合成和分解脂类。可以合成和储存甘油三酯，也能分解脂类以提供能量。

（3）血液　脂类以血液的形式通过循环系统运输到全身各个组织和器官，血液中主要携带胆固醇和甘油三酯两种类型的脂类。胆固醇是细胞膜和激素合成的重要组成原料，甘油三酯则是能量的主要来源。

（4）组织和器官　脂类在各种组织和器官中也起到重要作用，如神经组织中髓鞘主要由脂类构成，有助于电信号传导。脑部脂类也参与神经递质合成和维持神经功能。

2. 脂类的分类

按化学组成不同，可分为简单脂、复合脂和衍生脂3类。简单脂也称单纯脂，是脂肪酸与甘油或高级一元醇结合形成的酯，可根据分子醇基不同分为油脂和蜡。其中，脂酰基甘油酯通称为脂肪，是甘油的脂肪酸酯，而蜡则是高级的脂肪酸酯。根据甘油所成酯数不同，分为甘油一酯、甘油二酯和甘油三酯。甘油三酯是1分子甘油与3分子脂肪酸形成的酯，即脂肪。高级脂肪酸与高级一元醇形成的酯称为蜡，如蜂蜡和虫蜡。复合脂是由简单脂（由脂肪酸和醇组成）和一些非脂物质，如磷酸、含氮碱基等共同组成，主要有磷脂和糖脂。磷脂是生物膜主要成分，糖脂是一类含有糖的复合脂。复合脂类中除醇类、脂肪酸外，还有其他物质。如甘油磷脂类含有脂肪酸、甘油、磷酸和某种含氮物质。鞘磷脂类由脂肪酸、鞘氨醇或其衍生物、磷酸和某种含氮物质组成。衍生脂是指由简单脂和复合脂衍生而来，或与之关系密切、具有脂质一般性质的物质，包括取代烃、固醇类、萜类等。取代烃主要是脂肪酸及其碱性盐（皂）和高级醇，少量脂肪醛、脂肪胺和烃。固醇类（甾类）包括固醇、胆酸、强心苷、性激素、肾上腺皮质激素。萜类包括许多天然色素（如胡萝卜素）、香精油、天然橡胶等。其他脂质如维生素A、维生素D、维生素E、维生素K、脂酰CoA、类二十碳烷。另外，根据脂类是否能进行皂化反应，分为可皂化脂质和不可皂化脂质。

二、脂类的生理功能

（一）脂肪的功能

1. 是机体氧化供能和储存能量的重要载体

脂肪是体内储存能量和供给能量的重要物质。每克脂肪完全氧化可释放出 38.94kJ（约 9.3kcal）的能量，1g 葡萄糖完全氧化产生的能量约 17kJ，等量脂肪氧化产生的能量是糖的 2 倍多。脂肪是疏水物质，其贮藏不伴有水，1g 脂肪所占体积约为等量糖原所占体积的 1/4。因此，贮藏脂肪所需体积要小很多，脂肪贮藏效率为糖贮藏的 9 倍多。脂肪是人和高等动物体内储存能量的主要形式，当机体摄入过量脂肪时，会贮藏在体内用于能量代谢。当机体摄入能源物质不足时，则动用储存脂肪氧化供能。因此，脂肪成为饥饿、禁食或患某些疾病时体内能量的主要来源，脂肪贮藏随机体营养状况发生改变。脂肪也是储存热能的重要组织，脂肪所占空间较小，可在腹腔空隙、皮下等处大量储存。当人在饥饿时首先动用脂肪补充热能，以避免体内蛋白质的消耗。

2. 提供必需脂肪酸

动物体内缺乏 Δ^9 以上的去饱和酶，人体必需脂肪酸不能合成，需由食物供给。人体必需脂肪酸有亚油酸（$18：2\Delta^{9,12}$）、亚麻酸（$18：3\Delta^{9,12,15}$）和花生四烯酸（$20：4\Delta^{5,8,11,14}$）。

🔲 生化与健康

必需脂肪酸

必需脂肪酸是指对维持机体功能不可缺少，但机体不能合成，必须由食物提供的脂肪酸，如亚油酸和 α- 亚麻酸，均为多不饱和脂肪酸。人体摄入亚油酸后，通过人体自身的机能可以代谢出 γ- 亚麻酸及花生四烯酸，属于 ω-6 系列的不饱和脂肪酸。通常将亚油酸称为 ω-6 系列不饱和脂肪酸的母体。肉类、花生中也含有一定量的花生四烯酸；人体摄入 α- 亚麻酸后，可以代谢出二十碳五烯酸（EPA）和二十二碳六烯酸（DHA），EPA 和 DHA 属于 ω-3 系列的多不饱和脂肪酸。通常将 α- 亚麻酸称为 ω-3 系列多不饱和脂肪酸的母体。

必需脂肪酸是构成磷脂、胆固醇和血浆脂蛋白的重要组成原料，还可衍生成前列腺素、血栓素和白三烯等生理活性物质，与细胞增殖、炎症、变态反应、免疫调节及心血管疾病等有关。

（1）前列腺素 PGE_2 能诱发炎症，促进局部血管扩张及毛细血管通透性增加，引起炎症症状。PGA_2 和 PGE_2 能使动脉平滑肌扩张，降低血压。PGE_2 和 PGI_2 具有抑制胃酸分泌、促进胃肠平滑肌蠕动作用，还具有扩张血管平滑肌和抑制血小板聚集作用；PGF_2 可促进卵巢平滑肌收缩引起排卵，增强子宫收缩，促进分娩。

（2）血栓素主要由血小板合成，释放前可引起血小板聚集和血管收缩，是促进凝血和血栓形成的重要因素。血栓素的作用与 PGI_2 相反，两者保持平衡是调节小血管收缩、血小板聚集的重要条件。

（3）白三烯是一类引起过敏反应的慢性反应物质，可使支气管平滑肌收缩，且作用缓慢持久，在炎症及过敏反应中具有多种功能。天然脂肪中的脂肪酸大多数是含偶数碳原子的长链脂肪酸，有饱和脂肪酸和不饱和脂肪酸之分。常见饱和脂肪酸中有软脂酸（16：0）和硬脂酸（18：0），不饱和脂肪酸有软油酸（$16：1\Delta^9$）、油酸（$18：1\Delta^9$）和亚油酸（$18：2\Delta^{9,12}$）。植物种子中脂肪主要为不饱和脂肪酸，常温呈液态。动物脂肪含饱和脂肪酸较多，常温呈固态。必需脂肪酸是细胞的重要构成物质，具有多种生理功能，参与构成细胞和线粒体膜、参与胆固醇代谢并合成前列腺素等激素，具有促进发育、防止心血管疾病、改善心肺功能、维持皮肤及毛细血管健康、促进胆固醇代谢、防治冠心病、调节生殖机能等生理功能。

生化与健康

多不饱和脂肪酸和健康

20世纪60年代末，科学家偶然发现，身居北极格陵兰岛的因纽特人几乎不患心脑血管疾病，而欧美该病的发病率最高，日本发病率较低。通过研究发现，原来是因纽特人常食的"生鱼和海豹肉"富含防治心脑血管疾病的最有效物质——多不饱和脂肪酸，包括二十二碳六烯酸（DHA）、二十二碳五烯酸（DPA）、二十碳五烯酸（EPA）、二十碳四烯酸、十八碳四烯酸等。多不饱和脂肪酸是防治心脑血管疾病的特殊营养物质，能促进胆固醇代谢，防止脂质在肝脏和动脉壁沉积，还能降低血小板凝聚能力，减少血栓产生。WHO提出的"膳食目标"中脂肪占总摄入量的比率为30%，美国心脏学会、美国国家食品营养协会及美国医学会进一步推荐，膳食中饱和脂肪酸、单不饱和脂肪酸和多不饱和脂肪酸应各占10%。日本研究提出，每天平均应摄取 $200\sim500\text{mg}$ 的 ω-3 脂肪酸。

重要的天然饱和脂肪酸和天然不饱和脂肪酸分别见表3-1和表3-2。

表3-1　重要的天然饱和脂肪酸

简写式	分子结构简式	系统名称	习惯名称
10∶0	$CH_3(CH_2)_8COOH$	n-十烷酸	癸酸
12∶0	$CH_3(CH_2)_{10}COOH$	n-十二烷酸	月桂酸
14∶0	$CH_3(CH_2)_{12}COOH$	n-十四烷酸	豆蔻酸
16∶0	$CH_3(CH_2)_{14}COOH$	n-十六烷酸	软脂酸
18∶0	$CH_3(CH_2)_{16}COOH$	n-十八烷酸	硬脂酸
20∶0	$CH_3(CH_2)_{18}COOH$	n-二十烷酸	花生酸
22∶0	$CH_3(CH_2)_{20}COOH$	n-二十二烷酸	山萮酸
24∶0	$CH_3(CH_2)_{22}COOH$	n-二十四烷酸	掬焦油酸
26∶0	$CH_3(CH_2)_{24}COOH$	n-二十六烷酸	蜡酸

表3-2　重要的天然不饱和脂肪酸

简写式	分子结构简式	系统名称	习惯名称
$16∶1\Delta^9$	$CH_3(CH_2)_5CH{=}CH(CH_2)_7COOH$	顺-9-十六碳烯酸	棕榈油酸
$18∶1\Delta^9$	$CH_3(CH_2)_7CH{=}CH(CH_2)_7COOH$	顺-9-十八碳烯酸	油酸
$18∶2\Delta^{9,12}$	$CH_3(CH_2)_3(CH_2CH{=}CH)_2(CH_2)_7COOH$	顺,顺-9,12-十八碳二烯酸	亚油酸
$18∶3\Delta^{9,12,15}$	$CH_3(CH_2CH{=}CH)_3(CH_2)_7COOH$	全顺-9,12,15-十八碳三烯酸	α-亚麻酸
$18∶3\Delta^{6,9,12}$	$CH_3(CH_2)_3(CH_2CH{=}CH)_3(CH_2)_4COOH$	全顺-6,9,12-十八碳三烯酸	γ-亚麻酸
$20∶4\Delta^{5,8,11,14}$	$CH_3(CH_2)_3(CH_2CH{=}CH)_4(CH_2)_3COOH$	全顺-5,8,11,14-二十碳四烯酸	花生四烯酸
$20∶5\Delta^{5,8,11,14,17}$	$CH_3(CH_2CH{=}CH)_5(CH_2)_3COOH$	全顺-5,8,11,14,17-二十碳五烯酸	鱼油五烯酸
$22∶6\Delta^{4,7,10,13,16,19}$	$CH_3(CH_2CH{=}CH)_6(CH_2)_2COOH$	全顺-4,7,10,13,16,19-二十二碳六烯酸	鱼油六烯酸
$24∶1\Delta^{15}$	$CH_3(CH_2)_7CH{=}CH(CH_2)_{13}COOH$	顺-15-二十四烯酸	神经酸

3. 保护机体的组织器官和维持体温

动物皮下脂肪组织不易导热，可防止热量散失而能保持体温。动物体内储存的大量皮下脂肪有利于动物抵御严寒，特别是极端严寒地区的动物。动物腹腔内脏周围都有脂肪组织保护，可保护动物内脏在运动过程中避免摩擦和缓冲外界碰撞，使内脏免受机械损伤。

4. 有利于脂溶性维生素和药物的吸收

脂肪是脂溶性维生素的溶剂，在肠道中参与脂溶性维生素的吸收。还与胆固醇一同形成胆汁，帮助脂类和脂溶性物质消化和吸收，也可作为载体，将脂溶性维生素和其他脂溶性物质运输到需要的组织。食物中的脂溶性维生素需溶解于脂肪，并以溶解状态才能消化吸收。脂肪还有利于脂溶性药物吸收，如灰黄霉素是脂溶性抗真菌药物，我国剂型主要为微粒型，在用量小的情况下，必须要增加脂肪以促进药物吸收。

5. 增加饱腹感和改善食品感官性状

脂类在胃中停留时间较长，一次进食 50g 脂肪需经 4～6h 才能从胃中排空，脂肪进入十二指肠可刺激产生抑胃素，从而抑制肠道蠕动，可增加饱腹感。烹调食物加入脂肪可改善食品色泽和风味，给人以良好感观性状，增进食欲。

脂类的分类、含量、分布及主要功能见表 3-3。

表 3-3　脂类的分类、含量、分布及主要功能

分类	含量	分布	主要功能
脂肪 （甘油三酯）	95%	脂肪组织、血浆	储脂供能（最主要功能），提供必需脂肪酸，促进脂溶性维生素吸收，保温作用，保护内脏器官，构成血浆脂蛋白
类脂 （糖脂、磷脂、胆固醇及其酯）	5%	细胞膜、神经、血浆	维持生物膜的结构和功能，胆固醇可转变成类固醇激素、维生素、胆汁酸等，构成血浆脂蛋白

（二）类脂的功能

1. 是细胞膜或细胞器膜重要组分

细胞膜由磷脂双层构成，形成一个可渗透屏障控制物质进出。如磷脂和胆固醇是生物膜的重要组成构件，鞘磷脂是神经髓鞘的重要组分。

2. 以脂蛋白形式参与脂类的转运

磷脂和胆固醇是血浆脂蛋白的重要组成成分，也是血液脂蛋白的主要运输形式。

3. 是合成体内生物活性物质的前体

如胆固醇在体内可变为胆汁酸参与食物消化，还可转变为类固醇激素和维生素 D_3 以及前列腺素，是体内激素和维生素 D 的合成前体。

4. 其他生理功能

类脂参与细胞信号传导。如磷脂酰肌醇二磷酸是细胞信号传导的重要分子，如磷脂酰肌醇（PI）是一种重要信号分子，在细胞内产生次级信号分子，调节细胞代谢和功能。二软脂酰胆碱是肺表面重要活性物质。卵磷脂、脑磷脂是肝病、神经衰弱及动脉粥样硬化等疾病治疗的重要药物。多不饱和脂肪酸（如 DHA、EPA）是预防动脉粥样硬化和降血脂的重要药物。熊脱氧胆酸、鹅去氧胆酸等可治疗胆结石、胆囊炎。

🔋 生化与健康

脑黄金——二十二碳六烯酸

二十二碳六烯酸（DHA）俗称脑黄金，是一种对人体非常重要的不饱和脂肪酸，属不饱和脂肪酸家族中的重要成员。研究表明，DHA 对神经系统细胞生长及维持具有重要作用，是神经系统细胞生长及维持的一种主要元素，是视网膜和大脑的重要构成成分，在人体大脑皮层中含量高达 20%，在眼睛视网膜中所占比例最大，约占 50%，对胎儿智力和视力发育至关

重要。因此，孕妇摄取 DHA 并输送给胎儿，可促进胎儿神经细胞和视网膜光感细胞成熟，增进胎儿大脑细胞发育。

第二节　脂肪的结构和性质

一、脂肪的结构

油脂是由甘油与高级脂肪酸所形成的酯，称甘油三酯或三酰甘油，结构式表示如下：

$$H_2C-O-\overset{\displaystyle O}{\overset{\|}{C}}-R^1$$
$$R^2-\overset{\displaystyle O}{\overset{\|}{C}}-O-C$$
$$H_2C-O-\overset{\displaystyle O}{\overset{\|}{C}}-R^3$$

其中，R^1、R^2、R^3 分别表示三种高级脂肪酸的烃基，烃基可相同或不相同。完全相同者称单甘油三酯（简单甘油三酯），不同者则称混甘油三酯（混合甘油三酯）。甘油三酯命名时将脂肪酸名称放在前面，甘油名称放在后面，叫某酸甘油酯（或某脂酰甘油）。天然油脂是各种混甘油三酯的混合物。此外，还含有少量磷脂、固醇、色素、维生素、醛和酮等。天然脂肪中所含脂肪酸种类很多，绝大多数含偶数碳原子。含量最多且普遍存在的脂肪酸有棕榈酸、硬脂酸、亚油酸和亚麻酸，前两种是饱和脂肪酸，后两者是不饱和脂肪酸（图 3-1）。

不饱和脂肪酸比较重要的有亚油酸、亚麻酸和花生四烯酸。人体内能合成大多数脂肪酸，

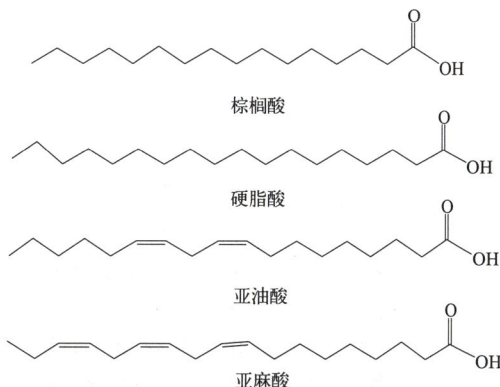

图 3-1　常见重要脂肪酸的化学结构式

但亚油酸、亚麻酸和花生四烯酸等多双键的不饱和脂肪酸不能合成，需由食物供给，称为必需脂肪酸。花生四烯酸是合成前列腺素的前体，亚油酸和亚麻酸在体内可转化成具有重要生理作用的 DHA，是婴儿脑部、视网膜发育所必需营养素。亚油酸能降低血清中胆固醇，防止动脉粥样硬化，临床上用于预防和治疗心血管疾病。必需脂肪酸主要来源是植物油和深海鱼油。深海鱼油是指富含二十碳五烯酸（EPA）和二十二碳六烯酸（DHA）的鱼体内油脂，深海冷水鱼类中含量较高，称为深海鱼油。目前，市场销售的深海鱼油除 EPA 和 DHA 外，还含有卵磷脂和维生素 E，主要作用是调节血脂、降低胆固醇和脂肪含量，防止血管受损、血液凝固，促进血液循环，预防脑出血、脑血栓和老年痴呆，减少动脉硬化及高血压，促进脑部和眼睛的发育。

人体如果缺乏必需脂肪酸会影响机体代谢，表现为上皮细胞功能异常、湿疹样皮炎、皮肤角化不全、创伤愈合不良、对疾病抵抗力减弱、心肌收缩力降低、血小板聚集能力加强、生长停滞等。

二、脂肪的性质

（一）油脂的物理性质

多数天然油脂由于溶解有维生素和色素而呈黄色至红色，但纯净油脂是无色、无臭、无

味的。植物油属天然油脂，常带有天然香味或特殊气味，如芝麻油和花生油有香味。油脂比水轻，相对密度0.9～0.95，难溶于水，易溶于有机溶剂（乙醇、乙醚、石油醚、氯仿等）。油脂熔点高低取决于所含不饱和脂肪酸数目，含不饱和脂肪酸多的油脂有较高流动性和较低熔点。这是因为油脂中不饱和脂肪酸碳碳双键多数是顺式构型，这种构型使脂肪酸碳链弯曲，分子内羧酸脂肪链之间不能紧密排列，导致分子间作用力减弱，熔点降低。植物油中含不饱和脂肪酸比例较动物脂肪大，因此，常温下植物油呈液态，动物脂肪呈固态。油脂是混甘油三酯混合物，无恒定熔点和沸点。

（二）油脂的化学性质

1. 水解和皂化

油脂（甘油三酯）可在酸、碱或酶作用下水解，生成一分子甘油和三分子脂肪酸。油脂在碱性条件下水解，可得到甘油和高级脂肪酸盐类，这种盐类称肥皂。油脂在碱性溶液中的水解又称皂化。普通肥皂是各种高级脂肪酸钠盐的混合物。油脂用氢氧化钾皂化所得的高级脂肪酸钾盐质软，称软皂。可以广义地把酯的碱性水解称为"皂化"。长链脂肪酸钠含盐一端有亲水性，另一端具有疏水性，在水中可包裹住油污，起到去污效果。皂化化学反应如下：

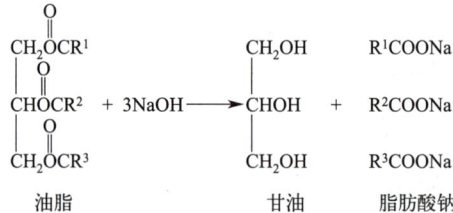

$$
\begin{array}{ccc}
\text{CH}_2\text{OCR}^1 & \text{CH}_2\text{OH} & \text{R}^1\text{COONa} \\
\text{CHOCR}^2 + 3\text{NaOH} \longrightarrow \text{CHOH} + & \text{R}^2\text{COONa} \\
\text{CH}_2\text{OCR}^3 & \text{CH}_2\text{OH} & \text{R}^3\text{COONa} \\
\text{油脂} & \text{甘油} & \text{脂肪酸钠}
\end{array}
$$

1.0g油脂完全皂化所需氢氧化钾的质量（mg）称为皂化值。根据皂化值大小，可判断油脂中所含甘油三酯的平均分子量。皂化值越大，表示油脂中甘油三酯的平均分子量越小。平均分子量 =（3×56×1000）/ 皂化值。皂化值是衡量油脂质量的重要指标，天然油脂都有正常的皂化值范围，如果测得某油脂的皂化值低于或高于其正常范围，表明该油脂中含有不能被皂化或者可以与氢氧化钾作用的杂质。

2. 加碘（碘值）

碘值可用来定量衡量油脂不饱和程度，其原理是碘与油脂中碳碳双键（C=C）进行加成反应。工业上，把100g油脂所吸收碘的质量数（g）称为碘值。碘值越大，油脂所含双键数目越多，不饱和程度也越大。通常碘不易与碳碳双键直接进行加成反应，实际上，常用氯化碘或溴化碘在冰醋酸中与油脂反应来测定。

根据碘值大小可分为三类：①干性油，结膜快。如桐油、亚麻籽油，碘值＞130。②半干性油，结膜慢。如棉籽油，碘值在100～130。③非干性油，不能结膜。如花生油、蓖麻油，碘值＜100。常见油脂的皂化值和碘值见表3-4。

表3-4　常见油脂的皂化值和碘值

油脂名称	软脂酸 /%	硬脂酸 /%	油酸 /%	亚油酸 /%	皂化值	碘值
猪油	28～30	12～18	41～18	6～7	190～200	46～66
牛油	24～32	14～32	35～48	2～4	190～200	31～47
大豆油	6～10	2～4	21～29	50～59	189～196	124～136
棉籽油	19～24	1～2	23～33	40～48	191～196	103～115
亚麻油	4～7	2～5	9～38	3～43	189～196	170～204

3. 酸败

酸败是油脂在空气中长期放置逐渐变质，并产生难闻气味的现象。受空气中氧、水分或微生物（酶）作用，油脂中不饱和脂肪酸双键被氧化生成过氧化物，过氧化物再继续分解或进一步氧化，分解产生有臭味的低级醛、酮和（或）羧酸，分解产物往往具有臭味，光、热或湿气可加速酸败。中和 1.0g 油脂中的游离脂肪酸所需氢氧化钾的质量（mg）称为油脂酸值。油脂酸败可用酸值来表示，酸值大小是衡量油脂品质好坏的重要指标。酸值越大，说明油脂中脂肪酸含量越高，油脂品质越低。为防止酸败，油脂应储存在密闭容器中，放置于阴凉处，也可添加少量抗氧化剂。

【课堂活动】油脂放在冰箱中长时间储存时，为什么可以减缓其变质，其原理是什么？

4. 氢化

氢化是指油脂中不饱和脂肪酸的碳碳双键（C=C）的催化加氢反应。氢化后会变为饱和程度较高的固态或半固态脂肪。这一过程可使油脂物态发生变化，称为油脂氢化或硬化。氢化后得到的油脂称为硬化油，氢化后油脂不易被氧化，便于储存和运输。

生化与健康

氢化油的危害

氢化油是诱发糖尿病、冠心病、乳腺癌、不育症、肥胖症等疾病的重要因素。由于植物油存在不易保存的问题，研究人员把植物油转化成容易保存的呈固态的氢化油。氢化油饱和度增加、熔点升高、硬度加大，故称"硬化油"，香味和口感优于植物油，可和动物油脂媲美，价格便宜且性质稳定，可用于食品煎炸、烘烤和烹饪，且加工时间短，食品外观和口感能得到显著改善，保存时间较长。但事实证明，氢化油的危害远比动物油脂更大。经常摄入占总热量 5% 的氢化油（10～15g/d），健康就会受到危害。氢化油危害包括增加血液黏稠度、促进血栓形成、提高低密度脂蛋白胆固醇水平、降低高密度脂蛋白胆固醇水平，导致动脉粥样硬化；增加 2 型糖尿病和乳腺癌发病率；影响婴幼儿和青少年正常生长发育，并可能对中枢神经系统的发育产生不良影响。油脂氢化过程中，由天然顺式结构变为人体难以分解吸收的反式脂肪，其囤积在细胞或血管壁上，成为导致人体肥胖、心血管疾病的最大诱因之一。

5. 干化

某些油脂（桐油、亚麻油等）涂成薄层暴露在空气中，能逐渐形成一层有弹性、不透水的薄膜，这种现象称为油脂干化作用。具有这种性质的油称为干性油。一般认为，如果组成油脂中的脂肪酸含有较多的共轭体系的碳碳双键，比较容易干化。

第三节 类脂的结构与性质

一、磷脂

磷脂是一类含有磷元素的类脂化合物，主要存在于脑、神经组织、骨髓、心、肝及肾等器官和组织中，蛋黄、植物种子、胚芽及大豆中也富含磷脂。磷脂因同时含有其他非脂性物质，是一种复合脂，是组成生物膜的主要成分，分为甘油磷脂与鞘磷脂两类，为两性分子，一端为亲水的含氮或磷的头部，另一端为疏水的长烃基尾。因此，磷脂分子亲水端相互靠近朝向外侧，疏水端相互靠近朝向内侧，常与蛋白质、糖脂、胆固醇等其他分子共同构成细胞膜磷脂双分子层。甘油磷脂是机体含量最多的一类磷脂，可构成细胞膜，同时，也是胆汁和细胞膜表面活性成分的重要组分，在细胞信号识别和蛋白质识别等过程中发挥重要作用。甘油结构中的 C_3 羟基被磷酸酯化，C_1 和 C_2 被脂肪酸酯化，均称为甘油磷脂。甘油磷脂与含羟基的化合物缩合可生成不同的甘油磷脂（图3-2）。

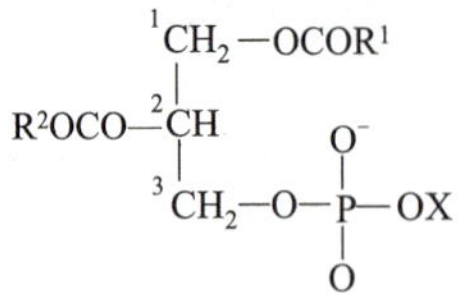

$$^1CH_2-OCOR^1$$
$$R^2OCO-{}^2CH$$
$$^3CH_2-O-\underset{O}{\overset{O^-}{P}}-OX$$

X=H	磷脂酸
X=CH_2CH_2N^+(CH_3)_3	卵磷脂
X=CH_2CH_2NH_2	脑磷脂
X=丝氨酸	丝氨酸脑磷脂
X=甘油	磷脂酰甘油
X=肌醇	磷脂酰肌醇

图 3-2　各类磷脂的结构式

重要的甘油磷脂有脑磷脂、卵磷脂、丝氨酸脑磷脂、磷脂酰甘油、磷脂酰肌醇等。卵磷脂和脑磷脂母体结构是磷脂酸，磷酸分子中磷酸可与某些含氮碱或羟基化合物形成酯，如脑磷脂和卵磷脂就是磷脂酸分别与胆胺、胆碱形成的酯。

卵磷脂也称磷脂酰胆碱、胆碱磷脂，是生命的物质基础，在动植物细胞中广泛存在，在蛋黄中含量最高。因含有不饱和脂肪酸，在空气中容易被氧化成黄褐色。在体内主要与蛋白质结合，结构上的脂肪酸有疏水性，胆碱有亲水性，因此具有"双亲"结构，在细胞膜上发挥重要作用。脑磷脂也称磷脂酰乙醇胺、乙醇胺磷脂。结构和性质与卵磷脂基本相似，但结合的碱基不同，主要为丝氨酸和乙醇胺（胆胺），与血液凝结有关，有加速血液凝结作用，在酶作用下，失去1分子脂肪酸残基可变为溶血性脑磷脂。丝氨酸脑磷脂也称磷脂酰丝氨酸，是细胞膜的重要组成成分，主要存在于大脑组织中，能改善神经细胞功能，有助于提高"记忆力"。与磷脂酰胆碱和磷脂酰乙醇胺相互转化。磷脂酰肌醇也称肌醇磷脂，在肝脏和心脏中，主要为一磷酸肌醇磷脂，在脑组织中主要为二磷酸或三磷酸肌醇磷脂。心磷脂也称双磷脂酰甘油，主要位于细胞膜与线粒体内膜上，由两个磷脂酸中磷酸基团分别与甘油 C_1 和 C_3 位羟基酯化形成，主要参与线粒体中氧化磷酸化和 ATP 生成。

（一）磷脂的功能

1. 调节代谢和增强体能

人体在高强度体力活动及大运动量活动中，肌肉细胞借助磷脂的信息传递和物质传递获得所需要的营养和能量并排出代谢物。此生理循环中，磷脂会被大量分解和消耗，只有及时补充足够磷脂，肌肉才能持续获得能量和营养。因为磷脂是构成细胞不可缺少的重要成分之一，磷脂能有效地增强细胞功能，提高细胞代谢能力，增强细胞消除过氧化脂质能力，及时供给人体所需能量。

2. 改善脑功能

人体大脑中磷脂类物质占比高达 30%，在智力活动中承担着传递信息的重任。对智力发育、记忆力增强有独特作用。磷脂是脑细胞组成成分，又是脑神经细胞传递信息的化学物质。磷脂在体内水解生成胆碱、甘油、磷酸及脂肪酸，在此过程中形成的胆碱对脑及脑神经系统维持正常功能至关重要。胆碱转化为乙酰胆碱，它是通过神经细胞传递信息的化学物质，起着兴奋大脑神经细胞的作用。

3. 乳化作用

引起动脉硬化的胆固醇是脂肪性蜡状物质，人体自身会合成 200～800mg，是肾脏、性激素、胆汁盐、维生素 D 不可或缺的原料。但若胆固醇含量过高且富积在动脉壁上，就会严重影响血液循环，使血管硬化变脆、弹性减弱而易于破裂，并引起心脑血管疾病。磷脂"两亲"结构决定了磷脂是一种强有力的乳化剂，它能使血液中的胆固醇和中性脂肪分解成极小微粒，以便于组织吸收和代谢，使其不在或少在血管上沉积，保持血管壁柔滑和血管畅通。

4. 保护肝脏的功能

人体肝脏脂肪含量约占 5%，其中磷脂为 3% 左右、胆固醇 0.5% 左右，组分较为固定，但脂肪含量会发生变动。如机体摄入脂肪过量，形成脂肪滴积蓄于肝脏称为脂肪肝。大量脂肪堆积，除影响肝脏正常生理功能外，还会引起肝细胞破裂，结缔组织增强，进而引起肝硬化。磷脂酰胆碱具有亲水性和亲油性，可将肝脏中脂肪乳化，以脂蛋白形式转运到肝外，充分保护肝细胞。

5. 其他

磷脂还可以促进脂溶性维生素吸收、增强体内分泌系统对过滤性病毒的抵抗力，并具有预防胆结石、克山病、便秘以及利尿护肾、调节植物神经系统功能等作用。

（二）几种重要的磷脂

1. 甘油磷脂

甘油磷脂可看作磷脂酸衍生物，结构中所含甘油的两个羟基与脂肪酸成酯，第三个羟基与磷酸成酯。磷脂酸中磷酸分别与胆碱、乙醇胺（胆胺）等分子中的醇羟基结合，得到各种甘油磷脂。甘油磷脂与磷脂酸结构通式如下：

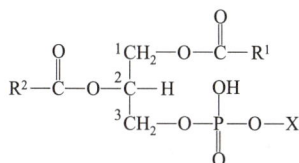

甘油磷脂(X表示氨基醇或者肌醇)　　　　磷脂酸

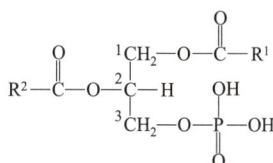

甘油磷脂有磷脂酰胆碱（卵磷脂）、磷脂酰乙醇胺（脑磷脂）、磷脂酰丝氨酸、磷脂酰甘油及双磷脂酰甘油（心磷脂）等。每类磷脂因组成的脂肪酸不同而多样，这些磷脂分别对生物体各器官起着相应的功能。卵磷脂和脑磷脂的化学结构式如下：

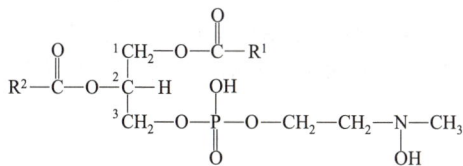

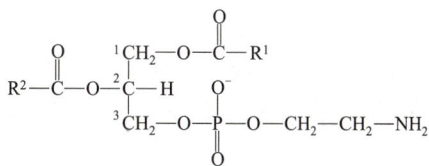

磷脂酰胆碱(卵磷脂)　　　　磷脂酰乙醇胺(脑磷脂)

2. 鞘磷脂

也称神经磷脂，是构成生物膜的重要成分之一，大量存在于脑和神经组织中，不含甘油成分，这是鞘磷脂与甘油磷脂的主要差异。鞘磷脂主链为鞘氨醇或二氢鞘氨醇，鞘氨醇或二氢鞘氨醇是具有脂肪族长链的氨基二元醇，人体以含十八碳的鞘氨醇为主。鞘氨醇的氨基与脂肪酸以酰胺键结合，所得 N- 脂酰鞘氨醇称为神经酰胺。神经酰胺 C_1 上的羟基与磷酸胆碱（或磷酸乙醇胺）通过磷酸酯键相连接的化合物即为鞘磷脂。鞘氨醇、神经酰胺和鞘磷脂的结构式如下：

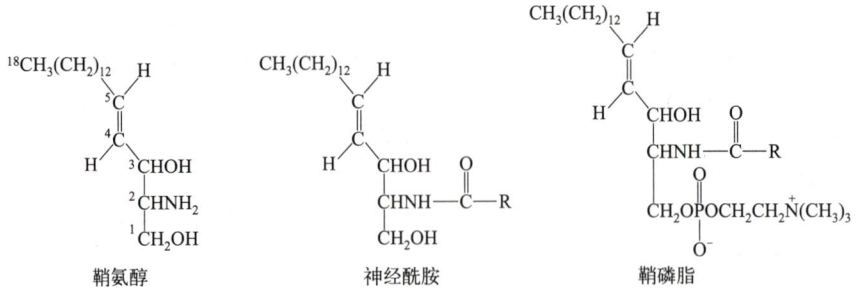

鞘氨醇   神经酰胺   鞘磷脂

天然鞘磷脂分子中，鞘氨醇残基中的碳碳双键以反式构型存在。在不同组织器官中，鞘磷脂中脂肪酸种类有所不同，神经组织中以硬脂酸、二十四碳酸和神经酸为主，而在脾脏和肺组织中则以软脂酸和二十四碳酸为主。鞘磷脂有两条由鞘氨醇残基和脂肪酸残基构成的疏水性长碳氢链，有一个亲水性的磷酸胆碱残基，结构与甘油磷脂类似，具有乳化性质。鞘磷脂是白色结晶，在空气中不易被氧化，不溶于丙酮及乙醚，而溶于热乙醇。

（三）甘油磷脂的理化性质

甘油磷脂是白色蜡状固体。甘油磷脂分子中含有亲水的极性基团头部和 2 条疏水的脂酰基长尾部，是两性分子，在水溶液中可形成微团或自动排成双分子层。

用弱碱水解甘油磷脂会生成脂肪酸的金属盐，剩余部分不被水解，如用强碱水解则生成脂肪酸、氮碱和磷酸甘油；甘油磷脂由于含不饱和脂肪酸，会被空气氧化，最终形成黑色过氧化物的聚合物；生物体内存在一些可以水解甘油磷脂的磷脂酶类，主要有磷脂酶 A_1、磷脂酶 A_2、磷脂酶 C 和磷脂酶 D，它们特异地作用于磷脂分子内部各个酯键形成不同产物。甘油磷脂可被磷脂酶 A_1、磷脂酶 A_2、磷脂酶 C 和磷脂酶 D 水解成不同化合物，完全水解后的产物则为甘油、脂肪酸、磷酸和氮碱。

二、糖脂

糖脂是糖通过还原末端半缩醛羟基以糖苷键与脂质相连，为"双亲"结构，脂质部分为亲脂结构，糖链部分为亲水结构，体内分布广泛但含量较低。根据脂质部分不同，可分为含鞘氨醇的糖脂、含甘油酯的甘油糖脂、由磷酸多萜醇衍生的糖脂和由类固醇衍生的糖脂，以鞘糖脂研究较为深入。鞘糖脂是糖链以糖苷键与神经酰胺相连而成，亲脂结构神经酰胺为鞘氨醇被脂肪酸酰化产生，脂肪酸一般是含 14～26 碳的长链脂肪酸，以饱和和低不饱和脂肪酸为主。亲水糖链结构较短，一般在 10 个糖基以下。糖脂主要存在于脑组织中，脑苷脂属糖脂中的一类。脑苷脂的组成与神经磷脂相似，如半乳糖脑苷脂结构中有神经氨基醇、半乳糖及脂肪酸各一分子。糖脂的糖基位于外表面，糖脂在细胞膜上呈不对称分布，与其功能有关。葡萄糖脑苷脂和半乳糖脑苷脂的结构式见图 3-3。

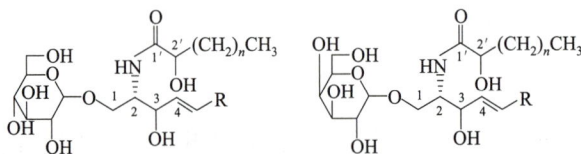

图 3-3　葡萄糖脑苷脂（左）和半乳糖脑苷脂（右）的结构式

三、胆固醇和胆汁酸

胆固醇也称甾醇，胆固醇及其酯是人和动物体内重要的甾醇化合物（图 3-4），主要存在于动物血液、脂肪、脑和胆汁中，也存在于植物中，如豆固醇。胆固醇是最早从胆石中分离得到的固体状醇类，是动物胆结石的主要成分。当人体血液胆固醇代谢发生障碍时，血液中胆固醇含量就会增高，从而引起动脉硬化。固醇类是环戊烷多氢菲衍生物，是血浆蛋白质和细胞膜的重要组成成分，结构中含有极性头部（羟基），也含有环戊烷烃链及固醇等疏水部分，为两性分子。

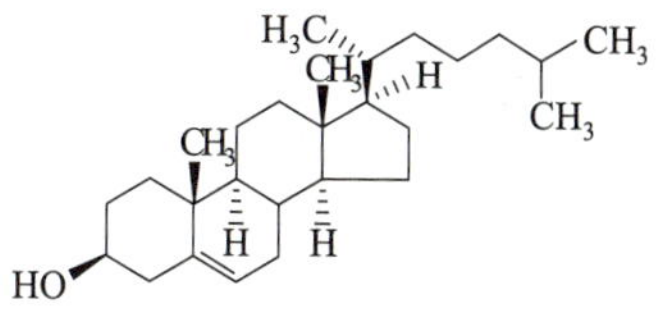

图 3-4　胆固醇的化学结构式

　　胆汁酸是胆汁的重要成分，大部分胆固醇在肝内转变为胆汁酸，再以胆汁酸盐形式随胆汁排出，在脂肪代谢中起重要作用。胆汁酸虽为水溶性物质，但结构与胆固醇类似，有胆酸、脱氧胆酸、鹅去氧胆酸等形式。胆汁酸中仅有少部分进入外围循环，主要存在于肠肝循环系统，并通过再循环起一定保护作用。促进胆汁酸肠肝循环的动力是肝细胞的转运系统——吸收胆汁酸并将其分泌入胆汁、缩胆囊素诱导的胆囊收缩、小肠的推进蠕动、回肠黏膜的主动运输及血液向门静脉的流入。

第四节　脂质体、脂质体药物与脂肪替代物

一、脂质体

1.脂质体的定义

　　脂质体是一种人工膜，是由两性分子（如磷脂等）分散于水相形成的双分子层封闭微型泡囊体，主要组分为磷脂和其他类脂化合物。在水中，磷脂分子亲水头部插入水中，脂质体疏水尾部伸向空气中，搅动后形成双层脂分子球形脂质体，直径 25～1000nm 不等，可用于转基因或制备药物载体。利用脂质体可以和细胞膜融合的特点将药物送入细胞内部的靶部位。根据所包含类脂质双分子层的层数不同，分为单室脂质体和多室脂质体。小单室脂质体（SUV）粒径为 0.02～0.08μm，大单室脂质体（LUV）为单层大泡囊，粒径在 0.1～1.0μm。多层双分子层的泡囊称为多室脂质体（MLV），粒径在 1～5μm 之间。按结构不同分为单室脂质体、多室脂质体和多囊脂质体。按所带电荷不同分为中性脂质体、负电荷脂质体和正电荷脂质体。按性能不同分为一般脂质体和特殊功效脂质体。

　　脂质体可作为药物载体，具有制备工艺简单、无毒和无免疫原性及易于到达靶细胞等优点，被称为"生物导弹"。利用脂质体，可将不良反应大、血液稳定性差，以及易受胞内酶降解的药物包裹在脂质体内，借助病灶部位细胞膜间隙大，可透过病灶部位细胞膜间隙直达病灶部位并释放药物来提高用药安全性。也可利用抗体抗原特异性免疫反应，将单克隆抗体与脂质体连接，送入靶细胞，甚至可利用脂质体将基因载体包埋进行基因修复操作。目前，作为药物载体的脂质体有前体脂质体、长循环脂质体、免疫脂质体、热敏感脂质体和 pH 敏感脂质体等新型靶向运输载体。

2.脂质体的组成与结构

　　脂质体由类脂质（磷脂）及附加剂 2 个部分组成。脂质体制备材料主要有磷脂类和胆固醇类。磷脂类包括天然磷脂和合成磷脂 2 类。天然磷脂以卵磷脂为主，来源于蛋黄和大豆，呈中性。合成磷脂主要有二棕榈酰磷脂酰胆碱、二棕榈酰磷脂酰乙醇胺和二硬脂酰磷脂酰胆碱等，均属氢化磷脂类，性质稳定、抗氧化性强、成品稳定，是国外首选的药用辅料。胆固醇也是脂质体药物重要载体，胆固醇具有调节膜流动性的作用，称为"流动性缓冲剂"。胆固

醇具有靶向性、淋巴定向性和肝脾网状内皮系统的被动靶向性，可用于肝寄生虫病、利什曼病等单核巨噬细胞系统疾病防治。如肝利什曼原虫药锑酸葡胺脂质体，其肝中浓度比普通制剂提高了 200 ～ 700 倍，并具有缓释作用，延缓肾排泄和代谢，延长作用时间，还能降低药物毒性并具有较好稳定性。如两性霉素 B 脂质体可降低心脏毒性，胰岛素脂质体、疫苗等可提高主药稳定性。脂质体结构见图 3-5。

二、脂质体药物

脂质体药物是以脂质体为载体制备得到用于预防、诊断和治疗的药物。常用脂质体药物有抗肿瘤的脂质体药物（如紫杉醇脂质体、阿霉素脂质体和顺铂脂质体等）、抗寄生虫脂质体药物（如阿苯达唑脂质体、苯硫咪唑脂质体等）、抗菌脂质体药物（如庆大霉素脂质体和两性霉素 B 脂质体），以及激素类脂质体药物。脂质体在抗肿瘤药物载体方面有很好的靶向性。脂质体药物载体结构见图 3-6。

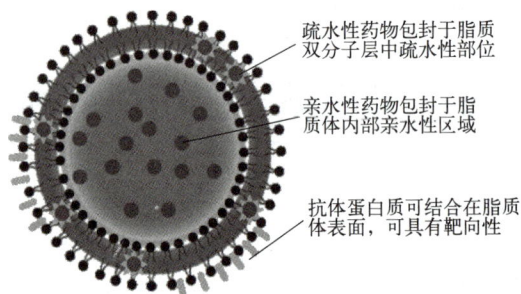

图 3-5   脂质体的结构

图 3-6   脂质体药物载体

疏水性药物包封于脂质双分子层中疏水性部位

亲水性药物包封于脂质体内部亲水性区域

抗体蛋白质可结合在脂质体表面，可具有靶向性

脂质体

磷脂分子

（一）脂质体包埋药物的特点

1. 具有良好的靶向性

药物经脂质体包埋后能提高药物靶向性和药效。靶向性分为被动靶向性、主动靶向性和物理化学靶向性。药物被脂质体包埋后可被巨噬细胞作为异物吞噬产生靶向性，是脂质体静脉给药的基本特征。在脂质体结构上连接一种识别分子（配体），可通过配体分子特异性专一地与靶细胞表面互补分子相互作用，使脂质体在指定靶区释放药物，称为主动靶向性。物理化学靶向性是利用物理化学因素改变（如改变用药局部 pH、改变病变部位温度等）来改善脂质体膜的通透性而产生靶向性，引发脂质体选择性地释放药物，最成功的案例是温度敏感脂质体。利用具有相变温度的脂质混合物作为膜材，在肿瘤局部热疗机作用下，当温度敏感脂质体进入肿瘤区的毛细血管床时，脂质体达到相变温度转变为液晶态，使脂质体中药物迅速释放产生药效。

2. 具有缓释性

药物经脂质体包埋后，在血液中停留时间比游离药物要长，可基于药物释放要求，制备不同半衰期的脂质体作为长效且缓释的药物载体，提高治疗指数。

3. 具有良好的细胞亲和性

与组织相容性脂质体具有类似生物膜结构的囊泡，具有细胞亲和性与组织相容性，有利于药物充分向靶细胞或组织渗透。脂质体可通过融合方式进入胞内并经溶酶体消化后释放药物。

4. 降低药物毒性

药物经脂质体包埋后可被单核巨噬细胞系统吞噬，并被细胞摄取（在肝、脾和骨髓等网状内皮细胞较丰富的器官和组织中浓集），而药物在心、肾的累积量比游离药物低得多，降低了药物的心肾毒性，提高了药物使用安全性。

5. 改善药物稳定性

药物经脂质体包埋后可帮助药物免受生物体酶分解，增加药物体内外稳定性，有利于药物以原型进入到靶细胞或靶组织。

（二）脂质体的制备方法

脂质体的制备方法有薄膜分散法、逆相蒸发法、主动包埋法和其他方法等。

1. 薄膜分散法

薄膜分散法是脂质体制备最早和最经典的方法，适用于包埋脂溶性药物，对水溶性药物包埋效果不理想。操作过程为：将磷脂等脂质体包埋膜材和欲包埋的脂溶性药物用有机溶剂溶解，减压条件下蒸除有机溶剂并形成薄膜，加入缓冲溶液振荡一定时间后，得到脂质体。

2. 逆相蒸发法

逆相蒸发法主要适用于水溶性药物包埋制备脂质体药物，药物存储在脂质体的水相中。操作过程为：将磷脂等脂质体包埋膜材溶于与水互不相容且易挥发的有机溶液中，加入欲包埋的水溶性药物溶液，水溶液与有机溶液配比常为 1 :（3～6），在超声或匀浆机中进行搅拌形成油包水型乳剂（W/O），减压蒸去有机溶剂。制备得到的水溶性混悬液经凝胶色谱分离或超速离心除去未包埋药物的膜材，即得到脂质体药物。该法具有比薄膜分散法更高的包埋率，可用于抗生素、胰岛素、免疫球蛋白、酶及核酸等药物的脂质体包埋。

3. 主动包埋法

在空脂质体中装入药物的制备技术称为主动包埋法。利用亲水亲脂性的弱酸、弱碱药物能以电中性形式进入脂双层，并在脂质体内水相中的缓冲溶液中电离，电离后不能再跨膜到脂质体外，从而实现药物包埋。技术难点在于通过透析、柱色谱等使空白脂质体膜内外形成电位差、pH 差及其他适合药物包埋的梯度，促进膜外欲包埋药物进入脂质体内膜并在脂质体水相中聚集。本法包埋率高，特别是解决了水溶性药物被动载药技术包埋率过低的不足，适用于包埋在生理 pH 条件下有可解离基团、具备合适油水分配系数的弱酸或弱碱性药物。同时，部分药物可能在脂质体内水相缓冲液中形成稳定的复合物，而另一些药物则可能析出沉淀，这种相互作用取决于药物的分子结构、电荷性质以及脂质体的组成。制备过程包括制备空脂质体、透析除去脂质体膜内水相缓冲液和包埋 3 个阶段，主要有 pH 梯度法、硫酸铵梯度法和醋酸钙梯度法等。一般情况下，弱碱性药物可采取前面 2 种包埋方法，而弱酸性药物则主要采取醋酸钙梯度法。

除上述介绍的几种包埋方法外，还有注入法、复乳法、冷冻干燥法、熔融法、表面活性剂处理法、离心法、前体脂质体法和钙融合法等。

（三）脂质体药物的分离与灭菌

脂质体包埋不能做到 100%，在脂质体包埋的同时，仍有游离药物存在于外水相溶液或沉淀于外水相中，需进一步分离，常用分离方法有透析法、柱分离法和离心分离法等。由于在103.4kPa 和 121℃条件下，脂质体结构会发生不可逆破坏，不能用高压蒸汽灭菌进行脂质体药物灭菌，也不能用 γ 射线进行灭菌，因为 γ 射线会破坏脂质体的脂双层结构。常用灭菌方式为过滤除菌和全程无菌操作。过滤除菌适用于粒径小于 0.22μm 的脂质体药物灭菌，将脂质体挤压通过 0.22μm 的聚碳酸酯膜，完成除菌操作。无菌操作因对设备和环境要求极高，很难工业化规模生产。

三、脂肪替代物

脂肪替代物是指能替代食物中脂肪的物质，有代脂肪和模拟脂肪 2 类。代脂肪比较接近天然油脂，是对脂肪酸进行酯化形成的产物，代脂肪酯键不能被人体内脂肪酶水解，不能进入生物氧化途径产生能量。如蔗糖聚酯是由蔗糖分子中羟基与 6～8 个脂肪酸酯化形成，人体只能对含 3 个脂肪酸的脂类进行消化吸收，无法利用含有 4 个或 4 个以上脂肪酸的脂类，特别是 6 个脂肪酸的脂类。因此，蔗糖聚酯能量为 0。如 Olestra 是一种酷似食用脂肪的人造蔗糖酯，可直接通过人体消化系统，不会被吸收，不会产生热量或胆固醇，其外观、香味、热稳定性、闪点和品质方面均与天然脂肪相似，适宜用作脂肪替换品，可在焙烤、煎炸等食品加工中应用。

模拟脂肪是以蛋白质或糖为原料，经物理方法处理后形成如脂肪润滑细腻口感的物质，如以牛奶或鸡蛋清为原料，用特殊加热混合加工法（"微结粒"法）制成。蛋白质受热凝聚产生胶凝大颗粒，进一步混合变成极细小的球形小颗粒，饮用时口感是液体，而不是一个小颗粒，同时提供通常脂肪所特有的油腻和奶油状感。目前，本品已广泛用于冷冻甜点、酸奶、稀奶酪、酸奶油、乳制品、沙拉盖料、蛋黄酱和人造奶油等产品，但不可用在烹调油，或需要焙烤或煎炸的食物中。一些常见的脂肪替代物及其应用如表 3-5 所示。

表 3-5　一些常见的脂肪替代物及其应用

脂肪替代物	功能	应用
代脂肪	乳化、防腐、改善面筋	焙烤类食品
	改善质地、赋予风味和松脆性、导热性好	油炸类食品
	乳化、赋予口感，有助于增加风味	色拉类食品
	乳化、改善质地	冷冻甜点类食品
	提供乳化、伸展性，提供风味和塑性	人造黄油、起酥油、涂抹类油等食品
	乳化、改善质地	甜味食品
	乳化、改善质地、提供口感	肉类制品
	提供风味、口感，改善质地	乳制品
	提供口感和润滑感	汤汁类
	乳化、提供风味	小食品
碳水化合物型	保持水分、防腐	焙烤类食品
	改善质地、赋予口感	色拉类食品
	提高黏度、改善质地、增稠	冷冻甜点类食品
	提供口感	人造黄油、起酥油、涂抹类油等食品
	提供口感、改善质地	甜味食品
	提高保水性、提供口感	肉类制品
	提高黏度，有助于胶凝、增稠、稳定	乳制品
	增稠、改善质地、提供口感	汤汁类
	改善质地、优化配方	小食品
蛋白质型	改善质地	焙烤类食品
	改善质地、乳化	色拉类食品
	改善质地、增加稳定性	冷冻甜点类食品
	改善质地	人造黄油、起酥油、涂抹类油等食品
	提供口感、改善质地	甜味食品
	保水、提供口感、改善质地	肉类制品
	稳定、乳化	乳制品
	改善质地	汤汁类
	改善质地	小食品

目标检测

一、填空题

1. 脂类的主要组成成分是 _____ 和 _____。
2. 甘油与三分子脂肪酸通过酯键连接形成 _____。
3. 脂质是生物体主要能量来源之一，其分解产生的 _____ 可供细胞进行代谢活动。
4. 细胞膜的主要组分是 _____。
5. 脂类代谢是指脂质在生物体内的 _____、分解和利用过程。

二、判断题

1. 自然界中常见的不饱和脂肪酸多具有反式结构。（   ）
2. 胆固醇为环状一元醇，不能皂化。（   ）
3. 磷脂和糖脂都属于两亲化合物。（   ）
4. 磷脂和糖脂是构成生物膜脂双层结构的基本物质。（   ）
5. 不饱和脂肪酸的熔点低于饱和脂肪酸。（   ）

三、单选题

1. 脂类在生物体内的主要功能是（   ）。
A. 储能　　　　　　　　B. 构建细胞膜　　　　C. 传递遗传信息　　　D. 催化化学反应
2. 以下哪种脂质在细胞膜中起到重要的结构和功能作用？（   ）
A. 甘油三酯　　　　　　B. 磷脂　　　　　　　C. 固醇　　　　　　　D. 胆固醇
3. 下列哪种化合物是脂质的氧化产物？（   ）
A. 羧酸　　　　　　　　B. 醇　　　　　　　　C. 醛　　　　　　　　D. 酮
4. 下列哪种脂质可通过水解反应生成甘油和脂肪酸？（   ）
A. 甘油三酯　　　　　　B. 磷脂　　　　　　　C. 固醇　　　　　　　D. 胆固醇
5. 以下哪种脂质在生物体内起到重要的保护和绝缘作用？（   ）
A. 甘油三酯　　　　　　B. 磷脂　　　　　　　C. 固醇　　　　　　　D. 脂肪酸
6. 脂质在生物体内的降解主要通过哪个途径进行？（   ）
A. 乳酸途径　　　　　　B. 糖原途径　　　　　C. 脂肪酸氧化途径　　D. 氮代谢途径
7. 下列哪种脂质是细胞膜的重要组分之一？（   ）
A. 甘油三酯　　　　　　B. 磷脂　　　　　　　C. 固醇　　　　　　　D. 脂肪酸
8. 脂质在生物体内的主要储存形式是什么？（   ）
A. 甘油三酯　　　　　　B. 磷脂　　　　　　　C. 固醇　　　　　　　D. 脂肪酸
9. 脂类是由以下哪两种物质通过酯键连接而成？（   ）
A. 糖和脂肪酸　　　　　B. 甘油和脂肪酸　　　C. 氨基酸和脂肪酸　　D. 甘油和糖
10. 下列哪种脂肪酸不含双键？（   ）
A. 饱和脂肪酸　　　　　B. 单不饱和脂肪酸　　C. 多不饱和脂肪酸　　D. 无法确定

四、简答题

简述脂肪和类脂的生理功能。

第四章

核酸化学

学习目标

1. 知识目标

（1）掌握核酸的基本概念和核酸的化学组成；理解稀有碱基、核苷酸及其衍生物的结构与生物学功能；

（2）掌握核苷酸（DNA 和 RNA）的分子组成；掌握 DNA 的一级结构、二级结构与功能、三级结构以及 RNA 的结构与功能；

（3）掌握核酸的理化性质、分离纯化方法，以及核酸含量测定方法的基本原理；

（4）了解核酸类药物结构与作用生化机理。

2. 技能目标

（1）能选用合适方法进行核酸（DNA 和 RNA）的分离与纯化；能根据 mRNA 结构进行分离操作；

（2）能进行酵母 RNA 的提取与分离纯化操作；能利用二苯胺显色法测定 DNA 的含量及操作。

3. 思政与职业素养目标

（1）通过学习了解我国核酸药物发展，增强爱国情怀；

（2）培养敬畏生命、尊重生命和关爱生命的职业道德。

导学案例

（1）人类基因组计划（HGP）是一个国际合作项目，旨在确定人类基因组中所有 DNA 的完整序列，并对其进行功能注释。该项目于 1990 年启动，于 2003 年完成。这项工作涉及 DNA 测序、DNA 序列组装和分析、基因功能注释等系列工作，为研究人类基因与疾病之间的关联提供了重要基础。人类基因组计划的完成标志着人们对人类基因组的深入理解，不仅使我们能够更好地了解人类起源和进化，还为研究基因与疾病之间的关系奠定了重要基础，对个体化医疗和基因治疗等领域的发展也产生了深远的影响。

（2）为什么 DNA 检测技术是破案"杀手锏"？2010 年 2 月 10 日，深圳警方抓获了一名涉嫌抢夺的犯罪嫌疑人陈某，通过 DNA 数据库比对，发现此人的 DNA 与 7 年前陆丰校园血案现场遗留 DNA 吻合，一桩悬疑 7 年的命案就此告破，凶手伏法，冤者正名。为什么悬而未决的案子通过 DNA 检测就能告破呢？学习完本章后，请解析 DNA 检测技术的基本原理。

核酸发现已有 100 多年历史，1868 年瑞士生物化学家 Friedrich Miescher 首先从外科手术绷带上的脓细胞中分离出细胞核，用碱抽提再加入酸，得到一种含氮和磷特别丰富的沉淀物质，当时曾叫作核质。1872 年，Friedrich Miescher 又从鲑鱼精子细胞核中，发现了大量类似的酸性物质，随后在多种组织细胞中均发现这类物质存在。因为这类物质都是从细胞核中提取出来的，且都具有酸性，故称其为核酸。多年以后，从动物组织和酵母细胞中也分离出含蛋白质的核酸。20 世纪 20 年代，德国生理学家柯塞尔（Kossel A.）和其学生琼斯（Johnew W.）、列文（Levene P.A.）研究出核酸的化学成分及其最简单的基本结构，证实它是由四种不同碱基，即腺嘌呤（A）、鸟嘌呤（G）、胸腺嘧啶（T）和胞嘧啶（C）及核糖、磷酸等组成，最简单的单体结构为核苷酸。1929 年，确定核酸包括脱氧核糖核酸（DNA）和核糖核酸（RNA）两类。核酸分子量较大，可达十万至几百万以上，是一种生物大分子。20 世纪 50 年代以来，用于核酸分析的各种先进技术不断被创造和使用，核酸提取和分离方法也不断被革新和完善，为研究核酸结构和功能奠定了基础。目前，随着核酸研究的深入，许多疾病已能够从基因水平进行诊断及治疗。此外，核苷和核苷酸类药物也成为临床治疗疾病的有效手段。近年来，基因工程理论与技术在揭示生命现象本质、用人工方法改变生物性状和品种，以及在人工合成生命等方面都显示了广阔前景。

核蛋白经水解后可生成蛋白质和核酸。核酸进一步水解可生成核苷酸，核苷酸水解产生磷酸及核苷，核苷再进一步水解可生成戊糖（核糖或脱氧核糖）和含氮碱基（嘌呤或嘧啶）等成分。核蛋白及核酸的组成成分如图 4-1 所示。

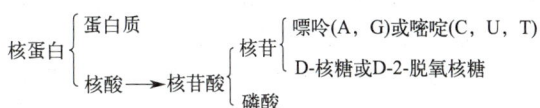

图 4-1　核蛋白及核酸的组成成分

A—腺嘌呤；G—鸟嘌呤；C—胞嘧啶；U—尿嘧啶；T—胸腺嘧啶

第一节　核酸概述

一、核酸的种类和分布

核酸存在于任何有机体中，包括病毒、细菌、动植物等，基本构成单元是单核苷酸，分为脱氧核糖核酸（DNA）和核糖核酸（RNA）两大类，在生长发育、遗传变异、细胞分化等生命过程中有极其重要的地位。DNA 是遗传信息载体，储存遗传信息并通过复制将遗传信息传给子代，决定了细胞和个体基因型。RNA 负责遗传信息表达，它转录 DNA 遗传信息，直接参与蛋白质生物合成，将遗传信息翻译成各种蛋白质，这样就把 DNA 的遗传信息经 RNA 传递到蛋白质结构上。生物体蛋白质多样性是由 DNA 所蕴藏的遗传信息控制的。在高等生物中，DNA 主要集中在细胞核内，线粒体、叶绿体也含有 DNA；RNA 主要分布在细胞质中。DNA 分布在染色体内，是染色体主要成分。原核生物无细胞核，染色体含有一条高度压缩的DNA。真核细胞含不止一条染色体，每条染色体只含一个 DNA 分子。各种病毒核酸是 DNA 或 RNA 中的一种，至今未发现两者都含有的病毒。

二、核酸的化学组成

（一）核酸的元素组成

核酸是由核苷酸组成的生物大分子，基本化学元素有 C、H、O、N 和 P 五种元素。碳（C）是主要元素，构成核苷酸糖分子骨架，通过共享电子形成碳链，连接核酸各组成单元。氢（H）是次要元素，与碳原子共享电子，与氧、氮等原子形成化学键，稳定核苷酸结构。氧（O）存在于核酸的糖分子中，是形成磷酸二酯键的一部分，连接不同的核苷酸单元。氮（N）存在于核酸的碱基中，构成核苷酸的遗传信息，其排列方式决定了核酸的序列，进而决定了蛋白质合成和遗传信息传递。磷（P）存在于核酸的磷酸基团中，形成了核苷酸之间的磷酸二酯键，连接核苷酸的糖分子。磷酸基团的添加和去除参与了核酸的合成和降解过程。这些元素组合形成了核酸分子的基本结构，使其能够存储和传递生物体的遗传信息。核酸基本化学元素中 P 的含量比较恒定，约占核酸含量的 9% ~ 10%，以磷酸分子形式作为基本成分存在于核酸分子中，可通过定磷法进行核酸含量测定，测定样品中磷含量即可换算出核酸含量。

核酸的化学组成

扫一扫

知识拓展

定磷法

　　定磷法是通过测定核酸样品中磷含量计算核酸含量的方法。用强酸将核酸样品中的有机磷转变为无机磷酸，无机磷酸与钼酸反应生成磷钼酸，磷钼酸在还原剂如抗坏血酸、氯化亚锡等作用下还原成钼蓝，钼蓝于 660nm 处有最大吸收峰，在一定浓度范围内，钼蓝溶液对 660nm 光的吸收度大小和无机磷酸的含量呈正比。因此，可用分光光度法测定样品中无机磷酸的含量。该法测得的磷含量为总磷量，需要减去原样品中无机磷的含量才是核酸磷的含量，核酸分子的平均含磷量为 9.5%，即 1g 核酸磷相当于 10.5g 核酸。

（二）核酸的分子组成

　　核酸基本构成单位是核苷酸，是由核苷和磷酸组成的，核苷由碱基和戊糖组成。核酸分类就是根据两种戊糖种类不同而分为 RNA 和 DNA。RNA 有四种碱基，分别为腺嘌呤、鸟嘌呤、胞嘧啶和尿嘧啶，DNA 也有四种碱基，与 RNA 不同的是胸腺嘧啶代替了尿嘧啶。DNA 和 RNA 的基本化学组成见表 4-1。

表 4-1　DNA 和 RNA 的基本化学组成

核酸的成分	DNA	RNA
嘌呤碱	腺嘌呤（A）、鸟嘌呤（G）	腺嘌呤（A）、鸟嘌呤（G）
嘧啶碱	胞嘧啶（C）、胸腺嘧啶（T）	胞嘧啶（C）、尿嘧啶（U）
戊糖	D-2- 脱氧核糖	D- 核糖
酸	磷酸	磷酸

1. 碱基

　　核酸中碱基分为嘧啶碱和嘌呤碱 2 类。嘧啶碱有胞嘧啶（C）、尿嘧啶（U）和胸腺嘧啶（T）3 类，嘌呤有腺嘌呤（A）和鸟嘌呤（G）2 类。DNA 含胸腺嘧啶，而不含尿嘧啶。在高等植物、胸腺和小胚 DNA 中含少量 5- 甲基胞嘧啶。常见嘌呤碱基和嘧啶碱基如图 4-2 所示。

　　除以上五类基本碱基外，核酸中还含有一些种类多但含量极少的稀有碱基。大多数是五类基本碱基衍生出的甲基化碱基。如细菌 DNA 中含少量 6- 甲氨基嘌呤，在大肠杆菌和噬菌体中发现有 5- 羟甲基胞嘧啶代替胞嘧啶的现象。这些稀有碱基衍生物称为稀有碱基或修饰碱基，修饰方式主要有甲基化，tRNA 中含有较多的稀有碱基。

2. 戊糖

　　组成核酸的戊糖主要有 2 种，DNA 的脱氧核糖核苷酸含有 2′- 脱氧核糖，RNA 的核糖核苷酸含有 D- 核糖，两种戊糖都是 β- 呋喃环状结构。RNA 所含的糖是 β-D- 核糖，DNA 所含的糖为 β-D-2- 脱氧核糖，结构见图 4-3。脱氧核糖和核糖的区别在于脱氧核糖的第 2′ 位没有连接羟基，因此 DNA 分子相对更稳定，更适合作为遗传物质的基础。

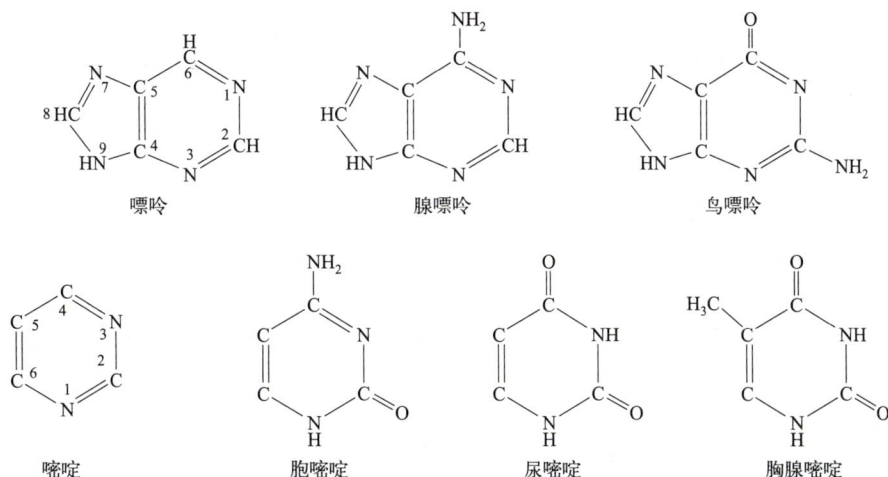

图 4-2 基本核苷酸化学结构

（三）核苷

核苷由戊糖和碱基缩合而成，并以糖苷键相连接。糖环上的 C1′ 与嘧啶碱的 N1 或嘌呤碱的 N9 相连接，这种糖与碱基之间的连键是 C—N 键，称为 N-糖苷键（图 4-4）。

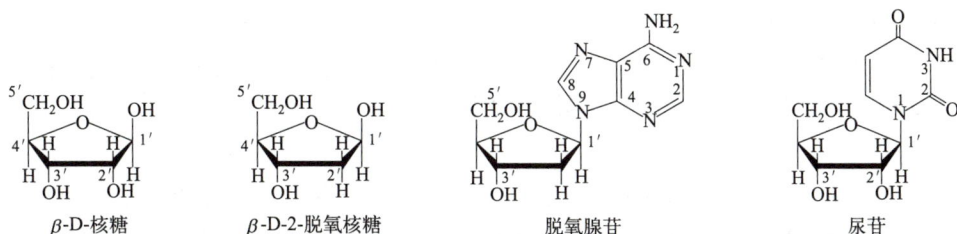

图 4-3 β-D-核糖和 β-D-2-脱氧核糖化学结构式

图 4-4 脱氧腺苷和尿苷化学结构式

糖环中 C1′ 是不对称碳原子，所以有 α- 及 β- 两种构型，但核酸分子中的糖苷键均为 β-糖苷键。核苷的碱基与糖环平面互相垂直。核苷可分为核糖核苷和脱氧核糖核苷两大类。为区别碱基环中的标号，糖环中碳原子标号用 1′，2′，…表示；为区别核糖核苷和脱氧核糖核苷，常在脱氧核糖核苷前面加入"d"以示区别，如 dA、dT、dG 和 dC（表 4-2）。

表 4-2 核酸化学组成的异同点

项目		DNA	RNA
相同点	碱基	A、G、C	
	磷酸	磷酸	
	方向	均由 5′ 端指向 3′ 端	
	化学键	3′，5′-磷酸二酯键	
不同点	碱基	T	U
	戊糖	脱氧核糖	核糖

（四）核苷酸及其衍生物

在生物体内以游离形式存在的单核苷酸为核苷-5′-磷酸酯。有一些单核苷酸的衍生物在生物体的能量代谢中起着重要作用。

1. 多磷酸核苷酸

多磷酸核苷酸是指核苷酸分子结构中含有多个磷酸基团的核苷酸，主要是指 NDP、NTP（N 为可变碱基）和 dNDP（N 为可变碱基）及 dNTP 等。磷酸与磷酸之间的连接键在水解时能产生较大能量，称高能磷酸键，以～表示。含高能磷酸键的化合物叫高能化合物。ATP 含有 2 个高能磷酸键。物质代谢所产生的能量使 ADP 和磷酸合成 ATP，这是生物体内贮能的一种方式，ATP 分解又释放能量。高能磷酸键水解裂开时，每生成 1 mol 磷酸就放出能量约 30.5kJ（一般磷酸酯水解释能 8.4～12.5kJ/mol）。放出的能量可支持生理活动（如肌肉收缩），也可以促进生物化学反应（如蛋白质合成）。所以 ATP 是体内蕴藏可利用能量的主要仓库，也是体内所需能量的主要来源。其他单核苷酸磷酸化可产生相应的高能磷酸化合物。各种核苷三磷酸化合物实质是体内 RNA 合成的直接原料。各种脱氧核苷三磷酸化合物（可简写为 dATP、dCTP、dGTP 和 dTTP）是 DNA 合成的直接原料，它们连接起来构成核酸大分子的过程中脱去"多余"的二分子磷酸。常用的核苷酸及其简化符号如表 4-3 所示。

表 4-3　常用核苷酸及其简化符号

碱基类别	一磷酸	二磷酸	三磷酸	碱基类别	一磷酸	二磷酸	三磷酸
腺苷	AMP	ADP	ATP	尿苷	UMP	UDP	UTP
鸟苷	GMP	GDP	GTP	脱氧胸苷	dTMP	dTDP	dTTP
胞苷	CMP	CDP	CTP				

有些核苷三磷酸还参与特殊代谢过程，如 UTP 参加磷脂合成、GTP 参加蛋白质和嘌呤合成等。AMP、ADP 和 ATP 化学结构如图 4-5 所示。

2. 环核苷酸

在生物体内，重要的环核苷酸有 3′,5′- 环核苷酸，由 5′- 核苷酸的磷酸基与戊糖上的 3′-OH 缩合形成，如 3′,5′- 环腺苷酸（cAMP）和 3′,5′- 环鸟苷酸（cGMP）。这两个环核苷酸是某些激素产生作用的媒介物质，参与细胞代谢调节，它们在组织细胞中起着传递信息的作用，称"第二信使"，化学结构见图 4-6。

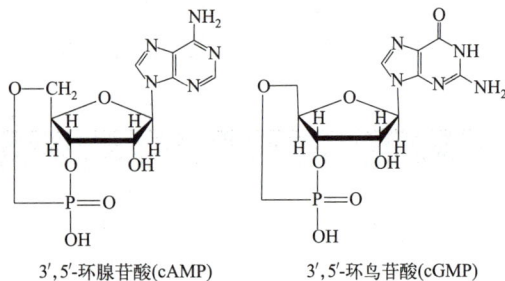

图 4-5　AMP、ADP 和 ATP 化学结构

图 4-6　环腺苷酸和环鸟苷酸化学结构

知识拓展

药用三磷酸核苷和环核苷酸

三磷酸腺苷（ATP）是体内组织细胞一切生命活动所需能量的直接来源，参与糖、脂肪、蛋白质及核酸代谢，可促使机体细胞修复和再生，增强细胞活性，适用于细胞损伤后细胞酶

减退引起的疾病。

三磷酸胞苷（CTP） 参与体内磷脂类合成代谢，能穿过血 - 脑脊液屏障，是脑磷脂合成与核酸代谢的中间产物和能量来源，能提高神经细胞膜结构稳定性和重建能力、支持神经细胞存活、延缓细胞衰老死亡、提高神经细胞抗损伤能力、促进神经组织生长，主要用于脑震荡、脑卒中后遗症及心功能不全、肝炎等疾病的辅助治疗。

环磷腺苷（cAMP） 作为激素第二信使，在细胞内发挥激素调节生理机能和物质代谢作用，能改变细胞膜功能，促使肌浆网内钙离子进入肌纤维，增强心肌收缩，并可促进呼吸链氧化酶活性，改善心肌缺氧，缓解冠心病症状。

3. 辅酶类核苷酸

在生物体内还有一些参与代谢作用的重要核苷酸衍生物，如烟酰胺腺嘌呤二核苷酸（辅酶Ⅰ，NAD）、烟酰胺腺嘌呤二核苷酸磷酸（辅酶Ⅱ，NADP）、黄素单核苷酸（FMN）、黄素腺嘌呤二核苷酸（FAD）（图 4-7）等与生物氧化作用的关系很密切，是生物氧化过程中极其重要的辅酶。

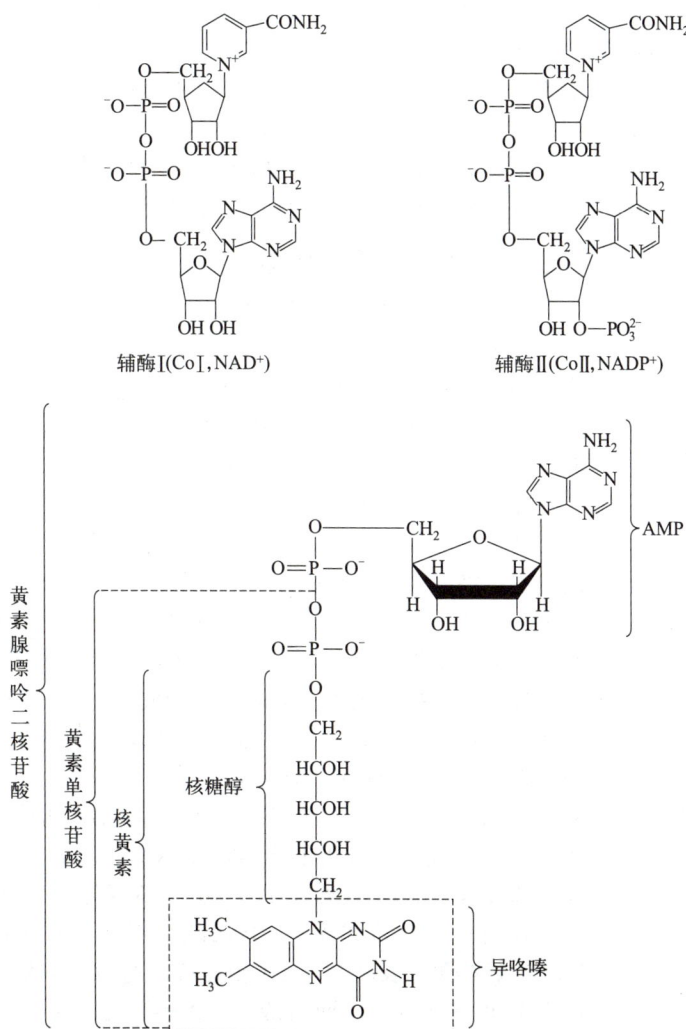

辅酶Ⅰ(CoⅠ,NAD⁺)　　　　辅酶Ⅱ(CoⅡ,NADP⁺)

图 4-7　辅酶Ⅰ、Ⅱ和 FMN、FAD 的化学结构

第二节 核苷酸的结构与功能

核酸是以核苷酸为基本结构单位的多聚化合物，是核苷酸按照一定排列顺序相连而成的生物大分子。和蛋白质一样，核酸具有一定的化学结构和空间结构，可分为一、二、三级结构。

一、DNA 的结构与功能

（一）DNA 的分子组成

DNA 是遗传信息的主要载体。20 世纪 40 ～ 50 年代，Chargaff 发现了 DNA 分子中碱基组成规律，称为 Chargaff 规则，主要内容有：

① DNA 的组成碱基有 A、T、G 和 C。所有生物体内，腺嘌呤（A）与胸腺嘧啶（T）数量相等，鸟嘌呤（G）与胞嘧啶（C）数量相等，即 A=T，G=C。

② DNA 具有多样性，即种属特异性。来自同一种属的 DNA 其碱基数量和比例基本相似，但来自不同种属的生物间存在较大差异。

③ DNA 碱基无组织器官特异性。同一生物体不同组织和器官中的 DNA 碱基基本相同，且随动植物和微生物生长繁殖、营养状态及环境条件改变，DNA 碱基基本保持恒定。

④ DNA 分子是由 4 种碱基组成的双链结构，碱基基本单元为脱氧腺苷酸（dAMP）、脱氧胸苷酸（dTMP）、脱氧鸟苷酸（dGMP）和脱氧胞苷酸（dCMP）。

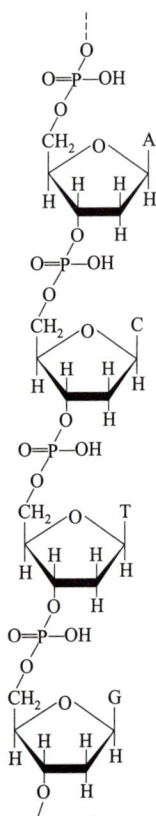

（二）DNA 的一级结构与功能

DNA 一级结构是由数量庞大的四种脱氧核糖核苷酸通过 3′,5′- 磷酸二酯键连接起来的直线或环形多聚体。各核苷酸通过一个核苷酸戊糖上 3′ 位羟基与另一个核苷酸戊糖上 5′ 位磷酸基脱水缩合形成 3′,5′- 磷酸二酯键，二核苷酸分子又以戊糖上 3′ 位羟基与另一核苷酸戊糖上 5′ 位磷酸基脱水相连形成三核苷酸，如此连续最终形成多核苷酸长链（见图 4-8）。

核酸分子中相邻核苷酸间通过 3′,5′- 磷酸二酯键连接，开链多核苷酸戊糖 3′- 羟基指向的一端称为 3′- 末端，5′- 羟基指向的末端称为 5′- 末端，多核苷酸链具有方向性，不管是书写还是阅读，一般都是从 5′ 末端到 3′ 末端。交替的戊糖和磷酸基团形成多核苷酸链共价骨架，连接在戊糖上的碱基可看成是主链的侧链基团，不同核苷酸链区别就在于碱基组成不同。主链中戊糖和磷酸基都是亲水的，碱基因相对不溶于水具有疏水性质。为书写方便，DNA 一级结构可采用简化表示方法，多核苷酸有几种缩写法，如图 4-9 所示为线条式缩写，竖线表示核糖的碳链，A、C、T、G 表示不同的碱基，P 代表磷酸基，由 P 引出的斜线一端与 C3′ 相连，另一端与 C5′ 相连。

还可采用字母式缩写，P 在碱基左侧，表示 P 在 C5′ 位置上。P 在碱基右侧，表示 P 与 C3′ 相连接。有时，多核苷酸中磷酸二酯键上的 P 也可省略，而写成 " …A—C—T—G… "。这两种写法对 DNA 和 RNA 分子都适用。用字母式缩写，RNA 和 DNA 的片段可表示为：

图 4-8 DNA 一级结构图

RNA：5′ pApGpCpU—OH3′ 或 5′ AGCU3′

DNA：5′ pApCpGpT—OH3′ 或 5′ ACGT3′

图 4-9 DNA 和 RNA 的线条式缩写

DNA 一级结构是碱基排列顺序，决定了 DNA 遗传信息，具有以下功能：①遗传信息传递。一级结构决定生物遗传特征，通过一级结构，遗传信息可传递给下一代。②蛋白质合成。一级结构编码着蛋白质氨基酸序列，通过一级结构，细胞可合成所需蛋白质。③基因调控。一级结构中存在一些特定序列，如启动子、转录因子结合位点等，这些序列可调控基因表达。通过一级结构，细胞可控制基因表达，从而调控细胞功能和特性。④ DNA 复制。一级结构可通过复制生成两个完全相同的 DNA 分子，这是生物体细胞分裂和繁殖的生物学基础。⑤ DNA 一级结构决定了生物体的遗传信息，调控基因的表达，并参与细胞的生物过程。

（三）DNA 的二级结构与功能

1953 年，Waston 和 Crick 通过 X 射线衍射法研究了相对湿度为 92% 时所得到的 DNA 钠盐纤维的结构（B-DNA），并提出 DNA 双螺旋结构模型。双螺旋结构的确立为现代分子生物学研究奠定了坚实基础，为揭示生物遗传奥秘奠定了基础。DNA 双螺旋结构见图 4-10。

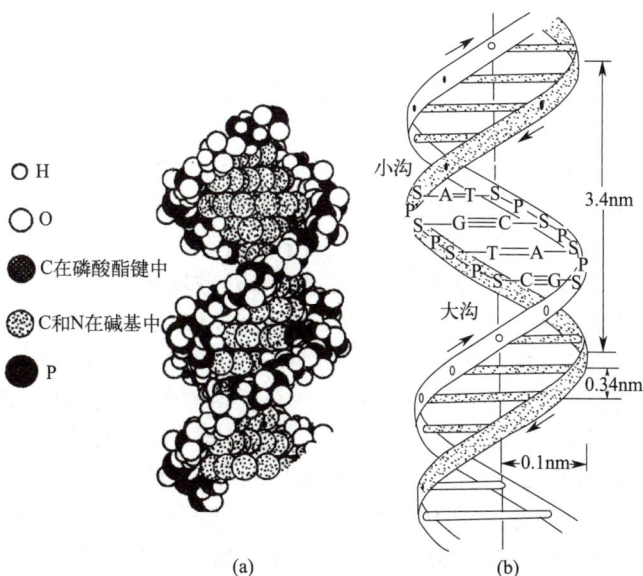

图 4-10 DNA 分子双螺旋结构模型

DNA 双螺旋结构模型主要依据：

① X 射线衍射数据。英国分子生物学家 M.Wilkins 和英国物理化学家 R.Franklin 发现不同来源的 DNA 纤维具有相似的 X 射线衍射图谱，说明 DNA 可能有共同分子模型。X 射线衍

射数据表明 DNA 含有 2 条或 2 条以上具有螺旋结构的多核苷酸链。

② 关于碱基成对的证据。Chargaff 等应用色谱法对多种生物 DNA 的碱基组成进行分析发现，DNA 中腺嘌呤数目与胸腺嘧啶数目相等，胞嘧啶数目和鸟嘌呤数目相等，腺嘌呤和胸腺嘧啶之间可生成两个氢键，胞嘧啶和鸟嘌呤之间可生成三个氢键（见表 4-4）。

表 4-4   不同来源 DNA 碱基的组成

来源	碱基的相对含量 /%				来源	碱基的相对含量 /%			
	A	G	C	T		A	G	C	T
人	30.9	19.9	19.8	29.4	扁豆	29.7	20.6	20.1	29.6
牛胸腺	28.2	21.5	22.5	27.8	酵母	31.3	18.7	17.1	32.9
牛脾	27.9	22.7	22.1	27.3	大肠杆菌	24.7	26.0	25.7	23.6
牛精子	28.6	22.2	22.0	27.2	金黄色葡萄球菌	30.8	21.0	19.0	29.2
大鼠（骨髓）	28.6	21.4	21.5	28.5	结核分枝杆菌	15.1	34.9	35.4	14.6
母鸡	28.8	20.5	21.5	29.2	φX174（单链）	24.5	24.2	18.5	32.8
蚕	28.4	22.5	21.9	27.2	φX174（复制型）	27.0	31.0	22.0	20.0
小麦（胚）	27.3	22.7	22.8	27.1	噬菌体 λ	21.3	28.6	27.2	22.9

双螺旋结构模型的要点如下：

① 以脱氧核糖 - 磷酸作骨架，双链反向走向，平行地围绕着同一个中心轴盘成右手双螺旋。螺旋直径为 2.0nm，并形成一条较浅的小沟和另一条较深的大沟。

② 亲水的磷酸和脱氧核糖彼此相连形成的骨架均位于双螺旋结构的外侧，碱基垂直于螺旋轴而居于内侧。每一个碱基均与其相对应的链上的碱基共处一个平面，同一平面上的碱基通过氢键结合成对。双螺旋每旋转一圈包含 10 个核苷酸，每圈高度为 3.4nm。

③ 碱基成对有一定规律，腺嘌呤一定与胸腺嘧啶成对，鸟嘌呤一定与胞嘧啶成对。A 和 T 间构成两个氢键，G 和 C 间构成三个氢键。

大多数天然 DNA 具有双链结构。某些小细菌、病毒如 φX174 和 M13 的 DNA 是单链分子。DNA 双螺旋模型最主要的成就是引出"互补"（碱基配对）概念。根据碱基互补原则，当一条多核苷酸序列被确定以后，即可推知另一条互补链序列。碱基互补原则具有极其重要的生物学意义。DNA 复制、转录、反转录等的分子基础都是碱基互补。

DNA 双螺旋结构生理状态下是很稳定的，主要作用力是碱基堆积力。嘌呤与嘧啶形状扁平，呈疏水性，分布于双螺旋结构内侧。大量碱基层层堆积，相邻碱基平面十分贴近，于是，在双螺旋结构内部形成一个强大疏水区，与介质中的水分子隔开。其次，大量 DNA 分子中的其他弱键在维持双螺旋结构稳定上也起一定作用，包括碱基对之间的氢键、磷酸基团上的负电荷与介质中的阳离子之间的离子键和范德华力等。DNA 双螺旋结构发现的意义在于为生物学家揭示遗传物质遗传、复制、修复、多样性以及物种进化机制提供重要的线索。互补结构对于理解 DNA 复制、重组、修复、转录、转录后加工和翻译等机制都很重要。

DNA 二级结构具有以下功能：①遗传信息存储和传递。DNA 二级结构通过碱基配对方式，将遗传信息以线性序列形式存储在 DNA 链中，这种结构保证了 DNA 分子的稳定性，使得遗传信息能够准确传递给下一代。② DNA 复制。DNA 二级结构在 DNA 复制过程中起关键作用。双螺旋结构可通过螺旋解旋和 DNA 聚合酶作用，使 DNA 分子能精确地复制为两个完全相同的分子,这是细胞分裂和遗传物质传递的基础。③染色质结构。DNA 二级结构通过与组蛋白相互作用形成染色质结构。这种结构使得 DNA 能够在细胞核中紧密包装,并有序地组装成染色体,从而实现基因表达的调控和细胞功能的正常进行。

Watson 和 Crick 提出的 DNA 双螺旋结构是以生理盐水溶液提取的 DNA 纤维在 92% 相对湿度条件下,利用 X 射线衍射图谱数据推算出来的,是 DNA 在水性环境和生理环境条件下最稳定的结构,也是最常见的 DNA 结构,但并不是 DNA 唯一的二级结构。在相对湿度为 75% 时,DNA 分子 X 射线衍射得到的 DNA 结构为 A 型构象(A-DNA)。1979 年,A. Rich 在研究人工合成的寡核苷酸 d(CGCGCG)的 X 射线衍射图谱时,发现有左手螺旋,比右手螺旋螺距要长,结构中磷原子呈锯齿排列,呈"Z"字形,故称 Z-DNA。1981 年,Rich 在果蝇中发现了天然的 Z-DNA。随后,在植物细胞核及人类胎儿球蛋白基因中也陆续发现 Z-DNA,占到总 DNA 的 5% 左右。Z-DNA 在原核生物中较少发现,主要存在于真核生物基因的 5′ - 端基因表达调控序列中。可以推断,Z-DNA 的出现与基因表达调控有重要关系,是 DNA 进化中出现的特殊构象。A-DNA、B-DNA 和 Z-DNA 的结构区别见表 4-5。

表 4-5　A-DNA、B-DNA 和 Z-DNA 结构区别

比较项目	A-DNA	B-DNA	Z-DNA	比较项目	A-DNA	B-DNA	Z-DNA
外貌形态	粗短	适中	细长	每螺旋碱基对数目	11	10	12
碱基对间距	0.23nm	0.34nm	0.38nm	螺距	2.46nm	3.40nm	4.56nm
螺旋直径	2.55nm	2.00nm	1.84nm	碱基对与中心轴角度	19°	1°	9°
螺旋方向	右手	右手	左手	大沟	狭长,很深	宽且深	平坦
糖苷键构型	反式	反式	C、T 反式 G 顺式	小沟	宽而浅	狭长而深	很狭长且深

(四)DNA 的三级结构与功能

DNA 分子在细胞内并非以线性双螺旋形式存在,而是在双螺旋结构基础上进一步扭曲或再次螺旋形成 DNA 超螺旋结构,称为 DNA 分子三级结构。某些小病毒、线粒体、叶绿体以及某些细菌中的环状 DNA 分子,多进一步扭曲成麻花状的"超螺旋"结构,如图 4-11 所示。

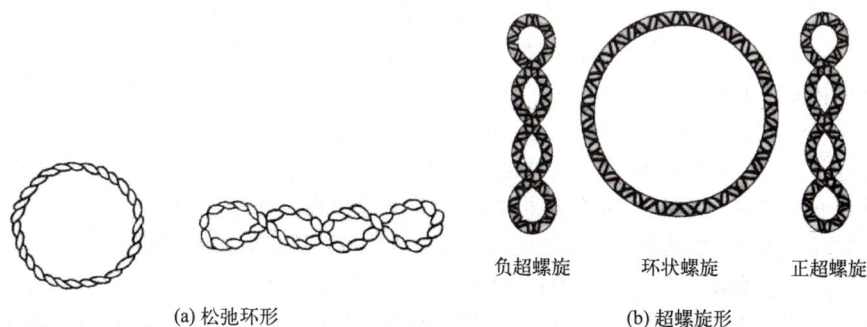

(a) 松弛环形　　　　　　　负超螺旋　　环状螺旋　　正超螺旋

(b) 超螺旋形

图 4-11　DNA 的三级结构

　　真核细胞染色质中，双链 DNA 是双螺旋线性分子，因与组蛋白结合成核小体的形式串联存在，而导致两端固定而形成超螺旋结构，核小体长链（图 4-12）。可进一步卷曲，H1 组蛋白在内侧相互接触，形成直径为 30nm 的螺旋筒（solenoid）结构，组成染色质纤维。在形成染色单体时，螺旋筒再进一步卷曲、折叠，最后形成棒状的染色体。据估算，人的 DNA 大分子在染色质中反复折叠盘绕，共压缩 8000 ～ 10000 倍。

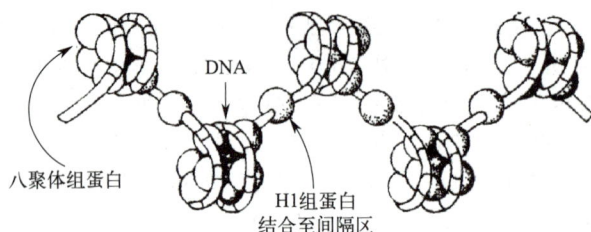

图 4-12　核小体结构

　　DNA 三级结构是指 DNA 分子在更高级别上的折叠和组织形式，具有以下功能：

　　① 染色体结构　DNA 三级结构参与了染色体的组织和压缩，使得长而线性的 DNA 分子可以在有限的细胞核中得以容纳。染色体三级结构通过 DNA 与组蛋白、非组蛋白质和其他调控因子相互作用而形成，实现基因表达和染色质动态调控。

　　② 基因调控　DNA 三级结构可影响基因表达。通过特定的 DNA 区域的折叠和结构改变可调控基因表达和转录效率，这些结构改变可阻止或促进转录因子结合，从而调控基因表达。

　　③ DNA 修复和重组　DNA 三级结构在 DNA 修复和重组过程中有重要作用。特定的 DNA 区域折叠和结构改变可促进 DNA 修复酶或重组蛋白结合和活性增强，从而保持 DNA 完整性和稳定性。

　　④ DNA- 蛋白质相互作用　DNA 三级结构可与特定蛋白质相互作用形成 DNA- 蛋白质复合物。这些复合物在 DNA 复制、修复、转录和染色质调控等过程中起关键作用。

　　总的来说，DNA 三级结构通过 DNA 的折叠和组织形式，参与染色体结构形成、基因调控、DNA 修复和重组及 DNA 与蛋白质相互作用。这些功能使得 DNA 能够在细胞中发挥其生物学功能，并参与调控生物体发育和功能。

二、RNA 的结构与功能

　　RNA 也是无分支的线性多聚核糖核苷酸，这些核苷酸中戊糖不是脱氧核糖，而是核糖。RNA 分子中也还有某些稀有碱基。RNA 核苷酸也是以 $3'$,$5'$- 磷酸二酯键连接起来的。尽管分子中核糖环 C2$'$上有一羟基，但并不形成 $2'$,$5'$- 磷酸二酯键。用牛脾磷酸二酯酶降解天然 RNA 时，降解产物中只有 $3'$- 核苷酸，并无 $2'$- 核苷酸，就支持了上述结论。天然 RNA 是单链线性分子，非双螺旋结构，只有局部区域为双螺旋结构，这些双链结构是由于 RNA 单链分子通过自身回折使得互补的碱基对相遇而形成氢键结合，并形成双螺旋结构。不能配对的区域形成突环（loop）被排斥在双螺旋结构之外。每一段双螺旋区至少需要有 4 ～ 6 对碱基才能保持稳定。一般来说，双螺旋区约占 RNA 分子的 50%。

　　动植物和微生物胞内都含 3 种 RNA，即核糖体 RNA（rRNA）、转运 RNA（tRNA）和信使 RNA（mRNA）。大肠杆菌 3 类 RNA 主要特性见表 4-6。真核细胞中还有少量核内小 RNA（snRNA），真核细胞内主要 RNA 种类、分布和功能见表 4-7。

表 4-6　大肠杆菌的 RNA

RNA 类型	相对含量 /%	沉降系数 S	分子量	分子长度 / 个核苷酸
rRNA	80	23	1200	3700
		16	550	1700
		5	36	120
tRNA	15	4	25	75
mRNA	5	—	变化范围大	—

表 4-7　真核细胞内主要 RNA 种类、分布和功能

RNA 种类	细胞核和细胞质	线粒体	功能
核内不均一 RNA	hnRNA	—	成熟 mRNA 的前体，剪切后成为成熟的 mRNA
信使 RNA	mRNA	mt mRNA	合成蛋白质的直接模板
转运 RNA	tRNA	mt tRNA	氨基酸的转运载体
核糖体 RNA	rRNA	mt rRNA	与核糖体蛋白共同构成核糖体
核小 RNA	snRNA	—	参与 hnRNA 的剪接和转运
核仁小 RNA	snoRNA	—	rRNA 的加工和修饰
胞质小 RNA	scRNA	—	蛋白质内质网定位合成的信号识别体的组成部分

（一）信使 RNA（mRNA）的结构

　　虽然已经破译决定生命基础的蛋白质的氨基酸合成密码，也知道 DNA 携带遗传密码，但所有 DNA 都在细胞核内，蛋白质却在细胞质中，而 DNA 分子是无法随意进入细胞质的，那么，遗传密码是如何从细胞核内转移至细胞质的呢？大量试验发现，其中的秘诀就是 mRNA。mRNA 是蛋白质合成时充当模板的 RNA，决定肽链的氨基酸排列顺序，存在于原核和真核生物细胞质，以及真核细胞某些细胞器（如线粒体和叶绿体）中。mRNA 是由 DNA 的一条链作为模板转录而来的，携带遗传信息的，能指导蛋白质合成的一类单链核糖核酸。mRNA 复制、转录和翻译是由一个 DNA 分子边解旋、边转录，利用细胞核内部的游离核糖核苷酸合成，合成规则遵循碱基互补配对原则，该过程称为转录，在细胞核中完成。随后，mRNA 穿过核孔，和细胞质中核糖体结合并选择 tRNA 运输氨基酸，和对应的三个碱基排列好，再与其他的氨基酸通过肽键连接在一起形成肽链，以上过程称为翻译，也在细胞质中完成。

　　真核生物在细胞核内合成的 mRNA 初级产物比成熟 mRNA 大得多，且这种初级 RNA 分子大小不一，故称为核内不均一 RNA（hnRNA）。hnRNA 在细胞核内存在时间极短，经过剪接成为成熟 mRNA 并依靠特殊机制转移到细胞质（图 4-13）。成熟 mRNA 由氨基酸编码区和非编码区构成（图 4-14）。真核生物 mRNA 的结构特点是含有特殊的 5′- 末端帽子结构和 3′- 末端多聚 A 尾巴结构。原核生物 mRNA 没有这种结构。在生物体内，mRNA 丰度最小，占细胞总 RNA 的 2%～5%，但 mRNA 种类最多，大小也各不相同。所有 RNA 中，mRNA 寿命最短，从几分钟到数小时不等。mRNA 总是由碱基 A、U、C 和 G 组成的单链。虽然有一些卷曲，但碱基不配对，因为它起着编码氨基酸模板的作用，它的碱基序列与 DNA 碱基序列互补，mRNA 种类与基因数量相等。

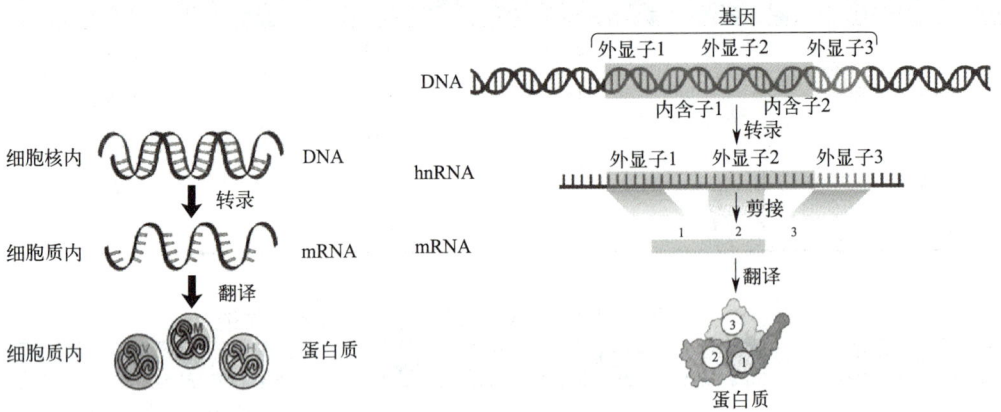

图 4-13 原核与真核生物 mRNA 合成蛋白质示意图

图 4-14 成熟的真核生物 mRNA 结构示意图

mRNA 的结构成分如下：

① 5′- 帽子结构。真核细胞 mRNA 的 5′- 端由称为"帽子"的甲基化结构组成，以 7-甲基鸟嘌呤核苷（m^7GpppN）为起始结构，这种结构称帽子结构，帽子结构可与帽子结合蛋白分子结合，决定蛋白质合成速率，因为没有帽子的 mRNA 与核糖体的结合很差。

② 非编码区。帽子后面是 10～100 个富含 A 和 U 的核苷酸系列，不翻译任何蛋白质。

③ 起始密码子。AUG 是原核生物和真核生物中开始编码氨基酸的起始密码子。

④ 编码区。编码区包含 300～1500 个核苷酸。

⑤ poly（A）尾巴。真核生物 mRNA 的 3′- 末端由 80～250 个腺苷酸连接而成的多聚腺苷酸结构，称为多聚腺苷酸尾巴或多聚 A 尾巴，是在 mRNA 转录完成后由 poly（A）聚合酶（polymerase）加入的。真核 mRNA 的 3′- 末端实际上是一个多聚 A 尾和蛋白质多聚体形成的复合物。目前认为，3′- 多聚 poly（A）尾结构和 5′- 帽子结构共同负责 mRNA 从核内向细

胞质转位、维系 mRNA 稳定性及翻译起始调控。去除 3′-poly（A）尾和 5′-帽子结构可导致胞内 mRNA 降解。

mRNA 一级结构是由核苷酸组成的链状分子，一级结构由这些核苷酸按照特定顺序连接而成。mRNA 种类繁多，对各种 mRNA 二级结构研究却很少。人们关心更多的是它的一级结构，这是因为其决定多肽或蛋白质氨基酸序列。研究发现，mRNA 分子二级结构，尤其是两端二级结构对翻译有一定影响，某些 mRNA 正是借助于末端特殊的二级结构对基因表达进行调控。出现在 mRNA 分子上最多的二级结构部件是茎环结构。

（二）转运 RNA（tRNA）的结构

细胞内 tRNA 种类很多，每种氨基酸都有相应的一种或几种 tRNA，是分子量最小的一类 RNA，占细胞 RNA 的 15%，有良好稳定性，是携带和转运氨基酸的载体。tRNA 具有茎环结构，由 70～90 个核苷酸组成，存在一些能形成互补配对的区域，可形成局部双螺旋结构，由于双螺旋结构所占比例高，二级结构十分稳定。分子局部双链有些呈茎状，中间不能配对的部分则膨出形成环或类似发卡结构，称茎环结构或发夹结构。由于茎环结构存在，使 tRNA 二级结构形似三叶草，位于两侧的发夹结构以含有稀有碱基为特征，分别称为二氢尿嘧啶环（DHU 环）和 TψC 环，位于其上下则分别是接收臂（氨基酸臂）和反密码环，最终形成 tRNA 三叶草式二级结构（图 4-15）。双螺旋区构成了叶柄，突环区好像是三叶草的三片小叶。

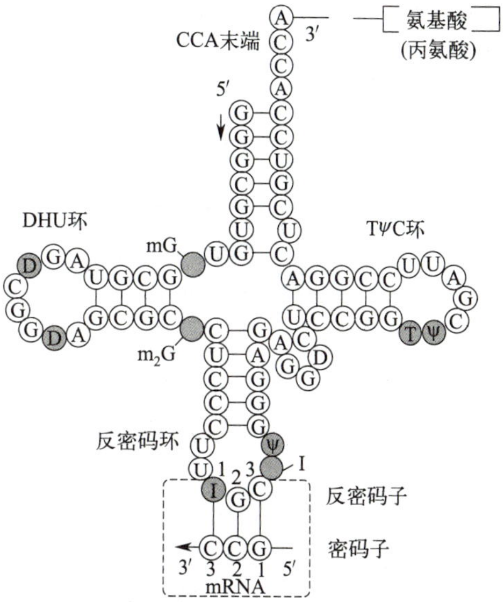

图 4-15 tRNA 的二级结构

三叶草形结构由氨基酸臂、DHU 环、反密码环、额外环和 TψC 环等五个部分组成：

① 氨基酸臂由 7 对碱基组成，富含鸟嘌呤，末端为—CCA，可接受活化的氨基酸。

② 二氢尿嘧啶环（DHU 环）由 8～12 个核苷酸组成，具有两个二氢尿嘧啶，通过由 3～4 对碱基组成的双螺旋区（二氢尿嘧啶臂）与 tRNA 分子的其余部分相连。

③ 反密码环由 7 个核苷酸组成，环中部为反密码子，由 3 个碱基组成。次黄嘌呤（I）常出现于反密码子中，通过由 5 对碱基组成的双螺旋区（反密码臂）与 tRNA 其余部分相连。

④ 额外环由 3～18 个核苷酸组成，不同 tRNA 有不同大小额外环，是 tRNA 分类的重要指标。

⑤ TψC 环与 tRNA 其余部分相连。除个别例外，几乎所有 tRNA 在此环中都含有 Tψ。

tRNA 通过二级结构的折叠，形成一个像倒写字母 L 的三级结构（图 4-16）。tRNA 三级结构是指分子在更高级别上的折叠和组织形式，三级结构形成依赖于 D 环上的碱基和不变碱基以及 TψC 环上的碱基之间建立氢键。

（三）核糖体 RNA（rRNA）的结构

rRNA 可与多种蛋白质结合共同组成核糖体蛋白，起"装配台"的作用。核糖体是蛋白质合成的场所，为蛋白质合成所需要的各种原料提供相互结合和相互作用的环境。rRNA 约占

RNA 总量的 80%，是含量最多的一类 RNA，是一类代谢稳定、分子量较大的 RNA。原核生物和真核生物的核糖体均由易于解聚的大、小两个亚基组成，平时游离存在于细胞质中，需要进行蛋白质合成时，聚合成为核糖体，蛋白质合成结束后又重新解聚。2 个亚基所含 rRNA 和蛋白质的数量与种类各不相同。组成核糖体的蛋白质有数十种，大多是分子量不大的多肽类。原核细胞的核糖体中 rRNA 约占 2/3，蛋白质占 1/3，而在真核细胞中，它们各占 1/2。原核生物 rRNA 共有 5S、16S、23S 三种，分别与不同的蛋白质结合成核糖体的大亚基和小亚基。其中，16S rRNA 与 20 多种蛋白质构成核糖体的小亚基，大亚基则由 5S 及 23S rRNA 再加上 30 余种蛋白质构成。真核生物核糖体小亚基由 18S rRNA 及 30 余种蛋白质构成，大亚基则由 5S、5.8S 及 28S 三种 rRNA 加上近 50 种蛋白质构成。原核与真核生物核糖体组成如表 4-8 所示。

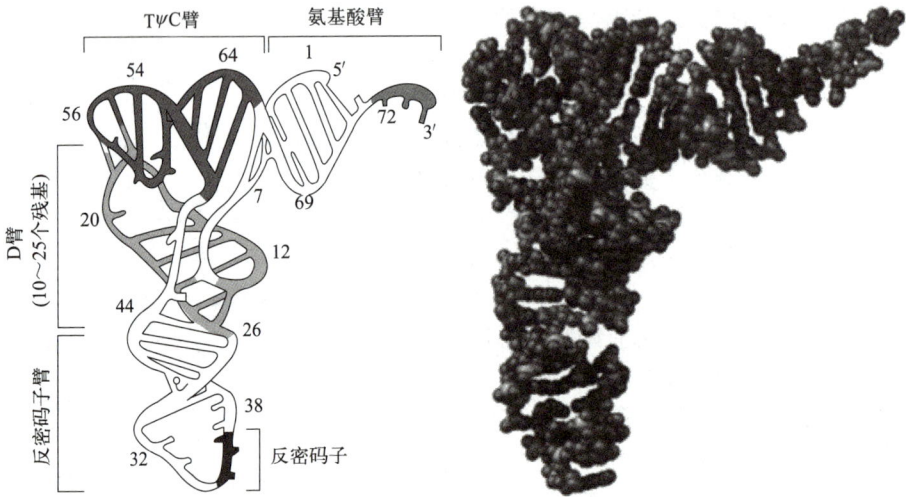

图 4-16   tRNA 的三级结构

表 4-8   核糖体的组成

亚基类型及组成		原核生物（以大肠杆菌为例）		亚基类型及组成		真核生物（以小鼠肝为例）
30S （小亚基）	rRNA	16S	1542 个核苷酸	40S （小亚基）	18S	1874 个核苷酸
	蛋白质	21 种	占总质量的 40%		33 种	占总质量的 50%
50S （大亚基）	rRNA	23S	2940 个核苷酸	60S （大亚基）	28S	4718 个核苷酸
					5.85S	160 个核苷酸
		5S	120 个核苷酸		5S	120 个核苷酸
	蛋白质	31 种	占总质量的 30%		49 种	占总质量的 35%

各种 rRNA 的核苷酸序列已经测定，并据此推测出了它们的二级结构和空间结构，如真核生物 18S rRNA 二级结构呈花状（图 4-17），众多的茎环结构为核糖体蛋白的结合和组装提供了物质结构基础，原核生物的 16S rRNA 二级结构也极为相似。

将纯化的核糖体蛋白和 rRNA 在试管内混合，不需加入酶或 ATP 就可以自动组装成有活性的大亚基和小亚基。大小亚基进一步组装成核糖体。亚基间的连接处是 mRNA 结合部位。

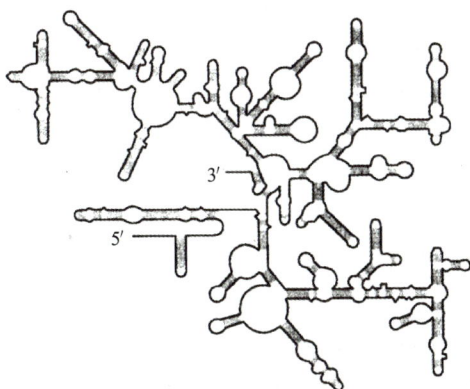

图 4-17 真核生物的 18S rRNA 的二级结构示意图

科学典故与课程思政

我国实现全人工合成酵母丙氨酸转移核糖核酸

蛋白质、核酸和多糖是生物体内重要的生物大分子。继 1965 年我国在世界上首次人工合成蛋白质——结晶牛胰岛素后，随即启动了人工合成核酸工作。20 世纪 60 年代，阐明一级结构的只有转移核糖核酸（一般由七十几个核苷酸组成）。70 年代初，我国决定选择来源于酵母并能接受丙氨酸的转移核糖核酸——酵母丙氨酸转移核糖核酸（由 76 个核苷酸组成）为人工合成对象。中国科学院组织数个研究所开始工作，并于 1981 年 11 月完成了该项研究。参加单位除中国科学院生化所、细胞所、有机所和生物物理所外，还有北京大学生物系和上海化学试剂二厂。酵母丙氨酸转移核糖核酸的成功合成标志着我国这类研究达到国际水平。人工全合成酵母丙氨酸转移核糖核酸的成功，带动了多种核酸类药物，包括抗肿瘤药物、抗病毒药物的研制和应用。

第三节　核酸的理化性质、分离纯化及含量测定

一、核酸的物理性质

1. 分子大小、形状和黏度

核酸分子差异较大。DNA 分子量一般为 $10^6 \sim 10^{10}$，不同生物、不同种类 DNA 分子量差异很大，生物越高等，DNA 分子越大，储存的遗传信息越多。RNA 分子大小不同，一般 tRNA 分子链最小，约 10^4，mRNA 约为 0.5×10^6 或更大些，rRNA 则为 0.6×10^6。大多数 DNA 为线性分子，分子极不对称，长度可达到几厘米，分子直径约 2nm，DNA 溶液黏度极高。当 DNA 变性，由螺旋结构转为线团结构时，空间伸展长度变短，溶液黏度降低。RNA 比 DNA 分子短得多，且呈无定形，黏度比 DNA 小。

2. 溶解度

DNA 和 RNA 均易溶于水，但不溶于乙醇、乙醚等有机溶剂。分离核酸时，加入乙醇即可使之从溶液中沉淀出来。DNA 和 RNA 的钠盐比游离酸在水中溶解度大。RNA 溶于稀氯化

钠溶液（0.14mol/L），DNA 溶于浓的氯化钠溶液（1～2mol/L），鉴于此，可进行 DNA 和 RNA 的分离。

3. 沉降特性

溶液中的核酸分子在引力场中可以下沉。不同构象的核酸（线形、开环、超螺旋结构）、蛋白质及其他杂质，在超速离心机的强大引力场中，沉降速率有很大差异，所以，可用超速离心法纯化核酸或将不同构象的核酸进行分离，也可以用于测定核酸的沉降系数与分子量。

二、核酸的化学性质

1. 核酸的酸碱性

核酸分子中既有可酸式解离的磷酸基，又有可碱式解离的氮原子，属两性电解质，具有等电点。因磷酸酸性强，整个核酸分子通常表现为酸性，带负电荷。酸性基团可与 Na^+、K^+、Mg^{2+}、Ca^{2+} 等金属离子成盐，核酸盐的溶解度比其游离酸大。DNA 双螺旋两条链间氢键的形成与其解离状态有关，溶液 pH 直接影响碱基对之间氢键的稳定性，pH=4.0～11.0 之间 DNA 最为稳定，在此范围之外易变性。

2. 核酸的紫外吸收性质

嘌呤碱与嘧啶碱具有共轭双键，使碱基、核苷、核苷酸和核酸在 240～290nm 紫外波段有一强烈的紫外吸收峰，最大吸收波长在 260nm 附近。不同核苷酸有不同的吸收特性，可用紫外分光光度计进行核酸定量及定性分析。核酸紫外吸收值比其各核苷酸成分的吸收值之和少 30%～40%，这是由于核酸有规律的双螺旋结构中碱基紧密堆积在一起造成的。当核酸变性或降解时，碱基暴露，紫外吸收值增高，因此，根据核酸紫外吸收值的变化，可判断其变性或水解程度。不同来源的 DNA 样品紫外吸收光谱如图 4-18 所示。由于蛋白质在 260nm 处仅有很弱的吸收，所以可利用核酸这一特性来定量测定它在组织和细胞中的含量。另外，DNA 吸收紫外光后能引起突变，这在抗生素工业育种中具有很重要的作用，目前已用此法筛选出许多好的菌种。

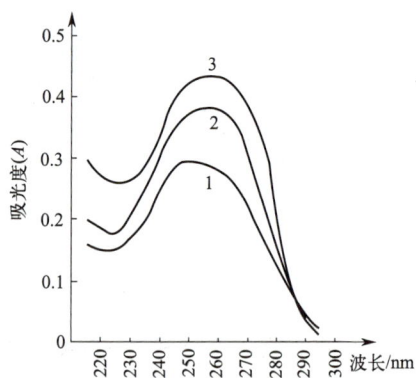

图 4-18　DNA 样品的紫外吸收光谱
1—变性 DNA；2—天然 DNA；3—降解的 DNA

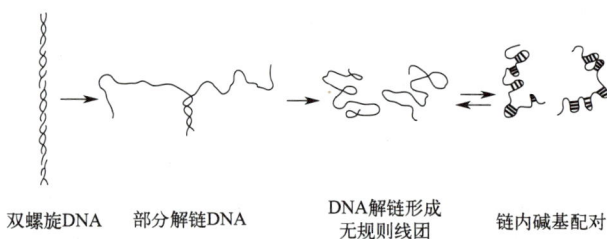

图 4-19　DNA 变性过程

天然 DNA 样品在发生变性时，由于氢键断裂、双链解离、碱基暴露、共轭双键充分释放，所以变性后的 DNA 在 260nm 处的紫外吸光度值显著增加，称为 DNA 增色效应。变性的 DNA 若重新恢复到双链结构，其紫外吸光度值又回到之前水平，称为 DNA 减色效应。

3. 核酸的变性、复性和分子杂交

高温、酸碱及某些变性剂（如尿素）能破坏碱基之间氢键，使核酸有规律的双螺旋结构

变成无规律的"线团"，空间结构被破坏，但并不涉及共价键的断裂，这一过程称为核酸的变性（图4-19）。

由温度升高而引起的DNA变性称为DNA热变性。当DNA稀盐溶液加热到80～100℃时，双螺旋结构解体，两条链分开，形成无规则线团，碱基暴露导致一系列理化性质随之发生改变，如260nm处紫外吸收值升高、黏度降低、生物活性丧失等。DNA热变性的特点是爆发式的，变性作用发生在一个很窄的温度范围内。通常把DNA双螺旋结构失去一半时的温度称为该DNA的熔点或熔解温度，用T_m表示（图4-20）。DNA的T_m值一般在70～85℃之间。

T_m大小与下列因素有关：①溶液均一性。均一性愈高的样品，熔解过程愈是发生在一个很小温度范围内。②（G+C）%含量。（G+C）%含量越高，T_m值越高，成正比

图4-20 DNA变性T_m值

关系。这是因为GC碱基对有3个氢键，含GC碱基对多的分子更为稳定，需更高温度才能解链。③介质中离子强度。一般来说，在离子强度较低的介质中，DNA熔解温度较低，熔解温度范围较窄。在较高离子强度介质中，情况则相反。所以，DNA制品应保存在较高浓度的缓冲液或溶液中，常在1mol/L的NaCl中保存。

RNA分子中有局部双螺旋区，RNA也可发生变性，但T_m值较低，变性曲线也不那么陡。变性DNA在适当条件下，又可使两条彼此分开的链重新缔合成双螺旋结构，这一过程称为复性。DNA复性后，许多物理化学性质又得到恢复，生物活性也可以得到部分恢复。将不同来源的DNA放在试管里，经热变性后，慢慢冷却，让其复性，若这些异源DNA之间在某些区域存在相同序列，复性时会形成杂交DNA分子，DNA与互补的RNA之间也可以发生杂交（图4-21）。核酸杂交在分子生物学和分子遗传学研究中应用极广，许多重大的分子遗传学问题都是用分子杂交来解决的。

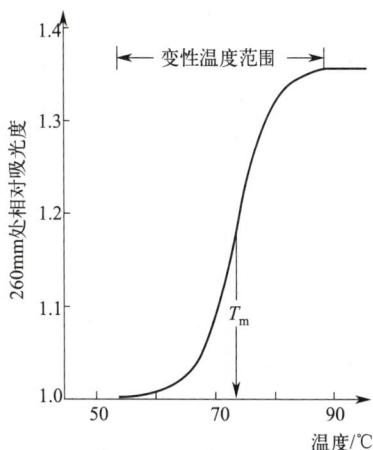

双链DNA　　　　变性后的单链DNA　　　　带有标记的杂交双链

标记的单链
DNA/RNA探针

图4-21 DNA变性、复性与分子杂交（见彩图）

生化与医药

DNA探针和核酸杂交技术在临床诊断上的应用

DNA探针和核酸杂交技术可作为临床微生物学检测方法，与形态学、生化和血清学方法相比，其具有特异性高、敏感性强、重复性好、快速、能直接检出微量病原体和一次性大量检测标本等优点，属第4代诊断技术，可检测乙肝病毒（HBV），诊断乙肝患者；可检测沙眼衣原体、EB病毒、疱疹病毒、巨细胞病毒、人乳头状瘤病毒、轮状病毒、肠产毒性大肠埃希菌、淋球菌、恶性疟原虫、克鲁斯氏锥虫和利氏曼原虫等。将DNA探针技术用于临床检验学

大大提高了临床诊断水平，促进了临床诊断学发展。DNA 探针还可作为遗传性疾病的产前诊断，如 α- 地中海贫血、β- 地中海贫血、苯丙酮尿症、杜氏肌营养不良、红绿色盲、镰状细胞贫血、血友病 B、鸟氨酸氨甲酰基转移酶缺乏症、自毁容貌症、α₁- 抗胰蛋白酶缺乏症、甲状旁腺功能减退症等，使一些遗传性疾病和先天代谢性疾病的产前诊断成为现实。产前诊断遗传性疾病对预防患儿降生，减轻家庭和社会负担，实现优生、提高人口素质有着重要和深远的意义。

DNA 和 RNA 均可以发生分子杂交，将 DNA 分子杂交称为 Southern 杂交，RNA 分子杂交称为 Northern 杂交。Southern 杂交也称凝胶电泳印迹杂交，由 Edward M. Southern 于 1975 年首先发明，是根据毛细管作用原理，将在电泳凝胶中分离的 DNA 片段转移并结合在适当的滤膜上，然后通过与标记的单链探针杂交来检测这些被转移的 DNA 片段。主要步骤包括将基因组 DNA 进行限制性内切酶消化，琼脂糖凝胶电泳分离，经碱变性等预处理之后，平铺在已用电泳缓冲液饱和的两张滤纸上，在凝胶上部覆盖一张硝酸纤维素滤膜，接着加一叠干滤纸，然后再压盖一重物。由于干滤纸吸引作用，凝胶中的单链 DNA 便随电泳缓冲液一起转移。DNA 分子一旦与硝酸纤维素滤膜接触，便会牢牢地与之结合，且严格按照凝胶中的谱带模式原样被印迹到滤膜上。80℃下烘烤 12h，DNA 片段就会被稳定地固定在硝酸纤维素滤膜上，然后将此滤膜移放在加有标记探针的溶液中进行核酸杂交，漂洗除去游离的没有杂交上的探针分子，用适当方式显色，与溴化乙锭染色的凝胶谱带作对照比较，便可鉴定出与探针具有同源性的限制片段的大小和位置（图 4-22）。

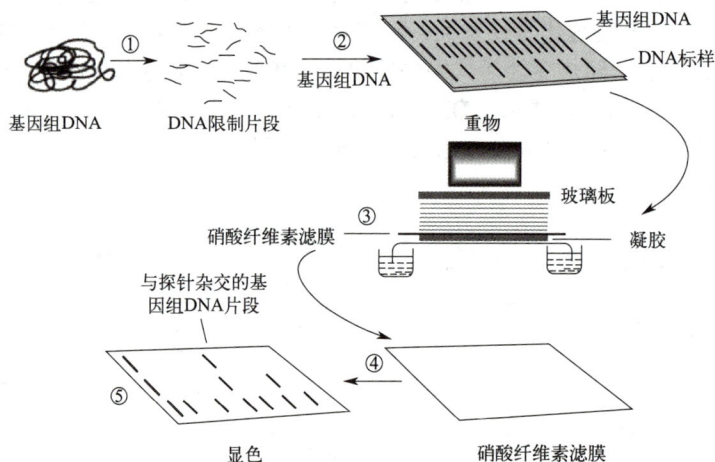

图 4-22 Southern 杂交示意图

①—基因组 DNA 限制性内切酶消化；②—基因组 DNA 片段凝胶电泳分离；
③—基因组 DNA 片段凝胶谱带转移；④—基因组 DNA 片段与同源探针杂交；⑤—杂交的 DNA 谱带显色

Northern 印迹杂交是一种将 RNA 从琼脂糖凝胶中转印到硝酸纤维素膜上的方法，印迹技术与 DNA 相对应，故称 Northern 印迹杂交。Northern 印迹杂交与 Southern 吸印方法类似，只是在上样前用甲基氢氧化银、乙二醛或甲醛使 RNA 变性，而不用 NaOH，因为它会水解 RNA 的 2′-OH。RNA 变性后有利于转印过程中与硝酸纤维素膜结合，同样可在高盐中进行转印，但在烘烤前与膜结合得并不牢固，转印后用低盐缓冲液洗脱，否则 RNA 会被洗脱。不能用溴化乙锭，因为它会影响 RNA 与膜结合。分离功能完整的 mRNA 时，甲基氢氧化银是一种强力、可逆变性剂，但有毒，许多人喜欢用甲醛作变性剂。操作均应避免 RNase 污染。与此原理相似的蛋白质印迹技术则被称为 Western 杂交。见图 4-23。

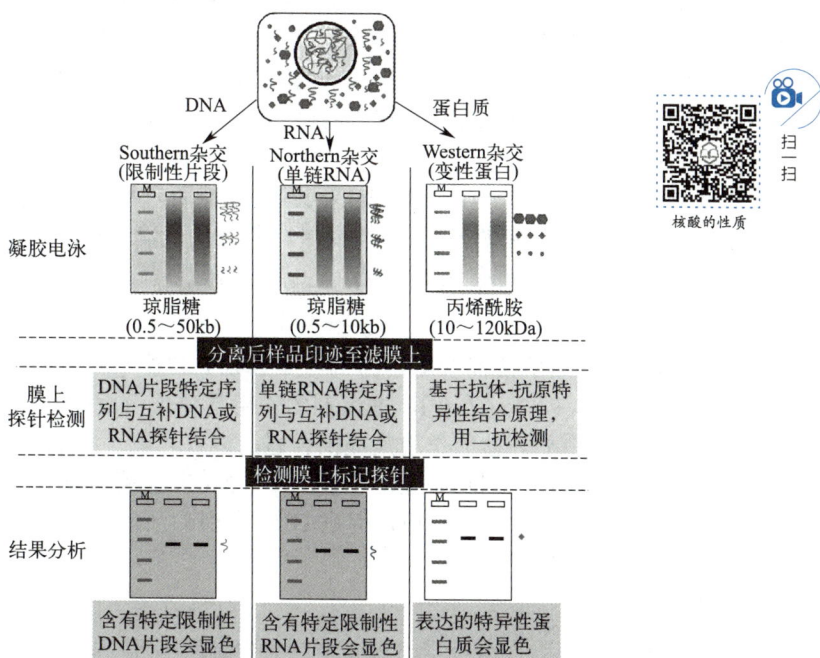

图 4-23　Southern 杂交、Northern 杂交与 Western 杂交示意图

生化与医药

DNA 指纹技术及其应用

　　人类不同个体间（除同卵双生外）的 DNA 各不相同，即 DNA 分子序列存在差异。如人类 DNA 分子中存在着高度重复序列，不同个体重复单位的数目不同，差异较大，但重复序列两侧的碱基高度保守，且重复单位有共同的核心序列。因此，针对保守序列选择同一种限制性内切酶，并对核心序列设计探针，将基因组 DNA 进行酶切、电泳、分子杂交及放射性自显影等处理，可获得具有个体差异性的杂交图谱。如同人的指纹图谱一样有特异性，把这种杂交图谱称为 DNA 指纹，在法医学、亲子鉴定、器官配型、疾病诊断和肿瘤研究等领域有广泛应用基础，尤其在司法鉴定中。如 DNA 指纹技术结合 PCR，法医可对犯罪现场残留的血液、精液、烟头唾液、痰液、毛发、骨骼或其他肉体成分提取 DNA 进行扩增和 DNA 指纹测定，通过比对而确定嫌犯，对刑事案件侦破有非常重要的意义。

三、核酸的分离纯化与测定

（一）DNA 的提取与制备

　　核酸分离纯化是获得目的基因及载体 DNA 片段的基本途径，分离的好坏直接决定了核酸样品的质量。真核生物 95% 的 DNA 主要存在于细胞核内，其余 5% 为细胞器 DNA，存在于线粒体和叶绿体中。细胞中 DNA 与蛋白质结合，形成脱氧核糖核蛋白（DNP）。不同类型的核酸具有不同结构特点。真核生物染色体 DNA 为双链线状大分子，原核生物基因组 DNA、质粒及真核细胞器 DNA 相对较小，为双链环状分子。某些噬菌体 DNA 为单链环状分子。DNA 分离纯化时应根据核酸特点、类型及结合状态等因素综合考虑来选择分离方法。

DNA 分离纯化总原则是要保证一级结构完整性和排除其他分子污染。一级结构是核酸分子最基本结构，储存着全部遗传信息。为保持核酸完整性，提取过程中要注意防止核酸酶对其降解，还要防止化学因素（酸碱等）和物理因素（高温或机械剪切等）等引起变性或破坏。对 DNA 更重要的是防止张力剪切作用，因为 DNA 分子特别长，容易断裂。

DNA 纯化应达到以下 3 点要求：①样品中不应存在对酶有抑制作用的有机溶剂和过高浓度的金属离子；②如蛋白质、多糖和脂类等其他分子污染应降到最低；③排除其他核酸分子污染，提取时应去除 RNA 分子。DNA 提取可简单分为裂解和纯化两大步骤。裂解是破坏样品细胞结构，使样品中 DNA 游离在裂解体系中，纯化则是使 DNA 与裂解体系中的其他成分，如蛋白质、盐及其他杂质彻底分离的过程。

1.DNA 裂解

DNA 裂解常规的裂解液都含有去污剂（如 SDS）和盐［如三羟甲基氨基甲烷（Tris）、乙二胺四乙酸（EDTA）、NaCl 等］。去污剂的作用是使蛋白质变性、破坏膜结构，和去除与核酸相互作用的蛋白质。盐的作用是提供合适的裂解环境（如 Tris）、抑制核酸酶对核酸的降解（如 EDTA），以及维持核酸结构稳定（如 NaCl）。裂解体系中还可能加入蛋白酶，利用蛋白酶将蛋白质消化成小的片段，促进 DNA 与蛋白质的分离，同时也便于后续的纯化操作。

2. 纯化过程

（1）酚 - 氯仿抽提法   首先，利用酚 - 氯仿对裂解体系进行反复抽提，以去除蛋白质，实现 DNA 与蛋白质的分离。然后，再用醇将 DNA 沉淀下来，实现核酸与盐的分离。酚 - 氯仿抽提是去除蛋白质的有效手段，如蛋白质含量超过其饱和度，裂解体系中的蛋白质就不会被一次性去除，需要进行多次反复抽提，而每次的抽提均会导致核酸损失。酚 - 氯仿抽提最大的优势是成本低廉，对实验条件要求较低。

（2）高盐沉淀法   高盐沉淀法是酚 - 氯仿抽提方法的一个变种，其省略了酚 - 氯仿抽提操作的麻烦，并且克服了酚 - 氯仿抽提方法的缺点，只是得到的 DNA 纯度不够稳定。

（3）柱式法   柱式法利用某些固相介质，在某些特定条件下选择性地吸附核酸，而不吸附蛋白质及盐的特点，实现核酸与蛋白质和盐的分离，是目前试剂盒提取广泛使用的方法。工作原理为独特的结合液 / 蛋白酶 K 迅速裂解细胞和灭活细胞内核酸酶，然后基因组 DNA 在高盐状态下选择性吸附于离心柱内硅基质膜，再通过一系列快速的漂洗 - 离心步骤，用抑制物去除液和漂洗液将细胞代谢物、蛋白质等杂质去除，最后低盐的洗脱缓冲液将纯净基因组 DNA 从硅基质膜上洗脱。

离心柱法 DNA 提取的优点是比传统酚 - 氯仿抽提法提取的纯度高，有利于 RNA 保护，且能进行微量操作，以其低廉的价格和相对便捷的操作，逐渐取代了传统 DNA 提取方法。缺点是需要较多的样本，耗材多，对于珍稀样本无能为力，特别是在法医、考古等领域力不从心。同时，离心柱法 DNA 提取需要反复离心，不便于高通量、自动化操作，特别是在基因诊断、疾病检测、转基因检测等领域，离心柱法 DNA 提取需要大量操作人员及仪器设备。面对突发疫情时，更是需要有高通量的 DNA 提取设备与方法才能更有效地准确监测疫情、控制疫情。为此，需要一种新的 DNA 提取方法解决这个实际难题。在此背景下，磁珠法 DNA 提取应运而生。

（4）磁珠法   磁珠法是通过裂解液裂解细胞组织样本，从样本中游离出来的核酸分子被特异地吸附到磁性颗粒表面，而蛋白质等杂质不被吸附而留在溶液中。将携带核酸的磁珠移动至不同试剂槽内，通过反复快速搅拌、混匀液体，经过细胞裂解、核酸吸附、洗涤与洗脱等步骤，最终得到纯净核酸。其基本原理是：电荷的盐离子作用（如 Na^+），带负电的磷酸基团借由解离的盐离子（如 Na^+）与羧基形成离子桥，使 DNA 被特异性吸附到羧基磁珠表面。

当 PEG 与盐类被去除之后，加入水性分子，会快速充分水化 DNA，解除其三者之间的离子相互作用，使得吸附到磁珠的 DNA 被纯化出来。该方法将纯化介质包被在纳米级的磁珠表面，通过介质对 DNA 的吸附，在外加磁场作用下使 DNA 附着于磁珠，并定向移动，从而达到核酸与其他物质分离的目的。

磁珠法提取核酸可分为 4 步：裂解→结合→洗涤→洗脱。裂解时核酸必须从细胞或其他生物物质中释放出来，细胞裂解可通过机械作用、化学作用、酶作用等方法实现。其中，酶作用主要是通过加入溶菌酶或蛋白酶（蛋白酶 K、植物蛋白酶或链霉蛋白酶）使细胞破裂和核酸释放。蛋白酶还能降解与核酸结合的蛋白质，促进核酸的分离。在结合过程中，磁珠表面带负电荷，磁珠缓冲液（buffer）是高盐环境，有带正电荷的盐离子，样本被缓冲液影响，磷酸基团带负电荷。洗涤过程中，核酸的高电荷磷酸骨架使其比蛋白质、多糖、脂肪等其他生物大分子物质更具亲水性。根据它们理化性质的差异，用选择性沉淀、色谱、密度梯度离心等方法可将核酸分离纯化。

用无水乙醇沉淀 DNA 是实验中最常用的方法。优点是可任意比例与水相混溶，乙醇与核酸不起化学反应，很安全，是理性沉淀剂。加入乙醇时乙醇会夺去 DNA 周围水分子，使DNA 失水而聚合。最终洗脱时加水或者 EB 破坏高盐环境，形成低盐环境，使 DNA 从磁珠上脱落。磁珠法有灵敏度高、分离速度快、纯度高和自动化流程等优点，但价格比较高，不适用于小型实验室。

▤ 生物技术赛项考核内容

磁珠法提取血液基因组 DNA

生物技术赛项是高职组生物和化工专业大类重要的国家级职业技能竞赛，主要考查生物化学和生物技术等基本理论知识和技能，有关生物技术产品合成、生产、质量控制的操作技术以及执行国家及行业标准规范、掌握科学的实验工作方法和实验技巧的能力。生物活性物质的提取与鉴定是重要的考核内容，如依托磁珠法提取鸡血 DNA、DNA 纯度与浓度分析等考核学生的职业技能。具体操作如下：① 取 200μL 血液样品至 2mL 离心管中，血液样本处理量为 100~250μL 时，按 TianGen 试剂盒 DP329 要求加入裂解液和异丙醇用量。在样品中加入 1~2.5 倍血液样品体系的细胞裂解液 CL，颠倒混匀，10000r/min（约 11500g）离心 1min，吸去上清液，留下细胞核沉淀（如裂解不彻底，可重复裂解 1 次），向细胞核沉淀中加入 50μL 缓冲液 GS，振荡至彻底混匀。②加入 20μL 蛋白酶 K 溶液。③加入 300μL 裂解液 GHL，振荡混匀。④将离心管至于 65℃温育 15min，其间颠倒混匀 3 回，每回 3 ~ 5 次，室温放置 5min。⑤加入 350μL 异丙醇，振荡混匀 10s。⑥加入 20μL 磁珠悬浮液 G，振荡混匀 1min，共静置 9min，每 3min 振荡混匀1min，为确保磁珠彻底重悬，使用前振荡混匀。⑦将离心管放置于磁力架静置 30s，磁珠完全吸附后小心吸去液体。⑧将离心管从磁力架取下，加入 700μL 缓冲液 GDA（使用前检查是否加入无水乙醇），振荡混匀 5min。⑨将离心管放置于磁力架静置 30s，磁珠完全吸附后，小心吸去液体。⑩将离心管从磁力架上取下，加入 700μL 漂洗液 PWD（使用前检查是否加入无水乙醇），振荡混匀 2min。⑪将离心管放置于磁力架上静置 30s，磁珠完全吸附后，小心吸去液体。⑫重复步骤⑩⑪一次。⑬将离心管置于磁力架上室温晾干 10 ~ 15min（要确保乙醇挥发干净，但不能太干，否则难以洗脱 DNA）。⑭将离心管从磁力架上取下，加入 50~100μL 洗脱缓冲液 TB，振荡混匀，置于 56℃温育 10min，其间颠倒混匀 3 回，每回 3 ~ 5 次。⑮将离心管放置于磁力架上静置 2min，磁珠完全吸附后，小心将 DNA 溶液转移至新的离心管中，并于适当条件下保存或测定 DNA 含量和纯度。

（二）RNA 的提取制备

在活细胞中共发现至少 14 种 RNA，如 mRNA、rRNA、tRNA，以及其他非编码 RNA（如 lncRNA、snoRNA、miRNA 和 siRNA）。使用 Trizol 溶液提取 RNA 是使用最广泛的方法，可将总 RNA 与 DNA 和蛋白质分离。Trizol 是一种酸性溶液，含有硫氰酸胍（GITC）、苯酚和氯仿。GITC 不可逆地使蛋白质和核糖核酸酶变性，随后离心。在酸性条件下，总 RNA 保留在上层水相中，而大部分 DNA 和蛋白质保留在中间相或下层有机相中，然后通过用异丙醇沉淀回收总 RNA。RNA 分离所需的材料包括氯仿、异丙醇溶液、无 RNA 酶水、75% 乙醇、通风柜、涡旋器、微量移液器和冷冻微量离心机等。如果是从组织中提取 RNA，则在每 100mg 新鲜组织中加入 1mL Trizol 试剂，用无菌手术刀在冰上切碎，并用无菌匀浆器或其他设备匀浆。如果是细胞培养物，应在从培养箱中取出后立即进行处理。细胞在室温下以 1000r/min 离心 5min，弃上清液或从单层生长的细胞中去除培养基，用预冷 PBS 洗一次。具体操作如下：

将组织或细胞裂解液转移到 1.5mL 无 RNA 酶的 EP 管中。置冰上，静置 5min。每管加入 200μL 氯仿，充分混合后冰上静置 10min，使核蛋白复合物完全解离。在 4℃，13000r/min 离心 15min。期间取一新 EP 管，加入 500μL 异丙醇，冰上预冷。离心后，将上层水相（约 500μL）转移到该新的 EP 管中，冰上静置，75% 乙醇沉淀 10min。13000r/min，离心 10 分钟。去除上清液，用 1mL 75% 乙醇洗涤 RNA 沉淀一次。12000r/min 离心 5min。弃上清液，风干或真空干燥 RNA 沉淀 5 ~ 10min。最后，将 RNA 溶解在 30 ~ 50μL DEPC 处理过的去离子水中，进行分光光度分析以确定样品浓度和纯度。

（三）核苷酸的提取制备

核苷酸是核苷戊糖羟基的磷酸酯。核糖核苷的磷酸酯为核糖核苷酸，而脱氧核苷的磷酸酯为脱氧核苷酸。理论上，核苷的 5′-OH、3′-OH 和 2′-OH 均可以被磷酸化而分别形成核苷 -5′- 磷酸、核苷 -3′- 磷酸和核苷 -2′- 磷酸。但自然界核苷酸多为核苷 -5′- 磷酸。核苷单磷酸（NMP）是指核苷的单磷酸酯。核苷单磷酸可通过一次成酐反应形成核苷二磷酸（NDP），再通过一次成酐反应生成核苷三磷酸（NTP）。

核苷酸可通过酶解法、发酵法和酶法生产。酶解法生产核苷酸是采用核酸酶水解 RNA 得到四种核苷酸（AMP、GMP、CMP 和 UMP）的混合物，然后，经离子交换树脂分离纯化可以得到四种核苷酸，是传统方法、工艺成熟，但是分离难度大、载量低、效率低、能耗高。发酵法是利用微生物菌株的生物合成途径来生产核苷酸。目前，仅有肌苷酸（IMP）和鸟苷酸（GMP）实现工业化生产，该方法种类受限，且工艺受发酵影响大，但能耗和污染相对较低。酶法是一种利用特定酶催化反应合成核苷酸的方法。

（四）核酸的分离纯化

1. 核蛋白的提取

根据 DNA 蛋白和 RNA 蛋白在不同浓度氯化钠溶液中溶解度不同的特点，可将它们从细胞匀浆中分离和提取出来。在 1 ~ 2mol/L 氯化钠溶液中 DNA 蛋白溶解度很高，而在 0.14mol/L 氯化钠溶液中，DNA 蛋白几乎不溶解。对于 RNA 蛋白来说则刚好相反。因此，可用 1 ~ 2mol/L 和 0.14mol/L 氯化钠溶液从细胞匀浆中分别将 DNA 蛋白和 RNA 蛋白提取出来。提取过程中，为防止核酸酶对核酸降解，常加入核酸酶抑制剂。如提取 DNA 时，加入柠檬酸来抑制脱氧核糖核酸酶活性。提取 RNA 时，加入硅藻土作为酶抑制剂，硅藻土可吸附核糖核酸酶，将其从溶液中除去。

2. 核蛋白中蛋白质的去除

提取到核蛋白后，还要去除其分子中的蛋白质成分，才能得到游离核酸。去除核蛋白中蛋白质常用方法有变性法和酶解法。变性法常用三氯甲烷 - 戊醇混合液、苯酚、十二烷基硫酸钠（SDS）等作为蛋白质变性剂，蛋白质变性沉淀，从而与核酸分离。酶解法常用广谱蛋白酶催化蛋白质水解，使核酸游离于溶液中。

3. 核酸的纯化

核蛋白除去蛋白质后，核酸还需进一步分离纯化。先用乙醇沉淀核酸，得到核酸粗品，再将不同种类的核酸进行分离，如将线形 DNA 与环状 DNA 分离，将不同分子量的 DNA 分离。常用的分离纯化方法有凝胶电泳法、纤维素过滤法、凝胶过滤法和超滤法等。凝胶电泳法是当前核酸研究最常用的方法，具有简单、快速、灵敏和成本低等优点，分为琼脂糖凝胶电泳和聚丙烯酰胺凝胶电泳。凝胶电泳可在水平或垂直电泳槽中进行，兼有分子筛和电泳双重效果，分离效率很高。

琼脂糖凝胶电泳是以琼脂糖作为支持物进行的凝胶电泳方法。电泳迁移率取决于：①核酸分子大小。迁移率与分子量对数成反比。②胶浓度。迁移率与胶浓度成反比，常用 1% 胶分离 DNA。③ DNA 构象。一般情况下，超螺旋 DNA 迁移率最快，线形 DNA 其次，开环形状DNA 最慢。但在胶中加入过多的啡啶溴红时，上述分布次序会发生改变。④电流。一般不大于 5V/cm。在适当电压差范围下，迁移率与电流大小成正比。⑤碱基组成。有一定影响，但影响不大。⑥温度。4 ～ 30℃都可，常为室温。

琼脂糖凝胶电泳常用于分析 DNA。由于琼脂糖制品中往往带有核糖核酸酶杂质，因此用于分析 RNA 时，必须加入蛋白质变性剂（如甲醛）。电泳完毕后，将胶在荧光染料啡啶溴红的水溶液中染色（0.5μg/mL）。啡啶溴红为扁平分子，很易插入 DNA 碱基对之间。DNA 与啡啶溴红结合后，经紫外光照射，可发射出红 - 橙色可见荧光。0.1μg DNA 即可用此法检出，十分灵敏。根据荧光强度可大体判断 DNA 样品浓度。若在同一胶上加一已知其浓度的 DNA 作参考，则所测得的样品浓度更为准确。可用灵敏度很高的负片将凝胶上所呈现的电泳图谱在紫外光照射下拍摄下来，作进一步分析与长期保留之用。

应用凝胶电泳可正确地测定 DNA 片段分子大小，使用方法是在同一胶上加一已知分子量的样品（如图 4-24 中的 λDNA/HindⅢ 的片段）。电泳完毕后，经啡啶溴红染色、照相，从照片上比较待测样品中的 DNA 片段与标准样品中哪一条带最接近，即可推算出未知样品中各片段大小。最常用方法是将胶上某一区带在紫外光照射下切割下来，将切下的胶条放在透析袋中，装上电泳液，在水平电泳槽中进行电泳，让胶上的 DNA 释放出

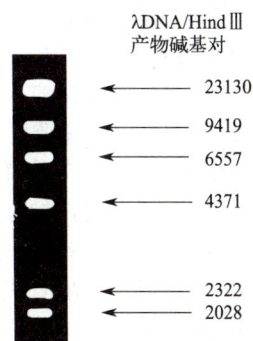

λDNA/HindⅢ
产物碱基对

← 23130
← 9419
← 6557
← 4371
← 2322
← 2028

图 4-24　λDNA/HindⅢ片段琼脂糖凝胶电泳图

来，并进一步粘在透析袋内壁上。电泳 3 ～ 4h 后，将电极倒转，再通电 30 ～ 60s，粘在壁上的 DNA 重又释放到缓冲液中。取出透析袋内缓冲液（丢弃胶条），用苯酚抽提 1 ～ 2 次，水相用乙醇沉淀。这样回收的 DNA 纯度很高，可供进一步进行限制性内切酶分析、序列分析或作末端标记，回收率在 50% 以上。

聚丙烯酰胺凝胶电泳是以聚丙烯酰胺作支持物进行的凝胶电泳分离方法，凝胶孔径比琼脂糖凝胶要小，可用于分析小于 1000bp 的 DNA 片段。聚丙烯酰胺中一般不含有 RNase，可用于 RNA 分析。聚丙烯酰胺凝胶上的核酸样品，经啡啶溴红染色，在紫外光照射下，发出的荧光很弱，所以浓度很低的核酸样品用此法检测不出来。

（五）核酸含量的测定方法

1. 紫外分光光度法

紫外分光光度法是基于分子内电子跃迁产生的吸收光谱进行分析的一种光学分析方法。核酸中含有嘌呤和嘧啶环，这种共轭体系产生电子跃迁时强烈吸收 $250 \sim 290nm$ 波段紫外光，在 $256 \sim 265nm$ 处显示出特征吸收峰，在 230nm 处吸收最小。如腺嘌呤最大紫外吸收波长为 260.5nm、胞嘧啶为 267nm、鸟嘌呤为 267nm、胸腺嘧啶为 264.5nm、尿嘧啶为 259nm。这些碱基与戊糖、磷酸形成核苷酸后，其最大吸收峰不会改变，但核酸最大吸收波长是 260nm，吸收波谷在 230nm，为测定核酸溶液浓度提供了基础。蛋白质紫外区间最大吸收波长在 280nm 处，可借助 A_{260nm}/A_{280nm} 比值判断样品纯度。纯 DNA 样品其 A_{260nm}/A_{280nm} 应为 1.8，纯 RNA 应为 2.0。核酸样品中若含有杂蛋白及苯酚，A_{260nm}/A_{280nm} 比值明显下降。可利用核酸样品紫外吸收特性进行核酸含量测定，但不纯的样品不能用紫外吸收法进行定量测定。纯核酸样品可根据其 A_{260nm} 值求出核酸含量，如 1.0 单位的 A_{260nm} 相当于 $50\mu g/mL$ 双链 DNA 或 $40\mu g/mL$ 单链 DNA（或 RNA）或 $20\mu g/mL$ 寡核苷酸，此法既快速准确又不会浪费样品。

2. 定磷法

核酸中有磷酸基团，RNA 含磷量平均为 9.5%，DNA 含磷量平均为 9.9%，可从样品含磷量计算 RNA 或 DNA 含量。先用强酸（如 10mol/L 硫酸）将核酸样品消化，使核酸分子中有机磷变为无机磷，无机磷与钼酸反应生成磷钼酸，磷钼酸在还原剂（如抗坏血酸、氯化亚锡、α-1,2,4-羟基萘酚磺酸等）作用下生成钼蓝。可用比色法测定 RNA 样品中的含磷量。钼蓝在 660nm 处有最大吸收，在一定浓度范围内吸收值与无机磷含量成正比。若样品中尚含有无机磷，需作对照测定，消除无机磷影响，以提高准确性。

3. 定糖法

核酸分子中含有核糖（RNA）或脱氧核糖（DNA），根据这两种糖的呈色反应可对 RNA 和 DNA 进行定量测定。在浓硫酸或浓盐酸作用下，可脱水生成醛类化合物，醛类化合物与某些呈色剂发生缩合反应生成有色化合物，可用比色法或分光光度法测定其溶液吸收值，在一定浓度范围内，溶液吸收值与核酸含量成正比。

RNA 分子中核糖在浓酸（盐酸或硫酸）作用下脱水生成糠醛，糠醛与某些酚类化合物缩合生成有色化合物，如糠醛与地衣酚（3,5-二羟基甲苯）缩合生成深绿色化合物。当有 Fe^{3+} 存在时，则反应更灵敏。反应产物在 660nm 有最大吸收值，与 RNA 的含量成正比。DNA 分子中的脱氧核糖在浓硫酸作用下脱水生成 ω-羟基-γ-酮戊醛，与二苯胺生成蓝色化合物，可在 590nm 处有最大吸收值，并且与 DNA 含量成正比。

第四节   核酸类药物概述

随着人类基因组计划完成，人类基因组全部碱基被成功破译，使 DNA 和 RNA 特定序列成为药物作用新靶点成为可能。1997 年，第一个人工合成的反义寡核苷酸药物福米韦生（Fomivirsen）得到美国 FDA 批准，用于治疗巨细胞病毒引起的视网膜炎，标志着核酸药物成为药物研究的重要方向。核酸作为新一代生物药物，具有遗传、催化、能量贮藏、能量供给及免疫增强等功能，利用核酸进行药物设计，并在抗癌、抗病毒、治疗心肌梗死及诱导干扰素等药物研究开发方面进行深入研究，将具有非常好的应用前景。

一、核酸类药物的定义

从生物体内提取获得的核酸，或人工合成方法制备的具有核酸结构，且有明确药理作用的物质称为核酸药物。广义核酸药物包括核苷酸药物、核苷药物、碱基及其衍生物，以及反义核酸药物等，可作为生物体合成原料、改善人体代谢、修复受损组织，其类似物具有抗病毒、抗肿瘤及制备干扰素或免疫制剂等作用。核酸类药物的制备方法有提取法、水解法、化学合成法、酶合成法及微生物法等。临床上，应用的抗病毒核苷酸类药物有三氟胸苷、齐多夫定、5′-碘脱氧尿苷、利巴韦林、阿昔洛韦、丙氧鸟苷、阿糖腺苷等。

二、核酸类药物的分类

核酸类药物分为两大类，一类是具有天然结构的核酸类物质，如 ATP、CTP 等，这类药物有助于改善机体物质和能量代谢，加速受损组织修复。临床上，主要用于肌肉萎缩、血细胞减少症等代谢障碍性疾病。大多由生物体自身合成，可通过微生物发酵或从生物中提取。另一类是碱基、核苷及核苷酸类似物或聚合物，临床上主要用于抗病毒治疗。

1. 具有天然结构的核酸类物质

这些具有天然结构的核酸类物质是生物体合成核酸的原料，或是蛋白质、糖和脂类代谢的辅酶。缺乏时使机体生理机能出现障碍，补充后，能明显改善机体物质与能量代谢，有利于受损组织器官修复、促进缺氧组织机能修复。临床上主要用于放射性疾病、血小板减少症、白细胞减少症、急慢性肝炎、心血管疾病及肌肉萎缩等疾病或代谢紊乱疾病的治疗。常见药物有 CoA、辅酶 Q（CoQ）、Co Ⅰ、Co Ⅱ、腺苷（酸）、尿苷（酸）、肌苷（酸）、胞苷（酸）、ATP、CTP 和 FAD 等。

2. 碱基、核苷以及核苷酸类似物或聚合物

这类物质是由自然核苷酸经化学或酶学修饰改造后得到的，具有与天然核苷酸类似的结构，但不具有天然核苷酸基本功能。如核苷酸类似物在 DNA 合成过程中掺入后，会使 DNA 复制和转录终止，从而使病毒复制终止，常用于病毒、肿瘤、肝炎等疾病治疗，也可作为诱导干扰素生成和增强免疫抑制剂的临床药物。

三、临床常见的核酸类药物及其药理作用

1. 阿糖腺苷

阿糖腺苷化学名为 9-β-D-阿拉伯糖腺嘌呤（图 4-25），含一个结晶水，白色结晶，熔点 259～261℃，紫外光最大吸收波长为 260nm。体内代谢可生成阿糖腺苷三磷酸，能拮抗脱氧腺苷三磷酸（dATP），从而抑制以 dATP 为底物的病毒 DNA 聚合酶活性，且阿糖腺苷三磷酸对病毒 DNA 聚合酶的亲和性比宿主 DNA 聚合酶高，从而选择性抑制病毒 DNA 复制。阿糖腺苷为广谱 DNA 病毒抑制剂，对单纯疱疹病毒Ⅰ型和Ⅱ型、水痘带状疱疹病毒、巨细胞病毒、人乳头瘤病毒等 DNA 病毒有明显抑制作用，临床上，常用于治疗疱疹性角膜炎。静脉注射可将单纯疱疹引发的脑炎死亡率降低 42%。20 世纪 70 年代用于乙肝治疗，使乙型肝炎病毒表面抗原（HBsAg）转阴并使病毒携带者失去传染能力。本品还是治疗单纯性疱疹最好的抗病毒药物，对疱疹病毒及带状病毒作用最强，对水痘带状疱疹病毒、牛痘病毒、乙肝病毒次之，对腺病毒、伪狂犬病毒和一些 RNA 肿瘤病毒有效。

2. 阿昔洛韦

阿昔洛韦别名无环鸟苷，是核苷类抗病毒药物，为广谱抗病毒药物，对单纯疱疹病毒Ⅰ

型和 Ⅱ 型有强烈抑制作用，对水痘带状疱疹病毒、EB 病毒、巨细胞病毒及乙肝病毒等也有一定抑制作用，能选择性抑制疱疹病毒编码的胸腺嘧啶脱氧核苷激酶，磷酸化生成单磷酸阿昔洛韦，与细胞酶作用生成双磷酸和三磷酸阿昔洛韦，通过干扰病毒 DNA 聚合酶，和在 DNA 聚合酶作用下与增长的 DNA 链结合，造成 DNA 链中断复制，从而抑制病毒增殖（图 4-26）。

3. 齐多夫定

齐多夫定为胸苷结构类似物，对病毒有高度活性（图 4-27）。美国 FDA 批准用于艾滋病（AIDS）治疗，也可与其他药物联合用于卡氏肺孢子虫病或其他感染。口服吸收迅速，可与病毒 DNA 聚合酶结合，终止 DNA 链延长，从而抑制病毒增殖，对人体 α-DNA 聚合酶影响少，且对人体正常细胞增殖无影响，但对人体体外逆转录病毒有高度特异性。最主要不良反应为毒性反应。骨髓抑制、粒细胞缺乏及贫血发生率为 25% ～ 45%。疗程中应密切观察患者血象并补充维生素 B_{12} 或叶酸，每次静滴时间不少于 1h。

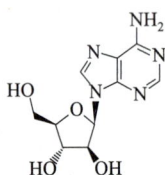

图 4-25 阿糖腺苷化学结构式   图 4-26 阿昔洛韦化学结构式   图 4-27 齐多夫定化学结构式

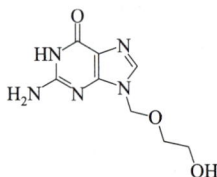

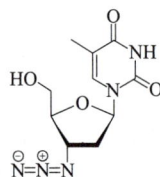

4. 6- 氨基嘌呤

6- 氨基嘌呤也称维生素 B_4，广泛应用于血液储存，可维持红细胞内 ATP 水平，延长血液红细胞存活时间，临床上常用于升高白细胞，用于因化疗或放疗引起的白细胞减少症。6- 氨基嘌呤由嘌呤 6 位碳原子的 H 被 NH_2 取代制备得到（图 4-28），为白色结晶粉末，无臭，无味，溶于酸、碱溶液中，微溶于乙醇，难溶于冷水，几乎不溶于乙醚、三氯甲烷等有机溶剂。6- 氨基嘌呤为核酸的重要组分，在体内参与 RNA 和 DNA 合成，当白细胞缺乏时，能促进白细胞的增生。

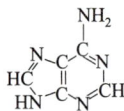

图 4-28 6- 氨基嘌呤化学结构式   图 4-29 6- 巯基嘌呤化学结构式

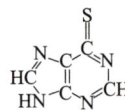

5. 6- 巯基嘌呤

6- 巯基嘌呤为微黄色结晶粉末或棱片状结晶，无臭，味微甜，含 1 分子结晶水。140℃失去结晶水，易溶于碱性水溶液，不稳定，空气中易氧化生成黑色，可溶于沸水、热乙醇，微溶于水，几乎不溶于冷乙醇、乙醚、丙酮及三氯甲烷等有机溶剂。6- 巯基嘌呤的熔点为241 ～ 244℃，6- 巯基嘌呤 - 水合物的熔点为 312 ～ 314℃。本品属抑制嘌呤合成途径的细胞周期特异性药物，与次黄嘌呤结构类似，能竞争性抑制次黄嘌呤生物转化过程。在人体细胞内由磷酸核糖转移酶转为 6- 巯基嘌呤核糖核苷酸后具有药理活性。6- 巯基嘌呤（图 4-29）能通过负反馈作用抑制酰胺转移酶，能阻止磷酸核糖焦磷酸（PRPP）转变为磷酸核糖胺（PRA）过程，干扰嘌呤核苷酸合成起始，还能抑制复杂的嘌呤相互转变，即抑制次黄嘌呤核苷酸转化为腺嘌呤核苷酸及次黄嘌呤核苷酸转化为黄嘌呤核苷酸、鸟嘌呤核苷酸的生物过程；还可抑制辅酶 Ⅰ 合成，并减少 DNA 合成所需的 dATP 和 dGTP 水平，从而抑制肿瘤细胞增殖。对处于 S 期的细胞较为敏感，可抑制细胞 DNA 和 RNA 的合成。

6. 免疫核糖核酸

免疫核糖核酸也称免疫核酸，是从免疫活性细胞中提取的核糖核酸制品。通常从肿瘤痊愈患者淋巴结中提取，可使正常淋巴细胞转变为致敏淋巴细胞，产生特异性免疫反应，可与肿瘤细胞直接接触或通过细胞介导免疫，使肿瘤细胞膜裂解而死亡，主要用于恶性肿瘤，如肾癌、肺癌、消化道癌、乳腺癌等辅助治疗，也可用于慢性乙肝或流行性乙型脑炎等治疗。该品无特殊反应，但应注意过敏反应，应从低剂量开始使用。

7. 反义核酸药物

反义核酸药物是以反义核酸为主的药物。反义核酸是与 mRNA 的一段顺序序列互补的核酸序列，可阻断 mRNA 翻译。通过与 mRNA 配对形成杂交双链，经 RNase H 水解 DNA/RNA 杂交双链中的 RNA 链，从而阻断基因表达，包括反义 DNA、反义 RNA、核酶、脱氧核酶、三链形成寡核苷酸（TFO）等。反义核酸药物的靶点是引起疾病的基因，通过基因产物的调控表达而发挥作用，可用于传统药物不能治愈的基因疾病，比基因治疗更安全，不良反应较少，也比传统药物治疗成本更低。福米韦生（图 4-30）是 FDA 批准的第 1 个上市的反义核酸药物，用于 AIDS 病人并发的巨细胞病毒视网膜炎。

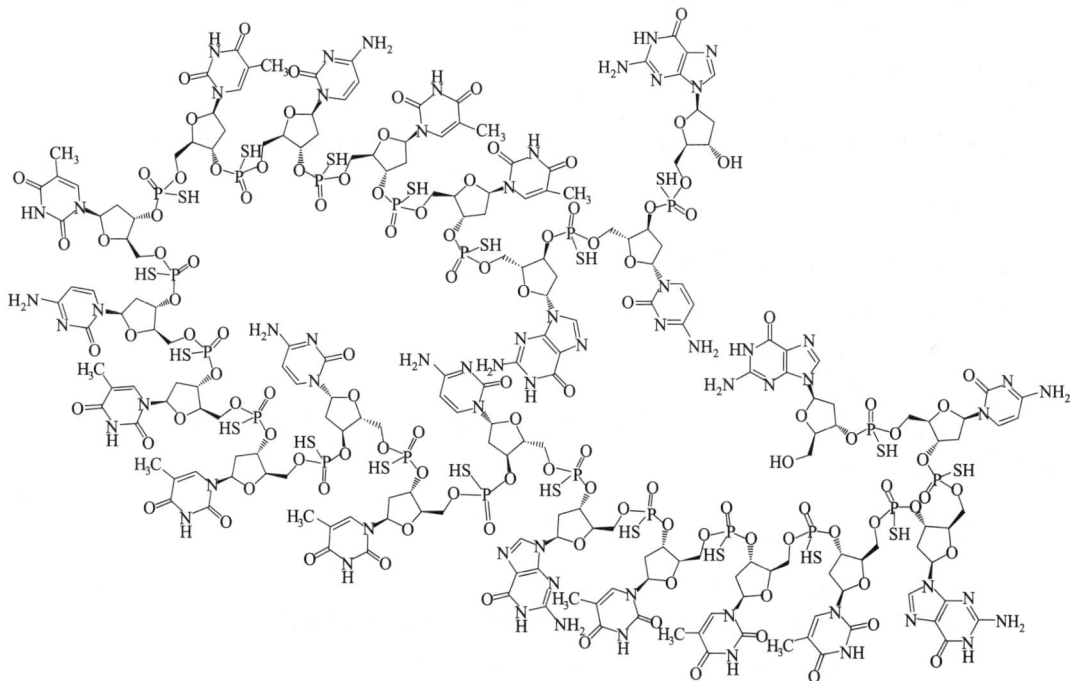

图 4-30　福米韦生化学结构式

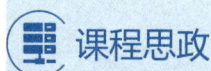

课程思政

抗新冠病毒药物——阿兹夫定

阿兹夫定是我国首款自主研发的口服小分子新冠病毒肺炎治疗药物。该药物由河南师范大学常俊标教授领衔研发，2021 年 7 月阿兹夫定就已获国家药监局批准上市，当时作为一款抗 HIV 药物，与其他逆转录酶抑制剂联用治疗高病毒载量的成年 HIV-1 感染患者。2020 年 3 月，研究发现，阿兹夫定能对抗新冠病毒，2021 年紧急投入临床试验。2022 年 6 月，国家药品监督管理局药品审评中心公布了《阿兹夫定片申请上市技术审评报告》。新冠病毒和艾滋病病毒都是典型的 RNA 病毒，阿兹夫定作为一种抑制病毒的 RNA 依赖性 RNA 聚合酶（RdRp）的核苷类似物，能特异性靶向新冠病毒 RdRp，从而抑制病毒的自我复制。阿兹夫定是通过抑制病毒复制的关键酶来阻断新冠病毒在人体内的复制过程。通俗地说，就是通过制造一个"劣质"核苷酸来"欺骗"病毒，让它在自身复制时使用这个"劣质材料"，从而达到阻断复制的目标或让病毒自身的建设成为一个"烂尾工程"。阿兹夫定靶向性强且长效、口服剂量低、效果好、副作用小、适应范围广，临床试验数据显示，对新冠病毒变异株（阿尔法、贝塔、德尔塔、奥密克戎）均有较为显著的效果。

目标检测

一、填空题

1. 核酸可分为_____和_____两大类，其中，_____主要存在于细胞核中，而_____主要存在于细胞质中。

2. 核酸组成元素中，_____元素含量比较稳定，约占核酸总量的_____。

3. 生物细胞中主要有 3 种 RNA，其中，含量最多的是_____，种类最多的是_____，含有稀有碱基最多的是_____。

4. 生物体内嘌呤碱主要有_____和_____，嘧啶碱主要有_____、_____和_____。

5. DNA 双螺旋结构中 A、T 之间有_____个氢键，G、C 之间有_____个氢键。

二、判断题

1. DNA 受热变性时溶液黏度增加。（   ）

2. 环化核苷酸如 cAMP、cGMP 可作为第二信使。（   ）

3. 核酸溶液紫外吸收峰在波长 280nm 处有最大吸收值。（   ）

4. tRNA 的三级结构是三叶草形。（   ）

5. 在加热使 DNA 变性过程中，紫外光吸收值达最大值 50% 时的温度称为 DNA 的解链温度或变性温度，用 T_m 表示。（   ）

三、单选题

1. RNA 和 DNA 彻底水解后的产物是（   ）。

A. 核糖相同，部分碱基不同　　　　　　B. 碱基相同，核糖不同

C. 碱基不同，核糖不同　　　　　　　　D. 碱基不同，核糖相同

2. 核酸中核苷酸之间的连接方式是（   ）。

A. 2′,3′-磷酸二酯键　　　　　　　　　B. 3′,5′-磷酸二酯键

C. 2′,5′-磷酸二酯键　　　　　　　　　D. 糖苷键

E. 氢键

3. 下列关于 DNA 双螺旋结构模型的叙述中哪一项是错误的？（   ）

A. 两条链方向相反　　　　　　　　　　B. 两股链通过碱基之间的氢键相连维持稳定

C. 为右手螺旋，每个螺旋为 10 个碱基对　D. 嘌呤碱和嘧啶碱位于螺旋的外侧

4. 在 DNA 双螺旋模型中（   ）。

A. 两条多核苷酸链完全相同　　　　　　B. 一条链是左手螺旋，另一条链是右手螺旋

C.（A+G）/（C+T）的比值为 1　　　　D.（A+T）/（G+C）的比值为 1

5. 下列关于双链 DNA 碱基含量关系的表述哪个是错误的？（   ）

A.A=T，G=C　　　　　B.A+T=G+C　　　　　C.A+C=G+T　　　　D.A+G=C+T

6. 下列关于核酸的叙述哪一项是错误的？（   ）

A. 碱基配对发生在嘧啶碱与嘌呤碱之间

B. 鸟嘌呤与胞嘧啶之间的联系是由两对氢键形成的

C. DNA 的两条多核苷酸链方向相反，一条为 $3' \rightarrow 5'$，另一条为 $5' \rightarrow 3'$

D. DNA 双螺旋链中，氢键连接的碱基对形成一种近似平面的结构

E. 腺嘌呤与胸腺嘧啶之间的联系是由两对氢键形成的

7. 下列哪种碱基只存在于 mRNA 而不存在于 DNA 中？（   ）

A. 腺嘌呤　　　　　B. 胞嘧啶　　　　　C 鸟嘌呤　　　　　D. 尿嘧啶　　　　　E. 胸腺嘧啶

8. 在 mRNA 中，核苷酸之间以何种化学键连接？（   ）

A. 磷酸酯键　　　　　B. 疏水键　　　　　C. 糖苷键　　　　　D. 磷酸二酯键　　　E. 氢键

9. 在核苷酸分子中戊糖（R）、碱基（N）和磷酸（P）的连接关系是：（   ）

A.N—R—P　　　　B.N—P—R　　　　C.P—N—R　　　　D.R—N—P　　　　E.R—P—N

10.DNA 的一级结构是指（   ）。

A. 各核苷酸中核苷与磷酸的连键性质

B. DNA 分子由数目庞大的 C、A、U、G 四种核苷酸通过 $3',5'$- 磷酸二酯键连接而成

C. A、T、C、G 四种核苷酸通过 $3',5'$- 磷酸二酯键连接而成

D. 核苷酸的排列顺序

E . 核糖与含氮碱基的连键性质

11.DNA 双螺旋结构的特点之一是（   ）。

A. 碱基朝向螺旋外侧　　　　　　　　　B. 碱基朝向螺旋内侧

C. 磷酸核糖朝向螺旋内侧　　　　　　　D. 糖基平面与碱基平面平行

12.DNA 两链间氢键是（   ）。

A.G-C 间为两对　　　B.G-C 间为三对　　　C.A-T 间为三对　　　D.G-C 不形成氢键

13. 自然界游离核苷酸中，磷酸最常见的是位于（   ）。

A. 戊糖的 C-$5'$ 上　　　B.C-$2'$ 上　　　　C.C-$3'$ 上　　　　D.C-$2'$ 和 C-$5'$

14. 核酸对紫外线的最大吸收峰在哪一波长附近？（   ）

A.280nm　　　　　B.260nm　　　　　C.200nm　　　　　D.340nm

15.DNA 变性是指（   ）。

A. 磷酸二酯键断裂　　　　　　　　　B. DNA 分子中碱基丢失

C. DNA 分子由超螺旋→双链双螺旋　　D. 互补碱基之间氢键断裂

16. 脱氧核糖核苷酸彻底水解，生成的产物是（   ）。

A. 核糖和磷酸　　　　　　　　　　　B. 脱氧核糖和碱基

C. 脱氧核糖和磷酸　　　　　　　　　D. 磷酸、核糖和碱基

E. 脱氧核糖、磷酸和碱基

17. 在适宜条件下，核酸分子两条链通过杂交作用可自行形成双螺旋，取决于（   ）。

A. DNA 的 T_m 值　　B. 序列的重复程度　C. 核酸链的长短　D. 碱基序列的互补

18. 具有 $5'$-CpGpGpTpAp-$3'$ 顺序的单链 DNA 能与下列哪种 RNA 杂交？（   ）

A. $5'$-GpCpCpApTp-$3'$　　　　　　B. $5'$-GpCpCpApUp-$3'$

C. $5'$-UpApCpCpGp-$3'$　　　　　　D. $5'$-TpApCpCpGp-$3'$

19. 维系 DNA 双螺旋稳定的最主要的力是（   ）。

A. 氢键　　　　　B. 离子键　　　　　C. 碱基堆积力　　　D. 范德华力

20. 在核酸测定中，可用于计算核酸含量的元素是（　　　）。

A. 碳   B. 氧   C. 氮   D. 氢   E. 磷

四 . 问答题

1. 试比较 DNA 与 RNA 的分子组成、分子结构的异同。

2. DNA 的二级结构要点有哪些？

3. 试述 RNA 的种类及其生物学功能。

4. 已知 DNA 某片段一条链碱基顺序为 5′-CCATTCGAGT-3′，试写出其互补链的碱基顺序并指明方向。

5. 某 DNA 样品含腺嘌呤 15.1%（按摩尔碱基计），计算其余碱基的百分含量。

6. 简述 Chargaff 规则。

五、案例分析

一名患者症状表现为靠近右眼处的鼻梁部分有带状疱疹并逐渐向上蔓延；另一名患者症状表现为左眼带状疱疹性角膜炎和左额顶部带状疱疹。这两名患者都患上带状疱疹病毒感染疾病，请问：治疗带状疱疹病毒感染疾病应该用哪类药物？这类药物的作用机制是什么？

扫一扫

目标检测答案 4

第五章

酶化学

学习目标

1. 知识目标

（1）掌握酶的基本概念和生物学功能、酶的分类与命名；掌握酶的分子组成、结构及作用机制；

（2）掌握影响酶促反应的因素及作用机制；掌握米氏方程及其应用，双倒数法求解 K_m 和 V_{max} 的方法；

（3）理解酶的分离纯化方法与酶活力测定方法的基本原理；理解酶在医药学中的应用。

2. 技能目标

（1）能测定底物浓度对碱性磷酸酶活性的影响，掌握 K_m 和 V_{max} 的求解方法；能测定温度和 pH 对酶活性的影响及掌握影响机制；

（2）能解释酶原与酶原激活的生理学意义；

（3）能解释酶的抑制剂在疾病治疗和疾病诊断中的临床意义。

3. 思政与职业素养目标

（1）了解我国在酶类化学取得的巨大成就，强化爱国情怀，树立科技报国的远大志向；

（2）培养敬畏生命、尊重生命和关爱生命的职业道德。

导学案例

（1）患者，女，60 岁，急性持续性上腹痛两天，向腰前部放射，伴恶心、呕吐、吐后腹痛不减。查体有上腹部肌紧张、压痛、可疑反跳痛和腹水征及麻痹性肠梗阻征象，化验血白细胞（WBC）数和中性粒细胞比例增高，WBC $13.1 \times 10^9/L$，血淀粉酶 624U/L，经鉴别诊断为急性胰腺炎。学习完本章后请思考：胰腺分泌的消化酶有哪些？这些酶初分泌和发挥作用的形式有何不同？试用酶学相关知识解释急性胰腺炎的发病机制以及治疗策略。

（2）患者，男，49 岁，特殊职业，在生产有机磷农药工作中违反操作规定，出现恶心、呕吐、多汗、流涎、瞳孔缩小、呼吸困难、大汗、肺水肿、惊厥等症状。血样检查发现其胆碱酯酶活力降至 30% 以下。学习完本章后请思考：有机磷中毒的主要机制是什么？中毒后应如何处理？

第一节　酶的概述

人类对酶的认识起源于生产与实践，我国劳动人民在 8000 年前就开始利用酶。约公元前 21 世纪，夏禹时代人们已经掌握了酿酒技术；公元前 17 世纪，周代已能制作饴糖和酱；2500

多年前，春秋战国时期已知用酒曲治疗消化不良。这些事实表明，虽然祖先并不知道酶是何物，也无法了解其性质，但酶的应用却已十分广泛。1878 年，Kühne 给酶一个统一的名词，叫"Enzyme"，这个词来源于希腊文，其含义是"在酵母中"。1835 ~ 1837 年，Berzelius 提出催化作用的概念，该概念对酶学和化学发展起着十分重要的作用。由此可见，对于酶的认识，一开始就与它具有催化作用的能力联系在一起。近年来，酶学研究得到巨大发展，提出了很多新理论和新概念。一方面，在分子水平上揭示酶和生命活动的关系，阐明酶在细胞代谢调节和分化等过程中的作用；另一方面，酶在工业中的应用达到了前所未有的高度，包括食品、农业、纺织业、医药行业等领域。此外，酶在生物工程、化学分析检测、生物传感器及环境保护等方面的应用也日益广泛。

一、酶的定义及生物学功能

生物化学反应在体内如此顺利和迅速的进行，主要原因就是由于生物体内含有一类特殊的催化剂——酶。新陈代谢是生物体的基本特征之一，由众多复杂的化学反应组成。所有发生于生物体内的反应有一个基本特点，那就是它们在一个温和的条件下（37℃，接近中性 pH值）进行。如果把这些反应和在实验室中所进行的同种反应比较，就会发现，其中有些反应在实验室中需要高温、高压、强酸或强碱等剧烈条件才能进行，甚至有些反应在实验室是无法实现的。酶是由活细胞产生的具有催化功能的特殊蛋白质（核酶除外），是生物体内催化各种生化反应最主要的催化剂。由酶所催化发生的化学反应称酶促反应。在酶促反应中，受酶作用的物质称为底物（substrate，S），所生成的物质称为产物（product，P）。酶所具有的催化能力称为酶的活性。如果酶失去催化活性，称为酶失活。酶的化学本质是蛋白质，属生物催化剂，具有不同于一般化学催化剂的特点。

二、酶的催化特性

（一）酶与无机催化剂的异同点

酶属于生物催化剂，具有催化剂的普遍特征，只能催化热力学上允许进行的反应，在反应中酶本身不被消耗，只需极少量酶就可大大提高反应速度，使之加快达到平衡。对于可逆反应来说，它可以缩短达到平衡的时间，但不改变反应的平衡点（图 5-1）。大多数酶的本质是蛋白质，具有蛋白质的理化特性，对环境条件敏感。可引起蛋白质变性失活的因素，如高温、强酸或强碱、重金属等都能使酶失去活性。酶也常因温度、pH值的变化或抑制剂的存在而发生活性的改变。

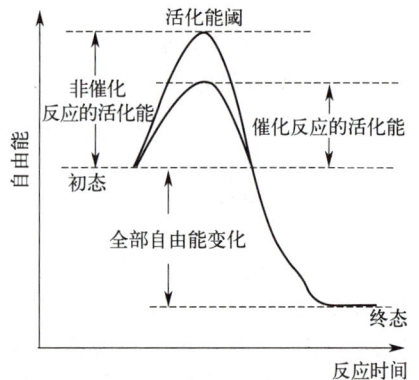

图 5-1　催化过程与非催化过程自由能变化

（二）酶作为活性催化剂的特点

1. 酶对底物具有高催化活性

在没有酶的情况下，生物体内大多数反应几乎无法进行，即使像二氧化碳水合作用这样简单的反应，也是通过体内碳酸酐酶催化的。和一般催化剂相比，酶最显著的特点是催化效率极高。同一反应，酶催化反应速度比一般催化剂催化的反应速度要大 10^7 ~ 10^{20} 倍。如脲酶催化尿素分解的速度是 H^+ 催化其分解速度的 $7.6×10^{12}$ 倍，过氧化氢酶催化 H_2O_2 分解的速度是 Fe^{2+} 催化其分解速度的 $8.3×10^9$ 倍，只需极少量酶就可催化大量反应物发生转变。如果在人的消化道中没有各种酶类参与消化作用，在 37℃情况下，要消化一顿简单的午饭需要 50 年左右，将唾液淀粉酶稀释 100 万倍后仍具有催化能力。这些事实表明，酶具有极高的催化效率。酶和一般催化剂加速反应的机制都是降低反应所需活化能。活化能即底物分子从基态转变到活化状态所需能量，在反应体系中，活化分子愈多，反应速度愈快。与一般催化剂相比，酶能更有效地降低反应活化能，显著提高化学反应速度。如 H_2O_2 分解生成 H_2O 和 O_2 的反应中，无催化剂时需要活化能为 75312J/mol，以胶态钯作为催化剂时，活化能为 48953J/mol，过氧化氢酶催化时活化能仅为 8368J/mol。

2. 酶对底物具有高度专一性

高度专一性是指酶对其所作用的物质（底物）有严格选择性，这是酶区别于普通催化剂的显著特征。酶专一性是指一种酶只能作用于一种或一类底物，或一定的化学键，催化一定的化学反应生成相应产物。一种酶只能作用于一些结构近似的化合物，甚至只作用于一种化合物，无机催化剂不具备这种特性。如淀粉酶只能催化淀粉糖苷键水解，蛋白酶只能催化蛋白质水解。酶作用专一性是酶最重要的特征之一，也是和无机催化剂最主要的区别，根据对底物选择的严格程度不同，可分为绝对专一性、相对专一性和立体异构专一性。

绝对专一性是指一种酶只能催化一种特定结构的底物，催化一种特定的反应，生成特定结构的产物，具有极其严格的选择性，如过氧化氢酶只能催化 H_2O_2 分解生成 H_2O 和 O_2，脲酶只能催化尿素水解成 NH_3 和 CO_2，而不能催化甲基尿素水解。

相对专一性是指一种酶可作用于一类化合物或一种化学键发生化学反应，如唾液淀粉酶能随机作用于淀粉内部的 α-1,4- 糖苷键，而对糖链的长短无要求。羟化酶可将一类化合物加羟基基团，磷酸化酶可将一类化合物磷酸化。蛋白酶可水解蛋白质分子中特定肽键，而对蛋白质种类并无选择。脂肪酶不仅水解脂肪，也能水解简单的酯类。胰蛋白酶能水解各种蛋白质分子中由赖氨酸或精氨酸的羧基构成的肽键。

立体异构专一性是指有些酶对底物的立体异构体具有特异性选择，包括几何异构专一性和光学异构专一性。一种酶仅作用于立体异构体中的一种。如 L- 乳酸脱氢酶只作用于 L- 乳酸，对 D- 乳酸不起催化作用；延胡索酸酶只催化反丁烯二酸生成苹果酸，而对顺丁烯二酸无作用。

3. 酶催化活性的可调节性

酶调节机制分为酶合成调节和酶活性调节，前者通过控制酶合成与降解速度来控制酶量，作用缓慢而持久，称为粗调；后者改变酶活性，效果快速而短暂，称为细调。这两类调节方式共同决定酶的总活性，通常同时起作用，且效应也基本一致。酶合成调节主要是合成与降解的调控。因为绝大多数酶是蛋白质，其合成调控主要在转录、转录后加工、翻译、翻译后加工以及运输、定位、修饰等环节进行，与其他蛋白质调控类似。

（1）酶浓度的调节　酶作用浓度可通过两种途径进行调节，一条是诱导或抑制酶合成，另一条是调节酶的降解。如乳糖操纵子可合成 β- 半乳糖苷酶，受乳糖诱导而促进合成。大肠杆菌代谢过程中，有一种葡萄糖效应，即环境中有葡萄糖存在时不利用乳糖，表明葡萄糖抑制了该酶合成。酶量还可通过加快或减慢酶分子降解来调节，如饥饿时，肝脏中精氨酸酶降解速度减慢、酶量增多，乙酰辅酶 A 羧化酶降解加快、酶量减少。通常代谢途径中的关键酶寿命都比较短，有利于数量调控。

（2）反馈抑制调节酶的活性　反馈抑制是酶活性水平调节，产生效应快，往往只对一系列反应中的第一个酶起作用，是生物合成途径的终点产物对该途径的酶活性所起的抑制调节作用，如苏氨酸转变为异亮氨酸需要经过 5 步反应，初始反应由苏氨酸脱氢酶催化，当终产物异亮氨酸达到一定浓度时，会对苏氨酸脱氢酶产生抑制作用。当异亮氨酸浓度下降，则抑制作用解除（图 5-2）。

（3）抑制剂和激活剂对酶活性的调节　酶受到抑制剂的抑制，从而影响酶活性，如胰蛋白酶抑制剂可抑制胰蛋白酶活性。此外，某些无机离子可对一些酶产生抑制，对另一些酶有激活作用，从而调节酶的活性。

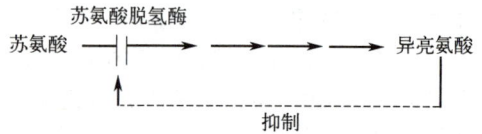

图 5-2　通过反馈抑制调节酶活性

（4）别构调节　小分子化合物与酶活性中心外的某一部位发生特异性结合，从而改变酶空间构象，引起酶活性改变，这种调节方式称为别构调节，受到别构调节的酶称为别构酶。如 ATP 是磷酸果糖激酶和异柠檬酸脱氢酶的别构抑制剂，当体内 ATP 浓度过高时，可对这些酶的活性形成反馈抑制，降低糖酵解和有氧氧化速率。引发别构效应的可以是酶的底物、代谢途径终产物或其他小分子代谢物，通过非共价键与调节亚基结合，引起酶构象改变，从而使酶活性受到激活或抑制。

（5）可逆共价修饰调节　组成酶蛋白的某些基团在酶的催化下发生可逆的共价修饰，从而引起酶活性改变，这种调节方式称为共价修饰调节。如甲基化与去甲基化、磷酸化与去磷酸化。其中，最常见的为磷酸化与去磷酸化修饰。共价修饰变化通常是不可逆的，能够通过共价修饰调节活性的酶类大多具有无活性和有活性两种形式，二者间相互转变由不同酶催化，受激素等因素调节。共价修饰调节还有逐级放大效应，经过多级共价修饰调节后具有显著的放大效果。

📑 知识拓展

激素调节

动物机体通过各种内分泌腺分泌的激素间接调节动物机体活动。激素直接进入血液，随血液循环到达身体各部位，在特定器官或组织中发生作用，协调新陈代谢、生长发育、生殖及其他生理机能，使这些机能得到兴奋或抑制，进而调节其活动加快或减慢。激素具有特异性，选择性地作用于靶器官、靶腺体或靶细胞。激素既不组成细胞结构，又不提供能量，也不起催化作用，只是使靶细胞原有生理活动发生变化，对靶细胞代谢起调节作用。激素通过与细胞膜或细胞内受体相结合而引起系列生物学效应，来调节酶活性，如乳腺组织合成乳糖。哺乳动物乳腺组织中合成乳糖是由乳糖合成酶催化的，该酶由两个亚基（催化亚基和调节亚基）组成。催化亚基单独存在时不能催化合成乳糖，但能催化半乳糖以共价键方式连接到蛋白质上形成糖蛋白。调节亚基实际上就是乳汁中的 α-乳清蛋白，本身无催化活性，当与催化亚基结合后就可催化半乳糖和葡萄糖反应合成乳糖。调节亚基合成受激素调控。怀孕期间，催化亚基和调节亚基在乳腺中合成，但调节亚基合成很少，分娩后，由于激素急剧增加，调节亚基大量合成并和催化亚基结合成乳糖合成酶，大量合成乳糖以适应生理需要。

4. 酶具有不稳定性

大部分酶的化学本质是蛋白质，在某些理化因素（如高温、强酸、强碱、重金属盐等）作用下，酶会发生变性而失去催化活性，所催化的反应往往都是在比较温和的、常温常压和接近中性的条件下进行。因此，酶活性易受环境因素的影响，活性受各种因素调节，这就是酶的不稳定性。如生物固氮在植物中是由固氮酶催化的，通常在 27℃ 和中性 pH 下进行，生物固氮作用每年可从空气中将 1 亿吨左右的氮固定下来；工业上，合成氨需要在 500℃、几百个大气压的条件下才能实现。

三、酶的命名与分类

（一）酶的命名

1961 年前，酶的分类和命名比较混乱，缺乏系统性和科学性。1961 年，国际生物化学联合会酶学委员会推荐了一套新的系统命名方案及分类方法，每种酶都有一个系统名称和一个习惯名称。

1. 习惯命名法

① 根据酶作用底物命名。如催化淀粉水解的酶称淀粉酶，催化蛋白质水解的酶称蛋白酶。有些酶还加上来源，以区别不同来源的同一类酶，如胃蛋白酶、胰蛋白酶。

② 根据酶催化反应性质及类型命名。如脱氢酶、转氨酶、水解酶、氧化酶。有的酶用综合催化的底物和反应类型来命名，如乳酸脱氢酶、琥珀酸脱氢酶等。有些酶可根据作用特性进行分类，如中性蛋白酶、碱性磷酸酯酶等。

2. 国际系统命名

国际系统命名法要求能确切表明底物的化学本质及酶催化性质，系统命名法以酶的系统分类为依据，它包括两部分——底物名称及反应类型。若酶反应中有两种底物发生反应，则这两种底物均需标明，用"："分开。如草酸氧化酶，其系统名称为草酸：氧氧化酶。使用时，每种酶还应有一个系统编号（EC），编号由四组数字组成，第一组表示该酶属于六大类酶中的类别，第二组表示该酶所属亚类，第三组为其所属亚亚类，第四组表示该酶在亚亚类酶中的排序。系统名一般较长，使用起来繁琐不便，因此一般叙述时可采用习惯用名。酶的习惯命名与国际系统命名举例见表5-1。

表 5-1 酶的习惯命名与国际系统命名举例

习惯名称	国际系统名称	催化反应
乙醇脱氢酶	乙醇：NAD^+ 氧化还原酶	乙醇 $+NAD^+ \longrightarrow$ 乙醛 $+NADH+H^+$
谷丙转氨酶	丙氨酸：α- 酮戊二酸氨基转移酶	丙氨酸 $+\alpha$- 酮戊二酸 $\longrightarrow$ 谷氨酸 + 丙酮酸
脂肪酶	脂肪：水解酶	脂肪 + 水 $\longrightarrow$ 脂肪酸 + 甘酸

（二）酶按催化反应类型的分类

1. 氧化还原酶类

是一类催化氧化还原反应的酶，可分为氧化酶和脱氢酶两类。如乳酸脱氢酶、单加氧酶、过氧化氢酶、细胞色素氧化酶等。脱氢酶需辅酶Ⅰ和辅酶Ⅱ作为氢传递体。如乳酸脱氢酶通过辅酶Ⅰ可将乳酸氧化为丙酮酸。反应通式为：$AH_2+B \Longleftrightarrow A+BH_2$。

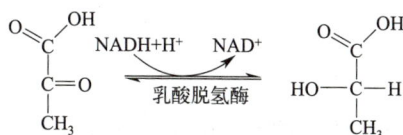

2. 转移酶类

催化底物之间特定基团的转移，将一种分子上的特定基团转移到另一种分子上，如甲基转移酶、转氨酶、磷酸激酶、胆碱乙酰转移酶等。反应通式为：$AR+B \Longleftrightarrow A+BR$。

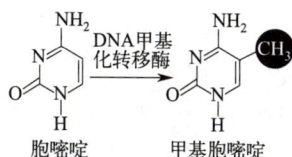

3. 水解酶类

催化水解反应的酶类，大多属胞外酶，在生物体中数量众多且分布广泛，蛋白酶、核酸酶、淀粉酶、脲酶、脂肪酶均属此类。如溶菌酶催化水解 N- 乙酰葡萄糖胺（NAG）与 N- 乙酰胞壁酸（NAM）之间的糖苷键。反应通式为：$AB+H_2O \Longleftrightarrow AOH+BH$。

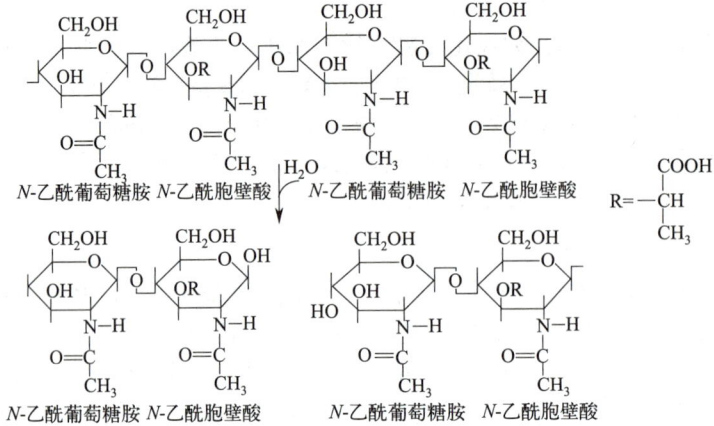

4. 裂解酶类

也称裂合酶类，可催化从底物移除一个基团形成双键的反应或可逆反应。由裂解酶催化的反应很常见，如 C—C、C—O、C—N 裂解酶类，草酰乙酸脱羧酶、水化酶、醛缩酶等。在糖代谢中，催化 1,6- 二磷酸果糖裂解为 3- 磷酸甘油醛和磷酸二羟基丙酮的酶即为裂解酶。反应通式为：$AB \Longleftrightarrow A+B$。

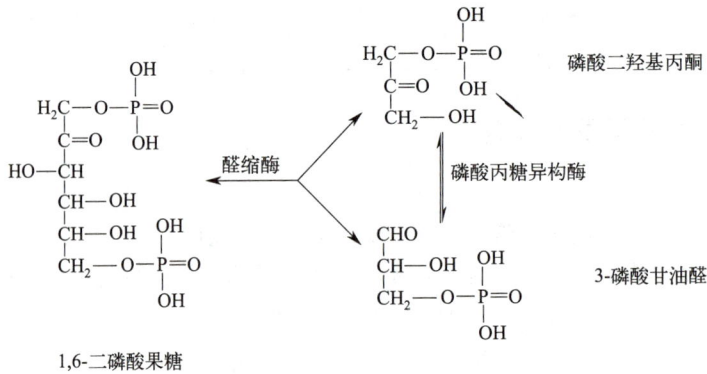

5. 异构酶类

异构酶类可催化分子间内部重新排列，引起同分异构体间的相互转变，如变位酶、异构酶、消旋酶等。如催化 6- 磷酸葡萄糖异构为 6- 磷酸果糖就属于异构酶类。反应通式为：$A \Longleftrightarrow B$。

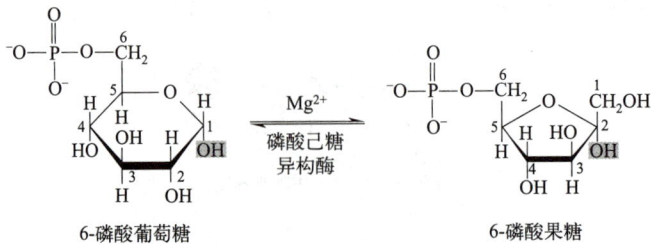

6. 合成酶类

也称连接酶类，可催化 ATP 的焦磷酸键断裂，进而催化两分子合成一分子新物质的反应，如 DNA 连接酶、谷氨酰胺合成酶、天冬酰胺合成酶、丙酮酸羧化酶等。反应通式为：A+B+ATP ⇌ AB+ADP+Pi。

$$
\begin{array}{c}
\text{COOH} \\
|\\
\text{CH}_2 \\
|\\
\text{CH}_2 \\
|\\
\text{CHNH}_2 \\
|\\
\text{COOH} \\
\text{谷氨酸}
\end{array}
\quad
\begin{array}{c}
\text{NH}_3\text{+ATP} \quad\quad \text{ADP+Pi} \\
\xrightarrow[\text{谷氨酰}\atop\text{胺酶}]{\text{谷氨酰胺}\atop\text{合成酶}} \\
\text{NH}_3 \quad \text{H}_2\text{O}
\end{array}
\quad
\begin{array}{c}
\text{CONH}_2 \\
|\\
\text{CH}_2 \\
|\\
\text{CH}_2 \\
|\\
\text{CHNH}_2 \\
|\\
\text{COOH} \\
\text{谷氨酰胺}
\end{array}
$$

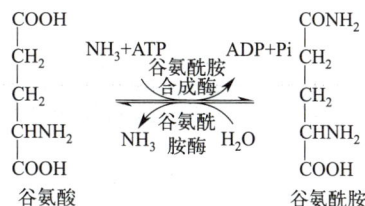

酶的分类与命名举例如表 5-2 所示。

表 5-2　酶的分类与命名举例

类别	催化反应类型	推荐名称	系统名称	编号	反应
氧化还原酶类	氧化还原反应	谷氨酸脱氢酶	L- 谷氨酸：NAD(P)$^+$ 氧化还原酶	EC1.4.1.3	L- 谷氨酸 +H$_2$O+NAD(P)$^+$ ⇌ α- 酮戊二酸 +NH$_3$+NAD(P)H+H$^+$
转移酶类	基团转移反应	肌酸激酶	ATP：肌酸磷酸转移酶	EC2.7.3.2	ATP+ 肌酸 ⇌ ADP+ 肌酸磷酸
水解酶类	水解反应	葡萄糖 -6- 磷酸酶	D- 葡萄糖 -6- 磷酸水解酶	EC3.1.3.9	D- 葡萄糖 -6- 磷酸 +H$_2$O ⇌ D- 葡萄糖 +H$_3$PO$_4$
裂解酶类	裂解反应或其逆反应	二磷酸果糖醛缩酶	D- 果糖 -1,6- 二磷酸：3- 磷酸 -D- 甘油醛裂解酶	EC4.1.2.13	1,6- 二磷酸果糖 ⇌ 磷酸二羟基丙酮 +3- 磷酸甘油醛
异构酶类	同分异构体相互转变	视黄醛异构酶	全反视黄醛：11- 顺反异构酶	EC5.2.1.3	全反视黄醛 ⇌ 11- 顺反异构酶
合成酶类	催化合成反应同时偶联高能键水解释能	谷氨酰胺合成酶	L- 谷氨酸：氨连接酶	EC6.3.1.2	L- 谷氨酸 +ATP+NH$_3$ ⇌ L- 谷氨酰胺 +ADP+H$_3$PO$_4$

（三）酶按酶蛋白的特点和分子大小的分类

根据酶蛋白分子的特点，可将酶分为单体酶、寡聚酶和多酶复合体。

1. 单体酶

单体酶一般由一条肽链组成，多为催化水解反应的酶，如溶菌酶、羧肽酶等。常见单体酶见表 5-3。

表 5-3　常见单体酶

酶	分子量	氨基酸残基数	酶	分子量	氨基酸残基数
溶菌酶	14600	129	木瓜蛋白酶	23000	203
核糖核酸酶	13700	124	胰蛋白酶	34600	223

2. 寡聚酶

寡聚酶是由两个或两个以上亚基组成的酶，亚基可以相同，也可以不同。寡聚酶的分子量一般大于 35×10^3，绝大多数寡聚酶都含偶数亚基，但个别寡聚酶含奇数亚基，如荧光素酶、嘌呤核苷磷酸化酶均含 3 个亚基。亚基之间靠次级键结合，容易分开。大部分的变构酶都是寡聚酶。糖酵解的 3 个关键酶己糖激酶、磷酸己糖激酶 -1 和丙酮酸激酶都是寡聚酶，也均为变构酶。

3. 多酶复合体

多酶复合体是由几种功能相关的酶靠非共价键彼此嵌合而成，分子量达到百万，依据反应过程依次连接，有利于反应连续进行。多酶复合体分子质量较高，如糖代谢过程中的丙酮酸脱氢酶系。

单体酶、寡聚酶和多酶复合体的性质比较见表 5-4。

表 5-4　单体酶、寡聚酶和多酶复合体的性质比较

名称	组成	分子量	实例
单体酶	只有 1 条肽链	13000 ~ 35000	绝大多数水解酶
寡聚酶	≥ 2 个亚基，以次级键结合	35000 至数百万	许多调节酶
多酶复合体	由 ≥ 2 个功能相关的酶嵌合而成	数百万	丙酮酸脱氢酶系

🔲 生化与健康

人体内的解酒酶

人们常说的解酒酶是指乙醇脱氢酶和乙醛脱氢酶。饮酒后乙醇通过胃肠道吸收进入肝脏代谢，在乙醇脱氢酶作用下转化为乙醛，乙醛在乙醛脱氢酶作用下转化为对人体无毒的乙酸，随后在相关酶作用下转化为二氧化碳和水。乙醇和乙醛对人体伤害比较大，人体内都含有乙醇脱氢酶，且含量基本相等，而缺乏乙醛脱氢酶的人比较多，缺乏此种酶导致乙醛不能转化为乙酸而出现恶心、呕吐以及昏迷不醒等醉酒症状。

第二节　酶的分子组成、结构与作用机制

一、酶的分子组成

除核酶外，大多数酶的化学本质是蛋白质，具有特定的化学组成和分子结构，如单体酶、寡聚酶、多酶复合体。某些酶分子存在多种催化活性部位，可同时具有多种不同的催化活性，称多功能酶。根据酶化学组成，可把酶分为单纯酶和结合酶两类。

（一）单纯酶

仅由肽链组成的酶称为单纯酶，其本质为单纯蛋白质，只有氨基酸组分。一般水解酶都属于单纯酶，如胰蛋白酶、胰脂肪酶、胃蛋白酶、淀粉酶等。

（二）结合酶

有些酶除蛋白质外，还含有对热稳定的非蛋白小分子物质，称为辅助因子。蛋白质部分称为酶蛋白，由酶蛋白和辅助因子组成的复合物称为全酶。辅助因子和酶蛋白单独存在时均无催化活性，只有二者结合成完整的酶分子时，才具有活性。

1. 辅助因子的本质与分类

辅助因子主要有金属离子和小分子有机物两类。金属离子如 Fe^{2+}、Cu^{2+}、Mg^{2+}、Zn^{2+} 等，小分子有机物主要为 B 族维生素及其衍生物、铁卟啉等。辅助因子与酶蛋白以共价键结合时称为辅基，与酶蛋白结合紧密，用透析法不易除去。以非共价键结合时称为辅酶，与酶蛋白结合较为松散，用透析法可以除去。一种辅助因子可与多种酶蛋白结合构成不同的酶，一种

酶蛋白只能与一种辅助因子结合构成一种特定的酶。一种辅酶常可与多种不同酶蛋白结合，而组成不同催化特性的全酶。酶蛋白决定酶促反应专一性，辅助因子与反应类型和性质有关。如 NAD^+ 可与不同酶蛋白结合，如乳酸脱氢酶、苹果酸脱氢酶和 3- 磷酸甘油醛脱氢酶等。

2. 辅助因子的作用

金属离子作为辅助因子，在酶促反应中能稳定酶构象或参与活性中心组成，借助自身氧化还原特性传递电子，参与反应过程。在酶与底物间起桥梁作用，协助或促进酶与底物结合。中和阴离子，降低反应中的静电斥力等。而小分子有机化合物作用主要是在酶促反应中作为运载体，传递电子、质子、原子或其他基团。

【课堂互动】讨论蛋白酶与酶蛋白的区别。

二、酶的分子结构

大多数酶是具有催化功能的蛋白质，构成酶的有催化活性的蛋白质和非酶蛋白质有什么区别呢？事实证明，酶结构与其对应的催化活性和催化特异性具有密不可分的关系。酶具有特定的氨基酸排列顺序（一级结构）和空间构象，它们均与酶活性密切相关。酶分子的一级结构不仅决定和影响酶的空间结构，也为酶的催化活性提供必需的化学基团。

1. 必需基团

酶分子结构中，部分氨基酸侧链基团在酶促反应中具有不同的作用，其中，与酶活性有直接关系或对酶功能起决定作用的基团称为酶的必需基团，如某些酶分子中组氨酸咪唑基、丝氨酸羟基、半胱氨酸巯基等。当这些基团被破坏或经化学修饰而发生改变时可导致酶功能丧失，但必需基团作用也不能脱离完整的酶分子。

2. 酶的活性中心

研究表明，酶的特殊催化能力只局限在大分子的一定区域。在反应过程中，酶与底物接触只限于酶分子小部分区域，通常只有 $1\% \sim 2\%$，也就是说，酶分子中虽然具有很多基团，但并不是所有的基团都与酶活性有关，只有少数特异的氨基酸残基参与底物结合及催化作用。这些特异的氨基酸残基的集中区域，也就是与酶活力直接相关的区域称为酶活性部位（活性中心）。在单纯酶中，酶活性部位由一些氨基酸残基的侧链基团或某些氨基酸残基主链骨架上的基团组成。在结合酶中，活性部位通常还包括辅酶或辅基上的一部分结构。构成酶活性部位的这些基团并不是线性结构，甚至不在一条肽链上，也

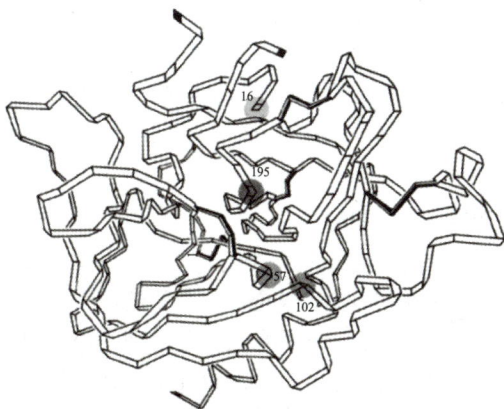

图 5-3　胰凝乳蛋白酶的活性中心

不是一个点、一条线或一个面，它们是在酶一级结构基础上，肽链发生空间折叠盘绕，形成的在空间结构上彼此靠近的区域，该区域通过次级键与底物结合，具有柔性。当可改变酶高级结构的理化因素作用于这个区域时，会破坏酶的催化活性，这些区域在酶分子表面会形成特定的空间构象，通常呈现裂缝状。胰凝乳蛋白酶的活性中心见图 5-3，酶的活性中心与必需基团如图 5-4 所示。

酶活性部位上的基团可分为两类，参与和底物结合的基团称结合基团，底物靠此部位结合到酶分子上。直接参与催化反应的基团称催化基团，底物的键在此被打断或形成新的键，

从而发生一定化学变化。但也有些基团同时具有这两种作用，因此，酶的活性部位与酶催化特性有直接关系。

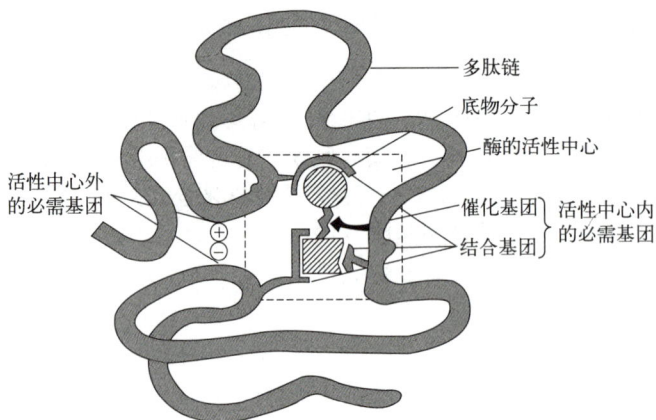

图 5-4   酶的活性中心与必需基团

科学典故与课程思政

邹承鲁院士与酶活性中心柔性理论

　　邹承鲁院士是近代中国生物化学的奠基人之一，在生物化学领域作出了具有重大意义的开创性工作。他在国际上最早尝试用蛋白水解酶部分水解的方法研究蛋白质结构与功能的关系，发现细胞色素 C_1 与线粒体结合前后性质发生很大的变化，证明细胞色素 B 与琥珀酸脱氢酶不是同一个物质，建立了蛋白质必需基团的化学修饰和活性丧失的定量关系公式和作图法，被称为邹氏公式和邹氏作图法。1984 年，他用自己创立的动力学方法，从变性平衡态和变性动力学两方面比较研究了多种不同类型的酶在变性过程中构象和活力变化的关系，发现变性时酶活性的丧失先于可察觉的构象变化，提出"酶活性部位处于分子的局部区域并柔性较高"的假说，这些研究结果是自 19 世纪 Fischer 提出酶作用的"锁钥学说"和 20 世纪 50 年代 Koshland 的"诱导契合学说"以来酶作用机制研究中的又一重大进展。

3. 酶的调控中心

　　调控中心是酶分子中可与其他分子发生某种程度结合的部位，当酶分子与调控物质结合后，可引起酶分子空间构象变化，对酶活性中心起激活或抑制作用。酶活性受到各种因素的调控，酶活性改变通过酶分子构象改变而实现。调节酶活性的因素主要为代谢产物，通过反馈抑制方式调节酶活性。别构效应就是通过非催化部位与某些化合物可逆非共价结合，发生构象改变，调节酶活性状态，这些小分子代谢物或辅助因子称为别构剂。众多代谢途径的关键酶通过别构效应调节代谢间平衡。共价调节酶通过多肽链上某些基团发生可逆的共价修饰，使酶处于活性与非活性的可逆转变状态，从而调节酶活性。这种调节方式具有重要生理意义，其反应快速灵敏，反应机制灵活多样，有效利用体内能量，通过激素调控及神经系统指令，可产生级联放大生物效应。

三、酶原与酶原激活

（一）酶原的概念及其激活过程

　　体内合成的蛋白质，有时并不具有生物学活性，如与消化相关的酶在最初合成和分泌时没有催化活性，这种没有活性的酶前体称为酶原。酶原在一定条件下经适当条件可转变为有活性的酶，酶原转变成酶的过程称为酶原激活，其实质是酶活性部位形成或暴露的过程，属于生物体调控机制，这一调控是不可逆的，通过专一的蛋白质水解作用进行酶活化，在生物体系中十分常见。如胰蛋白酶最初由胰脏细胞分泌产生时，是没有催化活性的胰蛋白酶原，若胰蛋白酶合成之初就有催化活性，会对胰脏产生水解破坏作用。同时，胰脏中富含胰蛋白酶抑制剂，可抑制胰蛋白酶活性，对胰脏起保护作用。酶原提前活化是胰腺炎的重要特征。在很多组织细胞中，某些酶以酶原形式分泌存在，具有重要生物学意义。

　　▲执业药师考点提示▲：依据血液生化检查结果中淀粉酶超过正常值可以诊断疾病是急性胰腺炎。

🗒 生化与健康

急性胰腺炎与酶原的激活

　　急性胰腺炎是一种常见疾病，有多种病因，是胰腺内消化酶被异常激活并引起胰腺组织自身消化、水肿、出血，甚至坏死的炎症反应。胰腺能合成并分泌多种消化酶，如胰蛋白酶、糜蛋白酶、胰脂肪酶、胰淀粉酶等10多种。除胰淀粉酶、胰脂肪酶、核糖核酸酶外，正常情况下，多数酶是以酶原形式合成并储存在胰腺细胞内，这些酶原进入小肠后，在肠激酶作用下转变为有活性的酶，但在胆结石、酗酒、暴饮暴食等因素刺激下，这些酶原可在胰腺组织内被异常激活，使胰腺自身的细胞蛋白被水解，胰腺组织被破坏，导致胰腺出血、肿胀，甚至坏死，从而引发急性胰腺炎。因此，提醒学生要注意规律的作息、饮食，尤其节假日不要出现酗酒、暴饮暴食的情况。

无催化活性的酶原可保护组织细胞不被水解破坏（表5-5）。

表5-5　部分酶原激活方式

激活部位	酶原	激活因素	激活形式
肠腔	胰凝乳蛋白酶原	胰蛋白酶	胰凝乳蛋白酶+两个二肽
肠腔	胰蛋白酶原	肠激酶或胰蛋白酶	胰蛋白酶+六肽
肠腔	羧肽酶原A	胰蛋白酶	羧肽酶A+几个肽段
胃腔	胃蛋白酶原	H^+或胃蛋白酶	胃蛋白酶+六肽
肠腔	弹性蛋白酶原	胰蛋白酶	弹性蛋白酶+几个肽段

　　胃蛋白酶、胰蛋白酶、糜蛋白酶、弹性蛋白酶等消化酶在初分泌时，均以酶原形式存在，进入肠腔后受特定因素作用而被激活，并在食物蛋白质的消化过程中发挥重要作用。胃蛋白酶在刚被胃黏膜细胞分泌出来时，是没有催化活性的酶原，到达胃后，酶原在胃液中盐酸的作用下，才转变成具有活性的胃蛋白酶。胰蛋白酶刚从胰脏细胞分泌出来时，也是没有催化活性的胰蛋白酶原，当它随胰液进入小肠时，可被肠液中的肠激酶激活（也可被胰蛋白酶本身激活）。血液中凝血系统、纤维蛋白溶解系统的酶也多以酶原形式存在，可通过少数凝血因子或其他因素作用而被激活，快速实现血液凝固或使纤维蛋白溶解。胰蛋白酶原在肠激酶作用下将N端一个六肽肽段切去，促使酶构象发生变化，使组氨酸、缬氨酸、异亮氨酸等残基互相靠近，从而形成活性中心，于是无活性的酶原就变成了有催化活性的胰蛋白酶（图5-5）。

（二）酶原激活的本质

　　酶原激活的本质是酶活性中心形成或暴露的过程。酶原激活过程是通过水解酶分子中一个或多个肽键，切除部分肽段，改变其一级结构并引起空间构象变化，从而形成或暴露活性中心而具有活性。这一现象也反映了蛋白质一级结构与功能之间的内在联系。

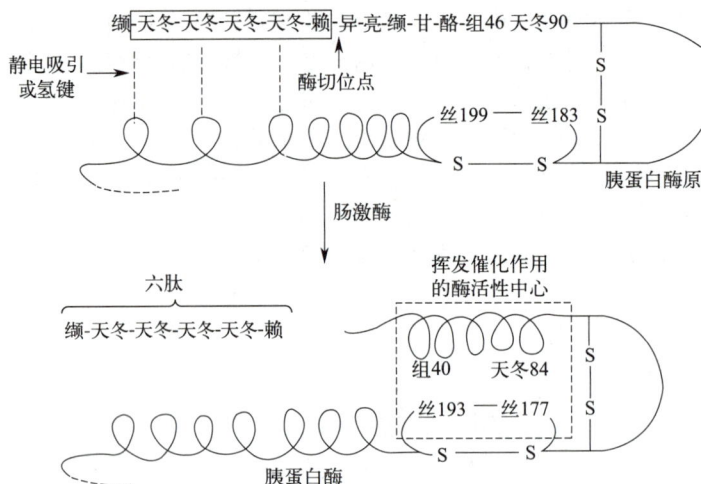

图 5-5　胰蛋白酶原激活过程

（三）酶原存在的意义

酶原存在有重要的生理意义。消化道内蛋白酶原存在可避免细胞自身消化，使酶在特定部位和环境中发挥作用，保证代谢正常进行。凝血系统和纤维蛋白溶解系统酶原可视为酶的储存形式，在需要时，酶原适时转变成有活性的酶。凝血系统可在血管受损时促进血液凝固，避免血液流失。纤维蛋白溶解系统则可以在血管栓塞时促进血凝块溶解，保证血流畅通。酶原存在与激活既可有效保证酶在特定部位（如消化道）或恰当时间（如出血或血栓形成时）发挥作用，又可避免某些酶对机体造成损伤，具有重要保护作用。蛋白酶原在胰腺的异常激活可造成组织自溶（如急性胰腺炎），凝血系统和纤维蛋白溶解酶原不恰当激活则可能导致出血或血管栓塞。酶原存在一是保护组织免受酶催化而破坏，二是保证酶催化作用适时发挥。

四、同工酶

同工酶是指同在一生物体内催化相同的反应，而酶分子结构及理化性质不同的一组酶。目前已知的同工酶有 500 多种，存在广泛，不仅存在于同一个体不同组织中，甚至同一组织的不同细胞中也有同工酶存在。同工酶是研究分子遗传、代谢调节、生物发育、细胞分化的重要手段，有数十种已被成功应用于临床诊断等多个领域，如乳酸脱氢酶同工酶。乳酸脱氢酶（LDH）是发现最早、研究最全的同工酶，由骨骼肌型（M）和（或）心肌型（H）亚基以四聚体形式构成 5 种同工酶，分别为 LDH_1（H_4）、LDH_2（H_3M）、LDH_3（H_2M_2）、LDH_4（HM_3）、LDH_5（M_4）（图 5-6）。这几种同工酶理化性质不同，但都催化相同的化学反应，均可催化乳酸与丙酮酸通过氧化还原反应相互转变，但由于不同亚基之间化学组成不同，因而理化性质（如等电点）和抗原性等各不相同。

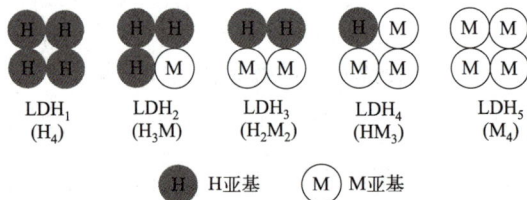

图 5-6　乳酸脱氢酶同工酶

同工酶多由两条或两条以上的多肽链聚合而成。不同同工酶之所以能催化相同的化学反应，主要是因为它们活性中心构象相同或相似。虽然催化活性相同，但同工酶间存在两方面差异：一是由于具有不同化学组成和结构，理化性质和生物学性质（如分子量、等电点及免疫性质等）均不相同；二是它们常存在于生物的同一种属或同一个体不同组织，甚至同一细胞的不同细胞器中，因而在不同器官中形成独特的同工酶谱（表 5-6）。同工酶可作为遗传标志应用于遗传分析研究。在研究癌基因表达、癌发病机制，以及癌诊断指标中具有重要意义。

表 5-6　人体各组织器官 LDH 同工酶谱　　单位：%（活性百分比）

LDH 同工酶	肝	骨骼肌	心肌	肺	肾	脾	血清
LDH$_1$	2	0	73	14	43	28	28.4
LDH$_2$	4	0	24	34	44	41	41.0
LDH$_3$	11	5	3	35	12	19	19.4
LDH$_4$	27	16	0	5	1	7	6.6
LDH$_5$	56	79	0	12	0	5	4.6

五、酶的作用机制

（一）酶的催化本质

在反应体系中，各反应物分子所含能量不同，只有那些能达到或超过某一限度的活化分子，才能在碰撞中发生化学反应。活化分子越多，反应速度越快。活泼态与常态之间的能量差，也就是分子由常态转变为活化状态（过渡态）所需的能量，称为活化能。过渡态是反应物分子处于被激活的状态，是反应途径中分子具有最高能量的形式，它与中间产物不一样，过渡态只是一个短暂的分子瞬间，处于活化态的分子不稳定。酶和一般催化剂的作用一样，就是降低底物分子所必须具有的活化能。

1. 中间产物学说

许多实验证明了 E-S 复合物的存在。E-S 复合物形成的速率与酶和底物性质有关。在酶催化反应中，第一步是酶与底物形成酶—底物中间复合物。当底物分子在酶作用下发生化学变化后，中间复合物再分解成产物和酶，单底物酶促反应式如下：

$$[E]+[S] \Longleftrightarrow [ES] \longrightarrow [E]+[P]$$

式中，E、S、P 和 ES 分别表示酶、底物、产物以及酶与底物形成的中间产物。

【课堂互动】

说一说：汽车可以通过哪些途径穿过一座大山？翻山越岭或穿越隧道，相对而言后者比前者容易一些。

谈一谈：你对酶促反应降低化学反应活化能的认识有哪些？在酶促反应中降低了反应的活化能使得反应容易发生，无形中提高了反应速度和化学反应发生的可能性。

2. 降低反应活化能

在一般的化学反应中，除了提高温度加快反应外，使活化能降低同样可提高反应速度，这正是催化剂的功能。作为生物催化剂的酶比无机催化剂效率更高，能使反应更快地达到平衡点。酶也和其他催化剂一样，可通过降低活化能提高反应速度，但不会改变反应平衡点，由图 5-7 可以看出酶促反应过程中的自由能变化，酶存在下的反应活化能要比无催化剂时反应的活化能低。如过氧化氢分解为水及氧的反应，活化能为 75348J/mol，使用过氧化氢酶催化该反应，活化能可降低为 8372J/mol，反应速度增加一亿倍，催化效率极高。在催化和非催化反应中，反应物和产物之间总的标准自由能差是一样的，酶催化反应速度快是因为活化能较低。

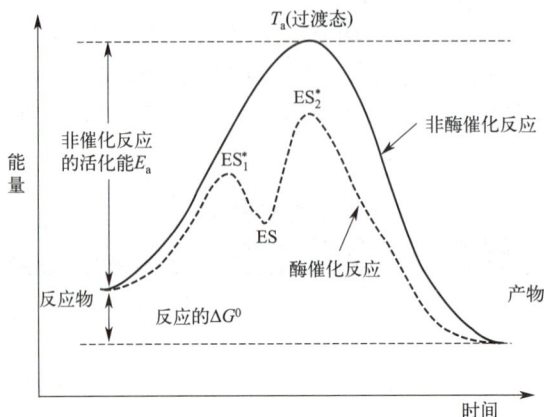

图 5-7　酶催化和非酶催化反应过程能量变化图

ES_1^*、ES_2^* 分别代表酶催化反应中的过渡态 I 和过渡态 II；ES 是中间产物

（二）酶催化作用机制

酶只能催化热力学允许的反应，反应完成后本身不被消耗，可重复使用。酶对可逆反应的双向反应具有相同的催化作用，平衡常数不变，只加快到达平衡的速率或缩短到达平衡的时间。

1. 酶作用专一机制

酶对作用底物具有严格选择性，一种酶仅作用于一种底物，或一类结构相似的底物，酶的这种高选择性称为酶的专一性，可分为结构专一性和立体异构专一性两个类别。

（1）结构专一性　有的酶只作用于一种底物，具有严格专一选择性。如脲酶只能水解尿素，对与尿素结构相近的各类反应物均无作用，DNA 聚合酶 I 也具有严格选择性，麦芽糖酶只作用于麦芽糖，这种特性称为酶的绝对专一性。有些酶可作用于一类结构相似的底物，称为酶的相对专一性。如蛋白酶可以催化肽键水解，不同蛋白水解酶对底物专一性各不相同，有的酶专一程度很高，对肽键氨基和羧基端基团均有严格要求，如凝血酶只能水解羧基端 L-精氨酸残基，氨基端为甘氨酸残基所构成的肽键（见图 5-8）。

酶的结构专一性可通过锁钥学说和诱导契合学说进行解释。锁钥学说是将酶活性中心比喻为锁孔，底物分子像钥匙，底物能专一性地插入到酶的活性中心（如图 5-9）。

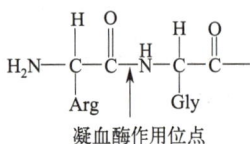

图 5-8　凝血酶专一性

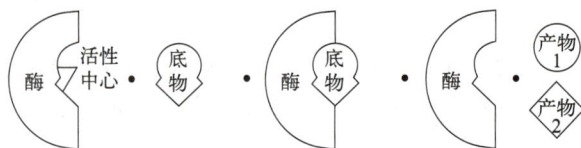

图 5-9　锁钥学说

诱导契合学说认为，酶的活性中心在结构上具有柔性，底物接近活性中心时，可诱导酶蛋白构象发生相应改变，这样就使酶活性中心有关基团正确排列和定向，使之与底物成互补形状的有机结合，从而催化反应进行（图 5-10）。诱导契合学说有四个要点：①酶有其原来的形状，不一定一开始就是底物的模板；②底物能诱导酶蛋白形状发生一定变化（专一性结合）；③当酶

形状发生变化后，就使得其中的催化基团形成正确的排列；④酶反应过程中，酶活性中心构象的变化是可逆的，即酶与底物结合时，产生一种诱导构象，反应结束时，产物从酶表面脱落，酶又恢复其原来的构象。

底物

酶—底物复合物

酶

图 5-10　诱导契合学说

生化与医药

水解可卡因药物的研制

治疗毒瘾的常规方法是使用一种能够阻断毒品受体的化合物。可卡因成瘾一直难以治疗，主要是由于其独特的作用方式。可卡因在体内可阻断神经递质多巴胺的重吸收，使多巴胺在系统中存留更长时间，去过度刺激神经细胞，并不断在大脑中产生奖赏信号而成瘾。因此，使用阻断受体的药物来治疗可卡因成瘾是无效的，反而可能会使多巴胺去除更困难。可卡因化学结构上有一个酯键，理论上是可以水解的，但人体内并没有一个天然的酯酶能催化其水解。根据酶催化过渡态稳定学说，如果可卡因发生水解，就必须经过一个过渡态，因此，可根据筛选抗体酶思路，制造出专门催化可卡因水解的催化性抗体。目前，已有科学家成功制备出水解可卡因的抗体酶。可卡因成瘾患者服用这样的抗体酶后，可卡因在体内被成功地水解成两个无害的产物——苯甲酸和芽子碱甲酯。一旦可卡因降解，就不能再阻止多巴胺重吸收，也就不会发生神经刺激时间延长，药物成瘾的影响随着时间推移而消失。

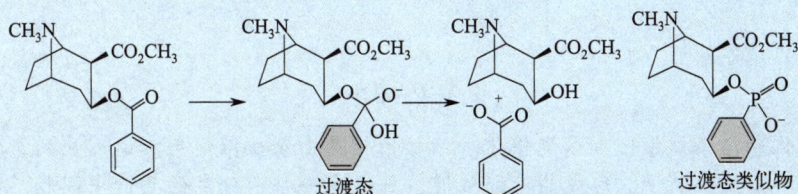

过渡态　　　　　　　　　过渡态类似物

可卡因水解的过渡态及其类似物的结构

（2）立体异构专一性　　几乎所有的酶对于立体异构体都具有高度的专一性，催化作用只针对一种立体异构体，这种专一性叫立体异构专一性。如 L- 氨基酸氧化酶只对 L- 氨基酸起作用，琥珀酸脱氢酶催化琥珀酸脱氢生成延胡索酸（反丁烯二酸），无法生成顺丁烯二酸。酶立体异构专一性在实际中应用广泛，某些药物的生理效用只针对某种特定构型。

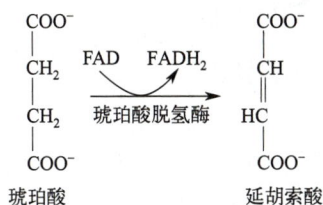

琥珀酸　　　　　　　　　延胡索酸

2. 酶作用高效率的机制

酶具有极高的催化效率，对同一反应，酶催化和非酶催化反应速率相差 $10^8 \sim 10^{20}$ 倍，这是由酶分子的特殊结构决定的，有多种因素可以使酶催化的反应加速。

（1）酶与底物的邻近效应与定向效应　酶和底物复合物的形成过程包括邻近效应和定向效应。这一过程既是专一性识别过程，也是分子间反应转变为分子内反应的过程。当酶与底物相互靠近时，催化基团与底物之间结合于同一分子，而使活性中心局部的底物浓度大大提高，从而提高反应速率。此外，酶蛋白会发生一定的构象变化，使底物的反应基团与酶催化基团之间正确取位，以便能与底物契合，酶构象发生的这种改变是反应速率增高的一个很重要原因。释放出产物后，酶的构象再逆转。这种邻近和定向效应大大提高了酶的催化速率（表 5-7）。

表 5-7　不同酶促反应与非酶催化反应速率对比

酶	无催化剂反应速率 / (mol/s)	酶催化反应速率 / (mol/s)
胰凝乳蛋白酶	1×10^{-10}	1×10^2
己糖激酶	$< 1 \times 10^{-13}$	1.3×10^{-3}
碳酸酐酶	10^{-2}	10^5
脲酶	3×10^{-10}	3×10^4

（2）底物变形与诱导契合　酶与专一性底物发生结合时，可使底物分子中的敏感键产生电子张力，发生"变形"，从而使底物接近过渡态，降低活化能，酶和底物均发生变形，形成相互契合的酶 - 底物复合物，进而转化为过渡态，增加酶促反应速率，张力效应与诱导契合如图 5-11 所示。

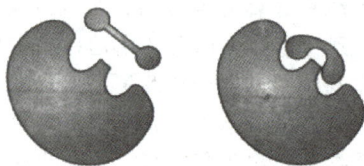

图 5-11　张力效应与诱导契合示意图

（3）共价催化　又称亲电子催化，可释放电子或吸收电子，作用于底物形成一个反应活性很高的共价中间物。共价催化可将反应过程分为两步，先是形成共价中间物，然后是共价中间物的断裂，而并不是直接催化单一反应，这大大降低了反应的活化能，加速反应进行。

知识拓展

共价催化

共价催化包括亲核催化和亲电催化。亲核催化是由亲核催化剂加速反应的，催化剂向反应物的亲电中心提供电子，形成共价配位键，并产生一个不稳定的共价中间物。参与共价催化的主要是亲核基团，所以共价催化也称为亲核催化。亲电催化与亲核催化相反，它是由亲电催化剂加速反应的。亲电催化通常涉及亲电中心的辅酶。

第三节　影响酶促反应速率的因素

一、底物浓度对酶促反应速率的影响

（一）底物浓度与酶促反应速率的关系

在酶浓度、pH 值、温度等其他条件固定不变的前提下，底物浓度和反应速率之间存在一定的直接关系。底物浓度处于较低值时，酶促反应速率随底物浓度增加而升高，酶促反应速率与底物浓度呈正比，属一级反应。随着底物浓度增加，反应速率不再呈正比例升高，表现为介于零级反应与一级反应之间的混合级反应。当底物浓度达到一定限度时，反应速率也达到极限值，即最大反应速率（v_{max}），此时再增加底物浓度，反应速率不再增加，此时符合零级反应。底物浓度［S］与酶促反应速率的关系如图 5-12 所示。

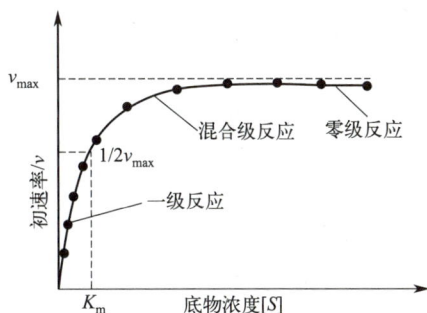

图 5-12　底物浓度［S］与酶促反应速率的关系

（二）酶促反应动力学方程式

1913 年，Michaelis 和 Menten 根据"中间产物学说"，假定迅速建立反应平衡，且底物浓度远大于酶浓度条件下（底物饱和状态），ES 分解成产物的逆反应忽略不计，推导出一个表示底物浓度与酶促反应速率之间定量关系的数学方程式，即米氏方程。

$$v=\frac{v_{max}[S]}{K_m+[S]}$$

式中，v_{max} 为最大反应速率，［S］为底物浓度；K_m 为米氏常数；v 为酶促反应速率。

由米氏方程可推导出，当反应速率 v 为最大反应速率 v_{max} 一半时，即 $v=v_{max}/2$，代入方程式可得：

$$\frac{v_{max}}{2}=\frac{v_{max}[S]}{K_m+[S]}$$

化简即得，$K_m=[S]$。由此可得，米氏常数为最大反应速率一半时的底物浓度，与底物浓度单位一致。酶促反应米氏常数一般在 $10^{-5}\sim10^{-3}$mol/L 之间。一些常见酶的 K_m 值见表 5-8。

表 5-8　一些常见酶的 K_m 值

酶	底物	$K_m/$（mol/L）	酶	底物	$K_m/$（mol/L）
过氧化氢酶	过氧化氢	2.5×10^{-2}	胰凝乳蛋白酶	N-乙酰酪氨酰胺	3.2×10^{-2}
己糖激酶	葡萄糖	1.5×10^{-4}	乳酸脱氢酶	丙酮酸	1.7×10^{-5}
葡萄糖 -6- 磷酸脱氢酶	葡萄糖 -6- 磷酸	5.8×10^{-5}	丙酮酸羧化酶	丙酮酸	4.0×10^{-4}
蔗糖酶	蔗糖	2.8×10^{-2}	溶菌酶	6-N- 乙酰葡萄糖胺	6.0×10^{-6}

1.K_m 的意义与应用

① K_m 是酶的条件特征性常数。一定条件下，测定 K_m 值可用于酶的鉴别。K_m 数值大小与酶浓度无关，而与具体底物有关，且随温度、pH 和离子强度改变而变化。

② K_m 可反映酶与底物亲和力大小。K_m 值越小，酶与底物亲和力越大，表示达到最大反应速率所需要的底物浓度越低。相反，则表示达到最大反应速率所需要的底物浓度越高。

③ K_m 可用于判断反应级数。当［S］< 0.01K_m 时，$v=(v_{max}/K_m)$［S］，反应为一级反应，即反应速率与底物浓度成正比；当［S］> 100K_m 时，$v=v_{max}$，反应为零级反应，即反应速率与底物浓度无关；当 0.01K_m <［S］< 100K_m 时，反应处于零级反应和一级反应之间，为混合级反应。

④ K_m 可用来判断酶专一性和天然底物。当酶有几种不同底物存在时，K_m 最小的底物通常就是该酶的最适底物，即天然底物。

⑤ 确定测定酶活力时所需的底物浓度。如当反应速率达到最大反应速率的90%，则 $90\% v_{max} = 100\% v_{max}[S]/(K_m+[S])$，即 $[S]=9K_m$。

⑥ 判断酶激活剂与抑制剂的存在。酶不仅与底物结合，也可与激活剂或抑制剂结合，从而影响 K_m 值。通过测定 K_m 值可协助判断酶激活剂或抑制剂存在与否，以及抑制作用的类型。

⑦ K_m 的求法。以 v-[S]（反应速率对底物浓度）作图，得到最大反应速率，再从 $v_{max}/2$ 可求得相应 [S]，即得到 K_m 值，但这种方法求出的 K_m 值并不准确。因为，底物浓度即使加到最大，也只能得到趋近于 v_{max} 的反应速率，而达不到真正的最大反应速率。因此，测不出准确的 K_m 值。为得到准确的 K_m 值，可把米氏方程形式加以改变，使它成为相当于 $y=ax+b$ 的直线方程，然后，用图解法求出 K_m 值。可采取双倒数作图法求取 K_m 值，该方法由 Lineweaver-Burk 建立，因此这种作图方法称为 L-B 作图法，如图5-13所示。

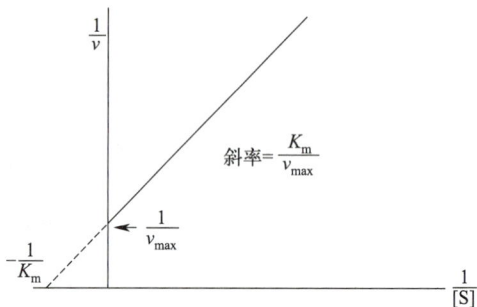

图5-13 Lineweaver-Burk 作图法

【课堂互动】K_m 是酶的条件特征性常数，是否与酶促反应条件相关？

2.K_m 和 v_{max} 的求取

K_m 和 v_{max} 的求取方法很多，以 Lineweaver-Burk 作图法最常用。该方法取米氏方程倒数形式：

$$\frac{1}{v} = \frac{K_m}{v_{max}} \times \frac{1}{[S]} + \frac{1}{v_{max}}$$

以 $\frac{1}{v}$ 对 $\frac{1}{[S]}$ 作图绘制直线，直线在纵轴上的截距为 $\frac{1}{v_{max}}$，在横轴上的截距为 $-\frac{1}{K_m}$，直线斜率为 K_m/v_{max}。量取直线在两坐标轴的截距，或量取直线在任一坐标轴的截距并结合斜率值，可以求出 K_m 和 v。

生化与健康

甲醇或二甘醇中毒的解毒

每年都有因喝工业乙醇勾兑的假酒中毒致盲或致死的报道，二甘醇作为保湿剂，曾广泛用于牙膏中。事实上，甲醇和二甘醇本身基本没有毒，只是进入人体后，在乙醇脱氢酶催化下，被氧化后才有毒，如甲醇在视网膜中变成甲醛并影响视觉正常功能。乙醇脱氢酶主要存在于肝细胞中，用于帮助机体代谢从食物中带入的乙醇，或由肠道细菌发酵产生的乙醇。视网膜细胞中的乙醇脱氢酶主要生理功能是促进视黄醇变为视觉产生所必需的视黄醛。乙醇脱氢酶底物不止乙醇，还有视黄醇、甲醇、异丙醇和二甘醇，但对乙醇 K_m 值最小，因此能优先与乙醇结合并脱氢产生乙醛。若其他底物与乙醇脱氢酶结合，可脱氢产生相应氧化产物。甲醇脱氢产生的甲醛和二甘醇脱氢产生的2-羟基乙氧基乙醛对机体有剧毒。如果不小心摄入到体内，只要不和肝细胞内的乙醇脱氢酶结合，就是安全的。因此，当不小心摄入少量甲醇和二甘醇后，为防止中毒，可饮入少量优质白酒，实际上就是利用乙醇与乙醇脱氢酶亲和力较高，而阻止甲醇或二甘醇与乙醇脱氢酶结合，从而使它们有足够时间从肾脏排出。从某种意义上来讲，酒量越大的人越容易发生甲醇或二甘醇中毒！

二、酶浓度对酶促反应速率的影响

在底物浓度足够大和无酶抑制剂存在时，酶促反应速率与酶浓度成正比。因为，酶催化反应时，首先与底物形成中间产物，底物浓度远远高于酶浓度时，反应达到最大速率，此时如果增加酶的浓度可以提高反应速率。在此区间，反应速率与酶浓度呈正比。

$$v=k[E]$$

式中，v 为酶促反应速率；k 为反应速率常数；$[E]$ 为酶浓度。

三、温度对酶促反应速率的影响

温度升高可加快分子运动，增加分子间碰撞概率，一般情况下，化学反应速率随温度升高而加快。温度每升高 10℃，反应速率可增加 2～3 倍。由于大多数酶是蛋白质，在保持蛋白质基本性质的温度范围内，酶能够保持必要的生物学活性，酶促反应也是在一定温度范围内（0～40℃）遵循这个规律，即酶促反应速率随温度升高而加快。酶遇热变性容易失活，绝大多数酶在 60℃以上就会失去活性。随着温度升高，酶蛋白逐渐变性，最终导致失活，引起酶反应速率下降。

通常情况下，低温范围内，随温度升高，酶促反应速率加快，当温度升高到一定范围，酶催化活性因酶蛋白变性而受到影响，随着温度的升高，酶蛋白逐渐变性甚至最终丧失催化活性。因此，酶表现出最适温度（图 5-14）。最适温度不是酶的特征性物理常数，常受到其他测定条件，如底物种类、作用时间、pH 和离子强度等因素影响。对一种酶而言，其最适温度并不是一个固定值，会随着酶促作用时间长短而改变。由于温度使酶蛋白变性是随时间累加的，通常反应时间长，酶最适温度低，反应时间短则最适温度就高，只有在规定反应时间内才可确定酶的最适温度。固体状态酶比液体状态酶对温度耐受更强，酶冻干粉在适宜条件下可保存数月或更长时间，因此，将酶制成固体制剂是酶较好的保存方式。高温可使酶变性，有少数酶能耐受较高温度，如耐高温 α- 淀粉酶在 90℃甚至更高温度下，仍能发挥催化活性，Taq 酶可耐受 90℃以上高温而不失活。一般情况下，酶在干燥条件下比潮湿条件下更耐高温，如有的酶干粉在室温下可放置一段时间，但其水溶液必须保存在冰箱里。虽然酶活性随温度降低而减弱，但低温一般不会破坏酶，当温度回升时，酶又恢复其活性，如用低温保存菌种和生物制品，酶制剂和酶检测标本（如血清）等样本应注意低温保存，一般保存在 10℃以下。此外，临床上，低温麻醉就是利用酶的这一性质以减慢组织细胞代谢速度，提高机体对氧和营养物质缺乏的耐受性，有利于进行手术治疗。

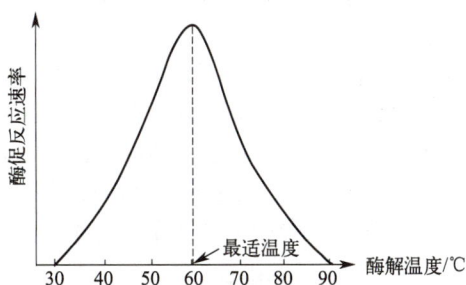

图 5-14　温度对酶促反应速率的影响

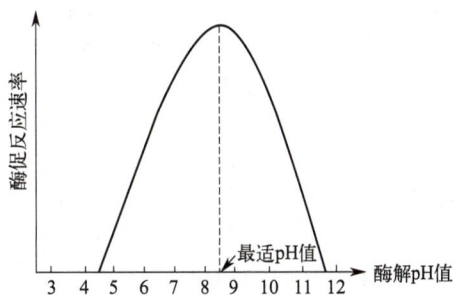

图 5-15　pH 值对酶促反应速率的影响

四、pH 值对酶促反应速率的影响

酶活力受到环境 pH 值的影响，只有在一定限度 pH 值范围内才表现活性，在一定 pH 值条件下表现出最大催化活性，高于或低于此 pH 值，酶活力都会降低。酶表现最大活力时对应的 pH 值称为酶最适 pH 值（见图 5-15）。

不同酶最适 pH 值各不相同，各种酶在一定条件下都有其特定最适 pH 值，最适 pH 值是酶的特性，但并非常数。底物浓度与组成、缓冲液成分和浓度均可引起最适 pH 值改变，最适 pH 值只在一定条件范围下才有意义。大多数酶最适 pH 值在 5.0 ～ 8.0 之间，动物来源的酶最适 pH 值多介于 6.5 ～ 8.0，植物来源的酶最适 pH 值多介于 4.5 ～ 6.5。但也有例外，胃蛋白酶最适 pH 值为 1.5，麦芽中提取的 β- 淀粉酶在 pH=3.3 时仍具有活性。

pH 值对酶活性的影响机制主要有：① pH 值可影响酶（包括辅助因子）或底物解离状态。最适 pH 值条件下最有利于酶和底物结合形成中间复合物，如胃蛋白酶与带电荷的蛋白质分子结合最容易，乙酰胆碱酯酶也在底物（乙酰胆碱）带正电荷时与底物最易结合。相反，有些酶（如蔗糖酶、木瓜蛋白酶）则要求底物处于兼性离子时最易结合。因此，这些酶的最适 pH 值在 pI 附近，在最适 pH 值范围内，不会引起酶变性。②强酸、强碱可改变酶的构象。过高或过低的 pH 值会改变酶活性中心构象，或改变整个酶分子的结构，甚至引起酶变性失活。

几种常见酶的最适 pH 值见表 5-9。

表 5-9　几种常见酶的最适 pH 值

酶	底物	最适 pH 值	酶	底物	最适 pH 值
过氧化氢酶	过氧化氢	7.6	丙酮酸羧化酶	丙酮酸	4.8
胰蛋白酶	苯甲酰精氨酰胺	7.7	胃蛋白酶	血红蛋白	2.2
胰蛋白酶	苯甲酰精氨酸甲酯	7.0	核糖核酸酶	RNA	7.8
脂肪酶	低级酯	5.5 ～ 5.8			

五、激活剂对酶促反应速率的影响

凡能提高酶活性的物质都称为激活剂，其中大部分激活剂是离子或简单化合物。如经透析过的唾液淀粉酶活力不高，若加入少量 NaCl，则酶活力大大提高，这是因为 Cl⁻ 是唾液淀粉酶的激活剂。又如 Mg^{2+} 是很多合成酶和激酶的激活剂，在这些酶的制备过程中，极易丢失无机离子，需及时补充。按激活剂对酶促反应速率影响的程度，可分为必需激活剂与非必需激活剂。前者为酶发挥催化活性所必需，可使酶由无活性状态转变为有活性状态，通常为金属离子，如 Mg^{2+} 可与 ATP 结合形成 Mg^{2+}-ATP，ATP 作为底物参与反应过程，Mg^{2+} 是多种激酶的必需激活剂。有些酶本身具有催化活性，但效率较低，激活剂可使其活性增加，这类激活剂称为非必需激活剂，如 Cl⁻ 是唾液淀粉酶的非必需激活剂。

激活剂对酶的作用具有选择性，即一种激活剂对某种酶具有激活作用，而对其他的酶则可能产生抑制作用，如 Ca^{2+} 对肌球蛋白腺苷三磷酸酶（ATP 酶）有激活作用，但对脱羧酶有抑制作用。有些离子间还具有拮抗作用，如 Na⁺ 抑制 K⁺ 激活的酶，Ca^{2+} 抑制 Mg^{2+} 激活的酶。还有些小分子有机化合物，如半胱氨酸、还原型谷胱甘肽（GSH）、维生素 C 等能激活某些酶，使酶分子中二硫键还原成巯基，从而提高酶活性。EDTA 能除去酶中金属离子（或重金属杂质），可解除重金属对酶的抑制作用。

六、抑制剂对酶促反应速率的影响

引起酶蛋白变性而使酶活力丧失的作用称为失活作用。在酶未变性的前提下，因必需基团化学性质改变而引起酶活力降低或丧失的作用，称为抑制作用。引起抑制作用的物质称为抑制剂。抑制剂的抑制作用有选择性，一种抑制剂只能对一种酶或一类酶产生抑制作用。根据抑制剂与酶作用的方式不同，可分为不可逆抑制和可逆抑制两类。

（一）不可逆抑制作用

抑制剂与酶必需基团共价结合，引起酶活力丧失，用透析、超滤等物理方法除去抑制剂，不能使酶复活，称为不可逆抑制作用。如有机磷化合物氟磷酸二异丙酯能修饰多种酶活性中心丝氨酸残基上的羟基，形成稳固共价键，如凝乳蛋白酶和乙酰胆碱酯酶，从而使酶活性丧失（图5-16）。这类抑制剂通常以比较牢固的共价键与酶活性中心必需基因结合，从而使酶失活，且不能用透析、超滤等物理方法除去，如重金属、碘乙酸等对巯基酶的抑制、有机磷化物对羟基酶的抑制等，必须用特殊化学方法消除。因此，这些药物都有剧毒。

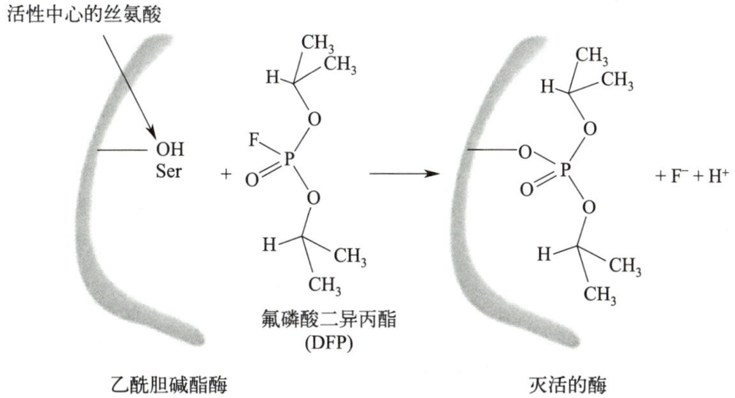

图 5-16　DFP 抑制乙酰胆碱酯酶

知识链接

常见的不可逆抑制剂

①有机磷化合物：如敌敌畏、敌百虫等。②有机汞、有机砷化合物：对氯汞苯甲酸、路易斯毒气等。③重金属盐：含有 Ag^+、Cu^{2+}、Hg^{2+}、Pb^{2+}、Fe^{3+} 等重金属盐。④烷化剂：碘乙酸、碘乙酰胺、2,4-二硝基氟苯等。⑤氰化物、硫化物和 CO 等。

1. 羟基酶的抑制

羟基酶是指以羟基（—OH）为必需基团的一类酶。有机磷化合物能共价结合胆碱酯酶活性中心的羟基，可使胆碱酯酶失活（图5-17）。胆碱酯酶与神经传导有关，能催化乙酰胆碱分解为乙酸和胆碱，如胆碱酯酶失活，则会引起乙酰胆碱积累，出现系列中毒状态，如肌肉震颤、瞳孔缩小、多汗、心跳减慢等。因此，这类有机磷化合物又称神经毒剂。临床药物解磷定（PAM）可解除有机磷化合物对胆碱酯酶的抑制作用。有机磷制剂与酶结合后虽不解离，但用解磷定能把酶上的磷酸根除去，使酶复活。临床上，解磷定可作为有机磷中毒后的解毒药物。

2. 巯基酶的抑制

巯基酶是指以巯基为必需基团的一类酶。重金属离子如 Hg^{2+}、Ag^+ 和 As^{3+} 可与酶分子的巯基共价结合，使酶活性被抑制。如有机砷化合物路易斯毒气（$CHCl=CHAsCl_2$）与酶的巯基结合而使人畜中毒。这类重金属盐引起的巯基酶中毒可通过加入过量的巯基化合物，如半胱氨酸或还原型谷胱甘肽（GSH）、二巯基丙醇（BAL）、二巯基丁二酸钠而解除。

（二）可逆抑制作用

抑制剂与酶以非共价结合而引起酶活力减弱或丧失，用透析、超滤等物理方法能除去抑制剂，称为可逆抑制作用，可分为竞争性抑制、非竞争性抑制和反竞争性抑制 3 种类型。

1. 竞争性抑制作用

竞争性抑制作用是最常见的一种可逆抑制作用，抑制剂（inhibitor，I）与底物（substrate，S）竞争酶的活性中心，影响酶与底物正常结合。当抑制剂与酶结合后，底物、抑制剂与酶结合相同的部位，在抑制剂和底物间产生竞争作用，因而降低了酶活力，这种作用称为竞争性抑制。很多抑制剂与底物是结构类似物，可与酶活性部位结合形成可逆的 EI 复合物，但 EI 无法分解生成产物（product，P），引起酶活性降低，反应速率下降。抑制强度与底物浓度有关，可通过增加底物浓度解除或减弱抑制作用。如琥珀酸在琥珀酸脱氢酶作用下可生成延胡索酸（反丁烯二酸），苹果酸、丙二酸、戊二酸、草酰乙酸等与琥珀酸在结构上相似，可与琥珀酸脱氢酶活性部位结合，但不具备脱氢能力，竞争性争夺琥珀酸脱氢酶的活性中心，产生竞争性抑制（图 5-18）。

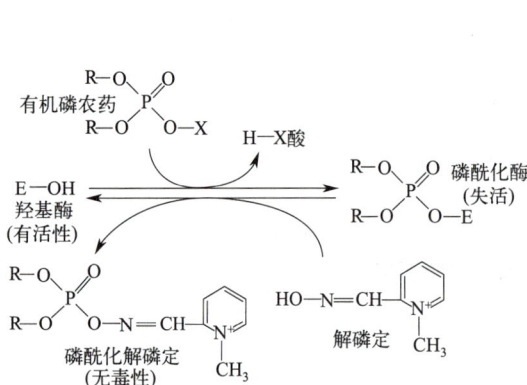

图 5-17　有机磷农药致胆碱酯酶失活机理

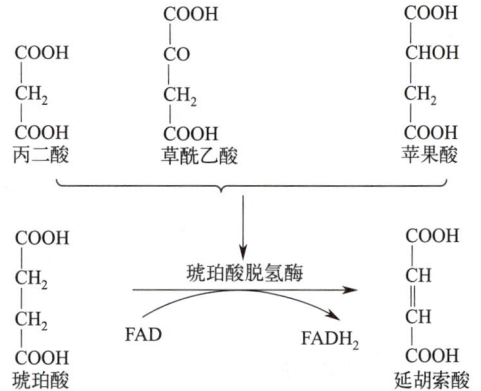

图 5-18　琥珀酸脱氢酶的竞争性抑制

临床上很多药物的作用机制是竞争性抑制。最典型的是磺胺类药物（如对氨基苯磺酰胺）。磺胺类药物与对氨基苯甲酸结构相似，磺胺药是二氢叶酸合成酶的竞争性抑制剂，抑制二氢叶酸的合成，从而阻止细胞合成二氢叶酸，而增效剂甲氧苄啶（TMP）和二氢叶酸结构相似，是二氢叶酸还原酶的竞争性抑制剂，抑制四氢叶酸合成，这样使细菌体内的四氢叶酸合成受到双重抑制，使细菌因核酸合成受阻而死亡（图 5-19）。人体能直接利用食物中的叶酸，所以核酸合成不受磺胺药的干扰。

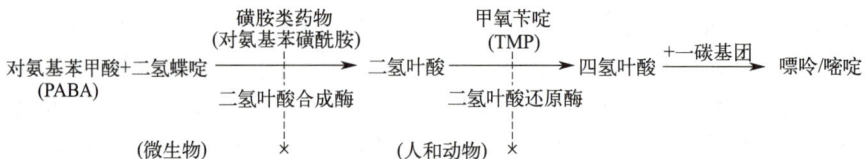

图 5-19　磺胺类药物的作用机制

许多抗肿瘤药物能抑制细胞内与核酸或蛋白质合成有关的酶类，从而抑制肿瘤细胞分化和增殖。硫胺嘧啶可抑制碘化酶，从而影响甲状腺素合成，用于治疗甲状腺功能亢进等。此外，许多抗癌药物，如甲氨蝶呤（MTX）、6- 巯基嘌呤（6-MP）、5- 氟尿嘧啶（5-FU）等，几乎都是酶的竞争性抑制剂，它们分别抑制四氢叶酸、嘌呤核苷酸及脱氢胸苷酸合成，进而干扰癌细胞核酸合成，抑制其增殖。如 5-FU 结构与尿嘧啶十分相似，能抑制胸腺嘧啶合成酶活性，阻碍胸腺嘧啶合成代谢，使核酸不能正常合成，从而使癌细胞增殖受阻。

他汀类药物是羟甲基戊二酰辅酶 A（HMG-CoA）还原酶抑制剂，也是当前临床上应用最为普遍的降血脂药物。它是通过竞争性抑制体内 HMG-CoA 还原酶的活性，使肝脏中胆固醇的合成途径受阻，从而降低机体内游离胆固醇的含量。他汀类药物的作用机理如下：

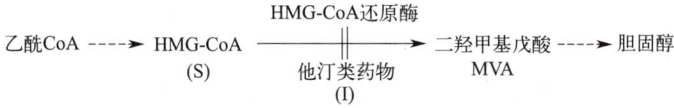

$$\text{乙酰CoA} \dashrightarrow \text{HMG-CoA} \xrightarrow[\substack{\text{他汀类药物}\\ \text{(I)}}]{\text{HMG-CoA还原酶}} \text{二羟甲基戊酸} \dashrightarrow \text{胆固醇}$$

（S）　　　　　　　　　　　　　MVA

作用特点如下：①抑制剂结构与底物相似，能竞争性结合酶的活性中心；②抑制剂的抑制程度取决于抑制剂与酶的相对亲和力及底物浓度，当底物浓度很高时，抑制作用可以被解除；③ v_{max} 不变，表观 K_m 值增大，酶与底物亲和力降低。

2. 非竞争性抑制

这类抑制剂的特点是酶可以同时与底物及抑制剂结合，底物和抑制剂在结构上没有共同之处，酶与抑制剂结合后还可与底物结合，即 EI+S $\longrightarrow$ ESI，其中，ESI 三元复合物不能进一步分解为产物，从而降低了酶的催化效率和催化活性（图 5-20）。抑制剂结合于酶活性中心以外的部位，抑制强度取决于抑制剂浓度，增加底物浓度无法解除抑制作用，称为非竞争性抑制。很多重金属离子的抑制作用属此类，如 Ag^{2+}、Cu^{2+}、Hg^{2+} 等。

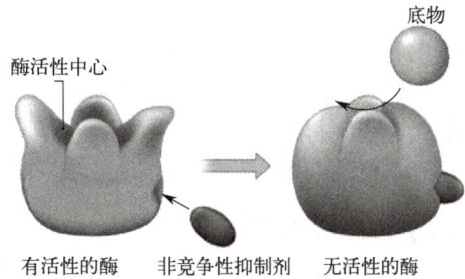

图 5-20　酶与非竞争性抑制剂结合

作用特点如下：①抑制剂与底物结构不同，结合在活性中心外；②抑制强弱只取决于抑制剂浓度，抑制作用不可以通过增加底物而减弱或消除；③ v_{max} 下降，表观 K_m 值不变。

3. 反竞争性抑制

这类抑制剂只在酶和底物形成 ES 二元复合物后才能结合上去，形成 ESI 三元复合物，常见于多个底物参与的反应，如肼类化合物抑制胃蛋白酶、氰化物抑制芳香硫酸酯酶的作用均属反竞争性抑制。

作用特点如下：①抑制剂与底物结构不同，只能与 ES 结合；②抑制作用强弱仅取决于抑制剂浓度，抑制作用不能通过增加底物浓度而减弱或消除；③ v_{max} 下降，表观 K_m 值减小。

$$\text{ES+I} \longrightarrow \text{ESI 且 ESI} \xrightarrow{\quad\times\quad} \text{P}$$

上述三种可逆性抑制作用的酶促反应动力学特点总结归纳于表 5-10。

表 5-10　三种可逆性抑制作用主要特点的比较

作用特征		竞争性抑制作用	非竞争性抑制作用	反竞争性抑制作用
与 I 结合的组分		E	E、ES	ES
[S] 的影响		增加 [S] 可解除抑制	抑制作用与 [S] 无关	ES 形成是抑制作用的前提
动力学参数改变表观 K_m		增大	不变	减小
v_{max}		不变	降低	降低
双倒数作图改变	斜率（K_m/v_{max}）	增大	增大	不变
	纵轴截距（$1/v_{max}$）	不变	增大	增大
	横轴截距（$-1/K_m$）	减小	不变	增大

第四节　酶的分离纯化与酶活力测定

一、酶的分离纯化

　　酶可从动植物或微生物细胞中提取获得，如从木瓜中提取木瓜蛋白酶、动物胰脏中提取胰蛋白酶等。由于天然来源的酶数量有限，无法满足工业化生产及生活需要，目前主要通过微生物发酵等方法获取大量酶制剂。生物体内酶含量较少，且与多种物质共存，酶分离纯化工作繁重。大多数酶的本质是蛋白质，许多分离纯化蛋白质的方法可用于酶的分离纯化，但需保持酶生物学活性，避免强酸、强碱、剧烈振荡、高温等可能引起蛋白质失活的因素。

（一）酶在细胞中的分布

　　根据酶在细胞中的位置，可分为胞内酶和胞外酶，两类酶处理方法各有不同。胞内酶在细胞内合成后并不分泌到胞外，在胞内起催化作用。制备时采用尽可能新鲜的生物组织或微生物细胞，如无法尽快开始，应将生物材料储存在低温条件下，以 $-70℃ \sim -20℃$ 为宜。可使用超声破碎机、匀浆器、研磨机、冻融法，或通过溶菌酶等生物试剂破碎细胞壁，在低温条件下采用水或低盐缓冲液进行酶抽提，获得酶粗提液。胞外酶大多为水解酶类，在胞内合成后分泌到胞外发挥催化作用，易收集，不必破碎细胞，可直接采用体液、唾液或发酵液进行纯化，通过缓冲液或水浸泡细胞，或发酵液离心得到上清液，即为含酶液。

（二）分离提纯方法

　　粗酶提取液含有大量杂质，需进行纯化，可通过总活力回收和比活力提高倍数来衡量提纯方法的优劣。总活力回收表示酶在提纯过程中的损失情况，比活力提高倍数代表提纯方法的有效程度。

1. 酶原料的选择

　　新鲜生物组织原料含酶量高，活性好，为使纯化过程容易进行，常选择目的酶含量高的生物组织为原料来进行提取纯化。同时，也要考虑原料来源、取材方便、经济等因素。目前，常采用微生物进行酶制剂制备。获得酶提取材料后，应在尽量短的时间内开始制备工作，如不能立即开始，应将样品进行低温保存，以 $-70℃ \sim -20℃$ 为宜，亦可将生物组织制成丙酮粉。

2. 生物组织的破碎

　　动物组织细胞无细胞壁，较易破碎，可利用机械力的搅拌、剪切或研碎等破坏细胞。常用的设备有高速组织捣碎机、匀浆器、研磨机等。微生物及植物细胞具有细胞壁，结构坚韧，可采用超声波破碎机。经过足够时间的超声波处理，细菌和酵母细胞都能得到有效破碎，破碎过程需注意的是，超声空穴局部温度过高可能引起酶失活，应控制超声振荡处理时间，并辅以局部冰浴冷却，尽量减小热效应引起的酶失活。对于外壁坚韧的组织细胞还可采用冻融法，生物组织经冰冻后，细胞膜液结成冰晶，使细胞壁胀破。冻融法所需设备简单，可在冻融液中加入蛋白酶抑制剂以防破坏目的酶。利用溶菌酶或化学试剂也可达到破碎细胞的目的，常用化学试剂有丙酮、丁醇、氯仿、表面活性剂等，可破坏细胞膜结构，使细胞崩解破碎。

3. 酶的提取

　　低温条件下，可通过水或低盐缓冲液，或稀酸、稀碱、稀盐溶液使酶充分溶解，有些含脂质或非极性基团的酶也可用有机溶剂提取。在提取酶的过程中，操作条件要温和，操作全程温度保持在 $0 \sim 5℃$ 之间，控制好提取过程 pH 值等条件，保护酶活性。酶分离纯化常用方法包括盐析法、有机溶剂沉淀法、柱色谱技术、吸附法、选择性热变性法等。

（1）盐析法　利用不同蛋白质在高浓度盐溶液中溶解度存在差异来分离酶和其他杂蛋白。常用硫酸铵、氯化钠和硫酸钠，该法简便安全、酶稳定性好、操作重复性好。如固体发酵生产麸曲中的 α- 淀粉酶、糖化酶、蛋白酶等胞外酶用氯化钠溶液或磷酸缓冲液提取，6- 磷酸葡萄糖脱氢酶用碳酸钠提取，枯草杆菌碱性磷酸酶用氯化镁提取等。

（2）有机溶剂沉淀法　乙醇、丙酮等有机溶剂可沉淀蛋白质，常用于酶的纯化，反应过程需严格控制温度，保持 $-20 \sim -15℃$ 范围。冰冻离心获得的沉淀立即溶于冷水或缓冲液。该方法提纯效果好，但高浓度有机溶剂可能导致酶活力丧失。

（3）柱色谱技术　根据分离酶的性质，选取适宜的柱色谱介质，控制洗脱缓冲液的离子浓度和 pH 值，控制流速，可分级分离酶。

酶纯化程度要根据需要而定。工业用酶一般液体粗酶便可，食品工业用酶需达到食品级标准要求，特别是卫生指标，无须进一步纯化。医药、化学试剂级酶一般需要进一步纯化。制备好的较纯的酶制剂通常不太稳定，容易失活，应保存于低温条件下，或加入保护剂。制备成干粉的酶可有效延长保存时间，采用冷冻干燥法可避免酶变性失活。

二、酶活性的测定

（一）酶活力

酶活力是指酶催化某一化学反应的能力，可用一定条件下所催化的某一化学反应的反应速率来表示，二者呈线性关系。酶活力越高，催化反应速率越大；反之，催化反应速率越小。测定酶活力实质就是测定酶反应速率。酶催化反应速率可通过底物减少量或产物增加量来表示。实际操作中，底物常处于过量状态，底物减少量与总量相比不显著，测定结果不准确，而产物增加是从无到有，采取适宜测定方法可精确测定，酶活力常通过单位时间内产物增加量来表征酶催化速率。

以反应时间为横坐标，以产物生成量为纵坐标作图（图 5-21），曲线斜率表示单位时间内产物生成量变化，曲线上任一点斜率代表该反应时间的反应速率 v。由图可见，随反应时间延长，曲线斜率由几乎不变到逐渐变小，曲线趋于平坦，说明反应速率逐渐降低，此时测得的反应速率并不能真正反映酶活力。多种因素可引起酶促反应速率下降，如底物浓度降低和产物浓度升高等，通常以酶促反应的初速率作为酶活力测定值。

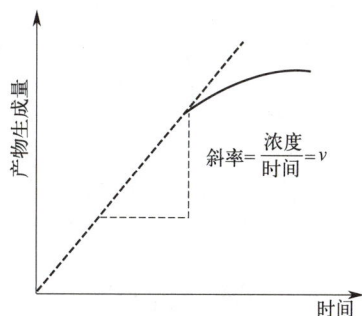

图 5-21　酶促反应速率曲线

（二）酶活力单位

酶活力大小是指酶量大小，用酶活力单位来度量，即酶单位（U）。酶单位的定义是：在一定条件下，一定时间内将一定量的底物转化为产物所需的酶量。酶量可用每克或每毫升酶制剂含有多少个酶单位来表示（U/g 或 U/mL）。为表示酶活力大小，规定了酶的活力单位，但是不同工作人员应用的测定方法不一样，所以单位也不一样，同一种酶有几种不同的单位，不便于比较。1961 年，国际生物化学联合会酶学委员会提出采用统一国际单位（IU）来表示酶活力，规定为：一个酶活力单位是指在特定条件（25℃，其他为最适条件）下，每分钟内催化 $1 \mu mol$ 底物转化为产物所需的酶量，即 1 IU=$1 \mu mol/min$。1972 年，国际酶学委员会又推荐一个新的单位——开特（Katal，简称 Kat）单位。1Kat 单位是指在最适条件下，每秒钟能催化 1mol 底物转化为产物所需的酶量，Kat 单位与 IU 单位间可互换。

$$1Kat=60\times10^6IU \qquad 1IU=16.67nKat$$

由于酶催化能力受外界环境直接影响，测定酶活力需要在最适条件下进行，包括温度、pH、底物浓度、缓冲液离子强度等。尽量减少外界环境对酶活力的干扰，维持固定条件，测得的数据才能代表酶的真实活力。测定速度需为反应初速度，通常以底物浓度变化在起始浓度 5% 以内的速度作为反应初速度。

（三）比活力

生产研究中，还常用酶比活力反应酶纯度。比活力为每毫克酶蛋白中所含的酶活力单位数。对于同一种酶来说，比活力越大，代表酶纯度越高，可用来比较每单位质量蛋白质的催化能力，从而比较酶的纯度。

（四）酶活力的测定方法

1. 分光光度法

酶促反应底物或产物在紫外或可见光下具有光吸收特性，选择合适波长，通过吸光度表示反应过程。该方法简便、易操作、耗时短，可适用多种样品，同时检测灵敏度高，可连续测定反应过程中吸光度值变化，是常用方法，绝大多数氧化还原酶都可采用这种方法测定。

2. 荧光法

荧光法灵敏度极高，在酶学研究中应用广泛，尤其是一些快速反应的测定过程。但荧光测定法易受其他物质干扰。如蛋白质也可以吸收和发射荧光，会造成测定误差。所以，用荧光法测定酶活力时，尽可能选择可见光范围的荧光进行测定。

3. 电化学法

采用高灵敏度 pH 计跟踪反应过程中 H^+ 变化情况，用 pH 值变化来测定酶反应速率。如恒定 pH 值测定法，反应过程中，不断加入碱或酸来保持 pH 值恒定不变，通过加入碱或酸的速率来表示反应速率，该方法可用于酯酶活力测定。

第五节　酶在医药学上的应用

一、酶在医学上的应用

当前，酶在医学上的应用越来越广泛，不仅可以根据生物体内酶活力变化来诊断疾病，还可利用酶来诊断和治疗疾病。酶与疾病的发生、诊断、治疗有密切关系。

（一）酶与疾病的发生

1. 酶缺陷致病

生物体内酶活性缺失可导致疾病发生。酶的先天性缺陷是产生先天性疾病的重要原因之一，目前发现 140 多种先天性代谢缺陷多数是由酶先天性缺失导致的。如酪氨酸酶缺失会导致白化病，β- 半乳糖苷酶缺失会导致乳糖不耐症，6- 磷酸葡萄糖脱氢酶缺失会导致蚕豆病。研究发现，一些疾病的发生与酶变性或酶量异常，以及酶活性减弱直接相关。如白化病是由于酪氨酸酶缺乏引起的，苯丙氨酸羧化酶缺乏时，苯丙氨酸转变为酪氨酸途径受到抑制，继而经转氨基生成大量苯丙氨酸，导致尿液中出现苯丙氨酸，这就是苯丙酮尿症。又如缺乏维生素 K，肝脏内凝血因子前体不能转化为凝血酶原，患者出现凝血功能障碍，肌肉、皮下及胃肠道出血等。此外，一些有毒物质也可导致酶活性异常或酶合成受阻。如发生氰化物或一氧化碳中毒时，呼吸链中细胞色素氧化酶活性被抑制，重金属中毒是巯基酶活性受到抑制。有些疾病是由于酶活性受到抑制所致。如有机磷农药中毒是抑制了胆碱酯酶，氰化物中毒是抑制了细胞色素氧化酶等。

2. 酶活性异常导致疾病

酶合成是基因表达的结果，一般情况下，健康人体液内所含有的某些酶的量是相对恒定在某一范围内的。若出现某些疾病，则体液内的某种或某些酶活性将会发生相应的变化。因此，可根据体液内某些酶活力变化来诊断疾病，如酸性磷酸酶是一种在酸性条件下催化磷酸单酯水解生成无机磷酸的水解酶。人血清酸性磷酸酶的最适 pH 为 5～6，最适作用温度 37℃，正常人血清中的酸性磷酸酶来源于骨、肝、肾、脾、胰等组织，故不论男女老幼，其含量大致相同，而前列腺癌患者，以及出现肝炎、甲状旁腺机能亢进、红细胞病变等疾病时，血清中酸性磷酸酶活力都会升高。另外，生物体内的酶活性也会受到药物影响，如氰化物会抑制细胞色素氧化酶活性，重金属离子抑制巯基酶活性，从而导致相应疾病发生，甚至死亡。

（二）酶作为试剂用于临床检验

利用酶作为分析试剂，可对一些酶的活性、底物浓度、激活剂和抑制剂等进行定量分析。原理是利用可以直接简便监测底物或产物的酶（指示酶），将该酶偶联到待测的酶促反应体系中，将原来不易直接测定的反应转变为可直接监测的系列反应。很多脱氢酶催化的反应需要 NAD^+ 或 $NADP^+$ 作为辅酶。还原型辅酶在波长 340nm 处有吸收峰，而氧化型辅酶没有。根据这个特性可将脱氢酶与待测的酶促反应偶联，利用自动分析仪检测后者的酶活性或底物浓度。如检测血清谷丙转氨酶时，可将此反应体系与乳酸脱氢酶的反应体系偶联，利用分光光度法在 340nm 处检测 NADH 吸光度下降值，或在激发波长 365nm 和发射波长 460nm 处跟踪 NADH 荧光度下降值。

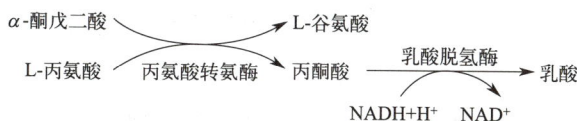

又如，血清中的肌酸就是利用肌酸激酶、己糖激酶和 6-磷酸葡萄糖脱氢酶相偶联，跟踪 NADPH 的变化情况达到检测的目的。

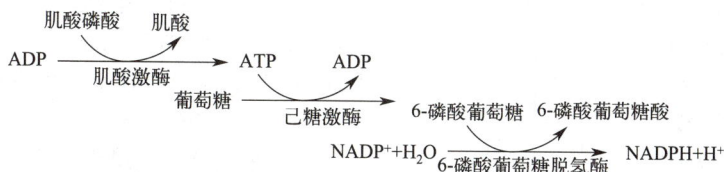

（三）酶作为工具用于科学研究与生产

（1）基因克隆用工具酶　核酸结构阐明、基因重组技术建立、人类基因组计划完成都离不开限制性内切酶、连接酶、聚合酶等工具酶，热稳定的 DNA 聚合酶的发现和应用使 PCR 反应从设想变成了现实。

（2）酶标记测定法　酶可以与某些物质结合使该物质被标记。通过测定酶活性来判断被标记物质的存在、位置及含量，该法灵敏度高，又可避免同位素应用的一些缺点。目前，酶联免疫测定法应用最为广泛。

（3）固定化酶　固定化酶是将经物理或化学方法处理的水溶性酶固定在某特定支持物上，使其成为不溶于水、但仍具有酶活性的一种酶的衍生物。固定化酶形式多样，可制成机械性能好的颗粒装成酶柱用于连续生产，或在反应器中进行批式搅拌反应，也可制成酶膜、酶管等应用于分析化学，还可制成微胶囊酶，作为治疗酶应用于临床。常用支持物有聚丙烯酰胺凝胶、合成纤维、活性炭、几丁质、沸石、氢氧化铝等。

（4）抗体酶　人们设想通过科学方法人工合成稳定的酶。抗体酶研制为人工酶合成开辟了崭新道路。酶可以与底物过渡态牢固地互补结合，具有高度专一性与高效性。于是，人们设想是否可以像抗原-抗体结合那样，用底物过渡态类似物作为抗原，免疫动物产生相应抗体，此抗体与底物有亲和力而与之结合，同时，可促进底物转化成过渡态，并进而转化成产物，这种具有催化功能的抗体被称为抗体酶。

（四）酶与疾病的诊断

通过测定血液或尿液等样品中的相关酶活性，可反映合成该酶的器官组织的生物功能状态，在临床诊断中用于多种疾病的快速诊断和预后判断。如急性病毒性肝炎患者由于肝细胞受损，导致细胞膜通透性增加，使原本存在于细胞内的谷丙转氨酶释放进入血液；又如有一些肝脏疾病可体现为血液中凝血酶原及部分凝血因子含量明显下降；恶性肿瘤转移时，血清中乳酸脱氢酶活性增高；再如发生有机磷农药中毒时，红细胞胆碱酯酶活性降低。

转氨酶是催化氨基从一个分子转移到另一个分子的转移酶类，在疾病诊断方面应用的主要有谷丙转氨酶（GPT）和谷草转氨酶（GOT），血清 GPT 和 GOT 最适 pH 为 7.4，最适作用温度 37℃。血清中 GPT 和 GOT 活力测定已在肝病和心肌梗死等疾病诊断中得到广泛应用。急性传染性肝炎、肝硬化和阻塞性黄疸型肝炎患者，其血清中 GPT 和 GOT 的活力急剧升高。心肌梗死患者 GOT 的活力升高尤为显著。组织器官损伤可使组织特异性的酶释放入血，临床上可根据体液（血浆、尿液等）中酶活性改变对疾病做出诊断。如肝细胞损伤时，血清中氨基转移酶活性会明显升高；发生心肌梗死时，血清中 LDH_1 活性会明显升高；患胰腺炎时，血液和尿液中淀粉酶活性升高；而骨癌患者血中碱性磷酸酶含量会升高。常见疾病的酶学诊断如表 5-11 所示。

表 5-11　常见疾病的酶学诊断

酶的种类	疾病及酶的改变
淀粉酶	胰腺疾病、肾脏病时活性升高；肝病时活性下降
天冬氨酸氨基转移酶	肝病、心肌梗死等，活性升高
丙氨酸氨基转移酶	肝病、心肌梗死等，活性升高
胃蛋白酶	胃癌时活性升高；十二指肠溃疡时活性下降
碳酸酐酶	坏血病、贫血时活性升高
磷酸葡萄糖变位酶	肝炎、肝癌时活性升高
亮氨酸氨基肽酶	阻塞性黄疸、肝癌、阴道癌时活性增高

（五）酶与疾病的治疗

酶具有多种生物学功能，已广泛应用于临床。如促进消化的胃蛋白酶、胰脂肪酶、胰蛋白酶等均可用于由消化液分泌不足所引起的消化不良和先天性代谢障碍。有些酶制剂可用于抗炎、消肿和排脓，如溶菌酶、木瓜蛋白酶、胶原蛋白酶等，可将炎症部位的纤维蛋白及脓液中的黏蛋白消化水解。纤溶酶、尿激酶与链激酶等可溶解血栓，用于防治血栓形成和治疗心脑血管栓塞。在清洁伤口时加入胰蛋白酶、溶菌酶等可加强伤口的净化。超氧化物歧化酶（SOD）具有抗氧化、抗衰老、抗辐射的作用，对红斑狼疮、皮肌炎、结肠炎及氧中毒等疾病有显著疗效。

通过补充外源性酶类药物，可治疗因酶含量不足或酶活力下降所引发的疾病。用于治疗疾病的酶类药物主要有以下几类：

（1）助消化酶 包括胃蛋白酶、胰蛋白酶、纤维素酶及淀粉酶等，主要用来治疗消化不良，缓解食欲不振（食欲减退）、胃腹胀满等症状。

（2）消炎酶 主要有胰蛋白酶、凝乳蛋白酶、溶菌酶、菠萝蛋白酶、木瓜蛋白酶、枯草杆菌蛋白酶、黑曲霉蛋白酶等，适用于抗炎、消肿、清疮、排脓与促进伤口愈合。蛋白酶可水解炎症部位纤维蛋白及脓液中黏蛋白，溶菌酶可水解细胞壁肽聚糖中的糖苷键。

（3）冠心病用酶 胰弹性蛋白酶具有 3- 脂蛋白酶的作用，能降低血脂、防治动脉粥样硬化。激肽释放酶（血管舒缓素）具有舒张血管的作用，临床用于治疗高血压和动脉粥样硬化。

（4）止血酶和抗血栓酶 止血酶包括凝血酶和凝血酶激活酶。抗血栓酶有纤溶酶、葡激酶、尿激酶与链激酶等。尿激酶和链激酶可使无活性的纤溶酶原转化为有活性的纤溶酶，使血液中纤维蛋白溶解，防止血栓形成。组织型纤溶酶原激活物（t-PA）是体内纤溶系统的生理性激动剂，在人体纤溶和凝血的平衡调节中发挥重要作用。重组人组织型纤溶酶原激活物（PA）具有良好的溶栓作用。

（5）抗肿瘤酶 L- 天冬酰胺酶能水解破坏肿瘤细胞生长所需的 L- 天冬酰胺，临床上主要用于治疗淋巴肉瘤和白血病，谷氨酰胺酶也有类似作用。

（6）其他酶类 药物细胞色素 C 是呼吸链电子传递体，可用于治疗组织缺氧。超氧化物歧化酶可用于治疗类风湿关节炎和放射病。青霉素酶用于治疗青霉素过敏。透明质酸酶可作为药物扩散剂并治疗青光眼。

二、酶在药物生产中的应用

利用酶催化作用将前体转化为药物成分应用广泛。很多药物，包括一些名贵药物都是采用酶法生产的。如各种新型 β- 内酰胺类抗生素，如青霉素和头孢霉素都是由青霉素酰化酶合成的，如利用固定化磷酸二酯酶生产 5′- 复合单核苷酸、固定化氨基酰化酶生产 L- 氨基酸、固定化青霉素酰化酶生产 6- 氨基青霉烷酸等。多种氨基酸和蛋白质水解液的生产是由蛋白酶催化合成的，核糖核苷酸类物质可由核糖核酸酶生产，用蛋白酶和羧肽酶可将猪胰岛素转化为人胰岛素。利用酶催化作用将前体物质转化为药物的过程称为酶工程制药，主要完成一些生物自身无法完成的反应，如没有相应的催化酶、非生物反应环境（如有机相）等。

📋 目标检测

一、填空题

1. 全酶由_____和_____两部分组成，前者作用是_____，后者作用是_____。

2. 乳酸脱氢酶同工酶有__种，其中，心肌细胞含量最高的是_____，肝细胞中含量最高的是_____。

3. 磺胺类药物的结构与_____相似，能竞争_____酶的活性中心。

二、判断题

1. 一种辅助因子只能与一种酶蛋白结合成全酶。（   ）

2. 酶只能催化热力学上允许进行的化学反应，只能加速反应进程，不能改变反应平衡点。（　　）

3. 只有全酶才有催化活性，酶蛋白与辅助因子单独存在时均无催化活性。（　　）

4. 有机磷农药抑制胆碱酯酶活性属于竞争性抑制。（　　）

5. 辅基与酶蛋白结合疏松，可通过透析或超滤的方法去除。（　　）

6. 非竞争性抑制的解除方法是增大底物浓度。（　　）

7. 酶的催化效率高是因为酶能大幅度增加反应的活化能。（　　）

8. 胰腺炎时，血中或尿中的淀粉酶会升高。（　　）

9. 采用首剂量加倍的方法使用磺胺药其原理是竞争性抑制。（　　）

10. 化学毒气路易斯气能与体内巯基酶结合使其失活导致机体中毒。（　　）

三、单选题

1. 关于酶以下说法正确的是（　　）。

A. 酶分子中只含有蛋白质

B. 辅酶相同而酶蛋白不同的酶，不能催化同一种化学反应

C. 酶蛋白与辅酶结合组成全酶

D. 单纯酶包括酶蛋白与辅酶两部分

2. 关于米氏常数 K_m 说法正确的是（　　）。

A. 米氏常数与酶的浓度无关

B. 米氏常数是当酶促反应速率为最大速率一半时的酶浓度

C. 米氏常数越大，酶与底物的亲和力越大

D. 在连续反应过程中，米氏常数最小的一步反应为限速反应

3. 酶是由细胞合成的具有极高催化效率的一类（　　）。

A. 多糖　　　　　　　　B. 蛋白质　　　　C. 无机盐　　　D. 有机酸

4. 结合酶中除蛋白质外的非蛋白质物质称为（　　）。

A. 酶蛋白　　　　　　　B. 酶原　　　　　C. 辅酶　　　D. 活性位点

5. 关于氧化还原酶类说法错误的是（　　）。

A. 氧化还原酶催化氧化还原反应　　　　　B. 脱氢酶属于氧化还原酶类

C. 过氧化氢酶属于氧化还原酶类　　　　　D. 氧化还原酶可催化基团的转移反应

6. 以下不属于酶的性质的是（　　）。

A. 高效性　　　　　　　B. 专一性　　　　C. 条件温和　　　D. 活性不能调节

7. 某些重金属离子（Hg^{2+}、Ag^+、Pb^{2+}）中毒的解毒剂是（　　）。

A. 解磷定　　　　　　　B. 氯磷定　　　　C. 高锰酸钾

D. 甲氨蝶呤　　　　　　E. 二巯基丙醇

8. 有机磷农药敌敌畏可结合胆碱酯酶活性中心的（　　）。

A. 半胱氨酸残基的—SH　B. 甲硫氨酸残基的甲硫基　　　　C. 精氨酸残基的胍基

D. 色氨酸残基的吲哚基　E. 丝氨酸残基的—OH

9. 磺胺类药物竞争的是下列哪个酶的活性中心？（　　）

A. 四氢叶酸合成酶　　　B. 二氢叶酸合成酶

C. 四氢叶酸还原酶　　　D. 二氢叶酸还原酶

10. 肝脏中富含的 LDH 同工酶是（　　）。

A. LDH_1　　　　　　B. LDH_2　　　　C. LDH_3　　　　D. LDH_4　　　　E. LDH_5

四、简答题

    1. 解释酶活性部位与必需基团的关系。

    2. 什么是米氏常数？米氏常数的意义是什么？

    3. 比较三种可逆性抑制作用的特点。

    4. 以磺胺类药物为例说明竞争性抑制作用的机制及磺胺类药物的临床药理作用。

五、案例分析

非手术治疗急性胰腺炎时抑制胰腺分泌或使用胰酶抑制剂的依据是什么？

扫一扫

目标检测答案 5

第六章
维生素与辅酶

学习目标

1. 知识目标

（1）掌握维生素、辅酶及维生素药物的基本概念；

（2）掌握维生素的分类、维生素与辅酶的关系，以及维生素相关缺乏症；

（3）了解各类维生素的主要来源、化学本质及理化性质；

（4）熟悉维生素在体内的活性形式及导致其缺乏的原因。

2. 技能目标

（1）能解释水溶性维生素与脂溶性维生素的生理功能及相关缺乏症的生物化学机制；

（2）能解释辅酶参与的物质代谢与能量代谢的相关生物化学机制；

（3）能辨别维生素缺乏症并分析其生物化学机理，合理选择维生素药物并进行相关药学服务；

（4）能运用所学的维生素相关知识预防维生素缺乏或进行中毒健康教育指导。

3. 思政与职业素养目标

（1）了解我国在维生素类药物研究中取得的成就及相关科学典故，强化学生爱国情怀，树立科技报国的远大志向；

（2）培养敬畏生命、尊重生命、关爱生命的职业道德和形成健康生活的生活习惯，培养维生素药物药学服务指导的职业技能。

导学案例

（1）患儿，男，2岁，父母因工作原因不能照顾孩子，主要由奶奶照顾，奶奶年纪较大且腿脚行动不便，平时很少带孩子进行户外活动。最近发现孩子盗汗、夜间常常惊醒，后脑勺有很明显的枕秃。学习完本章后请思考：该患儿的症状可能是由哪种维生素缺乏引起的？分析该维生素缺乏引起的疾病是什么？如何治疗？

（2）某远航客轮在海上遇到风暴，没有按期返航。由于所带的蔬菜、水果已经全部食用完，完全靠罐头食品维持日常饮食近4个月，结果成年人大多出现面色苍白、倦怠无力、食欲减退等症状，儿童则表现易怒、低热、呕吐和腹泻等体征。请思考此艘轮船上乘客的症状可能是由哪种维生素缺乏引起的？试分析该维生素缺乏引起的疾病是什么？

人们对维生素的认识大多来源于医药实践和科学实验。早在7世纪，我国古代医书就有关于维生素A、维生素 B_1 缺乏病和利用食物防治的记载。18世纪，欧洲航海者已知道用水果和新鲜蔬菜防治坏血病。20世纪初，通过实验动物的科学饲养试验发现了维生素。机体对维生素的需要量很少，每日需要量仅为微克（μg）或毫克（mg）级，但由于其不能在体内合成，或虽能合成但合成量不能满足机体需要，故须通过食物或药物补充。不同生物对维生素的需求各不相同，受年龄、性别、生理与病理等因素（如妊娠、哺乳、肠道疾病）的影响。健康人体通过正常饮食可满足机体对维生素的需求，但若营养不均衡、营养不良、营养失调，以及维生素缺乏或严重缺乏等情况时，容易出现因维生素不足而引发疾病。维生素在体内只有小部分能贮藏，缺乏维生素会引起皮肤、血细胞以及神经系统等出现障碍，常通过补充营养物质或药物来补充维生素。一般情况下，过量水溶性维生素可随尿液排出体外，但过量脂溶性维生素可能在机体蓄积导致中毒。

第一节　维生素概述

一、维生素概念与生物学功能

维生素是机体维持正常生命活动和生理功能所必需，但需求量甚小，在体内不能合成或合成量不能满足机体需要，须通过饮食等方式获得的一类小分子有机化合物。维生素种类多，来源和结构不同，生理功能各异，其共同特点有：①主要作用是参与调节物质代谢、促进生长发育和维持机体正常生理功能；②在体内既不是构成机体组织和细胞的组成成分，也不为机体提供能量，但却是生物生长所必需的物质；③体内不能合成或合成量不足且不断代谢，须持续补充。

一般来说，通过合理膳食可得到机体所需全部维生素，它们在体内不断代谢失活或直接排出体外，因此，维生素供应不足或需要量增加时可导致物质代谢障碍，影响正常生理功能。因长期缺乏某种维生素可导致维生素缺乏症，主要原因有：①摄入量不足，如严重挑食、偏食或膳食结构不平衡，食物加工、储存和烹调方式不当，长期食欲不振、吞咽困难等；②机体需要量增加，如孕妇、哺乳期妇女、生长发育期儿童、重体力劳动者及特殊工种工人、长期高热和慢性消耗疾病患者等；③吸收功能障碍，如长期腹泻、消化道和胆道梗阻、胃酸分泌减少等；④药物因素，如长期大量服用抗生素可抑制肠道正常菌群生长，从而引起特定维生素缺乏（如维生素 K、维生素 PP、维生素 B_6、叶酸、生物素、泛酸等）。若使用不当或长期过量服用，可出现中毒症状。为防止各种维生素缺乏症以及作为某些疾病的辅助治疗，维生素药物应用广泛。

【课堂互动】煮饭时，需要先将米进行淘洗，洗的次数不能过多，长期吃过度淘洗的大米容易因大米中营养成分的损失而缺少某些维生素，其背后的原因是什么？

二、维生素的命名和分类

1. 命名

维生素命名方法有 3 种：①根据发现的先后顺序以英文字母命名，如维生素 A、维生素 B、维生素 C 等，同一族维生素在英文字母右下角按发现顺序注以阿拉伯数字 1、2、3 等加以区别，如维生素 B_1、维生素 B_2 等；②根据化学结构特点命名，如硫胺素、生育酚、生物素、核黄素等；③根据生理功能和作用命名，如抗坏血酸维生素、抗脚气病维生素、抗佝偻病维生素等。

2. 分类

维生素种类多、来源广、功能多样，化学结构和性质差别很大，可按化学结构分类，但习惯上常按溶解性质不同分为脂溶性维生素（维生素 A、维生素 D、维生素 E、维生素 K）和水溶性维生素（维生素 C 和 B 族维生素）2 大类。B 族维生素又包括维生素 B_1、维生素 B_2、维生素 B_6、维生素 B_{12}、维生素 PP、泛酸、叶酸和生物素等。维生素分类与命名见表 6-1。

表6-1　维生素的分类与命名

类别	名称	
水溶性维生素	维生素 B_1（硫胺素、抗脚气病维生素）	维生素 B_2（核黄素）
	维生素 B_5（泛酸、遍多酸）	维生素 PP（烟酸、烟酰胺、抗癞皮病维生素）
	维生素 B_6（吡多胺、吡哆醇、吡哆醛、抗皮炎病维生素）	维生素 B_7（生物素）
	叶酸	维生素 B_{12}（钴胺素）
	维生素 C（抗坏血酸）	硫辛酸
脂溶性维生素	维生素 A（抗眼干燥症维生素）	维生素 D（钙化醇、抗佝偻病维生素）
	维生素 E（生育酚）	维生素 K（凝血维生素）

脂溶性维生素与水溶性维生素的比较见表 6-2。

表6-2　脂溶性维生素与水溶性维生素的比较

类别	脂溶性维生素	水溶性维生素
溶解性质	不溶于水，溶于有机溶剂	溶于水
吸收	小肠吸收后先进入淋巴循环，再到血液	被肠道吸收后直接进入血液
血液运输	需要载体蛋白介导运输	游离形式运输
跨膜进出细胞方式	自由扩散	一般需要运输蛋白介导
储存	过量时与脂肪储存在一起，难以排泄	过量时经肾排泄
毒性	长期或大量服用时容易达到毒性水平	难以达到毒性水平
剂量	周期性服用	经常少量服用 1～3 天
实例	维生素 A、维生素 D、维生素 E、维生素 K	B 族维生素和维生素 C

三、维生素药物

维生素在维持人体正常代谢和生理功能中发挥重要作用。临床上，维生素药物主要用于治疗由于某特定维生素缺乏而引起的疾病，包括水溶性药物、脂溶性药物、复合维生素片剂或液体针剂，以及维生素代谢相关药物。根据其用途不同可分为治疗用维生素和营养补充用维生素 2 大类。治疗用维生素应按缺乏症选择，多为单一品种，用量采用治疗剂量。如维生素 A 用于治疗夜盲症和眼干燥症，维生素 B_1 用于治疗脚气病，维生素 C 用于治疗坏血病，维生素 D 用于治疗佝偻病、骨软化症和骨质疏松等。营养补充用维生素主要用于预防因饮食不均衡、肠道疾病或妊娠期妇女等特殊人群需求量增加所引起的维生素缺乏症，以改善机体代谢状态和生理功能，常为多品种、小剂量、经常或连续服用，可全面补充各类维生素，常见有复合维生素和复合维生素 B 等。维生素还可用于某些疾病的辅助治疗，如维生素 C 可用于各种急慢性感染性疾病辅助治疗、慢性铁中毒和特发性高铁血红蛋白症治疗等，叶酸用于胎儿先天性神经管畸形预防和巨幼细胞贫血治疗等，维生素 B_1 用于周围神经炎、心肌炎辅助治疗，维生素 B_6 用于防治异烟肼中毒、妊娠、化疗所致呕吐和小儿惊厥等。

近年来，维生素及其衍生物在肿瘤防治方面的辅助作用受到普遍关注，其作用主要包括增强淋巴系统监护功能、抑制肿瘤细胞 P- 糖蛋白、减少肿瘤细胞耐药性产生、清除氧自由基、保护细胞膜、抑制端粒酶活性和促进肿瘤细胞分化等。

四、维生素与辅酶的关系

维生素与辅酶存在密切关系，许多辅酶是由维生素衍生而来的，多数水溶性维生素作为辅酶或辅基组分，或本身就是酶的辅助因子，参与生物体代谢和造血过程的许多生化反应，如维生素 B_1、维生素 B_2、维生素 PP、维生素 B_6 和维生素 B_{12} 等（表6-3）。缺乏这些维生素会导致对应辅酶合成不足，进而影响相关酶的正常活性，从而引发代谢相关疾病，产生缺乏症。此外，有的金属离子和其他有机小分子也是辅酶的重要组分，在酶促反应中作为氧化还原酶类辅助因子，起到递氢体或电子体作用，或作为基团转移酶辅助因子，充当转移基团的载体。

表 6-3　主要水溶性维生素与辅酶

维生素	辅酶	维生素	辅酶
维生素 B_1	硫胺素焦磷酸（TPP）	维生素 B_6	磷酸吡哆醛、磷酸吡多胺
维生素 B_2	黄素单核苷酸（FMN）	泛酸	辅酶A、酰基载体蛋白质（ACP）
	黄素腺嘌呤二核苷酸（FAD）	生物素	生物素
维生素 PP	烟酰胺腺嘌呤二核苷酸（NAD⁺）	叶酸	四氢叶酸（FH₄）
	烟酰胺腺嘌呤二核苷酸磷酸（NADP⁺）	维生素 B_{12}	甲钴胺素、腺苷钴胺素

第二节　水溶性维生素及其辅酶

水溶性维生素主要包括 B 族维生素和维生素 C。B 族维生素主要有维生素 B_1、维生素 B_2、维生素 PP、泛酸、维生素 B_6、生物素、叶酸、维生素 B_{12} 等。水溶性维生素化学结构各不相同、生化功能各有差异，在生物体内能直接作为辅酶或辅基，或转变为辅酶或辅基，参与体内物质和能量代谢。水溶性维生素易溶于水，体内储存量不大，过剩部分均由尿液排出体外，一般不会发生因食用过多引起中毒。由于在体内储存少，须经常从食物中摄取。当水溶性维生素缺乏时会造成代谢紊乱，导致生长障碍，如在许多情况下，由于需要能量较多或维生素的特殊作用时，常影响到神经组织功能，缺乏造血所需的维生素（如叶酸、维生素 B_{12}）时会导致不同类型的贫血。

一、维生素 B_1 和硫胺素焦磷酸的功能

维生素 B_1 又称抗脚气病维生素，广泛分布在动植物性食物中，如种子外皮及胚芽（如米糠、全麦粒）、酵母、豆类、动物的肝和瘦肉等。过度加工的精细谷物可造成维生素 B_1 大量丢失，精白米和精白面粉中维生素 B_1 含量远不及标准米、标准面粉的高。某些生鱼肉中含有热不稳定的硫胺素酶，能催化维生素 B_1 分解，所以多食生鱼肉会导致维生素 B_1 缺乏。维生素 B_1 在体内不易储存，需每日由食物适当补充。

1. 化学本质及性质

因维生素 B_1 分子结构中有含硫的噻唑环和含氨基的嘧啶环，故称为硫胺素（图6-1）。噻唑环位于 N 和 S 之间的 C 的氢原子上，由于受到周围电子基团的影响，可以以质子形式释放出去，从而留下亲核性强的碳负离子。维生素 B_1 大多数以盐酸硫胺素形式

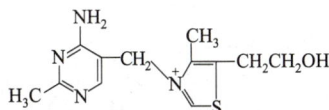

图 6-1　维生素 B_1 的化学结构

存在，为白色结晶，极易溶于水，在酸性条件下耐热性极强，加热到120℃也不会被破坏。但在

碱性条件下加热极易分解。对光敏感，应避光阴凉处保存，且不宜久存。维生素 B_1 易被小肠吸收，在硫胺素激酶作用下，可与 ATP 作用转变为硫胺素焦磷酸（TPP）。TPP 是维生素 B_1 在体内的主要活性形式，主要是以辅酶形式参与糖的分解代谢。TPP 是体内许多脱羧酶的辅酶，参与许多 α- 酮酸脱羧反应，也是转酮醇酶的辅酶，参与磷酸戊糖代谢途径的转酮醇反应。

2. 主要生理功能及缺乏症

（1）TPP 是 α- 酮酸氧化脱羧酶系的辅酶　α- 酮酸氧化脱羧酶系（如丙酮酸脱氢酶系、α- 酮戊二酸脱氢酶系等）是糖代谢关键酶。当维生素 B_1 缺乏时，由于 TPP 合成不足，丙酮酸和 α- 酮戊二酸氧化脱羧及磷酸戊糖途径可发生障碍，糖代谢受阻，造成血、尿和脑组织中丙酮酸、乳酸积累，从而表现出多发性神经炎、心力衰竭、四肢无力、肌肉萎缩、下肢浮肿等临床症状，称为脚气病。

（2）TPP 是转酮醇酶的辅酶　TPP 是磷酸戊糖途径中转酮醇酶的辅酶，磷酸戊糖途径是合成核糖的重要来源。当维生素 B_1 缺乏时，磷酸戊糖途径受阻，体内核苷酸合成及神经髓鞘中鞘磷脂合成受影响，也可导致末梢神经炎的其他神经病变。

（3）维生素 B_1 可影响乙酰胆碱的合成与分解　乙酰胆碱是兴奋性神经递质，胆碱酯酶可催化乙酰胆碱水解生成乙酸和胆碱。维生素 B_1 能抑制胆碱酯酶活性，使乙酰胆碱分解速度适当，从而保证神经兴奋过程中的正常传导。当维生素 B_1 缺乏时，胆碱酯酶活性增强，乙酰胆碱分解加速，神经传导受到影响，可造成胃肠蠕动缓慢、消化液分泌较少，出现食欲不振、消化不良等症状。临床上，维生素 B_1 可用于消化不良的辅助治疗。维生素 B_1 缺乏的常见原因是膳食中维生素 B_1 含量不足，如长期以精白米或精白面粉为主食的人群等。另外，吸收障碍、需要量增加及酒精中毒等也可导致维生素 B_1 缺乏。

【课堂互动】脚气病与足癣（俗称脚气）的病因相同吗？如果不相同，两者又有什么区别？

二、维生素 B_2 和黄素辅酶及功能

维生素 B_2 又称核黄素，在动物肝脏、蛋黄、奶与奶制品、酵母、豆类植物和绿叶蔬菜等物质中含量丰富。人体肠道细菌也能合成一部分，但不能满足机体正常需要，因此须从食物中摄取。

1. 化学本质及性质

维生素 B_2 是 7,8- 二甲基异咯嗪与核糖醇的缩合物（图 6-2），呈黄色，水溶液在透射光下显淡黄绿色，并有强烈黄绿色荧光，故称核黄素。酸性条件下耐热，较稳定，但碱性条件下不耐热，故在烹调食物时不宜加碱。对光敏感，遇光易被破坏，故应使用棕色瓶避光保存。主要在小肠上段通过转运蛋白主动吸收，吸收后经小肠黏膜黄素激酶催化转变成黄素单核苷酸（FMN），FMN 经磷酸化作用进一步生成黄素腺嘌呤二核苷酸（FAD），FMN 和 FAD 是体内维生素 B_2 的活性形式（图 6-3）。

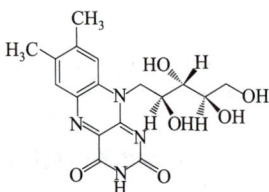

图 6-2　维生素 B_2 的结构

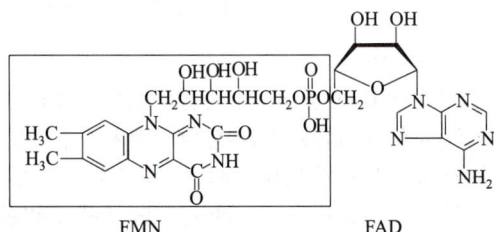

图 6-3　FMN 和 FAD 的结构

2．主要生理功能及缺乏症

FMN 和 FAD 是体内多种氧化还原酶的辅基，这些酶也称黄素蛋白或黄素酶。以 FMN 或 FAD 为辅基的酶有琥珀酸脱氢酶、酯酰辅酶 A 脱氢酶、黄嘌呤氧化酶等，它们在生物氧化过程中发挥递氢作用，广泛参与体内各类氧化还原反应，能促进糖类、脂肪和蛋白质代谢，对维持皮肤、黏膜和视觉的正常功能有一定作用。维生素 B_2 缺乏时，物质代谢和能量代谢出现紊乱，易出现口角炎、唇炎、结膜炎、阴囊炎、眼睑炎、皮炎等症状。婴幼儿缺乏维生素 B_2 则会生长迟缓。缺乏的主要原因是膳食中供应不足或食物烹调不当。临床上用光照疗法治疗新生儿黄疸时，在破坏皮肤胆红素的同时，核黄素也同时被破坏，引起新生儿维生素 B_2 缺乏。因此，在治疗新生儿黄疸时，还应注意补充维生素 B_2。

三、维生素 B_5 和辅酶 A 及功能

维生素 B_5 在食物中普遍存在，尤其在动物组织、谷物、豆类及酵母中含量丰富，肠道细菌也能合成。因广泛分布于自然界，故称泛酸或遍多酸（图 6-4）。

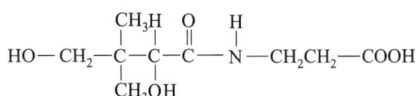

图 6-4　维生素 B_5（泛酸）的结构

1. 化学本质及性质

泛酸是由 β- 丙氨酸与二甲基羟丁酸缩合而成的有机酸。在中性溶液中耐热，酸性或碱性溶液中加热易被破坏，对氧化剂及还原剂极稳定。泛酸在肠道内被吸收后，经磷酸化并获得巯基乙胺而成为 4- 磷酸泛酰巯基乙胺，后者是辅酶 A（CoA）和酰基载体蛋白质（ACP）的组成成分，参与酰基转移反应（图 6-5）。

图 6-5　辅酶 A 的结构

2. 主要生理功能及缺乏症

CoA 和 ACP 是泛酸在体内的活性形式。CoA 在体内构成酰基转移酶的辅酶，主要起传递酰基的作用，如乙酰基与 CoA 结合形成乙酰 CoA。CoA 还参与体内一些重要物质，如乙酰胆碱、胆固醇、卟啉、固醇类激素和肝糖原的合成，并能调节血浆蛋白脂蛋白和胆固醇的含量。CoA 和 ACP 在体内广泛参与糖类、脂肪、蛋白质代谢及肝脏生物转化过程，已知利用 CoA 和 ACP 的酶有 70 多种。肠道细菌也能合成泛酸，典型泛酸缺乏病尚未发现。机体缺乏泛酸易引起胃肠功能障碍等疾病，可出现食欲下降、恶心、腹痛、便秘等症状，严重时出现肢神经痛综合征，表现为脚趾麻木、周身酸痛等。第二次世界大战时期远东战俘中曾有"脚灼热综合征"，为泛酸缺乏所致。

四、维生素 PP 和辅酶 Ⅰ、Ⅱ 及功能

维生素 PP 在自然界分布很广，尤以酵母、肉类、谷物、花生中含量丰富。人体、植物和某些细菌可将色氨酸转化为维生素 PP，但转化率较低，不能满足人体需要，主要还是从食物中摄取。

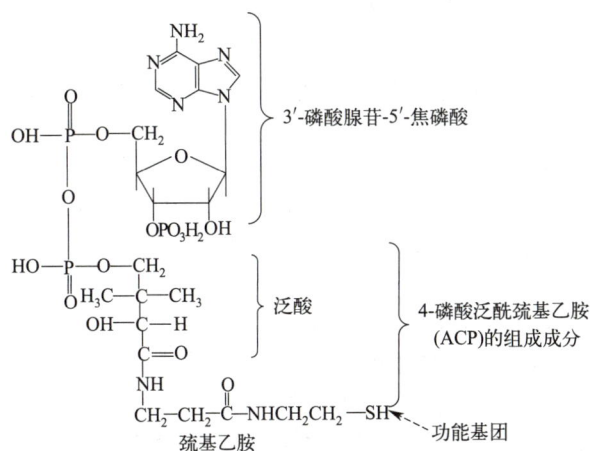

1. 化学本质及性质

维生素 PP 又称抗癞皮病维生素，是吡啶衍生物，包括烟酸（尼克酸）和烟酰胺（尼克酰胺）两种物质（图 6-6），两者在体内可相互转化，主要以烟酰胺形式存在。维生素 PP 是白色结晶，耐热，在 120℃下加热 20min 不会被破坏，亦不易被酸和碱破坏，是维生素中性质最稳定、结构最简单的一种。

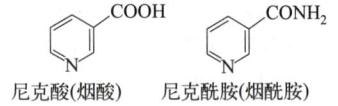

尼克酸(烟酸)　尼克酰胺(烟酰胺)

图 6-6　尼克酸和尼克酰胺化学结构

在生物体内，烟酰胺主要转化为脱氢酶的辅酶，主要包括辅酶Ⅰ（烟酰胺腺嘌呤二核苷酸，NAD^+）和辅酶Ⅱ（烟酰胺腺嘌呤二核苷酸磷酸，$NADP^+$），是多种脱氢酶的重要辅酶，参与生物体生物氧化反应中的递氢过程。用简式表示为：NAD^+（或 $NADP^+$）$+2H \rightleftharpoons NADH$（或 $NADPH$）$+H^+$。上式表示底物分子的一个质子（H^+）和两个电子传递给 NAD^+（或 $NADP^+$）的烟酰胺环，使 N 原子由 5 价变为 3 价，同时第 4 位碳原子添加一个 H 原子，变成还原型烟酰胺辅酶，底物的另一个质子则释放在溶液中。

$$NAD^+或NADP^+ \quad \xrightleftharpoons[-2H]{+2H} \quad NADH或NADPH \quad +H^+$$

NAD^+ 和 $NADP^+$ 的功能基团在烟酰胺上，是维生素 PP 的活性形式。具体结构见图 4-7。

2. 主要生理功能及缺乏症

NAD^+ 和 $NADP^+$ 在生物氧化还原反应中主要发挥递氢作用，是多种不需氧脱氢酶的辅酶（表 6-4）。这些酶参与细胞呼吸，将代谢中产生的氢经呼吸链传递并产生能量，因此，维生素 PP 在糖类、脂肪和蛋白质的能量产生与释放过程中发挥重要作用。此外，还参与脂肪、蛋白质和 DNA 的合成，在固醇类化合物合成中也起重要作用，可降低体内胆固醇水平。临床上，将烟酸用于治疗高胆固醇血症，但服用过量烟酸或烟酰胺可引起血管扩张、肠胃不适、脸颊潮红等中毒症状。

一般营养条件下，很少会出现缺乏维生素 PP 的情况。人体维生素 PP 缺乏时可引起癞皮病，主要表现为皮肤暴露部分的对称性皮炎、腹泻和痴呆等症状，故称抗癞皮病维生素。抗结核药物异烟肼（图 6-7）结构与维生素 PP 十分相似，有相互拮抗作用，长期服用异烟肼可引起维生素 PP 缺乏。玉米中烟酸是结合型的，不能被人体直接利用，且玉米中色氨酸含量极低，长期以玉米为主食者也易缺乏维生素 PP。

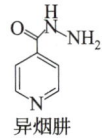

异烟肼

图 6-7　异烟肼化学结构

表 6-4　以 NAD^+ 或 $NADP^+$ 作辅酶的氧化还原酶

酶	辅酶	底物	产物
乙醇脱氢酶	NAD^+	乙醇	乙醛
异柠檬酸脱氢酶	NAD^+ 或 $NADP^+$	异柠檬酸	α- 酮戊二酸，CO_2
乳酸脱氢酶	NAD^+	乳酸	丙酮酸
3- 磷酸甘油醛脱氢酶	NAD^+	3- 磷酸甘油醛	1,3- 二磷酸甘油酸
谷氨酸脱氢酶	NAD^+，$NADP^+$	L- 谷氨酸	α- 酮戊二酸，NH_3

续表

酶	辅酶	底物	产物
谷胱甘肽还原酶	NADPH	氧化型谷胱甘肽	还原型谷胱甘肽
苹果酸脱氢酶	NAD^+	苹果酸	草酰乙酸
硝酸还原酶	NADH	硝酸盐	亚硝酸盐

【课堂互动】为什么长期以玉米为主食者有可能发生维生素 PP 缺乏病?

五、维生素 B$_6$ 和磷酸吡哆醛及功能

维生素 B$_6$ 在动植物中分布广泛,如麦胚芽、米糠、豆类、卷心菜、酵母、肝、肾、蛋黄、肉、鱼等均含有丰富的维生素 B$_6$。人和动物肠道细菌能少量合成维生素 B$_6$,一般不易缺乏。

1. 化学本质及性质

维生素 B$_6$ 是一组含氮化合物,为吡啶衍生物,包括吡哆醇、吡哆醛和吡哆胺 3 种,统称吡哆素(图 6-8)。在体内,吡哆醇可转变成吡哆醛,吡哆醛和吡哆胺可互相转变(图 6-9),但不能转变为吡哆醇。维生素 B$_6$ 易溶于水和酒精,微溶于脂溶性溶剂,在酸性环境中稳定,对光、碱、热均敏感,高温下迅速破坏。

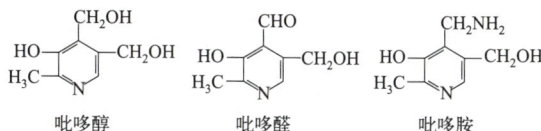

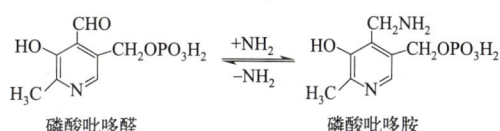

图 6-8　维生素 B$_6$ 的结构　　图 6-9　磷酸吡哆醛和磷酸吡哆胺结构与相互转化

2. 主要生理功能及缺乏症

吡哆醇、吡哆醛和吡哆胺在胞质中利用 ATP 被磷酸化分别生成磷酸吡哆醇、磷酸吡哆醛和磷酸吡哆胺,后两者是维生素 B$_6$ 的活性形式。

(1)磷酸吡哆醛和磷酸吡哆胺参与氨基酸代谢　维生素 B$_6$ 在氨基酸的转氨基和脱羧过程中起辅酶作用。在氨基酸转氨基作用中,磷酸吡哆醛和磷酸吡哆胺是氨基酸转氨酶的辅酶,起传递氨基的作用。在氨基酸脱羧反应中,磷酸吡哆醛是许多氨基酸及其衍生物脱羧酶的辅酶,能促进它们转变成相应的胺,并释放 CO_2。通过这种反应可形成许多重要物质,如 γ-氨基丁酸。缺乏可引起周围神经出现脱髓鞘等变化,表现为呕吐、中枢神经兴奋、惊厥等,临床常用维生素 B$_6$ 治疗妊娠呕吐、小儿惊厥和精神焦虑等。

(2)磷酸吡哆醛是血红素合成关键酶的辅酶　磷酸吡哆醛是血红素合成关键酶——δ-氨基-γ-酮戊酸(ALA)合成酶的辅酶,参与血红素合成。缺乏时可引起小细胞低色素性贫血。磷酸吡哆醛是糖原磷酸化酶的重要组成部分,参与糖原分解。食物中富含维生素 B$_6$,目前还没有发现缺乏维生素 B$_6$ 引起的典型疾病。异烟肼和吡哆醛可结合形成腙而通过尿排出体外,引起维生素 B$_6$ 缺乏症,如中枢兴奋、周围神经炎和小细胞低色素性贫血,故服用异烟肼时,应注意及时补充维生素 B$_6$。

【课堂互动】为什么维生素 B$_6$ 可用于治疗妊娠呕吐?

六、维生素 B$_7$ 和羧化酶辅酶及功能

维生素 B$_7$ 又称生物素、维生素 H，广泛存在于酵母、肝、蛋类、牛奶、蔬菜及谷物等食物中，人体肠道细菌也能合成，很少出现缺乏症。

1. 化学本质及性质

维生素 B$_7$ 是由噻吩和尿素结合的双环化合物，侧链有一个戊酸基团，为无色针状结晶，溶于水而不溶于乙醇、乙醚及氯仿等脂溶性溶剂。耐酸不耐碱，常温下相当稳定，高温及氧化剂可使其失活。自然界存在的生物素至少有两种，即 α-生物素和 β-生物素（图 6-10）。

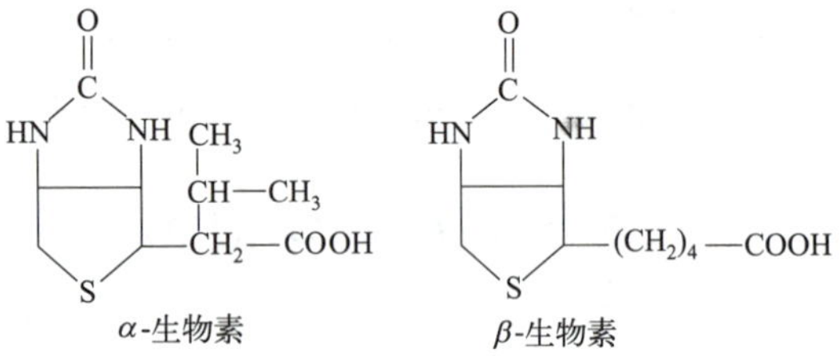

图 6-10　α-生物素和 β-生物素的结构

2. 主要生理功能及缺乏症

维生素 B$_7$ 是体内多种羧化酶的辅基或辅酶，分子中的羧基与羧化酶活性中心赖氨酸残基上的 ε-NH$_2$ 通过酰胺键链接，形成生物素残基，羧化酶转变成具有催化活性的酶。生物素作为丙酮酸羧化酶、乙酰辅酶 A 羧化酶和丙酰辅酶 A 羧化酶辅基，在代谢过程中参与 CO$_2$ 固定和羧化反应，在糖类、脂肪和蛋白质等代谢中有重要意义。生物素来源广泛，肠道细菌又能合成，很少出现缺乏症。在生鸡蛋蛋清中含有抗生物素蛋白质，能与生物素结合形成一种稳定而无活性的、难以被人体肠道吸收的化合物，故长期食用生鸡蛋蛋清，可导致生物素缺乏。另外，长期服用抗生素可抑制肠道正常菌群，也会造成生物素缺乏，其症状主要为疲乏、恶心、呕吐、食欲不振、皮炎、毛发脱落等。

【课堂互动】有人认为"新鲜生鸡蛋的营养价值高于熟鸡蛋，长期食用对人体有益"，你赞成这种说法吗？为什么？

七、叶酸和叶酸辅酶及功能

叶酸（FA）因在植物绿叶中含量丰富而得名，广泛分布于肝、酵母、水果和各种绿叶蔬菜中，人类肠道细菌也能合成。

1. 化学本质及性质

叶酸是由 2-氨基-4-羟基-6-亚甲基蝶呤、对氨基苯甲酸和 L-谷氨酸组成，又称蝶酰谷氨酸（图 6-11），为黄色晶体，微溶于水，不溶于脂溶性溶剂。在中性和碱性环境中耐热，但在酸性溶液中不稳定，易被光破坏，故应避光冷藏。

叶酸在体内小肠上段被吸收后，经肠黏膜上皮细胞中二氢叶酸还原酶还原为二氢叶酸，再进一步还原为 5,6,7,8-四氢叶酸（THF 或 FH$_4$），是叶酸在体内的活性形式（图 6-12）。

2. 主要生理功能及缺乏症

四氢叶酸是体内一碳单位转移酶的辅酶，又称辅酶 F（CoF）。体内许多重要物质，如嘌呤、嘧啶、核苷酸、丝氨酸等的合成，均需作为一碳单位载体的 FH$_4$ 提供一碳单位。当体内叶酸缺乏时，一碳单位转移发生障碍，核苷酸（尤其是脱氧核苷酸）合成减少，进而影响骨髓中幼红细胞 DNA 合成，使得骨髓幼红细胞分裂速度减慢，细胞体积增大，导致细胞核内染色质疏松，形成巨幼红细胞，这种红细胞大部分在成熟前就被破坏造成贫血，故称为巨幼红细胞贫血（又称恶性贫血）。

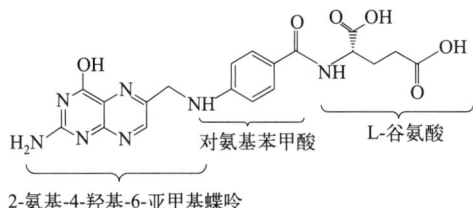

图 6-11　叶酸的结构

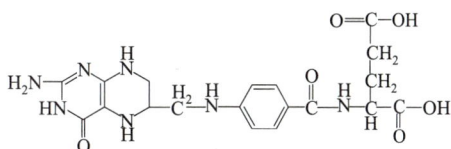

图 6-12　四氢叶酸化学结构式

　　叶酸缺乏多见于需要量增加但未及时补充的人群，如孕妇及哺乳期妇女，这类人群因代谢旺盛应适量补充叶酸，可降低胎儿神经管缺陷发病率。孕妇在怀孕前 3 个月缺乏叶酸，易导致流产或胎儿神经管缺陷、无脑儿、腭裂等先天性畸形。长期口服避孕药或抗惊厥药会干扰叶酸吸收和代谢并造成缺乏，故应适当补充叶酸。抗癌药物氨基蝶呤、甲氨蝶呤与叶酸结构相似，均为叶酸还原酶竞争性抑制剂，长期服用可造成叶酸缺乏。叶酸类抗代谢药物作为抗肿瘤药物已用于临床。

　　【课堂互动】与其他人群相比，孕妇及哺乳期妇女更需要注意叶酸的补充，这是为什么？

生化与健康

胎儿神经管缺陷

　　神经管缺陷又称神经管畸形，是指先天性大脑和脊柱结构异常，是一种严重的出生缺陷。胎儿神经管缺陷产生的重要原因之一是妇女在计划怀孕和怀孕期间缺乏叶酸。神经管是神经系统中枢部分胚胎时期的原始结构，随着胚胎发育，会逐渐分化成脑和脊髓，若发育过程中出现畸形，后果非常严重。胎儿神经管缺陷主要表现为无脑儿、颅脑畸形、脑膨出、脑膜膨出、脊柱裂、脑脊髓膜膨出、唇裂、腭裂等。神经管缺陷的发生概率为 0.14% ~ 0.2%，是世界上第二常见的先天畸形。

八、维生素 B_{12} 和辅酶及功能

　　维生素 B_{12} 又称钴胺素，是目前已知的唯一含有金属元素钴的维生素（图 6-13），也是分子量最大、结构最复杂的维生素，主要存在于瘦肉、肾、肝、鱼、蛋等动物性食物中，酵母中含量也丰富。人体肠道细菌也能合成，但在大肠中不能吸收。维生素 B_{12} 必须与胃黏膜细胞分泌的内因子（一种糖蛋白）结合后才能被吸收，且不易被肠道细菌破坏。

1. 化学本质及性质

　　维生素 B_{12} 是一类含钴、氰基（—CN）、咕啉环、3′- 磷酸核糖、5,6- 二甲基苯并咪唑和氨基丙醇的化合物，是粉红色结晶，其水溶液在弱酸性条件下稳定、耐热，在强酸、强碱、日光、氧化剂或还原剂等条件下易被破坏。进入人体后，其钴离子可与不同离子结合，如与甲基结合形成甲基钴胺素（甲基维生素 B_{12}），与 5′- 脱氧腺苷结合形成 5′- 脱氧腺苷钴胺素（辅酶 B_{12}，CoB_{12}），与羟基结合形成羟钴胺素。其中，甲基钴胺素和 5′- 脱氧腺苷钴胺素为体内主要活性形式，也是血液中主要存在形式。辅酶 B_{12} 可作为变位酶辅酶参与异构化反应，甲基钴胺素主要参与体内甲基化反应，与叶酸一起在体内甲基化反应过程中发挥传递甲基的作用。

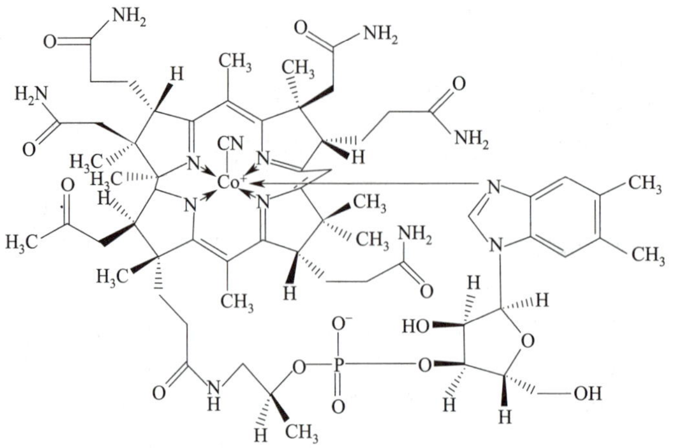

图 6-13　维生素 B_{12} 的结构

2. 主要生理功能及缺乏症

（1）甲基钴胺素是甲基转移酶的辅酶，参与甲基转移　甲基钴胺素参与体内转甲基反应和叶酸代谢，是 N^5- 甲基四氢叶酸甲基转移酶的辅酶。该酶催化 N^5- 甲基四氢叶酸和同型半胱氨酸之间不可逆的甲基移换反应，产生四氢叶酸和甲硫氨酸。而由甲硫氨酸转变成的 S- 腺苷甲硫氨酸作为甲基供体，参与 DNA、RNA 和组蛋白甲基化。缺乏时，体内核酸和蛋白质合成受到影响，可发生巨幼红细胞贫血，增加发生动脉粥样硬化、血栓和高血压的危险性。

（2）维生素 B_{12} 具有营养神经的作用　$5'$- 脱氧腺苷钴胺素是 L- 甲基丙二酰辅酶 A 变位酶的辅酶，催化琥珀酰辅酶 A 生成。缺乏时，L- 甲基丙二酰辅酶 A 大量堆积，因其结构与丙二酰辅酶 A 相似，因而影响脂肪酸正常合成。脂肪酸合成障碍会影响神经髓鞘转换，引起髓鞘变性、退化等神经疾病。正常膳食很少发生维生素 B_{12} 缺乏，但萎缩性胃炎、胃大部分切除术后患者，或长期服用埃索美拉唑镁肠溶片的患者，因内因子分泌减少，可引起维生素 B_{12} 缺乏。

【课堂互动】巨幼红细胞贫血与缺乏什么维生素有关？

九、维生素 C 和辅酶及功能

维生素 C 能防治坏血病，故称抗坏血酸，广泛存在于新鲜水果和蔬菜中，特别是柑橘类、柠檬、鲜枣、西红柿、猕猴桃、山楂等含量丰富。植物组织中存在的维生素 C 氧化酶可使其氧化失活，长期保存或干燥处理等方式会导致水果蔬菜中维生素 C 含量大量减少。干菜中几乎不含维生素 C，种子发芽过程可合成维生素 C，豆芽菜类蔬菜是维生素 C 的极好来源。烹饪不当也可导致维生素 C 流失。

1. 化学本质及性质

维生素 C 是一种不饱和多羟基六碳化合物，以内酯形式存在（图 6-14），其烯醇式结构中 C_2 和 C_3 的羟基上 2 个氢原子可氧化脱氢生成脱氢维生素 C，具有有机酸性质，能防治坏血病并有显著酸味，脱氢维生素 C 是一种强还原剂，弱氧化剂就可使其氧化，常用作抗氧化剂。为无色或白色晶体，易溶于水，微溶于乙醇和甘油，不溶于有机溶剂。因其具有很强的还原性，极不稳定，在中性或碱性溶液中容易被加热或氧化剂所破坏，在酸性环境（pH < 5.5）中较为稳定。

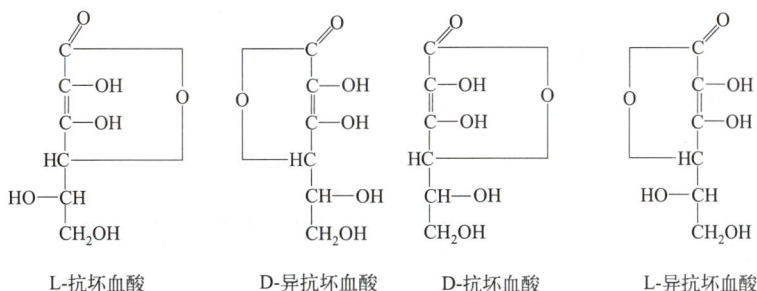

图 6-14　维生素 C 的结构

L-抗坏血酸　　D-异抗坏血酸　　D-抗坏血酸　　L-异抗坏血酸

2. 主要生理功能及缺乏症

（1）作为羟化酶辅酶，参与体内多种羟化反应

① 促进胶原蛋白的合成。胶原蛋白合成时，在其前 α 链的翻译后修饰过程中，肽链上脯氨酸残基和赖氨酸残基需要经过羟化酶催化，生成相应的羟脯氨酸和羟赖氨酸。维生素 C 是这些羟化酶的辅助因子，因而能促进胶原蛋白合成。胶原是结缔组织、骨及毛细血管等结构的重要组成成分。当维生素 C 缺乏时，胶原蛋白合成不足，可导致毛细血管壁通透性和脆性增加、易破裂出血，牙齿易松动、牙龈出血、骨折、创伤不易愈合等。此外，体内肉碱合成也需依赖维生素 C 羟化酶，当维生素 C 缺乏时，肉碱合成减少，使脂肪酸 β 氧化减弱，患者出现倦怠乏力，这也是坏血病症状之一。

② 参与胆固醇的转化。体内胆固醇绝大部分在 7α- 羟化酶催化下转变成胆汁酸后排出体外，维生素 C 是 7α- 羟化酶辅酶。维生素 C 缺乏时可导致胆固醇难以转变为胆汁酸而累积在肝脏，故临床上使用大剂量维生素 C 以降低血中胆固醇浓度。在肾上腺皮质，维生素 C 还参与胆固醇合成肾上腺皮质激素。

③ 参与芳香族氨基酸的代谢。苯丙氨酸羟化生成酪氨酸、酪氨酸脱氨基生成对羟基苯丙酮酸及羟化生成尿黑酸、酪氨酸羟化为多巴胺、色氨酸羟化并脱羧生成 5- 羟色胺，这些生化过程均需维生素 C 参与。当维生素 C 缺乏时，尿中将出现大量对羟基苯丙酮酸。

（2）作为氧化剂，参与体内氧化还原反应　维生素 C 在体内有氧化型和还原型 2 种形式，既可作为供氢体，又可作为受氢体，在体内氧化还原反应中发挥重要作用。

① 促进 GSH 生成，加强解毒作用。维生素 C 能使氧化型谷胱甘肽（GSSG）还原生成还原型谷胱甘肽（GSH），使—SH 保持还原状态而不被氧化剂破坏，故维生素 C 能维持巯基酶活性。GSH 可与重金属离子结合排出体外，具有保护细胞膜和防治重金属（如铅）中毒作用，如二巯基丙醇可用于重金属中毒后的解救。

② 促进造血作用。维生素 C 能使人体难以吸收的 Fe^{3+} 还原成易吸收的 Fe^{2+}，不但有利于肠道铁吸收，还有利于铁在体内储存和利用，还参与四氢叶酸生成，能使亚铁络合酶巯基保持活性状态，有利于造血。此外，还能使红细胞中高铁血红蛋白（MHb）还原为血红蛋白（Hb），恢复红细胞输氧能力。

③ 促进抗体生成。免疫球蛋白分子中二硫键生成需维生素 C 参与。维生素 C 能促进体内抗菌活性、自然杀伤细胞（NK 细胞）活性，促进淋巴细胞增殖和趋化作用，促进免疫球蛋白合成，提高吞噬细胞的吞噬能力，从而提高机体免疫力。

（3）具有抗氧化作用　维生素 C 通过直接清除自由基和维持 GSH 含量发挥抗氧化损伤作用。生物膜上不饱和脂肪酸易被自由基氧化生成过氧化脂质，从而使细胞膜结构和功能受损。在谷胱甘肽过氧化物酶催化下，过氧化脂质由还原型谷胱甘肽提供氢原子而还原，从而起到保护细胞膜的作用。

（4）防癌作用　食物中亚硝酸在胃酸作用下能与仲胺合成具有致癌作用的物质——亚硝胺。维生素 C 能阻止亚硝胺合成并促进其分解，因此，具有一定的防癌作用。

主要水溶性维生素的辅酶、主要功能及缺乏症见表 6-5。

表 6-5　主要水溶性维生素的辅酶、主要功能及缺乏症

维生素名称	辅酶	主要功能	缺乏症
维生素 B_1 （硫胺素）	硫胺素焦磷酸（TPP）	α-酮酸氧化脱羧酶和转酮醇酶的辅酶；可影响乙酰胆碱的合成与分解	脚气病，末梢神经炎
维生素 B_2 （核黄素）	FAD、FMN	黄素酶类的辅酶，参与体内氧化还原反应	口角炎、舌炎、唇炎、阴囊炎等
维生素 B_5 （泛酸）	辅酶 A、ACP	酰基转移酶的辅酶，转移酰基	胃肠功能障碍、出现神经症状
维生素 PP （抗癞皮病维生素）	NAD^+、$NADP^+$	不需氧脱氢酶的辅酶，传递氢；参与脂肪、蛋白质和 DNA 的合成	癞皮病
维生素 B_6	磷酸吡哆醛、磷酸吡哆胺	氨基酸转氨酶、脱羧酶、ALA 合成酶的辅酶	小细胞低色素性贫血
生物素 （维生素 B_7）	生物素	羧化酶的辅酶，参与 CO_2 的羧化反应	—
叶酸	四氢叶酸（FH_4）	一碳单位转移酶的辅酶，转移一碳单位	巨幼红细胞贫血
维生素 B_{12} （钴胺素）	甲基钴胺素、 5-脱氧腺苷钴胺素	转甲基酶的辅酶，转移甲基	巨幼红细胞贫血
维生素 C （抗坏血酸）	羟化酶的辅助因子	参与体内多种羟化反应及氧化还原反应；具有抗氧化作用	坏血病

第三节　脂溶性维生素

脂溶性维生素包括维生素 A、维生素 D、维生素 E 和维生素 K 等 4 种，易溶于脂类和有机溶剂，不溶于水。在食物中常与脂类共存，其在肠道吸收也与脂肪吸收密切关联，若脂类吸收障碍，脂溶性维生素吸收也相应减少，甚至产生相应缺乏病。它们在体内往往与脂蛋白或某些特殊的结合蛋白结合而被运输，如视黄醇结合蛋白。脂溶性维生素不易被排泄，当膳食摄入量超过机体需要量时，可在肝脏为主的器官储存。脂溶性维生素不能随尿排出，可通过胆汁酸代谢排出，但排泄率低，如长期或大量摄入可在体内蓄积而引发相应中毒症状。脂溶性维生素结构不一，执行不同的生理功能，食物中长期缺乏脂溶性维生素和脂类吸收障碍可引起相应的维生素缺乏症。

扫一扫

脂溶性维生素

一、维生素 A

维生素 A 也称抗眼干燥症维生素、视黄醇，有维生素 A_1（视黄醇）和维生素 A_2（3-脱氢视黄醇）2 种形式（图 6-15）。维生素 A_1 主要存在于哺乳动物及海鱼肝脏中，维生素 A_2 主要存在于淡水鱼肝中，维生素 A_2 比维生素 A_1 在环上多一个双键，活性只有维生素 A_1 一半。植物一般不含维生素 A，但有色蔬菜（如胡萝卜、红辣椒和番茄等）含有具有维生素 A 活性的类胡萝卜素（如 α-、β- 和 γ- 胡萝卜素等），在体内能转变成维生素 A，称维生素 A 原。其

中，β-胡萝卜素在小肠黏膜细胞内可被双加氧酶催化生成 2 分子视黄醛，再经还原为视黄醇，视黄醇氧化可转变成视黄酸（图 6-16），每分解 6 分子 β-胡萝卜素可获得 1 分子视黄醇。

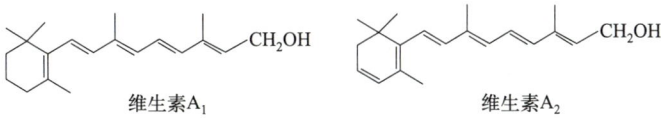

图 6-15　维生素 A_1 和维生素 A_2 化学结构式

图 6-16　β-胡萝卜素转化为视黄醇

1. 化学本质及性质

维生素 A 的化学本质是含有 β-白芷酮环的不饱和一元醇，有共轭双键，具有紫外吸收性质。化学性质活泼，空气中易氧化，遇光和热更易氧化，维生素 A 制剂应在棕色瓶内避光保存。由于热作用和氧化作用，烹调可破坏其结构，冷藏可保藏食物中的大部分维生素 A。食物中视黄醇多以脂肪酸酯形式存在，在小肠中受酯酶水解为视黄醇，被吸收后又重新酯化成视黄醇酯，并渗入乳糜微粒运至肝储存。在血液中，视黄醇与视黄醇结合蛋白结合而被转运。视黄醇在细胞内经醇脱氢酶催化脱氢氧化生成视黄醛，视黄醛又可在醛脱氢酶催化下氧化生成视黄酸。维生素 A 有视黄醇、视黄醛和视黄酸 3 种存在形式，是维生素在体内的活性形式（图 6-17）。在细胞内，一些依赖 NADH 的醇脱氢酶催化视黄醇和视黄醛之间的可逆反应。视黄醛在视黄醛脱氢酶催化下又不可逆地氧化生成视黄酸。储存的主要场所是肝脏，在肝脏中维生素 A 以脂蛋白形式储存于储脂细胞内，根据需要向血液中释放。正常机体储存量足够机体利用。

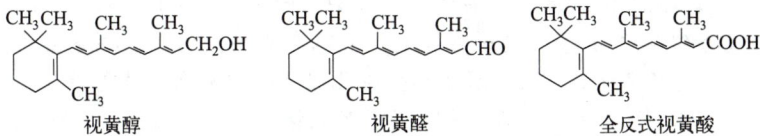

图 6-17　视黄醇、视黄醛和视黄酸的结构

2. 生理功能及缺乏症

（1）构成视觉细胞内的感光物质　人眼对弱光的感受依赖于视觉细胞中的视紫红质，维生素 A 是构成视紫红质的重要成分。视紫红质是由 11-顺视黄醛与视蛋白结合而形成，在暗光中结合，弱光中又分解。在弱光下，视紫红质的 11-顺视黄醛感光发生异构反应转变为全反式视黄醛并与视蛋白分离出现褪色反应，造成胞外 Ca^{2+} 内流，使杆状细胞的膜电位发生变化，

激发神经冲动，经传导至大脑而产生暗视觉（图6-18）。眼睛对弱光的感光性取决于视紫红质浓度。当维生素A缺乏时，视紫红质合成减少，使视网膜对弱光敏感性降低，不能很好地感应弱光，轻者暗适应时间延长，严重时完全丧失暗适应能力，称夜盲症，中医称为"雀目"。

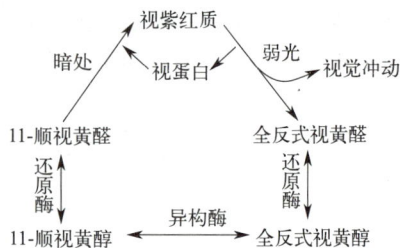

图6-18　视循环示意图

（2）维持上皮细胞结构的完整性　维生素A的衍生物视黄醇磷酸是作为糖的载体参与糖蛋白合成和糖脂形成，而糖蛋白是维持上皮细胞组织结构完整和功能健全的重要成分。维生素A缺乏时，上皮组织中糖蛋白合成障碍，导致糖蛋白分泌减少，可引起上皮组织细胞干燥、增生、角化等。其中，对眼、呼吸道、消化道、泌尿道和生殖系统等上皮细胞影响尤为显著。在眼部，泪腺上皮组织角质化时，泪液分泌减少或停止，以致角膜、结膜干燥而易产生眼干燥症，即干眼病。

（3）促进生长发育　维生素A及其代谢中间产物在生长、发育和细胞分化，尤其精子生成、黄体酮形成、胚胎发育等过程中发挥重要调控作用。维生素A衍生物——全反式视黄酸（全反式维甲酸）和9-顺视黄酸是执行这一重要功能的关键物质，它们结合细胞内核受体，与DNA反应元件结合，调节某些基因表达。视黄酸对维持上皮组织正常形态与生长具有重要作用。全反式视黄酸具有促进上皮细胞分化与生长、维持上皮组织正常角化的作用，可使银屑病角化过度的表皮正常化，可用于银屑病治疗。维生素A参与类固醇合成，若缺乏，可使肾上腺和性腺中的类固醇激素合成减少，影响机体生长发育，导致生长停滞或发育不良。

（4）抗癌作用　维生素A及其衍生物有延缓或阻止癌前病变、拮抗化学致癌剂的作用，能诱导细胞分化和癌细胞凋亡、增加癌细胞对化疗药物敏感性。动物实验中，维生素A缺乏的动物用化学致癌物质诱发的肿瘤的发生率较高。目前，认为人体上皮细胞正常分化与视黄酸直接相关。维生素A有抑制癌变、促进癌细胞自溶等作用，可用于防癌或抗癌。动物实验表明，摄入维生素A及其衍生物全反式视黄酸可诱导肿瘤细胞分化和减轻致癌物质作用。视黄酸对免疫系统细胞分化具有重要作用。维生素A缺乏会增加机体对感染性疾病的敏感性。

（5）具有抗氧化作用　维生素A和β-胡萝卜素是机体一种有效的捕获活性氧的抗氧化剂，在氧分压较低时，能直接清除自由基，可控制细胞膜和富含脂质组织的脂质过氧化，具有一定的抗氧化作用。

生化与医药

维生素A中毒与全反式维甲酸（全反式视黄酸）的抗肿瘤作用

人体摄入过量维生素A可引起中毒，主要表现有头痛、恶心、共济失调、肝大、高脂血症、长骨增厚和高钙血症等。人们很早就知道北极熊肝脏有毒，过量摄入会引起眩晕、头痛和呕吐等症状，但不知其原因，后来发现是因为北极熊肝脏中维生素A含量特别高，高达$1300 \sim 1800IU/g$，过量食用后会致中毒。维生素A摄入量过多致使中毒的案例多见于婴幼儿，一般是因为鱼肝油服用过量引起。由于滥用维生素A浓缩剂，产生中毒症状者不断增加，需警惕。全反式维甲酸是维生素A的一种天然衍生物，20世纪80年代，我国科学家王振义研究了其对白血病的治疗作用，目前仍是治疗急性早幼粒细胞白血病、骨髓异常增生的首选化疗药物。陈竺和陈赛娟又在全反式维甲酸治疗肿瘤机制方面进行深入研究，发现其对肿瘤细胞具有很强的诱导分化作用。

生化与健康

电脑"偷"走维生素A

连续对着电脑工作3小时以上，视神经细胞就会缺乏维生素A，因为它与视网膜感光直接相关。所以，电脑一族应多吃富含维生素A的食物，如胡萝卜、南瓜及多种奶制品等。

二、维生素D

维生素D也称抗佝偻病维生素。鱼肝油、肝、牛奶和蛋类等食物富含维生素D。在小肠吸收后渗入乳糜微粒经淋巴入血，在血中与维生素D结合蛋白结合后运送至肝脏。一般情况下，人体皮肤储存有胆固醇生成的7-脱氢胆固醇，即维生素D_3原，在紫外线照射下可转变成维生素D_3。适当日光浴足以满足人体对维生素D的需要。植物中含有麦角固醇，即维生素D_2原，在紫外线照射下，分子内B环断裂转变成维生素D_2（麦角钙化醇）。通过皮肤合成的维生素D足够维持机体所需。经常做日光浴和户外活动可预防佝偻病的发生。

生化与健康

鱼肝油

鱼肝油是从海鱼中提炼的一种脂肪油，主要成分是维生素A，可促进视觉细胞内感光色素形成，调节眼睛适应外界光线强弱的能力，以降低夜盲症和视力减退的发生，维持正常视觉反应。鱼肝油中维生素D有助于促进钙吸收，婴幼儿缺乏维生素D会引起佝偻病，成人会造成骨骼软化症，即软骨病。

1. 化学本质及性质

维生素D是类固醇衍生物，性质较稳定，耐热，对氧、酸、碱均较稳定，不易破坏。天然维生素D包括维生素D_2和维生素D_3，结构相似，维生素D_2比维生素D_3仅多一个双键和一个甲基。维生素D_2又称麦角钙化醇，植物和酵母中存在的麦角固醇经紫外线照射后可转变为能被人体吸收的维生素D_2。维生素D_3又称胆钙化醇，人体内的胆固醇在脱氢酶催化下生成7-脱氢胆固醇，经日光或紫外线照射后转变为维生素D_3，是人体维生素D的主要来源。麦角固醇和7-脱氢胆固醇统称为维生素D原。维生素D及其活性形式见图6-19。

2. 生理功能及缺乏症

维生素D本身无生物活性，需在肝脏羟基化生成25-羟基维生素D_3（25-OH-D_3），再经肾羟化成1,25-二羟基胆钙化醇（1,25-二羟基维生素D_3）才具有生理功能。1,25-$(OH)_2$-D_3是维生素D_3的主要活性形式，其活性是维生素D_3的5～10倍，是25-OH-D_3的2～5倍。

（1）调节钙和磷的代谢　1,25-$(OH)_2$-D_3作用于肠黏膜细胞和骨细胞，与受体结合后启动钙结合蛋白合成，能促进小肠对食物中钙和磷的吸收，维持血浆中钙磷正常水平，有利于新骨生成与钙化。维生素D还可促进成骨细胞形成及钙在骨质中沉积，有利于骨骼和牙齿形成与钙化。缺乏时，儿童由于成骨作用障碍可出现佝偻病，主要表现为颅骨软化、方颅、囟门闭合和乳牙萌出延迟、串珠肋、鸡胸、"O"形腿或"X"形腿。成年人，特别是孕妇和乳母，则出现骨软化症，表现为腰腿痛，甚至出现自发性骨折，中老年人发生骨质疏松症。当肝肾有严重疾病时，可造成维生素D_3羟化过程障碍，出现缺乏病表现，须用1,25-二羟基维生素D_3治疗才有效。

（2）其他功能　1,25-$(OH)_2$-D_3对某些肿瘤细胞具有抑制增殖和促进分化作用，还可促进胰岛素B细胞合成与分泌胰岛素，具有对抗1型和2型糖尿病的作用，还具有免疫调节作用。1,25-（OH）$_2$-D$_3$ 可通过某些特异受体进入免疫细胞，调节免疫系统功能，缺乏时可引起自身免疫病。

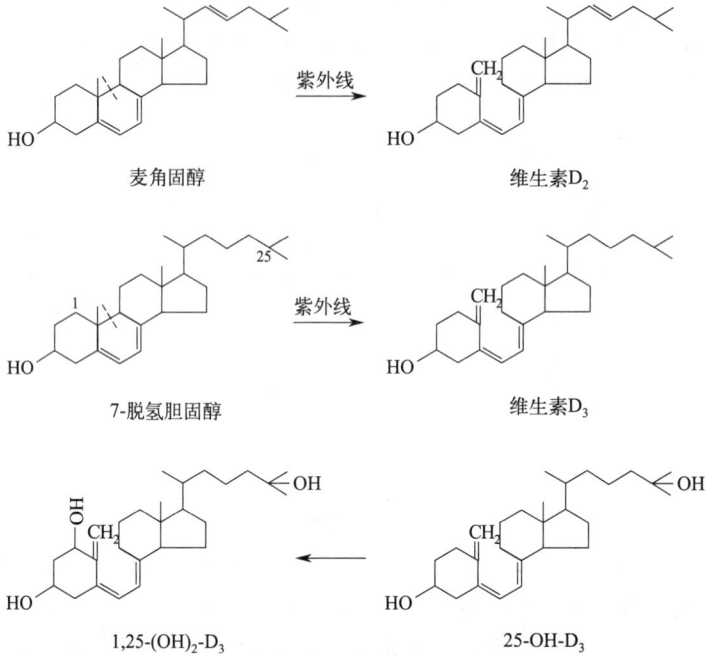

图 6-19 维生素 D 及其活性形式

【课堂互动】为什么多晒太阳可以预防小儿佝偻病？晒太阳可以补钙吗？有何道理？老年人和儿童能否通过只服用钙片来补充钙缺失？如不能，该如何做才能保证机体对钙的充分吸收？

生化与健康

骨质疏松症

骨质疏松是一种常见的全身性代谢性骨病，是由于骨密度和骨质量下降，骨微结构破坏，导致骨脆性增加和容易发生骨折的全身性疾病，是老年人致残、致死的主要原因。该病没有性别和年龄区别，多见于绝经后妇女和老年男性。有原发性、继发性和特发性骨质疏松 3 种。原发性骨质疏松常指骨质疏松和老年性骨质疏松；继发性骨质疏松常由于某些疾病或药物引起，如继发于甲状腺功能亢进、类风湿关节炎、慢性肾功能衰竭等疾病；特发性骨质疏松常见于青少年。随着人类寿命的延长和社会老龄化的到来，骨质疏松症已成为人类重要的健康问题。关注老年人健康，及时补充维生素 D，多晒太阳。

三、维生素 E

维生素 E 又称生育酚，在麦胚油、棉籽油、玉米油、大豆油中含量丰富，豆类和绿叶蔬菜中含量也比较高，主要存在于细胞膜、血浆脂蛋白和脂库中。

1. 化学本质及性质

维生素 E 属酚类化合物，是苯并二氢吡喃衍生物，根据其侧链不同，可分为生育酚和生育三烯酚 2 大类（图 6-20）。根据环上甲基的数目和位置的不同，分为 α- 生育酚、β- 生育酚、

γ- 生育酚、δ- 生育酚和 α- 生育三烯酚、β- 生育三烯酚、γ- 生育三烯酚、δ- 生育三烯酚，均具有抗氧化活性。天然维生素 E 主要存在于植物油、油性种子和麦芽等中，以 α- 生育酚分布最广、活性最高。正常情况下，20% ～ 40% 的 α- 生育酚可被小肠吸收。维生素 E 为具有较低黏性的微黄色或淡黄色油状物，无臭，遇光色泽变深。无氧条件下耐热，200℃时也不被破坏，但对氧极为敏感，易被氧化，可保护体内生物分子免遭氧化破坏，具有抗氧化作用。分子上的酚羟基能与酸缩合成酯类，后者性质比较稳定，抗不育活性增强，但抗氧化活性丧失。

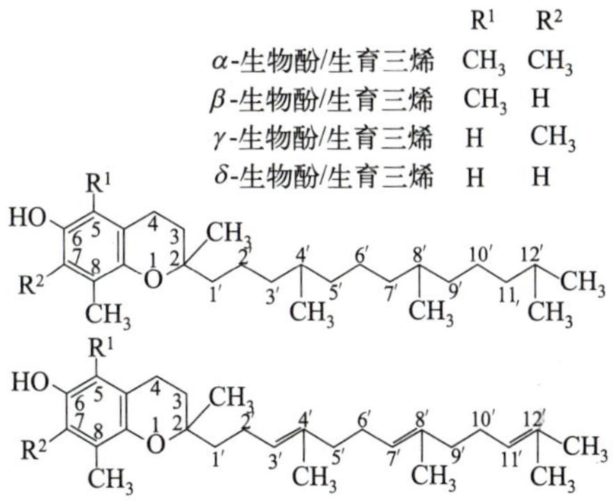

图 6-20 **维生素 E 化学结构**

2. 生理功能及缺乏症

（1）具有抗氧化作用　作为脂溶性自由基清除剂和抗氧化剂，维生素 E 能保护生物膜内重要物质（如不饱和脂肪酸和巯基化合物等）免遭自由基氧化破坏，维持细胞膜完整性和稳定性，维持巯基酶活性。其抗氧化性可清除自由基，能起到抗衰老作用。

（2）促进血红素的合成　能提高血红素合成关键酶 ALA 合成酶和 ALA 脱水酶活性，促进血红素合成。新生儿缺乏维生素 E 可引起轻度溶血性贫血，可能与血红蛋白合成减少和红细胞寿命缩短有关。妊娠期妇女、哺乳期妇女和新生儿应注意适量补充维生素 E。

（3）调节基因表达作用　可上调或下调与维生素 E 摄取和降解的相关基因、脂质摄取与动脉硬化的相关基因、某些表达胞外基质蛋白的基因等，具有抗炎、维持免疫功能和抑制细胞增殖的作用，在预防和治疗冠状动脉粥样硬化性心脏病、肿瘤及延缓衰老等方面有一定作用。

（4）与动物的生殖功能有关　可促进性激素分泌，与动物生殖功能密切相关。缺乏时，可导致动物生殖器官受损甚至不育，但对人类生殖功能影响尚不明确。临床上，用于防治先兆性流产、习惯性流产及男女不育症等。维生素 E 在食物中含量丰富，在体内保存时间长，一般不易缺乏。患脂肪吸收障碍等疾病时可导致其缺乏，表现为红细胞数量减少、寿命缩短。体外实验可见红细胞渗透脆性增加等贫血症，甚至出现神经障碍等症状。成人脂肪吸收不良可持续 5 ～ 10 年才出现轻微缺乏症状，主要表现在中枢和外周神经系统。

四、维生素 K

维生素 K 也称凝血维生素，动物肝脏、鱼、肉、绿叶蔬菜、牛奶、大豆等食物中富含维生素 K。肠道细菌可合成维生素 K 并被肠壁吸收。

1. 化学本质及性质

维生素 K 是 2- 甲基 -1，4- 萘醌衍生物，化学性质稳定，耐热、耐酸，但易被光和碱破坏，应避光保存。天然维生素 K 主要有维生素 K_1 和维生素 K_2 两种形式（图 6-21）。维生素 K_1 又称绿叶甲基萘醌，主要存在于绿叶植物中，如菠菜、苜蓿、菜花等蔬菜和肝脏、鱼、肉等动物性食品中。维生素 K_2 又称多异戊烯甲基萘醌，是人体肠道细菌的代谢产物，主要存在于微生物体内。维生素 K_3 和维生素 K_4 为人工合成，是 2- 甲基 -1,4- 萘醌衍生物，为水溶性物质，活性高于天然维生素，可口服或注射，主要在小肠被吸收，随乳糜微粒而代谢。

2. 生理功能及缺乏症

（1）促进凝血因子合成，参与凝血　维生素 K 是肝脏合成凝血酶原的必要因素，能促进凝血因子 Ⅱ（凝血酶原）、Ⅶ、Ⅸ 和 Ⅹ 的合成。由肝脏合成这些凝血因子的无活性前体，在羧

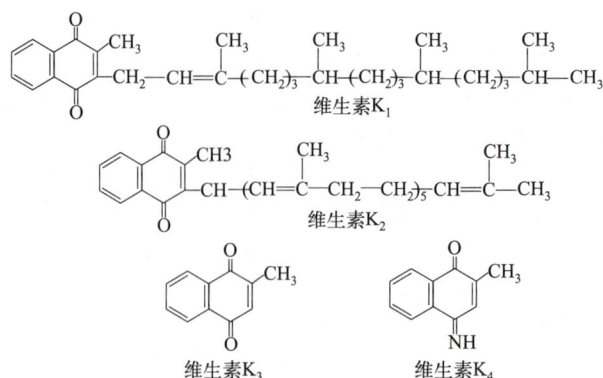

图 6-21　维生素 K 的结构式

化酶催化下，分子中谷氨酸残基发生羧化，生成 γ-羧基谷氨酸残基。γ-羧基谷氨酸残基具有很强的与 Ca^{2+} 螯合的能力，这种结合可激活蛋白水解酶，使凝血酶原水解转变为凝血酶，反应由 γ-羧化酶催化，维生素 K 是这种羧化作用中不可缺少的辅酶。缺乏时，不能形成正常的含 γ-羧基谷氨酸的凝血酶原，血液中凝血因子合成受阻，凝血时间延长，易引起凝血障碍，发生皮下、肌肉及胃肠道出血。凝血因子可以促进血液凝固，故称凝血维生素。

（2）参与骨盐代谢　骨中骨钙蛋白和骨基质的 γ-羧基谷氨酸蛋白都是维生素 K 依赖性蛋白，不仅存在于肝脏中，也存在于各组织中。研究表明，服用低剂量维生素 K 的妇女，其股骨颈和脊柱的骨盐密度明显低于服用大剂量维生素 K 的妇女。

（3）减少动脉钙化　维生素 K 对减少动脉钙化具有重要作用。大剂量维生素 K 可降低动脉粥样硬化风险。

因人体肠道细菌能合成维生素 K 且性质比较稳定，一般情况下，人体不会缺乏，但长期服用抗生素或磺胺类药物，使肠道菌生长抑制或脂肪吸收受阻，或因食物中缺乏绿色蔬菜，可导致维生素 K 缺乏症。新生儿因肠道缺少细菌，也可能会发生暂时性维生素 K 缺乏症。

脂溶性维生素相关特点总结见表 6-6。

表 6-6　脂溶性维生素相关特点总结

维生素名称	活性形式	主要生理功能	缺乏症
维生素 A（抗眼干燥症维生素）	视黄醇、视黄醛、视黄酸	构成视觉细胞内感光物质、维持上皮细胞结构完整性、促进生长发育、具有抗氧化作用	夜盲症，眼干燥症
维生素 D（抗佝偻病维生素）	$1,25\text{-}(OH)_2\text{-}D_3$	调节钙磷代谢，有利于新骨生成与钙化	佝偻病，软骨病
维生素 E（生育酚）		抗氧化、促进血红素合成、调节基因表达、与动物生殖功能有关	贫血，出现神经障碍
维生素 K（凝血维生素）		促进凝血因子 Ⅱ、Ⅶ、Ⅸ、Ⅹ 合成，参与凝血	凝血障碍，出血

第四节　其他辅酶和辅基

一、α-硫辛酸

α-硫辛酸是某些细菌和原生动物生长所必需的因子，存在于线粒体中，属类维生素，其化学结构为含硫八碳酸，在 6、8 位上有二硫键相连，故又称 6,8- 二硫辛酸，以氧化型和还原型 2 种形式存在，通过氧化还原反应能迅速地相互转化（图 6-22）。为白色晶体，不溶于水，而溶于脂溶剂（如氯仿、乙醚等）。在动植物中分布广泛，如肝脏、菠菜、花椰菜、土豆、肉类、心脏等食物中含量丰富，在食物中，常与维生素 B_1 共存，人体可合成，目前尚未发现硫辛酸缺乏症。

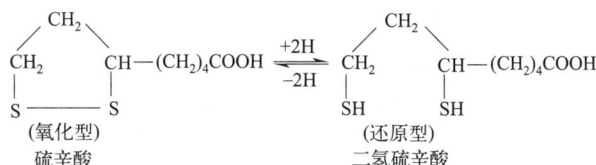

图 6-22　氧化还原型硫辛酸转换反应

α- 硫辛酸能加氢还原为二氢硫辛酸，通过氧化型和还原型之间相互转变传递原子，是 α- 酮酸氧化脱羧酶和转羟乙醛酶的辅酶。硫辛酸的羧基可与酶蛋白分子（如二氢硫辛酸乙酰转移酶）中赖氨酸残基上的 ε- 氨基作用形成酰胺，以结合状态存在，并将由丙酮酸转变来的羟乙基氧化成乙酰基，同时，将乙酰基转移到辅酶 A 上，发挥递氢和转移酰基的作用。α- 硫辛酸为代谢性抗氧化剂，能清除体内多种自由基，对体内再生 GSH 有重要作用。此外，还具有抗脂肪肝和降低血胆固醇作用，其氧化还原反应可保护巯基酶免受重金属离子毒害。

二、铁卟啉

卟啉类化合物的基本骨架是卟吩，即由 4 个吡咯构成，4 个吡咯通过 4 个甲炔基相连形成一个环形，卟吩的衍生物称为卟啉。铁卟啉是一种金属有机配合物，Fe^{2+} 和 Fe^{3+} 均可与卟啉形成金属络合物，Fe^{2+} 位于环中心，别名 1,3,5,8- 四甲基 -2,4- 二乙基 -6,7- 二丙酸铁卟啉（图 6-23），也称原卟啉，为一种小分子化合物类型的辅酶及辅基，常作为细胞色素的辅基进行电子传递，是一种营养强化剂。

金属与卟啉形成的配位化合物称为金属卟啉，是许多金属酶的辅基，也是色蛋白的辅基。原卟啉的铁配位化合物称为铁卟啉，即血红素，为红色，是血红蛋白和细胞色素的重要辅基，体内约 75% 的铁以铁卟啉形式存在。卟啉的镁配位化合物为叶绿素，为绿色。

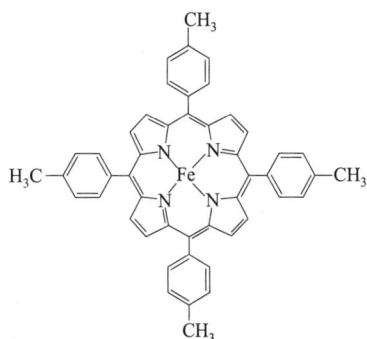

图 6-23　铁卟啉化学结构式

三、金属辅基

金属离子是最常见的酶辅助因子，有超过 60% 酶需要有金属离子参与酶催化过程。根据金属离子与酶蛋白结合程度，可分为金属酶和金属激活酶 2 大类。金属酶中金属离子与酶蛋白结合紧密，金属是酶的结构成分，作为酶的辅助因子，不易与酶分离，加入游离金属离子后酶活性不会增加，在酶促反应中通过自身化合价变化来传递电子、原子或功能团，完成生物体内氧化还原反应。此外，在维持生物体内水和电解质平衡等方面也需要金属离子。金属激活酶中的金属离子与酶蛋白结合松散，分离纯化时常可除去，这类酶发挥作用时，需要金属离子参与，游离金属离子可增加酶活性。金属离子大多数为元素周期表中第一过渡系后半部的微量元素，如 Fe、Cu、Mn、Co、Zn 和 Mo 等。此外，在体外还存在除卟啉外的金属螯合物，如维生素 B_2 的异咯嗪和维生素 B_{12} 的咕啉，这些金属螯合物都起到重要的辅酶作用。常见的金属酶见表6-7。

表6-7　一些常见的金属酶

金属离子	酶	酶的作用
Fe（非血红素）	铁氧还蛋白	参与光合作用与固氮作用
	铁硫蛋白	在呼吸作用中传递电子
	琥珀酸脱氢酶	糖类有氧化
Fe（血红素）	醛氧化酶	醛类的氧化
	细胞色素	呼吸链电子传递
	过氧化氢酶、过氧化物酶	过氧化氢的水解
Cu	血浆铜蓝蛋白	氧载体、铁的利用
	细胞色素氧化酶	呼吸链电子传递
	单胺氧化酶	氧化一元胺
	超氧化物歧化酶	处理超氧离子自由基（另含 Zn 或 Mn）
	酪氨酸酶	黑色素的形成
	质体蓝素	光合作用中电子转移
Mn	精氨酸酶	尿素的生成
	丙酮酸脱羧酶	丙酮酸的分解
	RNA 聚合酶	RNA 合成
Co	核苷酸还原酶	脱氧核苷酸的合成
	谷氨酸变位酶	谷氨酸代谢
Zn	碳酸酐酶	碳酸的分解与合成
	羧肽酶	水解蛋白质（由羧基端开始水解）
	醇脱氢酶	醇类的脱氢氧化降解
	中性蛋白酶	水解蛋白质
	DNA（RNA）聚合酶	DNA 和 RNA 的合成
Mo	黄嘌呤氧化酶	嘌呤的分解（另含 Fe）
	硝酸还原酶	硝酸盐的利用

四、辅酶 Q

辅酶 Q 又称泛醌，是生物体内广泛存在的脂溶性醌类化合物。含有一个苯醌的环，环上带有一个很长的脂肪族侧链，不同来源辅酶 Q 其侧链异戊烯单位数目不同，常表示为 CoQ_n（图6-24）。高等动植物一般为 CoQ_{10}，微生物为 $CoQ_{6\sim9}$。辅酶 Q 在生物体内呼吸链中质子移位及电子传递中起重要作用，是细胞呼吸和细胞代谢的激活剂，也是重要的抗氧化剂和非特异性免疫增强剂。辅酶 Q 能参加 1 个或 2 个电子传递，能提供 2 个电子，在接受 1 个电子的反应中作为中间媒介。辅酶 Q 在与线粒体膜结合的电子传递链中起中心作用。辅酶 Q 可在人体肝脏合成，其合成需要多种 B 族维生素、维生素 C 和无机盐参与。营养不良或饮食不均衡以及运动或疾病（如心血管疾病、癌症或服用降脂药）等都会影响辅酶 Q 的生物合成。人体生成辅酶 Q 的

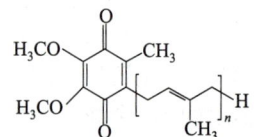

图6-24　辅酶 Q 化学结构（n=6 ～ 10）

能力在 20 岁左右达到高峰，中年时常常严重缺乏，50 岁以后出现心脏疾病与体内辅酶 Q 下降有关。主要来源有多脂肪的鱼类（如沙丁鱼）、动物肝脏、牛肉、蛋类、豆油、花生油、芝麻、坚果等。

第五节　维生素和复合维生素药物概述

维生素是维护人体健康、促进生长发育和调节生理功能所必需的一类有机化合物，存在于天然食物中，一般在体内不能合成或合成量较少，不能满足需要。复合维生素可填补食物摄入不足。维生素补充应有针对性地选用维生素补充剂。确实存在多种维生素缺乏者，在医生指导下可补充复合维生素。一般应饭后服用，每天按医生或营养师推荐的合理剂量进行补充。按推荐量标准服用，一般不会有不良反应，但过度使用，会出现腹部不适、腹泻、出血、继发性缺乏等问题。补充维生素是一个需要长期有规律的过程，同时还不可忽视膳食的作用。若出现明显的某种维生素缺乏症状，应单独补充该特定维生素，这种情况下，不能用复合维生素来补充。补充品种和数量并非越多越好，长期过量摄入某些维生素有发生中毒的危险，也不主张同时服用几种单一补充剂，以免造成某种维生素摄入过量。

一、维生素药物

1. 维生素 A 软胶囊

用于维生素 A 缺乏症，如眼干燥症、夜盲症、角膜软化症和皮肤粗糙等疾病的治疗，对预防上皮癌、食管癌的发生也有一定作用。长期大量应用可引起维生素 A 过多症，甚至中毒，表现为食欲不振、皮肤发痒、毛发干枯、脱发、骨痛等。

2. 维生素 D_3 胶囊

也称胆骨化醇，能促进肠内钙磷的吸收和储存，与甲状旁腺激素、降钙素配合调节血浆中的钙磷水平，促进骨骼正常钙化。临床用于防治软骨病、佝偻病及因缺乏维生素引起的低钙血症、骨质疏松症、龋齿、手足搐搦症及甲状旁腺功能减退等。长期大量服用可引起高钙血症、心动过速、血压增高、厌食、呕吐、腹泻，以及软组织异常钙化及肾功能减退等。冠心病、动脉粥样硬化及年老的患者慎用，对维生素 D 过敏者忌用。

3. 维生素 E 软胶囊

是一种强抗氧化剂，能保护生物膜免受自由基攻击。可提高机体免疫力，保持血红细胞完整性，促进血红细胞生物合成，可预防心血管病。属脂溶性，服用过量偶尔会出现肌肉软弱、疲劳、呕吐和腹泻等中毒症状，严重时可导致明显的出血。

4. 维生素 K_1 注射液

用于维生素 K 缺乏引起的出血，如梗阻性黄疸、胆瘘、慢性腹泻等所致出血，香豆素类、水杨酸钠等所致的低凝血酶原血症，新生儿出血及长期应用广谱抗生素所致的体内维生素 K 缺乏。用于治疗维生素 K 缺乏症及低凝血酶原血症。

5. 维生素 B_1 片

适用于维生素 B_1 缺乏的预防和治疗，如脚气病或韦尼克脑病，亦用于周围神经炎、消化不良等辅助治疗。下列情况需要量增加：妊娠或哺乳期、甲状腺功能亢进、烧伤、血液透析、长期慢性感染、发热、重体力劳动、吸收不良综合征伴肝胆系统疾病（肝功能损害、乙醇中毒伴肝硬化）、小肠疾病（乳糜泻、回肠切除等）及胃切除后。大量维生素 B_1 可改善下列遗传性酶缺陷病症状，如亚急性坏死性脑脊髓病、支链氨基酸病、乳酸性酸中毒和小脑共济失调。

6. 维生素 B_2 片

用于防治口角炎、唇干裂、舌炎、阴囊炎、角膜血管化、结膜炎、脂溢性皮炎等维生素 B_2 缺乏症。因摄入不足所致营养不良、进行性体重下降时应补充维生素 B_2。

7. 维生素 B_6 片

防治因大量或长期服用异烟肼等引起的周围神经炎、失眠、不安。减轻抗癌药和放射治疗引起的恶心、呕吐或妊娠呕吐等症状。治疗婴儿惊厥或给孕妇服用以预防婴儿惊厥。局部涂搽可治疗痤疮、酒渣鼻、脂溢性湿疹等。

8. 烟酰胺片

用于预防和治疗烟酸缺乏症，如糙皮病、口炎、舌炎。也用作血管扩张药，治疗高脂血症。对肠道外营养患者，因营养不良体重骤减，妊娠期、哺乳期妇女及服用异烟肼者，严重烟瘾、酗酒、吸毒者，烟酸需要量均增加。

9. 叶酸片

主要维持正常细胞分裂过程，用于预防巨幼细胞贫血发生，防止胎儿神经管畸形发生，有助于稳定精神状态，促进抗体产生，促进乳汁分泌。最好是在孕前 3 个月开始服用叶酸片。

10. 维生素 C 片

用于预防坏血病，也可用于各种急、慢性传染性疾病及紫癜等辅助治疗。维生素 C 葡萄糖注射液可用于治疗坏血病、慢性铁中毒、特性高铁血红蛋白血症，也可用于机体维生素 C 需要量大量增加时的维生素 C 补充。

二、复合维生素药物

三维 B 片用于治疗维生素 B_1、维生素 B_6、维生素 B_{12} 缺乏症，亦用于不同病因所致单神经病变或多发性周围神经炎。鱼肝油乳用于预防和治疗维生素 A 及维生素 D 缺乏所引起的各种疾病。复方维生素 B 片用于防治口角炎、唇干裂、舌炎、阴囊炎、角膜血管化、结膜炎、脂溢性皮炎等维生素 B 缺乏症。因摄入不足所致营养不良、进行性体重下降时，应补充复方维生素 B。复方维生素注射液适用于不能经消化道正常进食的患者的维生素 A、维生素 D、维生素 E、维生素 K 的肠外补充。维生素 AD 滴剂用于 1 岁以下幼儿预防和治疗维生素 A 及维生素 D 缺乏症，如佝偻病、夜盲症及小儿手足抽搐症。

目标检测

一、填空题

1. 根据维生素溶解性质的差异，可分为＿＿＿＿＿和＿＿＿＿＿两大类。
2. 维生素 B_2 在体内活性形式为＿＿＿＿和＿＿＿，是黄素酶辅酶，参与氧化还原反应。
3. 脂溶性维生素包括＿＿＿＿、＿＿＿＿、＿＿＿＿、＿＿＿。
4. 维生素 K 的主要生理功能是＿＿＿＿作用，它维持四种＿＿＿＿在体内的水平，并使凝血酶原转变为凝血酶。

二、判断题

1. 转氨酶和氨基酸脱羧酶的辅酶中含有维生素 B_6。（　　）

2. 维生素 B_1 活性形式是 TPP，它是 α- 酮酸氧化脱羧酶及转酮醇酶的辅酶。（　　）

3. 维生素 E 又称生育酚，维生素 C 又称抗坏血病维生素，维生素 B_1 又称抗脚气病维生素。（　　）

4. 维生素 PP 的活性形式是 NAD^+ 和 $NADP^+$。（　　）

5. 巨幼红细胞贫血是由于缺乏维生素 B_1 引起的。（　　）

6. 维生素 D 必须在肝肾经过羟化才能变成有活性的形式。（　　）

7. 机体缺少某种维生素会导致缺乏病，这是因为缺乏维生素能使物质代谢发生障碍。（　　）

8. 维生素 C 在羟化反应中起着必不可少的辅助因子作用。（　　）

9. 经常进行户外活动的人，体内不会缺乏维生素 A。（　　）

10. 7- 脱氢胆固醇为维生素 D_3 原，在日光或紫外线作用下转化为维生素 D_3。（　　）

三、单选题

1. 下列维生素不属于脂溶性维生素的是（　　）。
A. 维生素 A　　　　　B. 维生素 D　　　　　C. 维生素 E　　　　　D. B 族维生素

2. 水溶性维生素包括（　　）和 B 族维生素。
A. 维生素 A　　　　　B. 维生素 C　　　　　C. 维生素 D　　　　　D. 维生素 E

3. （　　）是视色素的组成成分，维持眼的暗视觉。
A. 维生素 A　　　　　B. 维生素 C　　　　　C. 维生素 D　　　　　D. 维生素 E

4. 脚气病是因为缺乏下列哪种维生素所引起的？（　　）
A. 维生素 B_1　　　　B. 维生素 B_2　　　　C. 维生素 A　　　　　D. 维生素 D

5. 一碳单位的载体是（　　）。
A. 叶酸　　　　　　　B. 二氢叶酸　　　　　C. 四氢叶酸　　　　　D. 维生素 B_2

6. 人及动物皮肤中含有的（　　），经日光或紫外线照射后可得维生素 D_3。
A. 3- 脱氢胆固醇　　　B. 5- 脱氢胆固醇　　　C. 7- 脱氢胆固醇　　　D. 9- 脱氢胆固醇

7. 下列哪种维生素可辅助治疗妊娠呕吐和小儿惊厥？（　　）
A. 维生素 B_1　　　　B. 维生素 B_2　　　　C. 维生素 B_6　　　　D. 维生素 B_{12}

8. FMN 和 FAD 的维生素前体是（　　）。
A. 维生素 B_1　　　　B. 维生素 B_2　　　　C. 维生素 B_6　　　　D. 维生素 PP

9. 维生素 B_1 常用为（　　）的组成部分。
A. 焦磷酸硫胺素　　　B. 黄素辅酶　　　　　C. 辅酶 A　　　　　　D. 磷酸吡哆醛

10. 辅酶磷酸吡哆醛的主要功能是（　　）。
A. 传递氢　　　　　　B. 传递二碳单位　　　C. 传递一碳单位　　　D. 传递氨基

11. 某 60 多岁的妇女，常出现腰背痛，走路自觉腿无力，特别是上楼梯时吃力，骨盆有明显压痛，建议改善或者补充（　　）。
A. 维生素 A 和维生素 D　B. 钙片和维生素 D　　C. 碘片　　　　　　　D. 蔬菜和水果

12. 含叶酸的辅酶其主要作用为（　　）。
A. 电子载体　　　　　B. 一碳单位载体
C. 羧化酶辅酶　　　　D. 参与 α- 酮酸的氧化反应

四、问答题

脂溶性和水溶性维生素的体内代谢各有何特点？

五、案例分析

佝偻病的典型症状有"O"形腿、"X"形腿和串珠型肋骨等，夜盲症的主要症状是光线昏暗（或夜晚）时视物不清，甚至完全看不见物体，如果不及时治疗或加以干预，对个人形象以及生活都会造成一定影响。出现这些典型症状的主要原因是缺乏维生素 D 和维生素 A，这两者合称为鱼肝油。请问鱼肝油中维生素 A 和维生素 D 的比例为多少合适？维生素 A 及维生素 D 缺乏症在治疗和预防时，选择鱼肝油有何不同？

扫一扫

目标检测答案 6

第七章
生物氧化

学习目标

1. 知识目标

（1）掌握生物氧化的基本概念、生物氧化方式及特点；

（2）掌握电子呼吸链基本概念、呼吸链组分及功能；掌握 NADH 和 $FADH_2$ 两条重要的电子呼吸链；

（3）掌握线粒体外 NADH 氧化穿梭途径；

（4）掌握高能化合物的概念，理解 ATP 生成方式；掌握生物氧化中 H_2O 和 CO_2 生成。

2. 技能目标

（1）能通过分光光度法测定生物氧化电子呼吸链的还原型辅酶（$FADH_2$）；

（2）能辨析线粒体氧化体系和非线粒体氧化体系的重要生理意义；

（3）能解析还原型辅酶 NADH 和 $FADH_2$ 在线粒体中的氧化途径及能量生成；

（4）能阐述氧化磷酸化和底物水平磷酸化在 ATP 生成中的重要生理作用；

（5）学会分析 CO、氰化物中毒致死的生物化学机制，能解释甲状腺功能亢进患者出现多汗、怕热等临床症状的病理原因。

3. 思政与职业素养目标

（1）掌握电子呼吸链阻断剂对人体的毒害作用，培养学生敬畏生命、尊重生命、关爱生命的职业道德；

（2）通过分析作用于电子呼吸链的药物（毒物）的作用机制，形成能运用所学知识分析生物氧化相关实际问题的能力。

导学案例

（1）每年冬季是一氧化碳中毒事件的高发期。2023 年 1 月 4 日，四川德阳杨女士夫妻二人在客厅看电视时采用木炭烤火取暖，不久两人相继昏倒，所幸 13 岁的儿子听到响动后及时救援。2023 年 1 月 5 日，湖南省岳阳市一出租民房内，房客因长时间使用热水器导致一氧化碳中毒，5 人不幸身亡。2023 年 12 月，一则"潍坊女子围炉煮茶 3 小时一氧化碳中毒"的视频登上热搜。学完本章后，请解释一氧化碳使机体中毒的相关机制是什么？

（2）2020 年，一女子在工厂误把某饮料瓶内的电镀液（含氰化钾）当作饮料误饮后死亡。学完本章后，请从电子呼吸链角度解释导致该女子死亡的物质的中毒机制是什么？

生物体通过新陈代谢维持生命活动。新陈代谢包括物质代谢和能量代谢两类。能量代谢所需能量主要来源于体内糖、脂肪和蛋白质三大营养物质的氧化分解，这些物质在体内氧化分解时逐步释放能量，最终生成 H_2O 和 CO_2。其中有相当一部分能量以化学能形式储存于 ATP 中，为机体生命活动提供能量，另一部分能量则主要以热能形式散发，主要用于维持体温。

第一节 生物氧化概述

一、生物氧化的概念

生物氧化是指糖类、脂肪和蛋白质等营养物质在生物体内氧化分解，并逐步释放能量以供机体生命活动所需，最终生成 CO_2 和 H_2O 的过程。此过程发生于细胞（或组织）内，在消耗氧且生成 CO_2 的同时，伴随着肺的呼吸作用吸入 O_2 并呼出 CO_2，故又称细胞呼吸（或组织呼吸）。生物氧化分为 3 个阶段：①三大营养物质通过各自代谢途径生成乙酰 CoA ；②乙酰 CoA 进入三羧酸循环，脱羧生成 CO_2，脱氢生成 $NADH+H^+$ 和 $FADH_2$；③ $NADH+H^+$ 或 $FADH_2$ 携带的 2H 通过线粒体内膜上各自呼吸链依次传递，最终与氧结合生成水并释放大量能量（图 7-1）。

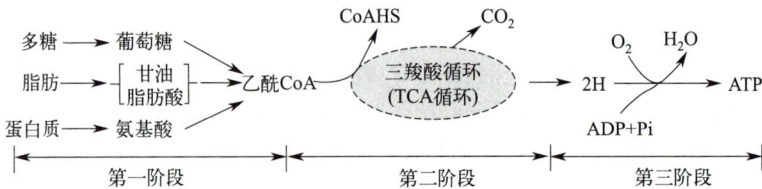

图 7-1 生物氧化的三个反应阶段

生物氧化在线粒体内和线粒体外均可进行，参与的酶和代谢途径不一样。线粒体内生物氧化是由多种酶、辅酶或辅基共同构成的线粒体氧化体系，催化糖类、脂肪和蛋白质等营养物质氧化分解并生成 ATP；而线粒体外生物氧化则由微粒体、过氧化物酶及超氧化物酶体中的需氧脱氢酶和氧化酶等组成，是非线粒体氧化体系，主要催化药物、毒物、致癌物等非营养物质氧化，与药物、毒物或代谢物的细胞内生物转化有重要关联。生物氧化最重要的生理意义就是将释放的能量储存于 ATP，为机体的生命活动提供能量。

二、生物氧化的方式

生物氧化方式主要有加氧氧化、失电子氧化和脱氢氧化 3 种类型。加氧反应是向底物分子中直接加入氧原子或氧分子，如 $RH+NADPH+H^++O_2 \longrightarrow ROH+NADP^++H_2O$ 或 $R+O_2 \longrightarrow RO_2$。失电子反应如细胞色素蛋白中二价铁离子的氧化，底物失去一个电子，如 $Fe^{2+} \longrightarrow Fe^{3+}$。脱氢氧化是生物体最为重要的生物氧化方式，如底物分子在脱氢酶的催化下直接脱下一对氢原子，如 $CH_3CH(OH)COOH \longrightarrow CH_3COCOOH+2H$（$2H^++2e$）。另外，机体内加水脱氢也是一类常见的脱氢反应，如 $CH_3CHO+H_2O \longrightarrow CH_3COOH+2H$（$2H^++2e$）。

三、生物氧化的特点

生物氧化遵循所有氧化还原反应的一般规律，营养物质在生物体内氧化和体外氧化的耗氧量、终产物（H_2O、CO_2）及释放能量是相同的，但生物体内的生物氧化速度受生理生化因素以及环境等因素共同调节，氧化条件和表现形式与体外氧化不同，主要特点有：①在细胞内温和条件（37℃，近中性）下发生；②生理条件下，在细胞内进行的系列酶促催化下逐步进行；③氧化方式有加氧、脱氢和失电子，以脱氢最常见和最主要，代谢物一般会将脱下的氢原子传递给脱氢酶辅酶或辅基，生成还原型辅酶或辅基，氢再经线粒体内的一系列传递体传递，最终传递给氧生成 H_2O；④ CO_2 生成主要通过脱羧，H_2O 生成是由代谢物脱氢并经递氢和递电子反应最后传递给氧生成；⑤能量逐步释放，一部分能量以热能形式散发以维持体温，另一部分以化学能方式存在高能化合物分子中；⑥氧化速度受生理功能及内外环境变化等调控。

生物氧化与体外氧化的区别见表 7-1。

表 7-1　生物氧化与体外氧化的区别

区别点	生物氧化	体外氧化
反应环境	正常体温 37℃左右，pH 接近中性的温和条件	高温、高压等剧烈条件
反应过程	多个酶促反应逐步完成	一步完成
H_2O 生成	脱下的氢经呼吸链传递与氧结合	氢直接与氧结合
CO_2 生成	有机酸脱羧	碳直接与氧结合
能量释放	以化学能和热能的形式逐步释放	以热能的形式骤然释放

【课堂互动】请比较葡萄糖在体外燃烧与体内有氧氧化时，CO_2、H_2O 和 ATP 的生成方式有何不同？

四、参与生物氧化的酶类

参与生物体内氧化反应的酶类可分为氧化酶类、需氧脱氢酶类、不需氧脱氢酶类和其他酶类等。

1. 氧化酶类

氧化酶类在催化代谢物脱氢时，将氢直接交给 O_2 生成 H_2O。酶辅基常含有 Cu^{2+}、Fe^{3+} 等金属离子，能以氧作为电子接受体，如细胞色素氧化酶、抗坏血酸氧化酶等。

2. 需氧脱氢酶类

需氧脱氢酶直接以 O_2 为受氢体，产物为过氧化氢（H_2O_2）。亚甲蓝、铁氰化钾、二氯酚靛酚等色素可作为这类酶的人工受氢体，辅基是 FAD 和 FMN，又称黄素酶或黄素蛋白，如黄嘌呤氧化酶、L-氨基酸氧化酶等，粒细胞中 NADH 氧化酶和 NADPH 氧化酶也是需氧脱氢酶。

3. 不需氧脱氢酶类

不需氧脱氢酶类是体内生物氧化主要的脱氢酶类，其直接受氢体不是氧，而是某些辅基（FAD、FMN）或辅酶（NAD^+、$NADP^+$）。辅基或辅酶还原后又将氢原子传递至线粒体氧化呼吸链，最后将电子传给氧生成 H_2O，此过程释放出的能量使 ADP 磷酸化生成 ATP，如 3-磷酸甘油醛脱氢酶、琥珀酸脱氢酶、细胞色素体系等。

4. 其他酶类

体内还有一些参与非线粒体生物氧化反应的酶，如加氧酶、过氧化氢酶、过氧化物酶等。

第二节　线粒体氧化体系

生物氧化体系包括线粒体氧化体系和非线粒体氧化体系。线粒体内进行的生物氧化以营养物质为主，常伴随能量生成，称线粒体氧化体系。微粒体和过氧化物酶体中进行的生物氧化则与机体内代谢物、药物或毒物的清除、排泄有关，称非线粒体氧化体系。生物体内主要产能阶段（如三羧酸循环和氧化磷酸化）均在线粒体内进行，线粒体是细胞产能主要场所，被称为细胞"能量工厂"，需氧细胞内的糖类、脂肪、蛋白质等营养物质氧化分解、释放能量的过程主要在线粒体内进行，此过程中传递电子的酶和辅酶（或辅基）称为递电子体，传递氢原子的酶和辅酶（或辅基）称为递氢体。线粒体内的递氢体和递电子体逐步进行氢和电子的传递，并伴随着能量释放和 ATP 生成，是体内 ATP 的最主要来源。线粒体氧化体系是最重要的氧化体系。通过呼吸进入人体内的氧有 80% 通过呼吸链消耗，生命活动所需能量的 95% 左右来自该体系。

一、呼吸链的主要成分

（一）呼吸链的基本概念

呼吸链是指线粒体内膜中一组排列有序的递氢体和递电子体，可将代谢物脱下的氢电子传递给氧，生成水并释放能量，与细胞摄氧呼吸过程有关。因递氢体和递电子体都可传递电子，故称电子传递链。电子传递链在真核生物细胞内位于线粒体内膜上，在原核生物内位于细胞膜上。

（二）呼吸链的组成

呼吸链中大部分蛋白质都嵌入线粒体内膜中，用超声法或去污剂（如胆酸、脱氧胆酸等）处理线粒体内膜，可从线粒体内膜中分离得到具有传递电子功能的呼吸链组成成分（如泛醌、细胞色素类、黄素蛋白、铁硫蛋白等）和四种复合体。

1. 呼吸链的主要组分

目前发现的呼吸链成分有 20 多种，下面主要介绍 5 大类具有重要功能的成分，它们构成 4 种复合体镶嵌于线粒体内膜上，最终将氢和电子传递给氧生成水并产生能量。

（1）以 NAD^+ 和 $NADP^+$ 为辅酶的脱氢酶类　NAD^+（辅酶 I，CoI）和 $NADP^+$（辅酶 II，CoII）是体内多种不需氧脱氢酶（如苹果酸脱氢酶）辅酶。NAD^+ 和 $NADP^+$ 分子中的尼克酰胺能与代谢物上脱下的 2 个氢原子可逆地受氢或脱氢，发挥递氢作用，属递氢体。尼克酰胺在进行加氢反应时只能接收 1 个氢原子和 1 个电子，其中，氢原子接于吡啶环 C_4 上，电子与吡啶环的 N^+ 结合，另外 1 个质子（H^+）游离在基质中。还原型 NAD^+ 用 $NADH+H^+$ 表示，还原型的 $NADP^+$ 则用 $NADPH+H^+$ 表示。

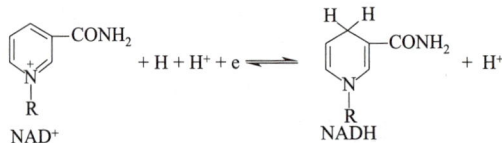

$$NAD^+/NADP^+ \rightleftharpoons NADH+H^+ / NADPH + H^+$$

NAD^+ 接受代谢物脱下的氢原子后转变为 $NADH+H^+$，然后经过 NADH 氧化呼吸链将 2H 传递给复合体 I 中黄素蛋白辅基 FMN。$NADPH+H^+$ 一般不直接参与呼吸链传递，而是作为递氢体参与脂肪酸、胆固醇等物质的还原性合成。

（2）**以 FMN 或 FAD 为辅酶的黄素蛋白** 因黄素蛋白（FP）辅基中含有核黄素而呈黄色，故称黄素酶。黄素蛋白辅基有黄素单核苷酸（FMN）和黄素腺嘌呤二核苷酸（FAD）两类。FMN 和 FAD 是不需氧脱氢酶辅酶，发挥功能的结构是异咯嗪环，在该环上能可逆地加氢和脱氢，属递氢体。氧化型的 FMN 和 FAD 可接受 2 个氢原子后成为还原型 $FMNH_2$ 或 $FADH_2$，如琥珀酸脱氢酶、脂酰辅酶脱氢酶等属黄素蛋白。在呼吸链中，FMN 和 FAD 可接受由 NADH 或琥珀酸代谢脱下的氢生成 $FMNH_2$ 和 $FADH_2$，再进一步将电子传递给铁硫蛋白。

$$FMN/FAD+2H \rightleftharpoons FMNH_2/FADH_2$$

（3）**铁硫蛋白** 是一类存在于线粒体内膜上的金属蛋白质，分子中含有非血红素铁和对酸不稳定的硫，该蛋白辅助因子是铁硫簇（Fe-S），又称铁硫中心，含有等量的 Fe 和 S，主要有 Fe_2S_2 和 Fe_4S_4 两种形式。铁硫中心所含铁发生变价进行电子传递，氧化型铁硫蛋白接收电子时，只有 1 个 Fe^{3+} 接受电子被还原成 Fe^{2+}，即每次只传递 1 个电子，因此，铁硫蛋白属递电子体。在呼吸链中，铁硫蛋白的功能是将 $FMNH_2$ 或 $FADH_2$ 脱下的电子传递给泛醌（辅酶Q）。反应式为：$Fe^{2+} \rightleftharpoons Fe^{3+}+e$。

（4）**泛醌** 是一种小分子脂溶性醌类化合物，又称辅酶 Q（CoQ），侧链为异戊二烯结构，呈疏水性，能在线粒体内自由扩散，分子中苯醌结构能可逆地加氢和脱氢，是呼吸链中唯一不与蛋白质结合的游离递氢体。呼吸链中的泛醌可结合 2 个质子和 2 个电子并还原成二氢泛醌（$CoQH_2$），二氢泛醌将 2 个电子传递给细胞色素，将 2 个质子释放入线粒体基质内。不同来源的泛醌其侧链异戊二烯单位数目不同，如人体泛醌含 10 个异戊二烯单位，用 CoQ_{10} 表示。反应式为：$CoQ+2H \rightleftharpoons CoQH_2$。

（5）**细胞色素类** 细胞色素（Cyt）是细胞内一类以铁卟啉（又称血红素）为辅基的催化电子传递的酶类，因具有颜色而得名，通过辅基铁卟啉中的铁离子得失电子进行电子传递，它和铁硫蛋白一样是单电子传递体。反应式为：$Cyt-Fe^{2+} \rightleftharpoons Cyt-Fe^{3+}+e$。

细胞色素广泛存在于各种生物中，目前已发现的细胞色素有 30 多种，因具有特殊吸收光谱而呈现颜色。根据细胞色素吸收光谱不同，将线粒体内膜中参与呼吸链组成的细胞色素分为 a、b、c 三类，每一类中又因其最大吸收峰的微小差异再分成不同亚类，如 Cyt a、Cyt a_3、Cyt c、Cyt c_1 等。参与呼吸链电子传递的细胞色素有 a、a_3、b、c 和 c_1，由于 Cyt a 和 Cyt a_3 在同一条多肽链上结合紧密很难分开，故合称 Cyt aa_3。Cyt aa_3 是呼吸链中直接与氧发生关系的最后一个电子传递体，它可直接将电子传递给氧，使氧被激活成氧离子，故亦称细胞色素氧化酶。Cyt c 呈水溶性，与线粒体内膜外表面结合疏松，能够在线粒体内膜上游动，是呼吸链中第 2 个可移动的递电子体（另一个可移动的递电子体是泛醌）。呼吸链中，电子在细胞色素中的传递顺序是 Cyt b → Cyt c_1 → Cyt c → Cyt aa_3 → O_2。但 Cyt aa_3 这个配位键可与 CO、CN^- 等毒物结合，结合一旦发生，Cyt aa_3 便失去传递电子能力，阻断 O_2 还原生成 H_2O，导致机体不能利用氧而窒息死亡。

2. 复合体

呼吸链主要组分中，除泛醌和 Cyt c 两个组分为可移动递电子体外，其余组分均与蛋白质结合形成复合体（即复合体Ⅰ、Ⅱ、Ⅲ、Ⅳ）来完成电子传递过程。复合体Ⅰ、Ⅲ、Ⅳ镶嵌在线粒体内膜上，复合体Ⅱ镶嵌在线粒体内膜基质侧。复合体在线粒体中位置如图 7-2 所示。

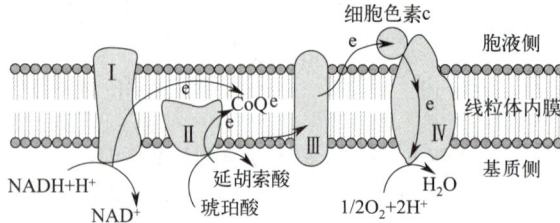

图 7-2　呼吸链各复合体位置示意图

复合体Ⅰ又称 NADH- 泛醌还原酶，是线粒体内膜上最大的复合体，含有以 FMN 为辅基的黄素蛋白（FP）和铁硫蛋白（Fe-S），主要功能是将电子从 NADH + H$^+$ 中经 FMN 及铁硫蛋白传递给泛醌（CoQ）。反应式为：NADH $\longrightarrow$ FMN $\longrightarrow$ Fe-S $\longrightarrow$ CoQ。

复合体Ⅱ又称琥珀酸 - 泛醌还原酶，含有以 FAD 为辅基的黄素蛋白、铁硫蛋白（Fe-S）和 Cyt b，主要功能是将电子从琥珀酸经 FAD 及铁硫蛋白传递给泛醌（CoQ）。反应式为：琥珀酸 $\longrightarrow$ FAD $\longrightarrow$ Fe-S $\longrightarrow$ CoQ。

复合体Ⅲ又称泛醌 - 细胞色素 c 还原酶，由 Fe-S、Cyt b、Cyt c_1 组成，主要功能是将电子从还原型泛醌经 Cyt b、Cyt c_1 传递至 Cyt c。反应式为：CoQH$_2$ $\longrightarrow$ Cyt b $\longrightarrow$ Fe-S $\longrightarrow$ Cyt c_1 $\longrightarrow$ Cyt c。

复合体Ⅳ又称细胞色素 c 氧化酶，由细胞色素 a、a_3 组成，主要功能是将电子从细胞色素 c 经细胞色素 aa$_3$ 传递给氧。反应式为：Cyt c $\longrightarrow$ Cyt aa$_3$ $\longrightarrow$ O$_2$ $\longrightarrow$ O^{2-}。

线粒体呼吸链复合体及其作用见表 7-2。

表 7-2　线粒体呼吸链复合体及其作用

复合体	酶名称	辅基	主要作用
复合体Ⅰ	NADH- 泛醌还原酶	FMN，Fe-S	将 NADH 脱下的氢传递给泛醌
复合体Ⅱ	琥珀酸 - 泛醌还原酶	FAD，Fe-S	将琥珀酸脱下的氢传递给泛醌
复合体Ⅲ	泛醌 - 细胞色素 c 还原酶	铁卟啉，Fe-S	将电子从泛醌传递给细胞色素 c
复合体Ⅳ	细胞色素 c 氧化酶	铁卟啉，Cu	将电子从细胞色素 c 传递给氧

二、线粒体内重要的呼吸链

目前认为线粒体内有两条重要的呼吸链，分别为 NADH 氧化呼吸链和琥珀酸氧化呼吸链（FADH$_2$ 氧化呼吸链）。在线粒体生物氧化体系中，脱氢酶辅助因子多为 NAD$^+$，少数为 FAD，代谢物脱氢主要生成 NADH+H$^+$，通过 NADH 氧化呼吸链。代谢物脱氢少量生成 FADH$_2$，通过 FADH$_2$ 氧化呼吸链。

1.NADH 氧化呼吸链

NADH 氧化呼吸链是机体内分布最广泛、最重要的一条呼吸链，也是体内物质氧化分解

生成 H_2O 的主要途径，由复合体 I（FMN、Fe-S）、泛醌（CoQ）、复合体Ⅲ（Cyt b、Fe-S 和 Cyt c_1）、Cyt c、复合体Ⅳ（Cyt a、Cyt a_3）组成。生物氧化大多数脱氢酶（如异柠檬酸脱氢酶、苹果酸脱氢酶等）辅酶为 NAD^+，属烟酰胺脱氢酶类。糖类、脂类及氨基酸类代谢的许多中间产物（如乳酸、苹果酸、谷氨酸等）在相应脱氢酶催化下脱下的 H 被 NAD^+ 接受生成 $NADH+H^+$，然后，将 $NADH+H^+$ 脱下的 2H 经复合体 I 传递给泛醌生成二氢泛醌（$CoQH_2$），$CoQH_2$ 将氢分成质子（H^+）和电子（e），其中质子释放到基质中，而电子经复合体Ⅲ传至 Cyt c，然后传至复合体Ⅳ，最后传递给氧生成 O^{2-}，O^{2-} 再与基质中的 H^+ 结合生成 H_2O，此过程逐步释放能量，驱动 ADP 磷酸化生成约 2.5 分子 ATP。

NADH 氧化呼吸链如图 7-3 所示。

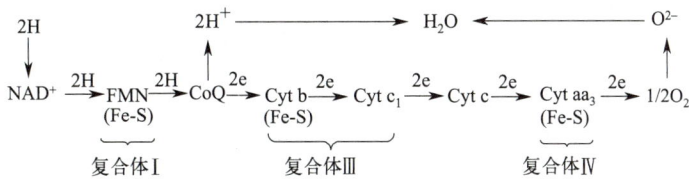

图 7-3　NADH 氧化呼吸链

2.FADH_2 氧化呼吸链

$FADH_2$ 氧化呼吸链又称琥珀酸氧化呼吸链，体内只有少数几种代谢物（如琥珀酸、α- 磷酸甘油和脂酰辅酶 A 等）的脱氢酶是以 FAD 为辅基。$FADH_2$ 氧化呼吸链由复合体Ⅱ（FAD、Fe-S）、CoQ、复合体Ⅲ（Cyt b、Cyt c_1、Fe-S）、Cyt c、复合体Ⅳ（Cyt aa_3）组成。琥珀酸在琥珀酸脱氢酶催化下，脱下来的氢经复合体Ⅱ传递给 CoQ 生成 $CoQH_2$，再往下的传递与 NADH 氧化呼吸链相同，$FADH_2$ 氧化呼吸链的复合体Ⅱ在传递电子对时释放的能量较少，只能生成约 1.5 分子 ATP。

$FADH_2$ 氧化呼吸链如图 7-4 所示。

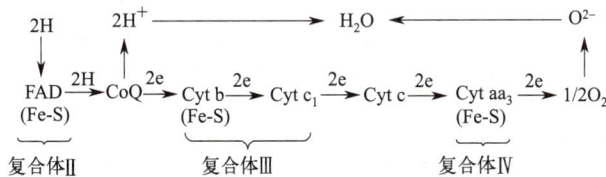

图 7-4　FADH_2 氧化呼吸链

线粒体内，物质氧化的主要方式是脱氢反应。通过脱氢酶催化的脱氢反应产生 $NADH +H^+$ 和 $FADH_2$，两者再通过呼吸链彻底氧化成 H_2O。

【课堂互动】试比较 NADH 氧化呼吸链与琥珀酸氧化呼吸链的差异。

三、线粒体外 NADH 的氧化

在线粒体内，代谢物脱氢生成的 $NADH+H^+$ 直接进入 NADH 氧化呼吸链传递给氧生成 H_2O，但在细胞质中生成的 NADH 不能自由透过线粒体内膜，线粒体外 NADH 所携带的氢须经过载体转运才能进入线粒体，再通过呼吸链传递给氧生成 H_2O。NADH 转运进入线粒体的机制主要有 α- 磷酸甘油穿梭和苹果酸 - 天冬氨酸穿梭 2 种。

1.α- 磷酸甘油穿梭

α- 磷酸甘油穿梭是指代谢物脱氢生成的 $NADH+H^+$ 通过 α- 磷酸甘油被转运进入线粒体内，

其中，α- 磷酸甘油为氢的载体，这种穿梭作用主要存在于脑和骨骼肌等组织中。线粒体外的 NADH 在细胞质中 α- 磷酸甘油脱氢酶（甘油醛 -3- 磷酸脱氢酶）催化下，使磷酸二羟基丙酮还原成 α- 磷酸甘油（3- 磷酸甘油），3- 磷酸甘油通过线粒体外膜再经位于线粒体内膜外侧的 α- 磷酸甘油脱氢酶（辅基为 FAD）催化下，重新脱氢生成磷酸二羟基丙酮和 $FADH_2$。磷酸二羟基丙酮可穿出线粒体外膜至细胞质，继续进行穿梭，而 $FADH_2$ 则进入琥珀酸氧化呼吸链，经磷酸化可生成 1.5 分子 ATP（图 7-5）。因此，在脑、骨骼肌等组织的糖有氧氧化过程中，由 3- 磷酸甘油脱氢产生的 NADH 通过 α- 磷酸甘油穿梭途径进入线粒体，传递给 FAD 生成 $FADH_2$，$FADH_2$ 进入 $FADH_2$ 氧化呼吸链。此时，1 分子葡萄糖彻底氧化可生成约 30 分子 ATP。

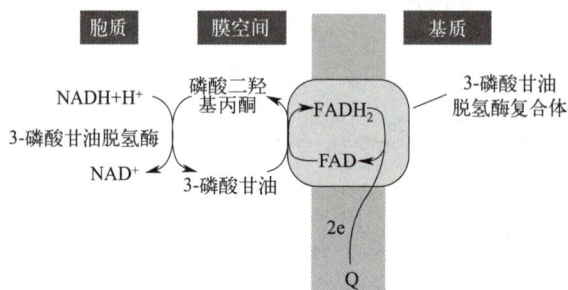

图 7-5 α- 磷酸甘油穿梭机制示意图

2. 苹果酸 – 天冬氨酸穿梭

苹果酸 - 天冬氨酸穿梭是指代谢物脱氢生成的 $NADH+H^+$ 通过苹果酸 - 天冬氨酸被转运进入线粒体内的过程，这种穿梭作用主要存在于心肌、肝、肾等组织中。细胞质中代谢物脱氢生成的 $NADH+H^+$ 在苹果酸脱氢酶作用下，将 $NADH+H^+$ 的氢原子加到草酰乙酸分子上，使草酰乙酸还原成苹果酸，苹果酸再通过线粒体内膜上的苹果酸 -α- 酮戊二酸转运蛋白进入线粒体，又在线粒体内苹果酸脱氢酶（辅酶为 NAD^+）作用重新生成草酰乙酸和 $NADH+H^+$，生成的 NADH 进入 NADH 氧化呼吸链，经磷酸化可生成 2.5 分子 ATP。同时，草酰乙酸经天冬氨酸转氨酶（也称谷草转氨酶）作用生成天冬氨酸和 α- 酮戊二酸，后者经酸性氨基酸转运蛋白转运出线粒体再转变成草酰乙酸，继续进行穿梭作用（图 7-6）。

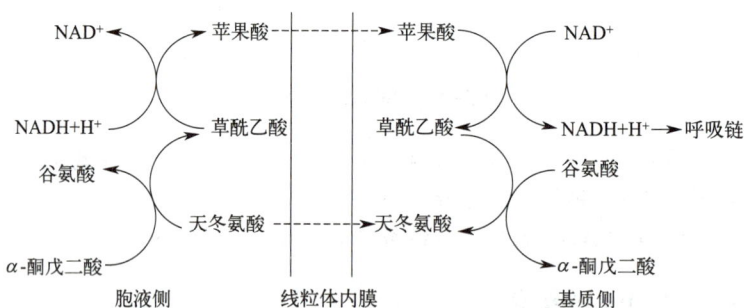

图 7-6   苹果酸 - 天冬氨酸穿梭机制示意图

因此，心肌和肝组织在糖的有氧氧化过程中，细胞质内 3- 磷酸甘油醛脱氢产生的 NADH 可通过苹果酸 - 天冬氨酸穿梭机制进入线粒体氧化。此时，1 分子葡萄糖彻底氧化可生成约 32 分子 ATP。

α- 磷酸甘油穿梭和苹果酸 - 天冬氨酸穿梭机制的区别如表 7-3 所示。

表 7-3 α-磷酸甘油穿梭和苹果酸-天冬氨酸穿梭机制的区别

项目	α-磷酸甘油穿梭	苹果酸-天冬氨酸穿梭
存在	骨骼肌和脑	心肌和肝
速记	一"骨""脑"干了	"心""肝"要"苹果"
穿梭机制	① NADH+ 磷酸二羟基丙酮 ——→ α-磷酸甘油（胞质） ② α-磷酸甘油 ——→ 磷酸二羟基丙酮 +FADH$_2$（线粒体）	① NADH+ 草酰乙酸 ——→ 苹果酸（胞质） ② 苹果酸 ——→ 草酰乙酸 +NADH（线粒体） ③ 草酰乙酸 + 谷氨酸 ——→ 天冬氨酸 +α-酮戊二酸（线粒体） ④ 天冬氨酸 +α-酮戊二酸 ——→ 草酰乙酸 + 谷氨酸（胞质）
生成 ATP	一对氢可产生 1.5 分子 ATP	一对氢可产生 2.5 分子 ATP

第三节 生物氧化过程中能量生成、利用与储存

生物氧化过程中不仅消耗 O_2，产生 CO_2 和 H_2O，更重要的是可以释放大量能量，其中，有约 60% 能量以热能形式散发用于维持体温，有约 40% 能量以化学能形式储存于 ATP 及其他高能化合物中。其中，ATP 是体内各种生命活动及代谢过程中主要供能的高能化合物，在能量代谢及转换中处于十分重要的中心地位。

一、高能化合物

高能化合物是指在生物体内含有高能键（水解或基团转移释放出的能量大于 20.9kJ/mol）的化合物，是生物体内储存能量、释放能量的重要中间体。高能键常用"～"符号表示，如高能磷酸酯键、高能硫酸酯键。生物体内常见的高能化合物有肌酸磷酸、ATP、ADP、1,3-二磷酸甘油酸、磷酸烯醇式丙酮酸、乙酰 CoA、琥珀酰 CoA 等，最典型的高能化合物是 ATP，即腺苷三磷酸。

生物体内高能化合物主要有磷氧键型、氮氧键型、硫酯键型和甲硫键型等形式。磷氧键型主要类型有酰基磷酸化合物（如 1,3-二磷酸甘油酸、乙酰磷酸、氨甲酰磷酸、酰基腺苷酸等）、焦磷酸化合物（如无机焦磷酸、ATP 等）和烯醇式磷酸化合物（如磷酸烯醇式丙酮酸）。氮氧键型高能化合物如肌酸磷酸、磷酸精氨酸等。硫酯键型高能化合物如 3′-磷酸腺苷 -5′-磷酸硫酸、酰基乙酰 CoA。甲硫键型高能化合物如 S-腺苷甲硫氨酸。高能化合物以含磷酸基团化合物居多，但并非所有含磷酸基团的化合物都是高能化合物，如 6-磷酸葡萄糖水解每摩尔释放能量低于 20.9kJ/mol，为低能磷酸化合物。常见磷酸化合物磷酸基团释放的能量见表 7-4。

表 7-4 常见磷酸化合物磷酸基团释放的能量

类别	化合物	释放的能量 /（kJ/mol）	化合物	释放的能量 /（kJ/mol）
高能化合物	磷酸烯醇式丙酮酸	−61.9	磷酸精氨酸	−32.2
	1,3-二磷酸甘油酸	−49.3	ATP（→ ADP+Pi）	−30.5
	肌酸磷酸	−43.1	ADP（→ AMP+Pi）	−30.5
	乙酰磷酸	−42.3		
低能化合物	AMP（→腺苷 +Pi）	−14.2	6-磷酸葡萄糖	−13.8
	1-磷酸葡萄糖	−20.9	1-磷酸甘油	−9.2
	6-磷酸果糖	−15.9		

生化与医药

磷酸肌酸与 ATP 的临床应用

　　磷酸肌酸担当着补充腺苷三磷酸能量储备的作用，外源性的磷酸肌酸能够维持细胞的高能磷酸水平。磷酸肌酸是心肌保护剂，临床用于治疗横纹肌活性不足，作为心脏疾病的辅助治疗药物，但不能代替心脏的动力学治疗，还可加入心脏停搏液中，作为对心脏手术的保护手段之一。国外资料显示，磷酸肌酸还可作为营养补充药物，用于治疗代谢性疾病。纯净的 ATP 呈白色粉末状，能溶于水。作为一种药品，ATP 有提供能量和改善患者新陈代谢状况的作用，常用于辅助治疗肌肉萎缩、脑出血后遗症、心肌炎等疾病。ATP 片剂可以口服，注射液可供肌内注射或静脉滴注。

二、ATP 的生成

　　ATP 是生物体内最重要的高能化合物之一，是体内能量直接利用的主要形式，也是体内能量转换的中心。糖类、脂肪、蛋白质等营养物质氧化分解所释放的能量使 ADP 磷酸化生成 ATP。ATP 和 ADP 之间能相互转变，ATP 水解可生成 ADP 和高能键，而 ADP 接受高能键又生成了 ATP，两者之间的相互转变保证了机体能量代谢的平衡。体内 ATP 是由 ADP 磷酸化生成的，主要有氧化磷酸化和底物水平磷酸化 2 种方式，其中氧化磷酸化是体内 ATP 生成的主要方式。

（一）氧化磷酸化

1. 氧化磷酸化的概念

　　氧化磷酸化是指在线粒体中，营养物质代谢脱下的 2H 经呼吸链氧化为 H_2O 时释放的能量使 ADP 磷酸化生成 ATP 的过程，是体内生物氧化生成 ATP 的最主要方式，生成 ATP 的量约占体内 ATP 生成总量 80% 以上，是生命活动所需能量的主要来源。由于呼吸链上的氧化反应与 ADP 磷酸化反应偶联，又称偶联磷酸化。

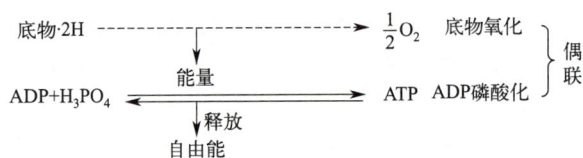

2. 氧化磷酸化偶联部位

　　糖类、脂肪和蛋白质等营养物质氧化分解过程中，基本通过氧化磷酸化方式生成 ATP，只有少数例外。氧化磷酸化偶联部位即 ATP 生成部位，可通过测定线粒体 P/O 值和自由能变化来确定。研究氧化磷酸化最常用方法是测定 P/O 值。P/O 值是指氧化磷酸化过程中，每消耗 1/2mol O_2 所生成 ATP 的物质的量（或指一对电子经氧化呼吸链传递给氧所生成的 ATP 数）。由于无机磷酸消耗伴随着 ATP 生成（ADP+H_3PO_4 —→ ATP+H_2O），因此，从 P/O 值可了解物质氧化时每消耗 1mol O_2 生成的 ATP 数。将不同底物从不同部位进入呼吸链，比较测定的 P/O 值和自由能变化值。氧化磷酸化存在 3 个偶联部位，分别位于 NADH 与 CoQ 之间、Cyt b 与 Cyt c 之间、Cyt aa₃ 与 O_2 之间，即复合体 Ⅰ、Ⅲ、Ⅳ 内各存在一个 ATP 生成部位，一对电子经 NADH 氧化呼吸链传递给氧可偶联生成 2.5 分子 ATP，其 P/O 值为 2.5。而一对电子经 FADH₂ 氧化呼吸链传递给氧可偶联生成 1.5 分子 ATP，P/O 值为 1.5（表 7-5）。氧化磷酸化偶联部位如图 7-7 所示。

表 7-5　体外不同底物的 P/O 比值

底物	呼吸链传递过程	P/O	ATP 生成数目
羟丁酸	NADH → FMN → CoQ → Cyt → O$_2$	2.5	2.5
琥珀酸	FAD → CoQ → Cyt → O$_2$	1.5	1.5
维生素 C	Cyt c → Cyt aa$_3$ → O$_2$	1	1
Cyt c（Fe^{2+}）	Cyt aa$_3$ → O$_2$	1	1

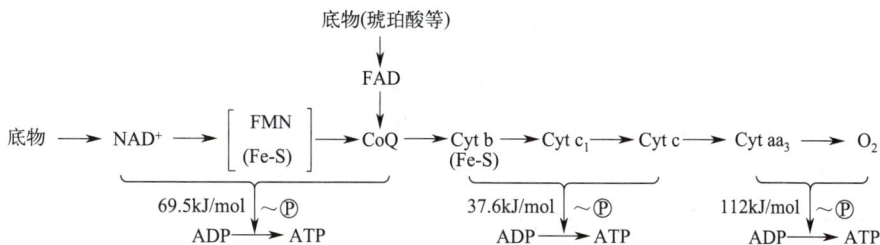

图 7-7　氧化磷酸化偶联部位

生化与医药

能量药品

ATP 作为细胞可以直接利用的能量形式，在临床上可以作为能量药品用于改善病变器官的功能。除 ATP 外，常用于临床的还有 D- 核糖、1,6- 二磷酸果糖、磷酸肌酸、氨基酸、泛醌（CoQ$_{10}$）、辅酶 A、左旋肉碱、葡萄糖等，它们或作为能量代谢过程中相关的底物或中间体，或参与线粒体氧化磷酸化，直接或间接促进 ATP 生成。如心脏是耗能最多的器官之一，每日消耗 ATP 约 43kg，主要来自脂肪酸、葡萄糖的氧化分解。临床上，可应用曲美他嗪、左卡尼汀（左旋肉碱）、磷酸肌酸、CoQ$_{10}$ 等能量代谢药物改善缺血心肌的损伤。

3. 影响氧化磷酸化的因素

（1）ADP 含量　正常机体内，调节氧化磷酸化速度最主要因素是 ADP 含量。当机体内利用 ATP 增多时，ADP 含量相对增多，转运入线粒体后使氧化磷酸化速度加快。反之，ADP 含量不足时，氧化磷酸化速度减慢。机体根据需要通过这种方式对 ADP 合成进行调节。ADP 含量对氧化磷酸化的调节作用称为呼吸控制。

（2）呼吸链抑制剂　呼吸链抑制剂是指能够在特定部位阻断呼吸链中的电子传递，从而阻断氧化磷酸化进行，抑制 ATP 生成的一类化合物。如镇静催眠药异戊巴比妥、杀虫剂鱼藤酮、粉蝶霉素 A 都能与复合体 I 中的铁硫蛋白结合，从而阻断铁硫蛋白到泛醌的电子传递。杀菌剂萎锈灵是复合体 II 的抑制剂，抗霉素 A、二巯基丙醇和黏噻唑菌醇主要作用于复合体 III 中的 Cyt b 与 Cyt c$_1$ 间的电子传递。氰化物（CN$^-$）、叠氮化物（N$_3^-$）、CO 和 H$_2$S 等则是复合体 IV（细胞色素氧化酶）的抑制剂，阻断电子传递给氧，导致呼吸链中断，使细胞呼吸作用停止。此时即使供能充足，也不能被细胞利用。如装饰材料燃烧时释放的 CN$^-$ 和 CO 会造成人双重中毒，导致细胞代谢障碍，甚至危及生命。CN$^-$ 存在于某些工业生产的氰化物蒸气或粉末中，苦杏仁、桃仁、银杏果中也有一定的含量（图 7-8）。

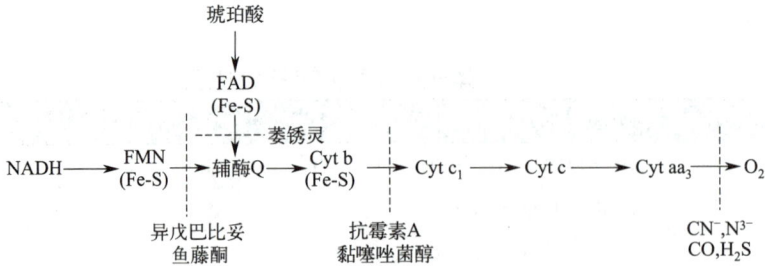

图 7-8   几种呼吸链抑制剂的作用部位

生化与健康

亚硝基异戊酯和亚硝酸钠解除 CN^- 中毒

CN^-、CO 这类抑制剂可与呼吸链中细胞色素氧化酶牢固结合，使其丧失传递电子能力，迅速引起脑部损害，几分钟即可致死。临床上用亚硝基异戊酯和注射亚硝酸钠来解毒，使部分血红蛋白氧化成高铁血红蛋白，当高铁血红蛋白含量达到总量 20% ~ 30%，就能夺取已与细胞色素氧化酶结合的氰化物，恢复细胞色素氧化酶功能。而高铁氰化物血红蛋白又能很快解离释放出 CN^-，此时再注射硫代硫酸钠，在肝脏中可使 CN^- 转变为无毒的硫氰化物，随尿排出。

（3）解偶联剂   解偶联剂是指把呼吸链电子传递过程和原先紧密相偶联的 ATP 合成过程相分离，阻止 ATP 生成，其作用机制是解偶联剂使线粒体内膜外侧的 H^+ 不经 ATP 合成酶的 F_0 质子通道回流，而通过其他途径返回线粒体基质，破坏呼吸链传递电子过程中建立的线粒体内膜 H^+ 梯度，呼吸链氧化过程与磷酸化过程解离，传递电子过程中产生的能量以热能形式散失，从而抑制 ATP 的合成。如 2,4-二硝基苯酚（DNP）、水杨酸、双香豆素中的解偶联蛋白皆可使氧化与磷酸化脱偶联。冬眠动物、耐寒动物依靠解偶联蛋白维持体温，有些细菌或病毒感染人体细胞后，会向细胞内释放解偶联剂。2,4-二硝基苯酚（DNP）是一种强解偶联剂，为小分子脂溶性化合物，在线粒体内膜自由移动，在膜间隙侧与 H^+ 结合，到基质侧释放 H^+，破坏跨线粒体内膜的电化学梯度。此时，呼吸链电子传递虽然照常进行，但 ADP 不能磷酸化生成 ATP。

人体（特别是新生儿）或冬眠哺乳动物体内棕色脂肪组织的线粒体内膜存在大量解偶联蛋白（UCP）。目前发现有五种同源蛋白 UCP_1 ~ UCP_5。UCP_1 与非震颤性产热有关，主要调节体温。UCP_2 组织分布广泛，其解偶联机制类似于 UCP_1，但 H^+ 通过通道回流至线粒体基质，释放的能量没有转化为热能，而是用于清除线粒体内的活性氧（ROS），可能在抗感染、免疫调节、细胞凋亡、细胞老化及脂肪肝等与氧化损伤相关的病理生理过程中发挥重要作用。UCP_3 主要存在于骨骼肌中，与能量代谢调节有关。UCP_4 和 UCP_5 特异性存在于脑组织中并有较高表达，可能也与体温调节、能量代谢及自由基产生有关。UCP 含量和活性受多种因素影响，游离脂肪酸为 UCP 激动剂，能提高 UCP 解偶联能力。新生儿硬肿症就是由于新生儿体内缺乏棕色脂肪组织，不能维持正常体温，导致皮下脂肪组织凝固所致。

生化与健康

炸药与减肥

第一次世界大战期间，三硝基甲苯（TNT）作为炸药的原料之一已在战争中大量使用。

奇怪的是，当时有人注意到，许多在军工厂里负责将 TNT 装载到炮弹和炸弹里面的妇女都身体消瘦，且经常发热，但原因不明。很长一段时间后，人们发现了一个与 TNT 非常类似的化学品——2,4-二硝基苯酚（DNP），它在体内作为氧化磷酸化的解偶联剂，可造成跨线粒体膜的质子泄漏，也能引起发热和体重减轻。从结构上看，TNT 并不能直接作为解偶联剂，因为其苯环上没有亲水的可解离羟基，但当它被吸入到体内后，在细胞内经内质网膜上的细胞色素 P_{450} 解毒处理，即羟基化修饰，可变成与 DNP 类似的解偶联剂。

（4）甲状腺激素　甲状腺激素（T_3、T_4）是调节氧化磷酸化的重要激素，能诱导细胞膜上 Na^+，K^+-ATP 酶生成，增加细胞膜上 Na^+，K^+-ATP 酶的数量，维持细胞内高钾低钠状态，使 ATP 加速分解为 ADP 和 Pi。ADP 增多促进氧化磷酸化。T_3 还可使解偶联蛋白基因表达增加，引起机体耗氧量和产热量均增加，基础代谢率提高。所以，甲亢患者出现怕热、消瘦、易出汗、基础代谢率增高等症状。

🔲 生化与健康

甲状腺激素与新陈代谢

甲状腺激素是调节能量代谢的重要激素，主要通过诱导 Na^+，K^+-ATP 酶基因表达来促进氧化磷酸化，同时，还能激活一些细胞线粒体的解偶联蛋白，使生物氧化释放的能量不用于合成 ATP，而以热量形式散发。甲状腺激素对合成代谢和分解代谢有广泛影响，生理浓度甲状腺激素对合成代谢和分解代谢都有促进作用，但高浓度甲状腺激素对分解代谢促进作用更强。所以，甲亢患者虽然食欲很好，但会出现身体消瘦、体重减轻等症状。如果甲状腺激素浓度偏低，则会导致能量代谢减弱、产热减少、生长发育迟缓。

（5）线粒体 DNA 突变　线粒体拥有自己的遗传物质，即线粒体 DNA（mtDNA），能够独立进行复制、转录和翻译。线粒体 DNA 编码呼吸链复合体包括 13 条多肽链，以及 22 个线粒体 tRNA 和 2 个 rRNA。线粒体 DNA 为裸露环状结构，缺乏组蛋白保护和 DNA 损伤修复系统。氧化磷酸化过程产生的氧自由基对 mtDNA 的损伤是其发生突变的主要诱因，使其突变率为核基因的 10～20 倍。mtDNA 突变导致氧化磷酸化功能障碍和能量代谢失常，引起细胞结构、功能的病理改变。机体内不同组织和器官对 ATP 的需求不同，因此，不同线粒体突变类型会导致不同疾病，但多是耗能较多的部位发病，如神经系统、生殖系统等。随着年龄增长，线粒体发生严重缺陷的概率增加，帕金森病、阿尔茨海默病等退行性疾病发病率也随之上升。

🔲 生化与健康

苦杏仁

杏仁含有丰富的蛋白质、不饱和脂肪酸、微量元素、维生素，适量食用可有效控制人体内胆固醇含量，并降低心脏病及多种慢性病风险。杏仁有甜杏仁和苦杏仁之分，甜杏仁无害，但苦杏仁含苦杏仁苷及氧化物，氰化物进入人体后可迅速分解出游离氰，抑制细胞色素氧化酶，致使细胞不能利用氧而产生细胞窒息。临床表现主要为头痛、头晕、恶心、呕吐、心悸、胸闷气促、烦躁、抽搐、昏迷甚至呼吸抑制等，中毒严重者可出现"闪电式"骤死。因此，在食用苦杏仁时应注意除去有害物质，避免中毒。

生化与医药

新生儿硬肿症与棕色脂肪组织

解偶联蛋白是一种线粒体载体蛋白，可在线粒体内膜上形成质子通道，将线粒体内膜外的质子转运回基质，降低跨膜质子浓度梯度，将自由能转化为热能，抑制ATP生成。人体和其他哺乳动物的解偶联蛋白仅存在于棕色脂肪组织，可通过解除氧化和磷酸化偶联作用，使氧化过程中释放的能量以热能形式散发，达到产热御寒效果。新生儿含有大量棕色脂肪组织用于维持体温，如体内缺乏棕色脂肪组织，则可能会因为不能维持正常体温使皮下脂肪凝固，导致患上新生儿硬肿症，主要临床表现为皮肤、皮下脂肪组织硬化、水肿，常伴有低体温，严重者可出现器官功能损伤，常见于早产、感染、窒息的新生儿。

【课堂互动】机体发生感冒等感染性疾病时，体温为什么会升高？

（二）底物水平磷酸化

物质在生物氧化过程中，常生成一些含有高能键的化合物，而这些化合物可直接偶联ATP或GTP的合成，这种产生ATP等高能分子的方式称为底物水平磷酸化。底物水平磷酸化是指在分解代谢过程中，底物分子在发生脱氢或脱水反应时，其分子内部的能量重新排列后生成高能磷酸化合物，然后将其分子上的高能磷酸基团转移给ADP（或GDP）生成ATP（或GTP）的过程。底物水平磷酸化是体内生物氧化生成ATP的次要方式，生成的ATP量只占体内ATP生成总量的5%以下。糖代谢三个典型的底物水平磷酸化反应为：

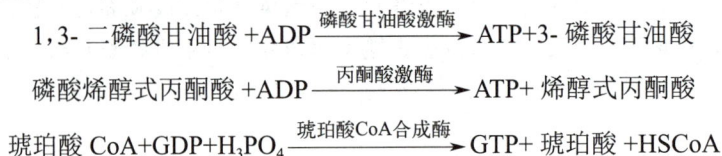

$$1,3\text{-二磷酸甘油酸} + ADP \xrightarrow{\text{磷酸甘油酸激酶}} ATP + 3\text{-磷酸甘油酸}$$

$$\text{磷酸烯醇式丙酮酸} + ADP \xrightarrow{\text{丙酮酸激酶}} ATP + \text{烯醇式丙酮酸}$$

$$\text{琥珀酸CoA} + GDP + H_3PO_4 \xrightarrow{\text{琥珀酸CoA合成酶}} GTP + \text{琥珀酸} + HSCoA$$

三、能量的利用、转移和储存

生物体内能量生成、利用、转移和储存都以ATP为中心，通过ATP与ADP转变来实现。

1. 能量的利用

机体一切生命活动都需要消耗能量，糖类、脂肪和蛋白质等营养物质是满足人体能量需要的能源物质，但须在体内转化为ATP才能被利用。ATP主要为生命活动提供能量，ATP几乎是机体所有生命活动的直接供能物质。同时，ATP还为物质代谢（包括分解代谢和合成代谢）提供能量，合成代谢所需能量约占机体总耗能的10%。ATP被利用时又可以分解为ADP和磷酸，同时释放能量，供给机体生命活动所需。

$$ATP + H_2O \rightleftharpoons ADP + Pi + \text{能量}$$

$$ATP + H_2O \rightleftharpoons AMP + PPi + \text{能量}$$

2. 能量的转移

ATP是细胞内的主要磷酸载体，作为细胞主要供能物质参与体内许多代谢反应，但有些物质的合成代谢不需要直接用ATP供能，如糖原、磷脂、蛋白质合成。ATP可将高能磷酸基（～P）转移给其他相应的二磷酸核苷形成三磷酸核苷，如UTP参与糖原合成代谢、CTP参与磷脂合成、GTP参与蛋白质合成。

$$ATP + UDP \rightleftharpoons ADP + UTP（糖原合成）$$

$$ATP + CDP \rightleftharpoons ADP + CTP（磷脂合成）$$

$$ATP+GDP \Longleftrightarrow ADP+GTP（蛋白质合成）$$

3. 能量的储存

ATP 是能量的直接利用形式，但不是能量储存形式。当 ATP 生成较多时，ATP 能在肌酸激酶作用下将高能磷酸基（～ P）转移给肌酸（C）生成肌酸磷酸（CP）而储存起来。

$$ATP+ 肌酸 \Longleftrightarrow ADP+ 肌酸磷酸（CP）$$

肌酸磷酸是心肌、骨骼肌和脑组织中能量的主要储存形式。肌酸磷酸所含～ P 不能被机体直接利用。当体内 ATP 消耗过多而不足时，肌酸磷酸又可将高能磷酸基转移给 ADP 重新生成 ATP 为机体供能。生物体内 ATP 的生成、储存与利用如图 7-9 所示。

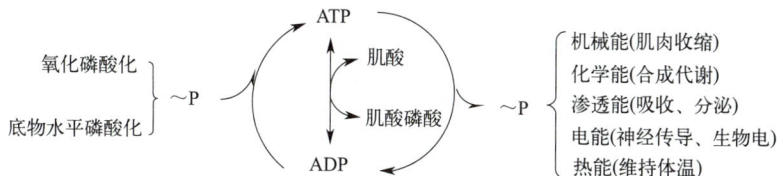

图 7-9　ATP 的生成、储存和利用

第四节　非线粒体氧化体系

生物氧化过程除了在线粒体中进行外，还有其他类型的氧化体系存在于线粒体外，称为非线粒体氧化体系，包括微粒体加氧酶系、超氧化物歧化酶、过氧化氢酶和过氧化物酶等，其特点是氧化过程不生成 ATP，主要参与体内的一些代谢物、药物和毒物的生物转化过程。

一、微粒体加氧酶系

一些代谢物（如胆红素、氨等）、外源性药物、毒物等非营养物质水溶性差，在排出机体之前需要经过生物转化来增强其水溶性，生物转化的重要场所就是微粒体。微粒体加氧酶系位于细胞滑面内质网上，在微粒体中有一类特殊的氧化酶，它所催化的反应是在底物分子中加入氧原子，称加氧酶，主要包括单加氧酶和双加氧酶。

1. 单加氧酶

单加氧酶能够催化氧分子中的 1 个氧原子加到底物分子上，使底物被羟化，另外 1 个氧原子被氢（来自 NADPH+H$^+$）还原成 H$_2$O，故单加氧酶又称羟化酶或混合功能氧化酶。催化反应通式为：

$$RH+O_2+NADPH+H^+ \xrightarrow{\text{单加氧酶系}} ROH+NADP^++H_2O$$

加单氧酶催化的反应需要 NADPH 和细胞色素 P$_{450}$（Cyt P$_{450}$）参与，该酶主要存在于肝、肾、肠等组织微粒体中，不参与 ATP 生成，主要参与体内许多药物、毒物、维生素 D$_3$、类固醇激素和胆汁酸盐代谢的羟化反应，增加其水溶性而有利于排泄。如维生素 D$_3$ 活化、肾上腺皮质激素和性激素合成、胆汁酸和儿茶酚胺类物质生成等都需要单加氧酶参与。

2. 双加氧酶

双加氧酶能够催化 2 个氧原子直接加入到底物分子中的特定双键上，从而使底物分解为两部分。如色氨酸在双加氧酶的作用下，生成甲酰犬尿酸原，胡萝卜素在双加氧酶的作用下，碳碳双键断裂生成 2 分子视黄醛。催化反应通式为：

$$R+O_2 \longrightarrow RO_2$$

二、超氧化物歧化酶

超氧化物歧化酶（SOD）可催化 1 分子超氧阴离子氧化生成 O_2，另外的 1 分子超氧阴离子还原生成 H_2O_2，因此被称为歧化酶。反应通式为：

$$2 \cdot O_2^- + 2H^+ \xrightarrow{SOD} H_2O_2 + O_2$$

SOD 是人体防御内外环境中超氧阴离子对人体损伤的重要酶，广泛存在于各组织的细胞液和多种细胞器内。在真核细胞胞液中的 SOD，以 Cu^{2+}、Zn^{2+} 为辅基，称 Cu，Zn-SOD，可以清除超氧阴离子。线粒体内 SOD，以 Mn^{2+} 为辅基，称 Mn-SOD，生成的 H_2O_2 可被活性极强的过氧化氢酶分解。

【课堂互动】某些护肤品中 SOD 蜜宣称的抗衰老的机制是什么？

三、过氧化物酶体中的氧化酶类

体内代谢生成的 H_2O_2 具有强氧化性，过量会造成生物膜损伤，氧化生物膜中的不饱和脂肪酸，还会氧化含巯基的蛋白质或酶，使其丧失活性。因此，机体需要及时清除多余的 H_2O_2，主要场所是过氧化物酶体。过氧化物酶体含有分解 H_2O_2 的过氧化氢酶和过氧化物酶。

1. 过氧化氢酶

过氧化氢酶又称触酶，是一种含有 4 个血红素辅基的结合酶，可催化 2 分子 H_2O_2 氧化生成 H_2O 和 O_2，其催化反应通式为：

$$2H_2O_2 \xrightarrow{\text{过氧化氢酶}} 2H_2O + O_2$$

在粒细胞和吞噬细胞中，H_2O_2 可氧化杀死入侵的细菌。甲状腺细胞中产生的 H_2O_2 可使 $2I^-$ 氧化为 I_2，进而使酪氨酸碘化生成甲状腺激素。

2. 过氧化物酶

过氧化物酶也是一种含血红素辅基的结合酶，催化 H_2O_2 直接氧化酚类或胺类化合物等有毒代谢物，催化底物脱氢，脱下来的氢将 H_2O_2 还原为 H_2O。该反应可消除体内的 H_2O_2，又使得有害酚类等有毒化合物易于排出体外。反应通式为：

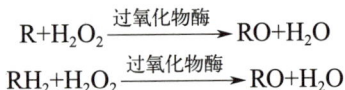

$$R+H_2O_2 \xrightarrow{\text{过氧化物酶}} RO + H_2O$$
$$RH_2+H_2O_2 \xrightarrow{\text{过氧化物酶}} RO + H_2O$$

临床上判断粪便中有无隐血时，就是利用白细胞中是否含有过氧化物酶活性，过氧化物酶能将联苯胺氧化成蓝色化合物。体内还存在一种含硒的谷胱甘肽，过氧化物酶可催化还原型谷胱甘肽（GSH）与 H_2O_2 反应，生成氧化型谷胱甘肽（GSSG）和 H_2O，再由 NADPH 供氢使 GSSG 重新被还原为 GSH。此类酶具有保护生物膜及血红蛋白免遭损伤的作用。反应通式为：

$$2GSH+H_2O_2 \xrightarrow{\text{谷胱甘肽过氧化物酶}} GSSG + 2H_2O$$

电子经呼吸链传递最后交给 O_2 生成 H_2O，如果未能获得足够电子则可产生超氧阴离子（O_2^-），O_2^- 可进一步生成 H_2O_2 和羟自由基（·OH），统称为活性氧（ROS）。ROS 化学性质活泼，对几乎所有生物分子均有氧化作用，尤其对各种生物大分子易造成氧化损伤，从而影响细胞功能。如 ROS 可使磷脂分子中不饱和脂肪酸氧化生成过氧化脂质，使生物膜受到损伤。过氧化脂质还可与蛋白质结合形成化合物，累积成棕褐色的色素颗粒，称脂褐素，脂褐素与组织老化有关。

第五节　生物氧化中 H_2O 和 CO_2 的生成

一、H_2O 的生成

生物体内 H_2O 的生成是由糖类、脂肪和蛋白质等代谢物脱下的氢原子，经递氢体最终传递给氧，两者结合后生成 H_2O。生物体内的代谢物常是成对地脱氢，脱下的氢可被转变为 $2H^+ + 2e$，在线粒体内，它们通过线粒体膜上的一系列酶和辅酶所催化的连锁反应逐步传递，最终与氧结合生成 H_2O。H_2O 形成可概括为两个阶段：第一阶段是脱氢酶将底物上的氢激活，氢脱落下来；第二阶段是氧化酶将从空气中吸收的氧活化，活化的氧作为底物脱下来的氢的最终受体生成水。植物和部分微生物还可以利用硝酸根、硫酸根等氧化物作为受氢体。

二、CO_2 的生成

生物氧化的重要产物之一是 CO_2，生物体内 CO_2 的生成不是碳与氧直接化合而成，而是来源于有机酸脱羧反应。糖类、脂肪和蛋白质在体内代谢过程中可产生许多不同有机酸，有机酸在酶作用下，经过脱羧作用产生 CO_2。根据脱羧过程是否伴随脱氢，分为直接脱羧和氧化脱羧 2 类。直接脱羧如草酰乙酸脱羧生成丙酮酸，氧化脱羧如丙酮酸脱羧生成乙醛。

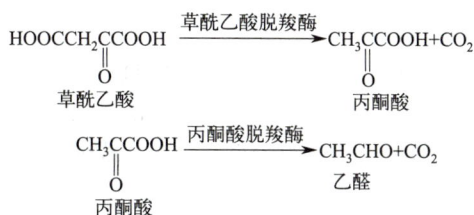

$$HOOCCH_2CCOOH \xrightarrow{\text{草酰乙酸脱羧酶}} CH_3CCOOH + CO_2$$

草酰乙酸　　　　　　　　　　　　　丙酮酸

$$CH_3CCOOH \xrightarrow{\text{丙酮酸脱羧酶}} CH_3CHO + CO_2$$

丙酮酸　　　　　　　　　　　乙醛

根据所脱羧基的位置，可将脱羧反应分为 α- 脱羧和 β- 脱羧。α- 脱羧如丙酮酸与 CoA 在丙酮酸脱羧酶的作用下生成乙酰 CoA，β- 脱羧如苹果酸脱羧生成丙酮酸。

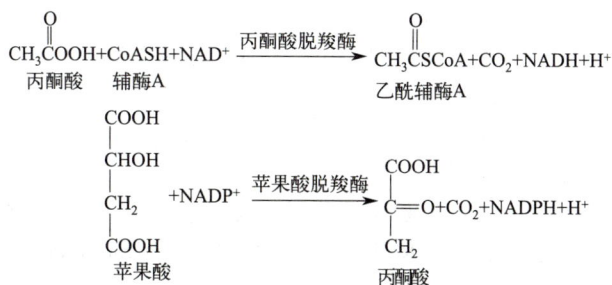

$$CH_3COOH + CoASH + NAD^+ \xrightarrow{\text{丙酮酸脱羧酶}} CH_3CSCoA + CO_2 + NADH + H^+$$

丙酮酸　　辅酶A　　　　　　　　　　　　乙酰辅酶A

$$\begin{array}{c} COOH \\ | \\ CHOH \\ | \\ CH_2 \\ | \\ COOH \end{array} + NADP^+ \xrightarrow{\text{苹果酸脱羧酶}} \begin{array}{c} COOH \\ | \\ C{=}O + CO_2 + NADPH + H^+ \\ | \\ CH_2 \end{array}$$

苹果酸　　　　　　　　　　　　　丙酮酸

目标检测

一、填空题

1. 线粒体内的氧化呼吸链主要有_____和_____。

2. 生物体内 CO_2 的生成不是由碳与氧的直接结合，而是通过_____生成的。

3. 机体进行生物氧化的主要能源物质是_____、_____和_____。

4. 体内生成 ATP 的主要方式有_____和_____两种。

5. 生物体内的氧化方式主要有_____、_____和_____。

二、判断题

1. 生物氧化反应需要酶的催化，产生的能量是逐步释放的。（   ）

2. 细胞质内生成的 NADH 可以直接进入线粒体进行氧化磷酸化。（   ）

3. 呼吸链中，电子在细胞色素中的传递顺序是 Cyt b → Cyt c_1 → Cyt c → Cyt aa_3 → O_2。（   ）

4. 生物体内 ATP 的生成方式包括底物水平磷酸化和氧化磷酸化，以氧化磷酸化为主。（   ）

5. 肌酸磷酸是肌肉和脑组织中能量的储存形式。（   ）

6. $FADH_2$ 氧化呼吸链是机体内分布最广泛的一条呼吸链，也是体内物质氧化分解生成水的主要途径。（   ）

7. 一对电子经 NADH 氧化呼吸链传递给氧可偶联生成 1.5 分子 ATP。（   ）

8. 苹果酸 - 天冬氨酸穿梭作用主要发生在脑和骨骼肌等组织中。（   ）

9. 生物体内 CO_2 的生成不是碳与氧直接化合而成，而是来源于有机酸等的脱羧反应。（   ）

10. 脱氢反应是生物体内最常见的氧化方式。（   ）

三、单选题

1. 下列化合物中不含高能键的是（   ）。

A. 磷酸烯醇式丙酮酸   B. 肌酸磷酸

C. ADP   D. 6- 磷酸葡萄糖

2. 线粒体外 NADH 经 α- 磷酸甘油穿梭作用，进入线粒体内实现氧化磷酸化，其 P/O 值为（   ）。

A. 0   B. 1.5   C. 2.5   D. 3.5

3. 生物体内最主要的直接供能物质是（   ）。

A. ADP   B. ATP   C. 肌酸磷酸   D. GTP

4. 生物体内 ATP 最主要的来源是（   ）。

A. 糖酵解   B. TCA 循环   C. 磷酸戊糖途径   D. 氧化磷酸化作用

5. ATP 含有（   ）个高能键。

A. 1   B. 2   C. 3   D. 4

6. 调节氧化磷酸化的重要激素是（   ）。

A. 甲状腺激素   B. 生长激素   C. 胰岛素   D. 肾上腺素

7. 代谢物脱下的 2H 经 NADH 氧化呼吸链可生成（   ）mol ATP。

A. 1.5   B. 2   C. 2.5   D. 3

8. 生物体内生成 ATP 的主要方式是（   ）。

A. 三羧酸循环   B. 底物水平磷酸化   C. 氧化磷酸化   D. 脂肪代谢

9. 体内的 CO_2 是由哪种方式产生的？（   ）

A. 碳原子与氧原子直接结合   B. 有机酸脱羧

C. 氧化磷酸化   D. 碳酸分解产生

10. 关于生物氧化的特点描述错误的是（   ）。

A. 有酶催化   B. 能量逐步释放

C. 能量全部以热能形式释放   D. 可产生 ATP

四、问答题

1. 什么是生物氧化？生物氧化有何特点？
2. 影响氧化磷酸化的因素有哪些？分别是如何作用的？

五、案例分析

患者杨某，男，32 岁，某化工厂电焊工，在对该厂某车间堵塞管道进行切割时，不慎吸入管内余存的氢氰酸气体，出现乏力、头晕，进而呼吸困难、意识丧失，皮肤黏膜呈樱桃红色，送往医院。诊断为急性氢氰酸中毒，给予亚硝酸戊酯、1% 亚硝酸钠、25% 硫代硫酸钠紧急解毒，经较长时间的住院治疗后日渐康复。

问题：（1）氢氰酸中毒的生化机制是什么？（2）氢氰酸中毒的特效解毒药的作用机制是什么？

目标检测答案 7

第八章

糖类代谢

学习目标

1. 知识目标

（1）理解糖类消化和吸收的生物化学机理；

（2）掌握糖酵解途径（EMP 途径）、三羧酸循环（TCA 循环）、磷酸戊糖途径、糖原合成与分解和糖异生等生化过程的基本概念、关键酶及其生理与病理意义；

（3）理解糖的分解代谢与合成代谢过程的关键酶及调控方式；

（4）掌握 EMP 途径和 TCA 循环中 ATP 的生成及能耗计算方法；理解乳酸循环（Cori 循环）的生化机制和糖原贮积症的产生原因；

（5）掌握血糖的来源与去路，以及维持血糖恒定的生化机制；

（6）理解血糖水平异常及相关疾病发病的生化机制。

2. 技能目标

（1）能正确理解 TCA 循环是体内生物大分子合成与分解代谢的"枢纽"；

（2）能运用糖代谢相关知识分析高原反应、乳酸中毒、糖尿病等症状或病症的生化机制及相关药物作用机理；

（3）能进行葡萄糖无氧氧化和有氧氧化的能量生成计算；

（4）能完成口服糖耐量试验，并进行结果解析。

3. 思政与职业素养目标

（1）具备从生物化学角度进行糖尿病、低血糖等疾病的药学服务和健康教育指导的职业能力；

（2）培养学生敬畏生命、尊重生命、关爱生命的职业道德；

（3）培养学生实事求是、严谨踏实、认真细心和精益求精的良好品质。

导学案例

（1）检测到运动员在 400m 短跑比赛前 1h、比赛中、比赛后 1h 血浆中乳酸浓度分别为 25μmol/L、200μmol/L 与 50μmol/L。学完本章内容后，请解释：①是什么原因导致血浆乳酸浓度在比赛中迅速升高？②为什么比赛结束后休息状态下乳酸浓度不会降低到零？

（2）男性患者，40 岁，多食、多饮、消瘦半年。半年前无明显诱因，逐渐食量增加，由原来每餐 400g 逐渐增至 500g 以上，最多达 750g，半年内体重逐渐下降（达 5kg 以上），同时出现烦渴多饮伴尿量增多，查体甲状腺（-）。实验室检查：尿蛋白（-），尿糖（+++），镜检（-），空腹血糖 11mmol/L。学完本章内容后，请分析：①该患者可诊断为什么疾病？

②诊断的依据是什么？

生物体必须从体外摄取营养物质，在体内进行新陈代谢，从而实现生物体与周围环境不断进行物质交换、自我更新及机体内环境相对稳定。代谢是指物质在生物体内发生的化学反应，机体在物质代谢过程中伴随能量代谢，以供生命活动需要。糖是为机体提供能量最重要的一类物质，食物中糖类以淀粉为主，在机体内被消化为葡萄糖吸收入血。葡萄糖进入组织细胞内发生一系列复杂的化学反应，可进行分解代谢释放能量，也可进行合成代谢储存糖原，还可向非糖物质进行转变，如合成脂肪、乳酸和非必需氨基酸等。另外，一些非糖物质（如乳酸、甘油和生糖氨基酸等）也可转变为葡萄糖。本章重点介绍葡萄糖在体内的分解代谢。

第一节 糖类的消化和吸收

糖类广泛存在于动植物体内，特别是植物中含量尤为丰富，约占干重的 85% ～ 95%，是人体最重要的能源物质来源。人体内糖的主要形式是葡萄糖和糖原，人体含糖量约占干重的 2%。正常人体所需能量的 50% ～ 70% 由糖分解代谢提供。植物中糖的主要形式为葡萄糖和淀粉。淀粉是人体获得能量的主要来源。糖原和淀粉是葡萄糖的多聚化合物。糖原（或淀粉）和葡萄糖在生物体可通过生物氧化途径提供能量，如糖酵解途径、三羧酸循环和磷酸戊糖途径等。生物体处于不同代谢环境时，可根据环境变化采取不同代谢途径。如氧供应充足时，葡萄糖进行有氧氧化，彻底分解为 CO_2 和 H_2O，并释放出大量热量；缺氧时，则进行糖酵解生成乳酸。此外，葡萄糖还可通过磷酸戊糖途径生成 5- 磷酸核糖和 CO_2。当食物供应充足时，食物中糖类经消化道分解成葡萄糖后，可由小肠吸收转运到血液中，并运输到相应组织中进行糖原合成。糖原主要储存在肝脏或肌肉组织中，以便在短期饥饿时分解利用以补充血糖。一些非糖物质如乳酸、丙氨酸、丙酮酸可经糖异生途径转化为葡萄糖或糖原。

一、糖类的消化

人类从食物中摄取的糖主要是植物淀粉、少量动物糖原，以及少量双糖和单糖等。纤维素不能被消化，但能促进肠道蠕动。无论是多糖还是双糖，均需要在酶催化作用下水解为单糖（主要是葡萄糖）才能被吸收进入体内代谢。唾液中含有唾液淀粉酶，胃液中不含水解糖的酶类，肠液中有胰腺分泌的胰淀粉。肠黏膜细胞存在的蔗糖酶和乳糖酶分别水解蔗糖和乳糖。通过消化道酶作用，可将多糖、寡糖和二糖等分解为葡萄糖。有些成人由于消化道缺乏乳糖酶，在食用牛奶后发生乳糖消化吸收障碍，可引起腹胀、腹泻等症状，称乳糖不耐症。食物中含有大量纤维素，因人体无 β- 糖苷酶，不能对其分解利用，但却具有刺激肠蠕动等作用，对人体健康有益。除水之外，糖类是人体摄入最多的营养物质。食物中糖类主要以植物淀粉为主。不同来源的消化酶（如唾液和胰液中的 α- 淀粉酶）在消化道的不同部位催化糖类水解，将多糖水解生成寡糖，寡糖水解生成单糖（表 8-1）。

淀粉消化从口腔开始。口腔内唾液 α- 淀粉酶可水解淀粉分子结构中的 α-1，4- 糖苷键，生成麦芽糖和糊精等，唾液 α- 淀粉酶最适 pH 值为 5.6 ～ 6.9，Cl^- 为其非必需激活剂。由于食物在口腔内停留时间较短，淀粉在口腔中消化有限。胃黏膜细胞不分泌水解糖类的酶，唾液 α- 淀粉酶随食糜进入胃内遇胃酸变性失活。因此，糖在胃内不能进行消化。小肠是糖类的主

表8-1　糖的消化

消化场所	酶	来源	底物	产物
口腔	唾液α-淀粉酶	唾液腺	淀粉、糖原	麦芽糖、异麦芽糖、麦芽三糖、α-极限糊精
小肠	胰液α-淀粉酶	胰腺	淀粉、糖原、糊精	麦芽糖、麦芽寡糖、α-极限糊精
	麦芽糖酶	小肠黏膜上皮细胞刷状缘	麦芽糖、麦芽三糖	葡萄糖
	α-糊精酶		α-极限糊精	葡萄糖
	蔗糖α-糖苷酶（蔗糖酶）		蔗糖	葡萄糖、果糖
	乳糖酶		乳糖	葡萄糖、半乳糖

要消化场所。当食糜进入十二指肠后，胃酸在肠道被中和，淀粉和糊精被胰腺分泌的 α- 淀粉酶（最适 pH 值 6.7～7.0）水解生成麦芽糖、麦芽寡糖、α- 极限糊精（是 α- 淀粉酶水解淀粉得到的降解产物，含 4～9 个葡萄糖残基）等寡糖。寡糖在小肠黏膜上皮细胞刷状缘上相应酶的作用下进一步水解成单糖（图 8-1）。小肠黏膜上皮细胞刷状缘还存在蔗糖酶和乳糖酶等，能够分别水解蔗糖和乳糖。

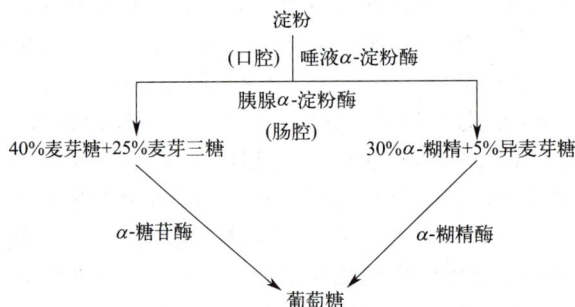

图 8-1　淀粉的消化过程

【课堂活动】为什么馒头刚入口时没有甜味，咀嚼一段时间后就感觉到变甜了？

二、糖类的吸收

葡萄糖在小肠上段处被吸收入血，并经肝门静脉流入肝脏，在肝脏经糖原合成途径生成肝糖原，也可经肝静脉进入体循环，转运到全身各组织器官中进行生物氧化。糖是人体重要的能量来源，1mol 葡萄糖完全氧化成 CO_2 和 H_2O 可产生 2840kJ 能量，人体所需能量有 50%～70% 来自糖氧化供能。糖还是体内重要的结构与信息物质，如细胞膜上糖脂和糖蛋白，这些糖复合物是细胞膜、神经组织、结缔组织等主要组分，其糖链部分还参与细胞识别、细胞黏着、细胞间信息传导等过程。核糖和脱氧核糖还是构成细胞内遗传物质的基础。某些生理功能的活性物质，如免疫球蛋白、部分激素以及大部分凝血因子均为糖蛋白复合体。

食物中糖类需消化为单糖后，才能在小肠上段（十二指肠和空肠）被肠黏膜上皮细胞吸收。先经门静脉进入肝脏，再经由肝静脉进入血液循环，随血液转移到全身各组织器官被利用。所有单糖都可被吸收，但吸收机制不同，吸收速率各不相同，各种单糖的相对吸收率：D- 半乳糖＞ D- 葡萄糖＞ D- 果糖＞ D- 甘露糖。小肠黏膜细胞对葡萄糖的吸收是一个依赖于特定载体的主动转运过程，在吸收过程中同时伴有 Na^+ 的转运，这类葡萄糖转运体被称为 Na^+ 依赖型葡萄糖转运体,主要存在于小肠黏膜和肾小管上皮细胞。葡萄糖吸收途径为:单糖→小肠肠腔→小肠黏膜细胞吸收→门静脉入肝→部分在肝内代谢→部分入血液循环→被输送到全身各组织代谢。

三、糖类消化、吸收后的糖代谢概况

人体从食物中消化吸收的单糖主要是葡萄糖,果糖、半乳糖、甘露糖等其他单糖占比很小,且主要进入葡萄糖途径代谢。因此,糖代谢主要指葡萄糖的代谢。食物中的糖通过消化道消化吸收后,由血液运输到各组织细胞进行合成代谢和分解代谢。糖代谢概况如图8-2所示。葡萄糖经门静脉入肝后,其中一部分在肝内储存、转化和利用,另一部分经肝静脉进入体循环,供机体各个器官组织代谢利用。葡萄糖由血液进入组织细胞需要依赖细胞膜上的葡萄糖转运体(GLUT)的转运才能进入细胞。人体中的GLUTs共有14种,目前研究较清楚的是GLUT1、GLUT2、GLUT3、GLUT4,它们负责向人体的不同组织转运葡萄糖。GLUT1主要负责葡萄糖进入红细胞和跨越血脑屏障,GLUT2主要在肝、脾、小肠等内脏细胞中发挥作用,GLUT3负责为神经系统摄取葡萄糖,GLUT4则是肌肉和脂肪组织的主要葡萄糖转运蛋白。目前越来越多的研究发现GLUT1和GLUT3在多种实体瘤中超量表达,肿瘤细胞的快速增殖使其处于缺氧环境中,无氧条件下依靠糖酵解产生的ATP低于有氧代谢的1/10,因此肿瘤细胞需要大量表达GLUT以满足葡萄糖的超量摄入,这种"沃伯格效应"使得GLUT1和GLUT3成为具有潜在临床诊断价值的肿瘤细胞标志物。

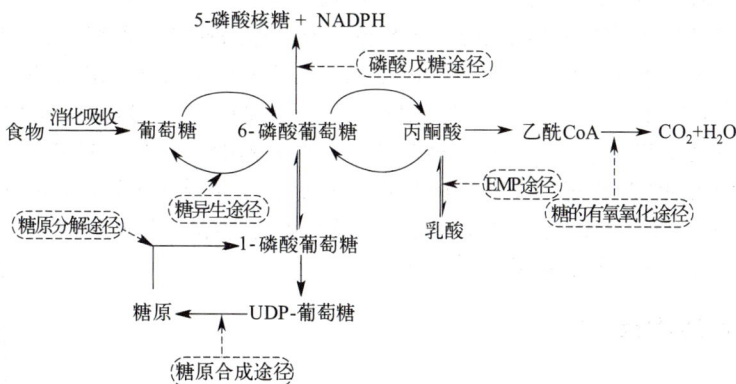

图 8-2 糖代谢概况

糖代谢主要是指葡萄糖在体内的一系列复杂的化学反应。葡萄糖在不同类型细胞中代谢途径有所不同,代谢途径之间可通过共同的中间产物相互联系,形成复杂的代谢网络。糖代谢途径主要有葡萄糖的无氧氧化、有氧氧化、磷酸戊糖途径、糖原合成与糖原分解、糖异生等(表8-2)。

表8-2 糖代谢途径一览表

分类	代谢途径	反应物	产物	主要生理意义
分解代谢	无氧氧化途径	葡萄糖	乳酸、ATP	无氧供能,提供合成原料
	有氧氧化途径	葡萄糖	CO_2、H_2O、ATP	有氧供能,提供合成原料
	磷酸戊糖途径	葡萄糖	5-磷酸核糖、NADPH	提供合成原料,生物转化

续表

分类	代谢途径	反应物	产物	主要生理意义
分解代谢	糖原分解途径	糖原	葡萄糖	维持血糖，分解释放能量
合成代谢	糖原合成途径	葡萄糖	糖原	储存营养，维持血糖
	糖异生途径	乳酸、氨基酸、甘油等	葡萄糖	维持血糖，营养转化

第二节　糖的分解代谢

　　糖的分解代谢是大多数细胞获得能量的主要来源。不同组织器官和细胞中糖的代谢途径有所差异，所有组织细胞均可进行糖的分解代谢。糖类分解代谢途径主要有缺氧条件下进行的糖酵解途径（EMP 途径）、有氧条件下进行的有氧氧化（如 TCA 循环）和生成 5- 磷酸核糖为中间产物的磷酸戊糖途径等，其中有氧氧化产生能量最多。糖代谢产生的众多中间产物可相互转变，分解代谢产生的能量可提供机体的能量需要，也可为蛋白质合成、脂肪合成、糖原合成等提供原料。

　　【课堂活动】剧烈运动后，总是感觉全身酸酸的，你知道是什么原因引起的吗?

一、糖的无氧分解

　　糖的无氧分解是指葡萄糖或糖原在无氧或缺氧条件下分解成乳酸，并产生少量 ATP 的过程。由于该过程与酵母菌糖生醇的发酵过程相似，所以称为糖酵解途径，也称 EMP 途径。组织细胞中有氧、无氧条件下均可进行糖酵解途径，生成的丙酮酸在无氧条件下转变为乳酸完成糖酵解，而在有氧条件下则进入线粒体彻底氧化分解生成 CO_2 和 H_2O。糖酵解途径是糖的有氧氧化和无氧氧化共有的过程。催化糖酵解的全部系列酶均分布在细胞质中。因此，糖酵解全部反应过程在细胞质中进行。糖酵解生成乳酸共有 11 个反应步骤，若由糖原开始，则需要 12 个连续反应步骤，分为两个阶段，第一阶段是由葡萄糖（或糖原）分解生成丙酮酸，第二阶段为丙酮酸还原成乳酸。

扫一扫

糖的无氧
氧化

（一）糖酵解反应历程

1. 丙酮酸的生成

　　（1）6- 磷酸葡萄糖的生成（葡萄糖活化，反应不可逆）　葡萄糖在肝外己糖激酶（HK）或肝内葡萄糖激酶催化下，活化为 6- 磷酸葡萄糖（G-6-P），反应不可逆，该酶是酵解途径的关键酶之一。反应中需要 ATP 提供能量和磷酸基团，是糖酵解中消耗 ATP 的第 1 个反应。经磷酸化的葡萄糖不能自由通过细胞膜。此过程不仅活化了葡萄糖，有利于葡萄糖进一步参与组织细胞的合成与分解代谢，还可防止葡萄糖逸出细胞。己糖激酶为糖酵解途径的关键酶，Mg^{2+} 是酶的必需激活剂，己糖激酶活性受到产物 6- 磷酸葡萄糖的反馈抑制。

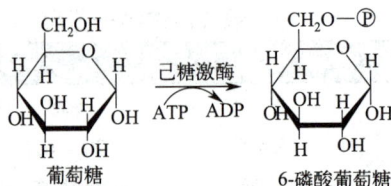

己糖激酶

ATP　　ADP

葡萄糖　　　　　　　　6-磷酸葡萄糖

　　糖原在糖原磷酸化酶催化下从非还原端葡萄糖基进行磷酸化，分解生成 1- 磷酸葡萄糖，在磷酸葡萄糖变位酶异构作用下变成 6- 磷酸葡萄糖，该反应磷酸来源于细胞质中的无机磷，反应不耗能。

　　激酶是指将 ATP 的磷酸基团转移给特定底物并使底物磷酸化的酶。己糖激酶是以六碳糖为底物，催化磷酸基团从 ATP 转移到己糖分子，反应由 ATP 提供磷酸基团，需要 Mg^{2+} 参与，广泛存在于各组织中，专一性不强，作用于葡萄糖、果糖、甘露糖、氨基葡萄糖等多种己糖。哺乳动物体内发现有 4 种己糖激酶同工酶（Ⅰ～Ⅳ型），己糖激酶Ⅰ、Ⅱ和Ⅲ型主要存在于肝外组织，对葡萄糖有极强亲和力，K_m 值较低（约 0.1mmol/L），在极低浓度的葡萄糖条件下，也能进行磷酸化，发挥较强的催化作用，这就能保证大脑等重要器官即使在饥饿、血糖浓度较低情况下，仍可有效地摄取利用葡萄糖以维持能量供应。肝细胞内存在的是Ⅳ型己糖激酶，也称葡萄糖激酶（GK），专一性较强，只催化葡萄糖磷酸化，K_m 值较高（约 10mmol/L），与葡萄糖亲和力较低，只有在饱食或血糖浓度较高时，才能催化葡萄糖磷酸化，有利于餐后大量吸收葡萄糖进入肝脏和起到缓冲血糖的作用。在葡萄糖激酶作用下，参与合成糖原储存起来，以维持血糖浓度相对恒定。葡萄糖激酶的另一个特点是受激素调控，这些特性使葡萄糖激酶在维持血糖代谢中起着重要的生理作用。6- 磷酸葡萄糖是重要的中间代谢产物，是许多糖代谢途径（无氧氧化、磷酸戊糖途径、糖原合成与分解等）的连接点。己糖激酶和葡萄糖激酶的比较见表 8-3。

表 8-3　己糖激酶和葡萄糖激酶的比较

项目	己糖激酶	葡萄糖激酶
存在	几乎所有细胞	肝细胞、胰岛 β 细胞
底物特异性	葡萄糖、甘露糖、氨基葡萄糖、果糖等己糖	葡萄糖和 2- 脱氧葡萄糖
对葡萄糖的 K_m	0.01mmol/L	10mmol/L
v_{max}	低	高
产物反馈抑制	G-6-P 反馈抑制	不受 G-6-P 反馈抑制
调节蛋白	无	调节蛋白可控制其活性和亚细胞定位
基因表达	组成型酶	诱导酶

　　（2）6- 磷酸葡萄糖异构为 6- 磷酸果糖　　6- 磷酸葡萄糖在磷酸己糖异构酶或磷酸葡萄糖异构酶作用下异构为 6- 磷酸果糖（F-6-P），这是醛糖 - 酮糖同分异构化反应，反应可逆，需要 Mg^{2+} 参与。果糖在 ATP 供能条件下也可由己糖激酶催化转变为 6- 磷酸果糖。

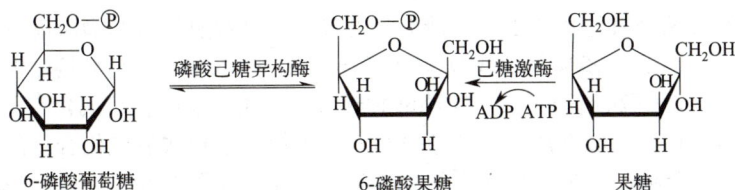

6-磷酸葡萄糖　　　　　　6-磷酸果糖　　　　　　果糖

　　（3）6- 磷酸果糖转变为 1,6- 二磷酸果糖（反应不可逆）　　在 6- 磷酸果糖激酶 -1（6-PFK-1）催化作用下，6- 磷酸果糖的 C_1 磷酸化生成 1,6- 二磷酸果糖（F-1，6-BP），消耗 1 分子 ATP，反应不可逆。该反应是糖酵解中消耗 ATP 的第 2 个反应，需 ATP 提供磷酸基和能量，并需 Mg^{2+} 参与。6- 磷酸果糖激酶 -1 为寡聚体。ATP 和柠檬酸对该酶有抑制作用。6- 磷酸果糖激酶 -2（6-PFK-2）能催化 6- 磷酸果糖的 C_2 磷酸化生成 2,6- 二磷酸果糖，它不是酵解途径的中间产物，但可以调控糖酵解途径。

6-磷酸果糖 → 1,6-二磷酸果糖（6-磷酸果糖激酶-1，ATP→ADP）

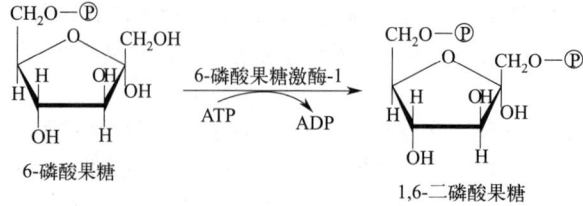

（4）1,6-二磷酸果糖裂解为2分子磷酸丙糖　在醛缩酶催化作用下，1,6-二磷酸果糖裂解为2分子磷酸丙糖（1分子磷酸二羟基丙酮和1分子3-磷酸甘油醛）。该裂解反应是糖酵解过程的重要步骤，反应可逆，有利于己糖的生成。

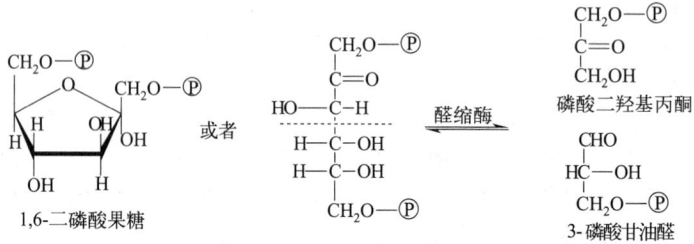

（5）磷酸二羟基丙酮转变为3-磷酸甘油醛　3-磷酸甘油醛和磷酸二羟基丙酮是同分异构体，在磷酸丙糖异构酶催化下可互相转变。由于胞内3-磷酸甘油醛生成后，即被糖酵解下一步反应利用移去，所以浓度低，使磷酸二羟基丙酮会往3-磷酸甘油醛方向代谢，可视为1分子葡萄糖生成了2分子3-磷酸甘油醛。因此，每分子葡萄糖实际上不断转化为2分子3-磷酸甘油醛，并经后续的糖酵解继续进行氧化分解。果糖、半乳糖和甘露糖等己糖也可转变成3-磷酸甘油醛。磷酸二羟基丙酮是连接糖代谢与甘油代谢的中间代谢物。

3-磷酸甘油醛(醛糖) ⇌ 磷酸二羟基丙酮(酮糖)（磷酸丙糖异构酶）

上述5步反应为糖酵解的耗能阶段，1分子葡萄糖代谢共消耗2分子ATP，产生了2分子3-磷酸甘油醛。在后续的5步反应中，2分子3-磷酸甘油醛最终转变成2分子丙酮酸，共生成4分子ATP，为能量的释放与储存阶段。

（6）3-磷酸甘油醛氧化生成1,3-二磷酸甘油酸　3-磷酸甘油醛是糖酵解过程中唯一一次脱氢（氧化）反应。在3-磷酸甘油醛脱氢酶的催化下，以NAD^+为辅酶接受氢和电子，产生$NADH+H^+$。此反应需无机磷酸参加，3-磷酸甘油醛经脱氢、磷酸化形成含有一个高能磷酸酯键（酸酐键）的1,3-二磷酸甘油酸，是糖酵解途径中第一个形成高能化合物的步骤。该酸酐是一种高能磷酸化合物，水解后释放的自由能很高，可转移至ADP，生成ATP。3-磷酸甘油醛脱氢酶的活性中心有半胱氨酸残基，为巯基酶，可被碘乙酸不可逆抑制。

3-磷酸甘油醛 → 1,3-二磷酸甘油酸（3-磷酸甘油醛脱氢酶，NAD^+→$NADH+H^+$）

（7）1,3- 二磷酸甘油酸转变为 3- 磷酸甘油酸　在磷酸甘油酸激酶催化下，1,3- 二磷酸甘油酸将分子内 C_1 上具有高能键的磷酸基团转移给 ADP 生成 ATP 和 3- 磷酸甘油酸，反应需 Mg^{2+}，这是糖酵解过程中第一个产生 ATP 的反应。这种与脱氢反应偶联，直接将高能磷酸化合物中的高能磷酸键转移至 ADP，生成 ATP 的反应过程称为底物水平磷酸化，是体内生成 ATP 的一种方式。

$$
\begin{array}{ccc}
\underset{\text{1,3-二磷酸甘油酸}}{\begin{array}{l}\text{COO}\!-\!\circledP\\ |\\ \text{CHOH}\\ |\\ \text{CH}_2\text{O}\!-\!\circledP\end{array}} & \xrightarrow[\text{磷酸甘油酸激酶}]{\text{ADP}\quad\quad\text{ATP}} & \underset{\text{3-磷酸甘油酸}}{\begin{array}{l}\text{COOH}\\ |\\ \text{CHOH}\\ |\\ \text{CH}_2\text{O}\!-\!\circledP\end{array}}
\end{array}
$$

1,3- 二磷酸甘油酸还可通过磷酸甘油变位酶催化生成 2,3- 二磷酸甘油酸（2,3-BPG）。2,3-BPG 不能使 ADP 磷酸化生成 ATP，在调节血红蛋白运输氧的过程中起重要作用，故在人体红细胞中含量较高。研究发现，在第 6 步反应中加入砷酸盐（AsO_4^{3-}）可与 PO_4^{3-} 竞争，形成 1-砷酸 -3- 磷酸甘油酸，并自发水解生成 3- 磷酸甘油酸，但不生成 ATP。砷酸盐能使上述氧化反应与磷酸化解偶联，不影响糖酵解但不生成 ATP。

（8）3- 磷酸甘油酸变位为 2- 磷酸甘油酸　在磷酸甘油酸变位酶催化下，3- 磷酸甘油酸分子中 C_3 的磷酸基团位移到 C_2 上，生成 2- 磷酸甘油酸，需 Mg^{2+} 参与，反应可逆。

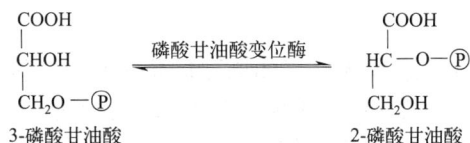

$$
\begin{array}{ccc}
\underset{\text{3-磷酸甘油酸}}{\begin{array}{l}\text{COOH}\\ |\\ \text{CHOH}\\ |\\ \text{CH}_2\text{O}\!-\!\circledP\end{array}} & \xrightleftharpoons[\text{磷酸甘油酸变位酶}]{} & \underset{\text{2-磷酸甘油酸}}{\begin{array}{l}\text{COOH}\\ |\\ \text{HC}\!-\!\text{O}\!-\!\circledP\\ |\\ \text{CH}_2\text{OH}\end{array}}
\end{array}
$$

（9）2- 磷酸甘油酸转变为磷酸烯醇式丙酮酸　在烯醇化酶催化作用下，2- 磷酸甘油酸脱去 1 分子水，生成磷酸烯醇式丙酮酸（PEP）。这是糖酵解途径中第二种高能磷酸化合物，反应需要 Mg^{2+} 或 Mn^{2+} 参与。由于 F^- 能与 Mg^{2+} 形成络合物并结合到烯醇化酶上，因此，氟化物能抑制烯醇化酶活性。

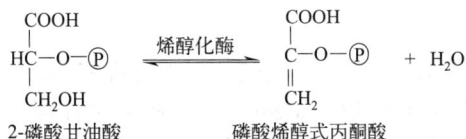

$$
\begin{array}{ccc}
\underset{\text{2-磷酸甘油酸}}{\begin{array}{l}\text{COOH}\\ |\\ \text{HC}\!-\!\text{O}\!-\!\circledP\\ |\\ \text{CH}_2\text{OH}\end{array}} & \xrightleftharpoons[\text{烯醇化酶}]{} & \underset{\text{磷酸烯醇式丙酮酸}}{\begin{array}{l}\text{COOH}\\ |\\ \text{C}\!-\!\text{O}\!-\!\circledP\\ \|\\ \text{CH}_2\end{array}} & +\;\text{H}_2\text{O}
\end{array}
$$

这是一个分子内脱水形成双键的反应，在脱水过程中发生歧化反应，第 2 个碳原子被氧化，第 3 个碳原子被还原，分子内能量重新排布生成高能磷酸化合物——磷酸烯醇式丙酮酸。

（10）丙酮酸生成（反应不可逆）　在丙酮酸激酶催化下，磷酸烯醇式丙酮酸结构中的高能磷酸基团转移给 ADP 生成 ATP，同时生成烯醇式丙酮酸。丙酮酸激酶催化的这一反应是糖酵解途径第 2 次底物水平磷酸化，需要 Mg^{2+}、K^+ 或 Mn^{2+} 参与，反应不可逆。丙酮酸激酶为糖酵解的第 3 个关键酶。产物烯醇式丙酮酸极不稳定，能自发进行分子重排形成稳定的丙酮酸。

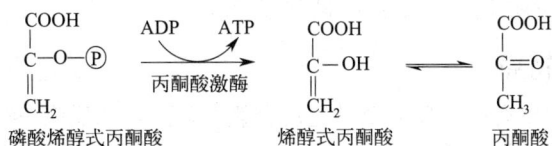

$$
\begin{array}{ccccc}
\underset{\text{磷酸烯醇式丙酮酸}}{\begin{array}{l}\text{COOH}\\ |\\ \text{C}\!-\!\text{O}\!-\!\circledP\\ \|\\ \text{CH}_2\end{array}} & \xrightarrow[\text{丙酮酸激酶}]{\text{ADP}\quad\text{ATP}} & \underset{\text{烯醇式丙酮酸}}{\begin{array}{l}\text{COOH}\\ |\\ \text{C}\!-\!\text{OH}\\ \|\\ \text{CH}_2\end{array}} & \xrightleftharpoons[]{} & \underset{\text{丙酮酸}}{\begin{array}{l}\text{COOH}\\ |\\ \text{C}\!=\!\text{O}\\ |\\ \text{CH}_3\end{array}}
\end{array}
$$

糖酵解反应全部步骤如图 8-3 所示。

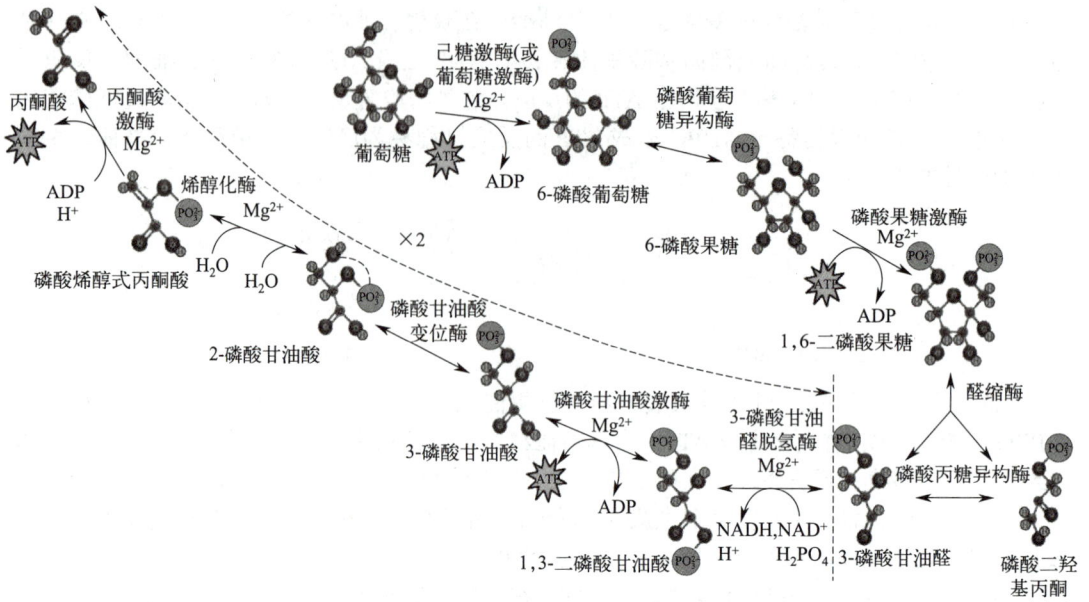

图 8-3 糖酵解反应步骤

2. 丙酮酸还原为乳酸

当机体的组织器官或细胞供氧不足（如剧烈运动的肌肉组织）或缺氧时，在乳酸脱氢酶的催化作用下，丙酮酸加氢还原可生成终产物乳酸。丙酮酸还原为乳酸的供氢体来自糖酵解第 6 步（3- 磷酸甘油醛脱氢氧化产生的 NADH+H$^+$）。还原型 NADH+H$^+$ 重新氧化转变成 NAD$^+$ 以保证糖酵解继续进行。反应可逆，在骨骼肌中，反应平衡趋向乳酸的生成。

凡是葡萄糖经发酵只单纯产生 2 分子乳酸的发酵过程称为同型乳酸发酵，主要有干酪乳杆菌（*L. casei*）、保加利亚乳杆菌（*L. bulgaricus*）、嗜酸乳杆菌（*L. acidophilus*）、嗜热链球菌（*S. thermophilus*）等乳酸菌。若在产生乳酸的同时，还产生如乙醇、乙酸和 CO_2 等多种产物的称为异型乳酸发酵。有氧条件下，3- 磷酸甘油醛脱氢产生的 NADH+H$^+$ 可通过苹果酸 - 天冬氨酸穿梭途径和 α- 磷酸甘油穿梭从细胞质中进入线粒体，经电子传递链进行生物氧化生成 H_2O 和 ATP。糖酵解的总反应式可表示为：

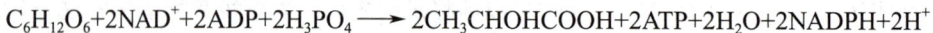

$$C_6H_{12}O_6+2NAD^++2ADP+2H_3PO_4 \longrightarrow 2CH_3CHOHCOOH+2ATP+2H_2O+2NADPH+2H^+$$

除葡萄糖外，其他己糖也可转变成磷酸己糖进入糖酵解途径中（图 8-4）。比如，果糖可在己糖激酶催化下转变成 6- 磷酸果糖，半乳糖经半乳糖激酶催化生成 1- 磷酸半乳糖，再转变为 1- 磷酸葡萄糖，又经变位酶催化生成 6- 磷酸葡萄糖，甘露糖经己糖激酶催化生成 6- 磷酸甘露糖，后者在异构酶的作用下转变成 6- 磷酸果糖。

（二）糖酵解反应的特点

糖酵解反应特点主要有：①反应全过程没有氧参与，全部反应在细胞质中完成，起始物为葡萄糖或糖原，终产物为乳酸。反应中生成的 NADH+H$^+$ 只能用于丙酮酸还原，生成最终产物乳酸。②糖酵解通过底物水平磷酸化可释放少量能量，这对于厌氧微生物来说至关重要。糖酵解过程能量产生发生在 1,3- 二磷酸甘油酸变为 3- 磷酸甘油酸和磷酸烯醇式丙酮酸变为丙酮酸 2 个反应步骤，共生成 4 分子 ATP。由于葡萄糖磷酸化和 6- 磷酸果糖转变为 1,6- 二磷酸果糖消耗 2 分子 ATP，因此糖酵解反应净生成 ATP 数量为 2 个。若从糖原开始酵解生成 2 分子乳酸，仅消耗 1 分子 ATP，则净生成 3 分子 ATP。③糖酵解反应有 3 个关键酶，分别为肝外己糖激酶（肝内为葡萄糖激酶）、6- 磷酸果糖激酶 -1 和丙酮酸激酶，反应均不可逆，其中，6- 磷酸果糖激酶 -1 催化活性最低，是最重要的关键酶，其活性大小对糖分解代谢的速度起着决定性的作用。

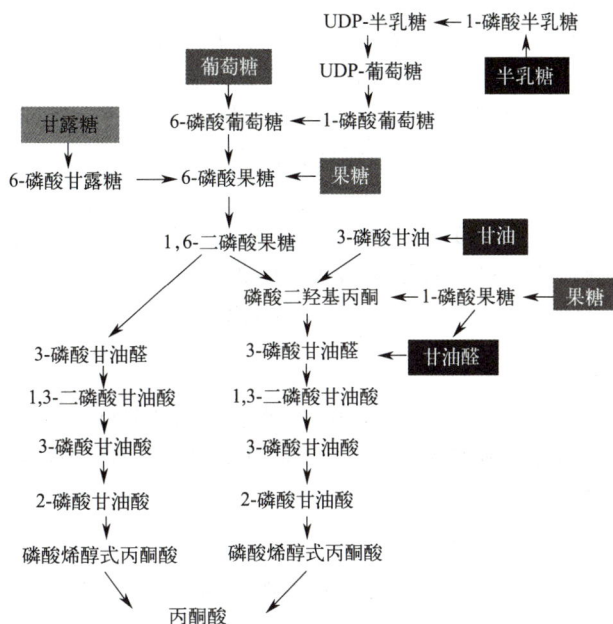

图 8-4　甘油和其他己糖进行糖酵解的途径

生化与健康

剧烈运动后肌肉为什么会酸痛

不经常锻炼的人剧烈运动后，局部肌肉会疼痛，这与肌肉内部能量代谢有关。运动主要靠肌肉收缩来完成，肌肉收缩需要能量，能量主要依靠肌肉组织中的糖原分解来提供。氧气充足时，如处于静息状态时，肌肉中的糖类物质直接分解成二氧化碳和水，释放大量能量，但在剧烈活动时，骨骼肌急需大量能量，尽管此时呼吸运动和血液循环都大大加强了，但仍然不能满足肌肉组织对氧的需求，致使肌肉处于暂时缺氧状态，结果糖类物质分解出乳酸，释放的能量也比较少。乳酸在肌肉内大量堆积，便刺激肌肉中的神经末梢产生酸痛感觉。乳酸积聚又使肌肉内的渗透压增大，导致肌肉组织内吸收较多的水分而产生局部肿胀。

（三）糖酵解的生理意义

糖酵解具有普适性，从单细胞生物到高等动植物都存在，其最主要的生理意义在于能迅速提供能量供机体急需，尤以骨骼肌收缩为甚。骨骼肌 ATP 含量很低，只要肌肉收缩几秒即可耗尽。当机体缺氧或剧烈运动时，肌肉局部供氧相对不足，主要通过糖酵解迅速获得能量，使骨骼肌在缺氧时保持功能。而心肌糖酵解较弱，只在有氧条件下收缩，故心肌不耐受缺氧。

糖酵解的生理意义主要体现在：

（1）是供氧不足或缺氧条件下最主要的能量获取途径　糖酵解是生物体获得有限能量的主要途径，特别是机体在供氧不足或有氧氧化受阻时的能量补救途径。如初到高原时，人体组织细胞常通过增强糖酵解来获得足够能量，以适应高原缺氧反应。糖酵解是机体相对缺氧时补充能量的一种有效方式。在病理性缺氧情况下，如呼吸或循环功能障碍、严重贫血、大量失血等情况造成机体缺氧时，也可通过加强糖酵解来提供能量，但若糖酵解过度增强，易引起乳酸堆积，有可能导致乳酸中毒。此时，在临床治疗及护理中，除应纠正患者酸中毒外，还应注意针对病因改善其缺氧状况。此外，恶性肿瘤细胞即使在有氧时也通过糖酵解消耗大量葡萄糖而产生过多的乳酸。

（2）是某些组织（细胞）在有氧时获得能量的有效方式　成熟红细胞没有线粒体，尽管它以运氧为其主要功能，却不能利用氧进行有氧氧化。糖酵解是成熟红细胞获得能量的唯一方式，成熟红细胞完全依赖糖酵解供能，人体红细胞每天利用 25～30g 葡萄糖，其中，约有 90% 经糖酵解代谢。此外，神经细胞、白细胞、骨髓、皮肤、睾丸和视网膜等组织或细胞在有氧时也通过糖酵解获取能量。

（3）糖酵解中间产物可提供其他物质的合成原料　如磷酸二羟基丙酮是甘油合成原料，丙酮酸可变为丙氨酸或乙酰 CoA，而乙酰 CoA 是脂肪酸合成的原料，可为蛋白质和脂肪合成提供原料。3- 磷酸甘油醛是丝氨酸、甘氨酸和半胱氨酸合成的原料，可用于蛋白质合成。

（四）糖酵解的调节

糖酵解中 3 个关键酶催化的不可逆反应构成 3 个重要的调节点。其中，6- 磷酸果糖激酶 -1 催化活性最低，是调节糖酵解最重要的酶。机体通过变构效应剂和激素调节这 3 个酶的活性，从而影响糖酵解进行速度。

1. 变构效应剂对关键酶的变构调节

生物体内有多种变构效应剂（代谢物）可调节糖酵解速率，主要通过改变关键酶活性来实现。

（1）6- 磷酸果糖激酶 -1 的调节　6- 磷酸果糖激酶 -1（6-PFK-1）是四聚体的变构酶，其催化活性最低，是糖酵解途径的决定性酶，受多种变构效应剂影响。ATP 和柠檬酸是 6- 磷酸果糖激酶 -1 的变构抑制剂，其结构中具有结合 6- 磷酸果糖和 2 个 ATP 的部位，一个位于活性中心内，ATP 是底物结合物；另一个位于活性中心外，ATP 作为变构效应剂结合物，亲和力较低，一旦与 ATP 结合，酶活性将受到抑制。当细胞内 ATP 不足时，ATP 主要作为反应底物可与活性中心结合，保证酶促反应进行。当 ATP 浓度较高时，ATP 与 6-PFK-1 的调节部位结合，降低酶活性，减缓糖酵解反应速率。6-PFK-1 的变构激活剂有 AMP、ADP、1,6- 二磷酸果糖和 2,6- 二磷酸果糖。1,6- 二磷酸果糖可对 6- 磷酸果糖激酶 -1 实施正反馈调节，有利于葡萄糖分解。2,6- 二磷酸果糖是 6- 磷酸果糖激酶 -1 最强的变构激活剂，可与 AMP 协同消除 ATP、柠檬酸对 6- 磷酸果糖激酶 -1 的变构抑制作用。2,6- 二磷酸果糖在体内是由 6- 磷酸果糖激酶 -2 催化 6- 磷酸果糖 C_2 位磷酸化形成，可被二磷酸果糖磷酸酶 -2 去磷酸化生成 6- 磷酸果糖，失去调节作用。AMP 可与 ATP 竞争性结合变构部位，消减了 ATP 的抑制作用。ADP、AMP 增加时，糖酵解反应速率加快，ATP 生成增多，满足细胞能量需求。

（2）丙酮酸激酶的调节　丙酮酸激酶是糖酵解第 2 个重要的调控节点。1,6- 二磷酸果糖、ADP 是其变构激活剂，ATP 和丙酮酸是其变构抑制剂。肝内的丙氨酸也有变构抑制作用。此外，依赖 cAMP 的蛋白激酶和钙调蛋白激酶均能使其磷酸化而失去活性。胰岛素可诱导丙酮酸激酶的合成，胰高血糖素可通过 cAMP 抑制丙酮酸激酶的活性。

（3）葡萄糖激酶或己糖激酶的调节　6- 磷酸葡萄糖对己糖激酶有反馈抑制作用，而肝内的葡萄糖激酶不受 6- 磷酸葡萄糖的抑制。长链脂酰 CoA 对葡萄糖激酶有变构抑制作用，这样在饥饿时可减少肝脏等组织摄取葡萄糖。葡萄糖和胰岛素能诱导葡萄糖激酶合成，加速反应的进行。

2. 激素调节

胰岛素能诱导体内葡萄糖激酶、6- 磷酸果糖激酶 -1、丙酮酸激酶的合成。一般情况下激素的调节作用比对关键酶的变构调节或化学修饰调节作用慢，但作用时间较持久。

生化与医药

不喝酒也醉酒的秘密

想象一下，吃了一碗面条或一包薯片后，你竟然醉了。这样的事情你相信吗？但这正是第二次世界大战结束后，驻扎在东京的美国大兵 Swaart 经常发生的事情，虽然他一滴酒也没沾，但会完全进入醉酒状态。这种难以解释的醉酒状态持续困扰了 Swaart 二十多年，每一次醉酒都会给他的肝脏带来损害，年复一年，问题变得越来越严重。巧合的是，1964 年，Swaart 听说有一个日本人跟他有相同遭遇。25 年后，一位内科医生终于诊断出了其中病因。原来他们患上了罕见的"自动酿酒综合征"或"肠道发酵综合征"，在他们肠道里，生活着一种突变的酵母白色念珠菌，这些突变酵母细胞利用体内糖类作为原料制造乙醇，酵母细胞代谢途径正是糖酵解和乙醇发酵。于是，在医生建议下，Swaart 开始尝试服用几种可杀死酵母的药物进行治疗。直到 1975 年，他肠道内所有突变的酵母细胞都被杀死后，其生活才回归正常。为什么医生找到病因那么难呢？原因可能是，非发酵的白色念珠菌是人体肠道正常微生物，很难想象到会有突变株出现，这种突变株很可能是在广岛和长崎爆炸的原子弹引起的核辐射造成的。

二、糖的有氧分解

糖在无氧或缺氧条件下产生的能量极为有限，大多数细胞都是通过糖的有氧氧化获得大量能量。在供氧充足时，葡萄糖或糖原通过糖酵解产生的丙酮酸可由细胞质进入到线粒体进行有氧氧化，生成 CO_2 和 H_2O，并释放大量能量，这一过程称为糖的有氧氧化，是糖氧化供能的主要途径。糖的有氧氧化与糖酵解的关系见图 8-5。

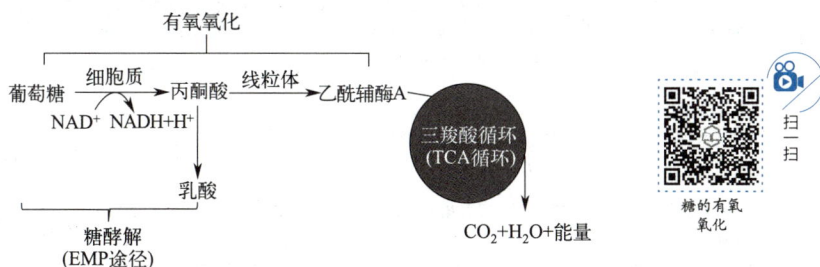

图 8-5　糖酵解与糖的有氧氧化的关系

（一）糖有氧氧化的反应历程

糖的有氧氧化可分为 3 个阶段：第一阶段为葡萄糖或糖原在细胞质中分解为丙酮酸，在细胞质中完成；第二阶段为乙酰 CoA 生成，由丙酮酸在丙酮酸脱羧酶系作用下生成，在线粒体中完成；最后一个阶段为 TCA 循环，乙酰 CoA 在线粒体中彻底氧化为 CO_2 和 H_2O，并产生大量能量。

1. 葡萄糖或糖原分解为丙酮酸

这一阶段与糖酵解反应基本上相同，区别在于，在糖酵解中，在乳酸脱氢酶催化作用下，丙酮酸加氢还原生成乳酸，而在有氧氧化时，3- 磷酸甘油醛脱氢生成的 NADH+H^+ 通过穿梭方式从细胞质进入线粒体，经过线粒体的电子呼吸链进行电子传递，并将 H 传递给氧生成水和 ATP。生物氧化脱氢反应产生的 NADH 可在细胞质或线粒体基质中，在线粒体内生成的 NADH 可直接进入氧化呼吸链进行电子传递，但 NADH 不能自由穿过线粒体内膜，在胞质中经糖酵解等生成的 NADH 需通过穿梭机制。NADH 可通过苹果酸 - 天冬氨酸穿梭途径和 α- 磷酸甘油穿梭进入线粒体。绝大多数情况下，NADH 都是经苹果酸 - 天冬氨酸穿梭途径进入线粒体电子传递系统氧化，且 1 分子 NADH 可以产生 2.5 分子 ATP。若 NADH 经 α- 磷酸甘油穿梭进入线粒体，则 1 分子 NADH 可以产生 1.5 分子 ATP。

2. 丙酮酸转化为乙酰 CoA

由于葡萄糖或糖原经糖酵解生成 2 分子丙酮酸在细胞质中完成，而乙酰 CoA 氧化在线粒体中进行，因此丙酮酸需由细胞质进入到细胞的线粒体基质中。该反应是连通糖酵解与三羧酸循环的重要纽带。丙酮酸氧化脱羧生成乙酰 CoA 的反应如下：

线粒体是由线粒体内膜和外膜包被的一个细胞器，膜间有空隙，线粒体中央是基质，丙酮酸可扩散通过线粒体外膜，进入线粒体内膜需借助蛋白质转运。镶嵌在内膜中的丙酮酸转运酶可将丙酮酸由膜间转运到线粒体基质中，在丙酮酸脱氢酶系作用下脱羧氧化生成乙酰 CoA，并在 TCA 循环中彻底氧化，这一步反应是关键性的不可逆反应。

丙酮酸脱氢酶系是由 3 种酶和 6 种辅助因子组成的多酶复合体系，包括丙酮酸脱氢酶（E_1）、二氢硫辛酰胺转乙酰酶（E_2）和二氢硫辛酰胺脱氢酶（E_3），6 种辅助因子为硫胺素焦磷酸（TPP）、辅酶 A、FAD、NAD^+、硫辛酸和 Mg^{2+}（表 8-4）。

表 8-4   丙酮酸脱氢酶系的结构和组成

酶系中的酶	亚基数目 / 个数	辅因子	维生素前体	辅助因子类型	催化的反应
丙酮酸脱氢酶（E_1）	大肠杆菌 24、酵母 60、哺乳动物 20 或 30	TPP/Mg^{2+}	维生素 B_1	辅基	丙酮酸氧化脱羧
二氢硫辛酰胺转乙酰酶（E_2）	大肠杆菌 24、酵母 60、哺乳动物 60	硫辛酸，CoA	泛酸	辅基，辅酶	将乙酰基转移到 CoA
二氢硫辛酰胺脱氢酶（E_3）	大肠杆菌 12、酵母 12、哺乳动物 6	FAD，NAD^+	维生素 B_2 维生素 PP	辅基，辅酶	氧化型硫辛酰胺的再生

丙酮酸脱氢酶系催化的反应共有 5 步：①在 TPP 参与下，由丙酮酸脱氢酶（E_1）催化丙酮酸脱羧生成羟乙基 -TPP；②在二氢硫辛酰胺转乙酰酶（E_2）催化作用下，羟乙基 -TPP 氧化生成乙酰基，并将其转移给硫辛酰胺生成乙酰二氢硫辛酰胺；③在二氢硫辛酰胺转乙酰酶的作用下，乙酰二氢硫辛酰胺将乙酰基转移给 CoA 生成乙酰 CoA，同时生成二氢硫辛酰胺；④在二氢硫辛酰胺脱氢酶（E_3）作用下，二氢硫辛酰胺脱氢，FAD 接受氢生成 $FADH_2$；⑤$FADH_2$ 将 2H 交给 NAD^+，使之生成 NADH+H^+。生成的 NADH+H^+ 经呼吸链传递给氧生成

水，并生成 ATP。

丙酮酸脱氢酶复合体作用机制见图 8-6。

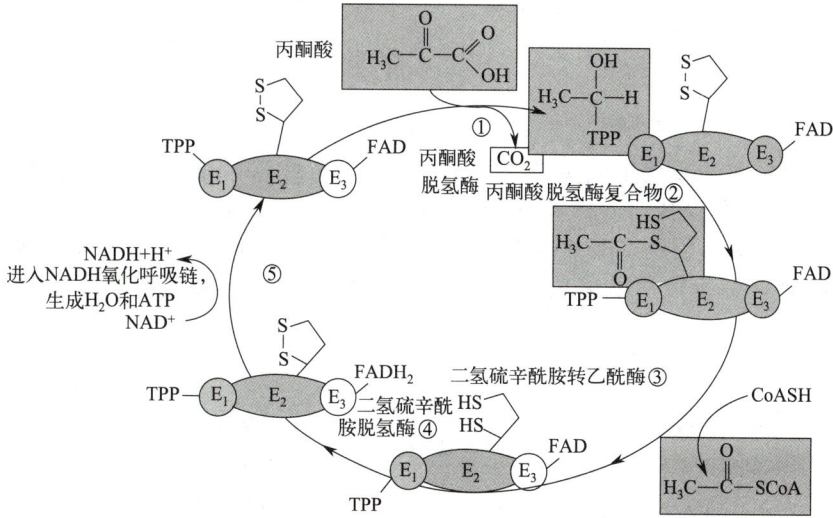

图 8-6　丙酮酸脱氢酶复合体作用机制

E_1—丙酮酸脱氢酶；E_2—二氢硫辛酰胺转乙酰酶，E_3—二氢硫辛酰胺脱氢酶

丙酮酸转化为乙酰 CoA 是糖酵解和三羧酸循环之间的桥梁。如维生素 B_1 缺乏时，体内 TPP 不足可使丙酮酸氧化脱羧受阻。临床上对代谢旺盛的甲亢、发热患者或输入大量葡萄糖的患者，均应补充有关维生素，以维持糖的氧化分解。

3. 三羧酸循环反应历程及特点

TCA 循环由 2C 的乙酰 CoA 和 4C 的草酰乙酸缩合生成 6C 柠檬酸开始，经过一系列脱氢（氧化）和脱羧等反应，再重新生成 4C 的草酰乙酸进入下一轮循环。TCA 循环从 3 个含有羧基的柠檬酸开始，故称三羧酸循环（TCA 循环），由德国科学家 Krebs 于 1973 年首先提出，也称 Krebs 循环。

（1）三羧酸循环反应历程

① 乙酰 CoA 与草酰乙酸缩合生成柠檬酸（反应不可逆）。在柠檬酸合成酶的催化下，乙酰 CoA 与草酰乙酸缩合生成柠檬酸，反应的能量来自乙酰 CoA 高能硫酯键水解，并释放出辅酶 A，释放的能量促进乙酰基与草酰乙酸缩合形成柠檬酸，反应不可逆。柠檬酸合成酶是 TCA 循环的第一关键酶，也是第一个限速步骤。

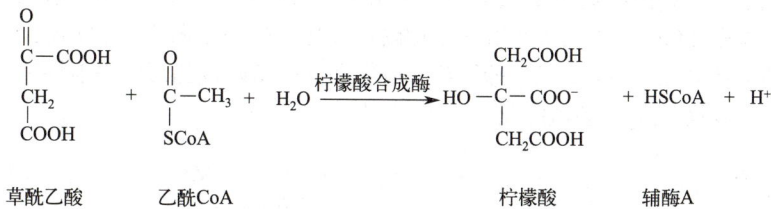

② 柠檬酸异构成异柠檬酸。在顺乌头酸酶催化下，柠檬酸脱水生成中间产物顺乌头酸，再加水生成异柠檬酸。反应完成后，柠檬酸 C_3 的羟基转移到 C_2 上生成异柠檬酸。

柠檬酸　　　　　　　　　　　　顺乌头酸　　　　　　　　　　异柠檬酸

③ 异柠檬酸氧化脱羧生成 α- 酮戊二酸（反应不可逆）。在异柠檬酸脱氢酶（IDH）催化下，异柠檬酸氧化脱羧将异柠檬酸（6C）转变为 α- 酮戊二酸（5C），反应不可逆。异柠檬酸氧化脱羧生成 α- 酮戊二酸分两步进行。首先，异柠檬酸氧化脱氢，NAD^+ 接受 H 后还原成 $NADH+H^+$，并生成草酰琥珀酸。1 分子 NADH 进入电子传递链氧化可产生 2.5 分子 ATP。

异柠檬酸　　　　　　　　　　　　　　　　　　草酰琥珀酸

草酰琥珀酸在异柠檬酸脱氢酶催化下，迅速脱羧生成 α- 酮戊二酸和 CO_2。

草酰琥珀酸　　　　　　　　　　　　　α-酮戊二酸

上述两步反应均由异柠檬酸脱氢酶催化，该酶具有脱氢和脱羧能力，需要 Mn^{2+} 参与。细胞内有两种异柠檬酸脱氢酶：一种是以 NAD^+ 和 Mn^{2+} 为辅酶，存在于线粒体内，主要功能是参与三羧酸循环；另一种以 $NADP^+$ 和 Mn^{2+} 为辅酶，主要存在于细胞质中，线粒体内也有该酶，主要功能是作为还原剂 NADPH 的一种来源，提供氧化还原反应的"还原力"。异柠檬酸脱氢酶是 TCA 循环关键酶，也是第二个限速反应。本反应之前都是三羧酸的转化，后续反应为二羧酸的转化。

④ α- 酮戊二酸氧化脱羧生成琥珀酰 CoA（反应不可逆）。在 α- 酮戊二酸脱氢酶系催化作用下，α- 酮戊二酸脱羧生成琥珀酰 CoA，琥珀酰 CoA 含有高能硫酯键，反应不可逆。本反应是 TCA 循环的第 3 个关键步骤，α- 酮戊二酸脱氢酶系也是第 3 个关键酶。α- 酮戊二酸脱氢酶系组成和催化机制与丙酮酸脱氢酶系类似，也由 3 种酶和 6 种辅助因子构成，包括 α- 酮戊二酸脱氢酶（辅酶是 TPP）、二氢硫辛酰胺琥珀酰转移酶（辅酶是硫辛酸和 CoA）、二氢硫辛酰胺脱氢酶（辅基是 FAD）。α- 酮戊二酸脱羧、脱氢和高能硫酯键的形成等能快速完成。反应脱下的氢由 NAD^+ 接收，Mg^{2+} 参与此反应。

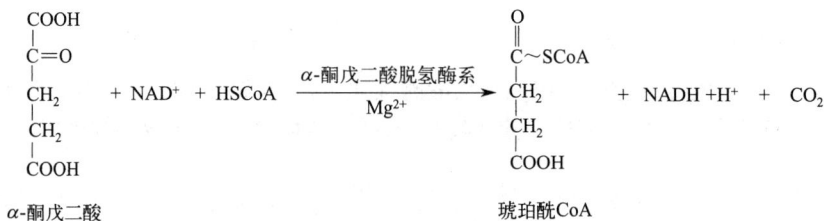

α-酮戊二酸　　　　　　　　　　　　　　　琥珀酰CoA

⑤ 琥珀酰 CoA 生成琥珀酸。在琥珀酰 CoA 合成酶（也称琥珀酸硫激酶）催化下，琥珀酰 CoA 高能硫酯键发生水解，并使 GDP 磷酸化生成 GTP，自身转变为琥珀酸。在植物中，琥珀酰 CoA 高能硫酯键水解生成 ATP。本反应是 TCA 循环中唯一通过底物水平磷酸化直接生成高能磷酸化合物的反应。

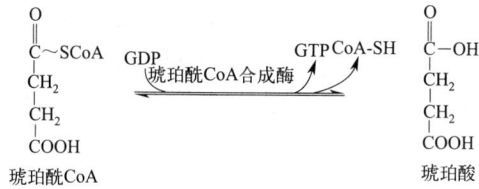

⑥ 琥珀酸脱氢生成延胡索酸。在琥珀酸脱氢酶（SDH）催化下，琥珀酸被氧化脱氢生成延胡索酸（反丁烯二酸），FAD 接受琥珀酸脱下的氢并被还原为 $FADH_2$。由琥珀酸脱氢酶催化的反应脱下的氢和电子能直接进入线粒体内膜的电子传递链。1 分子 $FADH_2$ 直接进入电子传递链氧化，只能产生 1.5 分子 ATP。该反应是 TCA 循环中第 3 个氧化还原反应，也是 TCA 循环中唯一以 FAD 作为氢受体的脱氢反应。琥珀酸脱氢酶是 TCA 循环中唯一与线粒体内膜结合的酶（其他的酶均分布在线粒体基质中），可参与 TCA 循环和电子传递过程。

丙二酸、草酰乙酸、苹果酸和戊二酸等与琥珀酸结构类似，能不同程度地竞争性抑制琥珀酸脱氢酶活性。

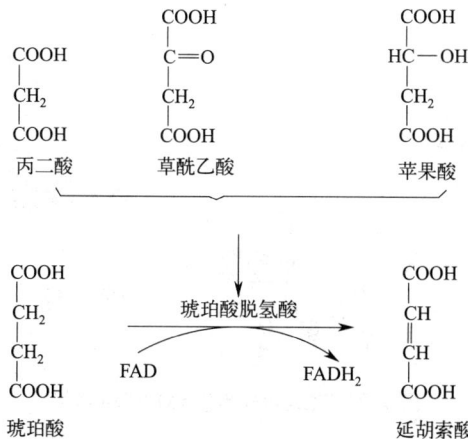

⑦ 延胡索酸水化生成苹果酸。在延胡索酸酶催化下，延胡索酸加水生成苹果酸。延胡索酸酶具有立体结构专一性，只能催化延胡索酸（反丁烯二酸）生成 L- 苹果酸，反应可逆。

$$\underset{\text{延胡索酸}}{\overset{\displaystyle COOH}{\underset{\displaystyle HOOC}{\overset{\displaystyle |}{\underset{\displaystyle |}{\overset{\displaystyle HC}{\underset{\displaystyle CH}{\parallel}}}}}}} \quad \xrightarrow[\text{延胡索酸酶}]{H_2O} \quad \underset{\text{L-苹果酸}}{\overset{\displaystyle COOH}{\underset{\displaystyle COOH}{\overset{\displaystyle |}{\underset{\displaystyle |}{\overset{\displaystyle OH-C-H}{\underset{\displaystyle CH_2}{}}}}}}}$$

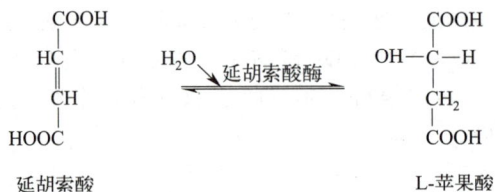

⑧ 苹果酸脱氢生成草酰乙酸。在苹果酸脱氢酶（MDH）催化下，L- 苹果酸氧化脱氢生成草酰乙酸。苹果酸脱下的氢由 NAD^+ 接受并还原成 $NADH+H^+$，反应可逆。生成草酰乙酸参与下一轮 TCA 循环。该反应是 TCA 循环中的第 4 个氧化还原反应，也是 TCA 循环的最后一步。

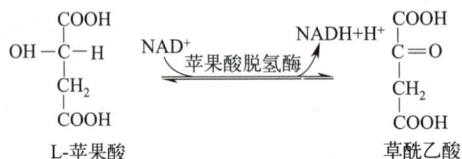

$$\underset{\text{L-苹果酸}}{\overset{\displaystyle COOH}{\underset{\displaystyle COOH}{\overset{\displaystyle |}{\underset{\displaystyle |}{\overset{\displaystyle OH-C-H}{\underset{\displaystyle CH_2}{}}}}}}} \quad \xrightarrow[\text{苹果酸脱氢酶}]{NAD^+ \qquad NADH+H^+} \quad \underset{\text{草酰乙酸}}{\overset{\displaystyle COOH}{\underset{\displaystyle COOH}{\overset{\displaystyle |}{\underset{\displaystyle |}{\overset{\displaystyle C=O}{\underset{\displaystyle CH_2}{}}}}}}}$$

TCA 循环的总反应过程如图 8-7 所示。

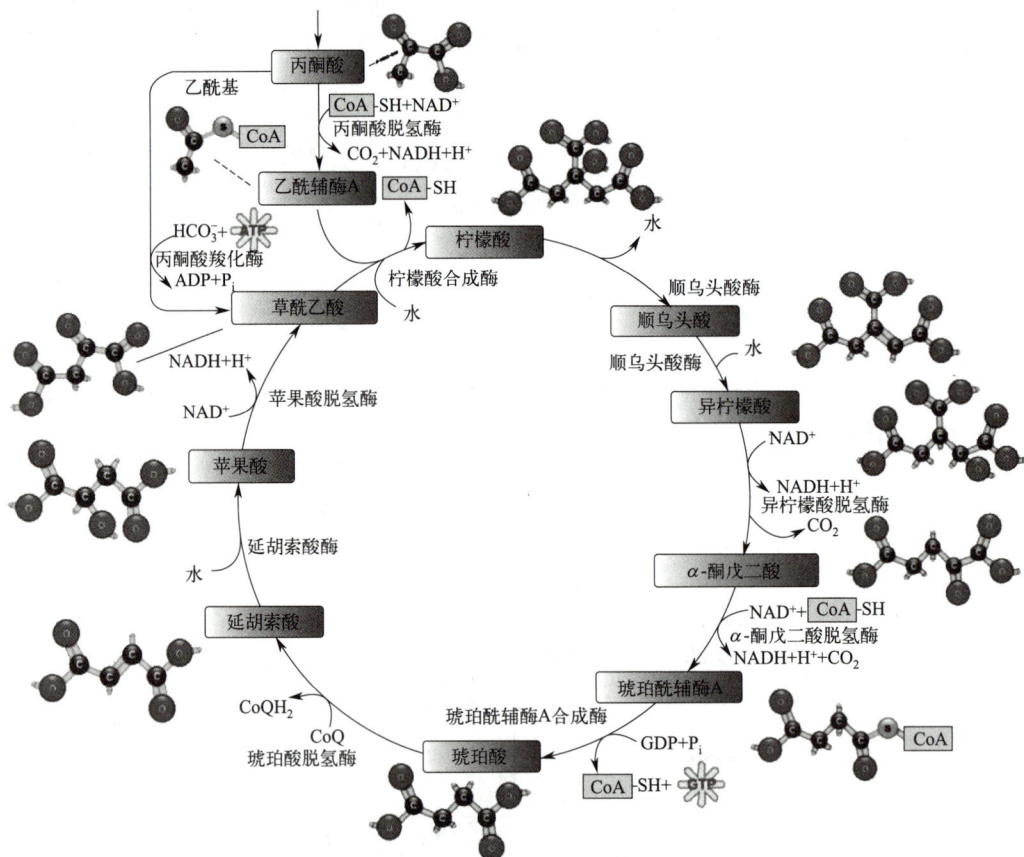

图 8-7　TCA 循环的总反应过程示意图

（2）TCA 循环反应的特点

① 由草酰乙酸和乙酰 CoA 缩合生成柠檬酸开始，在有氧条件下进行，氧间接参与 TCA 循环。整个 TCA 循环有 4 次脱氢，其中 3 次脱氢的受体为 NAD^+，生成 3 分子 $NADH+H^+$，1

次脱氢的受体为 FAD，生成 1 分子 $FADH_2$。每 1 分子 $NADH+H^+$ 进入到穿梭途径（苹果酸 - 天冬氨酸穿梭途径）经氧化可生成 2.5 分子 ATP，而 $FADH_2$ 进入到线粒体氧化可生成 1.5 分子 ATP。因此，TCA 循环脱氢生成的辅酶经生物氧化可生成 9 分子 ATP。

② 每循环 1 次有 1 个乙酰基被彻底氧化，有 2 次脱羧，生成两分子 CO_2。生成 CO_2 的碳原子来自乙酰 CoA 中的乙酰基。TCA 循环有 1 次底物水平磷酸化，可生成 1 个高能磷酸键，生成 1 分子 GTP（相当于 1 分子 ATP）。加上脱氢氧化生成的 9 分子 ATP，循环 1 次可生成 10 分子 ATP。

③ 有柠檬酸合成酶、异柠檬酸脱氢酶和 α- 酮戊二酸脱氢酶系 3 个关键酶，特别是异柠檬酸脱氢酶是最重要的调节酶，其催化的反应在生理条件下不可逆，保证了线粒体供能的稳定性。

④ 草酰乙酸在循环过程完成后又会再生，其含量影响循环速率。草酰乙酸主要来自丙酮酸直接羧化，也可通过丙酮酸加氢还原和羧化生成苹果酸，苹果酸脱氢可生成草酰乙酸。

⑤ 三羧酸循环是连通蛋白质、糖和脂类代谢的枢纽，代谢形成的中间产物可用于氨基酸和脂肪酸的合成，中间产物常参与其他代谢途径。如草酰乙酸可转变为天冬氨酸或先转变为丙酮酸再转变为丙氨酸参与蛋白质合成，琥珀酰辅酶 A 可用于血红素合成，α- 酮戊二酸可转变为谷氨酸等。为维持 TCA 循环中间产物的浓度稳定和正常运转，以满足细胞能量代谢的需要，消耗的中间产物必须及时补充，称为回补反应。

4. 三羧酸循环的生理意义

（1）是体内糖、脂肪和蛋白质彻底氧化分解的共同途径　TCA 循环中乙酰 CoA 可由糖酵解产生的丙酮酸氧化生成，也可由脂肪水解生成的甘油转化为磷酸二羟基丙酮后再氧化生成，也可经脂肪酸 β 氧化分解生成，还可由氨基酸经过脱氨基生成的 α- 酮酸进一步氧化产生。体内糖、脂肪和蛋白质均可通过 TCA 循环彻底氧化成 CO_2、H_2O 和生成大量 ATP。TCA 循环实际上是糖、脂肪和蛋白质三种主要有机物在体内氧化供能的通路，人体内有近 70% 有机物通过 TCA 循环被分解。

（2）是体内糖、脂肪和氨基酸代谢相互联系的枢纽　葡萄糖（或糖原）分解生成丙酮酸，丙酮酸再氧化脱羧生成乙酰 CoA，随 TCA 循环可与草酰乙酸合成柠檬酸，在细胞质可用于合成脂肪酸并进一步合成脂肪。糖和甘油代谢生成草酰乙酸等 TCA 循环中间产物可用于非必需氨基酸的生物合成。氨基酸分解代谢生成草酰乙酸等 TCA 循环中间产物也可用于糖或甘油的生物合成。因此，TCA 循环是体内连接糖、脂肪和氨基酸代谢相互联系的枢纽。糖、脂肪和氨基酸的代谢关系如图 8-8 所示。

（3）能提供其他生物大分子生物合成的前体物质　TCA 循环的中间产物有柠檬酸、延胡索酸（反丁烯二酸）、α- 酮戊二酸、琥珀酰 CoA 和草酰乙酸等，它们是连通蛋白质、脂肪和糖代谢等的重要中间体。线粒体中乙酰 CoA 不能通过线粒体膜，但可经乙酰基穿梭系统进入细胞质，在穿梭系统中，乙酰 CoA 可与草酰乙酸缩合生成柠檬酸，并经线粒体膜进入细胞质，在柠檬酸裂解酶的作用下生成细胞质中的乙酰 CoA，参与脂肪酸生物合成。丙酮酸、草酰乙酸和 α- 酮戊二酸接受氨基可分别转变为丙氨酸、天冬氨酸和谷氨酸，用于蛋白质合成代谢，草酰乙酸在酶的催化下可转变为丙酮酸而被消耗。此外，α- 酮戊二酸还是合成谷氨酸、谷氨酰胺、脯氨酸、羟脯氨酸和精氨酸的前体物质，草酰乙酸是合成天冬氨酸、天冬酰胺、赖氨酸、苏氨酸、甲硫氨酸、异亮氨酸的前体物质。延胡索酸是酪氨酸、苯丙氨酸代谢的产物，与蛋白质代谢有关。琥珀酰 CoA 是合成叶绿素和血红素的前体。脂肪氧化生成的乙酰 CoA 能进入 TCA 循环，乙酰 CoA 又能经乙醛酸途径变为琥珀酸，通过糖异生作用合成葡萄糖等碳水化合物。因此，TCA 循环在提供生物合成的前体中也起重要作用。

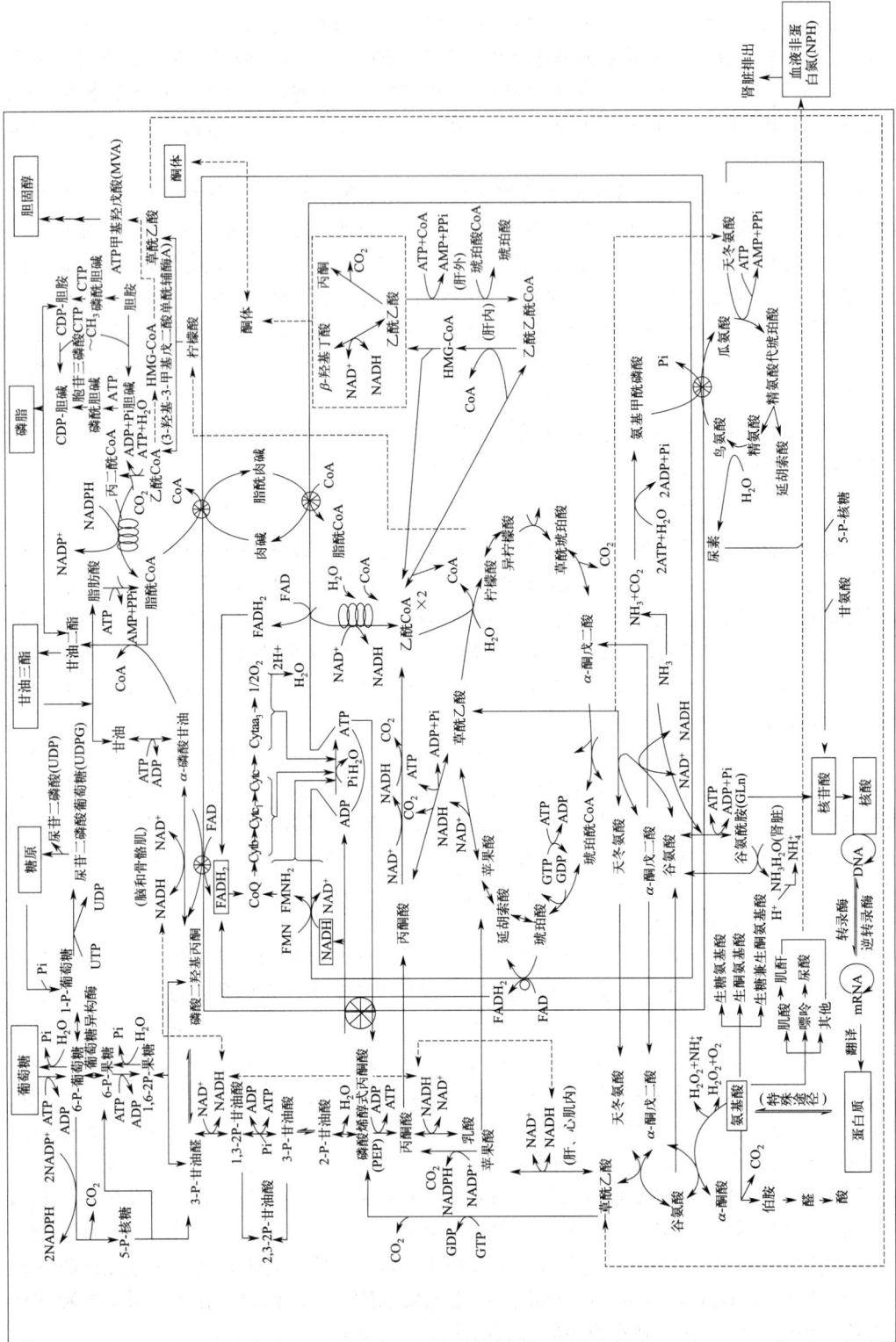

图 8-8   糖、脂肪、氨基酸代谢关系

科学典故与课程思政

我国科学家发现非经典三羧酸循环可调控细胞中表观遗传动态

2021 年 11 月 3 日，我国科学家发表题为"The existence of a nonclassical TCA cycle in the nucleus that wires the metabolic-epigenetic circuitry"的研究论文，该研究报告了对细胞核中非经典 TCA 循环（nTCA 循环）的鉴定。该研究发现所有与 TCA 循环相关的酶（除了琥珀酸脱氢酶外）包括柠檬酸合成酶、顺乌头酸酶、异柠檬酸脱氢酶、α 酮戊二酸脱氢酶、琥珀酰辅酶 A 合成酶、延胡索酸酶和苹果酸脱氢酶存在于细胞核中。该研究发现这些核酶催化不完整的 TCA 循环，类似于在蓝藻中发现的循环。该研究认为，实施 nTCA 循环主要是为了产生或消耗代谢中间体，而不是用于能量生产。该研究证明了 nTCA 循环与染色质动力学和转录调控有着内在的联系。该研究揭示了细胞核中非经典 TCA 循环的存在，该循环将代谢途径与表观遗传调控联系起来。值得注意的是，大量线粒体 TCA 循环代谢物积极参与 DNA/ 组蛋白修饰的动力学，从而在细胞核中进行表观遗传调控。该研究成果也表明，我国已达生物化学前沿研究水平，并具备取得较好的研究成果的良好基础。

（二）糖有氧氧化的能量生成和生理意义

糖有氧氧化的主要意义是为全身各个组织提供能量，葡萄糖有氧氧化是机体获得能量的主要方式。在糖有氧氧化的三个阶段中，第一阶段糖酵解途径中，3- 磷酸甘油醛脱氢生成的 $NADH+H^+$ 可经不同方式进入线粒体，经电子传递链氧化为水，产生 2.5（或 1.5）分子 ATP。第二阶段丙酮酸氧化为乙酰 CoA 产生的 $NADH+H^+$ 经电子传递链氧化为水，产生 2.5 分子 ATP。第三阶段 TCA 循环中 4 次脱氢生成的还原型 $NADH+H^+$ 和 $FADH_2$ 可进入线粒体进行生物氧化。其中，每分子 NADH 传递氢产生 2.5 分子 ATP，$FADH_2$ 传递氢产生 1.5 分子 ATP，加上底物水平磷酸化产生的 ATP，可产生 10 分子 ATP。体内 1 分子葡萄糖彻底氧化可净生成 30（或 32）分子 ATP。

糖的有氧氧化产生的能量见表 8-5。

表 8-5　1mol 葡萄糖有氧氧化生成 ATP 数量

反应阶段与细胞定位		反应	受氢体	生成 ATP 的数量
细胞质	第一阶段（糖酵解）	葡萄糖 ⟶ 6- 磷酸葡萄糖		−1
		6- 磷酸葡萄糖 ⟶ 1,6- 二磷酸葡萄糖		−1
		2×3- 磷酸甘油醛 ⟶ 2×1,3- 二磷酸甘油酸	NAD^+	2×2.5 或 2×1.5[①]
		2×1,3- 二磷酸甘油酸 ⟶ 2×3- 磷酸甘油酸		2×1
		2× 磷酸烯醇式丙酮酸 ⟶ 2× 丙酮酸		2×1
		共计		5 或 7
线粒体	第二阶段（丙酮酸 ⟶ 乙酰 CoA）	2× 丙酮酸 ⟶ 2× 乙酰 CoA	NAD^+	2×2.5
	第三阶段（TCA 循环）	2× 异柠檬酸 ⟶ 2×α- 酮戊二酸	NAD^+	2×2.5
		2×α- 酮戊二酸 ⟶ 2× 琥珀酰 CoA	NAD^+	2×2.5
		2× 琥珀酰 CoA ⟶ 2× 琥珀酸		2×1
		2× 琥珀酸 ⟶ 2× 延胡索酸	FAD	2×1.5
		2× 苹果酸 ⟶ 2× 草酰乙酸	NAD^+	2×2.5
		净生成		30 或 32

①1 分子葡萄糖经糖酵解分解为 2 分子 3- 磷酸甘油醛，因此，乘以 2。糖酵解途径产生的 $NADH+H^+$ 经历不同的穿梭途径，产生的 ATP 数量不同，若经苹果酸 - 天冬氨酸穿梭机制进入线粒体进行生物氧化可生产 2.5 分子 ATP。若经由 α- 磷酸甘油穿梭途径则产生的 ATP 数量为 1.5 个。

（三）糖有氧氧化的调节

糖有氧氧化是机体获得能量的主要方式，其调节是为了适应机体或不同器官对能量的差异化需求。糖有氧氧化第一阶段（葡萄糖生成丙酮酸）调节在糖酵解已阐述，不再赘述。这里主要讨论丙酮酸氧化脱羧生成乙酰 CoA 和进入到 TCA 循环进行彻底氧化的第二、三阶段的调节。丙酮酸脱氢酶系、柠檬酸合成酶、异柠檬酸脱氢酶和 α- 酮戊二酸脱氢酶系是第二、三阶段的关键酶。

（1）丙酮酸脱氢酶系的调节　丙酮酸脱氢酶系促进丙酮酸脱氢脱羧生成乙酰 CoA，是丙酮酸进入 TCA 循环的限速酶。丙酮酸脱氢酶系受别构效应和化学修饰 2 种方式调节。ATP、乙酰 CoA、NADH、长链脂肪酸等是丙酮酸脱羧酶系的变构抑制剂，协同减弱糖的有氧氧化，特别是 ATP 和长链脂肪酸有较强抑制作用，而 AMP、CoA、NAD^+ 和 Ca^{2+} 等是丙酮酸脱羧酶系的别构激活剂。进入 TCA 循环的乙酰 CoA 减少，AMP、CoA 和 NAD^+ 堆积时对丙酮酸脱羧酶系有激活作用。丙酮酸脱氢酶系可被磷酸化，当其结构中的丝氨酸被磷酸化后，引起酶蛋白变构而失活，脱磷酸化后又恢复活性。胰岛素可增加丙酮酸脱氢酶活性，促进糖的氧化分解。丙酮酸脱氢酶复合体调节如图 8-9 所示。

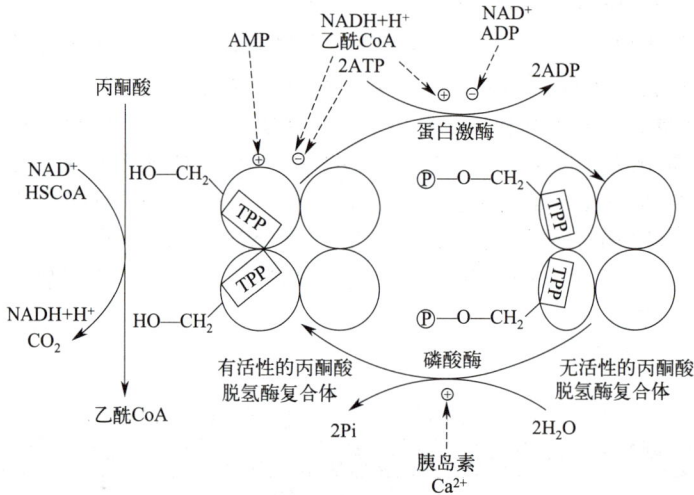

图 8-9　丙酮酸脱氢酶复合体的调节

（2）TCA 循环的调节　柠檬酸合成酶、异柠檬酸脱氢酶和 α- 酮戊二酸脱氢酶系是 TCA 循环关键酶，催化的反应为不可逆反应。其中，异柠檬酸脱氢酶和 α- 酮戊二酸脱氢酶系所催化的反应是主要调节点。

当 ATP/ADP 与 NADH/NAD^+ 比值较高时，即能荷较高时，异柠檬酸脱氢酶和 α- 酮戊二酸脱氢酶系可被反馈抑制，有氧氧化速度减缓。若 ATP/ADP 比值下降，即能荷较低时，可激活异柠檬酸脱氢酶和 α- 酮戊二酸脱氢酶系的活性。TCA 循环的中间代谢产物对酶的活性也有影响，如柠檬酸能抑制柠檬酸合成酶的活性，琥珀酸 CoA 可抑制 α- 酮戊二酸脱氢酶系的活性。细胞线粒体内 Ca^{2+} 浓度升高时，Ca^{2+} 可直接与异柠檬酸脱氢酶和 α- 酮戊二酸脱氢酶系结合，增强酶对底物的亲和力，也可激活丙酮酸脱氢酶系的活性，有利于糖的有氧氧化。线粒体生物氧化生成的还原型辅酶 NADH+H^+ 和 $FADH_2$ 通过氢和电子传递链氧化磷酸化生成 ATP，使氧化型 NAD^+ 和 FAD 得以再生，对电子传递链有抑制作用的药物或化学试剂均可破坏 TCA 循环。三羧酸循环的调控如图 8-10 所示。

图 8-10　三羧酸循环的调控

（3）巴斯德效应　巴斯德发现，酵母菌无氧条件下，可进行生醇发酵，若转移至有氧条件下，生醇发酵受到抑制，这种有氧氧化抑制生醇发酵（或糖酵解）的现象称为"巴斯德效应"。此现象在人体组织中同样存在。组织供氧充足时，丙酮酸进入三羧酸循环氧化，$NADH+H^+$ 可穿梭进入线粒体经电子传递链氧化，抑制乳酸生成，所以有氧氧化抑制糖酵解。而缺氧时，氧化磷酸化受阻，$NADH+H^+$ 累积。ADP 与 Pi 不能转变为 ATP，ADP/ATP 比值升高，促使 6- 磷酸果糖激酶 -1 和丙酮酸激酶活性增强，丙酮酸加氢还原为乳酸，加速葡萄糖沿糖酵解途径分解。

三、磷酸戊糖途径

　　生物体内，除 EMP 途径和 TCA 循环外，糖还存在其他分解代谢途径，因为在组织匀浆中加入糖酵解抑制剂（如氟化钠或碘乙酸），糖酵解被完全抑制，但研究发现，仍有葡萄糖消耗，说明还存在其他的糖代谢途径。用同位素 ^{14}C 分别标记葡萄糖的 C_1 和 C_6，若葡萄糖只存在糖酵解的假设是成立的，1,6- 二磷酸果糖裂解生成的两分子磷酸丙糖在代谢过程中应该生成等量的 CO_2，但实验发现，$^{14}C_1$ 比 $^{14}C_6$ 更容易氧化生成 $^{14}CO_2$，证明葡萄糖存在其他的代谢途径。1954 ～ 1955 年，Racker 和 Gunsalus 等人发现的葡萄糖磷酸戊糖途径就是另一重要途径，该途径也称磷酸戊糖途径或磷酸戊糖旁路。该途径是葡萄糖经 6- 磷酸葡萄糖氧化分解，生成细胞所需的具有重要生理作用的 $NADPH+H^+$ 和 5- 磷酸核糖及 CO_2，也可生成能量。其主要意义不是生成 ATP，该途径在肝、哺乳期乳腺、肾上腺皮质、性腺、红细胞、脂肪组织和骨髓等组织中最为活跃，全部反应过程均在细胞质中进行。

扫一扫

磷酸戊糖途径

📑 生化与健康

磷酸戊糖途径的发现与生理意义

　　人们发现当肝脏、乳腺组织、脂肪组织、白细胞、睾丸及肾上腺皮质等组织细胞的糖无氧酵解和三羧酸循环受阻时，仍然有一部分葡萄糖被氧化代谢。1931 年，发现了 6- 磷酸葡萄糖脱氧酶，随后又发现了 6- 磷酸葡萄糖酸脱氢酶等，还发现在多种组织细胞的胞液中进行着糖的另一条代谢途径，即磷酸戊糖途径。这一途径的重要意义在于提供具有特殊功能的产物，如 5- 磷酸核糖，它参与合成各种核苷酸辅酶及核苷酸，后者是合成核酸的原料。由于核酸参与蛋白质合成，因此凡是损伤后修复再生作用强烈的组织，如心肌梗死后的心肌、肝部分切除后残存肝脏再生时，此途径往往进行得比较活跃。此外，磷酸戊糖途径中的脱氢反应，都是以辅酶Ⅱ（NADP+）为受氢体，因此产生大量还原型辅酶Ⅱ（NADP+H+），后者具有多种生理作用，参与脂肪酸、胆固醇及类固醇激素的生物合成，故在合成此类物质旺盛的组织，如脂肪组织、乳腺、肾上腺皮质及睾丸等组织中，磷酸戊糖途径较为活跃。还原型辅酶Ⅱ又是单加氧酶体系的供氢体，因此与肝细胞的生物转化功能密切相关。

磷酸戊糖途径主要特点是葡萄糖直接氧化脱氢和脱羧，脱氢过程中产生的 H 由 NADP+ 接受，生成 NADPH+H+。产生的 NADPH 可为生物体加氢还原反应提供"还原力"，而不是传递给 O_2 生成水，也无 ATP 的生产和消耗。

1. 磷酸戊糖途径的反应历程

磷酸戊糖途径分为氧化阶段和非氧化阶段。氧化阶段包括脱氢、水解和脱氢脱羧 3 步反应，反应不可逆。6- 磷酸葡萄糖在 6- 磷酸葡萄糖脱氢酶催化下发生脱氢氧化，生成 NADPH和 6- 磷酸葡萄糖酸，6- 磷酸葡萄糖脱氢酶是关键酶。6- 磷酸葡萄糖酸通过 6- 磷酸葡萄糖酸脱氢酶催化发生脱氢、脱羧生成 5C 的 5- 磷酸核酮糖、NADPH+H+ 和 CO_2。6- 磷酸葡萄糖酸脱氢酶受 NADPH 别构调节，其酶活性受到 NADPH 的自我调控。非氧化阶段包括异构化、转酮反应和转醛反应。在磷酸核糖异构酶作用下，5-磷酸核酮糖异构化成 5- 磷酸核糖，或者在磷酸戊糖差向异构酶催化下，5- 磷酸核酮糖转变为 5- 磷酸木酮糖。转酮酶将 5- 磷酸木酮糖的乙酮醇基（羟乙酰基）转移到 5- 磷酸核糖的 C_1 位上，生成 3- 磷酸甘油醛和 7- 磷酸景天庚酮糖。自此，转酮酶转移了一个二碳单位，其受体是醛糖，供体是酮糖。转酮酶以 TPP 为辅酶，作用机制与丙酮酸脱羧酶系相似。在转醛酶作用下，7- 磷酸景天庚酮糖结构中的二羟丙酮基转移给 3- 磷酸甘油醛，生成 4- 磷酸赤藓糖和 6- 磷酸果糖。转醛酶转移了一个三碳单位，受体是醛糖，供体也是酮糖。在转酮酶的催化作用下，5- 磷酸木酮糖的乙酮醇基转移到 4- 磷酸赤藓糖的 C_1 位上，生成 3- 磷酸甘油醛和 6- 磷酸果糖。转酮酶转移的二碳单位受体是醛糖，供体依然是酮糖，6- 磷酸果糖异构化可生成 6- 磷酸葡萄糖。以上反应可以产生 C_3、C_4、C_5、C_6 和 C_7 等不同含碳的糖。磷酸戊糖全部反应均在细胞质中完成，简要反应历程如图 8-11 所示。

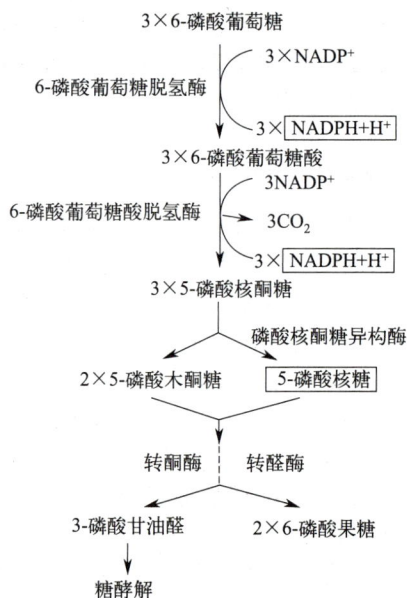

图 8-11 磷酸戊糖途径简要反应历程

2. 磷酸戊糖途径的生理意义

磷酸戊糖途径的主要生理意义是为机体提供 5- 磷酸核糖和 NADPH。

（1）NADPH 作为多种物质代谢反应的供氢体 磷酸戊糖途径每循环一次，降解 1 分子6- 磷酸葡萄糖，可产生 12 分子 NADPH，经呼吸链可产生 30 分子 ATP。反应生成的 NADPH还可为生物体合成反应提供主要还原力，如脂肪酸、胆固醇、四氢叶酸等的合成，还可为非光合细胞的硝酸盐和亚硝酸盐还原成氨等提供氢。NADPH 在哺乳动物脂肪细胞与红细胞代谢中具有重要作用，在脂肪细胞与红细胞中利用的葡萄糖约 50% 通过磷酸戊糖途径代谢，在肝细胞中占到 10% 左右。脂肪酸、胆固醇、类固醇激素等物质生物合成需要大量 NADPH，主要由磷酸戊糖途径提供。机体合成非必需氨基酸时，先由 α- 酮戊二酸与 NADPH 及 NH_3 生成谷氨酸，谷氨酸可与其他 α- 酮酸进行转氨基反应，而生成相应的氨基酸。同时，NADPH 还参与体内羟化反应，如从鲨烯合成胆固醇，从胆固醇合成胆汁酸、类固醇激素等。激素灭活、药物、毒物等非营养物质生物转化过程中的羟化反应均需 NADPH 供氢。此外，NADPH 还能维持还原型谷胱甘肽的还原状态。NADPH 是谷胱甘肽还原酶辅酶，参与氧化型谷胱甘肽（GSSG）还原为还原型谷胱甘肽（GSH）的反应，还原过程由 NADPH 供氢。

$$GSSG+NADPH+H^+ \xrightarrow{\text{谷胱甘肽还原酶}} 2CSH+NADP^+$$

GSH 是体内重要的抗氧化剂，可保护体内含巯基蛋白质（或酶）免遭氧化而丧失功能，保护红细胞膜上脂类和蛋白质不被氧化，还能清除细胞内 H_2O_2，对维持红细胞膜完整性、防止溶血起到非常重要的作用。H_2O_2 不仅可氧化脂膜，还可将血红蛋白氧化成高铁血红蛋白，从而破坏红细胞，造成溶血性贫血。NAPDH 可维持高铁血红蛋白还原酶活性，使高铁血红蛋白还原为血红蛋白，保证血红蛋白正常运氧功能。一些红细胞内缺乏 6- 磷酸葡萄糖脱氢酶的遗传病患者，不能有效进行磷酸戊糖途径，导致 NADPH 生成量减少，不能维持 GSH 还原状态，红细胞很容易被破坏而发生溶血，尤其是衰老红细胞易于破裂，出现急性溶血性贫血。临床发现，这些患者在服用抗疟药伯氨奎宁等有氧化作用的药物及蚕豆等时，易引起溶血及黄疸，故有"蚕豆病"之称。

生化与健康

蚕豆病

蚕豆病是一种 6- 磷酸葡萄糖脱氢酶缺乏所导致的遗传性疾病，表现为在遗传性 6- 磷酸葡萄糖脱氢酶缺陷的情况下，食用新鲜蚕豆，或接触蚕豆花粉，或服用抗疟疾或磺胺类药物会引起急性血管内溶血，是一种性染色体隐性遗传病。女性的 1 对 X 性染色体都带有疾病基因才会发病，男性只有 1 条 X 性染色体，只要这条 X 染色体异常就会发病。只有 1 条异常 X 染色体的女性没有症状，但她们所生的男孩如果遗传了这条异常的 X 染色体就会发病。此病多发于儿童，3 岁以下小儿多见，也有成年人发病者，男性占 90% 以上。大多食蚕豆后 1~2 天发病，早期症状有厌食、疲劳、低热、恶心、不定性腹痛，接着因溶血而发生巩膜黄染及全身黄疸，出现酱油色尿和贫血症状。严重时有尿血、休克、心肾功能衰竭，重度缺氧时还可见双眼固定性偏斜，如不及时抢救，可于 1～2 天内死亡。

（2）提供 5- 磷酸核糖作为核糖合成的原料 磷酸戊糖途径是机体利用葡萄糖生成 5- 磷酸核糖的唯一途径。5- 磷酸核糖参与核苷酸合成和核酸合成，并参与蛋白质生物合成，在增殖旺盛或损伤后修复再生作用强的组织，如梗死后的心肌和肝脏部分切除后残存的再生组织，磷酸戊糖途径往往比较活跃。肌肉组织中缺乏 6- 磷酸葡萄糖脱氢酶，故不能进行完整的磷酸戊糖途径，其合成核苷酸所需的 5- 磷酸核糖可来自 EMP 途径生成的 6- 磷酸果糖和 3- 磷酸甘油醛经转酮酶、转醛酶、磷酸戊糖差向异构酶及磷酸核糖异构酶作用而形成。产生的磷酸戊糖是辅酶及核苷酸生物合成的必需原料，4- 磷酸赤藓糖和磷酸烯醇式丙酮酸可合成莽草酸，经莽草酸途径可合成芳香族氨基酸。

（3）其他作用 磷酸戊糖途径还可通过转酮醇基及转醛醇基反应使三碳糖、四碳糖、五碳糖、六碳糖及七碳糖在体内得以互变，为机体提供多种糖。磷酸戊糖途径产生的中间产物和酶也是光合作用的中间产物，将光合作用与呼吸作用偶联。此外，与植物的抗性也有关系。如植物干旱、受伤或染病的组织中，磷酸戊糖途径更加活跃。

3. 磷酸戊糖途径的调节

磷酸戊糖途径的关键酶是 6- 磷酸葡萄糖脱氢酶，6- 磷酸葡萄糖脱氢酶的酶活性决定 6- 磷酸葡萄糖进入磷酸戊糖途径的水平，受 $NADPH/NADP^+$ 的调节。$NADPH/NADP^+$ 比值高，抑制 6- 磷酸葡萄糖脱氢酶和 6- 磷酸葡萄糖酸脱氢酶的活性，磷酸戊糖途径受阻；反之，则促进磷酸戊糖途径的进行。NADPH 对 6- 磷酸葡萄糖脱氢酶有强烈抑制作用，磷酸戊糖途径代谢水平取决于机体对 NADPH 的需求。

第三节　糖原的合成与分解

糖原的组成单元是葡萄糖，是由葡萄糖通过 α-1，4- 糖苷键构成的直链和 α-1，6- 糖苷键构成的支链连接而成的无还原性的高聚多糖分子，是糖储存形式，主要以呈聚集的颗粒状存在于肝脏和肌肉中，称肝糖原和肌糖原，是一种极易动员的葡萄糖储存形式，对维持人体血糖水平有极为重要的作用。糖原储存量不多，但代谢极活跃，既可迅速被动用供应急需，又可不断及时合成储备。正常成人肝糖原总量约100g，肌糖原120～400g。肝糖原合成与分解是维持血糖浓度相对恒定的重要基础，也是空腹血糖重要来源之一，对供给脑组织和红细胞能量具有重要作用；肌糖原则主要为肌肉提供能量。

扫一扫

糖原的合成
与分解

一、糖原合成

糖原合成部位主要在肝脏和肌肉组织的细胞液。糖原合成发生在机体糖供应充足的前提下。由单糖（主要为葡萄糖）合成糖原的过程称为糖原合成，包括 6- 磷酸葡萄糖生成、1- 磷酸葡萄糖生成、尿苷二磷酸葡萄糖（UDPG）生成和糖原生成 4 个步骤（图 8-12）。

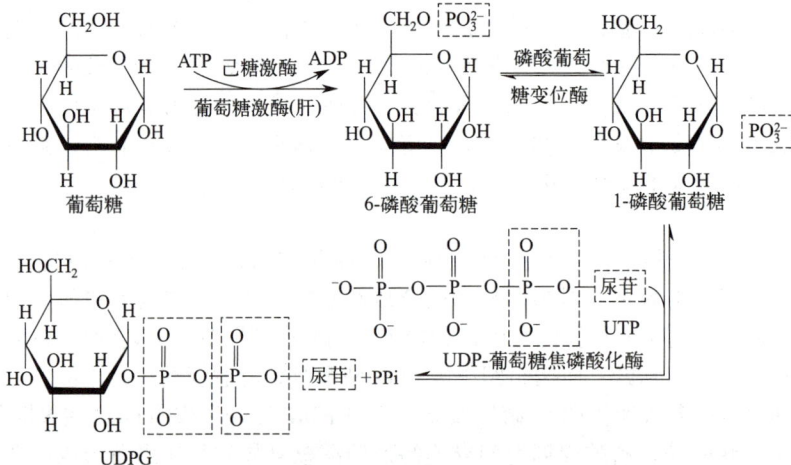

图 8-12　糖原的合成

糖原具体合成过程：

① 在肝外己糖激酶或肝脏葡萄糖激酶作用下，葡萄糖活化为 6- 磷酸葡萄糖，反应由 ATP 供能，消耗 1 分子 ATP。

② 在磷酸葡萄糖变位酶的催化下，6- 磷酸葡萄糖 C_6 位的磷酸基移位至 C_1 部位，生成 1- 磷酸葡萄糖，反应可逆，为异构化反应。

③ 在尿苷二磷酸葡萄糖焦磷酸化酶（UDP- 葡萄糖焦磷酸化酶）催化下，1- 磷酸葡萄糖与尿苷三磷酸（UTP）反应生成尿苷二磷酸葡萄糖（UDPG），并释放出焦磷酸（PPi）。焦磷酸能被焦磷酸酶水解，促使反应往右进行。UDPG 可看作"活性葡萄糖"，作为糖原合成的葡萄糖供体。反应耗能，1mol 葡萄糖生成 UDPG 需消耗 2 个高能键，视为消耗 2 分子 ATP。

④ 在糖原合成酶的作用下，UDPG 以原有糖原分子为引物，通过 α-1,4- 糖苷键在糖原引物的非还原端上连接一个葡萄糖单位，并不断延长，形成糖原分子直链。当延长到 12 ～ 18 个葡萄糖残基时，分支酶就将链长 6 ～ 7 个葡萄糖残基的糖链移至邻近直链上，并以 α-1,6- 糖苷键相连接，形成糖原分支（图 8-13）。如此反复，小分子糖原变为大分子糖原。糖原合成酶是糖原合成过程中的关键酶。

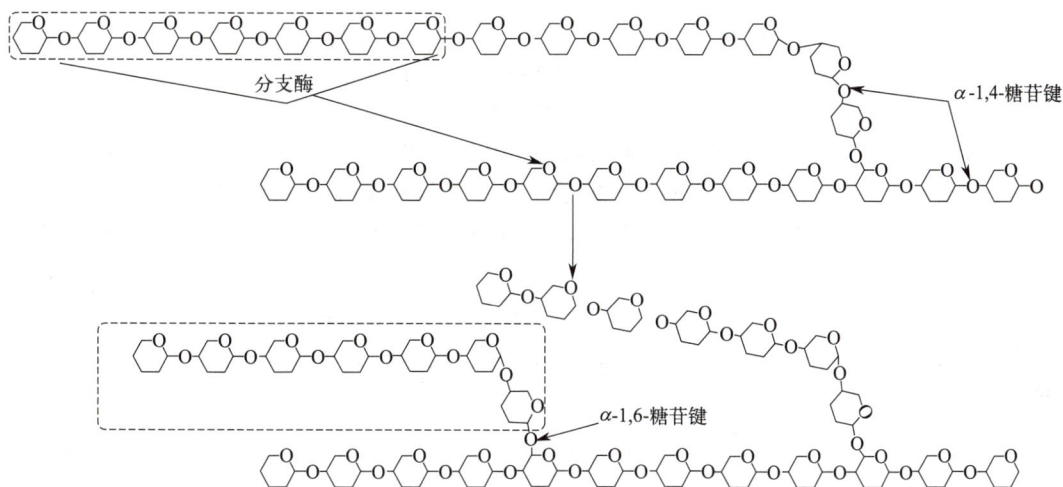

当糖链长度达到12～18个葡萄糖残基时，转移6～7个葡萄糖残基

图 8-13　糖原分支的形成

葡萄糖活化为 6- 磷酸葡萄糖和 1- 磷酸葡萄糖经 UDPG 合成糖原时伴有能量消耗。在细胞内，UDP+ATP ⇌ UTP+ADP 反应可互变进行。因此，每增加 1 分子葡萄糖单位共消耗 2 分子 ATP。糖原合成酶催化的糖原合成反应不能从头开始，必须要有 1 个含 4 个葡萄糖残基的糖链作为引物，葡萄糖延伸从非还原端开始，每次增加 1 个葡萄糖单位。糖原合成酶只能催化糖原的延长，而不能形成分支，当直链长达 11 个葡萄糖残基时，分支酶便引入 7 个葡萄糖残基的糖链，并以 α-1,6- 糖苷键相连形成糖原分支结构。糖原合成酶受胰岛素活性调节，UDPG 是体内葡萄糖的供体，为活性葡萄糖。

二、糖原的分解

糖原分解首先在糖原磷酸化酶作用下，从糖原分子非还原端断裂 α-1, 4- 糖苷键，生成比原来少一个葡萄糖残基的糖原和 1 分子 1- 磷酸葡萄糖，该过程称为糖原的分解。

$$糖原 +Pi \xrightarrow{糖原磷酸化酶} 糖原 +1- 磷酸葡萄糖$$

$$（n 个葡萄糖残基）\qquad （n-1 个葡萄糖残基）$$

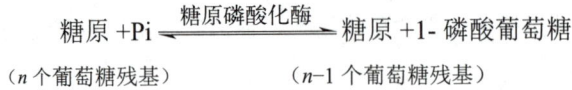

糖原磷酸化酶只分解 α-1,4- 糖苷键，在距分支点 4 个葡萄糖残基处就不能再进行催化水解。在糖原脱支酶协同参与下才能将糖原彻底分解。糖原脱支酶有 2 种功能：①葡萄糖转移酶功能。可将分支链上的 3 个葡萄糖残基转移至邻近糖链末端，以 α-1,4- 糖苷键连接，分支处仅留下 α-1,6- 糖苷键相连。②糖苷酶活性。α-1,6- 葡萄糖苷酶催化下水解形成游离葡萄糖。

糖原分解分为 3 个步骤：

（1）糖原分解为 1- 磷酸葡萄糖 在糖原磷酸化酶的作用下，从糖原非还原端催化 α-1,4- 糖苷键逐步酶解，酶解过程需要消耗无机磷（Pi）。当距 α-1,6- 糖苷键分支点约 4 个葡萄糖单位时停止酶解，产物为 1- 磷酸葡萄糖（85%）和极限糊精。

$$糖原（G_n）+H_3PO_4 \xrightarrow{糖原磷酸化酶} 糖原（G_{n-1}）+1- 磷酸葡萄糖$$

（2）1- 磷酸葡萄糖变位为 6- 磷酸葡萄糖 在磷酸葡萄糖变位酶催化下，1- 磷酸葡萄糖转变为 6- 磷酸葡萄糖。

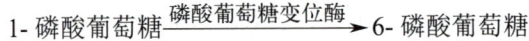

$$1- 磷酸葡萄糖 \xrightarrow{磷酸葡萄糖变位酶} 6- 磷酸葡萄糖$$

（3）6- 磷酸葡萄糖水解为葡萄糖 6- 磷酸葡萄糖的转变取决于机体的组织器官。肝脏中有 6- 磷酸葡萄糖酶，可水解 6- 磷酸葡萄糖为葡萄糖，葡萄糖经扩散至血液以维持血糖水平。由于肌肉组织中不含 6- 磷酸葡萄糖酶，所以肌糖原不能直接分解成葡萄糖补充血糖，但可经有氧氧化进行分解代谢生成能量。若进入无氧代谢途径（EMP 途径）可生成乳酸，乳酸经血液循环运至肝脏可进行糖原的合成。肌糖原的合成及分解过程与肝糖原基本相同。

$$6- 磷酸葡萄糖 +H_2O \xrightarrow[（肝）]{6-磷酸葡萄糖酶} 葡萄糖 +H_3PO_4$$

糖原分解的所有步骤均在细胞质中进行，糖原合成与分解代谢途径如图 8-14 所示。

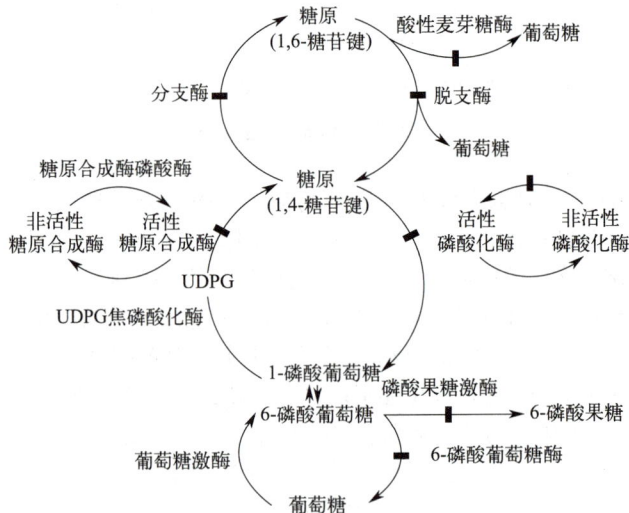

图 8-14 糖原合成与分解代谢途径

三、糖原合成与分解的生理意义

糖原合成与分解最重要的生理意义是维持血糖在正常水平，参与维持血糖浓度的相对恒定，也是机体储存能量和供给能量的重要方式。机体糖供应充足时，在肝脏和肌肉组织中将多余的糖储存起来，以免血糖过高；而糖供应不足（如空腹或禁食时）或能量需求增加时，肝糖原分解为葡萄糖进入血液以补充血糖，这对大脑和红细胞等依赖葡萄糖供能的组织器官尤为重要。肌糖原虽不能直接补充血糖，但肌糖原分解产生的 6- 磷酸葡萄糖可通过糖酵解或糖的有氧氧化途径为肌肉组织自身提供能量，减少对血糖的利用。糖酵解产生的能量可用于肌肉运动，乳酸经血液运输至肝脏可用于糖原的合成。

四、糖原代谢的调节

糖原合成代谢与分解代谢是两条不同的代谢途径，其关键酶分别为糖原合成酶和糖原磷酸化酶，这两个酶活性的高低决定了糖原代谢方向。代谢方向受到别构调节和共价修饰双重调节，也受到机体激素水平的调节。

1. 别构调节

糖原代谢过程中的两个关键酶受到人体代谢产物的调控。6- 磷酸葡萄糖既是糖原合成酶的别构激活剂，同时也是糖原磷酸化酶的别构抑制剂，分别起到促进糖原合成和抑制糖原分解的作用，在糖原合成与分解过程中起到动态调控的作用。葡萄糖和 ATP 是糖原磷酸化酶的别构抑制剂，抑制糖原分解。Ca^{2+} 能激活糖原磷酸化激酶，有利于糖原分解代谢。当细胞中 AMP 浓度较高时，磷酸化酶 b 可别构成有活性的糖原磷酸化酶，有利于糖原分解。ATP 为糖原磷酸化酶的负反馈物，能与 AMP 竞争性抑制酶的活性。6- 磷酸葡萄糖对磷酸化酶 b 也有别构抑制作用。糖原合成与分解的别构调节如图 8-15 所示。

图 8-15 糖原合成与分解的别构调节

2. 共价修饰调节

糖原磷酸化酶有 a 和 b 两种形式。磷酸化酶 a 有活性，磷酸化酶 b 无活性。分子结构中的丝氨酸羟基被 ATP 磷酸化后就变成有活性的磷酸化酶 a，而去磷酸化后就失去活性，成为磷酸化酶 b。肝糖原磷酸化酶也有 a、b 两种形式。当以磷酸化酶 a 形式存在时，有利于糖原合成，加速糖原合成；若以磷酸化酶 b 存在时，则作用相反。

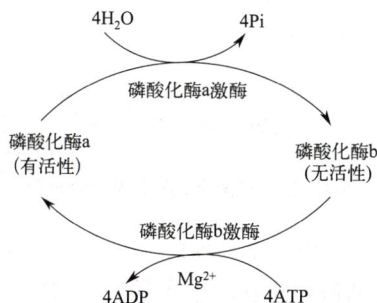

糖原合成酶也有磷酸化和去磷酸化 2 种形式。去磷酸化时糖原合成酶（糖原合成酶 a）有活性，能加速糖原合成，而磷酸化糖原合成酶（糖原合成酶 b）无活性，抑制糖原合成，使糖原合成减少。

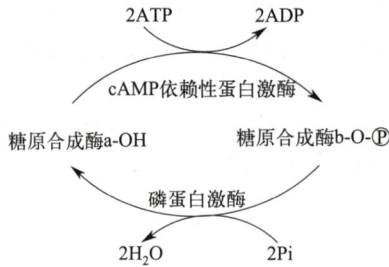

糖原合成酶或糖原磷酸化酶的磷酸化反应都是在依赖 cAMP 的蛋白激酶作用下，通过对结构中丝氨酸残基进行磷酸化实现的，去磷酸化反应则是在相应的磷蛋白激酶催化下加水脱磷酸实现的。

3. 激素的调节作用

胰岛素与胰高血糖素可调节糖原合成与分解代谢。当机体血糖浓度降低或在剧烈运动后，胰高血糖素或肾上腺素分泌增加，细胞内的 cAMP 表达水平增加，使有活性的蛋白激酶 A 数量明显增加，该激酶能使糖原合成酶磷酸化从而失去活性，也能使糖原磷酸化酶磷酸化为有活性酶，从而有利于糖原合成。肾上腺素和胰高血糖素能与肝或肌肉等组织细胞膜上受体结合，由 G 蛋白介导活化腺苷酸环化酶，使 cAMP 生成增加，并使 cAMP 依赖性蛋白激酶 A 活化，从而使有活性糖原合成酶磷酸化为无活性的糖原合成酶。同时，使无活性磷酸化酶 b 激酶磷酸化为有活性的磷酸化酶 b 激酶，活化的磷酸化酶 b 激酶进一步使无活性的糖原磷酸化酶 b 磷酸化为有活性糖原磷酸化酶 a，最终抑制糖原合成，促进糖原分解。

糖原合成与分解代谢的调节见图 8-16。

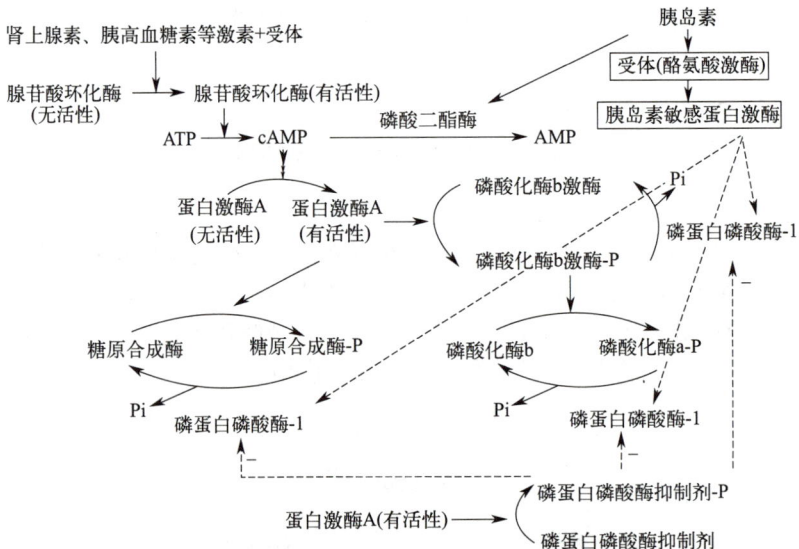

图 8-16 糖原合成与分解代谢调节

由于先天性缺乏糖原代谢有关酶而引起糖原代谢发生障碍，组织中正常或异常结构的糖原大量堆积，这类疾病统称为糖原贮积症。不同类型疾病所缺陷的酶在糖原代谢中的作用、糖原累积器官部位、糖原结构及对健康或生命的影响程度见表 8-6 所示。

表 8-6　各种类型糖原贮积症

分布	酶的缺陷	受累器官	糖原结构	主要临床表现
Ⅰ型 （Von Gierke 病）	G-6-P 酶	肝、肾	正常	肝肾明显肿大，发育受阻，严重低血糖，酮症，高尿酸血症伴有痛风性关节炎，高脂血症
Ⅱ型 （Pompe′s 病）	α-1,4- 葡萄糖苷酶	所有组织	正常	常在 2 岁前肌张力低、肌无力，心力、呼吸衰竭致死
Ⅲ型 （Corri′s 病）	α-1,6- 葡萄糖苷酶	肝、肌肉	分支多，外周糖链短	类似Ⅰ型，但程度较轻
Ⅳ	分支酶	肝、脾	分支少，外周糖链长	进行性肝硬化，常在 2 岁前因肝功能衰竭死亡
Ⅴ	磷酸化酶（肌）	肌	正常	由于疼痛，肌肉剧烈运动受限
Ⅵ	磷酸化酶（肝）	肝	正常	类似Ⅰ型，但程度较经
Ⅶ	果糖磷酸激酶 -1	肌	正常	与Ⅴ型类似
Ⅸ	磷酸化酶激酶	肝	正常	轻度肝肿大和轻度低血糖
Ⅹ	糖原合成酶	肝		糖原缺乏

第四节　糖异生作用

由非糖物质（如乳酸、丙酮酸、甘油和生糖氨基酸等）转变为葡萄糖或糖原的过程称为糖异生作用，是饥饿等情况下维持血糖相对恒定的重要因素。体内糖原储备有限，通过肝糖原分解以补充血糖，如不能得到补充，10 多个小时后肝糖原将耗竭。事实上，即使在较长时间（＞ 24h）的禁食或饥饿状态下，血糖仍能保持在正常范围或仅略有下降，说明机体除了使周围组织减少对葡萄糖的利用外，主要是肝脏可利用氨基酸、甘油、乳酸等非糖化合物转变为葡萄糖，从而来不断补充血糖。乳酸主要来自肌糖原糖酵解，甘油主要来自脂肪降解，氨基酸主要来自食物及组织蛋白质分解。凡能生成丙酮酸的物质都可异生为葡萄糖，如TCA 循环中的柠檬酸、异柠檬酸、α- 酮戊二酸、琥珀酸、延胡索酸和苹果酸等都可转化为草酰乙酸并进入糖异生途径。大多数氨基酸是生糖氨基酸，代谢产生的丙酮酸、α- 酮戊二酸、草酰乙酸等均可进入糖异生途径。脂肪酸代谢（β 氧化）产生的乙酰 CoA，2 分子乙酰CoA 经乙醛酸循环生成的琥珀酸，以及琥珀酸经 TCA 循环生成的草酰乙酸，再转变为磷酸烯醇式丙酮酸，也可由糖异生途径生成糖。生理条件下，糖异生器官主要是肝脏，肾脏糖异生能力仅为肝脏的 10%。当饥饿和酸中毒时，肾脏糖异生作用增强，可占全身糖异生的 40%左右。

一、糖异生途径

糖异生途径与 EMP 途径许多中间产物相同，催化反应的酶也相同，基本上是糖酵解的逆过程，但糖异生并非 EMP 途径的简单逆转，因为糖酵解中己糖激酶（肝内为葡萄糖激酶）、6-磷酸果糖激酶 -1、丙酮酸激酶催化的反应不可逆，且释放大量的能量，糖异生需通过其他途径，或由特异酶催化来绕过这 3 个"能障"，使糖酵解反应逆向进行。这些酶包括丙酮酸羧化酶、磷酸烯醇式丙酮酸羧激酶、1,6- 二磷酸果糖酶和 6- 磷酸葡萄糖酶，这些酶是糖异生途径中的关键酶。糖异生途径主要分为 3 个步骤：

1.磷酸烯醇式丙酮酸生成（丙酮酸羧化支路）

在 EMP 途径中，在丙酮酸激酶作用下，磷酸烯醇式丙酮酸可生成丙酮酸，而在糖异生途径，丙酮酸羧化需要由 2 步反应来完成。首先，在以生物素为辅酶的丙酮酸羧化酶的催化下，由 ATP 供能，细胞质中的丙酮酸进入线粒体，将 CO_2 固定在丙酮酸分子上生成草酰乙酸，生物素起着羧基载体的作用，此反应不可逆，乙酰 CoA 为别构抑制剂。然后，在磷酸烯醇式丙酮酸羧激酶（在细胞质中）的催化下，由 GTP 提供能量和磷酸基，生成的草酰乙酸透出线粒体并生成磷酸烯醇式丙酮酸（PEP），该代谢反应称为丙酮酸羧化支路（图 8-17）。

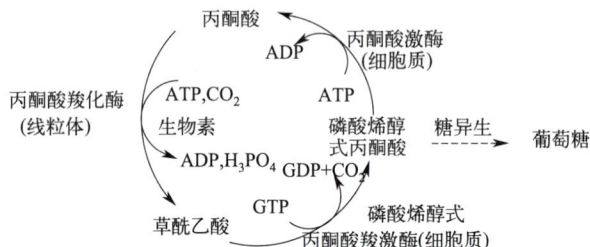

图 8-17 丙酮酸羧化支路

丙酮酸羧化支路可绕过 EMP 途径的第三个能障，为耗能反应，是许多物质进行糖异生的必经之路。在体内，此反应不可逆，体外条件下，分离得到的磷酸烯醇式丙酮酸羧激酶可催化该反应的逆反应。

2.1,6- 二磷酸果糖转变成 6- 磷酸果糖

由于在糖酵解反应中，在磷酸果糖激酶 -1 的催化下，6- 磷酸果糖可生成 1,6- 二磷酸果糖，反应不可逆。因此，在糖异生途径中，由 1,6- 二磷酸果糖酶催化 1,6- 二磷酸果糖生成 6- 磷酸果糖，反应过程中释放大量能量，该反应也不可逆。

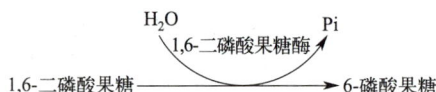

3.6- 磷酸葡萄糖水解生成葡萄糖

在糖异生反应中，6- 磷酸葡萄糖酶催化 6- 磷酸葡萄糖水解生成葡萄糖和无机磷酸。肌肉中不含 6- 磷酸葡萄糖酶，故肌肉不能自由生成葡萄糖。

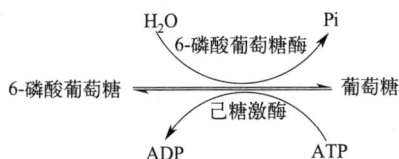

通过上述反应可以看出，糖酵解途径中的 3 个不可逆反应都可经旁路绕道而行，使整个酵解途径成为"可逆"。糖异生过程为耗能反应，由 2 分子丙酮酸合成 1 分子葡萄糖，消耗了 4 分子 ATP 和 2 分子 GTP，同时，还需要 2 分子 NADH 参与代谢。

二、糖异生的生理意义

1.维持饥饿条件下血糖浓度的相对稳定

糖异生作用最主要的生理意义是在空腹或饥饿条件下能保持机体血糖的相对恒定。对

一些依赖葡萄糖作为主要能源物质的组织（如大脑、红细胞等），在空腹或饥饿条件下可通过肝糖原分解来维持血糖浓度，但肝糖原储存量有限，不到 12h 即被全部耗尽。因此，在饥饿或禁食时，机体主要靠糖异生来维持血糖浓度稳定，这对主要利用葡萄糖供能的脑组织来说具有重要意义，当血糖浓度低于某临界值时会引起大脑功能紊乱，继而导致昏迷和死亡。

2. 有利于乳酸的回收和利用

这一作用在某些生理和病理情况下有重要意义。静息状态下，机体产生的乳酸很少，但在剧烈运动或循环呼吸功能障碍时，肌糖原降解生成大量乳酸，大部分乳酸经血液运至肝脏，并异生成葡萄糖或糖原，肝脏再将葡萄糖释放入血，可被肌肉重新摄取利用，这样就构成了乳酸循环（也称 Cori 循环）（图 8-18）。糖异生对乳酸回收再利用和肝糖原更新、补充血糖、补充肌肉消耗及防止代谢性酸中毒具有重要意义。乳酸循环的生理意义在于避免肌肉生成的乳酸损失，使之回收利用，以及防止乳酸堆积而造成生物体酸中毒。1 分子葡萄糖经糖酵解生成乳酸，产生 2 分子 ATP，而 2 分子乳酸异生成 1 分子葡萄糖需消耗 6 分子 ATP。因此，乳酸循环是耗能过程。

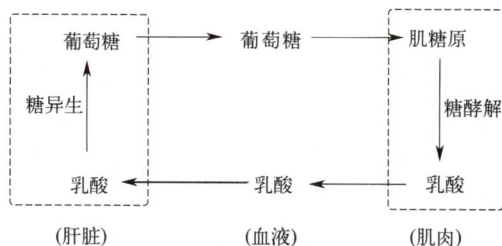

图 8-18　乳酸循环

3. 协助氨基酸分解代谢

氨基酸脱氨基生成的 α- 酮酸（如丙酮酸、草酰乙酸等）可通过糖异生途径合成葡萄糖。由食物消化吸收的氨基酸可通过该途径合成葡萄糖，并进一步合成糖原。因此，糖异生作用有利于氨基酸的分解代谢。

4. 有助于维持酸碱平衡

在长期饥饿、缺氧或患有肝病和循环衰竭等生理条件下，乳酸在机体会大量积累，可能导致机体出现酸中毒。机体 pH 降低可促进肾小管中磷酸烯醇式丙酮酸激酶的合成，有利于糖异生。肾脏可加强谷氨酰胺等氨基酸分解生成的 α- 酮酸参与糖异生作用，肾小管细胞可将释放的 NH_3 分泌入肾小管管腔液中，与原尿中的 H^+ 结合生成 NH_4^+ 排出体外，有利于排氢保钠机制，对防止机体中毒和维持机体酸碱平衡有重要意义。

5. 补充肝糖原

机体在饥饿后进食，肝补充或恢复糖原储备的重要途径不是直接利用葡萄糖合成糖原，主要是通过糖异生途径。这是因为当血糖浓度＞ 4.4mmol/L 时，肝细胞才直接利用葡萄糖合成糖原。如果低于此值，肝细胞就释放葡萄糖供其他组织氧化分解，其中一部分葡萄糖分解成丙酮酸、乳酸等三碳化合物后入肝，再异生成肝糖原。合成糖原的这条途径称为三碳途径，或称为间接途径。而葡萄糖经 UDPG 合成糖原的过程称为直接途径。经消化吸收进入体内的己糖，除葡萄糖外，还有少量果糖、半乳糖、甘露糖等其他糖。这些己糖在体内先分别代谢转变为 1- 磷酸果糖、1- 磷酸葡萄糖和 6- 磷酸果糖等，然后继续进入糖代谢途径氧化分解或合成糖原。

三、糖异生的调节

糖异生途径有丙酮酸羧化酶、磷酸烯醇式丙酮酸羧激酶、1,6-二磷酸果糖酶和6-磷酸葡萄糖酶4个关键酶，通过对这些酶的调节可实现对糖异生途径的调节。

1. 代谢物对糖异生的调节

（1）多种代谢物对糖异生的调节作用   乙酰CoA对糖异生途径有显著影响。乙酰CoA与草酰乙酸缩合生成的柠檬酸由线粒体进入细胞质中可抑制6-磷酸果糖激酶-1，使1,6-二磷酸果糖酶活性升高，促进糖异生。细胞内的乙酰CoA对丙酮酸脱氢酶有反馈抑制，对丙酮酸羧化酶还有激活作用，促进丙酮酸羧化支路，加速丙酮酸生成草酰乙酸，促进糖异生，而ATP、柠檬酸、3-磷酸甘油则是其激活剂，可激活1,6-二磷酸果糖酶活性。AMP和ADP能激活6-磷酸果糖激酶-1的活性和抑制1,6-二磷酸果糖酶活性。因此，能促进糖的氧化而抑制糖异生作用。高浓度的6-磷酸葡萄糖可抑制己糖激酶，不利于糖酵解，但却有利于糖异生。1,6-二磷酸果糖酶是糖异生关键酶，AMP是该酶抑制剂，抑制糖异生。1,6-二磷酸果糖能强烈抑制1,6-二磷酸果糖酶的活性，不利于糖异生，有利于糖酵解。

（2）糖异生原料的浓度对糖异生的调节作用   饥饿情况下，脂肪动员增加，组织蛋白质分解加强，血浆甘油和氨基酸增高；激烈运动时血浆乳酸含量剧增，都能使糖异生原料增加，可促进糖异生作用。当肝脏中能异生为糖原的物质（如甘油、氨基酸、乳酸和丙酮酸等）增加时，可促进糖异生代谢的进行。

（3）乙酰CoA浓度对糖异生途径的显著影响   细胞内乙酰CoA含量决定了丙酮酸代谢方向。脂肪酸氧化分解产生的大量乙酰CoA可以抑制丙酮酸脱氢酶复合物，使细胞内丙酮酸大量蓄积，一方面为糖异生提供了充足原料，另一方面又可激活丙酮酸羧化酶，加速丙酮酸生成草酰乙酸，增强糖异生作用。

2. 激素对糖异生的调节

激素对糖异生的调节是通过调节糖异生和糖酵解两个途径的关键酶活性来控制肝脂肪酸的供应。肾上腺素与胰高血糖素能诱导肝细胞中的磷酸烯醇式丙酮酸羧激酶的生成和促进脂肪动员，除能提供糖异生的原料甘油外，肝脏中脂肪氧化产生的乙酰CoA还可激活丙酮酸羧化酶，有利于糖异生。糖皮质激素可诱导肝合成糖异生所需的4个关键酶，同时，还可促进肝外组织器官蛋白质的分解和脂肪动员，有利于糖异生。胰岛素能抑制糖异生所需的4种关键酶，并有对抗肾上腺素和胰高血糖素的效应，抑制糖异生。

胰高血糖素可激活腺苷酸环化酶，使cAMP生成增加和激活依赖cAMP的蛋白激酶A，有利于丙酮酸激酶磷酸化，并阻止磷酸烯醇式丙酮酸转变丙酮酸，刺激糖异生途径。胰高血糖素还可以降低1,6-二磷酸果糖在肝内的浓度，促进6-磷酸果糖的生成。

胰高血糖素和胰岛素还能分别诱导或阻遏糖异生和糖酵解调节酶数量。胰高血糖素/胰岛素比例高可诱导合成磷酸烯醇式丙酮酸羧激酶、1,6-二磷酸果糖酶等糖异生途径关键酶的合成，使糖异生作用增强，阻遏葡萄糖激酶和丙酮酸激酶合成，糖酵解减弱。胰高血糖素能促进脂肪分解，增加血浆脂肪酸含量，以利于肝脏获得大量脂肪酸和甘油，促进糖异生。胰高血糖素能促进脂肪组织分解脂肪，增加血浆脂肪酸含量，使肝获得大量脂肪酸和甘油。肝氧化脂肪酸增加，也就促进了糖异生，甘油是糖异生很好的原料，容易进行糖异生。胰岛素的作用与胰高血糖素相反。

糖异生和糖酵解的交互调节如图8-19所示。

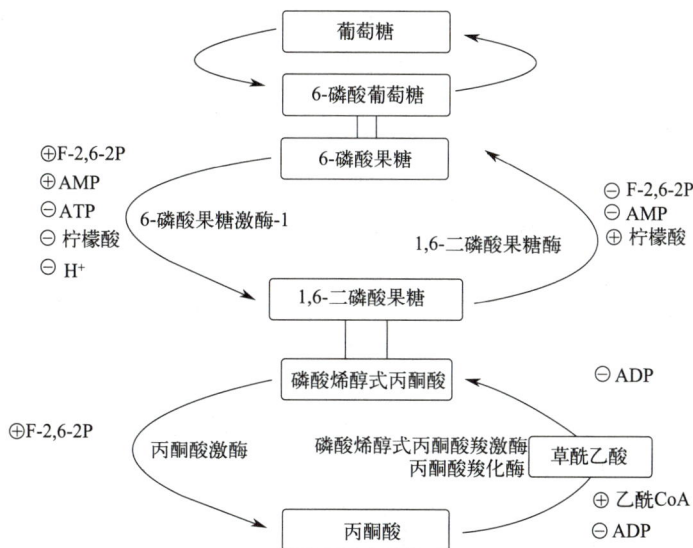

图 8-19　糖异生和糖酵解的交互调节

生化与医药

短跑、中跑与长跑的能量消耗

短跑运动员（100m）能量直接来源是存贮在 ATP 分子中的，但贮存有限，只能让短跑运动员跑约 3s。机体需动用另一个能量贮存——磷酸肌酸，其贮存在肌肉中，需要时将高能磷酸键转移给 ADP 来补充新 ATP。磷酸肌酸贮备的能量可让运动员再跑 5 ~ 6s。中跑比赛（400m 或 800m）运动员消耗完所有存储的 ATP 和磷酸肌酸后，需依赖细胞合成新的 ATP，依赖糖酵解和乳酸发酵提供能量。长跑（如马拉松比赛）与中短跑选手在 ATP 生成上的主要差别是，长跑选手肌肉所需能量几乎全部来自有氧代谢产生的 ATP。实际上，只有有氧代谢才能支持连续数小时运动。长跑运动员需极佳地利用线粒体有氧代谢产生 ATP 的能力，而中短跑运动员需要更好地利用细胞质基质无氧代谢产生 ATP 的能力。有趣的是，不同类型运动员肌肉结构的差别反映了他们不同的需求。肌肉组织由两种主要肌纤维组成：一种是快肌，大而丰满，只有少量线粒体，呈白色，但贮备大量糖原及含有高水平糖酵解和乳酸发酵酶；另一种是慢肌，细胞直径只有快肌的一半，呈红色，内含大量肌红蛋白，可贮存更多氧气，慢肌细胞还有大量线粒体，更适合进行有氧呼吸，对长跑运动员有益。短跑运动员肌肉含有更多快肌，长跑运动员有更多慢肌。一个人肌肉中快肌和慢肌的相对含量受到遗传和后天训练的双重影响。

第五节　血糖及其调节

血糖主要指血液中的葡萄糖，是糖在人体内的运输形式。正常人空腹状态下，血糖浓度一般在 3.89 ~ 6.11mmol/L（采用葡萄糖氧化酶法测定）。进食后，血糖浓度会有上升，一般在 7.8 ~ 8.8mmol/L，进食 2h 后，血糖可基本恢复正常。在短期内没有糖吸收入体内时，血糖也可维持正常水平。这是由于血糖有许多来源和去路，血糖浓度在自身神经和激素及某些器官功能的调节下处于动态平衡状态。血糖浓度维持在正常水平对保证人体正常机能，特别是需要利用葡萄糖供能的组织器官具有重要作用，如大脑组织、红细胞、骨髓以及神经组织等，这些组织或器官需要利用葡萄糖进行糖酵解产生能量以维持其生理功能。

一、血糖的来源与去路

正常健康人血液中的葡萄糖常保持一个动态平衡，进食后虽然血糖浓度会有所上升，但2h后又可基本恢复正常，血糖要维持基本恒定，血糖来源与去路要保持基本动态平衡。

血糖的来源有3个：

（1）食物中的糖　人体摄入食物后，食物中的糖类经消化道酶作用消化分解成葡萄糖或其他单糖（如果糖、半乳糖等），可经小肠吸收进入血液，形成血糖，这是血糖的最主要来源。

（2）肝糖原分解　肝糖原在肝脏中分解代谢生成葡萄糖进入血液中形成血糖。肝糖原分解为葡萄糖入血是空腹时血糖的直接来源，可维持12h左右的平衡。

（3）肝中糖异生作用　许多非糖物质如丙酮酸、甘油、乳酸和生糖氨基酸等可在肝脏中转变成葡萄糖而进入血液循环，是饥饿时血糖的主要来源，用以维持饥饿状态下血糖的恒定。

血糖的去路有4个：

（1）氧化分解供能　血糖进入全身组织细胞中彻底氧化分解成CO_2和水，释放大量能量，这是血糖的主要去路。

（2）合成糖原　饱食时血糖进入肝脏、肌肉和肾等组织可合成肝糖原和肌糖原被储存起来。

（3）转变为非糖物质和其他物质　血糖在肝和脂肪等组织中可转变为非糖物质，如脂肪和某些氨基酸等，也可转变为核糖、脱氧核糖、氨基酸、唾液酸和葡萄糖醛酸等。

（4）血糖过高时随尿排出　血糖浓度不超过肾糖阈值（8.89mmol/L）时，肾小管细胞能将原尿中的葡萄糖近乎全部重吸收入血。因此，在正常健康人的尿液中，通常检测不到葡萄糖，而当血糖浓度过高时，由于肾小管对血糖重吸收不完全，在尿中可检测到葡萄糖，称糖尿。

血糖的来源与去路总结如图8-20所示。

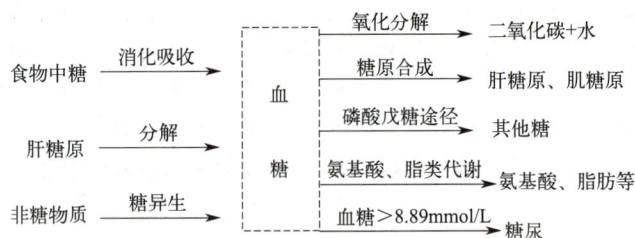

图 8-20　血糖的来源与去路

二、血糖水平的调节

血糖浓度的相对恒定是机体通过肝脏、肾脏、神经和激素等调节机制协同作用的结果。肝脏是调节血糖的主要器官，肾脏对血糖调节也有重要作用。此外，神经系统和激素通过调节肝脏和肾脏的糖代谢来维持血液中糖浓度的动态平衡。

1. 肝脏调节

　　肝脏是维持血糖浓度基本恒定的最主要器官，对血糖浓度稳定具有重要调节作用，主要通过糖原合成与分解，以及糖异生作用来实现血糖调节。当血糖浓度高于正常值时，肝糖原合成作用加强（肝细胞可储存大量糖原，高达肝重5%），促进血糖消耗，糖异生作用减弱，限制血糖的供给，从而使血糖降到正常水平。当血糖浓度低于正常水平时，肝糖原分解作用加强，糖异生作用加强，使血糖升至正常水平。临床中，应注意严重肝功能障碍患者在饱食后可出现一过性高血糖，饥饿时多发生低血糖。此外，肝脏对血糖的调节也是在神经系统和激素的作用下进行的。

2. 肾脏调节

　　肾小球对葡萄糖有很强的重吸收能力，肾小管可将原尿中近乎100%的葡萄糖重吸收。在正常健康人体中，尿中检测不到葡萄糖。当血糖浓度较高于肾糖阈值，即超过肾小管重吸收糖的能力时则出现糖尿。正常人血糖浓度低于肾糖阈值，这是因为肾小管对肾小球滤液中所含有的葡萄糖进行了重吸收，回收到血液中。若血糖浓度高于肾糖阈值，肾小球滤出糖就无法全被肾小管重吸收入血，因而出现糖尿。肾糖阈值是可变动的，长期糖尿病患者肾糖阈值稍高，而妊娠期妇女肾糖阈值较低。因此，妊娠期妇女易出现妊娠性糖尿病。

3. 神经和激素调节

　　（1）神经调节　用电刺激交感神经系统视丘下部腹内侧或内脏神经能促进肝糖原分解，血糖升高；而电刺激副交感神经系统视丘下部外侧或迷走神经时，肝糖原合成增加，血糖浓度降低。神经系统对血糖的调节是通过控制激素分泌实现的。交感神经兴奋时，肾上腺素分泌增加，肝糖原分解，血糖浓度升高。迷走神经兴奋时，胰岛素分泌增加，血糖浓度降低。

　　（2）激素调节　调节血糖的激素有两类：一类是降低血糖的激素，如由胰岛β细胞分泌的胰岛素是唯一能降低血糖的激素。另一类是升高血糖的激素，主要有胰岛α细胞分泌的胰高血糖素、肾上腺髓质分泌的肾上腺素、肾上腺皮质分泌的糖皮激质素、腺垂体分泌的生长激素和甲状腺分泌的甲状腺素等。这两类激素作用相反，可通过协助作用对血糖进行调节。胰岛素主要通过促进肌细胞和脂肪细胞摄取血糖、促进有氧氧化转化为脂肪、促进糖原合成、抑制糖原分解以及抑制糖异生等代谢方式进行降糖（表8-7）。

表8-7　**激素对血糖含量的影响**

激素		效应
降血糖	胰岛素	①促进葡萄糖通过肌肉、脂肪等细胞膜进入胞内代谢；②诱导葡萄糖激酶（肝脏）、6-磷酸果糖激酶-1、丙酮酸激酶生成，促进糖氧化代谢；③促进糖原合成；④促进糖转化为脂肪；⑤抑制糖原分解和糖异生作用（抑制糖异生4个关键酶）
升血糖	胰高血糖素	①促进肝糖原分解为葡萄糖，抑制肝糖原合成；②促进糖异生；③促进脂肪动员，减少糖的利用
	肾上腺素	①促进肝糖原分解成葡萄糖；②促进糖异生；③促进肌糖原酵解成乳酸
	糖皮质激素	①增强脂肪动员，增加血脂水平，从而抑制肌肉及脂肪组织对葡萄糖的摄取与利用；②促进糖异生（通过诱导肝细胞合成糖异生的关键酶发挥作用）
	生长激素	①抗胰岛素作用；②促进糖异生；③抑制肌肉和脂肪组织利用葡萄糖
	甲状腺素	①促进小肠吸收单糖，使血糖升高（作用大）；②促进肝糖原分解及糖异生，使血糖升高（作用大）；③促进糖氧化分解，使血糖降低（作用小），总趋势使血糖升高

三、血糖水平异常及疾病

神经系统功能紊乱、内分泌失调、某些糖代谢酶先天性缺陷、肝肾功能障碍等均可引起糖代谢紊乱，并引发系列糖代谢疾病。对偶尔出现的血糖改变不能认为是糖代谢紊乱，只有在血糖水平持续异常或耐糖曲线异常时才能认为是糖代谢失常，主要表现为低血糖、高血糖或糖尿。

1. 低血糖

空腹时血糖浓度低于 3.89mmol/L 称为低血糖，有生理性和病理性低血糖 2 类。生理性低血糖是由于长期饥饿或持续剧烈体力活动时引起的低血糖。外源性糖来源阻断，内源性肝糖原耗竭，此时糖异生作用亦减弱，因而造成低血糖，通过食物补充可以很快恢复。胰岛 β 细胞增生或癌瘤等导致胰岛素分泌过多引起的低血糖、内分泌异常（腺垂体或肾上腺皮质功能减退）使生长素或糖皮质激素等对抗胰岛素的激素分泌不足引起的低血糖以及肿瘤（胃癌等）或严重肝脏疾患（肝癌、糖原累积病等）导致肝功能严重低下，肝糖原合成、分解及糖异生等代谢作用均受阻引起的低血糖称为病理性低血糖。此时，脑组织对低血糖反应迅速，常表现为头晕、心悸、出冷汗、面色苍白及饥饿等症状，并影响脑功能。因为脑组织不能利用脂肪酸氧化供能，且几乎不储存糖原，其所需能量主要依靠血中葡萄糖氧化分解。当血糖含量降低时，可直接影响脑细胞的能量供给，若血糖下降至低于 2.48mmol/L 就会影响脑功能，严重时发生低血糖昏迷，甚至死亡。临床对于低血糖患者，可给予口服葡萄糖或其他糖类，必要时静脉输入葡萄糖，以保证患者基本能量供应，正常成人输注 5% 葡萄糖的速度以每小时 0.5～1.5g/kg 体重为宜。

2. 高血糖与糖尿

空腹血糖浓度超过 7.22mmol/L 称高血糖，若血糖浓度超过肾糖阈值 8.89mmol/L 时，尿中会出现葡萄糖，称糖尿。持续性高血糖和糖尿常见于糖尿病。引起高血糖的原因也有生理性和病理性 2 类。在生理情况下，由于摄入高糖食物，可引起高血糖。一次性食入或静脉输入大量葡萄糖时，也可引起饮食性高血糖和糖尿。情绪过度激动时，交感神经兴奋和肾上腺素分泌增加，肝糖原分解代谢旺盛，也可引起血糖升高，称情绪性高血糖和糖尿。上述原因导致的血糖升高均称为生理性高血糖和糖尿。高血糖和糖尿是暂时的，空腹血糖为正常值。导致血糖升高的激素分泌亢进或胰岛素分泌障碍可导致病理性高血糖，甚至糖尿。肾脏疾病患者肾小管重吸收葡萄糖能力减弱而导致糖尿称为肾性糖尿，这是由于肾糖阈值下降导致的，血糖水平并不很高。

3. 糖尿病

糖尿病（DM）是由于胰岛素绝对或相对分泌不足，或细胞对胰岛素降低引起的糖、脂肪、蛋白质、水和电解质等一系列代谢紊乱的临床综合征。临床上，糖尿病分为 1 型糖尿病和 2 型糖尿病、妊娠期糖尿病和特殊型糖尿病。

（1）1 型糖尿病　1 型糖尿病是胰岛 β 细胞因自身免疫破坏导致胰岛素分泌不足而出现的糖尿病，也称胰岛素依赖型糖尿病，多见于儿童和青少年时期。主要表现为糖异生增加、脂肪动员速度加快、酮体生成量增多、易发生酮症酸中毒。大部分患者需终身依赖外源性胰岛素治疗。患者可出现血糖不易进入组织细胞、糖原合成减少而分解增加、组织细胞氧化利用葡萄糖能力减弱、糖异生作用及肝糖原分解均增强，以及血糖来源增加而去路减少等病症。

▲**执业药师考点提示**▲：糖尿病患者一旦出现酮体阳性，可提示患者其病情尚未控制，尿液中可能排出大量酮体并早于血液中酮体升高，如果持续出现酮尿则提示有酮症酸中毒。

（2）2 型糖尿病　胰岛素抵抗并伴有胰岛 β 细胞功能缺陷，多见于成年人、老年人。起病隐匿、发展缓慢、不易察觉，与肥胖、缺乏运动、不健康饮食等有关，也称非胰岛素依赖型糖尿病。我国主要以 2 型糖尿病患者居多。胰岛素受体基因缺陷是 2 型糖尿病的病因之一。患者在做糖耐量实验时，其胰岛素水平可出现稍低、基本正常、高于正常或分泌延迟等不同情况。治疗方案包括调整生活方式、运动、口服降糖药物、注射胰岛素等。

▲执业药师考点提示▲：单纯餐后血糖升高、空腹与餐前血糖不高的 2 型糖尿病患者首选药品是阿卡波糖等 α- 糖苷酶抑制剂。Ⅱ型肥胖型糖尿病患者宜选用的药物是二甲双胍。

（3）妊娠期糖尿病 是指妇女妊娠之前未发现，在妊娠期（常在妊娠中后期）才发现的糖尿病，多数在妊娠后会自动消失，但有部分患者可能进一步发展为 2 型糖尿病。

▲执业药师考点提示▲：1 型糖尿病和妊娠期糖尿病首选药物是胰岛素。

（4）特殊型糖尿病 包括病因较明确的糖尿病和由其他病因导致的继发性糖尿病。如慢性胰腺炎后期半数患者因胰腺内分泌功能障碍会引起糖尿病，此类糖尿病比较少见。

糖尿病患者除表现高血糖和糖尿等典型症状外，还有"三多一少"情况出现，即多食、多饮、多尿和体重减轻（糖尿病患者糖氧化供能发生障碍，造成机体能量供应不足，故常感到饥饿而多食）。多食使血糖水平进一步升高，当血糖水平超过肾糖阈值时，肾小管不能将葡萄糖完全重吸收，造成尿糖，糖的排泄引起渗透性利尿而出现多尿。多尿造成机体失去大量水分，导致血液浓缩，渗透压增高，引起口渴，因而多饮。由于糖氧化供能减少，机体大量动员脂肪（同时合成减少），严重时动员组织蛋白氧化供能，因而身体消瘦，体重减轻。严重时可出现酮症酸中毒。

▲执业药师考点提示▲：糖尿病合并肾病者宜选用的药物是格列喹酮。

2 型糖尿病受遗传和环境双重影响。正常人偶尔出现一次性高血糖和糖尿并不能确诊为糖尿病。合理饮食、适度运动、药物治疗、血糖监测及糖尿病教育被总结为糖尿病防治的"五驾马车"。糖尿病是终身性疾病，但患者通过血糖监测和自我调适，病情完全可得到良好控制，生活质量和寿命与正常人无异。

糖尿病常伴有多种并发症，长期高血糖将导致多种器官损害、功能紊乱和衰竭，尤其是眼、肾、神经、心血管系统，并发症严重程度与血糖水平升高程度直接相关。糖尿病可并发危及生命的糖尿病酮症酸中毒昏迷和非酮症高渗性昏迷。糖尿病患者血糖控制不能达到治疗目标时，需采用降糖药物治疗，降糖药大致分为口服降糖药物和注射降糖药物。口服降糖药物又分为促胰岛素分泌剂类（磺脲类和非磺脲类）、二甲双胍类、α- 糖苷酶抑制类、噻唑烷二酮衍生物等。注射降糖药物有胰岛素及类似药物、胰高血糖素样肽 -1（GLP-1）受体激动剂和二肽基酶Ⅳ（DDP-4）酶抑制剂等。其中，胰岛素是最有效的糖尿病治疗药物之一。

1 型糖尿病由于胰岛 β 细胞的自身免疫损害导致胰岛素分泌不足，故大多数患者应注射胰岛素进行治疗。2 型糖尿病在疾病早期一般使用口服降糖药进行治疗，如出现明显的高血糖症状和（或）血糖水平明显升高，则一开始即考虑注射胰岛素治疗。由于 2 型糖尿病是一种进行性疾病，大多数 2 型糖尿病患者最终仍需要注射胰岛素进行治疗。临床上，降糖药或胰岛素使用剂量要根据患者空腹血糖、随机血糖、糖化血红蛋白水平等及时进行调整，若不慎使用过量，则可能造成低血糖，甚至出现昏迷或休克。血糖水平异常导致的相关疾病，如糖尿病正严重威胁着人类健康，在学习生物化学的基础上，我们应对糖尿病发病的生化机理有更好的理解，要形成"未病先防、既病防变、病后防复"的健康理念，从而能更好地做好患者的药学服务和健康教育指导。

🔲 生化与医药

TZD 治疗 2 型糖尿病的机制

2 型糖尿病也称成人发病型糖尿病，多在 35 岁后发病，占糖尿病患者 90% 以上。患者体内产生胰岛素的能力并非完全丧失，有的患者体内胰岛素甚至产生过多，但患者对胰岛素的作用有抗性。目前，治疗 2 型糖尿病的少数几种药物——噻唑烷二酮类（TZD），不仅能让患者重新对胰岛素作用有效，还能增加体重，这是为什么呢？原来 TZD 能激活脂肪细胞产生甘油激酶，这种酶在脂肪细胞内一般不表达，它催化甘油变成甘油磷酸，这是脂肪合成一步反应。TZD 作用等于是在脂肪细胞内引入一种"无效"循环：一方面脂肪细胞分解脂肪，释放出游离脂肪酸和甘油；另一方面，由 TZD 诱导产生的甘油激酶在脂肪细胞中，又将脂肪酸和甘油转变成脂肪贮存起来。由于甘油激酶催化脂肪合成速率更快，因此，净效果是导致流入脂肪组织的脂肪酸更多，从而减少了循环系统中游离脂肪酸含量，使患者对胰岛素敏感性增强。当机体需要能量时，如糖尿病患者细胞不能吸收血糖时，脂肪细胞开始分解脂肪，产生甘油和脂肪酸。甘油可随循环进入肝细胞，在肝细胞内经糖异生变成葡萄糖，而脂肪酸可进入肌细胞氧化分解。TZD 诱导脂肪细胞产生甘油激酶，促进脂肪重合成，这也让脂肪细胞能够"捕获"路过的脂肪酸，于是血流中脂肪酸水平下降了。

4. 糖原累积症

糖原累积症是以糖原在组织内过多积聚或糖原结构异常为特征的一类遗传疾病，是由与糖原代谢直接或间接有关的酶缺乏所引起的。根据所缺陷酶在糖原代谢中的作用、受累器官和糖原结构等不同，该病对健康或生命影响程度不同。如当肝内糖原磷酸化酶缺乏、肝糖原分解障碍时，糖原沉积导致肝肿大，但无严重后果，婴儿仍可成长。若葡萄糖 -6- 磷酸酶缺乏，则肝糖原分解障碍，不能用以维持血糖，将造成严重后果。如果溶酶体的 α- 葡萄糖苷酶缺乏，将影响 α-1,4- 糖苷键和 α-1,6- 糖苷键水解，使组织受损，可导致心肌受损而猝死。

5. 糖代谢异常检测方法

临床上常检测空腹血糖和餐后 2h 血糖水平来诊断血糖是否正常，也可进行糖耐量试验。葡萄糖耐量也称耐糖现象，是指人体处理所给予葡萄糖的能力。口服糖耐量试验是临床上检查葡萄糖耐量的常用方法。正常健康人体糖代谢调节机制健全，即使一次性食入大量糖，血糖水平也只是暂时升高，一般不会超过肾糖阈值，短时间内就可恢复至正常水平。如摄入糖后血糖水平升高不明显甚至不升高，或者血糖水平升高之后回落缓慢，均反映血糖调节机制存在障碍，称为葡萄糖耐量失常。

口服糖耐量试验实施方法：先测定受试者清晨空腹血糖浓度，然后 5min 内进食 75g 葡萄糖或 0.333g/kg 体重剂量静脉注射 50% 葡萄糖溶液，分别于 30min、60min、120min 和 180min 测定测试者血糖含量，以时间为横坐

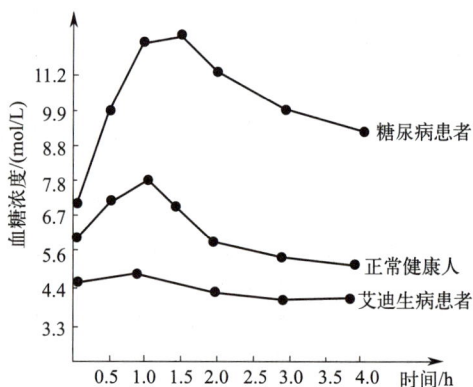

图 8-21　葡萄糖耐量曲线

标、以血糖浓度为纵坐标绘制葡萄糖耐受曲线（图 8-21）。通过分析耐糖曲线可了解机体糖耐受能力，从而诊断与糖代谢异常有关的疾病。

▲执业药师考点提示▲：葡萄糖耐量试验（GTT）正常参考范围是 0.5 ～ 1.5h 血糖为 7.8 ～ 9.0mmol/L。

正常人空腹、餐后 2h 和随机测定血糖浓度均为正常，摄入糖后血糖浓度升高，约 1h 达高峰，但不超过肾糖阈值 8.89mmol/L，糖尿阴性，2 ～ 3h 即恢复到正常水平。说明机体处理葡萄糖的能力较好，而典型糖尿病（胰岛素分泌不足）患者，其空腹、餐后 2h 和随机测定血

糖浓度均高于正常水平，特别是在进食糖后，血糖水平急剧上升并超过肾糖阈值，2～3h 无法恢复空腹血糖水平，说明机体处理葡萄糖的能力降低。艾迪生（Addison）病患者其空腹血糖低于正常值，进食后由于葡萄糖吸收缓慢，吸收后又迅速被组织利用，血糖浓度升高不明显，短时间就可以恢复到原有水平，主要是由于患者肾上腺皮质功能减退，糖皮质激素分泌不足，糖氧化分解快而糖异生作用弱，故血糖浓度升高不明显。

目标检测

一、填空题

1. 葡萄糖经_____酶或肝中_____酶催化可生成 6- 磷酸葡萄糖。

2. 1，6- 二磷酸果糖在醛缩酶催化下裂解为 2 分子丙糖，即_____和_____。

3. 在糖酵解过程中，由_____、_____及_____三个酶所催化的反应是不可逆的。

4. 在有氧条件下，每分子葡萄糖彻底氧化时，可净生成_____或_____分子 ATP。

5. 血糖的来源有：食物中糖的消化与吸收、_____和_____。

二、判断题

1. 肌糖原中的一个葡萄糖在肌肉组织细胞中经糖有氧氧化净产生 32 分子 ATP。（　　）

2. 磷酸戊糖途径中有两次脱氢，氢通过 NADH 氧化呼吸链氧化。（　　）

3. 葡萄糖的吸收是耗能的主动转运过程。（　　）

4. 糖皮质激素可以升高血糖。（　　）

5. 成熟红细胞的供能方式是糖的有氧氧化。（　　）

6. 机体根据需要，糖、脂肪、蛋白质之间可以通过三羧酸循环自由转化。（　　）

7. 剧烈运动后肌肉发酸是由于丙酮酸被还原为乳酸的结果。（　　）

8. 糖酵解过程在有氧和无氧条件下都能进行。（　　）

9. 糖酵解中重要的调节酶是磷酸果糖激酶。（　　）

10. 丙酮酸脱氢酶系是一个多酶复合体。（　　）

三、单选题

1. 血糖主要是指血液中的（　　）。

A. 果糖　　　　　　　B. 葡萄糖　　　　　　C. 半乳糖　　　　　D. 蔗糖

2. 糖酵解是在细胞的什么部位进行的？（　　）

A. 线粒体基质　　　　B. 胞液中　　　　　　C. 内质网膜上　　　D. 细胞核内

3. 正常人血糖相对稳定的水平为（　　）。

A. 3.9～6.1mmol/L　　　　　　　　　　B. 4.0～6.5mmol/L

C. 3.0～6.0mmol/L　　　　　　　　　　D. 4.5～6.5mmol/L

4. 短期饥饿时，血糖浓度的维持主要依靠（　　）。

A. 肝糖原的分解　　　　　　　　　　　B. 肌糖原的分解

C. 肝脏的糖异生作用　　　　　　　　　D. 肾脏的糖异生作用

5. 红细胞中还原型谷胱甘肽不足引起的溶血，是因为（　　）酶的缺陷。

A. 葡萄糖 -6- 磷酸酶　　　　　　　　　B. 果糖二磷酸酶

C. 磷酸果糖激酶　　　　　　　　　　　D. 6- 磷酸葡萄糖脱氢酶

6. 成熟红细胞产生 ATP 的方式是（　　）。

A. 糖酵解   B. 糖的有氧氧化

C. 磷酸戊糖途径   D. 氧化磷酸化

7. （   ）是机体利用葡萄糖生成 5- 磷酸核糖的唯一途径。

A. EMP 途径   B. TCA 循环

C. 磷酸戊糖途径   D. 乙醛酸循环

8. 糖异生主要器官是（   ）。

A. 肾脏   B. 肝脏   C. 大脑   D. 心脏

9. 在 TCA 循环中，下列哪一个阶段发生了底物水平磷酸化？（   ）

A. 柠檬酸→ α- 酮戊二酸   B. α- 酮戊二酸→琥珀酸

C. 琥珀酸→延胡索酸   D. 延胡索酸→苹果酸

10. 一分子乙酰 CoA 在线粒体内经 TCA 循环彻底氧化可生成几个 ATP？（   ）

A. 8   B. 10   C. 12   D. 14

11. 一分子葡萄糖在无氧条件下生成 ATP 的数量是（   ）个。

A. 2   B. 4   C. 6   D.8

12. 下列哪个组织器官在有氧条件下从糖酵解获得能量？（   ）

A. 肾脏   B. 肝脏   C. 成熟红细胞

D. 脑组织   E. 肌肉

13. 下列哪个激素可使血糖浓度下降？（   ）

A. 胰高血糖素   B. 胰岛素   C. 糖皮质激素

D. 肾上腺素   E. 生长素

四、问答题

1. 试比较糖无氧氧化与糖有氧氧化的不同点。

2. 人体内 6- 磷酸葡萄糖可以进入哪些代谢途径？

3. 计算 1 分子葡萄糖在肌肉组织中彻底氧化可净生成多少分子 ATP。

4. 血糖有哪些来源和去路？

5. 根据糖尿病的发病机制，试从生物化学角度简述糖尿病患者"三多一少"的病因。

目标检测答案 8

第九章

脂类代谢

学习目标

1. 知识目标

（1）理解脂类消化和吸收的生物化学机理、脂类的运输、血浆脂蛋白组成与功能；

（2）掌握生物体内血脂来源与去路；掌握甘油的分解代谢、脂肪酸的 $\beta-$ 氧化反应历程及代谢调控；

（3）理解脂肪的合成代谢路径及其代谢调控；理解酮体代谢过程，掌握酮体生成的生理与病理意义；理解类脂代谢及其生理功能。

2. 技能目标

（1）能正确计算脂肪酸 $\beta-$ 氧化反应的能量生成与能耗；

（2）能解析高脂血症、脂肪肝、动脉粥样硬化和肥胖症等脂类代谢紊乱的生化机制与预防策略；

（3）能正确理解血脂异常调节药物的生物化学机理，并进行相关的药学服务和健康教育指导；

（4）能进行血清中磷脂的测定、血清中总胆固醇的测定。

3. 思政与职业素养目标

（1）能进行脂类代谢紊乱相关疾病的药学服务和健康教育指导，形成健康至上的生活态度；

（2）培养敬畏生命、尊重生命、关爱生命的职业道德；

（3）培养实事求是、严谨踏实、认真细心和精益求精的良好习惯。

导学案例

患者，男，51 岁，公司中层干部，平时应酬多，饮食偏荤，基本不进行体育锻炼，肥胖，吸烟，饮酒。舒张压 110mmHg，收缩压 150mmHg，血清甘油三酯 5.03mmol/L，总胆固醇 7.14mmmol/L，高密度脂蛋白胆固醇 0.9mmol/L（理想范围 > 1.04 mmol/L），低密度脂蛋白胆固醇 4.34mmol/L（理想范围 < 3.37 mmol/L），空腹血糖 5.4 mmol/L。学习完本章后请思考：①该患者可能罹患何种疾病？除药物治疗外，患者平时应注意哪些问题？②临床上高脂血症患者越来越多，血脂高应注意些什么？高能量饮食引发的脂肪肝应如何应对？

第一节　脂类代谢概述

脂类是脂肪和类脂及其衍生物的总称。脂肪即甘油三酯（TG），是由 1 分子甘油和 3 分子脂肪酸以酯键连接而成。类脂主要包括磷脂、糖脂、胆固醇及其酯，是生物膜的主要组成成分，约占生物膜质量的50%，是维持生物膜正常结构与功能的必要成分。脂类和类脂都具有不溶于水，易溶于脂溶性溶剂（醇、醚、氯仿、苯等非极性有机溶剂）的共同特性，在生物体内广泛存在。根据在体内分布的差异，将其分为贮存脂和组织脂两大类。贮存脂主要为中性脂肪，分布在皮下结缔组织、大网膜、肠系膜、肾脏周围等组织中，含量随能量代谢有变化，称可变脂。组织脂主要由类脂组成，分布于动物体所有细胞中，是构成细胞膜系统（细胞质膜和细胞器膜）的重要组分，含量基本稳定，与营养代谢关系不大，称固定脂。

一、脂类的消化

正常人一般每天从食物中消化50～60g脂类，其中，甘油三酯占90%以上。此外，还有少量磷脂、胆固醇及其酯和一些游离脂肪酸。成人口腔和胃中没有脂肪酶，胃内虽然有少量脂肪酶，但此酶只有在中性pH值才有活性，胃液中脂肪酶无法正常发挥酶解效应。在婴幼儿期，口腔中的脂肪酶可有效地分解母乳或牛奶中的短链和中链脂肪酸，婴儿胃酸浓度较低，胃中pH值在5左右，乳汁中的脂肪已经被乳化，故脂肪在婴儿胃中可被部分消化。

脂类消化主要在小肠中进行。由于脂肪不溶于水，脂肪必须乳化后才能被消化。胆汁中的胆汁酸盐在脂质消化水解中起重要作用。首先在小肠上段，通过小肠蠕动，由胆汁中的胆汁酸盐将食物脂类乳化，使脂肪分散形成脂肪颗粒，能将疏水的甘油三酯及胆固醇酯等乳化成脂小滴，增加酶与脂类物质接触，有利于脂类消化吸收。分泌入小肠的胰液中含有胰脂肪酶、磷脂酶、胆固醇酯酶及辅脂酶等酶类。胰脂肪酶能特异性地催化甘油三酯的第1,3位酯键水解，产生β-甘油一酯并释出两分子脂肪酸。磷脂酶A_2在胰液中以酶原形式存在，必须在胰蛋白酶作用下水解，释放一个六肽后被激活，它催化磷脂的第二位酯键水解，生成溶血磷脂及一分子脂肪酸。

食物中的脂类经胰液中各种酶消化后，生成单脂酰甘油、脂肪酸、胆固醇及溶血磷脂等，这些产物极性明显增强，与胆汁乳化成更小的混合微团，被肠黏膜细胞吸收。甘油磷脂可被肠道的各种磷脂酶水解，酶作用于不同的酯键生成不同的小分子产物，包括甘油、脂肪酸、磷酸和含氮碱，如被磷脂酶A_2催化，水解产物为脂肪酸和溶血磷脂，某些蛇毒及微生物分泌物中含磷脂酶A_2，会导致细胞溶血或组织细胞坏死。食物中胆固醇大部分以游离形式存在，有10%～15%与脂肪酸结合形成胆固醇酯。胆固醇酯酶作用于胆固醇酯，使之水解为游离胆固醇及脂肪酸。辅脂酶吸引并将胰脂肪酶固定在油相表面，有利胰脂肪酶催化油相内的甘油三酯水解。在胆汁酸盐、胰脂肪酶、辅脂酶等协同作用时需Ca^{2+}参与，才能使酶的脂解活性充分发挥。

🎴 生化与健康

脂肪的消化及消化不良

日常生活中，如果吃了过多大鱼大肉，肠胃就会不舒服，甚至还会腹泻，其背后的原因是什么？搞清这个问题必须先从油腻食物的消化和吸收谈起。脂类的消化吸收主要在小肠中进行，参与消化吸收的有胰腺与小肠的脂肪酶类、胆汁中的胆酸盐，胰腺与胆汁分泌的碳酸氢盐形成的碱性环境，也是不可缺少的环境条件。以中性脂肪为例，首先要被胆汁中的胆酸盐、卵磷脂等乳化成极细的微滴，才能和消化酶等充分接触。在胆酸盐等催化下，脂肪酶活力大增，将甘油三酯分解为甘油与脂肪酸，后者再一次与胆酸盐、胆固醇结合成水溶性的微胶粒，才能被吸收进入小肠上皮细胞内。如果进食太多，没有被消化、吸收的脂肪到达大肠后，就会被大肠内的细菌分解，产生有害物质，或者刺激大肠蠕动，出现腹泻，此时的大便往往呈稀粥样，色淡发亮，漂浮在水面上，称为脂肪泻。

二、脂类的吸收

脂肪及类脂消化产物的吸收主要在十二指肠下段和空肠上段。在体温下呈液态的脂质能很好地被消化吸收，而那些熔点超过体温的很多脂质则很难被消化吸收。因此，37℃下为固体的动物脂类人体较难吸收利用，甘油及中短链脂肪酸（≤12C）可直接吸收进入小肠黏膜内壁，并通过门静脉进入血液转运代谢。进入上皮细胞内的长链脂肪酸（14～26C）和甘油一酯吸收入肠黏膜细胞后，大部分重新合成甘油三酯，并与细胞中的载脂蛋白合成乳糜微粒，乳糜微粒聚集包裹在囊泡内，当囊泡移行到细胞侧膜时，通过出胞方式离开上皮细胞进入淋巴循环系统，并融入血液循环，被其他细胞利用。中、短链甘油三酯水解产物脂肪酸和甘油一酯是水溶性的，可由门静脉进入血液系统，而不入淋巴系统。

在胆汁酸盐协助下，有25%磷脂可在肠道不经消化直接吸收入肝，但大部分磷脂仍是水解后吸收。吸收后的磷脂水解产物在肠壁重新合成新的磷脂分子，再进入血液后分布于全身。胆固醇在肠道吸收不高，仅占食物的20%～30%，未被吸收的胆固醇被肠菌还原成粪固醇排出体外。植物中的固醇，如谷醇能抑制胆固醇吸收，食物中的纤维素、果胶能与胆汁盐结合，减少胆固醇吸收。脂类吸收主要在十二指肠下段和盲肠。食物中脂类吸收可通过淋巴直接进入体循环，而不通过肝脏。食物中脂类代谢与糖代谢不同，食物中的脂肪主要被肝外组织利用，肝脏利用外源脂类很少。

三、脂类的运输和血浆脂蛋白

血浆中所含的脂类统称血脂，成分比较复杂，主要包括甘油三酯（TG）及少量甘油二酯和甘油一酯、磷脂（PL）、游离胆固醇（FC）和胆固醇酯（CE）及游离的脂肪酸（FFA）等。磷脂中主要为卵磷脂，约占70%，鞘磷脂和脑磷脂分别占25%和10%左右。血中醇型胆固醇约占总胆固醇的1/3，而酯型占2/3。血脂来源有2个：一个是外源性的，即通过食物中脂类的消化吸收进入血液；另一个是内源性的，即由肝脏、脂肪细胞及其他组织合成后进入血液。血脂含量易受膳食、种族、职业、年龄、性别、运动状况及脂类代谢等多种因素影响，如高脂膳食可使血脂大幅升高，但膳食性高血脂是暂时的，进食后3～6h后逐渐趋于正常。测定血脂含量在临床疾病的诊断和治疗过程中有重要意义，测定血脂含量常需空腹12～14h后空腹采血，且检测前一天需清淡饮食，以避免膳食影响。糖尿病患者由于大量动用脂肪，血脂含量也会偏高。健康成人空腹血脂组成及参考含量见表9-1。

表9-1　健康成人空腹血脂组成及参考含量

脂类	参考值		脂类	参考值	
	mmol/L	mg/dL		mmol/L	mg/dL
总脂类	—	400～700（500）	甘油三酯	0.11～1.69（1.13）	10～150（100）
总胆固醇	2.59～6.21（5.17）	100～240（200）	游离脂肪酸	—	5～20（15）
总磷脂	48.44～80.73（64.58）	150～250（200）	胆固醇酯	1.81～5.17（3.75）	70～200（145）

注：括号中的数据为均值。

（一）脂类的运输、来源与去路

血浆脂类仅占脂类总量极小部分，但血脂运转于各组织间，可反映体内脂类代谢情况。正常健康成人空腹血脂含量常在400～700mg/dL之间波动，这是因为血脂来源与去路维持着动态平衡。血脂含量不如血糖恒定，波动范围较大。血脂去路主要有：①甘油三酯和游离脂肪酸进入组织细胞，氧化供能；②体内脂肪酸含量过高时，可进入脂库贮存；③磷脂和胆固醇等可作为生物膜重要构件；④转变为其他有活性的物质，如皮质类激素、性激素或维生素等。

（二）血浆脂蛋白

血浆中各种脂类大多难溶于水，需与蛋白质结合形成溶解性较强的血浆脂蛋白颗粒形式被运输，以供各组织代谢和利用，如脂蛋白代谢、利用发生障碍，可使甘油三酯或胆固醇在血中过度积聚，导致肥胖或动脉粥样硬化等。脂蛋白复合体必须在血液中转运，故称血浆脂蛋白。甘油三酯（TG）和胆固醇（CH）是血脂中最主要的成分。血脂不溶于水，常以蛋白质作为运输载体。游离脂肪酸（FFA）以清蛋白为载体单独运输，1分子清蛋白可结合10分子FFA，结合形成脂清复合物进行转运。血浆中其他脂类物质常与载脂蛋白（Apo）结合后，形成血浆脂蛋白运输。血浆脂蛋白是脂类在血浆中的存在与运输形式，由脂类和蛋白质两部分构成，近似球形，表面是极性部分，由磷脂和蛋白质亲水基团构成，核心由甘油三酯和胆固醇酯等疏水性物质组成。

1. 血浆脂蛋白的分类与命名

不同脂蛋白所含脂质和蛋白质不同，理化性质（密度、颗粒大小、表面电荷量）、免疫学性质及生理功能均有所不同。血浆脂蛋白是由血液中的脂质与载脂蛋白组成的可溶性生物大分子，游离脂肪酸与血浆清蛋白结合形成的脂清复合物通常不纳入脂蛋白分类。血浆脂蛋白组成复杂，成分多样。目前，常用电泳法和超速离心法对血浆脂蛋白进行分类命名。

（1）电泳法 由于血浆中载体蛋白表面所带电荷和分子量存在差异，在电场作用下具有不同的泳动速率，根据其在电场作用下的迁移率不同，可将脂蛋白进行差异分离，常用琼脂糖凝胶电泳进行电泳分离。脂蛋白醋酸纤维薄膜电泳后呈现的电泳图谱可分为4条区带（图9-1），其中，α-脂蛋白（α-LP）移动最快，位于凝胶最前沿，后面依次为前 β- 脂蛋白（pre β-LP）和 β- 脂蛋白（β-LP），乳糜微粒则留在点样原来的位置上。

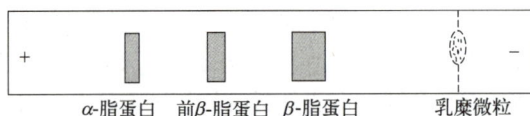

图9-1 血浆脂蛋白的醋酸纤维薄膜电泳图谱

（2）超速离心法 超速离心法属密度离心法，由于脂质与载体蛋白密度不同以及组成差异，使不同血浆脂质蛋白在超速离心条件下实现差异化分离。血浆脂蛋白含蛋白质越多，密度就越大，在特定密度溶液中超速离心时，就会出现漂浮或沉降行为，常用漂浮率 S_f 值表示。血浆脂蛋白在26℃、密度为1.063g/mL 的盐溶液中，每达因［1 达因（dyn）=10^{-5}N］克离心力作用下，每秒上浮 10^{-13}cm 即为 1 个 S_f 单位。$1S_f=10^{-13}$cm/（s·dyn·g）（26℃）。目前，采用的盐溶液密度分别为1.006g/mL、1.063g/mL 和1.210g/mL。根据血浆在上述不同盐浓度制备的不同密度溶液中的漂浮和沉降行为，将血浆脂蛋白分为4类：密度＜0.95g/mL 称乳糜微粒（CM）、密度介于0.95～1.006g/mL 称极低密度脂蛋白（VLDL）、密度介于1.006～1.063g/mL 称低密度脂蛋白（LDL）、密度介于1.063～1.210g/mL 称高密度脂蛋白（HDL），分别相当于琼脂糖凝胶电泳分类中的CM、前 β- 脂蛋白、β- 脂蛋白及 α- 脂蛋白。由于超速离心法和电泳法分离血浆脂蛋白的原理不同，血浆脂蛋白经琼脂糖凝胶电泳、聚丙烯酰胺凝胶电泳和超速离心后各组分分离顺序存在差异也是合理和正常的。除上述种类脂蛋白外，还有中间密度脂蛋白（IDL），它是 VLDL 在血浆中的中间代谢物，其组成和颗粒大小介于 VLDL 和 LDL 之间。此外，人类和某些动物血浆中还发现一类脂蛋白（α）- [LP（α）]，其脂类组成与 LDL 相似，但载脂蛋白主要为 ApoB100 和 Apo（α），在肝和小肠合成。目前认为 [LP（α）] 是冠心病的危险因素，但具体生理功能尚未阐明。

血浆脂蛋白不同分离方法结果对比见图9.2。

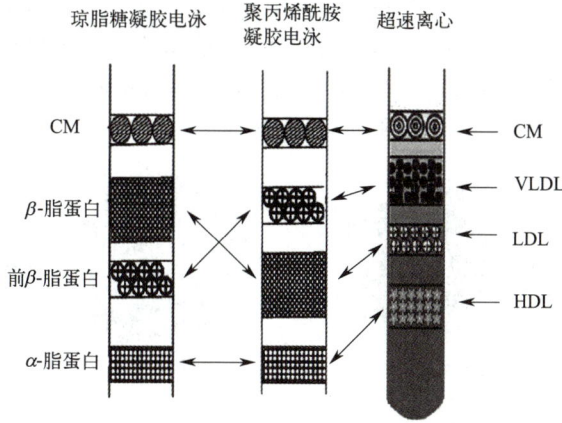

图 9-2　血浆脂蛋白不同分离方法结果对比

2. 血浆脂蛋白的组成与结构

血浆脂蛋白都具有类似的基本结构，呈球状颗粒，颗粒表面为极性分子（如蛋白质、磷酸等），有亲水性，球状颗粒的内部为胆固醇酯和甘油三酯，有疏水性。磷脂的极性部分可与蛋白质结合，非极性部分可与其他脂类结合。血浆脂蛋白主要由载脂蛋白（Apo）、脂肪、磷脂、胆固醇及其酯等成分组成。脂蛋白中的蛋白质是肝及小肠黏膜细胞合成的特异球蛋白，能与脂类结合参与脂类运转，故称载脂蛋白。各类血浆脂蛋白的组成、性质与功能见表9-2。

表 9-2　血浆脂蛋白的组成、性质与功能

分类	超速离心法	CM	VLDL	LDL	HDL
	电泳法	乳糜微粒	前 β- 脂蛋白	β- 脂蛋白	α- 脂蛋白
物理性质	相对密度	< 0.95	0.95～1.006	1.006～1.063	1.063～1.210
	颗粒大小 /nm	90～1000	30～90	20～30	7.5～10
	S_f 值	> 400	20～400	0～20	沉降
化学组成 /%	电泳位置	原点	α_2- 球蛋白	β- 球蛋白	α_1- 球蛋白
	蛋白质	1～2	5～10	20～25	45～55
	脂质	98～99	90～95	75～80	45～55
	甘油三酯	84～88	50～54	8～10	6～8
化学组成 /%	磷脂	8	16～20	20～24	21～23
	总胆固醇	4	20～22	43～47	18～20
	游离型	1	6～8	6～10	4
	酯化型	3	12～16	37～39	15
	主要载脂蛋白	B-48	B-100	B-100	A-I
		A-I	C-Ⅱ		A-Ⅱ
		CE	E		C-I
合成部位		小肠黏膜细胞	肝细胞	由血液中 VLDL 转化	肝和肠
主要功能		转运外源 TG 及胆固醇	转运内源 TG 及胆固醇	转运内源性胆固醇至全身组织	逆向转运胆固醇回肝

乳糜颗粒（CM）是由小肠黏膜细胞所合成，主要运输外源性脂肪及胆固醇。VLDL 由肝细胞合成，主要运输肝中合成的内源性脂肪到肝外组织。血浆中 LDL 是由 VLDL 转变而来，它是转运肝合成的内源性胆固醇到全身组织细胞的主要形式，故与高胆固醇血症形成密切相关。HDL 主要由肝合成，小肠亦能合成部分，主要功能是参与胆固醇逆向转运，即将肝外组织的胆固醇通过血液循环转运到肝，在肝转化为胆汁酸后排出体外，故 HDL 的作用有利于降低血浆胆固醇。各类血浆脂蛋白的结构组成见图 9-3。

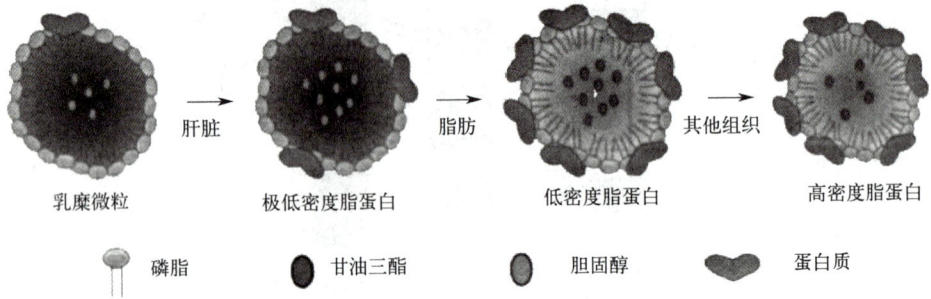

图 9-3　各类血浆脂蛋白的结构组成

每类脂蛋白中都含有一种或多种载脂蛋白，至今已发现 18 种之多，依据 Alaupovic 建议，将血脂蛋白分为 ApoA、ApoB、ApoC、ApoD 和 ApoE 等五大类，每种载脂蛋白根据其氨基酸组成差异又分成若干亚类。如 ApoA 分为 ApoA I 和 ApoA II，ApoB 分为 $ApoB_{48}$ 和 $ApoB_{100}$，ApoC 可分为 ApoC I、ApoC II 和 ApoC III。ApoE 根据其一级结构和等电点不同分为 ApoE-2、ApoE-3 和 ApoE-4。载脂蛋白是决定脂蛋白结构、功能和代谢的核心，生理功能有：①维持脂蛋白结构，如 ApoA I、ApoC I 和 ApoE 能维持各种脂蛋白结构。②调节脂蛋白转化关键酶活性，如 ApoA I 和 ApoC I 能激活卵磷脂胆固醇酯酰基转移酶，促进胆固醇酯化。ApoA II 激活脂蛋白脂酶，促进 CM 和 VLDL 中脂肪降解。③识别脂蛋白受体，如 ApoE 能识别肝细胞 CM 和残余颗粒受体，故能促进 CM 进入肝细胞进行代谢。$ApoB_{100}$ 识别 LDL 受体，促进 LDL 代谢（表 9-3）。

表 9-3　人血浆主要载脂蛋白的分布及功能

载脂蛋白	在脂蛋白中的分布 /%				主要功能
	CM	VLDL	LDL	HDL	
A I	7	—		67	激活卵磷脂胆固醇脂酰转移酶（LCAT），识别 HDL 受体
A II	4	—		22	稳定 HDL 结构，抑制 PCCAT
B48	23				促进 CM 合成
B100	—	37	98	—	识别 LDL 受体
C I	15	3		2	促进 PCCAT 的催化作用
C II	15	7		2	激活 LPL
C III	36	40		4	抑制 LPL，抑制肝 ApoE 受体
D	—	—		痕量	转运胆固醇酯
E	—	13	—	痕量	识别 LDL 受体

各种血浆脂蛋白都具有相似的基本结构，疏水性较强的甘油三酯及胆固醇位于脂蛋白颗粒内部构成核心，而载脂蛋白、磷脂及游离胆固醇等以单分子层覆盖在脂蛋白表面，亲水基团朝向外部，疏水基团朝向内部，与脂蛋白核心的疏水分子相联系，使脂类易于在血浆中运输（图 9-4）。

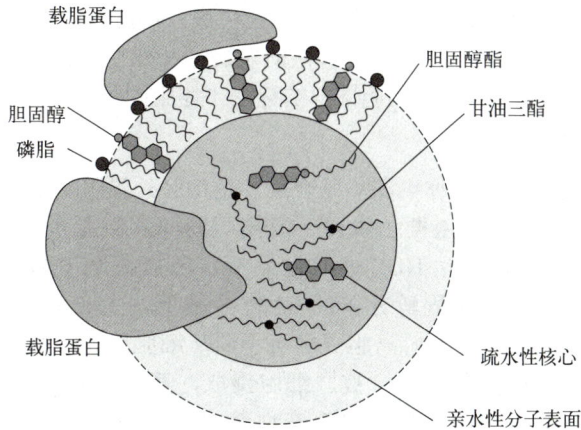

图 9-4　血浆脂蛋白的结构示意图

（三）血浆脂蛋白的代谢及功能

1. 乳糜微粒（CM）

CM 在小肠黏膜细胞中合成，是运输外源性甘油三酯的主要形式，含外源甘油三酯约90%，由于其密度小、颗粒粒径大，不能进入动脉血管壁，不会导致动脉粥样硬化，但易诱发胰腺炎。研究表明，餐后高脂血症（主要为乳糜蛋白）是冠心病的危险因素，乳糜蛋白代谢物可被巨噬细胞表面受体识别并摄入，可能与动脉粥样硬化有关。食物脂肪被消化吸收过程中，在小肠黏膜细胞内重新合成甘油三酯，连同合成和吸收的磷脂及胆固醇，加上 ApoB48 和 ApoC 等形成 CM 并经淋巴管进入血液。CM 进入血液后，其中的 ApoC Ⅱ激活存在于肌肉、脂肪等组织毛细血管内皮细胞表面的 LPL。LPL 催化 CM 颗粒中甘油三酯水解生成甘油和脂肪酸，被组织摄取利用。随着甘油三酯水解，CM 颗粒逐渐变小，最后转变成富含 ApoB48、ApoE 和胆固醇的 CM 残余颗粒，再与肝细胞膜上的 ApoE 受体结合并被肝细胞摄取进一步分解利用。正常人 CM 在血浆中代谢速度非常快，半衰期仅 5 ～ 15min，饭后 12 ～ 14h 血浆中不再含有 CM，故要真实反映血脂情况，常在饭后 12 ～ 14h 采集血样。

2. 极低密度脂蛋白（VLDL）

VLDL 在肝脏中合成（少量来自肠黏膜细胞），是运输内源性甘油三酯的主要形式。肝细胞内甘油三酯可以葡萄糖为原料自身合成，也可利用食物及脂肪动员而来的脂肪酸酯化形成，称内源性甘油三酯，然后加上磷脂、胆固醇、ApoB100 及 ApoE 等形成 VLDL。VLDL 中甘油三酯约占 50%，其磷脂和胆固醇含量比乳糜微粒要多一些，其颗粒粒径也相对较大，较难进入动脉内壁，但其代谢产物中等密度脂蛋白和低密度脂蛋白可引发动脉粥样硬化。因此，极低密度脂蛋白过高也是冠心病的重要因素。中等密度脂蛋白其中胆固醇含量较高，血浆中中等密度脂蛋白过高，易伴发动脉粥样硬化，VLDL 在血中的半衰期为 6 ～ 12h。

3. 低密度脂蛋白（LDL）

在血浆中由 VLDL 转变而来，是转运肝脏合成的内源性胆固醇至各细胞利用的主要形式，主要通过与 LDL 受体结合进入细胞中代谢。LDL 受体广泛存在于全身各组织的细胞膜表面，可特异识别并结合含 ApoB100 或 ApoE 的脂蛋白。当血浆中 LDL 与特异性受体结合后，进入细胞与溶酶体融合并在溶酶体内被水解，释放出游离胆固醇被组织利用。LDL 是健康成人空腹血浆中的主要脂蛋白，含量占血浆脂蛋白总量的 1/2 ～ 2/3，半衰期为 2 ～ 4 天。LDL 是血浆中胆固醇含量最高的脂蛋白类型，胆固醇占比超过 50%，是所有血浆脂蛋白中首要的致动脉粥样硬化的硬化性脂蛋白。其颗粒粒径小，能很快进入动脉内膜且易被氧化，是导致动脉粥样硬化的"罪魁祸首"。LDL升高与心血管疾病发病率和死亡率有显著相关性，其功能是将胆固醇从肝运至肝外组织，由其运送的胆固醇被称为"坏胆固醇"。

4. 高密度脂蛋白（HDL）

HDL主要在肝脏合成，部分亦可在小肠合成，是将肝外胆固醇逆向转运至肝内代谢。刚从肝脏或小肠分泌出来的HDL主要由磷脂、游离胆固醇和载脂蛋白A、C、E等组成，呈圆盘状结构，为新生HDL。新生HDL进入血液后，在血浆PCCAT作用下，颗粒表面磷脂酰胆碱C2位脂酰基转移至胆固醇分子的C3位羟基上，生成溶血磷脂酰胆碱和胆固醇酯，此过程所消耗的磷脂酰胆碱和游离胆固醇可不断从细胞膜、CM及VLDL得到补充。成熟HDL可与肝细胞膜HDL受体结合，被肝细胞摄取，其中胆固醇大部分代谢转变为胆汁酸，后者通过胆汁分泌发挥乳化作用。HDL在血浆中半衰期为3～5天。HDL是抗动脉粥样硬化的脂蛋白，能将周围组织中，包括动脉内壁内的胆固醇转运至肝脏代谢，还有抗低密度脂蛋白作用，并能促进内皮细胞修复。数据表明，HDL < 0.907mmol/L的人比HDL > 1.68mmol/L的人患冠心病危险性要高出8倍，HDL水平每增加0.26mmol/L，患冠心病危险性可下降2%～3%。HDL的主要功能是将肝外组织胆固醇转运到肝中代谢，这种转运称为胆固醇逆向转运。通过这种转运，胆固醇被运至肝内合成胆汁酸，随胆汁排泄，防止胆固醇积聚在动脉壁和其他组织，从而降低了发生动脉粥样硬化的风险度。HDL常被称为"好胆固醇"。

▲执业药师考点提示▲：与脂肪肝发病关系密切的检验指标是低密度脂蛋白。

【课堂讨论】A在体检时测得总胆固醇TG↑，高密度脂蛋白胆固醇HDL-C↓，低密度脂蛋白胆固醇LDL-C↑；B在体检时测得总胆固醇TG正常，高密度脂蛋白胆固醇HDA-C↑，低密度脂蛋白胆固醇LDL-C↓。试讨论此二人谁患动脉粥样硬化的风险度高，为什么？

第二节　脂肪的氧化分解

人体在饱食或饥饿状况下，脂肪组织皆处于不断更新之中。人体各组织细胞中，除成熟红细胞不能利用脂肪外，其他绝大多数细胞均具有水解脂肪，并氧化分解和利用其水解产物的能力，特别是肝脏细胞。通常情况下，脂肪体内氧化时，首先在脂肪酶作用下水解成脂肪酸和甘油，脂肪酸和甘油分别进行氧化分解。甘油经磷酸化和脱氢过程变为磷酸二羟基丙酮，沿TCA循环彻底氧化生成CO_2、H_2O和能量。脂肪酸氧化之前，先与辅酶A结合生成脂酰CoA，然后再通过脂肪酸β-氧化彻底氧化生成CO_2、H_2O和能量。脂肪酸氧化主要在肝脏中进行，肝脏中有大量乙酰CoA产生，其中有部分乙酰CoA在肝脏特有酶作用下，缩合生成乙酰乙酸、β-羟丁酸和丙酮，统称为酮体。肝脏是生成酮体的唯一器官，但不是酮体代谢器官，因为肝脏中缺乏转硫酶，需转运到肝外组织（如心、肾、肌肉）中继续进行氧化。

脂肪的分解代谢

一、脂肪动员与脂肪细胞分化

脂肪是人和动物体内的重要贮能物质，贮存在脂肪细胞内的脂肪在脂肪酶作用下，逐步水解为脂肪酸和甘油，并释放入血液运往全身被其他组织氧化利用，这一过程称脂肪动员（图9-5）。催化脂肪水解的酶包括甘油三酯脂肪酶、甘油二酯脂肪酶和甘油一酯脂肪酶。其中，甘油三酯脂肪酶是脂肪水解限速酶，其活性受到多种激素调控，故称激素敏感型甘油三酯脂肪酶。在禁食、饥饿或交感神经兴奋时，肾上腺素、去甲肾上腺素、胰高血糖素、肾上腺皮质激素等激素分泌增加，能够激活脂肪酶，促进脂肪动员激素，使甘油三酯脂肪酶活性增强，促进脂肪分解，这些激素称为脂解激素。相反，胰岛素、前列腺素 E_2 等则使甘油三酯脂肪酶活性降低，能够降低脂肪酶活性，抵制脂肪动员激素，抑制脂肪水解，故称为抗脂解激素。这两类激素协同作用使体内脂肪水解速度得到有效调节。禁食、饥饿等条件下脂解激素分泌增加，脂肪分解加速，饱食后胰岛素分泌增加，脂肪分解作用降低，机体对脂肪动员调控就是通过激素对这一限速酶的调控来实现的。

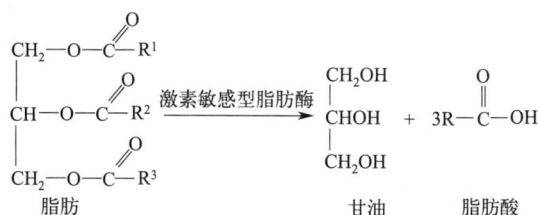

图 9-5　脂肪分解代谢过程

　　脂肪在激素敏感型甘油三酯脂肪酶水解作用下，甘油三酯生成甘油二酯和游离脂肪酸，然后在甘油二酯脂肪酶水解作用下，甘油二酯生成甘油一酯和游离脂肪酸，最后在甘油一酯脂肪酶水解作用下，最终生成 1 分子甘油和 3 分子游离脂肪酸。

二、甘油的分解代谢

　　脂肪动员所产生的甘油，溶于水，可直接由血液运输到肝、肾和小肠黏膜等组织细胞。甘油在甘油激酶（来自肝、肾、泌乳期的乳腺及小肠黏膜等细胞）作用下，消耗 1 分子 ATP 生成 α- 磷酸甘油，然后在磷酸甘油脱氢酶作用下脱氢生成磷酸二羟基丙酮，经磷酸丙糖异构酶催化可变为 α- 磷酸甘油醛（3- 磷酸甘油醛），α- 磷酸甘油醛代谢途径有两条：①进入 EMP 途径生成丙酮酸，丙酮酸在丙酮酸氧化脱羧酶系作用下脱羧生成乙酰 CoA，乙酰 CoA 可进入 TCA 循环彻底氧化为 CO_2 和 H_2O，同时产生能量。②血糖浓度低时，通过糖异生作用合成葡萄糖，进而合成糖原。

　　肌肉和脂肪组织因甘油磷酸激酶活性很低，故不能很好地利用甘油，只有通过血液循环运至肝、肾等组织，才能在甘油磷酸激酶作用下生成 3- 磷酸甘油，再脱氢生成磷酸二羟基丙酮后进入糖代谢途径，继续氧化分解生成 CO_2 和 H_2O，并释放能量。甘油的分解代谢过程见图 9-6。

图 9-6　甘油分解代谢过程

①—甘油激酶；②—磷酸甘油脱氢酶；③—磷酸丙糖异构酶；④—磷酸酶

肝细胞的甘油激酶活性很高，可动员脂肪分解产生甘油，并为肝细胞所利用，而脂肪、骨骼肌等组织的脂肪细胞中由于缺乏甘油激酶，因此，甘油不能在其脂肪细胞内进行分解代谢。脂肪分解产生的甘油进入血液后，直接经血液运送至肝、肾、肠等组织。

三、脂肪酸的分解代谢

细胞中的脂肪酸除一部分重新合成脂肪作为贮脂外，大部分氧化供能，以满足体内能量之需。脂肪酸在供氧充足的条件下，可经 β- 氧化途径分解生成 CO_2 和 H_2O，并释放出大量热量。除脑组织和成熟红细胞外，脂肪酸的氧化分解在各组织细胞中均能进行，尤其以肝及肌肉组织最为活跃。线粒体是脂肪酸氧化的主要部位。在生物体内，饱和脂肪酸占绝对优势，其氧化有 β- 氧化、α- 氧化和 ω- 氧化等多种形式。脂肪酸主要氧化方式为 β- 氧化，由羧基端 β- 碳原子开始，碳链逐次断裂，每次产生一个乙酰 CoA，称为 β- 氧化。

（一）脂肪酸 β- 氧化理论的发现与建立

在生物体内苯环不能被氧化代谢，而苯脂酸侧链脂肪烃链容易被氧化断裂的认知背景下，德国著名生物化学家 Franz Knoop 于 1904 以苯环为标记，利用化学合成法合成一系列长短不同的直链脂肪酸，并将其与苯基相连（将远离羧基的 ω- 碳原子接上苯环），然后用这些合成的苯环标记的苯脂酸进行动物饲喂，收集动物尿液并分析代谢物。研究发现，饲喂含苯基的奇数碳原子脂肪酸，动物尿液中含苯甲酸的衍生物马尿酸；而饲喂含偶数碳原子的苯基脂肪酸，动物尿液中却含苯乙酸的衍生物苯乙尿酸（图 9-7）。Knoop 据此推断，脂肪酸的氧化是由羧基端的 β- 碳原子开始进行分解代谢的，而且每次断裂 2 个碳单位，该二碳单位经证实为乙酰 CoA，这一理论为脂肪酸的 β- 氧化理论。之后，Schoenheimer 等人应用同位素标记及其他方法验证了脂肪酸的 β- 氧化理论的正确性。

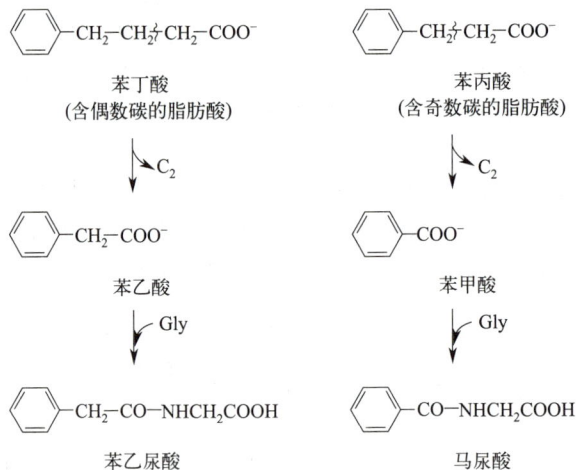

图 9-7　饲喂奇 / 偶数碳原子苯基脂肪酸的代谢产物

（二）脂肪酸的 β- 氧化（饱和偶数碳原子脂肪酸的氧化分解）

脂肪酸化学性质比较稳定，需活化后才能进行 β- 氧化。脂肪酸氧化分解包括脂肪酸活化、脂酰 CoA 进入线粒体、活化的脂肪酸在线粒体内经 β- 氧化生成乙酰 CoA，及乙酰 CoA 进入 TCA 循环氧化分解等 4 个阶段。

1. 脂肪酸的活化

脂肪酸的活化在线粒体外完成，是脂肪酸的羧基与 CoA 发生酯化反应生成脂酰 CoA 的过程，催化这一反应的酶为脂酰 CoA 合成酶（相当于硫激酶），反应需消耗 2 个高能磷酸键的键能，反应生成焦磷酸（PPi）。焦磷酸在焦磷酸酶催化作用下可水解成无机磷酸（Pi）并释放能量，保证反应向右进行。在脂酰 CoA 分子中，CoA 实际上是脂酰基的载体，不仅含有高能硫酯键，其水溶性也增强了，也增强了脂酰基的代谢活性。

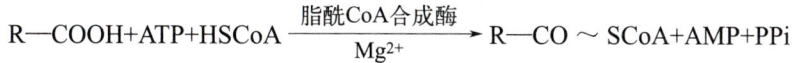

$$R\text{—COOH+ATP+HSCoA} \xrightarrow[\text{Mg}^{2+}]{\text{脂酰CoA合成酶}} R\text{—CO} \sim \text{SCoA+AMP+PPi}$$

脂肪动员产生的游离脂肪酸不溶于水，不能直接在血浆中运输，血浆清蛋白能与游离脂肪酸结合，将其运送至全身，主要由心、肝、骨骼肌等摄取利用。除脑外，大多数组织均能氧化脂肪酸，以肝、心肌、骨骼肌能力最强。

2. 脂酰 CoA 进入线粒体

脂肪酸活化生成脂酰 CoA 是在细胞质中进行的，而脂肪酸 β- 氧化是在线粒体内完成，且催化脂肪酸氧化的酶系也存在于线粒体基质中。因此，活化的脂酰 CoA 必须进入到线粒体才能被氧化。中、短链的脂酰 CoA（C < 10）容易跨过线粒体内膜进入线粒体，但长链脂酰 CoA 不能直接透过线粒体内膜，需要肉碱（L-β- 羟基 -γ- 三甲基氨基丁酸）载体协助转运至线粒体内膜。线粒体外膜存在的肉碱脂酰转移酶 I 催化长链脂酰 CoA 与肉碱合成脂酰肉碱，脂酰肉碱在线粒体内膜肉碱 / 脂酰肉碱转位酶作用下，通过内膜进入线粒体基质。进入线粒体的脂酰肉碱，在线粒体内侧肉碱脂酰转移酶 II 作用下，转变为脂酰 CoA 并释放出肉碱，呈游离状态的肉碱再次被肉碱 / 脂酰肉碱转位酶转运到内膜外侧循环，而脂酰 CoA 则留在线粒体基质内进行脂肪酸的 β- 氧化（图 9-8）。脂酰 CoA 转入线粒体是脂肪酸 β- 氧化的主要限速步骤，肉碱脂酰转移酶 I 是其限速酶。

当饥饿、食入高脂低糖食物或患糖尿病时，机体需要脂肪酸分解供能，肉碱脂酰转移酶 I 的活性增强，脂肪酸氧化增强。脂肪合成时，丙二酸单酰 CoA 增加则抑制这个酶的活性。

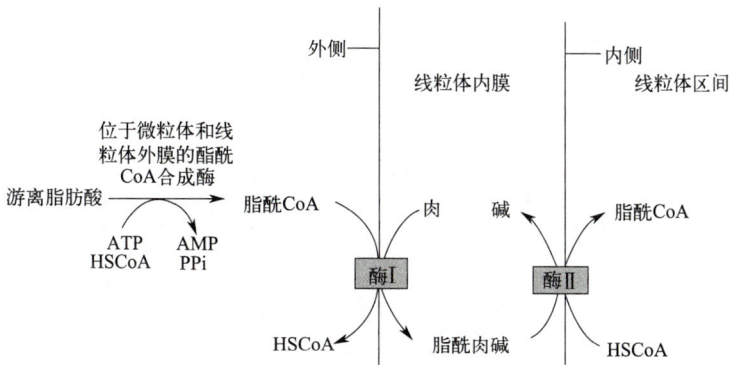

图 9-8　肉碱参与下脂肪酸转入线粒体的简要过程

酶 I —位于外侧的肉碱脂酰转移酶 I ；酶 II —位于内侧的肉碱脂酰转移酶 II

3. 脂肪酸的 β- 氧化过程

脂酰 CoA 进入线粒体基质后，在一系列酶的作用下，从脂酰基的 β- 碳原子位置开始脱氢、加水、再脱氢和硫解完成脂肪酸的一轮 β- 氧化。每进行一次 β- 氧化，可生成 1 分子乙酰 CoA 和 1 个比原来少两个碳原子（n-2）的脂酰 CoA。具体步骤如下：

（1）脱氢　在脂酰 CoA 脱氢酶催化下，α、β 碳原子上各脱去 1 个氢原子，生成双键的脂酰 CoA，即反式 α，β- 烯脂酰 CoA。辅酶 FAD 接受脱下的 2 个 H 原子，生成 $FADH_2$。

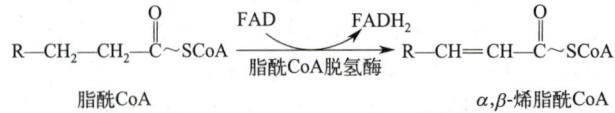

$$R-CH_2-CH_2-\overset{\overset{\displaystyle O}{\|}}{C}\sim SCoA \xrightarrow[\text{脂酰CoA脱氢酶}]{FAD \quad FADH_2} R-CH=CH-\overset{\overset{\displaystyle O}{\|}}{C}\sim SCoA$$

脂酰CoA α,β-烯脂酰CoA

（2）加水　反式 α，β- 烯脂酰 CoA 在烯脂酰 CoA 水化酶催化下，在双键位置加水，使烯脂酰 CoA 生成 L（+）-β- 羟脂酰 CoA。

$$R-CH=CH-\overset{\overset{\displaystyle O}{\|}}{C}\sim SCoA+H_2O \xrightarrow{\text{水化酶}} R-\overset{\overset{\displaystyle OH}{|}}{CH}-CH_2-\overset{\overset{\displaystyle O}{\|}}{C}\sim SCoA$$

α,β-烯脂酰CoA β-羟脂酰CoA

（3）再脱氢　由 β- 羟脂酰 CoA 脱氢酶催化，L（+）-β- 羟脂酰 CoA 脱去 2 个氢，生成 β- 酮脂酰 CoA。NAD^+ 接受脱下的 2 个 H 原子，生成 $NADH+H^+$。

$$R-\overset{\overset{\displaystyle OH}{|}}{CH}-CH_2-\overset{\overset{\displaystyle O}{\|}}{C}\sim SCoA \xrightarrow[\text{β-羟脂酰CoA脱氢酶}]{NAD^+ \quad NADH+H^+} R-\overset{\overset{\displaystyle O}{\|}}{C}-CH_2-\overset{\overset{\displaystyle O}{\|}}{C}\sim SCoA$$

β-羟脂酰CoA β-酮脂酰CoA

（4）硫解　β- 酮脂酰 CoA 在 β- 酮脂酰 CoA 硫解酶作用下，α 与 β 碳原子间结合键断裂，生成 1 分子乙酰 CoA 和 1 分子比原来少两个碳原子的脂酰 CoA。

$$R-\overset{\overset{\displaystyle O}{\|}}{C}-CH_2-\overset{\overset{\displaystyle O}{\|}}{C}\sim SCoA+HSCoA \xrightarrow{\text{硫解酶}} R-\overset{\overset{\displaystyle O}{\|}}{C}\sim SCoA+CH_3-\overset{\overset{\displaystyle O}{\|}}{C}\sim SCoA$$

β-酮脂酰CoA   脂酰CoA(n-2)   乙酰CoA

脂酰 CoA 经过脱氢、加水、再脱氢及硫解 4 个步骤，产生 1 分子乙酰 CoA 和 1 分子比原来少两个碳原子的脂酰 CoA，称为一次 β- 氧化过程。新生成的脂酰 CoA 又进入下一轮脂肪酸的 β- 氧化，直至完全氧化。脂肪酸 β- 氧化过程如图 9-9 所示。

脂肪酸 β- 氧化的过程见表 9-4。

表9-4　脂肪酸 β- 氧化过程

步骤	反应过程	催化酶	辅酶
第一步：脱氢	脂酰 CoA ⟶ 反 Δ^2- 烯脂酰 CoA	脂酰 CoA 脱氢酶	FAD
第二步：加水	反 Δ^2- 烯脂酰 CoA ⟶ L（+）-β- 羟脂酰 CoA	Δ_2- 烯脂酰 CoA 水化酶	—
第三步：再脱氢	L（+）-β- 羟脂酰 CoA ⟶ β- 酮脂酰 CoA	L-β- 羟脂酰 CoA 脱氢酶	NAD^+
第四步：硫解	β- 酮脂酰 CoA + CoASH ⟶ 乙酰 CoA +（n-2）CoA	β- 酮脂酰 CoA 硫解酶	—

4. 乙酰 CoA 进入 TCA 循环氧化分解

脂肪酸 β- 氧化生成的乙酰 CoA 与线粒体中糖和氨基酸代谢产生的乙酰 CoA 一起进入乙酰 CoA 库。生物体内的乙酰 CoA 可通过 TCA 循环彻底氧化为 CO_2 和 H_2O，也可进一步转变为其他代谢中间产物或参与其他合成代谢。

（三）能量释放

脂肪酸 β- 氧化过程中，脂肪酸活化需消耗 1 分子 ATP 的 2 个高能磷酸键，即相当于消耗 2 分子 ATP。剩下的 3 个循环步骤中，每形成 1 分子乙酰 CoA，就使 1 分子 FAD 还原为 FADH$_2$，并使 1 分子 NAD$^+$ 还原为 NADH+H$^+$。FADH$_2$ 进入呼吸链生成 1.5 分子 ATP，而 NADH+H$^+$ 进入呼吸链可生成 2.5 分子 ATP，因此，每生成 1 分子乙酰 CoA，就生成 4 分子 ATP。下面以软脂酸为例，阐明脂肪酸 β- 氧化过程中 ATP 的生成情况。

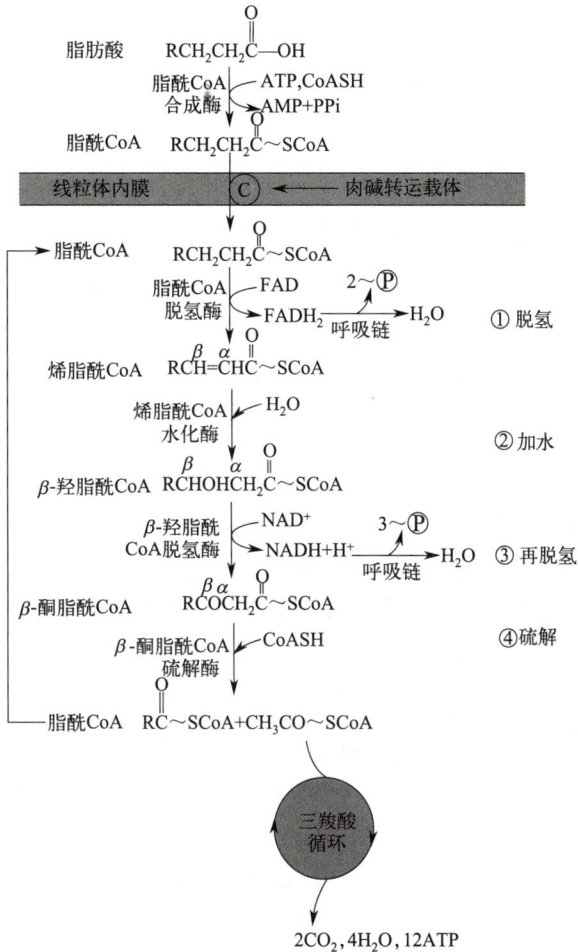

图 9-9 **脂肪酸的 β- 氧化过程**

软脂酸是含有 16 个碳原子的饱和脂肪酸，其活化需要消耗 2 分子 ATP，生成软脂酰 CoA。由于每循环一次，生成 1 分子乙酰 CoA、1 分子 FADH$_2$ 和 1 分子 NADH+H$^+$，软脂酸完全氧化需要经过 7 轮 β- 氧化，共生成 8 分子乙酰 CoA、7 分子 FADH$_2$ 和 7 分子 NADH+H$^+$。

1 分子 FADH$_2$ 进入呼吸链可产生 1.5 分子 ATP，1 分子 NADH+H$^+$ 进入呼吸链可产生 2.5 分子 ATP，FADH$_2$ 和 NADH+H$^+$ 分别有 7 分子，所以产生的能量为 4×7=28 分子 ATP。1 分子乙酰 CoA 进行 TCA 循环完全氧化可产生 12 分子 ATP，所以，产生的能量共有 12×8=96 分子 ATP。减去软脂酸活化时消耗的 2 分子 ATP，软脂酸 β- 氧化中产生的能量为 96+4×7-2=122 分子 ATP，即氧化 1 分子软脂酸可净生成 122 分子的 ATP。1 分子软脂酸彻底氧化分解时 ATP 的生成见表 9-5。

表 9-5　1 分子软脂酸彻底氧化分解时 ATP 的生成

主要反应过程	受氢体	生成 ATP 量
脂肪酸的活化		−2
脂酰 CoA 进入线粒体		
脂肪酸的 β- 氧化（7 次）	FADH$_2$	7×1.5
	NADH+H$^+$	7×2.5
乙酰 CoA（8 分子）的彻底氧化		8×12
合计		122

第三节　脂肪的合成代谢

　　人体除了可从食物中摄入甘油三酯外，还可在体内合成甘油三酯。合成途径主要有两条：①利用食物中脂肪转化为人体脂肪。如小肠黏膜可吸收含有不饱和脂肪酸的单酰甘油合成甘油三酯，称外源性甘油三酯。②利用糖类物质合成甘油三酯，称内源性甘油三酯，这是体内合成脂肪的主要途径。内源性甘油三酯的合成过程包括 3- 磷酸甘油生成、脂肪酸合成和甘油三酯的合成。

一、3- 磷酸甘油的生成

　　磷酸甘油主要由糖代谢的中间产物——磷酸二羟基丙酮还原生成，另外肝、肾、肠等组织细胞中含有丰富的甘油激酶，来自脂肪动员的甘油，在甘油激酶的催化作用下磷酸化生成 3- 磷酸甘油（图 9-10）。

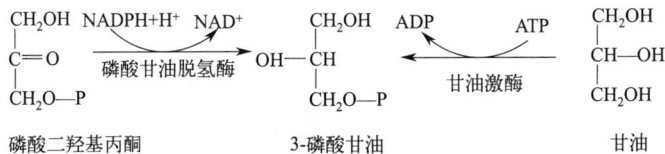

图 9-10　3- 磷酸甘油的生成

二、脂肪酸的合成

（一）合成部位和原料

　　人体肝、肾、乳腺、肺、脂肪等组织的细胞质内可合成脂肪酸，但只能合成 16 碳的软脂酸，再进一步于线粒体或内质网中加工成碳链更长的或不饱和的脂肪酸。其中，肝脏合成能力最强。合成脂肪酸的直接原料包括乙酰 CoA、NADPH+H$^+$、ATP、CO$_2$ 和 Mg^{2+} 及生物素等。糖、脂肪和蛋白质氧化分解均可产生乙酰 CoA，其中，糖氧化分解是乙酰 CoA 的主要来源，NADPH+H$^+$ 主要来自磷酸戊糖途径。

　　脂肪酸合成酶系存在于胞质内，乙酰 CoA 全部产生于线粒体内，乙酰 CoA 必须进入胞质内才能参与脂肪酸合成。乙酰 CoA 无法自由透过线粒体内膜，须通过柠檬酸 - 丙酮酸循环过程转运入胞质内。在此循环中，线粒体内乙酰 CoA 和草酰乙酸缩合生成柠檬酸，柠檬酸通过线粒体内膜上的载体转运入胞质内，再经柠檬酸裂解酶作用，裂解生成乙酰 CoA 和草酰乙酸，乙酰 CoA 即可作为原料参与脂肪酸合成。草酰乙酸在苹果酸脱氢酶作用下还原成苹果酸，该产物继续受苹果酸酶催化氧化脱羧生成丙酮酸，再进入线粒体羧化为草酰乙酸。另外，苹果酸亦可直接进入线粒体，再氧化生成草酰乙酸，草酰乙酸与另一分子乙酰 CoA 缩合成柠檬酸，继续转运乙酰 CoA（图 9-11）

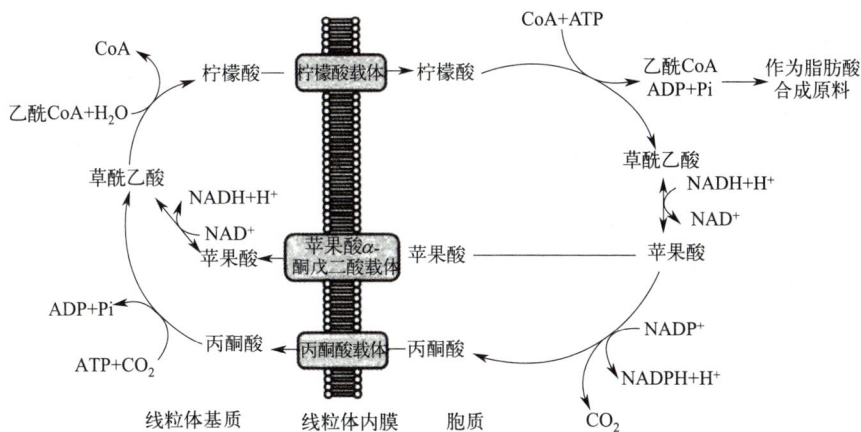

图 9-11　柠檬酸－丙酮酸循环

（二）合成过程

1. 丙二酸单酰 CoA 的合成

脂肪酸合成第一步是乙酰 CoA 羧化成丙二酸单酰 CoA（图 9-12），催化该反应的乙酰 CoA 羧化酶是脂肪酸合成过程的限速酶，辅酶是生物素，Mn^{2+} 是激活剂。乙酰 CoA 羧化酶受变构调节和化学修饰调节，柠檬酸是其变构激活剂，长链脂肪酸是其变构抑制剂，乙酰 CoA 羧化酶可受磷酸化修饰调节。饥饿时，胰高血糖素分泌促使其磷酸化修饰受到抑制，脂肪酸合成减少。饱食时，胰岛素分泌增加，促使其去磷酸化修饰受到激活，脂肪酸合成增加。

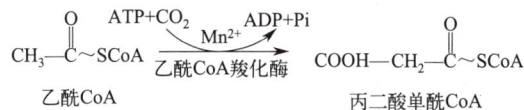

图 9-12　乙酰 CoA 羧化为丙二酸单酰 CoA

2. 软脂酸的合成

催化脂肪酸合成的酶是多功能酶复合体，催化其以 2C 为单位逐步加成形成十六碳软脂酸。该酶系由一个酰基载体蛋白乙酰 CoA-ACP 转酰基酶（ACP）和围绕在其四周的至少六种酶组成，它们分别是乙酰 CoA-ACP 转酰基酶、丙二酸单酰 CoA-ACP 转酰基酶、酮脂酰 -ACP 合成酶、酮脂酰 -ACP 还原酶、羟脂酰 -ACP 脱水酶和烯脂酰 -ACP 还原酶。在分子结构中有 1 个酰基载体蛋白（ACP）中心和 7 种酶活性中心，其催化过程包括脱羧缩合、加氢、脱水、再加氢 4 步反应，以乙酰 CoA 为初始反应物，从丙二酸单酰 CoA 获得两个碳原子后延长脂基链，重复 7 次生成软脂酸。总反应式如下：

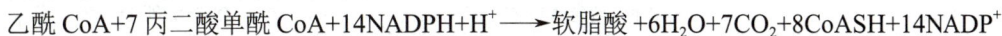

乙酰 CoA+7 丙二酸单酰 CoA+14NADPH+H⁺ ⟶ 软脂酸 +6H₂O+7CO₂+8CoASH+14NADP⁺

软脂酸再经碳链延长、去饱和等加工生成多种脂肪酸，此反应需在肝细胞的内质网或线粒体中进行。

3. 脂肪酸碳链的延长、缩短和不饱和脂肪酸

脂肪酸合成酶系催化合成的是 C_{16} 的软脂酸，更长碳链的软脂酸需对软脂酸进行加工、延长来得到，软脂酸碳链的延长可在肝细胞的内质网或线粒体中进行。在内质网中，以丙二酰 CoA 为二碳单位供体，通过缩合、加氢、脱水、再加氢等反应，每次循环增加 2 个 C，反复进行使碳链延长，但脂酰基不是以 ACP 为载体，而是连接在 HS—CoA 上进行。该过程可将碳链延长到 C_{24}，但以 C_{18} 的硬脂酸为主。在线粒体脂肪酸延长酶体系催化下，软脂酰 CoA-乙酰 CoA 缩合生成 β- 酮硬脂酰 CoA，再由 NADPH 供氢，还原为 β- 羟硬脂酰 CoA，然后脱水生成 α,β- 烯硬脂酰 CoA，最后由 NADPH 供氢，α,β- 烯硬脂酰 CoA 通过缩合、加氢、脱水、再加氢等反应，每次循环增加 2 个 C，反复进行使碳链延长。该过程可将碳链延长至 C_{24} 或 C_{26}，但仍以 C_{18} 的硬脂酸为主。人体内所含有的不饱和脂肪酸主要有软油酸、油酸、亚油酸、α- 亚麻酸及花生四烯酸等，前两种可自身合成，后三种因为哺乳动物缺乏饱和酶，必须由食物供给，故称必需脂肪酸。

三、甘油三酯的合成

脂酰 CoA 和 3- 磷酸甘油是合成甘油三酯的直接原料。以 3- 磷酸甘油为基础，在脂酰转移酶的催化下，依次接受 2 分子脂酰基生成磷酸甘油二酯，后者脱去磷酸基，接受 1 分子脂酰基生成甘油三酯（图 9-13）。

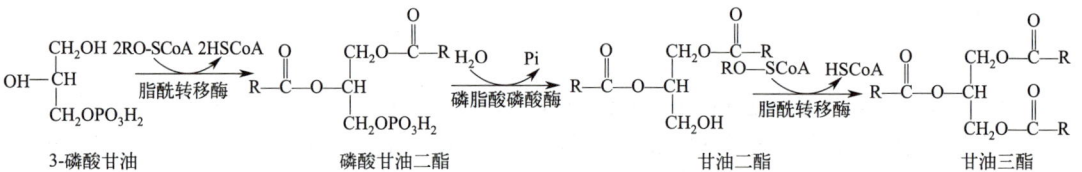

图 9-13 甘油三酯的合成过程

由上可见，合成甘油三酯所需的 3- 磷酸甘油主要由糖代谢转变而成，而用于脂酰 CoA 合成的乙酰 CoA 也主要来自糖分解代谢。因此，糖是合成脂肪的重要原料，这是嗜好甜食或长期饱食易引起肥胖的重要原因之一。

肝脏、脂肪组织和小肠黏膜是合成甘油三酯的主要场所，但是它们合成的原料和来源不同。肝脏合成甘油三酯最多，其原料有消化吸收的脂肪酸，也有以其他营养物质（葡萄糖为主）为原料合成的脂肪酸，亦有脂肪组织脂肪动员释放的脂肪酸。脂肪组织合成甘油三酯所需的脂肪酸主要来自血浆脂蛋白，小肠黏膜使用消化吸收的甘油一酯和游离脂肪酸合成甘油三酯。脂肪酸合成和分解的比较见表 9-6。

表 9-6 脂肪酸合成和分解的比较

项目	合成	分解
反应最活跃时期	高糖膳食后	饥饿
刺激激素	胰岛素 / 胰高血糖素高比值	胰岛素 / 胰高血糖素低比值
主要组织定位	肝脏为主	肌肉、肝脏
亚细胞定位	细胞质	线粒体为主
酰基载体	柠檬酸（线粒体到细胞质）	肉碱（细胞质到线粒体）
含磷酸泛酰巯基乙胺活性	酰基载体蛋白，CoA	CoA
氧化还原辅因子	NADPH	NAD^+，FAD
二碳供体 / 产物	酰基供体；丙二酰 CoA	产物，乙酰 CoA

续表

项目	合成	分解
激活剂	柠檬酸	—
抑制剂	脂酰 CoA（抑制乙酰 CoA 羧化酶）	丙二酰 CoA（抑制肉碱酰基转移酶）
反应产物	软脂酸	乙酰 CoA

四、激素对甘油三酯代谢的调节

参与甘油三酯代谢调节的激素主要包括胰岛素、肾上腺素、胰高血糖素、甲状腺激素、糖皮质激素、生长素等。其中，以胰岛素、肾上腺素和胰高血糖素最为重要。

1. 胰岛素对甘油三酯代谢的影响

胰岛素是促进甘油三酯合成的主要激素，作用体现在：①促进甘油三酯合成。主要是通过诱导乙酰 CoA 羧化酶、脂肪酸合成酶和柠檬酸裂解酶等合成，加速脂肪酸合成。同时，还能增强 3- 磷酸甘油脂酰转移酶活性，促进磷脂酸和甘油三酯合成。②减少脂肪动员。胰岛素可抑制甘油三酯脂肪酶、肉碱脂酰转移酶Ⅰ等作用，减少甘油三酯分解。

2. 肾上腺素和胰高血糖素对甘油三酯代谢的影响

肾上腺素和胰高血糖素能够促进甘油三酯分解，通过激活腺苷酸环化酶，使 cAMP 升高，然后激活蛋白激酶使脂肪酶活性增加，从而加速储存脂分解。肌肉细胞中脂肪酸主要是供肌肉本身使用。胰高血糖素作用的主要器官是肝脏和脂肪组织，肌肉不受其影响。胰高血糖素对乙酰 CoA 羧化酶活性有抑制作用，故能抑制脂肪酸合成，抑制甘油三酯合成。胰高血糖素对肝细胞肉碱脂酰转移酶Ⅰ活性具有促进作用，使脂肪酶分解加强。

第四节 酮体的代谢

酮体是乙酰乙酸、D-β- 羟丁酸和丙酮 3 种物质的总称。大多数细胞中，脂肪酸 β- 氧化及糖代谢产生的乙酰 CoA 可通过 TCA 循环彻底氧化为 CO_2 和 H_2O。但在动物的肝、肾和脑等组织中，特别是在饥饿、禁食以及糖尿病等条件下，乙酰 CoA 最终会生成乙酰乙酸、D-β- 羟丁酸和丙酮等物质，其中，以 β- 羟丁酸最多，约占酮体总量 70%，乙酰乙酸占 30% 左右，丙酮量极微。肝脏具有极强的酮体合成酶系，但缺乏酮体分解代谢酶系，肝内代谢生成的酮体需转运至肝外组织进行分解代谢。酮体是脂肪酸在肝脏分解氧化特有的中间产物。若肝脏代谢的酮体超过肝外组织分解代谢能力，则可能形成酮血症、酮尿症和酮症酸中毒。

一、酮体的生成过程

正常情况下，脂肪酸在肝外组织（如心肌、骨骼肌、肾脏等）中能彻底氧化成 CO_2 和 H_2O。由于肝细胞具有活性较强的酮体合成酶系，能使脂肪酸 β- 氧化反应生成的乙酰 CoA 转变为酮体。酮体是脂肪酸肝内氧化代谢不彻底的中间产物，在肝细胞线粒体内合成，生成过程分 3 步进行：

（1）乙酰乙酰 CoA 生成　2 分子乙酰 CoA 在乙酰乙酰 CoA 硫解酶催化作用下，缩合形成 1 分子乙酰乙酰 CoA，并释放出 1 分子 CoASH。

（2）HMG-CoA 生成　乙酰乙酰 CoA 在 HMG-CoA 合成酶催化作用下，再与 1 分子乙酰 CoA 缩合生成羟甲基戊二酸单酰 CoA（HMG-CoA），并释放出 1 分子 CoASH。

（3）酮体生成　HMG-CoA 在 HMG-CoA 裂解酶催化作用下，生成乙酰乙酸和乙酰 CoA。

乙酰乙酸在 β- 羟丁酸脱氢酶催化下还原为 β- 羟丁酸，以辅酶 I 作为氢受体，乙酰乙酸也可脱羧生成丙酮酸。肝细胞线粒体基质中，含有大量的 HMG-CoA 合成酶和 HMG-CoA 裂解酶，所以酮体形成是肝脏代谢特有的现象。肝脏中酮体生成的过程如图 9-14 所示。

影响酮体生成的因素主要有 3 个：①脂肪动员时酮体生成量增加；②糖代谢弱时，脂肪酸氧化增加，酮体生成量就会增加；③脂酰 CoA 通过膜的速度过快，脂肪酸氧化加速，从而生成大量的酮体。

二、酮体的氧化

肝脏中有活力很强的生成酮体的酶，但缺少利用酮体的酶。肝内线粒体基质内生成的酮体可迅速透出肝细胞进入血液循环，运输到肝外组织。肝外许多组织中都有活性很强的氧化和利用酮体的酶。在心、肾、脑和骨骼肌等组织细胞的线粒体内具有活性较高的酮体氧化酶，关键酶为琥珀酰 CoA 转硫酶，在此酶催化下，乙酰乙酸可活化为乙酰乙酰 CoA。在

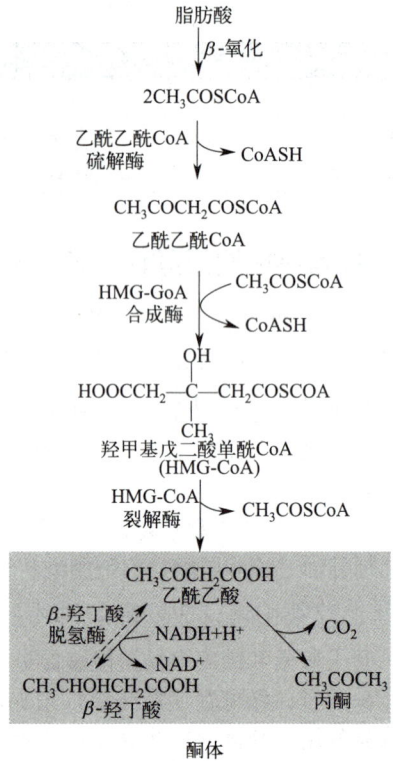

图 9-14　酮体的生成

肾、心肌和脑组织中，利用酮体的酶主要是乙酰乙酰硫激酶，可直接将乙酰乙酰激活为乙酰乙酰 CoA。然后，再被乙酰乙酰硫解酶分解为两分子乙酰 CoA，随后进入 TCA 循环彻底氧化。β- 羟丁酸在 β- 羟丁酸脱氢酶催化下先变成乙酰乙酸，再转变为乙酰 CoA 而被氧化成 CO_2 和 H_2O。正常情况下，肝脏中的脂肪酸 β- 氧化很少产生丙酮，产生的少量丙酮可由尿中排出。丙酮也可进入肺部直接呼出，或在一系列酶的催化作用下，转变为丙酮酸或乳酸，进而异生为糖。这是脂肪酸碳原子转变成糖碳原子的一条途径。酮体的氧化代谢如图 9-15 所示。

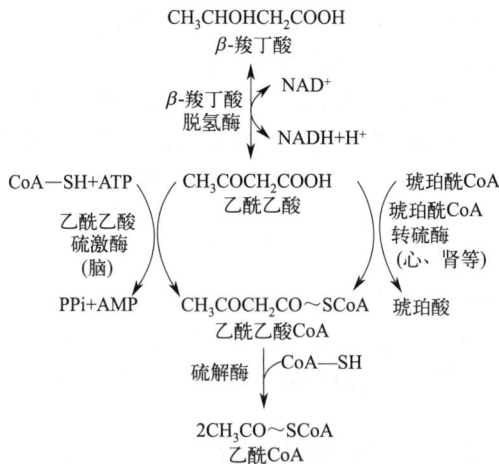

图 9-15　酮体的氧化代谢

正常情况下，血中酮体含量为 0.03 ～ 0.5mmol/L（0.03 ～ 0.5mg/dL），其中，β- 羟丁酸

含量最多，其次为乙酰乙酸。丙酮由于量微在代谢中不占重要地位，主要随尿排出。一般尿中检不出酮体，但长期饥饿或严重糖尿病患者，由于脂肪动员加强，酮体生成增多，一旦超过肝外组织氧化酮体的能力，会引起血中酮体堆积，称酮血症。过多酮体从尿中排出，出现酮尿症。由于乙酰乙酸、β-羟丁酸是有机酸，在体内大量蓄积会导致酮症酸中毒。当血中酮体含量显著升高时，丙酮也可从肺直接呼出，使呼出气体有烂苹果味。

三、酮体生成的生理与病理意义

1. 生理意义

酮体是脂肪酸在肝组织中代谢的正常中间产物，是正常生理情况下肝脏输出能源的一种形式，是肌肉，尤其是脑组织的重要能源之一。正常情况下，中枢神经系统只能利用葡萄糖作为能源，无论在正常还是饥饿情况下都不能直接氧化脂肪酸。饥饿情况下，肝脏将脂肪酸加工成酮体，酮体分子小、水溶性好，便于通过血液系统进行转运，并易于通过血脑屏障及肌肉等组织的毛细血管壁，进入组织细胞内，成为脑、心、肌肉组织的主要能源，是肌肉的重要能源，特别是脑组织的重要能源。脑组织不能氧化脂肪酸，却能利用酮体进行氧化分解产生能量，与脂肪酸相比，酮体更能有效地代替葡萄糖进行能量代谢。长期饥饿或糖供应不足时酮体可替代葡萄糖提供能量。

2. 病理意义

肝脏正常代谢情况下，酮体生成量很少，肝脏中产生酮体的速度和肝外组织分解酮体的速度处于动态平衡中，但在持续低血糖（饥饿或禁食）或糖尿病（葡萄糖氧化分解受阻）导致脂肪大量动员的情况下，脂肪酸在肝中经过 β-氧化产生的乙酰CoA缩合形成过量的酮体，且超过了肝外组织利用酮体的能力，乙酰CoA堆积，酮体生成量增加，特别是糖尿病患者，其酮体生成量可达到正常值的数十倍，此时丙酮可占到酮体50%以上，引起血液中酮体浓度过高。由于酮体主要成分是酸性物质，大量积存常导致机体酸碱平衡失调，引起酸中毒，严重时可危及生命，称酮症酸中毒。患酮病时，不仅血中酮体含量升高，酮体还可随乳、尿排出体外。这种情况多发于高产乳牛开始泌乳后，以及绵羊（尤其是双胎绵羊）的妊娠后期，由于泌乳和胎儿需要，其体内葡萄糖消耗量很大，易造成缺糖，引起酮病。此外，先天性缺乏琥珀酰CoA转硫酶患者也会出现酮症酸中毒（酮血症）和酮尿。

🔳 生化与医药

酮体生成的生理意义

酮体分子小，易溶于水，能够通过血脑屏障和肌肉毛细血管壁。肝脏把脂肪酸氧化成酮体，供肝外组织利用，为肝外组织提供有效能源，故可把酮体生成看作是机体利用脂肪酸氧化供能的一种形式。脑组织不能直接氧化脂肪酸，利用葡萄糖作为能源，但在长期饥饿或糖供给不足的情况下，酮体可替代葡萄糖成为脑、肌肉等组织的主要能源。酮体在肝脏生成后，不断释放到血液，被肝外组织摄取利用，正常人血液中仅含少量酮体，在某些情况下，如饥饿、高脂低糖膳食和糖尿病时（尤其是未控制的糖尿病患者），脂肪动员增强，酮体生成过多，超过肝外组织氧化的能力，血中酮体含量明显升高，可导致酮症酸中毒。过多酮体从尿中排出，引起酮尿。

第五节　类脂代谢

类脂包括磷脂、糖脂、胆固醇和胆固醇酯等。磷脂是生物膜重要组成部分，对脂类的消化吸收和转运有重要影响，分为甘油磷脂和鞘磷脂 2 个大类。甘油磷脂又分为磷脂酰胆碱（卵磷脂）、磷脂酰乙醇胺（脑磷脂）、磷脂酰丝氨酸、磷脂酰甘油和二磷脂酰甘油（心磷脂）等。本节主要介绍磷脂和胆固醇代谢。

一、磷脂代谢

（一）磷脂的生理功能

含有磷酸的类脂称磷脂。其中，含有甘油的磷脂称甘油磷脂，含鞘氨醇的磷脂称鞘磷脂。甘油磷脂核心结构是 3- 磷酸甘油，甘油分子中 C_1 位和 C_2 位上的两个—OH 都被脂肪酸所酯化，C_3 位的磷酸基团被各种结构不同的小分子羟基化合物酯化而形成各种甘油磷脂。在生物体内以磷脂酰胆碱（卵磷脂）含量最多，在许多组织中可占磷脂总量 50% 左右。甘油磷脂的化学结构通式见图 9-16，当 X 为乙醇胺时，为脑磷脂；当 X 为胆碱时，为卵磷脂。甘油磷脂 C_1 和 C_2 位上的长链脂酰基是两个疏水性的非极性尾部，C_3 位上的磷酰含氮碱或羟基是亲水性的极性头部，因此，磷脂具有亲水和疏水特性，在水和非极性溶液中均有较大的溶解性，能同时与极性和非极性化合物结合，是水溶性蛋白质和非极性脂类最佳的连接"桥梁"。

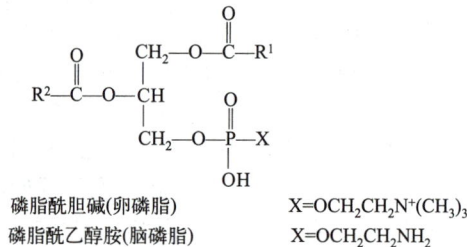

磷脂酰胆碱(卵磷脂)　　　　　$X=OCH_2CH_2N^+(CH_3)_3$
磷脂酰乙醇胺(脑磷脂)　　　　$X=OCH_2CH_2NH_2$

图 9-16　甘油磷脂的化学结构通式

甘油磷脂在体内含量较高，具有很多重要的生理功能：

（1）是生物膜的重要构件　在生物膜中，甘油磷脂含量最多，生物膜结构的完整性对细胞功能发挥有重要作用，也是体内代谢，特别是分区域代谢的物理基础。生物膜为双分子结构，由亲水和疏水两部分组成，亲水头部朝向膜两侧表面，疏水尾部朝向膜核心，含有胆碱的磷脂（如磷脂酰胆碱）主要分布在膜外侧面，含氨基的磷脂（如磷脂酰乙醇胺和磷脂酰丝氨酸）主要分布于膜内侧面，共同构成细胞膜不连续的脂质流动双分子层，可作为镶嵌膜蛋白的基质，为物质选择性跨膜运输提供通透性屏障。不同组织细胞的生物膜磷脂组分有所差异，这与膜的生物功能多样性有关。

（2）是构成脂蛋白的重要组成部分　磷脂和蛋白质一起位于脂蛋白表面，其结构中的亲水部分朝向表面，疏水部分朝向膜核心，将疏水的非极性分子脂肪、胆固醇酯等包裹在颗粒核心部分。肝、肠等组织是合成磷脂的最活跃部位，形成脂蛋白 CM 和 VLDL，对运输外源性和内源性脂肪和胆固醇起着重要作用。

（3）是人体必需脂肪酸贮库　生物膜结构中的甘油磷脂分子 C_2 位脂酰基多为不饱和脂肪

酸，其中，亚油酸、亚麻酸和花生四烯酸为必需脂肪酸。前列腺素等的生物合成首先靠磷脂酶 A_2 将花生四烯酸从贮库膜磷脂上水解下来。

（4）二软脂酰磷脂酰胆碱是肺表面活性物质　在肺组织细胞中能合成和分泌 C_1 和 C_3 位均是饱和软脂酰基的一种特殊磷脂酰胆碱，它是肺表面活性物质的主要成分（占 50% ～ 60%），在肺泡里保持表面张力，可防止气体呼出时肺泡塌陷。这种磷脂在新生儿身体内和动物分娩前不久合成，早产时可由于这种肺表面活性物质合成和分泌缺陷而患呼吸困难综合征。为治疗和预防早产婴儿呼吸窘迫综合征（RDS），可注射猪肺磷脂注射液以促进早产儿肺表面活性物质形成。猪肺磷脂是一种天然提取物，磷脂占干重 90%，大部分为磷脂酰胆碱（PC），具有表面活性的 PC 为二棕榈酸磷脂酰胆碱，其余磷脂还包括磷脂酰乙醇胺、磷脂酰丝氨酸、磷脂酰肌醇和鞘磷脂。

（5）磷脂酰胆碱是血小板激活因子的重要组成成分　血小板激活因子（PAF）是一种特殊的磷脂酰胆碱，C_1 位以醚键连接一个 18 碳烷基，C_2 位连接一个乙酰基，是一种具有极强生物活性的激素，在极低浓度（10^{-11} ～ 10^{-10} mol/L）就可引发血小板聚集，并释放 5-羟色胺，对肝、平滑肌、心、子宫及肺有多重作用，能显著降低血压，在炎症和变态反应发生过程中也有重要作用。

（二）甘油磷脂的代谢

1. 甘油磷脂的生物合成

人体磷脂来自食物，食物中磷脂被消化吸收后在小肠黏膜细胞中重新合成磷脂，供机体代谢所用。人体许多组织细胞中均能合成磷脂，其中，肝脏、肾脏和小肠等器官是合成磷脂的主要部位。甘油、胆碱、乙醇胺、丝氨酸等是甘油磷脂合成原料，甘油和脂肪酸可由糖代谢转变而来，甘油磷脂分子的 C_2 位一般为不饱和脂肪酸，主要是必需脂肪酸，由食物提供。胆碱可由食物提供或以丝氨酸及甲硫氨酸为原料在体内合成。丝氨酸主要由食物提供，乙醇胺可由丝氨酸脱羧基生成，在酶作用下由 S-腺苷甲硫氨酸获得 3 个甲基（甲基移换反应中需要叶酸和维生素 B_{12} 参加）即可生成胆碱。磷脂合成需要 ATP 和 CTP 提供能量。CTP 在磷脂合成中的作用很重要，它不但供能，还为合成 CDP-乙醇胺、CDP-胆碱等重要的活性中间产物所必需。与甘油磷脂合成过程相似，磷脂酰胆碱和磷脂酰乙醇胺（脑磷脂）的合成过程如图 9-17 所示。

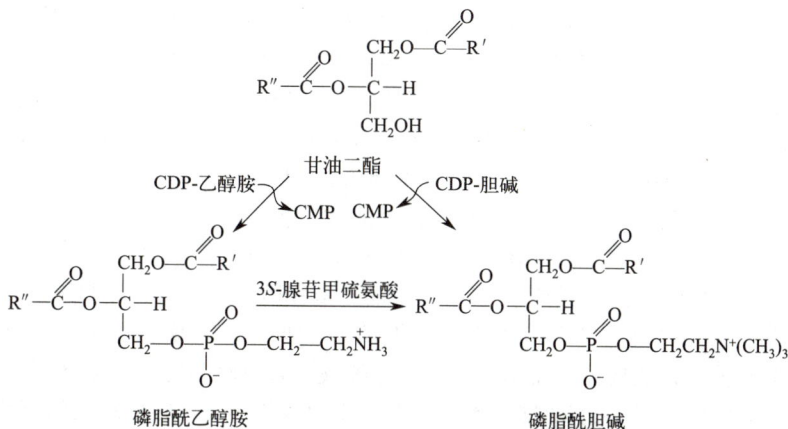

图 9-17　磷脂酰乙醇胺和磷脂酰胆碱的合成过程

根据被 CTP 活化的部分不同，甘油磷脂可由两条途径进行合成：①经由 CTP 活化甘油二酯生成 CTP-甘油二酯，与肌醇、磷酸甘油或磷脂酰甘油结合，分别生成磷脂酰肌醇、磷脂酰甘油或心磷脂等；②由 CTP 分别活化胆碱或乙醇胺生成 CDP-胆碱或 CDP-乙醇胺（图 9-18），提供磷酸胆碱或磷酸乙醇胺与甘油二酯生成卵磷脂或脑磷脂。

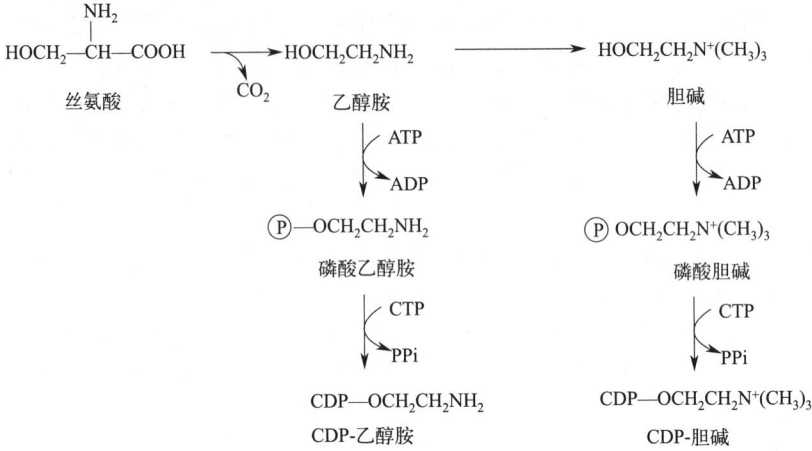

图 9-18 CDP-乙醇胺、CDP-胆碱的合成过程

通常在肝内合成的磷脂，除作为细胞膜组成成分外，还可参加脂蛋白，如 VLDL 合成，以帮助肝内合成脂肪的输出。当磷脂合成原料（如胆碱、甲硫氨酸、必需脂肪酸等）缺乏时，可导致磷脂合成不足，引起 VLDL 合成障碍。高糖高脂饮食或大量酗酒可导致肝内脂肪生成过多。糖尿病患者因胰岛素缺乏引起脂肪动员增强，大量脂肪酸进入肝脏合成脂肪。这些原因均可使肝内脂肪合成过多，因不能及时输出，使脂肪在肝内堆积。当脂肪含量超过 10% 时，可导致脂肪肝。长期脂肪肝可引起肝硬化。胆碱、甲硫氨酸、甲基转移所需的维生素 B_{12} 及 CTP 等都促进肝脏中磷脂的合成，故具有抗脂肪肝作用。

2. 甘油磷脂的分解

水解甘油磷脂的酶类称磷脂酶。根据其作用于甘油磷脂分子中不同的酯键，可分为磷脂酶 A_1、磷脂酶 A_2、磷脂酶 C 和磷脂酶 D 等，它们能够分别作用于磷脂分子内部的特定酯键，产生不同的产物（图 9-19）。其中，磷脂酶 A_1、A_2 分别作用于甘油磷脂的 1、2 位酯键，产生溶血磷脂 2 和溶血磷脂 1。溶血磷脂是一类具有较强表面活性的物质，能使红细胞膜和其他细胞膜破坏引起溶血或细胞坏死。溶血磷脂 2 和溶血磷脂 1 又可分别在磷脂酶 B_2（即溶血磷脂酶 2）和磷脂酶 B_1（即溶血磷脂酶 1）的作用下，水解脱去脂酰基生成不具有溶血性的甘油磷酸 -X。磷脂酶 C 可以特异地水解甘

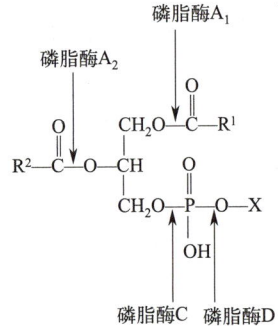

图 9-19 各类磷脂酶的作用位点

油磷酸 -X 中甘油的第 3 位磷酸酯键，产物是甘油二酯和磷酸胆胺或磷酸胆碱。磷酸与其取代基 X 之间的酯键可由磷脂酶 D 催化水解，磷脂酶 D 主要存在于植物和微生物体内。磷脂酶 A_1 在自然界广泛分布，主要位于溶酶体中，毒蛇唾液中含有磷脂酶 A_1，被毒蛇咬伤后可能出现致命溶血。磷脂酶 A_2 存在于动物体各组织细胞膜和线粒体上，Ca^{2+} 能激活该酶，能脱去 2 位上脂酰基磷脂，产物为溶血磷脂 1，产物具有很强的表面活性，能引发红细胞及其他细胞膜破裂造成溶血或细胞坏死。胰腺可分泌大量磷脂酶 A_2 酶原，进入肠道后在胆汁酸盐、胰蛋白酶及 Ca^{2+} 激活作用下产生溶血磷脂 1。患急性肠炎时，大量磷脂酶 A_2 酶原被激活，导致胰腺

细胞坏死，引发急性胰腺炎。

甘油磷脂在各种磷脂酶作用下，可水解产生各种组成成分（甘油、脂肪酸、磷酸和含氮碱）。事实上，生物膜中磷脂分解代谢不一定完全，中间产物常可再酯化形成新的磷脂分子，磷脂分子中各种组分都处于动态更新中，甚至整个磷脂分子也可以在膜结构之间进行交换。

生化与医药

磷脂酶与蛇毒

蛇毒中含有磷脂酶 A_2，磷脂酶 A_2 可水解甘油磷脂分子中第 2 位碳上的酯键，生成溶血磷脂。溶血磷脂是强力去垢剂，可使红细胞膜破裂，引起溶血。被蛇咬伤中毒后出现的肺出血、心室颤动、肌强直收缩和呼吸抑制等均与磷脂酶的作用有关。

甘油磷脂的分解见图 9-20。

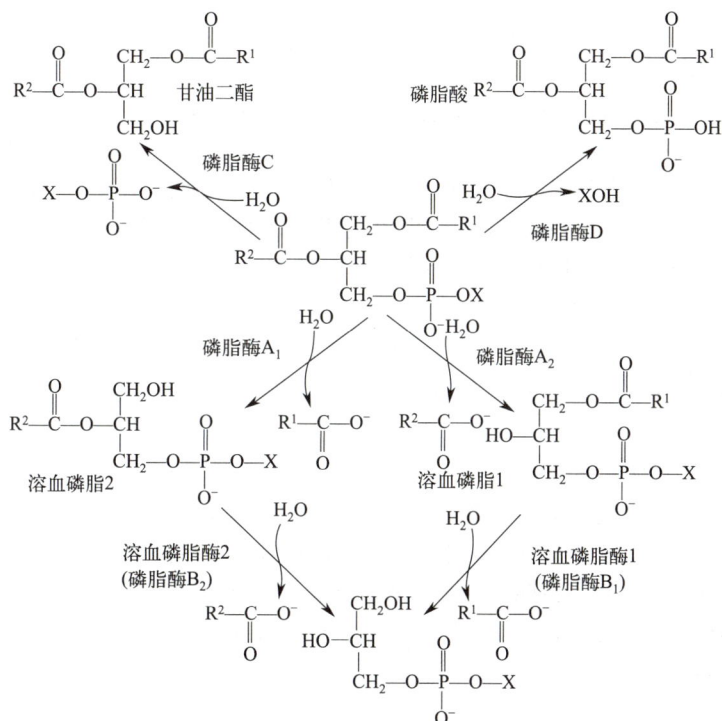

图 9-20　甘油磷脂的分解

二、胆固醇的代谢

胆固醇是人及动物机体中一种以环戊烷多氢菲为母核的固醇类化合物，最早从动物胆石中分离得到，故得此名。人体约含胆固醇 140g，除来自食物外，主要由生物体自身合成。胆固醇广泛分布于身体各组织器官中。其中，有约 25% 分布在脑和神经组织中，占脑组织的 2%。脑、肾和小肠黏膜等脏器以及皮肤和脂肪组织中胆固醇含量较高，为 0.2%～0.5%，其他组织中胆固醇含量一般较少。胆固醇中 27 个碳原子构成的烃核及侧链，都是非极性的，但 C_3 位上的羟基是极性的，故仍具有两性分子的特点和性质。在生物体内，主要以游离胆固醇及胆固醇酯的形式存在（图9-21）。

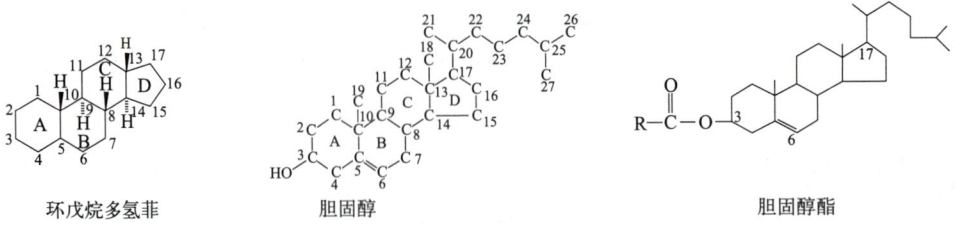

图 9-21　环戊烷多氢菲、胆固醇和胆固醇酯化学结构式

　　胆固醇在组织中一般以非酯化的游离状态存在于细胞膜中，在肾上腺（90%）、血浆（70%）及肝（50%）中大多与脂肪酸结合成胆固醇酯，以胆固醇油酸酯最多，也有少量亚油酸酯及花生四烯酸酯。在胆固醇酯分子中，3 位仅有的极性羟基被非极性长链占据。胆固醇是生物膜与神经髓鞘的重要组成部分，也是胆汁和类固醇激素前体，人体胆固醇主要由人体自身合成。

（一）胆固醇的合成

　　动物几乎所有组织细胞均可合成胆固醇，以肝脏合成量最大，是合成胆固醇的主要场所，占合成量 70%～80%；其次是小肠，占 10% 左右。人体每天可合成约 1～1.5g 胆固醇，仅从食物摄取少量。食物中胆固醇主要源自动物内脏、蛋黄、奶油及肉类。植物性食品不含胆固醇，而含植物固醇、麦角固醇等，植物固醇不易被人体吸收利用。胆固醇合成原料为乙酰CoA，合成酶系主要存在于细胞质和内质网膜上，体内胆固醇合成主要在细胞质和内质网中。合成 27 个碳原子的胆固醇需 18 分子乙酰 CoA、10 分子 NADPH 提供还原氢，并消耗 36 分子ATP。乙酰 CoA 和 ATP 主要来自糖的有氧氧化，NADPH 由磷酸戊糖途径供给，也可通过柠檬酸 - 丙酮酸循环转运乙酰 CoA 获得。胆固醇生物合成途径分 3 个阶段。

1. 甲羟戊酸的生成

　　在乙酰乙酰硫解酶作用下，2 分子乙酰 CoA 缩合成乙酰乙酰 CoA，在 HMG-CoA 合成酶催化下，乙酰乙酰 CoA 与 1 分子乙酰 CoA 缩合生成 β- 羟基 -β- 甲基戊二酸单酰 CoA（HMG-CoA）。HMG-CoA 是合成胆固醇和酮体的共同中间产物，在肝脏线粒体中裂解生成酮体。在细胞质中，由 HMG-CoA 还原酶催化和 NADPH 供氢还原转变为甲羟戊酸（MVA）。HMG-CoA 还原酶是胆固醇生物合成的限速酶，其活性和合成受到多种因子严格调控。甲羟戊酸的合成过程见图 9-22。

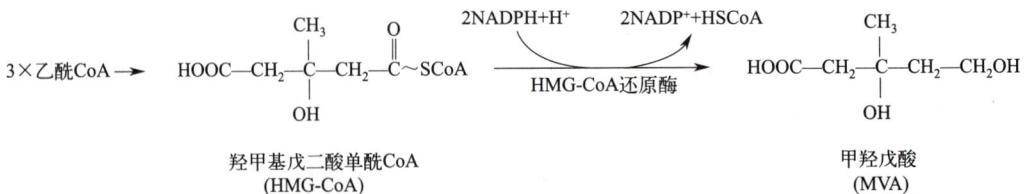

图 9-22　甲羟戊酸合成过程

2. 鲨烯的生成

　　MVA 在甲羟戊酸激酶和脱羧酶作用下，经过 3 次磷酸化和 1 次脱羧反应转变成 5C 的异戊

烯焦磷酸（IPP），反应由 ATP 供能。在异戊烯焦磷酸异构酶作用下，IPP 可异构成二甲基丙烯焦磷酸（DPP）。DPP 和 IPP 通过首尾缩合形成牛儿焦磷酸（GPP），GPP 再与 1 分子 IPP 首尾缩合形成 15C 的焦磷酸法尼酯（FPP）。在鲨烯合酶作用下，2 分子 15C 焦磷酸法尼酯再经缩合和利用 NADPH 还原转变成 30C 鲨烯。鲨烯是一个多烯烃，具有与胆固醇母核相近似的结构。

3. 胆固醇的生成

在动物体内，鲨烯进入内质网，经单加氧酶催化生成 2，3- 环氧鲨烯，在环化酶催化下形成羊毛固醇。羊毛固醇再经氧化、脱羧、还原等反应生成 27C 的胆固醇（图 9-23）。

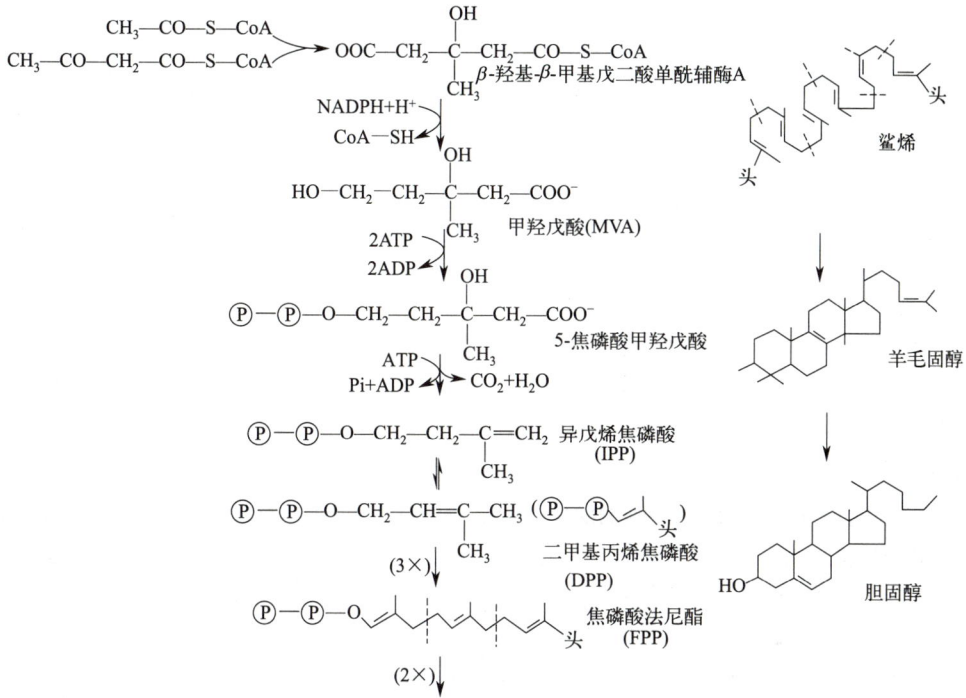

图 9-23 **胆固醇的生物合成**

胆固醇合成简要过程见图 9-24。

图 9-24 **胆固醇合成简要过程**

生化与医药

降胆固醇药物的新靶点

2011 年 3 月，*Cell Metabolism* 杂志发表研究成果表示，参与胆固醇合成的鲨烯单加氧酶（SM）是胆固醇合成的又一重要调控位点。细胞内胆固醇合成涉及 20 多种酶，限速酶是 HMG-CoA 还原酶，该酶是目前大多数降胆固醇药物的作用靶点（如斯达汀）。然而，HMG-CoA 还原酶催化的是胆固醇合成的第三步反应，其合成产生的甲羟戊酸不仅参与胆固醇合成，还参与体内其他重要生物分子的合成（如多萜醇和 CoQ），这也是斯达汀药物产生副作用（如肌肉痛）的重要原因。与 HMG-CoA 还原酶不同，SM 是胆固醇合成特有的，抑制其活性可在降低胆固醇水平的前提下，不影响体内其他物质的合成，不会带来不必要的副作用。现有一种很有效的抗真菌药物——托萘酯，广泛用于浅表皮肤真菌感染和花斑癣治疗，其作用靶点就是真菌细胞内的 SM。或许在不久的将来，一定会出现以人 SM 为靶点的降胆固醇药物。

（二）胆固醇合成的调节

胆固醇合成限速酶是 HMG-CoA 还原酶。动物实验发现，大鼠肝脏合成胆固醇有昼夜节律性。中午时合成胆固醇最低，午夜时合成胆固醇最高，可能与肝内 HMG-CoA 还原酶活性的昼夜节律有关。HMG-CoA 还原酶在肝中半衰期只有约 4h。若该酶活性受到抑制，则可调控胆固醇合成速度。HMG-CoA 还原酶主要存在于肝、肠及其他组织细胞内质网中，某些多肽激素（如胰高血糖素）能快速抑制其活性。胆固醇调节途径主要有：

1. 低密度脂蛋白 – 受体复合物的调节

通过 LDL- 受体的帮助，胆固醇被摄入细胞后可进行生物转化。过多胆固醇既可通过对 HMG-CoA 还原酶合成反馈抑制来减缓合成速度，也可通过阻断 LDL- 受体蛋白的合成来减少胆固醇的细胞内吞。

2. 激素调节

胰高血糖素和皮质醇能抑制 HMG-CoA 还原酶活性，使胆固醇合成减少，胰高血糖素还可通过蛋白激酶作用使 HMG-CoA 还原酶磷酸化而失活。胰岛素和甲状腺素能诱导肝中 HMG-CoA 还原酶合成，从而增加胆固醇合成。甲状腺素除能促进 HMG-CoA 还原酶合成外，还有促进胆固醇在肝细胞中转变为胆汁酸的作用，能降低血清胆固醇含量，且甲状腺素降低血清胆固醇效果明显。因此，甲亢患者血清中胆固醇含量反而下降，甲减患者则相反。

3. 饥饿与禁食调节

动物试验表明，饥饿与禁食能抑制肝脏合成胆固醇。如大鼠禁食 48h 时，胆固醇合成减少到原来的 1/11，禁食 96h 减少到原来的 1/17，但通过禁食方式，对肝外组织胆固醇合成减少不多。饥饿或禁食时，能减少肝脏 HMG-CoA 还原酶活性，蛋白质合成减少，禁食条件下，还使胆固醇合成原料如乙酰 CoA、NADPH+H$^+$ 以及 ATP 不足，使胆固醇合成减少。相反，高糖高脂膳食饱食时，会增加 HMG-CoA 还原酶活性，从而增加胆固醇合成原料，胆固醇合成增加。

4. 胆固醇的调节

胆固醇能反馈抑制肝内胆固醇合成，主要是抑制了 HMG-CoA 还原酶合成。HMG-CoA 还原酶在肝脏内半衰期为 4h，如果该酶合成受到阻断，则肝细胞内的酶含量将会迅速降低，食物中胆固醇量降低可解除对酶合成的抑制，使胆固醇合成增加。但食物中的胆固醇不能抑制小肠黏膜细胞内 HMG-CoA 还原酶活性。因此，食用胆固醇过量的动物性食物可增加血浆胆固醇含量。某些药物（如消胆胺）和纤维素多的食物可有利于胆汁酸排出，减少胆汁酸经肠肝循环重吸收，加速胆固醇在肝中转化为胆汁酸，从而降低血清胆固醇。当肝脏转化胆汁酸能力下降或经肠肝循环重吸收的胆汁酸减少，胆汁中胆汁酸和卵磷脂相对胆固醇的比值降低，就可使难溶于水的胆固醇以胆结石形式在胆囊中沉淀析出，从而造成胆结石。

（三）胆固醇的酯化

血液中胆固醇大约 1/3 是游离胆固醇，2/3 是胆固醇酯。胆固醇酯化在各组织细胞和血浆中均能进行（见图 9-25）。脂酰辅酶 A 胆固醇酰基转移酶是组织细胞中催化胆固醇的酯化酶。在血浆中催化胆固醇酯化的酶统称卵磷脂胆固醇脂酰转移酶（LCAT），LCAT 是在肝脏细胞内合成后分泌入血浆中发挥作用的，当肝细胞受损时，可使该酶合成和分泌均下降，使血浆胆固醇酯含量减少。临床上，可以根据血浆胆固醇酯的含量变化推测肝脏功能。

图 9-25　胆固醇转化为胆固醇酯反应

（四）胆固醇的生物转变

机体能进行胆固醇合成代谢，却不能将胆固醇彻底氧化分解为 CO_2 和 H_2O，但其环核经氢化、侧链经氧化可转化为类固醇物质（如胆汁酸、类固醇激素和维生素 D_3 等）。胆固醇除用于生物膜合成外，还可转化为胆汁酸参与脂类消化利用，也可转化为皮质激素、性激素和维生素 D 等类固醇物质参与生物体代谢调控。胆固醇在体内的生物转化主要有：

1. 合成胆汁

在肝脏中，胆固醇在肝细胞中经羟化酶作用转化为胆酸和脱氧胆酸，它们再与甘氨酸、牛磺酸等结合成甘氨胆酸、牛磺胆酸、甘氨鹅脱氧胆酸、牛磺鹅脱氧胆酸，并以胆酸盐形式由胆道排入小肠。胆固醇在肝脏中转变为胆汁酸是胆固醇代谢转化的主要途径，人体约 40%胆固醇在肝内转化为胆汁酸，胆汁酸以钠盐或钾盐形式存在，称胆汁酸盐或胆盐。随胆汁进入肠道参与食物消化，胆汁酸盐与食物中脂质接触能使形成的脂质表面积增加，有利于脂酶酶解，从而有利于脂肪的消化分解和脂溶性维生素的吸收利用。

2. 作为甾体激素的合成原料

胆固醇是肾上腺皮质、睾丸和卵巢等内分泌腺合成类固醇激素的重要原料。在肾上腺皮质细胞线粒体中，胆固醇首先转变成 21C 的孕烯醇酮，再转入细胞质，脱氢转变成孕酮。孕酮作为一个重要的中间物，可经过不同羟化酶修饰，衍生出不同的肾上腺类固醇激素，包括调节水盐代谢的醛固酮，调节糖、脂和蛋白质代谢的皮质醇，还有少量其他固醇类性激素。在睾丸间质细胞内可直接以血浆胆固醇为原料合成睾丸酮；雌激素有孕酮和雌二醇两类，主要由卵巢的卵泡内膜细胞及黄体分泌。17α- 羟化酶及 17C、20C 裂解酶，可使孕酮的 17β- 侧链断裂转变为睾丸酮。睾丸酮在卵巢特异酶系作用下可以转变为雌二醇。雌二醇是远比雌三醇、雌酮活性强的主要雌激素，后两者只是雌二醇的代谢物。

3. 可衍生为维生素 D

胆固醇可经修饰后转变为 7- 脱氢胆固醇，7- 脱氢胆固醇在紫外线照射下，β 环 C_9 和 C_{10} 间开环形成前维生素 D_3，前维生素 D_3 可自发异构化形成维生素 D_3。在肝脏和肾脏中，经羟基化后，可形成活性 1，25- 二羟基维生素 D_3，可调节机体 Ca、P 代谢。维生素 D 缺乏，会导致儿童出现佝偻病，成人出现软骨症。植物中含有的麦角固醇也有类似性质，在紫外线照射下，可以转变为维生素 D₂。家畜放牧接触日光和饲喂干草都是获得维生素 D 的有效来源。

胆固醇在人体内的转化代谢途径见图 9-26。

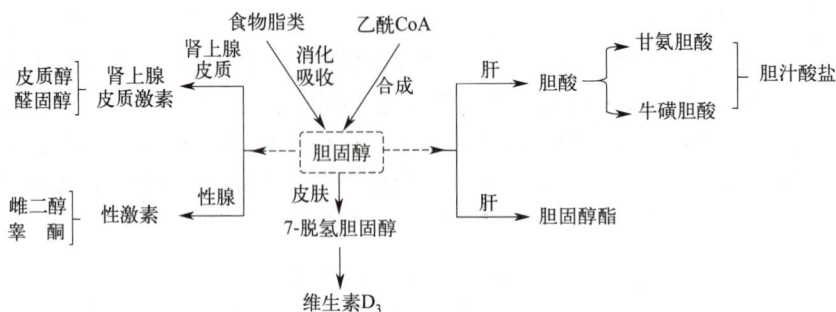

图 9-26　胆固醇在人体内的转化代谢途径

（五）胆固醇的排泄

肝脏是胆固醇合成的最主要器官，也是胆固醇吸收、转运与排泄的重要器官。大部分胆固醇在肝内转变为胆汁酸，以胆汁酸盐形式随胆汁排出，这是胆固醇排泄的主要途径。还有一部分胆固醇可在胆汁酸盐作用下形成混合微团而"溶"于胆汁内直接随胆汁排出，或可随肠黏膜细胞脱落而排入肠道，进入肠道的胆固醇可随食物胆固醇被吸收，未被吸收的胆固醇可以原型或经肠菌还原为粪固醇后随粪便排出。因此，肠梗阻患者血液中胆固醇含量会升高。胆固醇在人体内的分解代谢过程如图 9-27 所示。

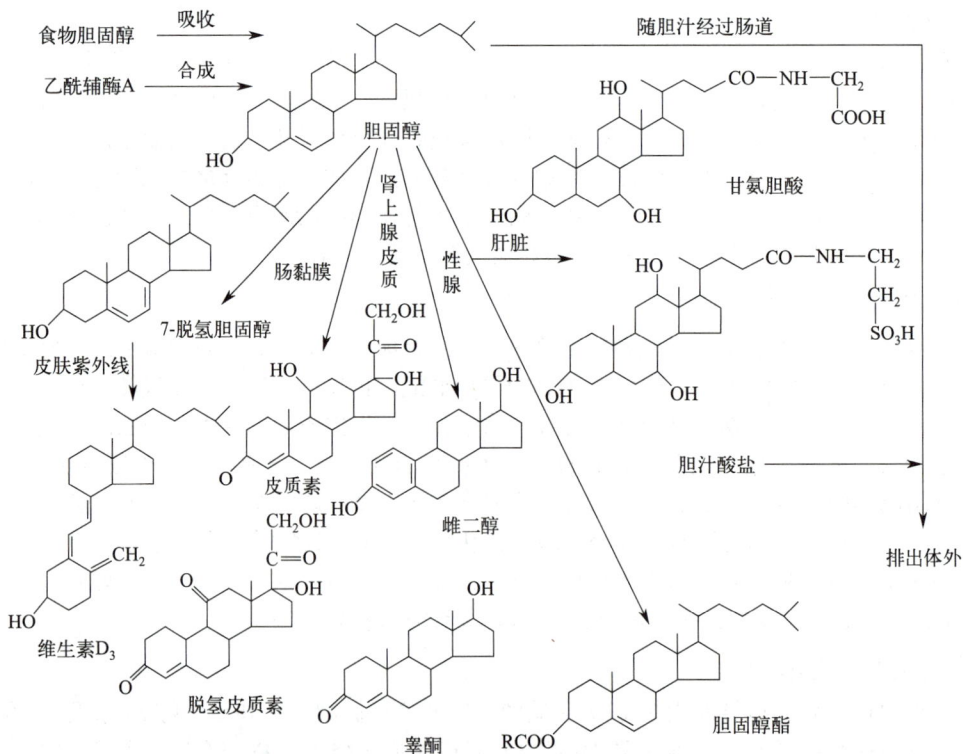

图 9-27　胆固醇在人体内的分解代谢过程

第六节　脂类代谢紊乱与药物科学

一、高脂血症

高脂血症一般指空腹血脂浓度超出正常值上限，由于血脂在血液中以脂蛋白形式转运，因此，高脂血症患者也可认为是高脂蛋白血症，包括高胆固醇血症和高甘油三酯血症。高脂血症根据其发病机制不同，分为原发性高脂血症和继发性高脂血症两类。原发性高脂血症是由于先天性遗传缺陷所致，如 LPL 基因缺陷造成 CM 清除障碍的 I 型高脂蛋白血症、LDL 受体缺陷造成的家族遗传性高胆固醇血症等。继发性高脂血症是继发于其他疾病，如糖尿病、肾病综合征、甲状腺功能减退、胆石症等引起，也多见于肥胖、酗酒及肝病患者。

血脂测定通常以空腹 $12 \sim 14h$ 血液为测定样本。国内一般以成年人空腹血清总胆固醇超过 5.72mmol/L、甘油三酯超过 1.70mmol/L，诊断为高脂血症。将总胆固醇在 $5.2 \sim 5.7$ mmol/L 者称为边缘性升高。根据血清总胆固醇、甘油三酯和高密度脂蛋白胆固醇测定结果，通常将高脂血症分为以下四种类型：①高胆固醇血症。血清总胆固醇含量超过 5.72mmol/L，而甘油三酯含量正常，即甘油三酯 < 1.70mmol/L。②高甘油三酯血症。血清甘油三酯含量超过 1.70mmol/L，而总胆固醇含量正常，即总胆固醇 < 5.72mmol/L。③混合型高脂血症。血清总胆固醇和甘油三酯含量均增高，即总胆固醇超过 > 5.72mmol/L，甘油三酯 > 1.70mmol/L。④低高密度脂蛋白血症。血清高密度脂蛋白胆固醇含量降低（< 0.9mmol/L）。

▲执业药师考点提示▲：可能导致血清总胆固醇升高的药物是氯氮平。治疗高胆固醇血症宜选用药物为 HMG-CoA 还原酶抑制剂，高甘油三酯血症患者宜首选药物是贝丁酸类，胆固醇、甘油三酯均高者（混合型）宜选用药物是胆酸螯合剂 + 贝丁酸类。

高脂蛋白血症的分类见表 9-7。

表 9-7　高脂蛋白血症分类

分型	血脂变化	血浆脂蛋白变化	分型	血脂变化	血浆脂蛋白变化
I	TG↑↑↑, TC↑	CM↑↑	III	TC↑↑, TG↑↑	LDL↑（电泳出现宽 β 带）
II a	TC↑↑	LDL↑	IV	TG↑↑	VLDL↑
II b	TC↑↑, TG↑↑	VLDL↑, LDL↑	V	TG↑↑↑, TC↑	VLDL↑, CM↑

注：TG 为甘油三酯；TC 为总胆固醇；CM 为乳糜微粒；LDL 为低密度脂蛋白；VLDL 为极低密度脂蛋白；↑的多少表示升高程度。

肉和奶制品中富含胆固醇和饱和脂肪酸，每日膳食中更多地进食糖类、蔬菜和鱼，少食用肉类和奶制品可降低血浆中胆固醇的含量。

二、脂肪肝

肝内脂肪含量过高称为脂肪肝，常见原因有：①肝内脂肪来源过多，如高糖高脂饮食；②肝内磷脂合成不足，导致 VLDL 形成障碍，使肝内脂肪不能及时运出；③肝功能障碍，影响 VLDL 合成与释放，导致肝内脂肪在肝内堆积。临床上，常用磷脂及其合成原料、辅助因子（叶酸和维生素 B_{12}）治疗脂肪肝，帮助肝内脂肪向肝外组织转运。

三、动脉粥样硬化

动脉粥样硬化是冠心病、脑梗死、外周血管病的主要诱因。脂质代谢障碍为动脉粥样硬化的病变基础，特点是受累动脉病变从内膜开始，一般先有脂质和复合糖类积聚、出血及血栓形成，进而纤维组织增生及钙质沉着，并有动脉中层逐渐蜕变和钙化，导致动脉壁增厚变硬、血管腔狭窄，常累及大中肌性动脉，一旦发展到足以阻塞动脉腔，则该动脉所供应的组织或器官将缺血或坏死。由于动脉内膜积聚的脂质外观呈黄色粥样，故称动脉粥样硬化。高脂血症是动脉硬化最重要的危险因素。低密度和极低密度脂蛋白持续升高与动脉粥样硬化的发病更是密切关联。以米面为主食容易发生高甘油三酯血症。高脂血症、高血压、吸烟是促进动脉粥样硬化发病的三大主要危险因素。

　　高血压患者动脉粥样硬化发病较早，病变较重。高血压时血流冲击力较大，可引起血管内皮细胞损伤，造成脂肪类物质、单核细胞等渗入到血管内膜里，加上血小板参与，促进动脉粥样硬化发生。糖尿病患者血液高密度脂蛋白水平较低，常伴有高甘油三酯血症。大量吸烟者血中一氧化碳升高，从而损伤血管内皮。烟内一种糖蛋白可激活凝血因子，吸烟可使血小板聚集增强，且使对人体有益的不饱和脂肪酸及高密度脂蛋白降低。家族遗传性高胆固醇血症的血浆低密度脂蛋白水平极度升高。血浆中 HDL 高的人不仅长寿且很少发生心肌梗死，因为 HDL 能清除周围组织中的胆固醇。膳食中多不饱和脂肪酸可防止血浆中胆固醇水平升高，而饱和脂肪酸则可增高胆固醇水平。

四、肥胖症

　　肥胖症是由于体内聚集过多脂肪导致机体发生一系列生理病理变化的疾病。目前，国际上采用体重指数（BMI）作为肥胖评价标准。BMI= 体重（kg）/ 身高 ^{2}（m^2）。我国一般认为，BMI 在 24 ～ 26 为轻度肥胖，26 ～ 28 为中度肥胖，＞ 28 为重度肥胖。此外，采用腰围作为衡量体脂分布特征的重要指标，用于肥胖的衡量。腰围指通过腋中线肋缘与髂前上棘间的中点的径线距离。当成年男性腰围≥ 90cm 或成年女性腰围≥ 85cm，可视为中心型肥胖。处于生长发育期的儿童肥胖表现为脂肪细胞体积增大、数量也增多，而成年人肥胖则主要表现为脂肪细胞体积增大，脂肪细胞数量一般并不多。肥胖症发生是机体能量代谢失调的结果，其确切发病机制尚未完全明了，目前认为与遗传、中枢神经系统异常、内分泌功能紊乱、营养过剩、体力活动过少等因素有关，其中，比较常见的原因为营养过剩，同时活动量过少，导致过多的糖、脂肪酸、甘油、氨基酸等转变成甘油三酯储存于脂肪组织中，导致肥胖症。

生化与健康

吃糖为什么会长胖

　　众所周知，肥胖与摄入脂肪多少有密切关系，如果人体摄入脂肪超过需要量就会在人体贮存起来。那么，摄入过量的糖类是否也会长胖？原因是什么？原来机体摄入的糖类在体内分解代谢时会产生大量的能量物质 ATP，当摄入糖类分解代谢产生的 ATP 浓度达到一定程度时，反过来就会抑制中间代谢物乙酰辅酶 A 进一步分解代谢，而中间产物乙酰辅酶 A 正是合成脂肪酸与胆固醇的主要原料，因此，大量多余的糖类都转化成脂肪贮存起来，人就会长胖。

五、调节血脂的药物

　　当前，高脂血症及脂质代谢紊乱引发的冠状动脉粥样硬化、动脉硬化、脂肪肝、糖尿病等疾病的发病率呈明显上升趋势，调节血液中脂蛋白比例，维持相对恒定浓度，是预防和消除动脉粥样硬化的关键。因此，调节血脂药物可被看作是心血管疾病的预防药物。根据作用效果，可将调节血脂药物分为 HMG-COA 还原酶抑制剂、影响胆固醇和甘油三酯代谢药物 2

大类。

　　▲执业药师考点提示▲：血脂调节药物的作用机理是干扰脂质代谢过程中的某一个或某几个环节。

（一）他汀类药物

　　血浆胆固醇来源有外源性和内源性 2 类。外源性胆固醇主要来源于食物，可通过调节食物结构控制胆固醇摄入量。内源性胆固醇主要在肝脏生物合成，其中，HMG-COA 还原酶是该合成过程的限速酶，能催化 HMG-COA 还原为甲羟戊酸，是内源性胆固醇合成中的关键步骤，此酶被抑制则内源性胆固醇合成减少。常见 HMG-COA 还原酶抑制剂主要是他汀类，包括 2- 甲基丁酸萘酯衍生物、吡咯衍生物、苯并吲哚类化合物、嘧啶衍生物、喹啉类衍生物，主要有美伐他汀、洛伐他汀、辛伐他汀、普伐他汀、阿托伐他汀、氟伐他汀等。他汀类药物是目前临床上应用最广泛的一类调脂药，其降脂作用机制目前认为是由于该类药物能抑制细胞内胆固醇合成的限速酶即 HMG-CoA 还原酶，造成细胞内游离胆固醇减少，并通过反馈性上调细胞表面 LDL 受体表达，使细胞 LDL 受体数目增多及活性增强，加速了循环血液 VLDL 残粒和 LDL 的清除。

（二）影响胆固醇和甘油三酯代谢药物

　　胆固醇在体内通过多种代谢途径转变成一系列有生理活性的化合物。在肝脏 7α- 羟化酶作用下代谢为胆汁酸，在肠黏膜细胞中转变成 7- 脱氢胆固醇，再转化为维生素 D_3。胆固醇还可在肾上腺皮质细胞内代谢转变成肾上腺皮质激素或在卵巢中转变成黄体酮和雌激素等。甘油三酯在脂肪酶作用下，代谢分解成甘油和游离脂肪酸，两者可进一步氧化分解释放出能量供机体需要。故能促进上述环节中任何代谢过程的药物，均能有效降低血浆中胆固醇和甘油三酯的含量。调节胆固醇和甘油三酯代谢的药物包括苯氧基烷酸类及其他类，包括烟酸类、胆汁酸结合树脂类、甲状腺素类、胆固醇吸收抑制剂类等。这些药物在降脂的同时，会引起血糖升高、恶心、腹胀、腹泻及肝功能损害等不良反应。因此，寻找新的有效降脂中药成分为当前一个重要的课题，特别是中药药用资源开发具有广阔的应用前景。

目标检测

一、填空题

　　1. 脂酰 COA 的 β- 氧化经过＿＿＿＿、＿＿＿＿、＿＿＿＿和 ＿＿＿＿四个连续反应步骤。

　　2. 脂肪酸在肝脏中氧化分解所生成的＿＿＿、＿＿＿和 ＿＿＿三种中间代谢产物，统称为酮体。

　　3. 必需脂肪酸包括＿＿＿＿、＿＿＿＿和 ＿＿＿＿。

　　4. 脂类的消化部位是＿＿＿＿。脂类的吸收部位是＿＿＿＿＿。

　　5. 对心脑血管有保护作用的血浆脂蛋白是＿＿＿＿。

二、判断题

　　1. 动脉粥样硬化与血浆中 LDL 和 VLDL 增高有紧密联系。（　　　）

　　2. 胰岛素可以抑制甘油三酯脂肪酶活性，降低脂肪酸分解代谢。（　　　）

　　3. 酮体是糖代谢障碍时体内才能够生成的一种产物。（　　　）

　　4. 酮体包括乙酰乙酸、β- 羟丁酸和丙酮酸。（　　　）

　　5. 血浆胆固醇含量与动脉粥样硬化密切相关，若一方面完全禁食胆固醇，另一方面完全

抑制胆固醇的生物合成，则有助于健康长寿。（　　）

6. 激素敏感型甘油三酯脂肪酶是脂肪动员的关键酶。（　　）

7. 肝组织产生酮体，但因缺乏利用酮体的酶，故不能利用酮体，只能输送至外周以供其他组织利用。（　　）

8. CM 的功能是转运外源性甘油三酯。（　　）

9. HDL 的功能是转运外源性胆固醇。（　　）

10. VLDL 的功能是转运内源性甘油三酯。（　　）

三、单选题

1. 下列物质不是血脂成分的是（　　）。

A. 甘油三酯 　　　　B. 磷脂 　　　　C. 胆固醇 　　　　D. 糖脂

2. 脂肪大量动员肝内生成的乙酰 CoA 主要转变为（　　）。

A. 葡萄糖 　　　　B. 酮体 　　　　C. 胆固醇 　　　　D. 草酰乙酸

3. β- 氧化的酶促反应顺序为（　　）。

A. 脱氢、再脱氢、加水、硫解 　　　　B. 脱氢、加水、再脱氢、硫解

C. 脱氢、脱水、再脱氢、硫解 　　　　D. 加水、脱氢、硫解、再脱氢

4. 合成酮体的主要器官是（　　）。

A. 肝脏 　　　　B. 心脏 　　　　C. 肾脏 　　　　D. 脾脏

5. 要真实反映血脂的情况，宜在饭后（　　）采血。

A. 3 ～ 6h 　　　　B. 8 ～ 10h 　　　　C. 12 ～ 14h 　　　　D. 24h 后

6. 有防止动脉粥样硬化作用的脂蛋白是（　　）。

A. CM 　　　　B. VLDL 　　　　C. LDL 　　　　D. HDL

7. 转运内源性甘油三酯的血浆脂蛋白是（　　）。

A. CM 　　　　B. VLDL 　　　　C. HDL 　　　　D. LDL

8. 脂肪酸 β- 氧化的终产物是（　　）。

A. 尿酸 　　　　B. 乳酸 　　　　C. 丙酮酸 　　　　D. 乙酰辅酶 A

9. 脂肪酸 β- 氧化反应的场所是（　　）。

A. 细胞质内 　　　　B. 细胞核内 　　　　C. 高尔基体内 　　　　D. 线粒体内

10. 酮体合成的限速酶是（　　）。

A. HMG-CoA 裂解酶 　　　　B. HMG-CoA 合成酶

C. 硫解酶 　　　　D. HMG-CoA 还原酶

11. 血浆脂蛋白按密度由大到小的正确顺序是（　　）。

A. CM、VLDL、LDL、HDL 　　　　B. VLDL、LDL、HDL、CM

C. LDL、VLDL、HDL、CM 　　　　D. HDL、LDL、VLDL、CM

E. HDL、VLDL、LDL、CM

12. 导致脂肪肝的主要原因是（　　）。

A. 食入脂肪过多 　　　　B. 肝内脂肪合成过多

C. 肝内脂肪分解障碍 　　　　D. 肝内脂肪运出障碍

E. 食入糖过多

13. 他汀类降脂药是下列哪种酶的抑制剂？（　　）

A. HMG-CoA 合成酶 　　　　B. HMG-CoA 还原酶

C. 甘油二酯脂肪酶 　　　　D. 甘油三酯脂肪酶

E. 乙酰辅酶 A 羧化酶

14. 与动脉粥样硬化成正相关的是（　　　）。

A.CM　　　　　　　　B.LDL　　　　　　　　C.VLDL

D.HDL　　　　　　　　E.FFA

15. 脂肪动员的产物为（　　　）。

A. 甘油和脂肪酸　　　B. 水和二氧化碳　　　C. 甘油和乙酰 CoA

D. 脂肪酸和乙酰 CoA　　E. 甘油和脂肪酰 CoA

四、问答题

1. 简述乙酰 CoA 在动物体内的来源及其去路。

2. 什么是酮体？为什么糖尿病患者往往会并发酮血症？

3. 什么叫脂蛋白？脂蛋白有哪些类型？

五、案例分析

1. 小莉是个爱美的姑娘，为了减肥她几乎杜绝了所有含油脂的食物，但是她特别喜欢吃蛋糕等甜食。令小莉郁闷的是，一段时间后她的血脂指标非但不降反而上升了，在体检中还发现患上了脂肪肝。请思考：①为什么小莉控制了脂肪摄入量，但血脂还会增高？②脂类代谢与人体生理功能、疾病发生与发展有哪些关系？③请给小莉制订一份健康的实施计划，做到在保持身体健康的同时将血脂指标控制在正常范围内。

2. 是长时间低强度有氧运动的减肥效果好？还是短时间高强度有氧运动的减肥效果好？

目标检测答案 9

第十章
蛋白质分解代谢

学习目标

1. 知识目标

（1）理解蛋白质的营养作用、蛋白质的消化吸收与腐败；

（2）掌握人体内氨基酸的来源与去路、氨在血液中的转运和肝脏中的代谢；

（3）理解联合脱氨基的代谢途径、鸟氨酸循环合成尿素代谢途径及其代谢调控；

（4）掌握高氨血症和氨中毒的生化机理、α-酮酸的代谢去路；

（5）掌握氨基酸脱羧基的作用及生理意义；掌握一碳单位的概念及其载体；

（6）掌握含硫氨基酸、芳香族氨基酸、支链氨基酸、肌酸和磷酸肌酸的代谢及其临床生理与病理意义。

2. 技能目标

（1）能根据肝脏中转氨酶（谷丙转氨酶和谷草转氨酶）活性变化解析肝脏病变的生物化学机理；

（2）能解释在转氨基代谢方式前提下，为什么机体还存在两种联合脱氨基作用？有何生理意义？

（3）能解析丙氨酸－葡萄糖循环的代谢路径及生理意义；能利用氨基酸分解代谢知识分析相关疾病，如肝性脑病、高氨血症及氨中毒等，并能解释化验单上转氨酶的临床意义；

（4）能解释磺胺类药物抑菌及甲氨蝶呤类药物抗肿瘤的生物化学机制；

（5）能进行肝脏转氨酶检测的相关技术操作。

3. 思政与职业素养目标

（1）树立健康至上的理念；培养敬畏生命、尊重生命、关爱生命的职业道德；

（2）能进行蛋白质代谢紊乱相关疾病的药学服务和健康教育指导。

导学案例

（1）男性，36岁，患有肝硬化5年，平时状态尚可。一次进食不洁肉食后，出现高热（39℃）、频繁呕吐和腹泻，之后出现说胡话，入院后检查血氨80mmol/L。临床诊断：①肝硬化？②高氨血症？③肝性脑病Ⅰ期？学习完本章后请思考：①医生给出以上诊断的依据是什么？②请分析患者肝性脑病产生的原因是什么？

（2）李女士看到市场上的菠萝很诱人，就给五岁的儿子林林买了一个削了皮的菠萝。回到家后，儿子看了就嚷着要吃，李女士连忙将菠萝放在有盐的开水里洗了一下，就递给儿子吃了。哪知儿子吃了不到一半，就一边吐着舌头一边大叫肚子疼，并出现呕吐症状，吓得李女士赶紧带孩子去医院看病。试分析可能的原因是什么？

蛋白质是细胞的重要组成成分，也是生命活动的执行者，机体许多生理生化活动均离不开蛋白质。蛋白质在组织细胞更新、修复和细胞生长及能量代谢等过程中具有重要作用。氮平衡反映了机体蛋白质代谢和利用情况，人体摄入蛋白质后，需进行消化吸收并以氨基酸或肽进入人体后才能提供营养成分。蛋白质常以脱氨基或脱羧基等形式进行分解，脱氨基形式主要有氧化脱氨基、转氨基、联合脱氨基和非氧化脱氨基等，体内蛋白质脱氨基主要以联合脱氨基为主，联合脱氨基也是体内合成非必需氨基酸的主要途径。人体只有摄入足量蛋白质才能维持机体营养需要和正常生长发育，特别是儿童。手术患者康复也需要补充足够优质的蛋白质用以修复损伤组织。蛋白质还是体内酶、激素、抗体、核酸、血红蛋白和神经递质的重要组成部分。在生物体内，蛋白质合成除需要常见 20 种氨基酸参与外，还需要核酸、酶等参与。体内蛋白质处于不断地代谢中，具体包括合成代谢途径和分解代谢途径两个方面。蛋白质在体内分解或转化均需分解为氨基酸后再进一步代谢，所以，氨基酸代谢是蛋白质分解代谢的主要内容。本章以氨基酸分解代谢为主，介绍蛋白质的营养作用、蛋白质的消化吸收和腐败、氨基酸的一般代谢及某些氨基酸的特殊代谢。

第一节　蛋白质的营养作用

人体蛋白质主要由食物提供，食物中蛋白质的营养价值是保障机体生理功能的重要基础。蛋白质主要生理功能有：①参与机体绝大多数生理生化过程。体内许多有特殊功能的蛋白质，如酶、激素、抗体和调节蛋白等主要化学组成均为蛋白质。肌肉收缩、物质运输、血液输氧、血液凝固等重要生理过程需要有蛋白质参与，蛋白质和氨基酸代谢产生的含氮化合物也是蛋白质分解和合成代谢的重要组成部分。②可作为机体的能源物质。1g 蛋白质经生物氧化后可产生约 17kJ 的能量。③对修复细胞和组织具有重要作用。重症患者机体恢复需要优质蛋白质，儿童发育过程中也需要优质蛋白质。蛋白质在儿童生长发育和患者康复等过程中有重要作用，只有保证优质蛋白质足量供应，才能维持机体组织细胞更新修复、组织创伤愈合的正常需要。评价机体蛋白质的代谢状况常通过氮平衡进行。

🧬 生化与健康

蛋白质为什么不能吃太多

蛋白质作为人体最重要的营养物质，是不是食用越多越好呢？答案显然是否定的。这是因为蛋白质作为生物大分子，它必须在水分充足的情况下才能被消化吸收。蛋白质在代谢过程中会产生大量代谢废物，这些代谢废物送到肾脏后，与体内多余的水分等一起形成尿液排出体外。所以，当摄入大量蛋白质后，不仅会加重肾脏负担，还会使体内水分大量丢失，这时应适当多补充一些水，以防止脱水现象发生。此外，食入过量蛋白质一时不能被消化，停留肠道期间，在肠道一些细菌作用下发生腐败，会产生一些有毒物质。所以，蛋白质类食品吃得过多不只是因为不吸收而浪费，还会对健康带来不利影响。

一、氮平衡

氮平衡是氮摄入量与排出量的关系，间接反应机体蛋白质代谢状况。摄入氮主要源于食物中的蛋白质，主要用于人体蛋白质合成；排出氮主要源于粪便和尿液中的含氮物质，主要是人体蛋白质分解代谢产物。食物中含氮物主要是蛋白质，所以，测定食物含氮量（摄入氮），再根据蛋白质含氮量平均为16%，就可估算出食物中的蛋白质含量。摄入氮多数用于体内蛋白质生物合成，反映体内蛋白质合成情况。蛋白质经分解代谢所产生的含氮物主要随尿、粪排出，测定尿、粪中的含氮量（排出氮），就可推测体内蛋白质分解情况。人体蛋白质的分解与合成维持一个动态平衡，通过测定氮平衡状况可间接测定机体蛋白质代谢情况，为临床疾病的诊断提供依据。人体氮平衡关系可表示为氮总平衡、氮正平衡和氮负平衡3种情况。

（1）氮总平衡　是指人体蛋白质摄入和排出基本相等，反映蛋白质合成代谢与分解代谢平衡情况，正常健康人群，人体蛋白质保持氮总平衡。

（2）氮正平衡　是指蛋白质摄入超过蛋白质排出，反映了机体蛋白质合成代谢水平超过蛋白质分解代谢水平。对于儿童、孕妇和康复期病人比较常见，正常健康人若出现氮正平衡，则可能会造成营养过剩。

（3）氮负平衡　是指蛋白质排出量大于蛋白质摄入量，蛋白质分解代谢占据优势。对于长期处于饥饿、患消耗性疾病、大面积烧伤或大量失血患者、哺乳期妇女、重体力劳动者等易出现氮负平衡情况，这种情况需根据临床表现进行蛋白质或氨基酸的补充。

摄取足量蛋白质对维持正常生命活动非常必要，但需注意蛋白质质量。蛋白质质量比数量更重要。

二、蛋白质的营养价值和需要量

食物蛋白质在体内的利用率称为蛋白质的营养价值。食物蛋白质营养价值高低主要取决于其必需氨基酸种类和比例。不同食物蛋白质因其所含必需氨基酸种类和比例不同，营养价值高低各异。一般来说，动物蛋白质比植物蛋白质所含必需氨基酸种类和比例更接近人体蛋白质组成，易被机体利用，因此，动物蛋白质营养价值更高，如鸡蛋、牛奶和猪肉等。

1. 必需氨基酸与蛋白质的营养价值

由于不同蛋白质的氨基酸组成不同，任何一种蛋白质都不可能满足机体的全部需要，因此，需合理搭配食物。人体有8种氨基酸不能合成，需由食物提供，其他12种氨基酸机体可以合成，称非必需氨基酸。组氨酸和精氨酸人体可以合成，但合成水平不能满足机体需要，称半必需氨基酸。若长期供应不足或需要量增加也会导致氮负平衡。因此，有人将这两种氨基酸也归为营养必需氨基酸。判断食物蛋白质营养价值高低，主要取决于必需氨基酸种类、数量、比例与人体蛋白质氨基酸组成是否接近。蛋白质在体内的利用率（生物学价值）称为蛋白质营养价值，主要取决于必需氨基酸种类和比例，不同食物蛋白质营养价值不同。通常，动物蛋白质必需氨基酸种类和比例更接近人体蛋白质组成，容易被人体消化吸收，营养价值较植物蛋白质高。常见食物中蛋白质的营养价值见表10-1。

表 10-1　常见食物中蛋白质的营养价值

食物蛋白质	鸡蛋	牛奶	猪肉	红薯	小麦	豆腐	牛肉	大豆	玉米	小麦	面粉
营养价值	94	85	74	72	67	65	64	64	57	57	47

注：蛋白质生物学价值（biological value，BV）简称生物价，是蛋白质在体内吸收的氮与吸收后在体内贮留真正被利用的氮的数量比值，表示蛋白质吸收后被机体贮留的程度，是衡量蛋白质营养价值最常用的方法，生物价越高表明蛋白质被机体利用程度越高，营养价值也越高。

2. 蛋白质的需要量

对一个60kg体重的成人来说，每日蛋白质消耗量约为20g，考虑到蛋白质的消化利用因素，成人每日蛋白质最低需要量为30～50g。我国营养学会推荐成人蛋白质需要量为80g/天。常见食物蛋白质含量列于表10-2。对于老年人和婴幼儿，除保证蛋白质数量外，还需注意摄入蛋白质的质量，特别是大出血、术后及恢复期患者应增加优质蛋白质供给。需注意的是，摄入过量含苯丙氨酸、酪氨酸、色氨酸、组氨酸和甲硫氨酸等氨基酸的蛋白质对人体是有害的。

表10-2　常见食物蛋白质含量 单位：%

食品名称	蛋白质含量	食品名称	蛋白质含量	食品名称	蛋白质含量	食品名称	蛋白质含量
猪肉	13.3～18.5	牛奶	3.3	面粉	11.0	油菜	1.4
牛肉	15.8～21.2	稻米	8.5	大豆	39.2	黄瓜	0.8
羊肉	14.3～18.7	小麦	12.4	花生	25.8	橘子	0.9
鸡肉	21.5	小米	9.0	白萝卜	0.6	苹果	0.2
鲤鱼	18.1	玉米	8.6	大白菜	1.1	红薯	1.3
鸡蛋	13.4	高粱	9.5	菠菜	1.8		

3. 食物蛋白质的互补作用

将不同种类营养价值较低的蛋白质混合食用，可互相补充所缺少的必需氨基酸种类和数量，从而提高蛋白质营养价值，这种作用称为蛋白质互补作用。如谷物中赖氨酸含量少而色氨酸含量多，豆类则相反，两者单独食用营养价值都不高，但混合食用可互补所含氨基酸的不足，提高蛋白质营养价值。如将动物蛋白和植物蛋白混合食用，营养价值提高更为显著。因此，可通过多种蛋白质搭配来保证机体对蛋白质的需求，食物品种多样化是提高蛋白质营养价值的重要途径（表10-3）。

表10-3　蛋白质的营养价值及互补作用

食物	生理价值		食物	生理价值	
	单独食用	混合食用		单独食用	混合食用
小麦	67	89	玉米	60	73
小米	57		小米	57	
大豆	64		大豆	64	
牛肉	69				

在某些疾病临床治疗过程中，对无法进食、禁食、严重腹泻等患者，可考虑氨基酸混合液口服或静脉滴注来保持机体对蛋白质的需求。高营养剂治疗法可提高临床疗效，也越来越受到重视。

【课堂互动】蛋白质作为生物体最重要的营养物质，既可作为生物体组成成分，又可为生物体提供能量。那早餐食物是否只含蛋白质就可以了？这样做是否合理，为什么？

第二节　蛋白质的消化吸收和腐败

一、蛋白质的消化

人和动物无法直接利用食物中的蛋白质进行组织细胞修复更新，需要经过消化后才能被机体吸收。食物经消化后可消除蛋白质种属特异性和抗原性，避免引起过敏反应和毒性反应。蛋白质消化是指蛋白质在消化道各种蛋白酶和肽酶催化作用下，水解成寡肽和氨基酸的过程，本质是在酶的作用下使分子中的肽键断裂，最终生成氨基酸。组织细胞内合成的蛋白质也必须经过酶促降解后才能进行代谢。蛋白质消化的基本过程如下：

$$食物蛋白质 \xrightarrow[胃]{水解酶} 多肽 \xrightarrow[肠]{水解酶} 寡肽和氨基酸$$

（一）蛋白质消化的场所

唾液中不含降解蛋白质的酶类，食物蛋白质真正消化是从胃开始，主要在小肠中进行。人体消化系统如图 10-1 所示。

食物蛋白质进入胃后，胃黏膜分泌胃泌素，刺激胃腺腔壁细胞分泌盐酸和主细胞分泌胃蛋白酶原。无活性胃蛋白酶原经激活转变成胃蛋白酶，将食物蛋白质水解成大小不等的多肽片段，随食糜流入小肠，触发小肠分泌胰泌素。胰泌素刺激胰腺分泌碳酸氢盐进入小肠，中和胃内容物中的盐酸，使 pH 达 7.0 左右。同时，小肠上段十二指肠释放出肠促胰酶肽，以刺激胰腺分泌系列胰酶原，主要有胰蛋白酶原、胰凝乳蛋白酶原和羧肽酶原等。在十二指肠内，胰蛋白酶原经

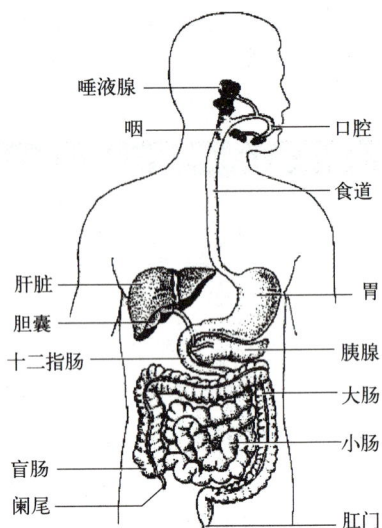

图 10-1　人体消化系统

小肠细胞分泌的肠激酶作用，转变成有活性的胰蛋白酶，催化其他胰酶原激活。这些胰酶将肽片段混合物分别水解成更短的肽。小肠内生成的短肽由羧肽酶从肽 C 端降解、氨肽酶从肽 N 端降解，经过多酶联合催化，食糜中蛋白质可降解成氨基酸（或小肽）混合物，再由肠黏膜上皮细胞吸收进入机体。蛋白质在人体内的消化过程如图 10-2 所示。

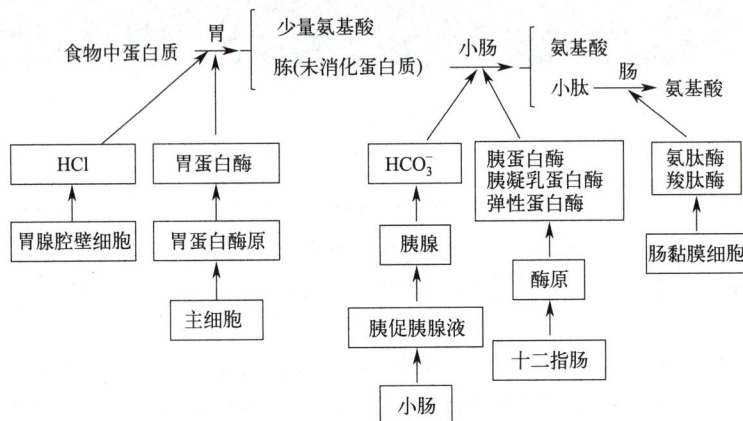

图 10-2　蛋白质在人体内的消化过程

食物中蛋白质在胃中被胃蛋白酶水解为多肽和少量氨基酸，胃蛋白酶属内肽酶，最适 pH 为 $1.5 \sim 2.5$，胃酸可帮助蛋白质变性，有利于食物蛋白质水解。胃蛋白酶识别位点为芳香族氨基酸和甲硫氨酸、亮氨酸等所形成的肽键，有较高专一性。由于食物胃内停留时间较短，食物蛋白质在胃内消化并不完全。婴幼儿特殊生理时期，胃中还存在凝乳酶。胃蛋白酶还具有凝乳活性，可将乳汁中酪蛋白与 Ca^{2+} 形成不溶性酪蛋白钙，以延长胃内停留时间，便于乳汁消化。未完成消化的蛋白质在小肠内继续进行酶解。小肠是蛋白质消化的主要场所，小肠内多种蛋白酶和肽酶可将食物蛋白质水解成氨基酸或肽。

（二）消化酶的作用

胃内蛋白质消化主要依靠胃蛋白酶进行。胃蛋白酶常以酶原形式存在，这对保护组织免

受分解有重要生理意义。胰腺可分泌内肽酶与外肽酶，最适 pH7.0 左右。内肽酶从蛋白质内部进行消化水解，包括胰蛋白酶、胰凝乳蛋白酶和弹性蛋白酶等，外肽酶从蛋白质羧基端或氨基端进行外切消化水解，分别称为羧肽酶和氨肽酶。胰液中外肽酶主要是羧肽酶，有羧肽酶 A 和羧肽酶 B 两类，它们从肽链羧基末端起始，每次水解掉一个氨基酸。羧肽酶 A 主要水解除脯氨酸、精氨酸、赖氨酸之外的多种氨基酸组成的羧基末端肽键，羧肽酶 B 则主要水解由碱性氨基酸组成的羧基末端肽键。各类胰酶作用的特异性及其代谢产物见图 10-3。

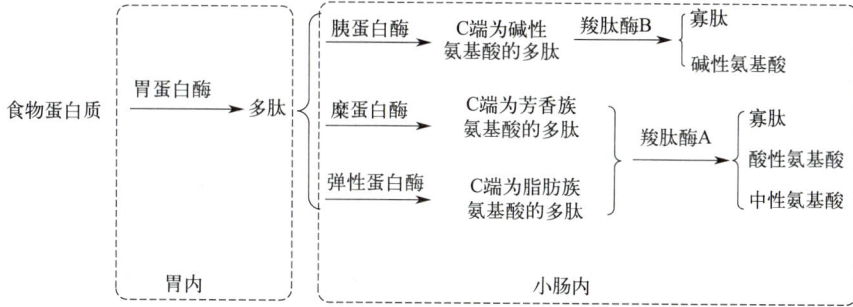

图 10-3　各类胰酶作用的特异性及其代谢产物

这些蛋白酶均以酶原形式由胰腺细胞分泌，进入十二指肠后经肠激酶激活。胰蛋白酶原激活后又将胰凝乳蛋白酶原、弹性蛋白酶原和羧肽酶原激活。经过各种胰酶消化水解，蛋白质水解成 1/3 氨基酸和 2/3 寡肽混合物，随后进入小肠继续进行消化分解。小肠黏膜细胞存在氨肽酶和二肽酶 2 类寡肽酶，氨肽酶从氨基末端逐步水解寡肽生成二肽，再由二肽酶水解为氨基酸。因此，寡肽水解主要发生在小肠黏膜细胞内。由于不同蛋白酶水解位点不一样（表10-4），在多种蛋白酶的协同作用下将蛋白质完全水解成氨基酸供机体利用。

表 10-4　不同酶作用肽键的偏好

酶类别		其作用肽键的 R 基团的偏好
胃蛋白酶		芳香族氨基酸、甲硫氨基酸和亮氨酸（NH_2 端、COOH 端）
内肽酶	胰蛋白酶	赖氨酸和精氨酸的碱性氨基酸（COOH 端）
	糜蛋白酶	芳香族氨基酸和疏水氨基酸（COOH 端）
	弹性蛋白酶	丙氨酸、甘氨酸、丝氨酸等脂肪族氨基酸（COOH 端）
外肽酶	羧肽酶 A	芳香族、中性脂肪族氨基酸
	羧肽酶 B	碱性氨基酸
	氨肽酶	有严格底物特异性，水解大部分氨基酸，如脯氨酸氨肽酶、亮氨酸氨肽酶

二、肽和氨基酸的吸收

小分子肽的最终水解是在小肠内完成的。小肠黏膜的刷状缘细胞和胞液中含有多种寡肽酶，如氨肽酶和二肽酶。肠黏膜细胞、肾小管上皮细胞和肌肉细胞等的膜上均具有转运氨基酸的载体蛋白，能将氨基酸主动吸收入细胞内，载体对氨基酸的吸收机理类似于葡萄糖的主动吸收。氨基酸吸收主要发生在小肠。人类小肠上皮细胞表面存在 4 种以上载体（表10-5），分别参与不同氨基酸的吸收，主要通过主动转运机制被吸收，需要与 Na^+，K^+-ATP 酶系统偶联。

表 10-5　转运氨基酸的 4 种载体

载体类型	被转运的氨基酸	效果
中性氨基酸载体	侧链不带电荷氨基酸及组氨酸	转运速度快，是最主要的转运载体
碱性氨基酸载体	赖氨酸、精氨酸、鸟氨酸	转运速度低，仅为中性氨基酸转运速度的 10% 左右
酸性氨基酸载体	谷氨酸、天冬氨酸	转运速度最快
亚氨基及甘氨酸载体	脯氨酸、羟脯氨酸、甘氨酸	转运速度最慢

　　以前曾认为，蛋白质需水解为氨基酸后才能被消化吸收，但研究发现，短肽（如二肽）也可被消化吸收。如 Hartnup 病患者小肠上皮黏膜细胞质膜虽然不具备转运游离色氨酸的能力，但患者仍能维持正常生长，其原因就是由于色氨酸通过肽转运方式进行吸收。存在于小肠黏膜细胞微绒毛及胞液的肽酶可将进入细胞内的肽迅速水解为游离氨基酸。因此，门静脉及肝内的不是肽而是游离氨基酸。除上述吸收机制外，小肠黏膜细胞、肾小管细胞及脑细胞吸收氨基酸还可通过 γ- 谷氨酰基循环进行，此循环反应过程首先通过谷胱甘肽对氨基酸进行转运，再进行谷胱甘肽合成，反应中的酶除关键酶 γ- 谷氨酰基转移酶位于细胞膜外，其余酶均存在于细胞质中。小分子肽的转运机制目前尚不清楚，可能的机制是通过与 Na^+，K^+-ATP 酶系统偶联进行主动运输，小肠细胞吸收游离氨基酸和吸收短肽机制不同，两者不存在竞争关系。

　　蛋白质未经消化不易吸收，特别是当某些抗原、毒素蛋白通过肠黏膜细胞进入人体内可导致过敏或毒性反应，主要是由于少量蛋白质利用特殊通道直接吸收，从而引起变态反应或其他免疫反应，这就是食物蛋白质过敏的原因。本章导学案例的第 2 个案例是由于林林对菠萝中的菠萝蛋白酶过敏，从而导致急性过敏反应，幸好吃得不多，1～2h 后过敏症状就会消失；如果吃得过多，就会出现全身发痒、皮肤潮红、口唇和四肢发麻、大汗等症状。严重时还会出现心动过速、面色苍白、神志不清，甚至会发生休克而危及生命。生活中，蛋白酶过敏情况较多见，像海鲜类、荔枝和芒果等很多食物都可能引起过敏反应。因此，吃进食物后如果出现不适症状，除判断食物中毒外，首先要考虑是不是机体对食物过敏了。

生化与医药

氨基酸营养液

　　氨基酸营养液为适应不同人群、不同需求分为两种类型：①Ⅰ型适合术后需要补充营养的人群。复合氨基酸营养液（Ⅰ型）采用高营养的复合氨基酸为原料，富含 18 种氨基酸（包括 8 种必需氨基酸），添加保持人体健康所需的抗坏血酸、尼克酸等营养物质，并均衡搭配酪蛋白磷酸肽。复合氨基酸营养液可直接被人体吸收利用，适合术后需要补充营养的人群服用。不含蔗糖，糖尿病患者可放心服用。②Ⅱ型适合病后体质虚弱需要补充营养的人群。复合氨基酸营养液（Ⅱ型）采用高营养复合氨基酸原料，富含 18 种氨基酸（包括 8 种必需氨基酸），同时均衡搭配硫胺素、核黄素和盐酸吡哆醇，可直接被人体吸收利用，弥补人体氨基酸及部分维生素摄入的不足，适合病后体质虚弱需要补充营养的人群服用。

　　【课堂互动】市场上还有哪些氨基酸营养液，请调查其主要功能及配方。

三、蛋白质的腐败作用

　　小部分未被消化的食物蛋白质和未被吸收的消化产物在肠道细菌作用下发生分解代谢的过程称为蛋白质的腐败作用。未被消化的蛋白质被肠道细胞中的蛋白酶水解为氨基酸，然后再继续受肠道细胞中其他酶类催化。腐败作用产物少数对人体具有一定营养作用，如维生素和脂肪酸等，而大多数对人体有害，如胺类、酚类、吲哚、甲基吲哚、硫化氢和氨等（表 10-

6)。腐败作用主要化学反应有脱羧基作用和还原脱氨基作用。

表 10-6　部分氨基酸的腐败产物

氨基酸类型	腐败产物	氨基酸类型	腐败产物	氨基酸类型	腐败产物
组氨酸	组胺	氨基酸	氨	酪氨酸	酪胺、β-羟基酪胺、苯酚、对甲酚
赖氨酸	尸胺	色氨酸	吲哚、甲基吲哚		
苯丙氨酸	苯乙胺、苯乙醇胺	半胱氨酸	硫化氢		

1. 脱羧基作用产生胺类

　　未被吸收的氨基酸在肠道细胞氨基酸脱羧酶作用下，脱去羧基生成有毒胺类。如组氨酸脱羧生成组胺、赖氨酸脱羧生成尸胺、酪氨酸脱羧生成酪胺、苯丙氨酸脱羧生成苯乙胺等。胺类对人体有毒，如组胺和尸胺会使血压下降，而酪胺会使血压升高。因此，需经肝脏代谢并转化为无毒形式排出体外。酪胺和苯乙胺若不能在肝内及时转化，容易进入脑组织，经 β-羟化酶作用，分别转化为 β-羟基酪胺和苯乙胺，其结构类似儿茶酚胺类神经递质（多巴胺、去甲肾上腺素、肾上腺素），故称假神经递质（图 10-4）。假神经递质并不能传递兴奋，反而竞争性抑制儿茶酚胺传递兴奋，导致大脑功能抑制，甚至昏迷，临床上称为肝性脑昏迷（肝昏迷），这就是肝昏迷的假神经递质学说。对于肠梗阻或肝功能障碍患者，蛋白质代谢过程中产生的大量的胺或无法被有效降解，从而使胺进入脑组织产生胺毒性。如肝功能障碍患者由于酪胺和苯乙胺不能在肝内有效降解，可能进入脑细胞产生假神经递质，阻碍正常神经冲动传递，导致大脑功能障碍而引起昏迷。

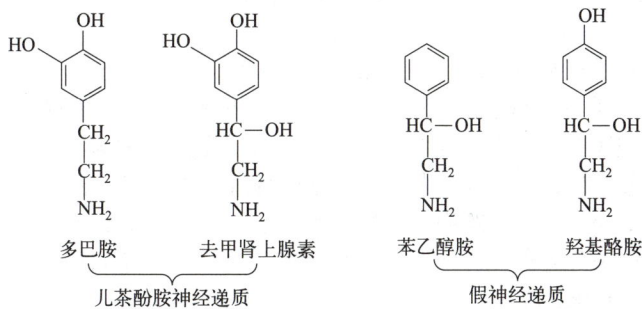

图 10-4　儿茶酚胺神经递质与假神经递质结构示意图

2. 脱氨基作用产生氨

　　肠道中氨的来源主要有两个：①肠道中未吸收的氨基酸经肠道菌群脱氨酶作用脱氨基生成氨，这是肠道氨的主要来源；②血液中的尿素约有 25% 可渗入肠道，经肠道菌群脲酶水解而生成氨，这部分氨被重吸收进入血液，经血液循环在肝脏合成尿素，这就是尿素的肠-肝循环。降低肠道 pH 值和促进铵盐合成能够减少氨吸收。

3. 腐败作用产生的其他有害物质

　　除胺类和氨外，腐败作用还可产生酚类、吲哚、甲基吲哚和硫化氢等其他有害物质。酪氨酸脱羧生成酪胺，经氨基和氧化可生成苯酚和对甲苯酚等有毒有害物质。色氨酸经肠道菌群作用可产生吲哚和甲基吲哚，随粪便排出体外，这是粪臭的主要原因。半胱氨酸在肠道菌群作用下可分解产生硫醇、硫化氢和甲烷等物质。正常情况下，上述腐败产物大部分随粪便排出体外，小部分被肠道吸收，经肝脏生物转化后，以无毒形式随尿液、胆汁排出。但肠梗阻或肝功能障碍患者，腐败产物生成增多，或肝脏不能有效解毒，导致有些胺类进入脑组织产生毒性。

第三节　氨基酸的一般代谢

人体氨基酸代谢非常活跃，其合成代谢与分解代谢保持动态平衡。氨基酸分解代谢可分为氨基酸的一般代谢和个别氨基酸的特殊代谢。本节着重介绍氨基酸一般代谢，包括脱氨基作用、脱羧基作用、氨的代谢和 α- 酮酸的代谢等。

一、氨基酸的代谢概况

食物蛋白质经消化吸收产生的氨基酸（外源性氨基酸）、体内组织蛋白质降解产生的氨基酸及体内合成的非必需氨基酸（内源性氨基酸）混合在一起，通过血液循环分布于全身组织和体液中参与代谢，这些游离氨基酸的总体称为生物体内的氨基酸代谢库。氨基酸代谢库通常以游离氨基酸总量来计算。由于氨基酸不能自由穿梭细胞膜，因此，不同组织器官和细胞中氨基酸分布呈多样性，如肌肉蛋白质更新所释放的游离氨基酸占氨基酸代谢库的 50% 以上，肝脏约占到 10%，肾脏约占到 4%，血浆中还含有 1% ～ 6% 的氨基酸。肝肾中游离氨基酸浓度很高，氨基酸代谢也极为旺盛。食物蛋白质分解产生的氨基酸经消化吸收后主要在肝脏中分解，但支链氨基酸主要在骨骼肌。因此，肝脏和肌肉对维持血液循环中氨基酸水平有重要作用。健康成人每日有 1% ～ 2% 的体内蛋白质被降解，大多数是骨骼肌中的蛋白质。降解后产生的绝大多数氨基酸（70% ～ 80%）又被机体重新利用以合成新的蛋白质。

氨基酸失去氨基是氨基酸分解代谢的第一步。大部分氨基酸先脱氨生成 α- 酮酸，再生物氧化或转化为其他物质。氨基酸也可在脱羧酶作用下脱羧生成伯胺和 CO_2，在动植物和微生物体内普遍存在，但不是主要代谢途径。正常情况下，氨基酸在体内的代谢有 3 个来源和 4 条去路。3 个来源是食物蛋白质的消化吸收、组织蛋白质的分解及利用 α- 酮酸和氨合成一些非必需氨基酸。氨基酸的 4 个去路为合成组织蛋白质、经脱氨生成 α- 酮酸和氨、脱羧生成胺类和 CO_2，以及经特殊代谢途径转变为一些生理活性物质（如甲状腺素、肾上腺素以及多肽激素等）或重要的含氮化合物（嘌呤碱和嘧啶碱）等（图 10-5）。

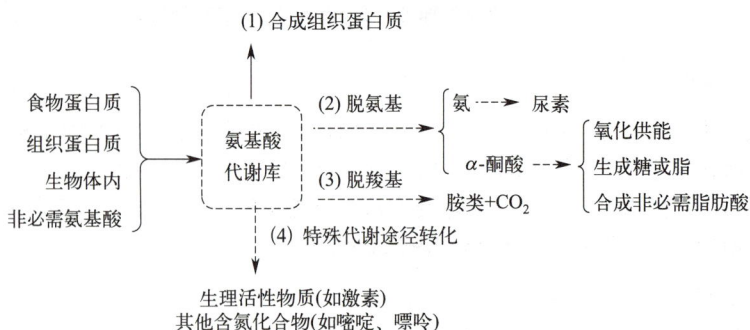

图 10-5　氨基酸的来源与去路

体内氨基酸的主要功能是合成多肽和蛋白质，转化为重要的含氮化合物（如嘌呤、嘧啶、肾上腺素、甲状腺素等），氧化分解提供能量或转化为糖、脂等。一般情况下，经尿液排出的氨基酸很少。需强调的是，氨基酸代谢作用并非主要作为细胞能源物质。

各类氨基酸在体内的分解代谢方式各不相同，但因其结构相似性，也存在共同代谢途径。

二、氨基酸的脱氨基作用

氨基酸分解代谢主要通过脱氨基方式进行，生成 α- 酮酸和 NH_3，可通过转氨基、氧化脱氨基、联合脱氨基及非氧化脱氨方式进行脱氨基代谢。联合脱氨基作用是最主要和最重要的脱氨基方式。

（一）转氨基作用

大多数氨基酸在肝脏中分解的第一步都是通过转氨基作用脱氨。转氨基作用是指在氨基转移酶（转氨酶）催化作用下，将氨基酸的 α- 氨基转移到另一个 α- 酮酸的羰基位置，生成相应的 α- 酮酸和一个新的氨基酸，该反应只发生氨基转移，无游离 NH_3 产生。

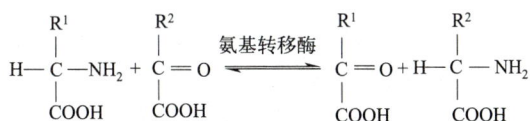

$$
\begin{array}{c}
R^1 \\
| \\
H-C-NH_2 \\
| \\
COOH
\end{array}
+
\begin{array}{c}
R^2 \\
| \\
C=O \\
| \\
COOH
\end{array}
\underset{}{\overset{\text{氨基转移酶}}{\rightleftharpoons}}
\begin{array}{c}
R^1 \\
| \\
C=O \\
| \\
COOH
\end{array}
+
\begin{array}{c}
R^2 \\
| \\
H-C-NH_2 \\
| \\
COOH
\end{array}
$$

转氨基反应是可逆的，其逆过程是合成体内某些非必需氨基酸的重要途径。转氨基作用既是氨基酸分解代谢过程，也是体内某些非必需氨基酸的合成代谢途径。除苏氨酸、赖氨酸、脯氨酸和羟脯氨酸等少数氨基酸外，体内绝大多数氨基酸均可进行转氨基作用。如糖代谢中的丙酮酸、草酰乙酸和 α- 酮戊二酸经转氨基作用可分别生成丙氨酸、天冬氨酸和谷氨酸。其他氨基酸侧链末端的氨基，如鸟氨酸的 δ- 氨基也可通过此过程脱去。动物和高等植物的转氨酶一般只催化 L- 氨基酸和 α- 酮酸的转氨基作用，而某些细菌，如 *B.subtilis* 转氨酶能催化 D-型和 L- 型两种氨基酸的转氨基作用。动物体内，不同氨基酸依赖不同氨基转移酶进行脱氨，体内转氨酶种类多、分布广，最重要的是催化 L- 谷氨酸和 α- 酮酸间转氨基的酶，如谷丙转氨酶（ALT）和谷草转氨酶（AST）。

▲执业药师考点提示▲：可能导致 γ- 谷氨酰转移酶升高的药物是苯妥英钠等药物。

▣ 生化与健康

谷丙转氨酶（ALT）和谷草转氨酶（AST）的应用

谷丙转氨酶（ALT）主要存在于肝细胞的可溶性部分，当肝脏受损时，此酶可较早释放入血，导致血液中该酶的活性增高，是肝细胞损伤的灵敏指标。慢性活动性肝炎或脂肪肝，ALT 轻度增高；肝硬化或肝癌时，ALT 轻度或中度增高。患者发生心肌梗死时，血清中谷草转氨酶（AST）活性增高。各种肝病患者也可引起血清 AST 活性增高。临床常同时测定血清 ALT 和 AST，并计算其比值用于判断肝脏疾病的病程、严重程度及病情预后。正常人 ALT/AST $\approx$ 1.5/1，慢性肝炎、肝硬化和肝癌时，ALT/AST 可分别达到 1.0/1、2.0/1、3.0/1。

▲执业药师考点提示▲：由 ALT 和 AST 检查结果异常可初步诊断的疾病有胆囊炎、心力衰竭、骨骼肌病、传染性肝炎和急性心肌梗死。

正常人血清中 ALT 和 AST 含量甚少，ALT 主要存在于肝脏，AST 主要存在于心脏。各组织器官和细胞中 AST 和 ALT 活性见表 10-7。

表 10-7　正常人体组织或器官中 ALT 和 AST 活性　　　　单位：U/g 湿组织

组织（器官）	ALT	AST	组织（器官）	ALT	AST	组织（器官）	ALT	AST
血清	16	20	肝	44000	142000	胰	2000	28000
肺	700	10000	心	7100	156000	骨骼肌	4800	99000
脾	1200	14000	肾	19000	91000			

氨基转移酶在血清中活性极低，只有在组织受损或细胞破裂时才大量释放到血液中，使血清氨基转移酶活性明显升高。如肝脏患者，尤其是急性肝炎患者，血清 ALT 活性明显增高；心肌梗死患者血清 AST 活性显著升高。临床上，常作为疾病诊断和预后的重要参考指标之一。测定血清 ALT 或 ATS 活性变化可帮助诊断急性肝炎或心肌梗死并判断预后。新药研发过程中，针对治疗肝脏疾患或有关肝脏解毒药物，也常把氨基转移酶活性作为一项重要观察指标。肝功能检测中转氨酶的检测指标如表 10-8 所示。

表 10-8　肝功能检测中转氨酶的检测指标

检查项目	单位	正常值	检查项目	单位	正常值	检查项目	单位	正常值
ALT	U/L	$0 \sim 40$	AST	U/L	$0 \sim 37$	AST/ALT		$0.8 \sim 1.5$

注：ALT 为谷丙转氨酶；AST 为谷草转氨酶。

转氨基作用需要磷酸吡哆醛和磷酸吡哆胺（维生素 B_6 的磷酸酯，为活性形式）作为氨基转移酶辅助因子。磷酸吡哆醛是氨基转移酶辅酶，结合在氨基转移酶活性中心 ε- 氨基上，起着氨基传递作用。磷酸吡哆醛首先接受氨基酸的氨基生成磷酸吡哆胺，原来的氨基酸转化成 α- 酮酸，磷酸吡哆胺又可将氨基转移到另外一个 α- 酮酸上，生成磷酸吡哆醛和相应的 α- 氨基酸。磷酸吡哆醛与磷酸吡哆胺相互转变使氨基转移得以实现。

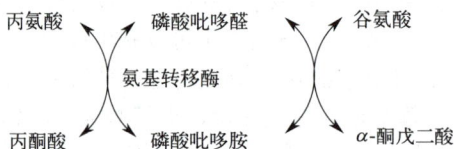

【课堂互动】你还知道哪些转氨酶？请举几个例子。

生化与医药

引起转氨酶升高的常见原因

（1）肝脏疾患，特别是各型病毒性肝炎、肝硬化、肝脓肿、肝结核、肝癌、脂肪肝、肝豆状核变性等，均可引起不同程度的转氨酶升高。

（2）除肝脏外，体内其他脏器组织也含此酶，患心肌炎、肾盂肾炎、大叶性肺炎、肺结核、乙脑、急性败血症、肠伤寒、流脑、疟疾、胆囊炎、钩端螺旋体病、流感、麻疹等时，均可见血中转氨酶升高。

（3）转氨酶是从胆管排泄的，若有胆管、胆囊及胰腺疾患（如胆管阻塞等），也可使转氨酶升高。

（4）药源性或中毒性肝损害以及药物过敏都可引起转氨酶升高，常伴有淤胆型黄疸和肝细胞损伤。服用损伤肝脏的药物，如红霉素、四环素等，停药后，转氨酶水平会很快恢复正常。

（5）正常妊娠、妊娠中毒症、妊娠急性脂肪肝等也是转氨酶升高的常见原因。

（6）长期酗酒可导致酒精肝，或饮食结构不合理也可导致脂肪肝，造成转氨酶升高。

（二）氧化脱氨基作用

氧化脱氨基作用是指 α- 氨基酸在酶催化下，氨基酸氧化脱氢、水解脱氨基，生成 α- 酮酸和 NH_3，每消耗 1 分子氧产生 2 分子 α- 酮酸和 2 分子氨。反应在线粒体内进行，主要有 L- 谷氨酸脱氢酶和氨基酸氧化酶，以 L- 谷氨酸脱氢酶为主。

$$2HC-\overset{\overset{\displaystyle R}{|}}{\underset{\underset{\displaystyle COO^-}{|}}{NH_3^+}} + O_2 \longrightarrow 2HC\overset{\overset{\displaystyle R}{|}}{\underset{\underset{\displaystyle COO^-}{|}}{=O}} + 2NH_3 + 2H^+$$

氨基酸 α-酮酸

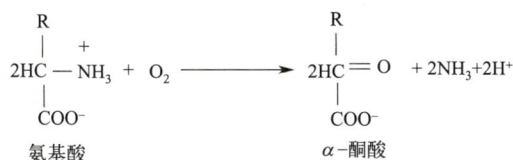

氧化脱氨基反应包括脱氢和水解两个反应，脱氢反应是酶促反应，产物是亚氨基酸，亚氨基酸在水溶液中极不稳定，自发分解生成 α-酮酸和氨。

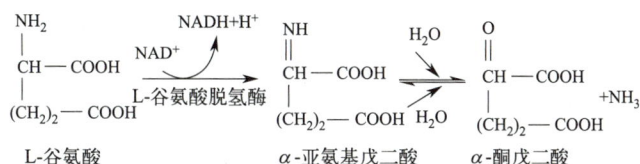

$$\underset{\text{L-谷氨酸}}{\overset{\displaystyle NH_2}{\underset{\displaystyle (CH_2)_2-COOH}{\overset{\displaystyle |}{\underset{\displaystyle |}{CH-COOH}}}}} \xrightarrow[\text{L-谷氨酸脱氢酶}]{NAD^+ \quad NADH+H^+} \underset{\text{α-亚氨基戊二酸}}{\overset{\displaystyle NH}{\underset{\displaystyle (CH_2)_2-COOH}{\overset{\displaystyle ||}{\underset{\displaystyle |}{CH-COOH}}}}} \underset{H_2O}{\overset{H_2O}{\rightleftharpoons}} \underset{\text{α-酮戊二酸}}{\overset{\displaystyle O}{\underset{\displaystyle (CH_2)_2-COOH}{\overset{\displaystyle ||}{\underset{\displaystyle |}{CH-COOH}}}}} +NH_3$$

人体组织中，催化氨基酸氧化脱氨基最重要的酶是 L-谷氨酸脱氢酶。这是由于体内转氨基作用使许多氨基酸与 α-酮戊二酸反应生成 L-谷氨酸。哺乳动物组织中，只有 L-谷氨酸能进行高速率的氧化脱氨基作用，催化此氧化脱氨的酶为 L-谷氨酸脱氢酶，此酶为不需氧脱氨酶，是一种别构酶，由 6 个相同亚基聚合而成，广泛分布在肝脏、肾脏和脑等组织中，肌肉中活性较低，最适 pH 值为 7.5～8.0，可由 NAD$^+$ 和 NADP$^+$ 作为辅酶，ATP、GTP 是其别构抑制剂，ADP、GDP 是其别构激活剂。L-谷氨酸脱氢酶特异性很强，只能催化 L-谷氨酸的氧化脱氨基作用，其他种类的氨基酸必须通过别的方式脱氨基。因此，当机体能量不足时，能加速氨基酸氧化，对体内能量代谢起重要调节作用。

（三）联合脱氨基作用

虽然大多数氨基酸可通过转氨基方式进行氨基酸脱氨基代谢，但转氨基作用仅发生氨基转移，没有游离氨生成，只是由新的氨基酸替代原有氨基酸，且单纯依靠转氨基方式并不能最终脱掉氨基。同时，依赖氧化脱氨基作用也不能满足机体对氨的代谢需要，因为仅 L-谷氨酸脱氢酶活性最高，其他 L-氨基酸脱氢酶活性并不高，甚至很低，仅限于 L-谷氨酸，其他氨基无法通过该途径脱去氨基。体内绝大多数氨基酸脱氨基作用是通过联合脱氨基方式进行，该过程是转氨基作用和谷氨酸氧化脱氨基作用偶联，是体内最主要的脱氨基方式，反应可逆，也是体内合成非必需氨基酸的重要途径。借助联合脱氨基作用可迅速将不同氨基酸的氨基转移到 α-酮戊二酸分子上，生成相应的 α-酮酸和谷氨酸。然后，谷氨酸再在 L-谷氨酸脱氢酶作用下，脱去氨生成 α-酮戊二酸。联合脱氨基作用有转氨基作用偶联氧化脱氨基作用和转氨基作用偶联 AMP 循环脱氨基作用两种方式。

1. 转氨基作用偶联氧化脱氨基作用

α-酮戊二酸与 α-氨基酸经转氨基作用可生成谷氨酸，谷氨酸在 L-谷氨酸脱氢酶催化下，通过氧化脱氨基作用生成游离 NH$_3$，反应过程见图 10-6。

L-谷氨酸脱氢酶在肝脏、肾脏和脑组织中活性最强，因而联合脱氨基作用主要存在于肝、肾和脑组织中。转氨基作用偶联氧化脱氨基作用的特点有：①有偶联顺序。对大多数氨基酸脱氨基作用是先转氨、再氧化脱氨。②转氨基作用的氨基受体为 α-酮戊二酸。由于氧化脱氨时，L-谷氨酸脱氢酶活性很高且专一性强，只有 α-酮戊二酸作为受体时，才能保证谷氨酸合成速度，其他 α-酮酸虽然也能参与转氨基作用，但生成的氨基酸由于缺乏适当的氧化酶，无法进一步进行氧化脱氨。

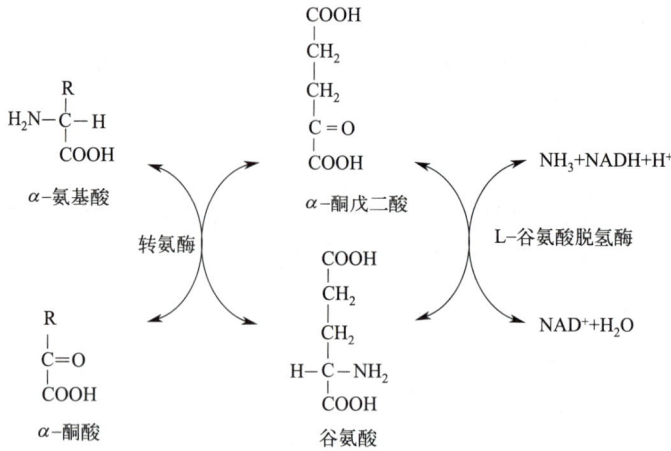

图 10-6　转氨基偶联氧化脱氨基作用

2. 转氨基作用偶联 AMP 循环脱氨基作用

由于在心肌和骨骼肌中 L- 谷氨酸脱氢酶活性很低，采取上述联合脱氨基作用方式无法较好地完成氨基酸的脱氨基作用。在这些组织中，常通过转氨基偶联 AMP 循环来联合脱氨基，这种方式称为嘌呤核苷酸循环（图 10-7），是骨骼肌中氨基酸脱氨基的主要方式。

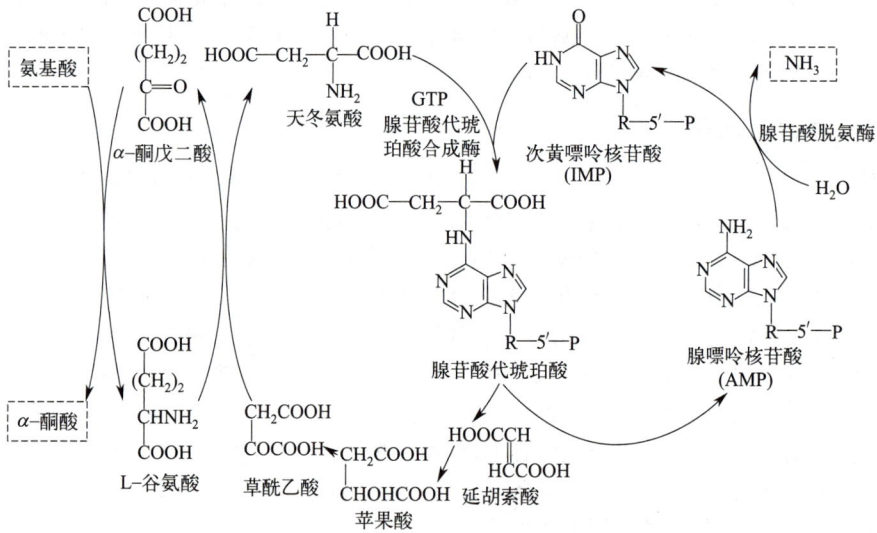

图 10-7　转氨基作用偶联 AMP 循环脱氨基作用

在转氨基作用偶联 AMP 循环脱氨基作用中，氨基酸先通过两次转氨基作用将氨基转移到草酰乙酸生成天冬氨酸，天冬氨酸再和次黄嘌呤核苷酸（IMP）反应生成腺苷酸代琥珀酸，然后裂解出延胡索酸，同时生成腺嘌呤核苷酸（AMP）。AMP 又在腺苷酸脱氨酶催化下脱去氨基，最终完成了氨基酸脱氨基作用，而产生的 IMP 又可再次进入循环参与脱氨基。

（四）非氧化脱氨基作用

体内某些氨基酸还可通过非氧化脱氨基作用脱去氨基，产生 NH_3 和相应的 α- 酮酸。此种方式动物体内不多见，主要存在于微生物体内。如丝氨酸可在丝氨酸脱水酶催化下脱去氨基，生成丙酮酸。

$$
\begin{array}{ccc}
\overset{\displaystyle OH}{\underset{|}{CH_2}} & & CH_3 \\
\overset{|}{\underset{|}{CH_2}} & \xrightarrow[\text{丝氨酸脱水酶}]{NH_3} & \overset{|}{C = O} \\
H-\overset{|}{\underset{|}{C}}-NH_2 & & \overset{|}{COOH} \\
\overset{|}{COOH} & & \\
\text{丝氨酸} & & \text{丙酮酸}
\end{array}
$$

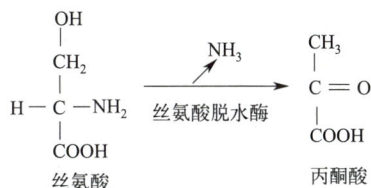

半胱氨酸可在脱巯基酶作用下脱 H_2S、脱氨基，生成丙酮酸，天冬氨酸可在天冬氨酸酶作用下直接裂解脱氨酸，生成延胡索酸。

🔲 生化与医药

生物体内为何存在两种联合脱氨基作用？有何生理意义？

L-谷氨酸脱氢酶是一种不需氧脱氢酶，以 NAD^+ 或 $NADP^+$ 为辅酶，生成的 $NADH+H^+$ 或 $NADPH+H^+$ 可进入呼吸链，经氧化磷酸化产生 ATP。该酶专一性强、分布广泛、活力强，属变构酶，其活性受 ATP、GTP 抑制，受 ADP、GDP 激活。但在骨骼肌和心肌中，因谷氨酸脱氢酶活性较低，而腺苷酸脱氢酶活力较高，故采用嘌呤核苷酸循环进行脱氨基。两种联合脱氨基作用在人体不同组织器官中进行，这样可以确保人体氨基酸代谢的正常进行。

三、氨的代谢

氨具有强烈神经毒性，特别是脑组织对氨毒性特别敏感。消化道经肠道吸收的氨和机体蛋白质（氨基酸）代谢产生的氨汇入到血液中形成血氨。正常血氨浓度为 $47 \sim 65\mu mol/L$，体内氨可在肝合成尿素而解毒。通常情况下，除门静脉血液外，体内血液中氨浓度很低，不足以引起神经毒性，但当血氨浓度升高时，容易引起脑组织功能障碍。严重肝病患者尿素合成功能降低，血氨增高，引起脑功能紊乱，常与肝性脑病发生有关。氨在体内的代谢过程是对氨的解毒过程。

（一）氨的来源与去路

1. 氨的来源

体内氨主要来源于组织中氨基酸脱氨基作用、肾脏来源的氨及肠道来源的氨 3 个途径，这些氨汇聚到血液中形成血氨。血液中氨的来源及去路见图 10-8。

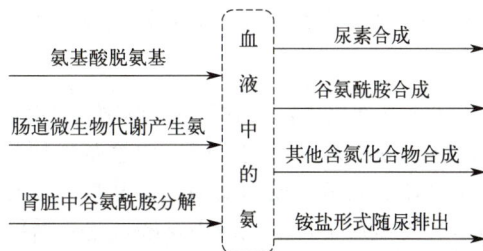

图 10-8　血氨的来源及去路

（1）氨基酸脱氨基作用和胺类分解产生的氨　氨基酸脱氨基作用是血氨的主要来源。食物蛋白质含量较高时，生成的氨也随之增多。此外，胺类物质氧化分解也可产生氨，如肾上腺素、多巴胺等在单氧化酶和二胺氧化酶作用下分解也可以释放氨。核苷酸及其降解产物嘌呤、嘧啶等化合物分解代谢中也产生氨。

（2）肠道吸收产生的氨　肠道中氨主要来自肠道内蛋白质与氨基酸的腐败作用产生的氨和血中尿素渗入肠道后水解产生的氨。在肠道细菌作用下，蛋白质经腐败作用、尿素分解每天可产生约 4g 氨。肝脏合成尿素排入肠腔后，也可经肠道菌群脲酶水解生成氨和 CO_2，生成的氨主要在结肠经由门静脉吸收入血，是血氨的重要来源。因此，门静脉血氨浓度要高于其他组织器官。肠道吸收氨的速度与吸收的量与肠腔中的 pH 有关。一般当肠道内 pH ＜ 6 时，肠道中的氨或生成 NH_4^+ 随粪便排出。肠道 pH 值偏碱时，氨容易吸收入血。因此，临床上对高血氨患者常采用弱酸性透析液做结肠透析，而不用碱性肥皂水灌肠，以免增加氨的吸收。

（3）肾小管上皮细胞分泌的氨　在肾远曲小管上皮细胞内，谷氨酰胺在谷氨酰胺酶的催化下，水解成谷氨酸和 NH_3，占肾脏产生氨的 50% 以上。正常情况下，这部分氨主要被分泌到肾小管管腔内，主要与尿中的 H^+ 结合生成 NH_4^+，以铵盐形式随尿液排出体外，有利于机体酸碱平衡调节。尿液偏酸时有利于肾小管细胞中的 NH_3 扩散入尿而排出，酸性尿有利于肾小管排氨；而尿液偏碱时则不利于氨的排出，且氨易被重吸收入血，引起血氨升高。因此，对因肝硬化产生腹水的患者不宜使用碱性利尿药，以防血氨升高而加重病情。

（4）其他含氮物质　如胺类、嘌呤、嘧啶等分解产氨。

2. 氨的去路

氨在体内的代谢途径主要有 4 个方面：

（1）在肝脏中合成尿素　在肝细胞中通过鸟氨酸循环变成尿素，经肾脏排出体外，这是氨代谢去路的最主要途径。

（2）合成非必需氨基酸　氨可以与 α- 酮酸转氨基生成非必需氨基酸，或参与嘧啶、嘌呤等其他含氮物质的合成。

（3）转变为谷氨酰胺　脑组织产生的氨可在谷氨酰胺合成酶作用下，与谷氨酸生成无毒的谷氨酰胺进行储存或运输。

（4）随尿排出　氨转变成谷氨酰胺后，部分可转运至肾脏，在肾小管上皮细胞中水解释放 NH_3，分泌到肾小管腔中与原尿中的 H^+ 结合生成铵盐排出体外。

（二）氨在血液中的转运

血氨浓度升高可进入脑组织引起脑血管收缩，严重时会引起昏迷，甚至死亡。肝外组织代谢产生的氨大多数转运至肝脏合成尿素，转变为无毒物质并排出体外。机体各组织产生的氨必须以无毒的方式运到肝脏合成尿素，或运送到肾脏以铵盐形式随尿排出才能解除氨的毒性。氨在血液中的运输主要以丙氨酸 - 葡萄糖循环和谷氨酰胺运氨两种方式进行。

1. 丙氨酸 - 葡萄糖循环

肌肉组织中的氨基酸在转氨基作用下，可将氨基转移给丙酮酸生成丙氨酸，丙氨酸随后经血液循环运送至肝脏，在肝细胞中，丙氨酸与联合脱氨基作用释放的氨结合可合成尿素。脱氨后生成的丙酮酸可进入糖异生途径生成葡萄糖，葡萄糖经由血液循环运送至肌肉组织，经 EMP 途径转变为丙酮酸，接受氨后可再次生成丙氨酸。这一循环可将氨以无毒的丙氨酸形式从肌肉运送到肝脏，成为肌肉组织氨基的重要运输方式，还可避免丙酮酸（或乳酸）在肌肉组织堆积。同时，将葡萄糖从肝脏运输到肌肉内生成丙酮酸，为肌肉运动提供 ATP，从而在肌肉和肝脏之间架起了一座"桥梁"——丙氨酸 - 葡萄糖循环（图 10-9）。

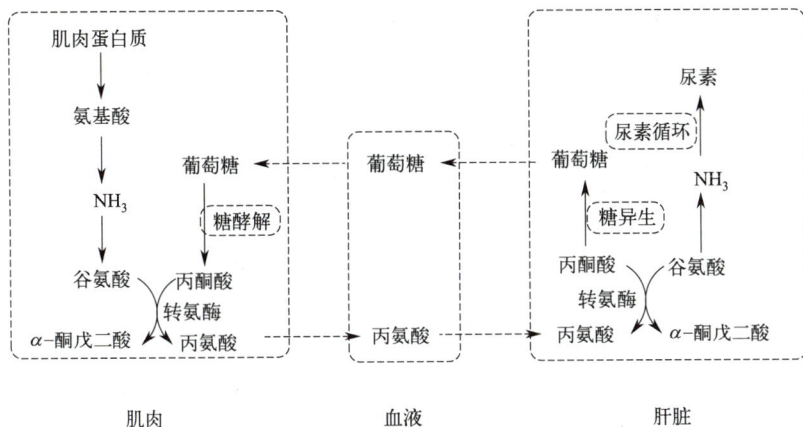

图 10-9　丙氨酸－葡萄糖循环

2. 谷氨酰胺的运氨作用

谷氨酰胺是中性无毒分子，易溶于水，在脑和肌肉等组织中，氨与谷氨酸在谷氨酰胺合成酶催化下合成谷氨酰胺，然后再经血液循环转到肝脏、肾脏，经谷氨酰胺酶作用水解为谷氨酸和氨。在肝脏，氨用于合成其他含氮化合物或合成尿素，通过肾脏排出体外。在肾脏，NH_3 与 H^+ 结合成 NH_4^+，随尿液排出体外。谷氨酰胺不仅是氨的解毒方式，也是运氨、储氨的一种重要方式。谷氨酰胺的生成在脑中固定和转运氨的过程中起着重要作用，是脑组织解氨毒的重要方式，故临床上，对氨中毒患者可口服或静脉注射谷氨酸钠盐，以降低血氨浓度解除氨毒。此外，谷氨酰胺可参与体内嘌呤、嘧啶的合成，还可为其他分子提供分子中的酰胺基，在天冬酰胺合成酶催化下，使天冬氨酸转变为天冬酰胺。

正常人体细胞可生成满足蛋白质合成需求量的天冬酰胺，但白血病患者和肿瘤患者其体内缺乏天冬酰胺合成酶或只有少量天冬酰胺合成酶，难以合成足够的天冬酰胺，用天冬酰胺酶水解癌细胞中的天冬酰胺，使天冬酰胺水平降低，从而抑制了肿瘤细胞的蛋白质合成。所以，临床上经常给予天冬酰胺酶使其水解，减少血液中天冬酰胺，从而达到治疗白血病和肿瘤的目的。谷氨酰胺合成和分解由不同的酶催化，为不可逆反应。

（三）氨在肝脏合成尿素

肝脏是人体氨代谢的主要器官，氨主要通过肝脏合成尿素进行解毒，尿素合成是人体氨代谢的主要和最重要途径。通过尿素排出人体的氮占到排出总氮的 80% 以上，仅有少量的氨通过肾脏以铵盐形式由泌尿系统排出体外。

> ### 知识拓展
>
> #### "冬眠"的生化
>
> 想象一下，室温长期 -31℃ 以下，而你一直在睡觉，连续几个月不起床、不吃东西，你

认为可能吗？事实上，没有一个人能做到，但对北美黑熊或北极熊来说，这不过是一个正常冬眠。在休眠期间，北美黑熊和北极熊使用的主要能源来自其贮存的脂肪。由于贮存糖原很少，也许它们大脑主要靠酮体供能，但有一个代谢必须做出适应性改变，这就是必需的氮代谢。由于氮代谢必然产生尿素，如何将尿素及时排出体外？这两种动物冬眠期间，会不会通过减少氨基酸分解代谢来降低尿素产出呢？答案是否定的。事实上，冬眠期间，它们体内的氨基酸代谢率保持不变，甚至还有所增加，而血液尿素水平并不高，那么尿素去了哪里？原来尿素在进入膀胱以后，被重吸收到血液之中，然后在通过大肠时，被肠道微生物脲酶水解成氨，而氨再次被这些微生物合成氨基酸。由此看来，这些肠道微生物对北美黑熊和北极熊的氮代谢十分重要。通常，这两种动物冬眠并不深，因为它们需要让体温远高于环境，从而使结肠内的细菌保持活跃。

1. 肝脏是尿素合成的重要器官

若出现肝脏损伤，或将动物肝脏部分切除或完全切除，血液和尿中尿素含量会急速下降，若同时给动物补充氨基酸，则大部分氨基酸集聚于血液中，很少一部分通过脱氨基生成 α-酮酸并释放出氨，引起血氨升高。若切除动物肾脏而保留肝脏，则尿素因合成后无法由泌尿系统排出，而集聚血液中，导致血液尿素浓度增高。若肝肾同时切除，那么血中尿素含量极低而血氨浓度显著升高。临床试验发现，在急性肝坏死患者的血液和尿液中几乎未见尿素，但氨基酸水平却升高。由此可见，肝脏是人体和动物体内合成尿素的最主要器官。虽然，肾脏及部分组织器官虽可合成尿素，但合成量却是极低的。

2. Krebs 提出鸟氨酸循环学说

鸟氨酸循环学说也称尿素循环或 Krebs-Henseleit 循环，这是科学家首次发现的体内代谢循环。TCA 循环学说也是 Hans Krebs 提出来的。1932 年，Hans Krebs 和 Kurt Henseleit 将大鼠肝脏的薄切片和铵盐等代谢相关物质在有氧条件下保温数小时后发现，铵盐含量减少，而尿素量增多。研究还发现，精氨酸、瓜氨酸和鸟氨酸能加速尿素合成，而结构与鸟氨酸比较相似的赖氨酸却不能促进尿素合成。基于这一实验结果以及这些氨基酸的结构，他们推测应该存在以鸟氨酸、NH_3 和 CO_2 为原料合成的一种关键的中间化合物，而这些产物在肝脏中可转化为尿素，并转化为鸟氨酸，且鸟氨酸在尿素合成中起促进作用，这一观点得到其他学者认同。他们推测，只有在哺乳类动物的肝中，以尿素为氮的代谢终产物才会出现精氨酸酶，该酶可将精氨酸分解成鸟氨酸和尿素，其他动物不产生尿素，如鸟类氮代谢是以尿酸为终产物排出体外的。他们还观察到，肝脏切片与大量鸟氨酸及 NH_4^+ 共同保温时，瓜氨酸含量有增加的现象，他们据此推断，鸟氨酸可能是瓜氨酸的前体，而瓜氨酸是精氨酸的前体，并根据这些实验结果提出肝脏中尿素合成的鸟氨酸循环机制，即由鸟氨酸、NH_3 和 CO_2 为原料首先合成瓜氨酸，然后再接受 1 分子氨生成精氨酸，精氨酸在精氨酸酶作用下，进一步水解产生尿素和鸟氨酸，鸟氨酸再进入第二次尿素合成循环过程。鸟氨酸循环简要过程见图 10-10。

经过鸟氨酸循环，2 分子 NH_3 以合成尿素的形式，将氨进行无毒化处理，并经肾脏从尿液中排出。20 世纪 40 年代，人们利用含 ^{15}N 的 NH_4^+ 盐饲养大鼠，发现随尿排出的尿素含 ^{15}N，说明氨基酸最终产物是尿素。用含 ^{15}N 的氨基酸饲养大鼠，则肝中精氨酸含 ^{15}N，在生成的尿素分子中两个氮均有放射性核素标记，但鸟氨酸却没有 ^{15}N 标记；用含 ^{14}C 标记的 $NaH^{14}CO_3$ 饲养大鼠，生成的尿素和瓜氨酸的羧基均含有 ^{14}C。人们利用放射性核素证明了鸟氨酸循环合成尿素的正确性。

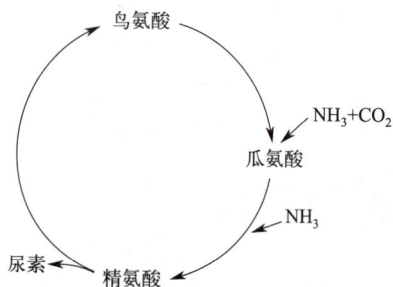

图 10-10　鸟氨酸循环简要过程

尿素分子中的两个氨基，一个来自氨，另一个来自天冬氨酸，而天冬氨酸又可由其他氨基酸通过转氨基作用生成。由此可见，尿素分子中的两个氨基虽然来源不同，但均直接或间接来自各种氨基酸的氨基。

机体将有毒的氨转换成尿素的过程是消耗能量的，合成氨甲酰磷酸时消耗 2 分子 ATP，而在合成精氨酸代琥珀酸时虽消耗 1 分子 ATP，但由于生成了 AMP 和焦磷酸，实际上水解了两个高能磷酸键，相当于消耗了 2 分子 ATP。因此，生成 1 分子尿素共需消耗 4 分子 ATP。尿素的生物合成是一个循环过程，反应开始时消耗的鸟氨酸在反应末又重新生成，整个循环中没有鸟氨酸、瓜氨酸、精氨酸代琥珀酸和精氨酸的净丢失或净增加。

3. 鸟氨酸循环合成尿素

鸟氨酸是蛋白质分解代谢的最终产物，尿素是人体氮代谢主要方式，占排出总氮的80%。肝脏是尿素合成的主要器官，尿素合成过程为鸟氨酸循环或尿素循环，合成过程较为复杂，分为 5 个步骤，即 NH_3 与 CO_2 结合产生氨甲酰磷酸、鸟氨酸结合氨甲酰磷酸提供的氨甲酰基形成瓜氨酸、与天冬氨酸结合产生精氨酸代琥珀酸、精氨酸代琥珀酸分解生成精氨酸和延胡索酸、精氨酸水解产生尿素并转化为鸟氨酸，进入第二次循环。具体反应步骤如下：

（1）氨甲酰磷酸的合成（反应不可逆） 在肝细胞线粒体氨甲酰磷酸合成酶 I（CPS- I）催化作用下，来自外周组织或肝脏代谢生成的 NH_3 和 CO_2 在肝细胞内合成氨甲酰磷酸，反应由 ATP 供能，反应不可逆，需 Mg^{2+}、N- 乙酰谷氨酸（AGA）共同参与。N- 乙酰谷氨酸是氨甲酰磷酸合成酶 I 的别构激活剂，通过 N- 乙酰谷氨酸诱导氨甲酰磷酸合成酶 I 构象改变，暴露出酶分子中的某些巯基，增加对 ATP 的亲和力。酰胺键和酸酐键的合成过程消耗 2 分子 ATP。氨甲酰磷酸合成酶 I 是鸟氨酸循环过程的关键酶，氨甲酰磷酸的合成是尿素合成的第一步。

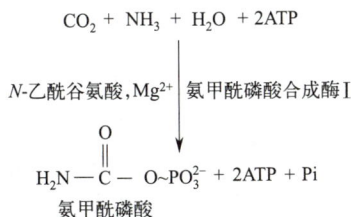

$$CO_2 + NH_3 + H_2O + 2ATP$$

N-乙酰谷氨酸，Mg^{2+} | 氨甲酰磷酸合成酶 I

$$\underset{\text{氨甲酰磷酸}}{H_2N-\overset{\overset{\displaystyle O}{\|}}{C}-O\sim PO_3^{2-}} + 2ATP + Pi$$

（2）瓜氨酸的合成（反应不可逆） 氨甲酰磷酸性质比较活泼，在线粒体内鸟氨酸氨甲酰基转移酶（OCT）催化作用下，将氨甲基甲酰转移至鸟氨酸生成瓜氨酸。此反应有生物素的参与，不可逆。瓜氨酸存在于肝细胞线粒体内，由鸟氨酸与氨甲酰磷酸生成。

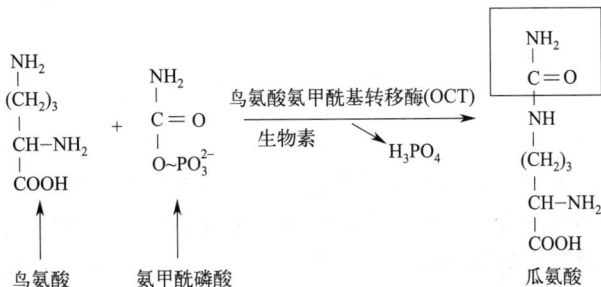

（3）精氨酸代琥珀酸的合成 瓜氨酸在肝细胞线粒体内合成后，在精氨酸代琥珀酸合成酶催化下，经膜载体转运到线粒体外，在细胞质内与天冬氨酸发生缩合反应生成精氨酸代琥

珀酸，反应由 ATP 供能。通过该反应，天冬氨酸为尿素分子合成提供了第 2 个氮原子。

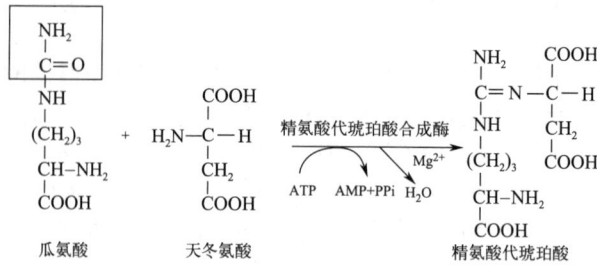

（4）精氨酸的生成　在精氨酸代琥珀酸裂解酶催化下，精氨酸代琥珀酸裂解生成精氨酸与延胡索酸。延胡索酸经 TCA 循环生成草酰乙酸，草酰乙酸生成天冬氨酸后再参与上述反应。原本反应中游离的氨和天冬氨酸分子中的氨依然存在于此反应的产物——精氨酸分子中。天冬氨酸只是参加尿素合成的一种形式，反应中的氨基可由体内的多种氨基酸来提供，而延胡索酸和天冬氨酸也能将三羧酸循环与鸟氨酸循环建立一定的联系。

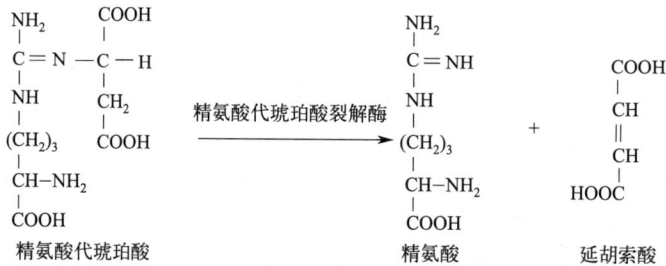

（5）尿素的生成　在精氨酸酶催化作用下，精氨酸在细胞质中水解产生尿素和鸟氨酸。鸟氨酸经膜载体转运进入线粒体内参与瓜氨酸合成，通过鸟氨酸循环完成尿素合成。

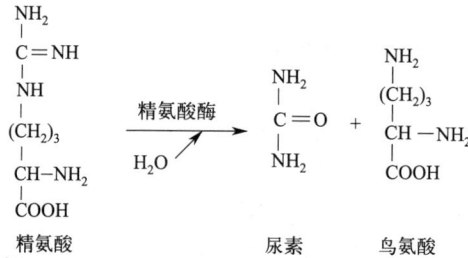

尿素是氨在体内代谢的终产物，全部排出体外，目前并未发现它在体内还有任何其他的生理功能。尿素生成的总反应式为：

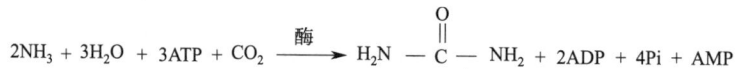

$$2NH_3 + 3H_2O + 3ATP + CO_2 \xrightarrow{\text{酶}} H_2N-\overset{\overset{\displaystyle O}{\|}}{C}-NH_2 + 2ADP + 4Pi + AMP$$

尿素分子结构中的两个 N 原子，其中一个直接来自氨基酸联合脱氨基产生的 NH_3，另一个来自多种氨基酸通过转氨基而生成的天冬氨酸，都是直接或间接地来自各种氨基酸，转氨基作用在尿素合成过程中有重要作用，鸟氨酸循环过程不可逆（图 10-11）。鸟氨酸循环中的鸟氨酸、瓜氨酸和精氨酸是鸟氨酸循环中间产物，可促进循环进行。故临床上，常用谷氨酸、精氨酸治疗高氨血症。

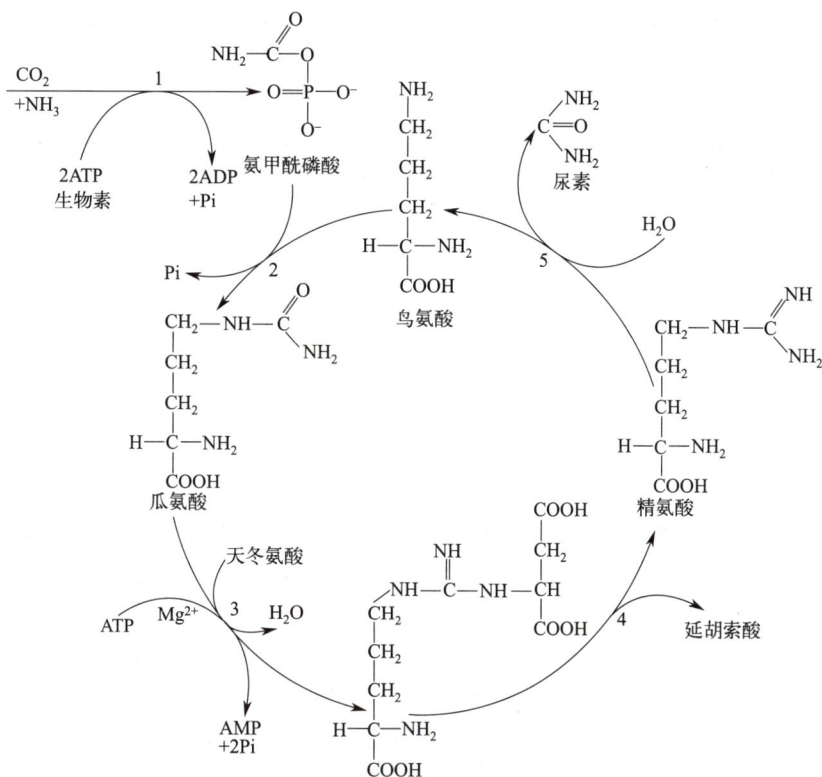

图 10-11　鸟氨酸循环

1 ～ 5 代表反应步骤

尿素合成的特点有：

① 合成部位：肝脏（肝细胞的胞质和线粒体）。

② 合成过程：鸟氨酸循环。

③ 主要合成原料：NH_3 和 CO_2。

④ 合成 1 分子尿素需消耗 2 分子 NH_3、1 分子 CO_2 和 4 分子 ATP。

⑤ 尿素是氨的主要解毒产物，是水溶性、无毒物质，主要由肾脏排出。血中尿素测定常作为判断肾功能的重要指标。

4. 尿素合成的调节

尿素合成速度受蛋白质膳食和两种关键酶的调节。

（1）膳食蛋白质的影响　尿素合成受食物蛋白质的影响，当食物中蛋白质含量较高时，蛋白质分解增多，尿素合成速度加快，生成大量尿素。反之，进食低蛋白质膳食，则会减少尿素合成。尿素排氮量可占总排出量的 90% 左右。若食物中缺乏蛋白质，则尿素合成速度减弱，尿素排氮量低于总排出氮量的 60% 左右。

（2）氨甲酰磷酸合成酶 I（CPS- I）的调节　CPS- I 是尿素循环启动的限速酶，氨甲酰磷酸合成是尿素循环第一步，也是关键步骤。氨甲酰磷酸合成酶 I 是氨甲酰磷酸合成的催化酶，N- 乙酰谷氨酸（AGA）为 CPS- I 的变构激活剂。AGA 是由乙酰 CoA 和谷氨酸经 AGA 合成酶催化产生的，精氨酸是 N- 乙酰谷氨酸合成酶的激活剂，因此，精氨酸浓度增高时，尿素合成加快。

（3）精氨酸代琥珀酸合成酶的调节　肝细胞内各种参与尿素循环的酶的活性有很大差异。

其中，精氨酸代琥珀酸合成酶的活性是最低的（表 10-9），是尿素合成的限速酶，可正向调节尿素合成的速度。

表 10-9   正常人肝脏尿素合成酶的相对活性

酶名称	相对活性	酶名称	相对活性
氨甲酰磷酸合成酶	4.5	精氨酸代琥珀酸裂解酶	3.3
鸟氨酸氨基甲酰转移酶	163.0	精氨酸酶	149.0
精氨酸代琥珀酸合成酶	1.0		

（4）循环中间产物的影响   循环的中间产物，如鸟氨酸、瓜氨酸、精氨酸的浓度均可影响尿素合成速度，如供给充足的精氨酸就可有足够的鸟氨酸，可加速循环的进行。

5. 高氨血症和氨中毒

机体正常生理状态下，血氨来源与去路是保持动态平衡的，血氨浓度常控制在 $60\mu mol/L$ 以下。氨在肝中通过鸟氨酸循环合成尿素是氨的主要排泄形式和解除体内氨毒最有效的方式，也是维持体内氮平衡关系的关键因素。脑组织主要通过生成谷氨酰胺来解除氨毒性。当各种因素，如肝功能严重受损时或尿素合成相关酶遗传性缺陷等，导致尿素合成发生障碍，血液中尿素减少，血氨浓度增高称为高氨血症。临床常见症状包括呕吐、厌食、间歇性共济失调、嗜睡甚至昏迷等。增高的血氨可穿透血-脑屏障进入脑组织，引起脑细胞损害和大脑功能障碍。临床上，将肝功能损伤导致的脑功能障碍称为肝性脑病或肝昏迷。

目前，关于高氨血症的毒性作用机制仍未明晰。普遍认为，大量氨经血-脑屏障进入脑组织后，可与脑细胞中的 α-酮戊二酸和 $NADH+H^+$ 结合生成谷氨酸，再进一步与氨结合生与谷氨酰胺，这些反应需消耗 ATP、NADH 和大量 α-酮戊二酸，从而抑制了 TCA 循环速率，ATP生成减少，脑组织供能不足，特别是大量氨需借由此途径进行代谢时，能量将严重短缺，从而影响脑细胞的生理代谢过程，导致患者出现昏迷。也有学者认为，可能是由于谷氨酸和谷氨酰胺大量合成，严重扰乱脑组织的正常能量代谢，导致渗透压升高引起脑水肿。不管是哪种作用机制，唯一的解救措施就是降低血氨浓度，临床上常采用限制患者蛋白质饮食、口服抗生素抑制肠道微生物相关酶活性、使用酸性利尿药增加氨的代谢去路，以及酸性灌肠以促进氨转化为氨盐并促进排出体外等措施。也常利用一些在体内代谢的中间产物治疗中毒，如给予谷氨酸，使其与氨结合为无毒的谷氨酰胺，或口服乳果糖溶液减少肠道氨的生成和吸收，乳果糖是人工合成的不吸收性双糖，具有双糖的渗透活性，可使水、电解质保留在肠腔而产生高渗效果，且无肠道刺激性。乳果糖口服后在小肠不会被分解，在结肠中可被肠道细菌分解为低分子量有机酸而降低肠道 pH 值，从而促进肠道嗜酸菌（乳酸杆菌）生长，抑制蛋白质分解菌，使肠道细菌产氨减少。补充适量鸟氨酸-天冬氨酸混合制剂、精氨酸与必需氨基酸相应的 α-酮酸，以加速鸟氨酸循环，促进氨迅速转化为尿素排出体外。

【课堂互动】临床上对高氨血症或肝硬化患者酸性灌肠的依据是什么？

生化与医药

肝性脑病的三大学说

肝性脑病又称肝昏迷，是严重肝病引起的以意识改变和昏迷为主的中枢神经系统功能失调，发病机制尚未完全清楚，目前倾向于多种因素的综合作用。①氨中毒学说。肝功能严重受损引起高血氨，氨进入脑组织导致三羧酸循环障碍，引起脑组织功能障碍。②假神经递质学说。肠道产生的酪胺、苯乙胺被吸收进入血液后，其不经肝微粒体中单胺氧化酶分解而进入脑组织，可分别被羟化生成羟基酪胺和苯乙醇胺，它们结构上类似于儿茶酚胺，称假神经递质。假神经递质能干扰儿茶酚胺生成和作用，影响神经冲动传递，从而引起神经系统功能障碍而导致肝性脑病。③硫醇学说。肝性脑病患者的呼气中有类似大蒜、尿液或烂苹果味，这是由于肝不能分解甲硫氨酸的中间产物硫醇等，致使血和尿中的硫醇等明显增加，因此，怀疑硫醇与肝性脑病有关。

四、α- 酮酸的代谢

氨基酸脱氨可产生 α- 酮酸，不同氨基酸产生的 α- 酮酸会进入不同代谢途径进行代谢。

1. 合成非必需氨基酸

生物体内的脱氨基过程是可逆的，通过联合脱氨基或转氨基作用可生成相应的氨基酸，这是体内合成非必需氨基酸的重要途径。非必需氨基酸可由相应的 α- 酮酸经氨基化生成。α- 酮酸来源广泛，糖代谢、TCA 循环等途径中均可产生 α- 酮酸中间体，如丙酮酸、草酰乙酸和 α- 酮戊二酸经氨基化后可生成丙氨酸、天冬氨酸和谷氨酸，沿联合脱氨基反应逆路径可合成相应的非必需氨基酸。人体必需的 8 种氨基酸，除赖氨酸和苏氨酸外，其他 6 种均可通过 α- 酮酸加氨生成，但与必需氨基酸对应的 α- 酮酸不能在体内合成，需要食物供给。

2. 转化为糖和酮体

α- 酮酸在体内可以转化为糖和酮体。很多氨基酸可生成糖代谢或 TCA 循环中间产物，经过糖异生途径转化为葡萄糖。在体内可沿糖异生途径转变为糖的氨基酸称为生糖氨基酸；能转化为酮体（如乙酰辅酶 A 转化为酮体）的氨基酸称为生酮氨基酸；少数氨基酸代谢既能生成糖又能生成酮体，称为生糖兼生酮氨基酸。生糖、生酮及生糖兼生酮氨基酸的种类见表 10-10。

表 10-10　生糖、生酮及生糖兼生酮氨基酸的种类

氨基酸类型	对应氨基酸
生糖氨基酸	甘氨酸、丙氨酸、丝氨酸、精氨酸、脯氨酸、谷氨酸、组氨酸、谷氨酰胺、缬氨酸、甲硫氨酸（蛋氨酸）、半胱氨酸、天冬氨酸、天冬酰胺
生酮氨基酸	亮氨酸、赖氨酸
生糖兼生酮氨基酸	苯丙氨酸、酪氨酸、色氨酸、异亮氨酸、苏氨酸

3. 氧化分解供能

α- 酮酸在体内可通过 TCA 循环转变成乙酰辅酶 A 或三羧酸循环中间产物，然后通过三羧酸循环与生物氧化体系彻底氧化生成 CO_2 和 H_2O，并释放能量供生理活动需要。氨基酸与糖和脂类一样，也可作为能源物质。氨基酸可转变为糖与脂肪，而糖也能转变成脂肪及多数非必需氨基酸的碳骨架部分。TCA 循环是物质代谢的重要枢纽，可使糖、脂及氨基酸彻底氧化相互连通，构成一个完整的代谢体系。

第四节　某些氨基酸的特殊代谢

由于氨基酸侧链结构不同，氨基酸除一般代谢途径外，还有独特的代谢方式，并产生不同代谢产物，在机体代谢过程中发挥重要作用，具有重要生理意义。

一、氨基酸的脱羧基作用

在生物体内，氨基酸在脱羧酶作用下脱羧生成伯胺或胺类化合物，辅酶为磷酸吡哆醛。

体内胺类虽然含量不高，但却具有重要的生理功能。胺经胺氧化酶催化后可生成相应的醛、氨及过氧化氢，醛类继续氧化生成羧酸，再进一步氧化为二氧化碳和水随尿液排出体外，避免胺类聚集。胺氧化酶属黄素蛋白，在肝中活性最高。

$$R-\underset{\underset{NH_2}{|}}{\overset{\overset{COOH}{|}}{C}}-H \xrightarrow[\text{磷酸吡哆醛}]{\text{氨基酸脱羧酶}} R-\underset{\underset{NH_2}{|}}{\overset{\overset{CH}{|}}{C}}-H + CO_2$$

$$HOOC-\underset{NH_2}{\overset{R}{CH}} \xrightarrow[CO_2]{\text{脱羧酶}} R-CH_2-NH_2 \xrightarrow[H_2O+O_2 \quad NH_3+H_2O_2]{\text{胺氧化酶}} RCHO \xrightarrow{\text{醛氧化酶}+1/2O_2} RCOOH$$

氨基酸　　　　　　　　　胺　　　　　　　　　醛　　　　　　　羧酸

（一）谷氨酸脱羧基生成 γ-氨基丁酸

谷氨酸在谷氨酸脱羧酶作用下，脱去羧基生成 γ-氨基丁酸（γ-GABA）。

$$\underset{\underset{NH_2}{|}}{\overset{\overset{(CH_2)_2COOH}{|}}{CH}}-COOH \xrightarrow[CO_2]{\text{L-谷氨酸脱羧酶}} \underset{\underset{NH_2}{|}}{\overset{\overset{(CH_2)_2COOH}{|}}{CH_2}}$$

谷氨酸　　　　　　　　　　　　　γ-氨基丁酸

脑组织中的谷氨酸脱羧酶活性很高，其含量占全身各组织的首位，因而该组织中 γ-GABA 浓度较高。催化此反应的酶是 L-谷氨酸脱羧酸，此酶在脑和肾脏组织中活性最高，脑中 γ-GABA 浓度最高。γ-GABA 可抑制突触传导，是一种抑制性神经递质，并对中枢神经系统产生抑制作用，若其生成不足易引起中枢神经系统的过度兴奋。

【课堂互动】临床上，给妊娠呕吐孕妇和抽搐惊厥婴幼儿补充维生素 B_6 的原因是什么？

维生素 B_6 是构成氨基酸脱羧酶的辅酶，妊娠呕吐和小儿抽搐常服用维生素 B_6 进行治疗，主要是由于维生素 B_6（含吡哆醛）在细胞内磷酸化形成磷酸吡哆醛，磷酸吡哆醛是谷氨酸脱羧酶辅酶，可促进谷氨酸脱羧生成 γ-GABA，进而抑制神经系统兴奋，从而起到止吐、抗惊厥作用。结核病患者长期联合使用异烟肼与维生素 B_6，但它们结构相似，对同一酶系产生竞争或结合成胺，从尿中排出，导致维生素 B_6 缺乏，引起氨基酸代谢障碍进而出现周围神经炎。维生素 B_6 缺乏时，谷氨酸脱羧就会出现障碍，使中枢抑制性神经递质 γ-GABA 减少，导致兴奋、失眠、烦躁不安甚至惊厥，诱发精神分裂症和癫痫发作。

▲执业药师考点提示▲：肺结核患者服用异烟肼后可发生周围神经病，为防止和减轻周围神经病，可同时服用的药物是维生素 B_6。

（二）组氨酸脱羧基生成组胺

组氨酸在组氨酸脱羧酶作用下，脱去羧基生成组胺。

$$\underset{\underset{H}{N}}{N}=\overset{CH_2\underset{NH_2}{\overset{|}{CH}}COOH}{} \xrightarrow{\text{组氨酸脱羧酶}} \underset{\underset{H}{N}}{N}=\overset{CH_2CH_2}{\underset{NH_2}{|}}$$

组氨酸　　　　　　　　　　　　　组胺

组胺在体内分布广泛，乳腺、肝、皮肤、肺支气管黏膜、肌肉及胃肠黏膜和神经系统中含量较高，主要由肥大细胞产生并储存。当肥大组织细胞被破坏时，可释放大量组胺，造成过敏性反应。组胺是一种强烈血管扩张剂，能增加毛细血管通透性，使毛细血管扩张，导致局部水肿、血压下降，严重时可引发休克，组胺还可使支气管平滑肌痉挛而引起哮喘。发生变态反应、创伤及烧伤时可释放大量组胺。组胺也能刺激胃酸和胃蛋白酶原分泌，常用于胃功能研究。在中枢神经系统，组胺又可作为一种神经递质，与控制觉醒和睡眠、调节情感和记忆等功能有关。

（三）色氨酸脱羧基生成 5- 羟色胺

色氨酸经色氨酸羟化酶催化生成 5- 羟色氨酸，再经 5- 羟色氨酸脱羧酶脱羧生成 5- 羟色胺（5-HT）。

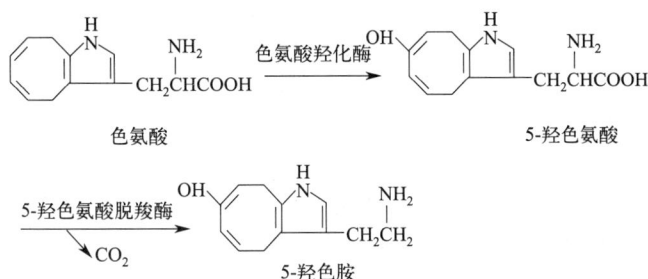

5-HT 最早在血清中发现，又名血清素，广泛分布在体内很多组织中。在神经系统、胃肠道、血小板和乳腺等组织均有发现。在脑组织内，5-HT 作为一种抑制性神经递质，与调节睡眠、体温和痛觉等有关。当 5-HT 浓度降低时，引起睡眠障碍、痛阈降低。在外周组织，5-HT 是一种强烈的血管收缩剂和平滑肌收缩刺激剂，可引起血压升高，还能刺激平滑肌收缩，促进胃肠蠕动。5-HT 还具有增强记忆功能，一定程度上保护神经元免受损害。5-HT 经胺氧化酶催化生成 5- 羟色醛，后者进一步氧化生成 5- 羟吲哚乙酸随尿排出。

苯丙氨酸在苯丙氨酸羟化酶催化下发生羟化生成酪氨酸，酪氨酸在酪氨酸羟化酶催化下发生羟化，生成 3,4- 二羟基苯丙氨酸，称多巴（DOPA），在多巴脱羧酶作用下，脱羧生成 3,4- 二羟基苯乙胺，即多巴胺。多巴胺是大脑中的一种神经递质，帕金森病被认为与多巴胺减少有关。在肾上腺髓质中，多巴胺侧链的 β- 碳原子经羟化可生成去甲肾上腺素，再经 N- 甲基转移酶催化，由 S- 腺苷甲硫氨酸（SAM）提供甲基，进一步转变为肾上腺素。在人和动物的黑色素细胞中，多巴可进一步氧化、脱羧转变成 5,6- 吲哚醌，后者可聚合成黑色素，使毛发、皮肤变黑。在植物体内，马铃薯、苹果、梨等切开后变黑也是由于 5,6- 吲哚醌聚合成黑色素所致。

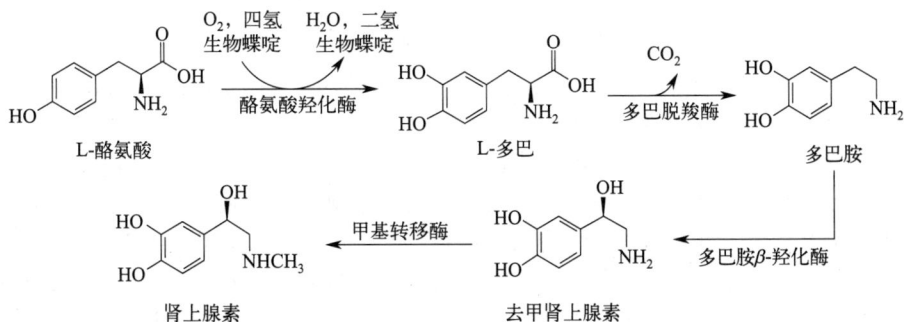

（四）某些氨基酸脱羧基生成多胺类物质

多胺是指一类具有多个氨基的化合物，如鸟氨酸经脱羧基作用生成腐胺。腐胺因发现于腐败肉中而得名，由鸟氨酸脱羧基产生，鸟氨酸脱羧酶是多胺合成的重要调节酶。腐胺再与脱去羧基的 S- 腺苷甲硫氨酸（SAM）作用转变为精脒（又名亚精胺）和精胺，这两种物质因发现于人的精液而得名。

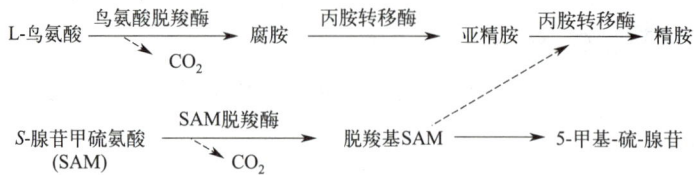

$$
\text{L-鸟氨酸} \xrightarrow[\substack{\searrow \\ CO_2}]{\text{鸟氨酸脱羧酶}} \text{腐胺} \xrightarrow{\text{丙胺转移酶}} \text{亚精胺} \xrightarrow{\text{丙胺转移酶}} \text{精胺}
$$

$$
\text{S-腺苷甲硫氨酸} \xrightarrow[\substack{\searrow \\ CO_2}]{\text{SAM脱羧酶}} \text{脱羧基SAM} \longrightarrow \text{5-甲基-硫-腺苷}
$$
（SAM）

鸟氨酸脱羧酶是多胺合成的关键酶。精脒和精胺是调节细胞生长的重要物质，可以促进细胞增殖。临床研究发现，在生长旺盛的组织（如胚胎）、再生肝以及肿瘤组织中，与多胺合成有密切关系的鸟氨酸脱羧酶有较高活性，多胺含量也比较高。多胺促进细胞增殖可能是因其带有多个正电荷，能吸引 DNA 和 RNA 之类的多聚阴离子，从而刺激 DNA 和 RNA 合成，促进核酸和蛋白质的生物合成。因此，临床常测定肿瘤患者血液、尿液中的多胺含量，并将这些指标作为病情进展和辅助诊断肿瘤的生理生化指标。

多胺促进细胞增殖的机制目前还不十分清楚，可能与稳定核酸和细胞结构、促进核酸和蛋白质生物合成有一定的关系。大部分多胺与乙酰基结合随尿液排出体外，小部分则氧化分解为二氧化碳和氨。研究发现，维生素 A 可对鸟氨酸脱羧酶产生抑制，减少多胺生成，具备抗肿瘤作用。

（五）半胱氨酸脱羧基生成牛磺酸

牛磺酸又称 β- 氨基乙磺酸，因早期从牛黄中分离得到而得名。肝脏中牛磺酸与胆汁酸结合，是结合胆汁酸的重要组成部分。结合胆汁酸有利于对消化道脂类的吸收，具有增加脂质和胆固醇溶解性、解除胆汁阻塞、降低某些游离胆汁酸细胞毒性和抑制胆结石的形成等功能。

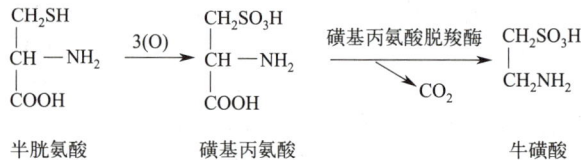

$$
\begin{array}{c}
CH_2SH \\
| \\
CH\!-\!NH_2 \\
| \\
COOH
\end{array}
\xrightarrow{3(O)}
\begin{array}{c}
CH_2SO_3H \\
| \\
CH\!-\!NH_2 \\
| \\
COOH
\end{array}
\xrightarrow[\substack{\searrow \\ CO_2}]{\text{磺基丙氨酸脱羧酶}}
\begin{array}{c}
CH_2SO_3H \\
| \\
CH_2NH_2
\end{array}
$$

半胱氨酸　　　　　　　磺基丙氨酸　　　　　　　牛磺酸

🔲 生化与健康

牛磺酸与母乳喂养必要性

牛磺酸是 1987 年在牛的胆汁中发现的一类化合物。1976 年，Hayes 等人证明牛磺酸具有保护心肌、增强心脏的功能，对肝脏和肠胃都有保护作用，能增强人体免疫机能，调节脑部兴奋状态，并有助于修复角膜、保护视网膜健康、预防白内障等。牛磺酸对婴儿生长，尤其是大脑和视网膜发育更为重要。牛磺酸缺乏会影响孩子视力、心脏与脑的正常发育。尽管牛磺酸广泛存在于动物体内，但一些较高级的动物自身合成牛磺酸的数量有限，不能满足机体需要，其所需牛磺酸主要从食物中获得。牛磺酸含量最丰富的是海鱼和贝类，如墨鱼、章鱼、虾，贝类的牡蛎、海螺、蛤蜊等。母乳中含有高浓度牛磺酸，但牛奶中几乎不含牛磺酸，所以婴幼儿奶粉中应当添加牛磺酸。牛磺酸在脑内含量丰富、分布广泛，能明显促进细胞增殖、分化和神经系统的生长发育，在脑神经细胞发育过程中起重要作用。研究表明，早产儿脑中的牛磺酸含量明显低于足月儿，这是因为早产儿体内的半胱氨酸亚磺酸脱氢酶（CSAD）尚未发育成熟，合成牛磺酸不足以满足机体需要，须由母乳补充。母乳中牛磺酸含量较高，尤其初乳中含量更高，补充不足将会使幼儿生长发育缓慢、智力发育迟缓。牛磺酸与胎儿、幼儿中枢神经及视网膜等发育有关，长期单纯牛奶喂养易造成牛磺酸缺乏。

二、一碳单位代谢

1. 一碳单位的概念和来源

部分氨基酸分解代谢过程可产生含有一个碳原子的活性基团，称一碳单位（基团）。生物体内的一碳单位包括甲基、甲烯基、甲炔基、亚氨甲基、甲酰基等，不包括 CO_2。体内重要的一碳单位见表 10-11。

表 10-11　体内重要的一碳单位

名称	结构	四氢叶酸结合位点	名称	结构	四氢叶酸结合位点
甲基	—CH_3	N^5	甲烯基	—CH_2—	N^5 和 N^{10}
甲炔基	—CH=	N^5 和 N^{10}	亚氨甲基	—CH=NH	N^5
甲酰基	—CHO	N^5 或 N^{10}			

一碳单位参与体内多种化合物的合成，具有重要的生理意义。凡涉及一个碳原子有机基团的转移和代谢的反应，统称为一碳单位代谢。在体内，这些基团不能游离存在，通常由载体携带参与代谢反应，常见与四氢叶酸（FH_4）结合而转运。因此，四氢叶酸为一碳单位的主要载体，也是一碳单位转移酶的辅酶。在体内，四氢叶酸由叶酸转变而来，在二氢叶酸还原酶催化下，首先以 NADPH 作为供氢体加氢生成 7,8- 二氢叶酸（FH_2），再加氢生成 5,6,7,8- 四氢叶酸（图 10-12）。一碳单位常见的结合位点是四氢叶酸分子第 5 和第 10 位氮原子，用 N^5 和 N^{10} 来表示。

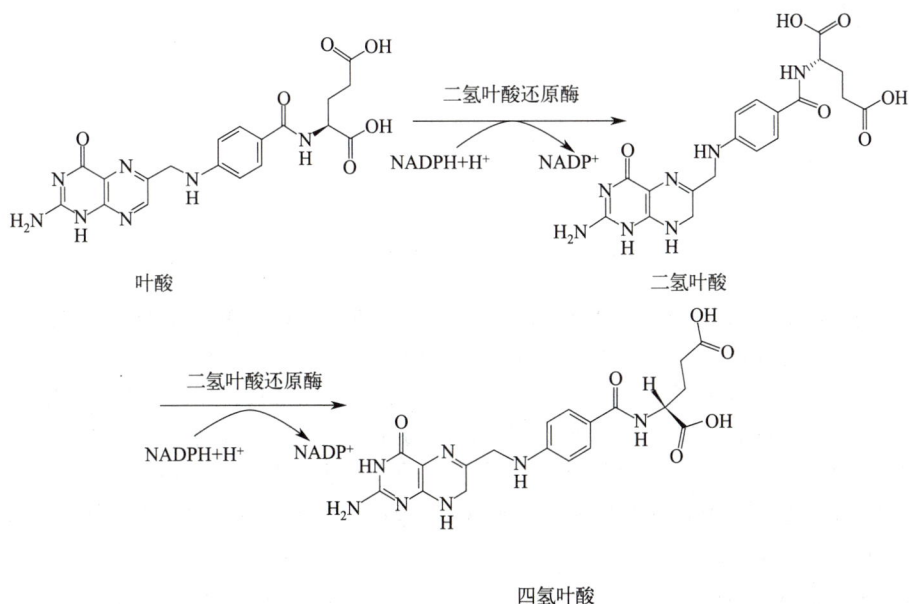

图 10-12　四氢叶酸（FH_4）结构与合成过程

　　体内重要的一碳单位主要来自丝氨酸、甘氨酸、组氨酸和色氨酸代谢。甲硫氨酸（蛋氨酸）可通过 S- 腺苷甲硫氨酸（SAM）提供"活性甲基"（一碳单位），甲硫氨酸也可产生一碳单位。甘氨酸、苏氨酸、丝氨酸和色氨酸可作为一碳单位的直接来源。甘氨酸和色氨酸在分解代谢过程中生成的甲酸与四氢叶酸反应，生成 N^{10}- 甲酰四氢叶酸（N^{10}-CHO—FH$_4$）。组氨酸在体内分解生成亚氨甲基谷氨酸，其亚氨甲基转移至四氢叶酸上可生成 N^5- 亚氨甲基四氢叶酸（N^5-CH=NH—FH$_4$），后者可再脱氨生成 N^5,N^{10}- 亚甲基四氢叶酸（N^5,N^{10}-CH$_2$—FH$_4$）。丝氨酸的 β 碳原子可转移到四氢叶酸而生成 N^5,N^{10}- 亚甲基四氢叶酸，同时转化为甘氨酸。

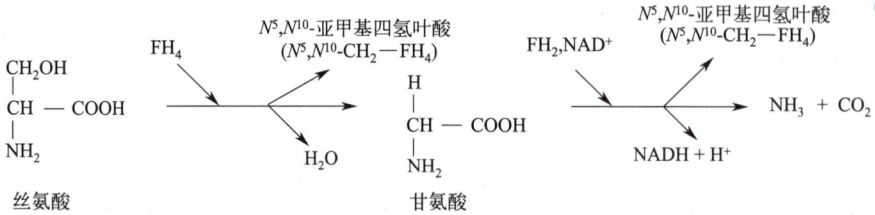

2. 一碳单位的相互转变

　　与四氢叶酸结合的不同形式的一碳单位，其碳原子氧化状态不相同，可通过氧化还原反应彼此转变（图 10-13）。

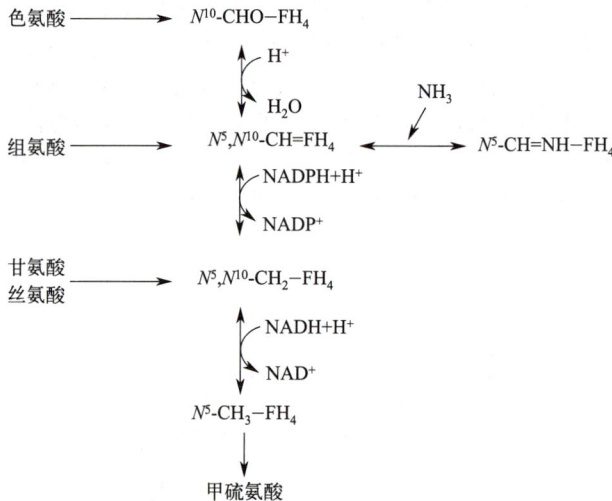

图 10-13　几种一碳单位的相互转变

　　N^{10}-CHO—FH$_4$、N^5,N^{10}-CH$_2$—FH$_4$ 和 N^5,N^{10}-CH=FH$_4$ 之间在酶的催化下可以相互转变，但 N^5-CH$_3$FH$_4$ 是转变的盲端，不能逆转变为前三者。N^5-CH$_3$FH$_4$ 是体内再生甲硫氨酸的甲基供体，此反应需甲基维生素 B$_{12}$ 参与。维生素 B$_{12}$ 缺乏时，N^5-CH$_3$FH$_4$ 是不能释放甲基的，甲硫氨酸再生障碍，进而导致需要 S- 腺苷甲硫氨酸的各种转甲基反应均无法完成。甲酰基供体 N^{10}-CHO—FH$_4$、N^5-CHO—FH$_4$ 是惰性的。N^5- 甲基四氢叶酸（N^5-CH$_3$—FH$_4$）在体内并非直接生成，可由 N^5,N^{10}- 亚甲基四氢叶酸（N^5,N^{10}-CH$_2$—FH$_4$）还原生成，反应不可逆。

3. 一碳单位的生理功能

　　一碳单位是嘌呤和嘧啶碱基合成原料。一碳单位代谢不仅与一些氨基酸代谢有关，还参与体内许多重要化合物的合成，是氨基酸代谢与核酸代谢相互联系的重要途径。生理功能主要有：
　　（1）是合成嘌呤和嘧啶的必要原料　参与核苷酸和核酸的生物合成，对核酸生物合成有极其重要的作用。如 N^5,N^{10}-CH$_2$—FH$_4$ 直接提供甲基用于胸腺嘧啶核苷酸合成。N^{10}-CHO—FH$_4$ 和 N^5,N^{10}-CH═FH$_4$ 分别参与嘌呤碱中 C_2、C_8 原子生成。一碳单位将核苷酸代谢与氨基酸代谢紧密联系起来。若叶酸缺乏可引起一碳单位代谢障碍或 FH$_4$ 不足,导致核酸生物合成减少,阻碍细胞增殖,会产生巨幼细胞贫血等疾病。

（2）提供合成重要化合物的甲基　一碳单位直接参与 S- 腺苷甲硫氨酸合成,为激素、核酸和磷脂等合成提供甲基。

【课堂互动】临床上,应用磺胺类药物抑菌及甲氨蝶呤类药物抗肿瘤的机制是什么?

（3）与新药设计密切相关　一碳单位载体主要为 FH$_4$,影响四氢叶酸体内合成的药物可引起一碳单位代谢紊乱,如甲氨蝶呤可竞争性抑制二氢叶酸还原酶,阻止 FH$_4$ 合成,抑制核酸合成,起到抗癌作用。这类药物专一性较差,对人体正常细胞也会产生影响,具有较大毒性。磺胺类药物抑菌及甲氨蝶呤抗肿瘤就是通过影响一碳单位代谢进而干扰核酸合成而发挥作用。磺胺类药物通过抑制细菌叶酸需合成而产生抑菌作用,因人体所需叶酸需从外界食物中摄取,故磺胺类药物对人体的毒性较小。

三、个别氨基酸的分解代谢与代谢疾病

（一）含硫氨基酸的代谢

体内含硫氨基酸有甲硫氨酸（蛋氨酸）、半胱氨酸和胱氨酸 3 种。甲硫氨酸为半胱氨酸生成提供硫,半胱氨酸与胱氨酸可相互转化,但后两者均不能转变为甲硫氨酸。因此,甲硫氨酸是人体必需氨基酸之一。

1. 甲硫氨酸（蛋氨酸）代谢

甲硫氨酸在腺苷转移酶催化下,消耗 ATP 转变成活性形式,即 S- 腺苷甲硫氨酸（SAM）,其甲基为活性甲基,是体内重要的甲基直接供体,SAM 也被称为活性甲硫氨酸。

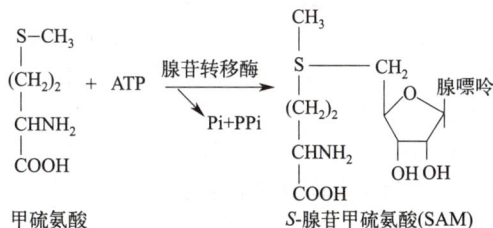

甲硫氨酸除参与甲基转移外,还能产生半胱氨酸。芝麻、葵花籽、乳制品、叶类蔬菜等富含甲硫氨酸,多食用这些食物对保证半胱氨酸足量供应有重要作用。体内肾上腺素、肉碱、胆碱和肌酸等 50 多种生物活性物质需 SAM 提供甲基。SAM 中的甲基与有机四价硫结合被高度活化,称为活性甲基,因此,SAM 又被称为活性甲硫氨酸。SAM 是体内重要的甲基直接供体,在甲基转移酶作用下,可将甲基转移给甲基接受体生成多种甲基化合物,如肌酸、肾上腺素、胆碱、肉碱等生理活性物质的合成,故称 SAM 为活性甲基供体。SAM 参与的转甲基作用见表 10-12。

表 10-12　SAM 参与的转甲基作用

甲基接受体	甲基化合物	甲基接受体	甲基化合物	甲基接受体	甲基化合物
去甲肾上腺素	肾上腺素	RNA	甲基化 RNA	γ- 氨基丁酸	肉毒碱
胍乙酸	肌酸	DNA	甲基化 DNA	烟酰胺	N- 甲基烟酰胺
磷脂酰乙醇胺	磷脂酰胆碱	蛋白质	甲基化蛋白质		

SAM 可促使其他物质甲基化，而自身转化为 S- 腺苷同型半胱氨酸，并进一步生成同型半胱氨酸，接受甲基后再次生成甲硫氨酸，形成循环，称之为甲硫氨酸循环（图 10-14）。

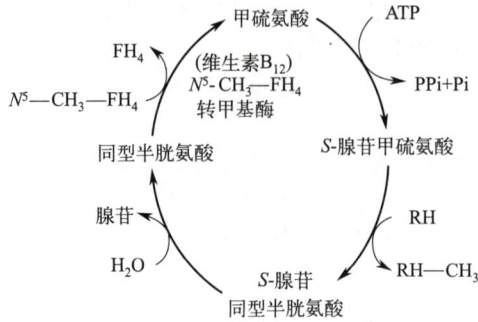

图 10-14   甲硫氨酸循环

甲硫氨酸循环的生理意义：

（1）提供活性甲基。通过甲硫氨酸循环生成的 SAM 可为体内广泛存在的甲基化反应提供甲基。甲硫氨酸为体内肌酸合成提供甲基，肌酸和肌酸磷酸是体内能量储存与利用的重要化合物。肌酸以甘氨酸为骨架，由精氨酸提供脒基，SAM 提供甲基而合成，肝是合成肌酸的主要器官。肌酸在肌酸激酶催化下，接受 ATP 末端的高能磷酸基生成肌酸磷酸。肌酸磷酸在骨骼肌、心肌和脑组织中含量丰富。

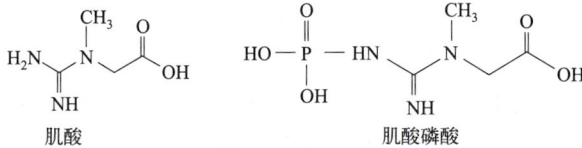

肌酸   肌酸磷酸

（2）使 FH_4 再生。在循环中由 N^5-CH_3—FH_4 提供甲基使同型半胱氨酸转变成甲硫氨酸，从而使 N^5-CH_3—FH_4 释放 FH_4 而被再利用，因而 N^5-CH_3—FH_4 可看成是体内甲基的间接供体。维生素 B_{12} 是 N^5-CH_3—FH_4 转甲基酶的辅酶，当维生素 B_{12} 缺乏时，N^5-CH_3—FH_4 的甲基不能转移给同型半胱氨酸，既影响甲硫氨酸合成，又妨碍 FH_4 再生，一碳单位不能利用，核酸合成障碍，影响细胞分裂，引起巨幼细胞贫血。同时，也使同型半胱氨酸在血中浓度升高。研究表明，高同型半胱氨酸血症是动脉粥样硬化和冠心病的独立危险因子，与冠状动脉疾病的严重程度呈正相关。

2. 半胱氨酸与胱氨酸代谢

半胱氨酸与胱氨酸可通过氧化还原而互变。半胱氨酸含有巯基（—SH），蛋白质中 2 分子半胱氨酸脱氢氧化以二硫键（—S—S—）相连形成胱氨酸。

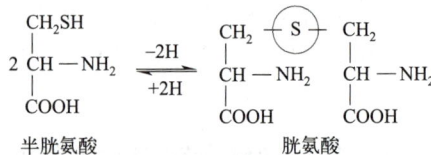

半胱氨酸   胱氨酸

二硫键对维持蛋白质和酶的空间构象有重要作用。如胰岛素结构中二硫键断裂会导致 A、B 两条肽链完全分开，丧失药理活性。体内许多重要的酶，如乳酸脱氢酶和琥珀酸脱氢酶等都依赖分子中半胱氨酸残基上的巯基以表现活性，故称巯基酶。某些毒物，如重金属离子铅、汞等均能和酶分子上的巯基结合而抑制巯基酶活性。二巯基丙醇可使已被毒物结合的巯基恢复原状，具有解毒功能。体内存在的还原型谷胱甘肽也能保护巯基酶结构的巯基。

半胱氨酸可转变成牛磺酸（β-氨基乙磺酸），半胱氨酸在体内经过氧化、脱羧可产生牛磺酸。半胱氨酸与谷氨酸和甘氨酸结合形成谷胱甘肽（GSH），有抗氧化和解毒作用，结构上的半胱氨酸巯基为谷胱甘肽主要活性基团，谷胱甘肽可与一些药物（如对乙酰氨基酚）、毒素（如自由基、碘乙酸、芥子气，铅、汞、砷等重金属）等结合，具有解毒效果。红细胞中的GSH还与维持红细胞膜结构完整性有关，若GSH显著降低则红细胞破裂。半胱氨酸在体内还可生成活性硫酸根。含硫氨基酸氧化分解后都可生成硫酸根。其中，半胱氨酸是体内硫酸根最主要的来源。半胱氨酸脱去氨基和巯基后的产物H_2S在体内氧化为SO_4^{2-}，与ATP作用后生成活性硫酸根，即3′-磷酸腺苷-5′-磷酰硫酸（PAPS）。PAPS性质活泼，参与组成蛋白聚糖分子中的糖胺聚糖，如硫酸软骨素、硫酸角质素和肝素合成，并在肝脏生物转化中提供活性硫酸根，如类固醇激素可与PAPS结合后转化为硫酸酯而被灭活。一些外源性酚类化合物亦可形成硫酸酯而增加其溶解性，以利于随尿液排出体外。

（二）芳香族氨基酸的代谢

芳香族氨基酸包括苯丙氨酸、酪氨酸和色氨酸3种。

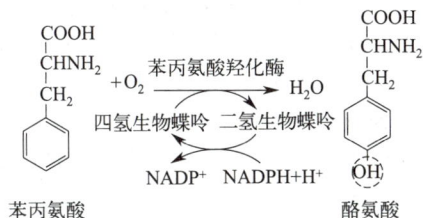

苯丙氨酸羟化酶存在于肝脏，是一种混合功能氧化酶，该酶催化苯丙氨酸氧化生成酪氨酸，反应不可逆，即酪氨酸不能还原生成苯丙氨酸。因此，苯丙氨酸是必需氨基酸而酪氨酸是非必需氨基酸。苯丙氨酸和色氨酸均属人体必需氨基酸。在皮肤等组织的黑色素细胞中，酪氨酸在酪氨酸酶催化作用下，羟化生成3,4-二羟基苯丙氨酸（多巴），多巴再经氧化、脱羧等反应生成吲哚醌，聚合成黑色素，形成组织中的色素来源，人的表皮及毛囊有形成黑色素的细胞，使皮肤及毛发呈黑色。美白化妆品研制过程中常以酪氨酸酶活性作为一项重要的检测指标。

如果先天性缺乏酪氨酸酶会引起黑色素合成受阻，患者毛发、皮肤等组织因缺乏黑色素而发白，称白化病。患者视网膜色素缺乏，瞳孔和虹膜呈现浅粉色，怕光。皮肤、眉毛、头发均呈白色或变浅，大多数患者体力和智力发育较差。患者对阳光敏感，易患皮肤癌。白化病属于常染色体隐性遗传性疾病，近亲结婚的人群多发。目前无有效治疗药物，只能尽量减少紫外线对皮肤和眼睛的伤害。使用光敏性药物、激素等方法治疗可使患者白斑减弱甚至消失。在植物体内，由多巴和多巴胺可以生成生物碱，在动物体内可生成激素——去甲肾上腺素和肾上腺素。

1. 苯丙氨酸和酪氨酸代谢

少量苯丙氨酸可通过转氨基生成苯丙酮酸。若先天缺乏苯丙氨酸羟化酶时，苯丙氨酸不能羟化产生酪氨酸，只能转化为苯丙酮酸，易造成苯丙酮酸在血液中蓄积，对中枢神经系统有毒性作用，可导致患儿智力发育障碍。苯丙酮酸过多时可随尿液大量排出，临床称为苯丙酮尿症（PKU）。一般对此种患儿的治疗原则是早期诊断，并控制膳食中的苯丙氨酸含量。

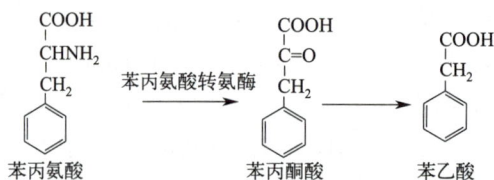

苯丙氨酸 —(苯丙氨酸转氨酶)→ 苯丙酮酸 → 苯乙酸

生化与健康

苯丙酮尿症

苯丙酮尿症（PKU）是由于苯丙氨酸代谢途径中的酶缺陷，使得苯丙氨酸不能转变为酪氨酸，导致苯丙氨酸及其酮酸蓄积，并从尿中大量排出。主要临床特征为智力低下、精神神经症状、湿疹、皮肤抓痕征及色素脱失和鼠气味等，脑电图异常。若能得到早期诊断和治疗，可得到恢复。主要是饮食疗法。预防与治疗策略主要有：

（1）低苯丙氨酸饮食。主要适用于典型 PKU 及血苯丙氨酸持续高于 1.22mmol/L（20mg/dL）患者。对婴儿可喂给特制的低苯丙氨酸奶粉，幼儿期添加辅食时应以淀粉类、蔬菜、水果等低蛋白质食物为主。饮食控制至少需持续到青春期以后，可在低苯丙氨酸食品喂养基础上，辅以母乳和牛奶。至于限制苯丙氨酸摄入的饮食治疗到何时可停止，尚无统一意见，一般认为要坚持 10 年。在限制苯丙氨酸摄入的饮食治疗过程中，应密切观察患儿生长发育的营养状况及血中苯丙氨酸水平及副作用。副作用主要是其他营养缺乏，可出现腹泻、贫血（大细胞性）、低血糖低蛋白血症和烟酸缺乏样皮疹等。

（2）四氢生物蝶呤、5-羟色胺和 L-多巴。主要用于 BH4 缺乏型 PKU，除饮食控制外，需给予此类药物。

（3）避免近亲结婚。开展新生儿筛查，尽早治疗。对有本病家族史孕妇，必须采用 DNA 分析或检测羊水中蝶呤等方法，对其胎儿进行产前诊断。

在肾上腺髓质或神经组织中，酪氨酸受到酪氨酸羟化酶的羟化作用生成多巴，经脱羧作用可转变为多巴胺，再生成去甲肾上腺素。去甲肾上腺素接受 SAM 提供的活性甲基转变成肾上腺素。由酪氨酸代谢转变生成的多巴胺、去甲肾上腺素和肾上腺素统称为儿茶酚胺（图10-15）。反应过程中的酪氨酸羟化酶是儿茶酚胺合成的限速酶，其活性受到终产物的反馈抑制。儿茶酚胺具有重要生物活性，多巴胺是一种重要的神经递质，多巴胺生成不足是帕金森病的主要病因。

酪氨酸脱去氨基生成对羟基苯丙酮酸，进一步氧化、脱羧生成尿黑酸，再氧化分解为延胡索酸和乙酰乙酸。因此，苯丙氨酸和酪氨酸都属于生糖兼生酮氨基酸。当先天性缺乏尿黑酸代谢酶时，尿黑酸无法正常分解，大量随尿排出。碱性条件下易被空气中氧气氧化为醌类化合物，并进一步生成黑色化合物，使尿液呈黑色，故称尿黑酸症，为分子遗传病，发病率仅为 0.4/10 万。

2. 色氨酸代谢

色氨酸分解代谢途径是所有氨基酸中最复杂的。某些降解中间产物又是合成一些重要生理物质的前体，如人体和动物体中的色氨酸可经氧化生成烟酸（是合成 NAD^+ 和 $NADP^+$ 的前体物质，参与体内氧化还原反应），这是体内合成维生素的特例，但其合成量甚少，不能满足机体需要。色氨酸还可生成生物活性物质——5-羟色胺，还可进一步分解产生丙酮酸和乙酰乙酰辅酶 A，是生糖兼生酮氨基酸。

苯丙氨酸和色氨酸分解代谢过程中有两个主要的酶，即苯丙氨酸羟化酶和色氨酸吡咯酶，这两个酶都主要存在于肝脏，患有严重肝脏疾病时，芳香族氨基酸分解代谢受阻，血液中芳香

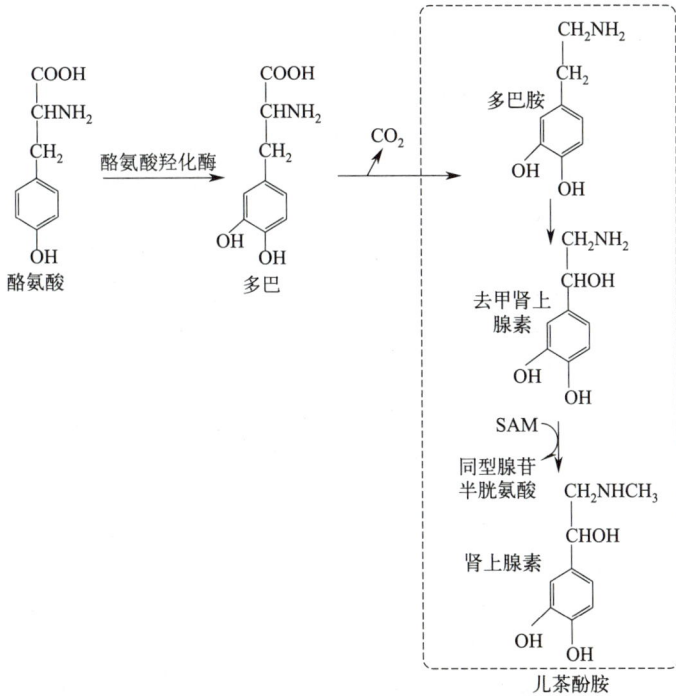

图 10-15 儿茶酚胺的生成

氨基酸含量升高，应严格限制食物或补液中的芳香族氨基酸含量，要多补充支链氨基酸。血液中支链氨基酸与芳香族氨基酸浓度之比正常值应为 3.0 ~ 3.5，肝脏严重疾病如肝昏迷时常可降至 1.5 ~ 2.0，该比值可作为衡量肝功能是否衰竭的一项重要临床指标。

（三）支链氨基酸的代谢

支链氨基酸包括缬氨酸、亮氨酸和异亮氨酸三种，均属必需氨基酸，主要在肌肉、脂肪、肾、脑等组织中降解。因为在这些肝外组织中有作用于这三个支链氨基酸的氨基转移酶，而肝中却缺乏。在摄入富含蛋白质的食物后，肌肉组织大量摄取氨基酸，最明显的就是摄取支链氨基酸。支链氨基酸在氮代谢中起着特殊作用，如在禁食状态下，它们可给大脑提供能量。支链氨基酸的分解代谢主要在骨骼肌中进行（图 10-16），三者代谢开始步骤基本相同。首先在氨基转移酶催化下脱去氨基生成相应的 α- 酮酸，然后经过氧化脱羧等反应降解成各自相应的脂酰 CoA，脂酰 CoA 通过脂肪酸 β- 氧化过程，生成不同的中间产物参与到 TCA 循环，其中缬氨酸分解产生琥珀酰辅酶 A，亮氨酸产生乙酰辅酶 A 和乙酰乙酰辅酶 A，异亮氨酸产生琥珀酰辅酶 A 和乙酰辅酶 A。因此，这三种氨基酸分别是生酮氨基酸、生糖兼生酮氨基酸及生糖氨基酸。

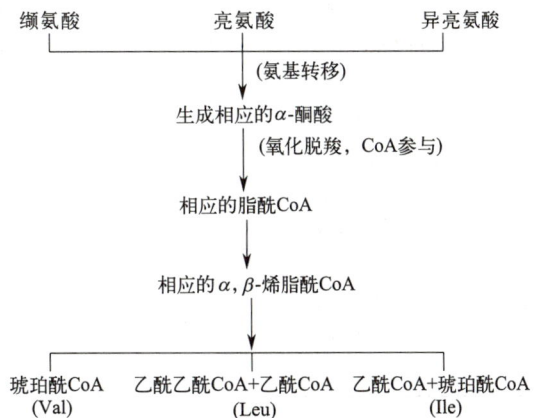

图 10-16 支链氨基酸的分解代谢

▤ 医药与健康

支链氨基酸的神奇功效

支链氨基酸是亮氨酸、缬氨酸和异亮氨酸的统称，作为氮的载体，可辅助合成肌肉合成所需的其他氨基酸，具有非常好的抗分解作用，有助于预防蛋白质分解和肌肉丢失。科学家发现，由亮氨酸、异亮氨酸和缬氨酸组成的混合物有助于延年益寿，研究人员给小白鼠喝含有3种支链氨基酸的水，结果发现它们的寿命平均达到869天，普通小白鼠只能存活约774天。小白鼠体内还发生了一系列积极的生物反应，如细胞得以摄取更多能量、自由基减少等。科学家已经发现这种氨基酸混合物对延长单细胞酵母寿命有巨大作用。"人类首次证明了氨基酸混合物能够延长小白鼠寿命"，这项研究的首席科学家恩佐·尼索里教授表示，如果在此基础上发明氨基酸补剂，那么它很可能在未来造福人类，对老年人或病人有很大帮助，尤其是那些患有以细胞能级降低为特征的患者，如心力衰竭或慢性肺病患者等，该研究成果发表在美国科学杂志《细胞—代谢》上。

氨基酸除作为合成蛋白质原料外，还可转变为神经递质、激素及其他重要含氮活性物质（表10-13）。值得指出的是，一氧化氮的细胞信号转导功能研究近年来受到高度关注。NO 广泛分布于生物体内各组织中，尤其是神经组织，是一种极不稳定的小分子生物自由基，常温下为气体，具有脂溶性，可快速通过生物膜扩散。NO 是一种生物信使分子，在心、脑血管调节和神经、免疫调节等方面有着十分重要的生物学作用。体内的 NO 正是由精氨酸经一氧化氮合成酶催化而生成的。

如果先天性缺乏支链 α- 酮酸脱氢酶系，会使支链氨基酸分解受阻，而从尿液中排出具有枫糖浆甜味的特定的 α- 酮酸，故称之"枫糖尿病"（maple syrup urine disease，MSUD）。

表 10-13　氨基酸衍生的重要含氮化合物

氨基酸	衍生的化合物	生理功能
天冬氨酸、谷氨酰胺、甘氨酸	嘌呤碱	含氮碱基、核酸成分
天冬氨酸	嘧啶碱	含氮碱基、核酸成分
甘氨酸	卟啉化合物	血红素、细胞色素
甘氨酸、精氨酸、甲硫氨酸（蛋氨酸）	肌酸、肌酸磷酸	能量储存
色氨酸	5- 羟色胺、尼克酸	神经递质、维生素
苯丙氨酸、酪氨酸	儿茶酚胺、甲状腺素	神经递质、激素
酪氨酸	黑色素	皮肤、毛发色素
谷氨酸	γ- 氨基丁酸	神经递质
丝氨酸	乙酰胆碱	神经递质
组氨酸	组胺	血管舒张剂
鸟氨酸、甲硫氨酸	精脒（亚精胺）、精胺	细胞增殖促进剂
半胱氨酸	牛磺酸	结合胆汁酸成分
精氨酸	一氧化氮	细胞信号转导分子

四、肌酸和肌酸磷酸的代谢

肌酸和肌酸磷酸是能量储存、利用的重要化合物。肌酸是以甘氨酸和精氨酸为原料，由 SAM 供给甲基而合成的（图10-17）。肝脏是合成肌酸的主要器官。在肌酸激酶或肌酸磷酸激酶（CPK）催化下，肌酸接受 ATP 上的高能磷酸基转变成肌酸磷酸，肌酸磷酸是高能磷酸化合物。其分子的磷酸基又可转移至 ADP 生成 ATP 被利用。肌酸磷酸在心肌、骨骼肌及大脑中含量丰富。肌酸激酶由两种亚基组成，即 M 亚基（肌型）与 B 亚基（脑型）；有三种同工酶，即 MM 型、MB 型及 BB 型，它们在体内各组织中分布不同，MM 型主要在骨骼肌，MB 型主要在心肌，BB 型主要在脑。心肌梗死时，血中 MB 型肌酸激酶活性增强，可作为辅助诊断指标之一。肌酸和肌酸磷酸代谢终产物是肌酐。正常人每日尿中肌酐排出量恒定。肾严重病变时肌酐排泄受阻，血中肌酐浓度升高，可作为测定肾功能的指标之一。

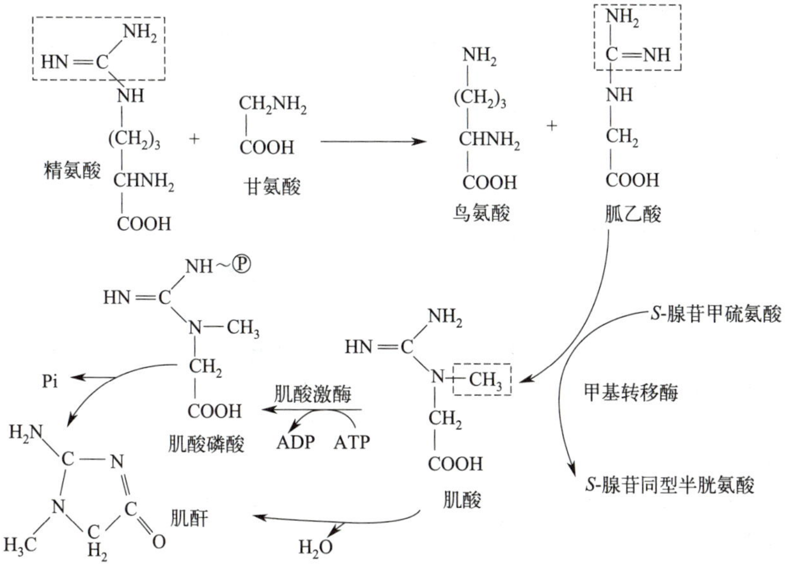

图 10-17　肌酸代谢

📋 目标检测

一、填空题

1. 肝组织中含量最高的转氨酶是_____；心脏组织中含量最高的转氨酶是_____。
2. 肝、肾组织中氨基酸脱氨基作用的主要方式是_____。
3. 血液中转运氨的两种主要方式是_____和_____。
4. α- 酮酸在体内的代谢途径包括_____、_____、_____。
5. 尿素中两个氮原子分别来源于_____和_____。

二、判断题

1. 体内氨基酸脱氨基的主要方式是转氨基作用。（　）
2. 一碳单位的载体是四氢叶酸。（　）
3. 体内蛋白质分解代谢的最终产物是尿素。（　）
4. 合成尿素不是 NH_3 的主要去路。（　）
5. 甲硫氨酸循环的意义是生成 SAM 提供甲基。（　）
6. 孕妇、儿童处于氮的负平衡状态。（　）
7. 肠道吸收的氨是体内氨的主要来源。（　）
8. 尿素合成的关键酶是氨基甲酰磷酸合成酶。（　）

9. 尿素循环中的两个氮原子，一个来自游离氨，另一个来自天冬酰胺。（   ）

10. 尿素合成是一个耗能过程，每合成 1 分子尿素消耗 4 分子 ATP。（   ）

三、单选题

1. 中国营养学会推荐成人每日蛋白质需要量为（   ）。

A.3.18g   B.20g   C.30 ~ 50g   D.80g

2. 恢复期病人和儿童的氮平衡是（   ）。

A. 氮总平衡   B. 氮正平衡   C. 氮负平衡   D. 摄入氮≤排出氮

3. 氨基酸最主要和最重要的脱氨基方式为（   ）。

A. 转氨基   B. 联合脱氨基   C. 氧化脱氨基   D. 非氧化脱氨基

4. 转氨酶的辅酶是（   ）。

A.TPP   B. 磷酸吡哆醛   C. 生物素   D. 核黄素

5. 鸟氨酸循环中，尿素生成的氨基来源有（   ）。

A. 鸟氨酸   B. 精氨酸   C. 天冬氨酸   D. 瓜氨酸

6. 体内氨的主要运输和贮存形式为（   ）。

A. 苯丙氨酸   B. 天冬氨酸   C. 谷氨酰胺   D. 精氨酸

7. 下列哪一器官是人体内尿素合成的重要器官？（   ）

A. 心脏   B. 肾脏   C. 肝脏   D. 脾脏

8. 尿素合成过程称为（   ）。

A. 丙氨酸-葡萄糖循环   B. 核糖体循环   C. 柠檬酸循环   D. 鸟氨酸循环

9. 血氨增高可能与（   ）器官的严重损伤有关。

A. 心   B. 肝   C. 大脑   D. 肾

10. 酪氨酸酶先天性缺乏导致的疾病是（   ）。

A. 白化病   B. 苯丙酮尿症   C. 尿黑酸症   D. 肝性脑病

11. 下列氨基酸中哪一种可以通过转氨基作用生成 α- 酮戊二酸？（   ）。

A.Glu   B.Ala   C.Asp   D.Ser

12. 草酰乙酸经转氨酶催化可转变为（   ）。

A. 苯丙氨酸   B. 天冬氨酸   C. 谷氨酸   D. 丙氨酸

13. 对于高氨血症患者，下列处理正确的是（   ）。

A. 碱性肥皂水灌肠   B. 酸性灌肠液灌肠   C. 给碱性利尿药   D. 高蛋白质饮食

14. 蛋白质营养价值高低取决于（   ）。

A. 氨基酸的种类   B. 必需氨基酸的种类   C. 必需氨基酸的数量

D. 氨基酸的数量   E. 必需氨基酸的种类、数量及比例

15. 体内氨的主要来源是（   ）。

A. 肠道吸收的氨   B. 肾小管细胞分泌的氨   C. 体内氨基酸脱下的氨

D. 嘧啶分解产生的氨   E. 尿素分解产生的氨

16. 下列哪种氨基酸是必需氨基酸？（   ）

A. 甘氨酸   B. 丙氨酸   C. 亮氨酸   D. 谷酸氨   E. 天冬氨酸

17. 营养摄入充足的婴儿、孕妇、恢复期病人，常保持（   ）。

A. 氮平衡   B. 氮的平衡   C. 氮的正平衡   D. 氮的总平衡   E. 以上都不是

18. 白化病是由于先天缺乏（   ）。

A. 色氨酸羟化酶   B. 酪氨酸酶   C. 苯丙氨酸羟化酶 D. 脯氨酸羟化酶   E. 以上都不是

19. 牛磺酸是由哪种氨基酸代谢而得？（　　　）

A. 色氨酸　　　　　B. 缬氨酸　　　　C. 半胱氨酸　　　　D. 甲硫氨酸　　　　E. 赖氨酸

20. 血液生化检查发现血清谷草转氨酶活性明显升高，可能是（　　　）。

A. 慢性肝炎　　　B. 脑动脉血栓　C. 肾炎　　　　　D. 肠梗阻　　　　E. 心肌梗死

四、问答题

1. 简述体内氨基酸的来源和主要代谢去路。

2. 简述血氨的来源与主要代谢去路。

3. 试从蛋白质氨基酸角度分析严重肝功能障碍时肝昏迷的原因。

扫一扫

目标检测
答案 10

第十一章

核酸与核苷酸代谢

📘 学习目标

1. 知识目标

（1）理解核苷酸的消化吸收与生理功能；掌握嘌呤核苷酸和嘧啶核苷酸的合成原料；

（2）理解嘌呤核苷酸和嘧啶核苷酸的合成代谢与分解代谢途径及其临床生理与病理意义；

（3）掌握嘌呤核苷酸和嘧啶核苷酸代谢相关疾病及其生化机理；

（4）熟悉核苷酸代谢异常疾病及常用的抗代谢药物。

2. 技能目标

（1）能阐明临床常见嘌呤或嘧啶代谢相关疾病的生化机理；

（2）能正确解释常见嘌呤核苷酸抗代谢药物、嘧啶核苷酸抗代谢药物及叶酸和氨基酸类似物在肿瘤及相关代谢疾病中治疗的生化机理；

（3）能根据生化检测数值判断血尿酸的数值是否正常，能解析痛风的发病机制。

3. 思政与职业素养目标

（1）树立健康至上的理念；培养敬畏生命、尊重生命、关爱生命的职业道德；

（2）能进行核苷酸代谢紊乱相关疾病的药理学服务和健康教育指导。

🎯 导学案例

（1）一先天性乳清酸尿症患者，出生数月内表现为低色素巨幼红细胞性贫血，用铁剂及叶酸、维生素 B_{12} 治疗无效，身体发育和智力发育障碍，白细胞减少，对轻微感染抵抗力下降。血常规和尿常规检查发现患者乳清酸含量高。用尿嘧啶核苷治疗后，病情得以缓解。学习完本章后，请思考：患者血中和尿中的乳清酸含量为什么会高？临床上为什么用尿嘧啶核苷治疗乳清酸尿症？尿嘧啶核苷属于什么结构类型的化合物？

（2）刘某某，男性，53岁。两年来因全身关节疼痛，劳累时加重，并伴低热，反复就诊均被诊断为"风湿性关节炎"。经抗风湿和激素治疗后，疼痛缓解。近日，疼痛加剧，加倍口服抗风湿药后，症状仍未缓解。查体：体温37.5℃，双足第一趾关节肿胀，左侧较明显，双侧耳郭触及绿豆大的结节数个，白细胞 15.5×10^9/L，血尿酸 618μmol/L，诊断为痛风。给予别嘌呤醇、秋水仙碱、苯溴马隆等药物治疗，3周后病情缓解出院。请你给这位患者进行用药咨询和出院指导。

核酸是生命的基础，是生物体内最重要的生物分子之一，是细胞内许多重要生物化学反应的参与者，也是遗传信息的主要载体。核苷酸是构成核酸的基本结构单位，人体内的核苷酸主要由机体细胞自身合成。核苷酸除作为体内核酸合成的原料外，还具有多种重要的生理功能。核苷酸可作为供能物质，为机体物质代谢及生命活动提供能量，如 ATP 是机体能量贮存及利用的主要形式，CTP、GTP、UTP 也可为机体提供能量，CTP、ATP、UTP 等还可活化多种中间代谢物，生成性质活泼的物质并参与代谢，如 CDP- 胆碱是磷脂合成的原料，*S*- 腺苷甲硫氨酸为体内多种甲基化反应提供活性甲基，UDPG 作为葡萄糖基的活性供体参与糖原、糖蛋白的合成等。核苷酸还可参与机体物质代谢与调节，如腺苷酸是体内 NAD$^+$、NADP$^+$、FAD 及辅酶 A 等几种重要辅酶的组成成分。某些核苷酸或其衍生物是细胞内重要的信息分子，如 cAMP、cGMP 作为第二信使在细胞内信号转导过程中发挥重要作用。

核苷酸代谢包括分解代谢与合成代谢。核苷酸代谢障碍与很多遗传病、代谢性疾病的发生密切相关。人体内的核苷酸代谢一旦发生异常，可诱导某些疾病的发生。因此，核苷酸代谢途径的某些关键酶或代谢位点可作为药物研发重要的新效应靶点。

第一节　核苷酸代谢概述

一、核酸的消化与吸收

1. 核酸的消化

核酸是细胞内许多重要生物化学反应的参与者，核酸的消化吸收是通过一系列复杂的代谢过程来完成。食物中的核酸多以核蛋白形式存在，核蛋白受胃酸作用分解成蛋白质与核酸。核酸消化主要在小肠中进行。首先，在小肠胰核酸酶作用下，水解为单核苷酸，单核苷酸在胰液和肠液多种水解酶催化下进一步水解，产物包括核苷、磷酸、碱基和戊糖等。核苷再经核苷磷酸化酶催化水解生成磷酸戊糖和碱基，磷酸戊糖可进一步受磷酸酶催化分解成戊糖与磷酸。核苷酸及其水解产物均可被细胞吸收利用，其中，核苷酸及核苷在肠黏膜细胞中可被继续分解。戊糖可进入体内戊糖代谢途径，碱基（嘌呤碱和嘧啶碱）还可被继续分解而最终排出体外。核酸消化过程见图 11-1。

图 11-1　核酸的消化过程

2. 核酸的吸收

核酸的吸收是指核酸分子通过消化道进入体内，被消化系统分解、吸收的过程。核酸的消化产物都可在小肠上部吸收，核苷酸进入血液后，会与其他物质发生反应，形成新的物质，如核苷酸二聚体和三聚体等。这些新的物质在体内起着重要作用，是许多生物化学反应的中间产物，也是许多细胞功能的关键组分。接着，这些核苷酸在一些特殊转运蛋白作用下会被从血液转运到细胞内，进入细胞质或线粒体等细胞器中。在细胞内，核苷酸可被进一步分解为磷酸、戊糖、碱基等，其中，戊糖可进入相关糖类代谢途径，而大部分嘌呤和嘧啶碱则分解后随尿液排出。核苷酸作为细胞内核酸合成的原料，只有少量来自食物中核酸的消化吸收，大部分由机体自身合成，食物中核酸或核苷酸类似物很少被机体重新利用，核苷酸不属于营养必需物质。总的来说，核酸的消化吸收是一个复杂的过程，需要各种酶、转运蛋白和能量参与，这个过程不仅涉及食物的消化和吸收，也涉及能量的供应和物质代谢。核酸在小肠内被核酸酶、核苷酸酶、核苷酶水解产生的核苷酸、核苷、磷酸、核糖和碱基等在小肠上部被吸收，经肝门静脉入肝。

二、核苷酸的生理功能

核苷酸的生理功能多种多样，主要包括以下几个方面：

（1）作为 DNA 和 RNA 合成的重要原料　核苷酸是构成 DNA 和 RNA 的基本单元，通过不同排列方式构成基因和遗传信息。DNA 携带着生命体的遗传信息，控制着生命体生长、发育和代谢等生理过程。RNA 则在蛋白质合成中起着重要的作用。

（2）参与能量代谢过程　在细胞内，ATP 合成和分解为生物体提供能量，是细胞内能量转移和储存的主要形式，参与蛋白质合成、离子泵和主动运输等重要生理生化过程。核苷酸的这一功能对维持细胞正常代谢活动和生理功能至关重要。

（3）参与细胞信号转导过程　核苷酸可作为信号分子，通过特定受体和信号通路传递信息，如环磷酸腺苷（cAMP）和环磷酸鸟苷（cGMP）是重要的信号分子，通过调节细胞内酶活性、离子通道和基因表达等方式参与细胞增殖、分化和凋亡等生理过程。

（4）调节基因表达　核苷酸还能调节基因表达。miRNA 是一种重要的调节基因表达的分子，能通过与 mRNA 结合，抑制或促进基因的转录和翻译。

（5）作为多种活性中间代谢物的载体　如 UDP- 葡萄糖和 CDP- 乙醇胺分别参与糖原和磷脂酰乙醇胺合成，S- 腺苷甲硫氨酸作为甲基供体参与蛋白质、RNA 和 DNA 甲基化修饰。

（6）组成辅酶　如 ADP 为辅酶 I 和辅酶 II 的组分，鸟苷酸为第一类内含子核酶辅酶。

（7）参与代谢调节　如 ATP 为磷酸果糖激酶 -1 的负别构效应物，抑制糖酵解；AMP 作为糖原磷酸化酶的正别构效应物，激活糖原的分解。

▤ 生化前沿

生命"字母表"迎来四名新成员（含 8 个碱基的 DNA 首次合成）

地球生命的 DNA 包含 4 个碱基，美国科学家将生命"字母表"数量增加了一倍，首次合成出包含 8 个碱基的 DNA。实验表明，合成 DNA 似乎能像天然 DNA 一样存储和转录信息。发表于《科学》杂志的最新研究成果表明，宇宙中或许存在其他生命形式，这对于外星生命搜寻非常重要。应用分子进化基金会创始人史蒂文·本纳领导的团队，通过调整普通碱基——鸟嘌呤、胞嘧啶、腺嘌呤和胸腺嘧啶（G、C、A、T，其中 A 与 T 配对、C 与 G 配对）的分子结构，创建出两对新碱基：S 和 B、P 和 Z。新碱基的形状与天然碱基类似，但结合方式不同。随后，他们将合成碱基与天然碱基结合，得到了由 8 个碱基组成的 DNA。实验表明，合成序列与天然 DNA 拥有相同属性，它们采用相同的方式可靠地配对，无论合成碱基的顺序如何，双螺旋结构都保持稳定，DNA 可忠实地转录成 RNA。这一成果首次系统性证明了合成碱基与天然碱基可彼此识别并结合，且形成的双螺旋能保持稳定。英国剑桥大学合成生物学家菲利普·霍林格表示，新研究令人兴奋，但距离真正的 8 个碱基合成遗传系统还有很长的路，一个关键问题是，合成 DNA 是否可被聚合酶（细胞分裂过程中负责在生物体内合成 DNA 的酶）复制。此外，本纳团队还开发出了其他新碱基对，使创建含有 10 个乃至 12 个碱基的 DNA 结构成为可能。

三、核酸酶及核苷酸分解代谢

生物体内几乎所有细胞都含有与核酸分解代谢有关的酶，它们可将核酸分解生成磷酸、戊糖、嘌呤和嘧啶。核酸分解第一步就是水解连接核苷酸之间的 $3',5'$- 磷酸二酯键。生物体普遍存在能作用于磷酸二酯的磷酸二酯酶，称核酸酶。按照作用位置不同分为核酸外切酶和核酸内切酶两类。水解 RNA 的酶称 RNA 酶，水解 DNA 的酶称 DNA 酶。体内核苷酸分解代谢类似于食物中核苷酸消化过程。核酸经核酸酶降解后产生核苷酸，核苷酸经核苷酸酶作用水解为核苷及无机磷酸，即：

$$核苷酸 \xrightarrow[\text{H}_2\text{O}]{\text{核苷酸酶}} 核苷 + \text{Pi}$$

一些非特异性核苷酸酶能作用于一切核苷酸，只有特异性强的核苷酸酶可水解 3′- 核苷酸或 5′- 核苷酸，分别称为 3′- 核苷酸酶或 5′- 核苷酸酶。核苷经核苷酶作用分解为嘌呤碱（嘧啶碱）和戊糖，分解核苷的酶有核苷磷酸化酶和核苷水解酶，前者催化的反应可逆，后者催化的反应不可逆。

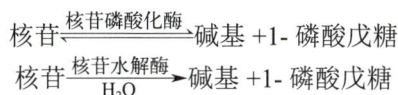

$$核苷 \xleftrightarrow{\text{核苷磷酸化酶}} 碱基 + 1\text{-} 磷酸戊糖$$
$$核苷 \xrightarrow[\text{H}_2\text{O}]{\text{核苷水解酶}} 碱基 + 1\text{-} 磷酸戊糖$$

第二节　嘌呤核苷酸的代谢

嘌呤核苷酸是生物体内重要的生物分子，参与许多关键的生命活动。嘌呤核苷酸是核酸的基本组成单位之一，包含嘌呤碱基和核糖或脱氧核糖。嘌呤碱基包括腺嘌呤和鸟嘌呤。

一、嘌呤核苷酸的分解代谢

嘌呤核苷酸的分解代谢是一种重要的生物化学过程，它负责将嘌呤核苷酸分解成更小的分子，从而维持生物体能量供应和物质平衡，主要发生在细胞内。嘌呤核苷酸在人类及灵长类动物体内分解的最终产物为尿酸，分解代谢基本过程包括：①在核苷酸酶催化下，脱去磷酸成为嘌呤核苷；②在嘌呤核苷磷酸化酶作用下分解出游离的嘌呤碱基和 1- 磷酸核糖；③游离的嘌呤碱基受黄嘌呤氧化酶作用，经过系列氧化还原反应，最终生成黄嘌呤及尿酸；④生成的 1- 磷酸核糖可进入磷酸戊糖途径，进一步分解转变成 5- 磷酸核糖，后者既可进入糖代谢途径，又可为 5- 磷酸核糖 -1- 焦磷酸（PRPP）的合成提供原料，参与新的核苷酸合成。

黄嘌呤氧化酶是尿酸生成的关键酶，遗传性缺陷或严重肝损伤可导致该酶缺乏，引起黄嘌呤在体内堆积，患者可表现为黄嘌呤尿、黄嘌呤肾结石、低尿酸血症等症状。人体内，嘌呤碱基分解生成的尿酸无法通过自由扩散方式进出细胞，需要在专门的运输蛋白协助下才可以完成转运。据估计，有约 70% 尿酸随尿液排出体外，30% 尿酸由肠道细胞排泄出去。嘌呤核苷酸分解代谢过程如图 11-2 所示。

嘌呤核苷酸的分解代谢对生物体具有非常重要的意义。首先，它是维持生物体能量供应的重要途径之一。其次，嘌呤核苷酸分解代谢还能维持生物体物质平衡。然而，当嘌呤核苷酸分解代谢过程出现异常时，可能会对生物体造成不利影响。如当尿酸排泄受阻时，会导致血尿酸水平升高，从而引发痛风等疾病。保持嘌呤核苷酸分解代谢过程正常进行对于生物体的健康至关重要。

人体缺乏分解尿酸的酶，尿酸是人类嘌呤碱降解的最终产物，可经尿液排出体外。尿酸呈酸性，水溶性较差，易结晶，生理条件下形成尿酸盐。正常血浆中尿酸含量为 0.12～0.36mmol/L（2～6mg/dL），男性略高于女性。痛风是由于各种原因引起血中尿酸浓度升高（超过 0.48mmol/L），尿酸盐结晶沉积于关节腔内、软组织及肾等处，引起疼痛，最终导致关节炎、尿路结石及肾疾病等，该病多见于成年男性，发病机制尚未完全阐明。已知嘌呤核苷酸代谢酶遗传缺陷可导致痛风。此外，当体内核酸大量分解（如恶性肿瘤、白血病等）、进食高

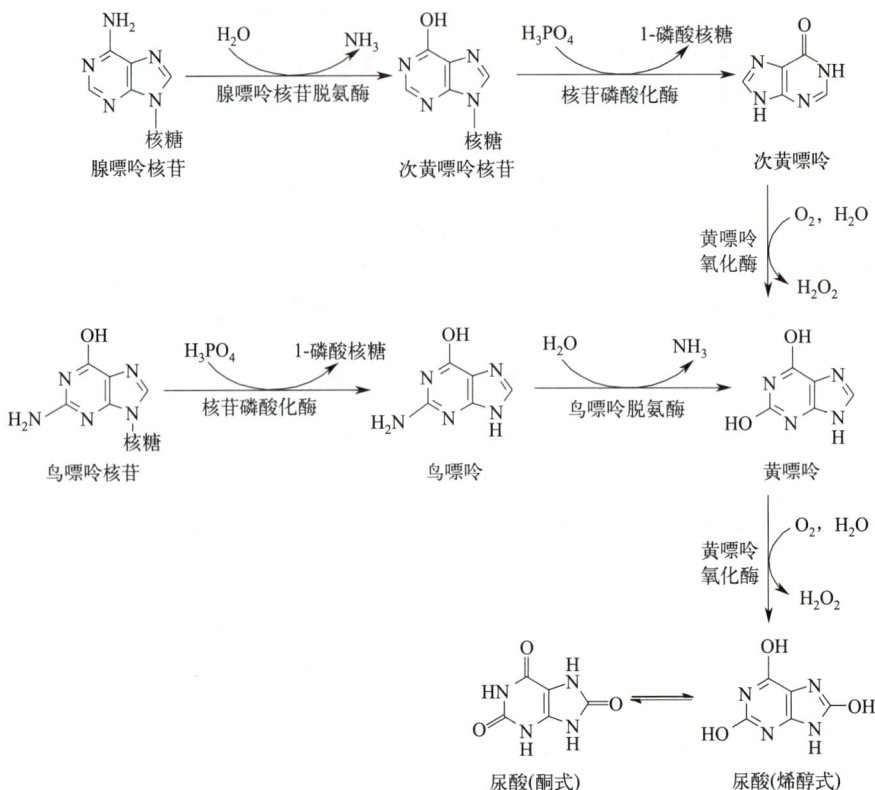

图 11-2　嘌呤核苷酸分解代谢过程

　　嘌呤膳食，以及由于某些药物或肾疾病等影响肾排泄尿酸时，均可致血中尿酸升高。临床上，常用别嘌呤醇治疗痛风。别嘌呤醇结构与次黄嘌呤类似，可竞争性抑制黄嘌呤氧化酶，进而抑制尿酸生成。此外，别嘌呤醇还可与磷酸核糖焦磷酸（PRPP）反应生成别嘌呤核苷酸，这样不仅消耗了核苷酸合成所必需的 PRPP，使其含量减少，同时，由于别嘌呤核苷酸与次黄嘌呤核苷酸（IMP）结构类似，还可反馈抑制 PRPP 酰胺转移酶，从而减少嘌呤核苷酸从头合成。

　　嘌呤核苷酸分解代谢的特点：①人体内嘌呤核苷酸分解代谢主要在肝、小肠及肾中进行，代谢终产物是尿酸；②血浆中尿酸的平均含量为 120～360μmol/L（2～6mg/dL），男性血浆中尿酸含量为 208～428μmol/L，女性血浆中尿酸含量为 155～357μmol/L；③血浆中尿酸含量超过 480μmol/L（8mg/dL）时会形成尿酸盐结晶，沉积在关节、软组织、软骨及肾等部位，导致关节炎、尿路结石及肾疾病，引起痛风；④临床上治疗痛风常用别嘌呤醇，因为别嘌呤醇和次黄嘌呤结构相似（见图 11-3），

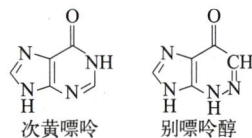

图 11-3　次黄嘌呤与别嘌呤醇化学结构式

只是分子中 N7 和 C8 互换了位置，其原理为通过竞争性抑制黄嘌呤氧化酶而抑制尿酸的生成。

生化与健康

尿酸与痛风

　　尿酸是嘌呤核苷酸分解代谢的最终产物，正常情况下通过肾脏排出体外。当体内尿酸过多或排泄过少时，就会导致血尿酸水平升高，形成高尿酸血症。当血尿酸浓度超过饱和溶解度时，尿酸盐结晶便会沉积在关节、软组织和肾脏等部位，引发痛风。目前，痛风的治疗主

要包括急性期治疗和慢性期管理。急性期治疗主要是通过药物（如降尿酸药物、抗炎药物）迅速控制症状，减轻疼痛。慢性期管理则注重调整生活方式，控制尿酸水平。痛风在防治过程中需注意的是：首先，减少高嘌呤食物摄入，如肉类、海鲜等；其次，增加水果和蔬菜摄入，提高体内维生素 C 水平，有助于尿酸排泄。此外，适量运动，保持身体健康，也有助于预防痛风的发生。对已患痛风患者，除遵医嘱外，还需要注意以下几点：首先，定期监测血尿酸水平，及时调整治疗方案；其次，避免过度劳累和精神压力过大，保持良好心态；最后，定期检查肾功能，及时发现并处理可能存在的肾脏问题。

二、嘌呤核苷酸的合成代谢

（一）嘌呤核苷酸的从头合成

嘌呤核苷酸从头合成起始于氨基酸代谢，是利用磷酸核糖、氨基酸、CO_2 等物质为原料，逐步转化为嘌呤核苷酸的前体物质，通过一系列酶促反应合成嘌呤核苷酸的过程。除某些细菌外，生物体内嘌呤核苷酸的从头合成过程基本相同。

1. 合成原料

1948 年，John Buchanan 和 Robert Greenberg 就各自使用放射性同位素标记的小分子营养物喂养鸽子，然后通过分析鸽子粪便中尿酸分子上的同位素分布，证明了合成嘌呤核苷酸的前身物均为小分子物质，包括 CO_2、甘氨酸、天冬氨酸、谷氨酰胺、N^{10}- 甲酰四氢叶酸和 5- 磷酸核糖，嘌呤环中各原子的来源如图 11-4 所示。

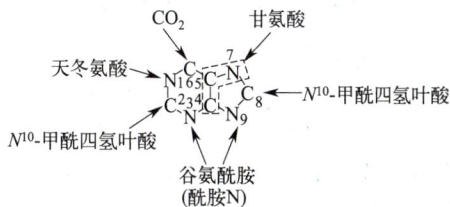

图 11-4　嘌呤环中各原子的来源

2. 合成过程

肝脏是嘌呤核苷酸从头合成的主要器官，其次是小肠黏膜和胸腺。反应步骤比较复杂，可分为两个阶段：首先，通过一系列酶促反应合成次黄嘌呤核苷酸（IMP）；然后，转变成腺嘌呤核苷酸（AMP）和鸟嘌呤核苷酸（GMP）。

（1）IMP 合成　在细胞液中，首先以葡萄糖经磷酸戊糖途径生成的 5′- 磷酸核糖（R-5′-P）为原料，经磷酸核糖焦磷酸激酶（PRPP 合成酶）催化生成 5′- 磷酸核糖焦磷酸（PRPP），PRPP 是活性的核糖供体，可参与体内各种核苷酸合成，反应需要 ATP 供能，是合成嘌呤核苷酸的关键性反应。PRPP 合成过程如下：

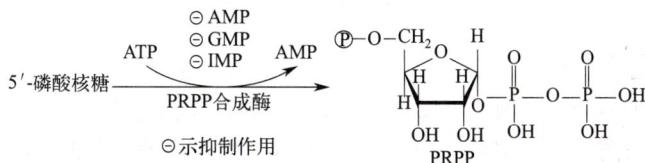

然后，由谷氨酰胺提供酰胺基取代 PRPP 中 C_1 的焦磷酸基生成 5- 磷酸核糖胺（PRA），反应由磷酸核糖酰胺转移酶所催化，该酶为关键酶，也是一种变构酶。PRA 生成后，紧接着经过约 9 步反应合成次黄嘌呤核苷酸（IMP）。

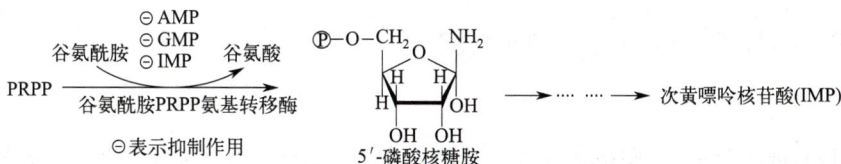

（2）AMP 和 GMP 合成   AMP 和 GMP 均由 IMP 修饰而成，反应式如下：

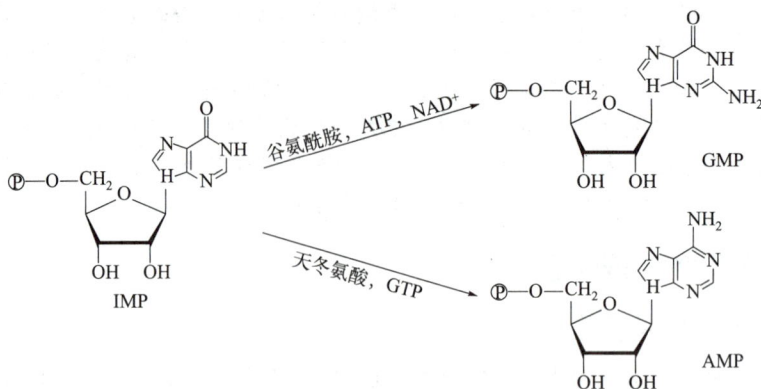

从上述反应可看到，嘌呤核苷酸是在磷酸核糖分子上逐步合成嘌呤环的，而不是首先单独合成嘌呤碱，然后再与磷酸核糖结合形成核苷酸，这是嘌呤核苷酸从头合成的一个重要特点。

（二）嘌呤核苷酸的补救合成

机体内某些组织（如脑和骨髓）不能经过从头合成途径生成核苷酸，只能通过补救合成途径来合成核苷酸。体内嘌呤核苷酸补救合成有两种方式：①利用体内游离嘌呤碱进行的补救合成，需两种酶参与，即腺嘌呤磷酸核糖转移酶（APRT）和次黄嘌呤-鸟嘌呤磷酸核糖转移酶（HGPRT）。由 PRPP 提供磷酸核糖，APRT 用于 AMP 的补救合成，而 HGPRT 用于 IMP 和 GMP 的补救合成。②碱基与 1- 磷酸核糖经核苷磷酸化酶催化转变为核苷，再经核苷磷酸激酶催化转变为核苷酸。与从头合成不同，补救合成过程简单，可减少氨基酸及能量消耗。此外，脑和骨髓等组织由于缺乏从头合成的酶系统，只能进行补救合成。因此，对于这些组织器官来说，补救合成途径具有更重要的意义。如雷 - 尼（Lesch-Nyhan）综合征就是由于 HGPRT 的严重遗传缺陷引起的一种代谢性疾病，多见于男婴，一般在 2 岁前发病，患者表现为尿酸增高及神经异常，如智力发育障碍、共济失调，及发生自残行为，常咬伤自己口唇、手指及足趾，故称自毁容貌症。

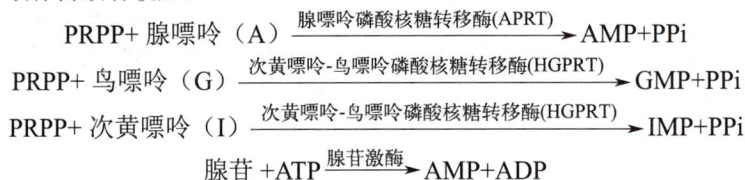

$$PRPP + 腺嘌呤（A）\xrightarrow{腺嘌呤磷酸核糖转移酶(APRT)} AMP + PPi$$

$$PRPP + 鸟嘌呤（G）\xrightarrow{次黄嘌呤-鸟嘌呤磷酸核糖转移酶(HGPRT)} GMP + PPi$$

$$PRPP + 次黄嘌呤（I）\xrightarrow{次黄嘌呤-鸟嘌呤磷酸核糖转移酶(HGPRT)} IMP + PPi$$

$$腺苷 + ATP \xrightarrow{腺苷激酶} AMP + ADP$$

（三）脱氧核苷酸的合成

脱氧核苷酸是生物体内 DNA 的基本构成单元，对遗传信息的传递和表达起着至关重要的作用，其合成过程主要发生在细胞核中，可分为两个主要步骤。首先，是细胞利用简单的无机物质，如 CO_2、天冬氨酸等，通过一系列酶促反应，逐步合成脱氧核糖核酸（DNA）的前体物质——脱氧核苷，然后，进一步与磷酸连接构成脱氧核苷酸。脱氧核苷酸的合成过程确保了生物体遗传信息的稳定传递和表达，为生命延续和发展提供了坚实的基础。

第三节   嘧啶核苷酸的代谢

嘧啶核苷酸是 DNA 和 RNA 的基本构成单元之一，包括两种嘧啶核苷酸——胸腺嘧啶（存在于 DNA 中）和尿嘧啶（存在于 RNA 中）。

一、嘧啶核苷酸的分解代谢

嘧啶核苷酸的分解代谢途径与嘌呤核苷酸相似（图 11-5）。首先，嘧啶核苷酸通过核苷酸酶催化生成核苷和磷酸。然后，在核苷磷酸化酶催化下，生成嘧啶碱基和 1- 磷酸核糖。胞嘧啶分解代谢时，先经脱氨基转化为尿嘧啶，尿嘧啶进一步还原生成二氢尿嘧啶，二氢尿嘧啶经水解、开环等多步反应，最终生成 NH_3、CO_2 及 β- 丙氨酸。胸腺嘧啶分解与尿嘧啶相似，经还原、水解反应最终生成 NH_3、CO_2 和 β- 氨基异丁酸。嘧啶碱基代谢产物中，NH_3 和 CO_2 可合成尿素，随尿排出体外。β- 丙氨酸可转变为乙酰辅酶 A，进入 TCA 彻底氧化分解。β- 氨基异丁酸可直接随尿排出体外，其排泄量可反映细胞及其 DNA 破坏程度，也可转变成琥珀酰辅酶 A，进入 TCA 彻底氧化分解或经糖异生途径异生成糖。高核酸饮食及肿瘤患者尿中 β- 氨基异丁酸的排泄量增多。与嘌呤碱的代谢产物相比，嘧啶碱的降解产物均易溶于水。

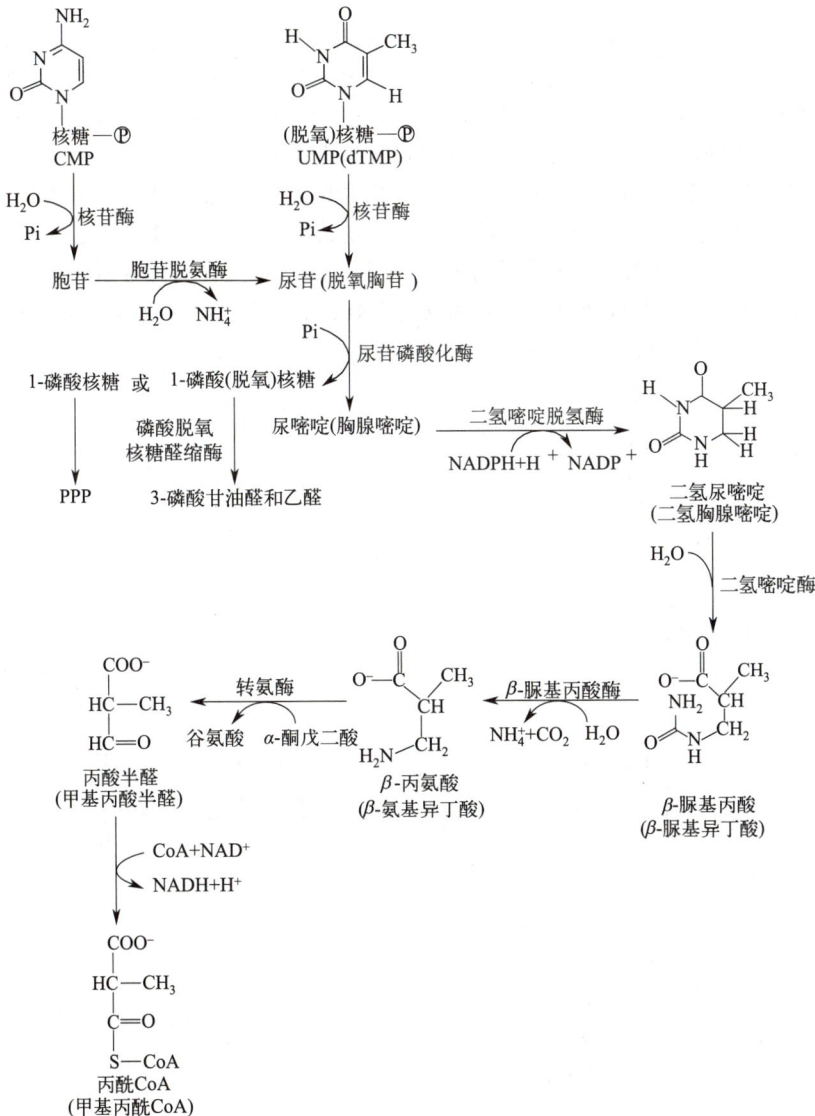

图 11-5　嘧啶核苷酸分解代谢途径

嘧啶核苷酸的分解代谢是生命体系内的一个关键过程，负责将嘧啶核苷酸分解为更小的分子，以支持生命活动正常进行。这一过程不仅维持了细胞内氮平衡，还为细胞提供能量，并参与细胞信号转导。深入研究嘧啶核苷酸分解代谢的机制和功能，可以更好地理解生命奥秘，为未来生物医学研究提供新的思路和方法。

二、嘧啶核苷酸的合成代谢

（一）嘧啶核苷酸的从头合成

1. 合成原料

研究证明，嘧啶核苷酸从头合成的原料有 CO_2、谷氨酰胺、天冬氨酸和 5′- 磷酸核糖等。同位素示踪实验结果证明，嘧啶核苷酸中嘧啶碱基的 6 个原子的来源如图 11-6 所示。

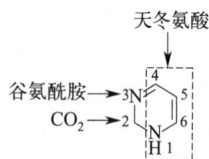

图 11-6　嘧啶环的元素来源

2. 合成过程

与嘌呤核苷酸从头合成途径相比，嘧啶核苷酸从头合成较为简单。嘧啶核苷酸从头合成最先被合成的是含有嘧啶环的二氢乳清酸（乳清酸核苷酸，OMP），然后再与磷酸核糖相连，首先生成的嘧啶核苷酸是尿嘧啶核苷酸（UMP），之后尿苷酸再转变成其他嘧啶核苷酸。合成嘧啶核苷酸的主要器官为肝脏，其反应过程在胞质和线粒体中进行，具体过程如下。

（1）UMP 的生成　首先，由 ATP 供能并提供磷酸基，经氨甲酰磷酸合成酶 -2（CPS-2）催化谷氨酰胺和 CO_2 反应生成氨甲酰磷酸，氨甲酰磷酸与天冬氨酸结合生成氨甲酰天冬氨酸。然后，再经二氢乳清酸酶催化脱水生成二氢乳清酸，二氢乳清酸经脱氢反应转变为乳清酸。在乳清酸磷酸核糖转移酶催化下，乳清酸与 PRPP 结合生成乳清酸核苷酸（OMP）。最后，OMP 由乳清酸核苷酸脱羧酶催化生成 UMP。反应过程如图 11-7 所示。

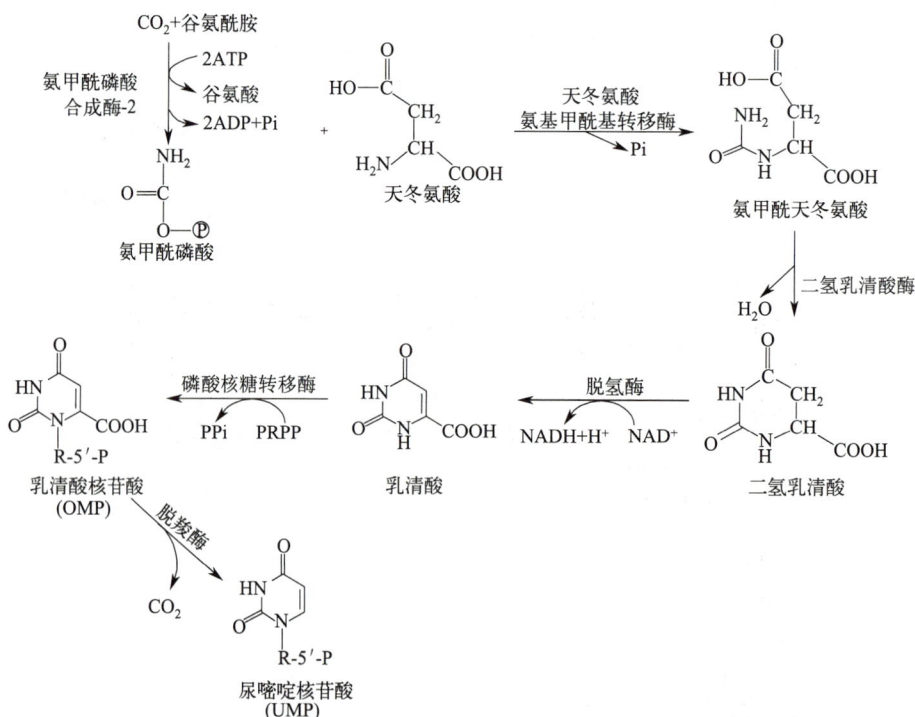

图 11-7　嘧啶核苷酸从头合成

（2）CTP 的生成　　人体内不能从头合成 CTP，而是在核苷三磷酸的水平上转变生成。UMP 经尿苷酸激酶和核苷二磷酸激酶的连续磷酸化作用，先生成 UTP。UTP 在 CTP 合成酶的催化下由谷氨酰胺提供氨基生成 CTP。

（二）嘧啶核苷酸的补救合成

嘧啶核苷酸的补救合成途径与嘌呤核苷酸补救合成相似，参与嘧啶核苷酸补救合成的酶主要有嘧啶磷酸核糖转移酶和核苷激酶。嘧啶磷酸核糖转移酶可利用尿嘧啶、胸腺嘧啶和乳清酸作为底物，催化生成相应的核苷酸，但对胞嘧啶不起作用。尿苷激酶催化尿嘧啶核苷生成尿嘧啶核苷酸。脱氧胸苷可通过胸苷激酶生成 dTMP，此酶在正常肝脏中活性很低，再生肝中活性升高，恶性肿瘤中明显升高，与恶性程度有关。嘧啶核苷酸补救合成反应见图 11-8。

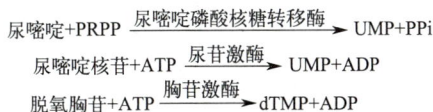

$$尿嘧啶+PRPP \xrightarrow{\text{尿嘧啶磷酸核糖转移酶}} UMP+PPi$$
$$尿嘧啶核苷+ATP \xrightarrow{\text{尿苷激酶}} UMP+ADP$$
$$脱氧胸苷+ATP \xrightarrow{\text{胸苷激酶}} dTMP+ADP$$

图 11-8　嘧啶核苷酸的补救合成反应

嘧啶核苷酸能与其他核苷酸形成稳定的配对关系，保证遗传信息的准确传递。嘧啶核苷酸在 DNA 复制、RNA 转录和蛋白质合成等生命过程中有重要且关键的作用。此外，嘧啶核苷酸在医学研究和药物开发中也有重要应用。如某些抗癌药物就是利用嘧啶核苷酸特性，通过干扰癌细胞 DNA 复制来达到治疗癌症的目的。嘧啶核苷酸还可用于制造某些抗病毒药物，如抗疱疹病毒药物等。

第四节　核苷酸代谢异常疾病和抗代谢药物概述

一、嘌呤核苷酸代谢异常病

1. 痛风

痛风是一种常见的代谢性疾病，主要是由于体内尿酸水平过高（产生过多或尿酸排泄不畅），导致尿酸盐在关节、软组织和肾等部位沉积，从而引发一系列的症状。临床症状有：

（1）疼痛　　痛风最主要的临床特征是关节疼痛，表现为急性、剧烈疼痛，常在夜间发作。疼痛部位常见于大脚趾、脚踝、膝关节等，且疼痛会在短时间内达到高峰。

（2）红肿　　在关节疼痛时，患者还会出现关节红肿现象，这是因为沉积在关节周围的尿酸盐引发炎症反应，导致关节局部充血水肿。

（3）发热　　部分患者痛风发作时会出现发热症状，主要是由炎症反应引起的，体温可能会轻度升高。

（4）关节僵硬　　痛风患者关节在发作期间会变得僵硬，活动受限，主要是因为炎症导致关节周围的肌肉和软组织发生痉挛。

（5）反复发作　　痛风是一种慢性疾病，患者关节疼痛会反复发作。每次发作后，关节功能可能会逐渐降低，甚至导致关节畸形。

此外，痛风还可能引发其他并发症，如肾结石、高血压、糖尿病等。因此，一旦出现痛风症状，应及时就医，以便早期诊断和治疗。

2. 严重联合免疫缺陷病

严重联合免疫缺陷病（SCID）是一种罕见遗传性疾病，主要是由腺苷脱氨酶（ADA）单个基因突变引起的。由于缺乏 ADA，使细胞内的 dATP 急剧升高，高浓度 dATP 与核苷酸还原酶的 A 位点结合，从而关闭该酶活性，使细胞内 dNDP 不能有效地合成，最终影响了细胞内 DNA 的复制，导致患者不能自己合成免疫球蛋白。该病主要特点是患者免疫系统功能几乎完全丧失，极易感染各种疾病，患者必须生活在无菌环境中，任何病原体感染都可能致命。

3. 雷 - 尼综合征

雷 - 尼综合征（LNS）又称自毁容貌综合征，是一种隐性遗传的先天性代谢病，遗传学特征为 X 性连锁隐性遗传，女性为基因携带者，男性患病。LNS 主要是由于次黄嘌呤 - 鸟嘌呤磷酸核糖转移酶缺陷导致嘌呤代谢异常，尿酸蓄积。通常在婴儿期至幼儿期出现，主要症状有肌张力减退、发育迟缓、运动功能受损、呼吸异常和癫痫等。随着病情恶化，患者可能会出现智力障碍、视力丧失、听力丧失、强迫性自残、攻击性行为和高尿酸血症等严重并发症。

二、嘧啶核苷酸代谢异常病

乳清酸尿症是一种相对罕见的遗传性嘧啶疾病，是由于人体无法正常代谢乳清酸而引发的代谢紊乱，通常在婴幼儿期发病，影响患者神经系统和智力发展。主要病因在于患者体内缺乏乳清酸磷酸核糖转移酶（OPRT）和乳清酸脱羧酶（ODC），导致体内产生的乳清酸无法被正常代谢而积累在体内。临床表现多种多样，通常出生后数周或数月的婴幼儿会出现巨细胞贫血，其他常见症状还包括智力发育迟缓、行为异常、癫痫等神经系统症状，还可能出现发育迟缓、肾功能不全等其他症状。症状的出现和严重程度取决于乳清酸积累程度和速度。

三、嘌呤核苷酸抗代谢药物

碱基类似物包括嘌呤类似物和嘧啶类似物两大类。前者主要有 6- 巯基嘌呤（6-MP）、6- 巯基鸟嘌呤和 8- 氮杂鸟嘌呤等（图 11-9）。6-MP 的结构与次黄嘌呤相似，唯一区别仅在于用巯基取代了嘌呤环中 C6 上的羟基。它们在细胞内经补救途径可转变为相应的核苷酸类似物，通过 3 种方式来阻断嘌呤核苷酸合成：① 6-MP 可与 PRPP 结合生成 6- 巯基嘌呤核苷酸，后者与 IMP 结构类似，可抑制 IMP 转化为 AMP 和 GMP；②可通过直接竞争性抑制次黄嘌呤 - 鸟嘌呤磷酸核糖转移酶（HGPRT），阻断嘌呤核苷酸的补救合成途径；③可反馈抑制 PRPP 酰胺转移酶，干扰磷酸核糖胺的形成，从而阻断嘌呤核苷酸的从头合成。其中，6-MP 以其独特的疗效在白血病治疗中发挥了重要作用，长期用于儿童白血病治疗。6-MP 已被广泛用于治疗急性淋巴细胞白血病（ALL）和其他一些类型的白血病。在 ALL 治疗中，6-MP 常与糖皮质激素和其他化疗药物联合使用，形成多种有效的治疗方案。

核苷酸抗代谢物是指人工合成的一些在结构上与嘌呤、嘧啶、氨基酸、叶酸及核苷等结构类似的化合物，主要是以竞争性抑制或"以假乱真"等方式来干扰或阻断核苷酸合成代谢途径的不同部位，从而抑制核酸合成。肿瘤细胞核酸和蛋白质合成均十分旺盛，能摄取更多抗代谢物，从而使生长增殖受到抑制。因此，这些抗代谢物常具有抗肿瘤作用。值得注意的是，由于抗代谢物缺乏特异性，体内某些增殖旺盛的正常组织亦可受其影响，常有较大毒副作用。

四、嘧啶核苷酸抗代谢药物

嘧啶类似物主要有 5- 氟尿嘧啶（5-FU）、5- 氟胞嘧啶和 5- 氟乳清酸（图 11-10），以 5-FU 最为常用，是临床上常用的抗肿瘤药物。5-FU 本身并无生物活性，需在细胞内转变成氟尿嘧啶脱氧核苷一磷酸（FdUMP）或氟尿嘧啶核苷三磷酸（FUTP）后才能发挥作用。FdUMP 与 dUMP 结构相似，是胸苷酸合酶竞争性抑制剂，可阻断 dTMP 的合成，从而抑制 DNA 的生物合成。FUTP 则能"以假乱真"，以 FUMP 的形式在 RNA 合成时加入，从而破坏 RNA 的结构与功能。此外，5-FU 还可通过抑制 RNA 合成来抑制癌细胞生长。临床上，5-FU 在结直肠癌、乳腺癌、胃癌、食管癌、胰腺癌治疗方面疗效较好。5-FU 在某些癌症治疗中，疗效不明显，但与其他药物联用时能取得较好疗效。

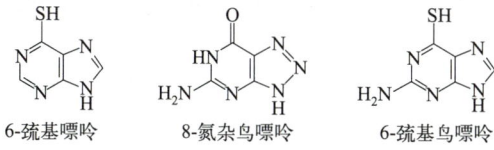

图 11-9　常见嘌呤核苷酸抗代谢药物化学结构式

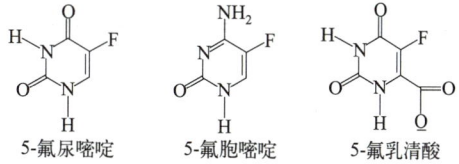

图 11-10　常见嘧啶核苷酸抗代谢药物化学结构式

此外，一些改变核糖结构的嘧啶核苷类似物（如阿糖胞苷和环胞苷，图 11-11）也是重要的抗肿瘤药物。阿糖胞苷能抑制 CDP 还原生成 dCDP，影响 DNA 合成以达到抗肿瘤目的。

五、叶酸及氨基酸类似物

叶酸类似物（图 11-12）主要有氨基蝶呤（APT）和甲氨蝶呤（MTX），是叶酸代谢拮抗剂，

图 11-11　阿糖胞苷和环胞苷化学结构式

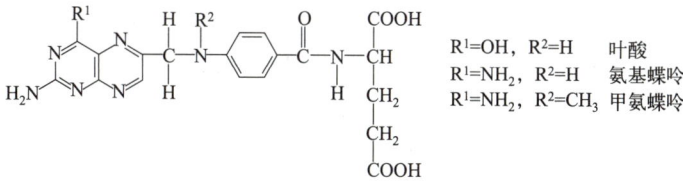

均能抑制二氢叶酸还原酶活性，阻断叶酸在细胞内的代谢过程。二者通过不同的机制抑制癌细胞生长和扩散，成为许多癌症治疗方案中的重要组成部分，包括白血病、淋巴瘤、乳腺癌、肺癌等。可作为单一药物治疗，也可与其他化疗药物或放疗联合使用，这两种药物使用时需注意其可能带来的副作用，如骨髓抑制、肝肾功能损伤等。

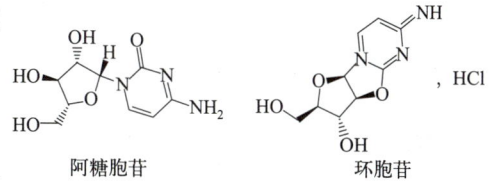

R^1=OH，R^2=H　　叶酸
R^1=NH$_2$，R^2=H　　氨基蝶呤
R^1=NH$_2$，R^2=CH$_3$　甲氨蝶呤

图 11-12　叶酸及叶酸类似物化学结构式

氨基酸类似物主要有氮杂丝氨酸和 6- 重氮 -5- 氧正亮氨酸（DON）等，其结构与谷氨酰胺类似，可干扰谷氨酰胺参与嘌呤、嘧啶核苷酸的合成过程，从而抑制核苷酸合成（图 11-13）。氮杂丝氨酸是一种天然的氨基酸类似物，进入细胞后，可干扰正常的蛋白质合成过程，导致细胞生长受到抑制，广泛用于癌症治疗领域。DON 可通过与细胞内的氨基酸代谢途径相互作用，干扰蛋白质的合成过程，可用于研究蛋白质合成和降解过程，以及细胞信号转导机制等生物学或医药研究领域。

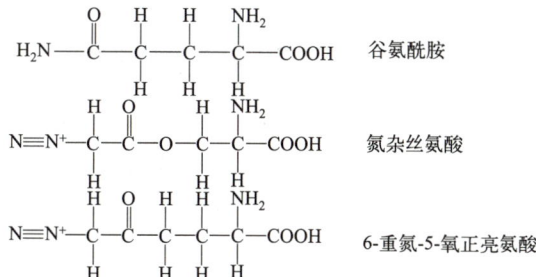

图 11-13　谷氨酰胺及其结构类似物化学结构式

各种抗代谢药物的作用机制见表 11-1，核苷酸抗代谢药物的作用机制见图 11-14。

表 11-1　各种抗代谢药物的作用机制

类别	核苷酸抗代谢物	作用机制
嘌呤类似物	6-MP	阻断嘌呤核苷酸的从头合成；转变为 6-MP 核苷酸，抑制 IMP 转变为 AMP 和 GMP；转变成 6-MP 核苷酸，抑制 PRPP 酰胺转移酶；转变成 6-MP 核苷酸，竞争性抑制 HGPRT；阻断嘌呤核苷酸补救合成途径
嘧啶类似物	5-FU	阻断 TMP 合成；转变为 FUTP，破坏 RNA 的结构与功能
氨基酸类似物	氮杂丝氨酸	干扰谷氨酰胺在嘌呤、嘧啶核苷酸合成中的作用
	6-重氮-5-氧正亮氨酸	抑制嘌呤核苷酸及 CTP 的合成
叶酸类似物	氨基蝶呤和甲氨蝶呤	竞争性抑制二氢叶酸还原酶，阻碍一碳单位代谢，抑制嘌呤核苷酸合成，使 dUMP 不能生成 dTMP，影响 DNA 的合成
核苷酸类似物	阿糖胞苷	抑制 CDP 还原成 dCDP，影响 DNA 的合成

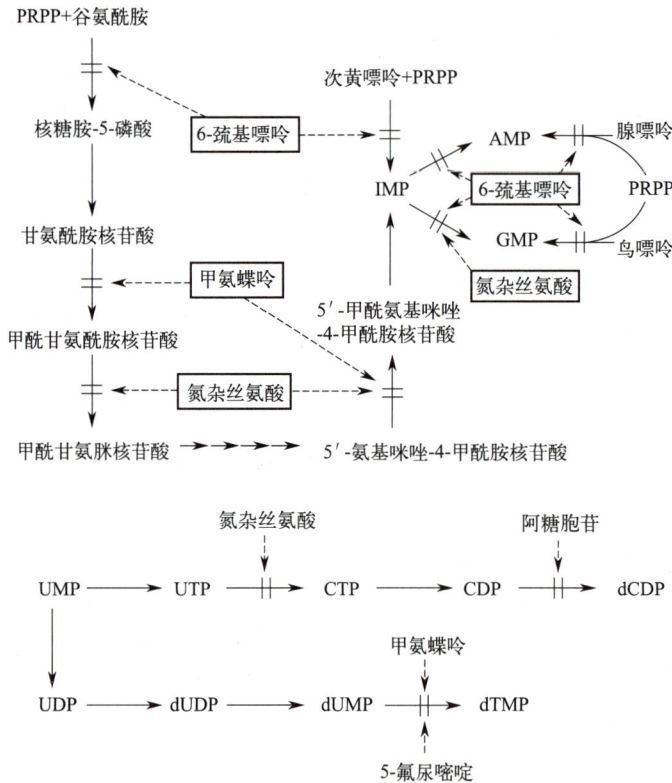

图 11-14　核苷酸抗代谢药物的作用机制

‖ 表示抑制作用

目标检测

一、填空题

1. 按照核酸酶作用位置的不同，将其分为_____和_____两类。

2. 体内核苷酸的合成有_____和_____两种途径。

3. PRPP 是_____的缩写，它是从_____转变来的。

4. 5- 氟尿嘧啶是_____的类似物，能抑制_____的合成，因此，可作为抗癌药物使用。

5. 参与嘌呤核苷酸合成的氨基酸有_____、_____和_____。

6. 嘌呤分解代谢的终产物是_____，血中含量增高引起_____症，临床上可以使用_____进行治疗，其结构与_____结构相似，可抑制_____酶的活性。

7. 体内_____和_____等组织器官仅能进行补救合成途径，自毁容貌症是先天缺乏_____酶引起的。

8. 体内脱氧核苷酸是由_____直接还原生成的，催化此反应的酶是_____。

9. 嘧啶核苷酸的分解代谢产物有_____、_____、_____、_____。

二、判断题

1. 人体内的核苷酸主要由机体细胞自身合成，因此，核苷酸不属于营养必需物质。（　）

2. 嘌呤核苷酸与嘧啶核苷酸的合成原料完全相同。（　）

3. 肝脏是嘌呤核苷酸从头合成的主要器官。（　）

4. 嘌呤核苷酸从头合成过程是首先合成嘌呤碱，然后再与磷酸核糖结合形成核苷酸。（　）

5. 雷 - 尼综合征属于嘧啶核苷酸代谢异常病。（　）

6. HGPRT 是补救合成中重要的酶，其缺乏会导致雷 - 尼综合征。（　）

7. 氮杂丝氨酸是丝氨酸的类似物，能干扰核苷酸的合成。（　）

8. 嘧啶核苷酸从头合成的特点是在 5- 磷酸核糖的基础上逐步合成的。（　）

9. 脱氧核苷酸只能由核苷二磷酸还原而成。（　）

10. 人体所有组织都能从头合成核苷酸。（　）

三、单选题

1. 嘌呤核苷酸分解代谢的最终产物是（　）。

A. 黄嘌呤　　　　　B. 尿酸　　　　　　　C. 尿素　　　　　　　D. CO_2

2. 嘧啶核苷酸从头合成的原料不包括（　）。

A. CO_2　　　　　B. 谷氨酰胺　　　　　C. 甘氨酸　　　　　　D. 5′- 磷酸核糖

3. 在嘧啶核苷酸的分解代谢过程中，尿嘧啶最终生成的产物不包括（　）。

A. NH_3　　　　　B. CO_2　　　　　　C. β- 丙氨酸　　　　D. β- 氨基异丁酸

4. 以下不属于嘧啶核苷酸抗代谢药物的是（　）。

A. 5-FU　　　　　B. 5- 氟胞嘧啶　　　　C. 6-MP　　　　　　D. 5- 氟乳清酸

5. 以下属于嘧啶核苷酸代谢异常病的是（　）。

A. 乳清酸尿症　　B. 雷 - 尼综合征　　　C. 痛风　　　　　　　D. 严重联合免疫缺陷病

6. 下列物质不是必需营养素的是（　）。

A. 糖　　　　　　B. 蛋白质　　　　　　C. 脂肪　　　　　　　D. 氨基酸　　　　　E. 核酸

7. 不作为嘌呤核苷酸从头合成原料的是（　）。

A. 组氨酸　　　　B. 天冬氨酸　　　　　C. 甘氨酸　　　　　　D. 谷氨酰胺　　　　E. CO_2

8. 缺乏 HGPRT，会引起下列哪个疾病？（   ）

A. 白化病   B. 蚕豆病   C. 夜盲症   D. 自毁容貌症   E. 酮血症

9. 体内脱氧核苷酸是由哪种物质直接还原生成？（   ）

A. 一磷酸核苷   B. 二磷酸核苷   C. 三磷酸核苷   D. 核糖   E. 核糖核苷

10. 嘌呤核苷酸从头合成时，首先合成下列哪个物质？（   ）

A.GMP   B.AMP   C.IMP   D.XMP   E.CMP

11. 嘌呤从头合成途径主要在下列哪个器官进行？（   ）

A. 肾   B. 脑   C. 肝   D. 骨髓   E. 胸腺

12. 补救合成途径主要在下列哪个器官进行？（   ）

A. 肾   B. 脑和骨髓   C. 肝   D. 心   E. 脾

13. 痛风是由于下列哪种物质增高引起的？（   ）

A. 酮体   B. 脂肪酸   C. 尿素   D. 尿酸   E. 血糖

14. 在体内能分解生成 β- 氨基异丁酸的是（   ）。

A.UMP   B.TMP   C.AMP   D.CMP   E.IMP

15. 别嘌呤醇和下列哪个化合物结构相似？（   ）

A. 叶酸   B. 谷氨酸   C. 次黄嘌呤   D. 尿嘧啶   E. 鸟嘌呤

四、问答题

1. 核苷酸的生理功能有哪些？

2. 试述嘌呤核苷酸的分解代谢产物及临床意义。

3. 什么是嘌呤核苷酸的从头合成途径？请简述嘌呤环各元素的来源。

4. 什么是核苷酸的补救合成途径？请简述其生理意义。

5. 嘌呤碱基代谢的终产物是什么？其代谢异常会导致哪种疾病的发生？临床治疗该病常用的药物是什么？简述其作用的分子机制。

6. 影响核苷酸合成的抗代谢物有哪些种类？分别举两个例子。

五、案例分析

患儿，男，3 岁，自婴儿期就特别喜欢吸吮自己的手指，后家人发现其有咬自己手指和足趾等自残行为，到医院检查表现为高尿酸血症和高尿酸尿症、脑发育不全、智力低下等症状，并且攻击和破坏性行为较明显。试分析：①该男童可能患有什么病？涉及哪条代谢途径？②出现以上症状的发病机制是什么？

目标检测
答案 11

第十二章

肝脏生物化学

学习目标

1. 知识目标

（1）理解肝脏在糖、脂类、蛋白质、维生素、激素以及药物等物质代谢中的作用；

（2）掌握肝脏生物转化的基本概念与生理意义；掌握肝脏转化的第一相反应和第二相反应及其生理意义；

（3）理解肝脏生物转化反应的特点及影响因素；理解胆汁酸循环代谢的生理意义；理解胆红素代谢的生理意义与代谢紊乱的病理意义。

2. 技能目标

（1）能利用胆红素氧化酶法正确测定血清总胆红素与结合胆红素含量；

（2）能解析脂肪肝发病生化机理，能进行脂肪肝预防及健康教育指导等药学服务；

（3）能解析胆结石的发病机理和提出预防胆结石的健康措施。

3. 思政与职业素养目标

（1）树立健康至上的理念；培养敬畏生命、尊重生命、关爱生命的职业道德；

（2）能进行胆红素代谢紊乱相关疾病的药学服务和健康教育指导；

（3）能将肝脏化学的相关知识应用于有关黄疸的形成机制分析，能运用有关知识分析肝功能受损所导致的一些疾病的发生机制。

导学案例

张先生，50岁，某企业营销骨干，长期以来在工作中需陪客户喝酒。三个月前明显感觉肚子胀，腹部隐隐作痛，且伴有乏力、厌油、腹泻等，最近出现水肿、巩膜黄染、排黑便。经医院检查后诊断为晚期的酒精性肝硬化，半年后去世。请思考：乙醇等物质在体内怎样进行代谢转变？肝脏发生疾病时为什么会出现黄疸、巩膜黄染等临床症状？酒精性肝硬化又是如何形成的呢？

肝是人体内最大的实质性器官，同时也是人体内最大的腺体。肝脏的功能与其组织结构和化学组成特点密不可分。肝脏具有复杂多样的生物学功能，不仅在机体糖类、脂类、蛋白质、维生素、激素及药物等物质代谢中处于中心地位，还具有分泌、排泄、生物转化等重要生理功能。因此，肝脏被称为"物质代谢中枢"，保持肝脏功能正常对维持人体健康具有重要意义。

第一节　肝脏在物质代谢中的作用

一、肝脏在物质代谢中的作用

（一）肝脏在糖代谢中的作用

血糖是人体各组织器官能量的主要来源，是维持生命活动的重要物质。肝在糖代谢中的主要作用是维持血糖浓度的恒定。肝脏主要通过肝糖原合成、分解与糖异生作用来维持血糖浓度相对恒定，确保全身各组织器官，特别是脑及成熟红细胞的能量来源。

1. 6- 磷酸葡萄糖是肝内糖代谢的枢纽物质

肝细胞膜含有葡萄糖转动蛋白 -2，可使肝细胞内的葡萄糖浓度与血糖浓度保持一致。当肠道吸收入血的葡萄糖浓度增高时，人体一些组织能利用血糖合成糖原储能。其中，肝脏与肌肉贮量最大。肝细胞含有特异的葡萄糖激酶，该酶对葡萄糖的亲和力低（K_m 为 10mmol/L），使得肝细胞在饱食状态下血糖浓度较高时，可不停地将摄取的葡萄糖转变为 6- 磷酸葡萄糖，进一步合成肝糖原储存。一般饱食后肝糖原总量可达 75 ～ 100g，占肝质量 5% ～ 6%，肌糖原含量占肌肉质量的 1% ～ 2%。血糖高时，肝中葡萄糖转变来的 6- 磷酸葡萄糖也可转化为脂肪，以 VLDL 形式输出，储存于脂肪组织。人体组织不能直接利用外源性半乳糖、甘露糖等其他单糖，须经肝将其转变成 6- 磷酸葡萄糖后方能供机体利用。

肝脏糖代谢不仅为自身生理活动提供能量，还能为其他器官提供葡萄糖，是维持血糖相对恒定的主要器官。通过糖原合成、糖原分解和糖异生这 3 种作用维持血糖水平在正常范围内。正常情况下，机体主要依靠激素调节，使血糖来源与去路保持动态平衡。饱餐状态下，血糖浓度升高，肝脏利用血液中大量的葡萄糖合成糖原储存起来，每 1kg 肝可贮藏 65g 糖原。过多的血糖还可转变为脂肪等，从而降低血糖浓度。在空腹状态下，肝糖原又可分解生成葡萄糖并释放入血，以补充血糖供中枢神经系统和红细胞等利用。饥饿状态下，肝糖原几乎被耗尽，肝脏可利用甘油、乳酸、丙酮酸等非糖物质，通过糖异生途径转化为葡萄糖，用以补充血糖。空腹 24 ～ 48h 糖异生可达最大反应速率，其主要原料——氨基酸，来自肌蛋白分解。此时，肝脏还将脂肪动员所释放的脂肪酸氧化成酮体，供大脑利用，以节省葡萄糖消耗。当肝细胞受损时，肝糖原合成与分解及糖异生途径受阻，可出现糖耐受能力下降，餐后或输入葡萄糖后出现高血糖，空腹或饥饿时易发生低血糖。

2. 肝脏可通过糖异生补充血糖

饥饿时，由于肝脏内含有 6- 磷酸葡萄糖，肝糖原能直接分解补充血糖，但由于肝糖原储存有限，肝糖原分解仅能维持 10 ～ 16h。较长时间禁食后，主要通过糖异生来补充血糖，其主要原料来源于肌肉分解生成的氨基酸。因病禁食或反复呕吐、糖来源减少、机体处于饥饿状态时，糖异生作用增强以维持血糖恒定。这种情况下，为减少组织蛋白质消耗和动用体脂可能引起酮症酸中毒，对患者静脉滴注葡萄糖是非常必要的。肌肉内没有 6- 磷酸葡萄糖酶，故肌糖原不能直接补充血糖，只能通过糖酵解生成乳酸，再经糖异生作用转变成葡萄糖。当肝功能严重障碍时，肝糖原合成和分解能力，及转化糖的能力下降，可出现糖耐受能力下降，容易出现餐后高血糖和饥饿低血糖等症状，可通过糖耐量试验来帮助诊断。肝脏对糖代谢调节具有相当大的代偿能力，故除极严重肝病外，血糖浓度一般无明显改变。

（二）肝脏在脂类代谢中的作用

肝细胞的滑面内质网富含催化脂质代谢的酶类，是进行脂质代谢的重要场所。肝脏在脂类代谢中占据重要位置，肝细胞可合成并分泌胆汁酸，以帮助脂类消化吸收。肝脏也是体内产生酮体的主要器官，在脂类消化、吸收、分解、合成及运输等代谢过程中均起重要作用。

1. 促进脂类物质的消化和吸收

肝细胞合成并分泌的胆汁酸盐能将脂类物质乳化为微小乳滴，有助于脂类物质消化吸收，并帮助脂溶性维生素吸收，故患有肝胆疾病时，可出现脂类消化不良，易出现厌油腻食物、脂肪泻和脂溶性维生素缺乏等临床症状。

2. 肝脏是甘油三酯代谢的主要场所，也是酮体生成的唯一器官

肝脏主要通过氧化脂肪酸释放能量来满足自身需要。空腹或饥饿状态下，肝细胞脂肪酸 β- 氧化加强，产生大量乙酰 CoA 并经三羧酸循环彻底氧化，产生能量以供肝脏利用，大部分乙酰 CoA 在肝脏内合成酮体释放入血，供大脑和肌肉等肝外组织摄取利用。肝脏也是合成脂肪酸、甘油三酯的主要部位，肝脏氧化脂肪酸能力有限，但酯化脂肪酸能力很强。饱食状态下，肝脏可将大量糖及一些氨基酸分解产生的乙酰 CoA 合成脂肪酸，进一步合成甘油三酯储存于脂库，也可将外源脂肪酸合成甘油三酯、磷脂和胆固醇。肝脏合成的甘油三酯、胆固醇及磷脂一起组成极低密度脂蛋白（VLDL）释放入血，供肝外组织利用或储存。肝脏合成甘油三酯的量超过其合成与分泌 VLDL 的能力，甘油三酯便积存于肝内，约 50% 的肥胖者肝内有少量脂肪堆积，且较为常见。脂肪肝多见于内分泌疾病，糖尿病常有不同程度的脂肪堆积。

肝细胞富含合成脂肪酸和促进脂肪酸 β- 氧化的酶，且只有肝脏内含有合成酮体的酶。所以，肝脏是脂肪酸合成和脂肪酸 β- 氧化最主要的场所，也是酮体生成的唯一器官。饥饿时，β- 氧化进行得非常活跃，产生大量乙酰 CoA，一部分通过三羧酸循环释放能量供肝脏利用，另一部分在肝内转变为酮体，供肝外组织利用。酮体是脂肪酸在肝外组织氧化供能的另一种形式，使心、肾和骨骼肌，尤其是脑在血糖浓度过低时，利用酮体供能，仍能维持生命。肝脏在协调这两条去路中具有重要作用。进食后，肝脏可将大量过剩的葡萄糖，通过乙酰 CoA 转变成脂肪酸，将能量储存在甘油三酯中，并与肝合成的 Apo B100 等载脂蛋白、胆固醇和磷脂一起，组装成 VLDL 分泌入血，运至肝外组织利用。所以，肝脏可以起到协调甘油三酯的合成和脂肪酸氧化供能的作用。

3. 肝脏是胆固醇合成及转化的主要场所

肝脏在胆固醇代谢中起着重要作用。肝脏是合成胆固醇最活跃的部位，合成量占全身合成总量的 3/4 以上，是空腹时血浆胆固醇的主要来源。同时，在肝脏合成胆汁酸是胆固醇转化与排泄的主要途径，部分胆固醇也可溶于胆汁，经肠道排泄。因此，肝脏是维持机体胆固醇平衡的主要器官。粪便中的胆固醇除来自肠黏膜脱落细胞外，均来自肝脏。胆汁酸的生成是肝脏降解胆固醇的最重要途径。肝损害和胆管阻塞时均可出现脂类消化吸收不良，产生厌油腻和脂肪泻等症状。生成血浆胆固醇酯所需的卵磷脂胆固醇酰基转移酶（LCAT），也是在肝细胞合成。当肝功能障碍时，血浆总胆固醇含量变化不大，但胆固醇酯含量必然减少，血浆胆固醇与胆固醇酯的比值升高。因此，在肝病诊断中，测定血清胆固醇酯的含量较测定总胆固醇更有意义。

4. 肝脏在磷脂代谢中的作用

磷脂（尤其是卵磷脂）主要通过肝脏利用糖及氨基酸等物质合成。磷脂与不同载脂蛋白结合生成多种脂蛋白。血浆中极低密度脂蛋白（VLDL）和高密度脂蛋白（HDL）主要在肝细胞中合成。肝功能受损时，VLDL 合成障碍，导致肝细胞合成的甘油三酯运不出去，形成脂肪肝。

5. 肝脏在脂蛋白的合成及代谢过程中发挥重要作用

肝脏是合成极低密度脂蛋白（VLDL）和高密度脂蛋白（HDL）的主要部位，还合成分

泌卵磷脂胆固醇酰基转移酶（LCAT），促进 HDL 对胆固醇的转运，许多载脂蛋白（如 apoA、apoB、apoC、apoE 等）均由肝脏合成。另外，肝脏也是合成磷脂最活跃的器官，磷脂是血浆脂蛋白的重要成分，当肝功能障碍或磷脂合成原料缺乏时，肝内磷脂合成减少，VLDL 减少，导致脂肪运输障碍而在肝中堆积引起脂肪肝。

（三）肝脏在蛋白质代谢中的作用

肝脏组织中，蛋白质及氨基酸代谢十分活跃，尤其是在蛋白质合成、氨基酸分解和尿素合成过程中具有重要意义。肝细胞可合成几乎所有的血浆蛋白质，肝脏也是清理氨基酸代谢产物的重要器官，在蛋白质合成与分解、氨基酸代谢中起重要作用。

1. 肝脏是合成血浆蛋白质的重要器官

肝脏除合成其自身所需蛋白质和酶外，还可合成和分泌大部分血浆蛋白质。血浆中清蛋白、凝血因子 I、凝血酶原和多种载脂蛋白均由肝细胞合成，除 γ- 球蛋白由浆细胞合成外，大部分的 α- 球蛋白和 β- 球蛋白均由肝细胞合成。肝脏分泌蛋白质的速度主要取决于其合成速度。其中，血浆清蛋白、黏连蛋白和 $α_1$- 蛋白酶抑制物分泌速度最快。清蛋白从合成到分泌仅需 20～30min，成人肝脏每日可合成 12g 清蛋白，约占全身总蛋白质量的 1/20，几乎占肝蛋白质合成量的 1/4。血浆中清蛋白是许多脂溶性物质（如游离脂肪酸、胆红素等）的非特异性运输载体，在维持血浆胶体渗透压方面起着重要作用。肝功能严重受损时，主要是清蛋白合成减少，而免疫刺激浆细胞合成 γ- 球蛋白往往增加，导致血浆清蛋白与球蛋白比值（A/G）下降，甚至倒置。血浆清蛋白减少，引起血浆胶体渗透压降低，而出现组织水肿或腹水等症状。凝血酶原、凝血因子 I 等凝血因子合成减少，可导致凝血时间延长或有出血倾向。胎儿肝脏可合成一种与血浆清蛋白分子量相似的甲胎蛋白，胎儿出生后，甲胎蛋白合成受到抑制，因此，正常人血浆中很难检出甲胎蛋白。肝癌时，癌细胞中甲胎蛋白基因失去阻遏，血浆中可能再次检出，因此，甲胎蛋白含量测定对肝癌诊断有一定的指导意义。

🔲 生化与健康

甲胎蛋白

甲胎蛋白（AFP）是一种糖蛋白，属于白蛋白家族，主要由胎儿肝细胞及卵黄囊合成，在胎儿血液循环中具有较高的浓度，出生后则下降，出生后 2～3 个月甲胎蛋白基本被白蛋白替代，血液中较难检出，故在成人血清中 AFP 含量极低。甲胎蛋白具有很多重要的生理功能，包括运输功能、作为生长调节因子的双向调节功能、免疫抑制、T 淋巴细胞诱导凋亡等，与肝癌及多种肿瘤的发生发展密切相关，在多种肿瘤中均可表现出较高浓度，可作为多种肿瘤的阳性筛选指标。目前，临床上主要作为原发性肝癌的血清标志物，用于原发性肝癌诊断及疗效监测。血清甲胎蛋白含量正常参考值为 < 25μg/L。成年人 60%～70% 原发性肝癌患者 AFP 含量增高，睾丸癌、卵巢肿瘤、恶性畸胎瘤、胰腺癌、胃癌、肠癌、肺癌等患者含量也增高。急慢性肝炎、肝硬化等良性肝病患者血清 AFP 水平有不同程度升高，但大多低于 1000μg/L，其升高与肝细胞坏死和再生程度有关。

2. 肝脏是氨基酸分解代谢的主要器官

除亮氨酸、异亮氨酸和缬氨酸等支链氨基酸主要在肌肉进行分解代谢外，其余氨基酸主要在肝细胞内完成分解代谢。肝细胞含有丰富的与氨基酸代谢有关的酶类，如多种氨基转移酶。当肝细胞受损时，细胞内转氨酶可跨膜运输至胞外并释放入血，致使血浆中谷丙转氨酶（ALT）和谷草转氨酶（AST）等氨基转移酶活性明显增高，临床上，氨基酸转氨酶活性常作为诊断肝病的重要指标之一。

3. 肝脏是合成尿素和解除氨毒的主要器官

肝脏是合成尿素的最主要器官，通过鸟氨酸循环将氨基酸代谢产生的有毒的氨转变为无毒的尿素，经泌尿系统排出体外，从而解除了游离氨毒性。肝脏是清除血氨的主要器官。每日食 100g 蛋白质的老年人每日排氮 16.5g，其中 80% ～ 90% 以尿素形式排入尿中。当肝功能严重受损时，肝合成尿素能力明显下降，使血氨浓度升高，可引起肝性脑病。在肠道细菌的氨基酸脱羧酶作用下，芳香族氨基酸可脱羧生成相应的芳香胺类，如酪胺。正常情况下，由肠道进入机体的大部分芳香胺类可被肝细胞线粒体的单胺氧化酶氧化分解。严重肝病时，进入机体的芳香胺类不能得到清除，在大脑可取代正常的神经递质，引起神经活动紊乱，这些芳香胺类称为假神经递质，肝脏也是胺类物质的解毒器官。故肝功能受损时，胺类物质不能及时处理，也会对中枢神经系统功能产生严重影响，可导致肝性脑病。

二、肝脏在维生素和激素代谢中的作用

1. 肝脏在维生素代谢中的作用

肝脏在维生素吸收、储存、运输和转化等方面也有重要作用。肝脏合成和分泌的胆汁酸可促进维生素 A、维生素 D、维生素 E、维生素 K 的吸收，肝脏内可储存多种维生素，肝胆疾病患者常伴有脂溶性维生素吸收障碍。血浆中维生素 A 与视黄醇结合蛋白、清蛋白以 1:1:1 结合而运输，视黄醇结合蛋白由肝脏合成。肝细胞疾病、锌缺乏和蛋白质营养障碍均可使该结合蛋白合成减少，造成血浆中维生素 A 水平降低，肝脏也是 B 族维生素转化为相应辅酶或辅基最活跃的器官。

2. 肝脏在激素代谢中的作用

肝脏是激素灭活和排泄的主要器官。许多激素在发挥其调节作用后，主要在肝脏中转化降解而失活，称激素灭活。激素灭活是体内调节激素作用时间长短和强度的重要方式之一，灭活后的产物随尿液或胆汁排出体外。当肝功能严重受损时，对激素的灭活能力降低，导致多种激素在体内堆积，引起代谢紊乱，如抗利尿激素水平升高，可使重症肝病患者出现水肿或腹水。雌激素增多可出现男性乳房增生、蜘蛛痣、肝掌（雌激素对小血管的扩张作用）等症状。醛固酮、血管升压素增多可引起高血压及水钠潴留等现象。

🔳 生化与健康

蜘蛛痣与肝掌

慢性肝炎和肝硬化患者的脸部、颈部、手部经常发现有一种形态很像蜘蛛网样的痣，痣的中心是一个小红点，周围放射出许多细小的红丝，整体直径约为 0.2 ～ 2cm，称为蜘蛛痣。肝掌发生原因与蜘蛛痣一样，表现为肝病患者手掌的大、小鱼际及手指掌面、手指基部呈现粉红色（融合或未融合）胭脂样斑点，压之褪色，久者可形成紫褐色，如仔细观察可见许多星星点点扩张连成片的小动脉。肝掌可随肝功能好转而减轻或消失。

三、肝脏在药物代谢中的作用

肝脏也是药物代谢的重要器官，体内药物的生物转化主要在肝脏中进行，如药物的氧化反应大多在肝细胞微粒体中进行。药物代谢酶主要分布在肝细胞微粒体，催化药物多种类型的氧化、偶氮或硝基还原、酯或酰胺水解、甲基和葡萄糖醛酸结合反应等。药物在体内经生物转化后，其药理活性减弱或消失（药物失活）或毒性降低等。有药理活性或毒性基本不变或反而增高的现象，如低抗菌活性的百浪多息经生物转化后可生成高抗菌活性的磺胺（图 12-1）。

因此，肝脏对药物的转化作用不能简单理解为"解毒"作用。当肝脏功能受损时，肝的生物转化能力减弱，药物代谢速率降低，可造成药物在体内蓄积，引起 A 型药物不良反应，如呕吐、腹泻、粒细胞和血小板减少、运动失调、眼球震颤和昏睡等。

▲**执业药师考点提示**▲：常见具有肝脏毒性的药物有利福平、异烟肼、氨苄西林、异丙嗪、奎宁、水杨酸等。肝病患者慎用甲氨蝶呤，因为抗代谢药甲氨蝶呤容易引起胆汁淤积性肝损伤。适合肝病患者选用的利尿药是螺内酯、强心药是地高辛、抗结构药物是乙胺丁醇。

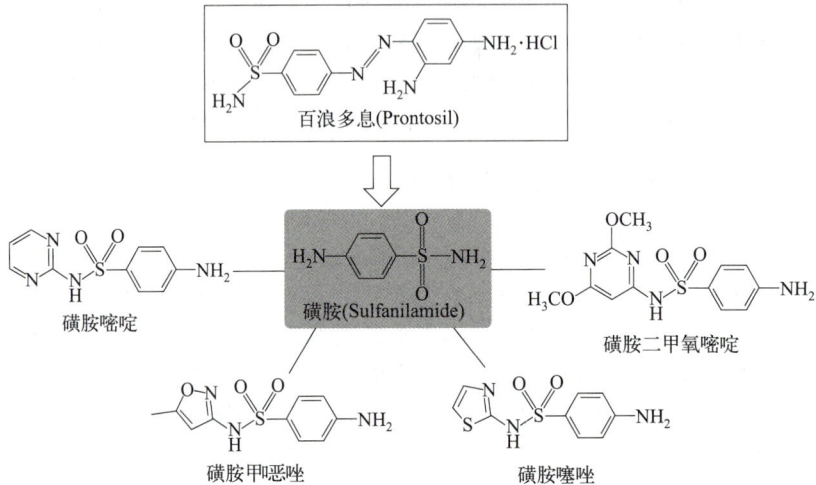

图 12-1　百浪多息生物转化为磺胺类化合物

第二节　肝脏的生物转化作用

一、生物转化的概念及反应类型

（一）生物转化的概念及生理意义

　　机体将非营养物质经代谢转变，增强极性和提高水溶性，并排出体外的过程称生物转化。人体内某些物质既不参与机体构成，又不能氧化供能，且其中许多物质对机体有一定异常生物活性或毒性作用，这类物质常称为非营养物质。非营养物质多呈脂溶性，体内蓄积过多对人体有害，经生物转化作用可促其排出体外。非营养物质按其来源分为内源性和外源性两类。内源性非营养物质包括激素、神经递质、胺类等具有强烈生物学活性的物质，以及氨和胆红素等对机体有毒性的物质；而外源性非营养物质是由外界进入体内的异源性物质，如药物、毒物、环境污染物、食品添加剂和色素等，以及蛋白质在肠道的腐败产物，如胺、酚、吲哚等，这些物质多是脂溶性的，需经过生物转化作用才能排出体外。肝脏是人体生物转化的最主要器官，其他组织（如肾、肺、皮肤、胎盘和胃肠道）也具有一定生物转化功能，但以肝脏生物转化效率最高、也最为重要。

　　肝脏生物转化的生理意义在于：①通过生物转化作用对体内非营养物质进行改造，使其生物学活性降低或灭活，或使有毒物质毒性降低或解除；②通过生物转化作用增大非营养物质的水溶性和极性，促使其易于从胆汁或尿液排出。需指出的是，有些物质经肝脏生物转化后，其毒性反而增加或溶解性反而降低，不易排出体外，故不能将肝脏生物转化作用简单地看作是"解毒作用"。而有的药物如环磷酰胺、百浪多息、水合氯醛、硫唑嘌呤和中药大黄等经生物转化才能成为有活性的药物。

（二）肝脏生物转化反应类型

肝脏生物转化类型涉及的化学反应有氧化、还原、水解和结合反应。其中，氧化反应、还原反应和水解反应称为第一相反应，结合反应称为第二相反应。许多营养物质经过第一相反应，极性增加后即可大量排出体外，但有的物质还需再进行第二相反应，须与葡萄糖醛酸和硫酸等极性更强的物质结合，以进一步提高溶解度后才能排出体外。

1. 氧化反应

肝细胞微粒体、线粒体和胞质中含有不同的氧化酶，可催化不同类型的氧化反应。

（1）加单氧酶系　此酶系存在于肝细胞线粒体中，可催化多种化合物羟化，如维生素 D_3、胆汁酸和类固醇激素等，不仅能增加药物或毒物的水溶性有利于排泄，还能参与体内许多重要的羟化过程。反应式为：

$$RH+NADPH+H^++O_2 \longrightarrow ROH +NADP^+ +H_2O$$

单加氧酶系的重要意义在于参与药物和毒物的生物转化。单加氧酶系羟化作用不仅增加了药物或毒物的水溶性，使其有利于排泄，而且是许多物质代谢不可缺少的步骤，如苯胺在单加氧酶系催化下生成对氨基苯酚。单加氧酶可诱导生成，如长期服用苯巴比妥安眠药的患者，会产生耐药性。口服避孕药的妇女，若同时服用利福平，由于利福平是细胞色素 P_{450} 的诱导剂，可使其氧化作用增强，加速避孕药排出，降低避孕效果。

（2）单胺氧化酶系　该酶系存在于肝细胞线粒体中，属黄素酶类，可催化蛋白质腐败作用及一些肾上腺素，使药物氧化脱氨基生成相应醛类，再进一步氧化为酸。单胺氧化酶的作用对象是蛋白质、多肽和氨基酸在肠道菌作用下所生成的胺类物质，如组胺、色胺、腐胺等。单胺氧化酶将这些物质氧化脱氨，使之丧失生物学活性。反应式为：

$$RCH_2NH_2 +O_2 +H_2O \longrightarrow RCHO+NH_3+H_2O_2$$

（3）脱氢酶系　醇脱氢酶和醛脱氢酶存在于肝细胞的胞质和微粒体中，分别催化醇或醛氧化为相应的醛和酸。如肝细胞中含有非常活跃的醇脱氢酶和醛脱氢酶，乙醇在肝中的生物反应式为：

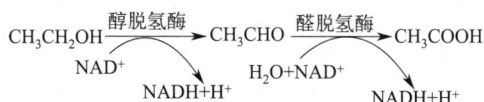

$$CH_3CH_2OH \xrightarrow[\substack{NAD^+ \\ NADH+H^+}]{\text{醇脱氢酶}} CH_3CHO \xrightarrow[\substack{H_2O+NAD^+ \\ NADH+H^+}]{\text{醛脱氢酶}} CH_3COOH$$

人们都知道饮酒伤肝，这是因为摄入的乙醇 30% 被胃吸收，70% 在小肠上段吸收。吸收后的乙醇 90%～98% 在肝代谢，2%～10% 经肾和肺排出体外。人血中乙醇清除率为 100～200mg/（kg·h），即 70kg 体重的成人每小时可代谢 7～14g 乙醇。超量摄入的乙醇，除经醇脱氢氧化外，还可以诱导微粒体乙醇氧化系统。乙醇氧化系统是乙醇 - 细胞色素 P_{450} 单加氧酶，其催化的产物是乙醛。只有血液中乙醇浓度很高时，此系统才显示其催化作用。乙醇持续摄入或慢性乙醇中毒时，乙醇氧化系统活性或诱导增加 50%～100%，代谢乙醇总量 50%。但值得注意的是，乙醇诱导乙醇氧化系统活性不但不能使乙醇氧化产生 ATP，反而增加对氧和 NADPH 的消耗，使肝内能量耗竭，造成肝细胞损伤。

📑 生化与健康

喝酒脸红与酒量

肝脏中存在乙醇脱氢酶和乙醛脱氢酶，前者把乙醇转化成乙醛，后者把乙醛转化成乙酸。

乙酸再转变成二氧化碳和水。乙醛毒性最大，长期大量累积容易导致肝癌。乙醛有扩张血管作用，尤其是毛细血管，会导致人面部潮红。不同人体内含有的这两种酶的活性和数量不同。喝酒脸红是因为这些人体内有足够的乙醇脱氢酶把酒精转化成乙醛，但没有足够的乙醛脱氢酶或乙醛脱氢酶活性不足，乙醛扩张血管导致脸红。大量乙醛堆积是有害的。如果两种酶都缺乏，是最危险的，喝进去的乙醇原封不动地进入血管。乙醇对血管刺激，喝酒脸不红，这种人以为自己很能喝，其实喝到某一个点可能就达到乙醇报警上限，机体报警就酒精中毒了。

2. 还原反应

肝细胞微粒体中含有还原酶系，主要是硝基还原酶和偶氮还原酶，可催化硝基化合物和偶氮化合物还原为相应的胺类，反应时需 NADPH 或 NADH 提供氢。

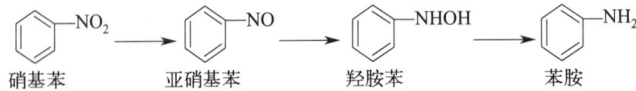

硝基苯　　　　　亚硝基苯　　　　　羟胺苯　　　　　　苯胺

3. 水解反应

肝细胞的胞质和内质网中含有酯酶、酰胺酶和糖苷酶等酶类，可水解酯键、酰胺键和糖苷键类化合物，以降低或消除其生物活性，如进入人体的乙酰水杨酸（阿司匹林），通过水解反应生成水杨酸，阿司匹林进入体内很快被酯酶水解，生成水杨酸和乙酸。

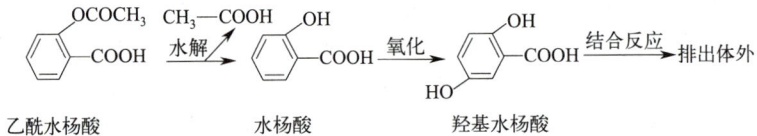

乙酰水杨酸　　　　　　水杨酸　　　　　　羟基水杨酸

4. 结合反应

第一相反应产物可直接排出体外，也可进一步进行第二相反应，生成极性更强的化合物，肝细胞中含有催化进行结合反应的酶类。含有羟基、羧基、氨基的药物、毒物或激素均可与葡萄糖醛酸、硫酸和谷胱甘肽等发生结合反应进行酰基化和甲基化，以与葡萄糖醛酸结合最为普遍。

（1）葡萄糖醛酸结合反应　肝细胞微粒体中的葡萄糖醛酸基转移酶以尿苷二磷酸葡萄糖醛酸（UDPGA）为供体，催化葡萄糖醛酸基转移到醇、酚、胺及羧酸类化合物的羟基、羧基及氨基上，生成葡萄糖醛酸苷，使其易于排出。酚、苯甲酸、胆红素、类固醇激素、吗啡、苯巴比妥类药物均可在肝与葡萄糖醛酸结合而进行生物转化。如苯酚的反应式如下：

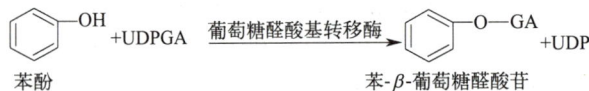

苯酚　　　　　　　　　　　苯-β-葡萄糖醛酸苷

（2）硫酸结合反应　这是一种常见的结合方式。肝细胞胞质中的硫酸基转移酶可催化 3'-磷酸腺苷 -5'- 磷酰硫酸（PAPS）的硫酸基转移到醇、酚或芳香胺类等非营养物质上，生成相应的硫酸酯。如雌酮转化为硫酸酯结合而灭活，反应式如下：

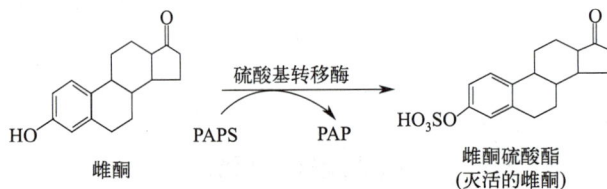

雌酮　　　　　　　　　　　　　　雌酮硫酸酯
　　　　　　　　　　　　　　　　（灭活的雌酮）

（3）乙酰基化反应　肝细胞胞质中的乙酰基转移酶以乙酰 CoA 为供体，催化乙酰基转移给苯胺、磺胺类药物、抗结核类药物异烟肼、芳香族胺类化合物等含氨基或肼的非营养物质分子中，并与氨基或肼结合形成相应的乙酰化衍生物而灭活。如磺胺药在体内的转化反应式如下：

$$H_2N——SO_2—NH—R+H_3C—\overset{O}{\overset{\|}{C}}—SCoA \longrightarrow H_3C—\overset{O}{\overset{\|}{C}}—NH——SO_2—NH—R+CoASH$$

磺胺　　　　　　　　　　　　　　　　　　　　　　　　　　N-乙酰磺胺

（4）甲基化反应　肝细胞中的各种甲基转移酶可以以 S-腺苷甲硫氨酸（SAM）为供体，催化体内含有氨基、羟基、巯基的药物或某些活性物质甲基化而灭活。如儿茶酚胺和 5-羟色胺、组胺和烟酰胺等通过甲基化而失去生物活性。

（5）甘氨酸、牛磺酸结合反应　含羧基的药物和毒物的羧基被激活为酰基 CoA 后，可与甘氨酸、牛磺酸结合生成相应的结合产物。如苯甲酸与甘氨酸结合形成马尿酸，随尿液排出体外。

$$—COOH \xrightarrow[ATP]{HS—CoA} —CO\sim SCoA \xrightarrow[CoA—SH]{甘氨酸} —\overset{}{\underset{CH_2—COOH}{CO—NH}}$$

苯甲酸　　　　　　　　　　　苯甲酰CoA　　　　　　　　马尿酸

（6）谷胱甘肽结合反应　肝细胞胞质中富含谷胱甘肽 S-转移酶，可与多种环氧化合物和卤代化合物结合生成相应的结合产物，主要参与对致癌物、环境污染物、抗肿瘤药物及内源性活性物质的生物转化。

二、生物转化的特点及影响因素

（一）生物转化的特点

1. 多样性和连续性

一种物质的生物转化作用往往需要连续进行几种反应，产生多种产物，这就是生物转化作用的连续性。如阿司匹林（乙酰水杨酸）进入机体后先被水解为水杨酸，然后再进行结合反应才能排出体外。同一种物质在体内可进行多种类型反应，称为生物转化多样性。如水杨酸进行结合反应时，既可与葡萄糖醛酸结合，又可与甘氨酸结合，还可以进行氧化反应。

2. 解毒与致毒的双重性

生物转化既有解毒作用，也有致毒作用。大多数物质经生物转化后，其毒性减弱或消失，但有些物质经生物转化后出现毒性或毒性增强。如致癌性极强的黄曲霉毒素 B_1 在体外并没有致病性，但经肝生物转化后可与 DNA 结合而致癌。有的药物（如硫唑嘌呤等）需经生物转化才能成为有活性的药物。因此，不能将肝的生物转化简单理解为解毒作用。

（二）影响生物转化作用的因素

1. 年龄

年龄对生物转化作用有明显影响。新生儿生物转化酶系发育尚未完善，转化能力较弱，对药物和毒物耐受性较差，易出现药物及毒物中毒，如葡萄糖醛酸转移酶在出生时才开始低水平表达，3 个月达到正常水平。所以，新生儿易发生黄疸或氯霉素中毒所致的"灰婴综合征"。老年人肝脏生物转化能力和肝生物转化酶诱导作用仍属正常，但老年人肝脏血流量及肾脏清除率下降，导致老年人血浆物的清除速度下降，药物在体内半衰期延长，药效增强，不良反应增大，如安替匹林和保泰松的半衰期在青年人群分别为 12h 和 81h，而在老年人群分别为 17h 和 105h。因此,老年人用药剂量应比青壮年低。临床上对新生儿和老年人使用药物时要特别慎重,药物用量也较成人更小。

2. 性别

某些生物转化反应存在明显性别差异,如女性体内醇脱氢酶活性高于男性,对乙醇处理能力比男性强。女性转化氨基比林的能力高于男性,这可能与性激素对药物转化酶的影响有关。氨基比林在女性体内半衰期低于男性,女性为 10.3h,男性为 13.4h,但在妊娠晚期女性体内很多参与生物转化的酶活性下降,导致生物转化能力降低。

3. 疾病与遗传因素

肝脏实质损伤直接影响生物转化酶类合成,造成肝生物转化能力减弱,药物和毒物的摄取和灭活速度下降,药物治疗剂量和毒性剂量之间差距变小。所以,肝病患者应当慎重用药。遗传因素也可明显影响生物转化酶活性,遗传变异可引起人体间生物转化酶分子结构差异或合成量差异。

4. 药物的诱导与抑制

许多药物或毒物可诱导生物转化酶类合成,增强肝脏生物转化能力。如吸烟多对烟碱有较强耐受力,长期服用苯巴比妥可诱导肝微粒体加单氧酶系合成,使机体对苯巴比妥类催眠药产生耐药性。苯巴比妥还可诱导肝微粒体 UDP- 葡萄糖醛酸基转移酶合成,故临床上用来治疗新生儿黄疸。

由于很多物质的生物转化常受同一酶系的催化,因而同时服用几种药物时,这些药物有可能发生药物之间对酶的竞争性抑制作用,从而影响药物的生物转化,如保泰松可抑制双香豆素代谢,增强双香豆素抗凝作用,如同时服用保泰松和双香豆素,人体抗凝作用增强,易发生出血,临床用药应考虑到上述因素。

第三节　胆汁酸的代谢

胆汁是由肝细胞分泌的一种有色液体,每日分泌量为 300 ~ 700mL,暂存于胆囊,通过胆管系统排入十二指肠。从肝分泌的胆汁称为肝胆汁,呈黄褐色或金黄色,有苦味,澄清透明,固体成分较少,相对密度较低。肝胆汁进入胆囊后,胆囊壁吸收其中水分、无机盐等,胆汁被浓缩为胆囊胆汁,相对密度增高,胆囊胆汁呈暗褐色或棕绿色。胆汁主要固体成分是胆汁酸,约占固体成分的 50% ~ 70%,胆汁中除水分外,还含有溶于其中的固体物质,如胆汁酸(盐)、胆红素、胆固醇、磷脂、黏蛋白、无机盐、多种酶类(脂肪酶、磷脂酶、淀粉酶、磷酸酶)及消化道吸收的药物、毒物、重金属盐等。胆汁酸主要以钠盐或钾盐形式存在,占固体物质总量的 50% ~ 70%。胆汁既能作为消化液,促进脂类物质的消化、吸收,又能作为排泄液,将体内的一些脂溶性代谢物及生物转化产物(如胆红素、胆固醇、药物、毒物等)随胆汁排入肠腔,再随粪便排出体外。

一、胆汁酸的种类

根据其结构不同,胆汁酸可分为游离型胆汁酸和结合型胆汁酸。游离型胆汁酸包括胆酸、鹅脱氧胆酸、脱氧胆酸和少量石胆酸四类。结合型胆汁酸是游离胆汁酸分别与甘氨酸和牛磺酸结合后生成的胆汁酸,如甘氨胆酸、牛磺胆酸、甘氨鹅脱氧胆酸、牛磺鹅脱氧胆酸、甘氨脱氧胆酸、牛磺脱氧胆酸、甘氨石胆酸和牛磺石胆酸。根据来源分类,可分为初级胆汁酸(肝脏生成）和次级胆汁酸（肠道细菌作用后生成）。根据生成部位可以分为两类：①胆酸、鹅脱氧胆酸及其相应结合型胆汁酸是在肝细胞内以胆固醇为原料直接合成的，称为初级胆汁酸。②脱氧胆酸、石胆酸及其相应的结合型胆汁酸是以初级胆汁酸为原料，在肠道细菌作用下转变生成的，称为次级胆汁酸。无论初级胆汁酸还是次级胆汁酸，在胆汁酸中均以钾盐或钠盐形式存在，即胆汁酸盐（简称胆盐）。

二、胆汁酸的生成及其肠肝循环

1. 初级胆汁酸的生成

在肝细胞内，通过复杂酶促反应将胆固醇转变成初级胆汁酸，这是体内排泄胆固醇的主要途径，也是体内清除胆固醇的主要方式。初级胆汁酸生成是胆汁酸代谢重要环节。胆汁酸合成主要发生在肝细胞微粒体和胞质中，过程复杂，包括羟化、侧链氧化、异构、加水等多步酶促反应。

胆固醇经胞质中的 7α-羟化酶催化生成 7α-羟基胆固醇，再在多种酶作用下，经 12α-羟化、加氢、侧链氧化断裂、加水等一系列反应生成胆酸。若不经 12α-羟化则生成鹅脱氧胆酸，二者均属初级游离胆汁酸。初级游离胆汁酸再与甘氨酸或牛磺酸结合生成初级结合胆汁酸，包括甘氨胆酸、牛磺胆酸、甘氨鹅脱氧胆酸、牛磺鹅脱氧胆酸，并以胆汁酸钠盐或钾盐形式随胆汁进入肠道。初级胆汁酸的结构见图 12-2。

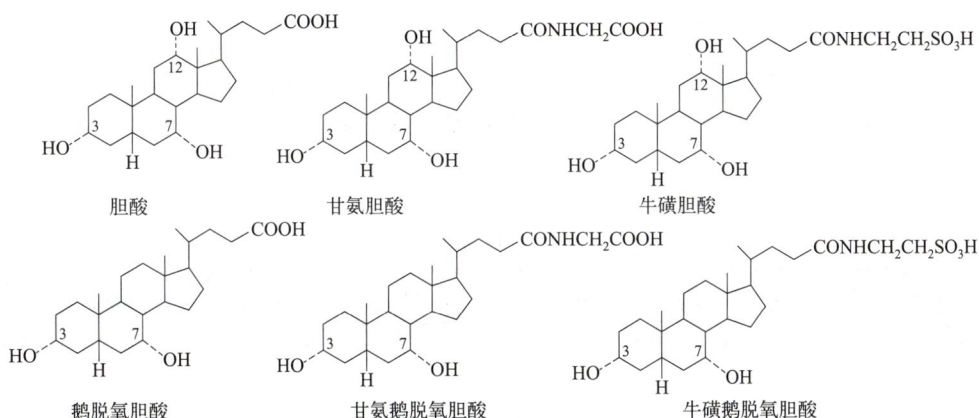

图 12-2　初级胆汁酸的结构

胆固醇 7α-羟化酶是胆汁酸合成的限速酶，受其产物胆汁酸的反馈抑制。临床口服药物考来烯胺可吸附胆汁酸，减少肠道对胆汁酸的吸收，降低对 7α-羟化酶的抑制，促使胆固醇转化为胆汁酸，从而减少血清胆固醇含量。7α-羟化酶也受底物调节，胆固醇可诱导该酶基因的表达。结合胆固醇合成途径可知，高胆固醇饮食同时抑制 HMG-CoA 还原酶的合成和促进 7α-羟化酶的表达，机体通过两个酶的协同作用维持血清胆固醇水平。7α-羟化酶还受到激素调节，糖皮质激素和生长激素可提高该酶活性，甲状腺素可诱导该酶 mRNA 合成，促进胆汁酸生成，甲状腺素通过 2 种途径促进胆汁酸生成：①诱导 7α-羟化酶基因表达，使该酶转录增强，mRNA 增多；②激活胆汁酸侧链氧化酶系，加速合成胆汁酸。所以，甲状腺功能亢进症（甲亢）患者血浆胆固醇含量降低，而甲状腺功能减退症（甲减）患者血浆胆固醇含量增高。

2. 次级胆汁酸的生成

初级胆汁酸随胆汁分泌进入肠道，在协助脂类物质消化后，在回肠和结肠上段受肠道细菌酶作用，一部分水解脱去甘氨酸或牛磺酸，重新生成游离型胆汁酸。游离型胆汁酸再脱去 7α- 羟基生成脱氧胆酸和石胆酸，即次级游离胆汁酸（胆酸脱去 7α- 羟基生成脱氧胆酸，鹅脱氧胆酸脱去 7α- 羟基生成石胆酸）。次级游离型胆汁酸部分被肠黏膜吸收经门静脉入肝，在肝内再与甘氨酸或牛磺酸结合生成次级结合型胆汁酸。次级游离胆汁酸的生成见图 12-3。石胆酸溶解度小，绝大部分随粪便排出体外，这两种次级游离胆汁酸可经肠肝循环被重吸收入肝，在肝细胞中与甘氨酸或牛磺酸结合生成次级结合胆汁酸，包括甘氨脱氧胆酸、牛磺脱氧胆酸、甘氨石胆酸、牛磺石胆酸，后两者含量极少。次级结合胆汁酸以胆盐形式随胆汁进入胆囊储存。肠道细菌若将鹅脱氧胆酸的 7α- 羟基转变为 7β- 羟基，则转化生成熊脱氧胆酸。熊脱氧胆酸具有抗氧化应激作用，可降低肝内胆汁酸潴留引起的肝损伤，用于治疗慢性肝病。

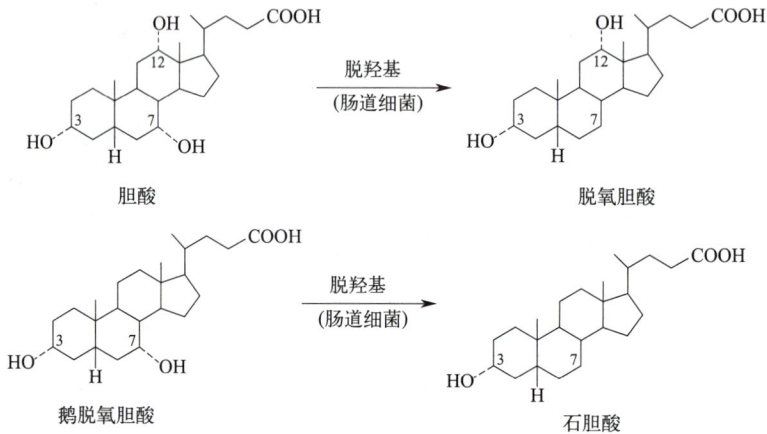

图 12-3　次级游离胆汁酸的生成

各种胆汁酸的分类如表 12-1 所示。

表 12-1　胆汁酸的分类

来源分类	结构分类	
	游离型胆汁酸	结合型胆汁酸
初级胆汁酸	胆酸	甘氨胆酸、牛磺胆酸
	鹅胆氧胆酸	甘氨鹅胆氧胆酸、牛磺鹅胆氧胆酸
初级胆汁酸	脱氧胆酸	甘氨脱氧胆酸、牛磺脱氧胆酸
	石胆酸	甘氨石胆酸、牛磺石胆酸

🔖 生化与医药

熊脱氧胆酸与药理作用

　　肠道细菌除可将初级胆汁酸转化为脱氧胆酸和石胆酸外，还可将鹅脱氧胆酸 7α- 羟基转变为 7β- 羟基，生成一种特殊次级游离胆汁酸——熊脱氧胆酸。熊脱氧胆酸在体内胆汁酸池中含量非常低，但有一定的药理作用，其亲水性较强，去垢性差，具有抗氧化应激作用，或降低慢性肝炎和肝内胆汁酸潴留所引起的肝损伤。

3. 胆汁酸的肠肝循环及生理意义

　　进入肠道的胆汁酸大部分（约 95%）（包括初级、次级、结合型、游离型）可被肠道重吸收进入血液，再经门静脉入肝，其余胆汁酸随粪便排出（主要为石胆酸），正常人每日有

0.4～0.6g 胆汁酸随粪便排出。胆汁酸重吸收有两种方式，以结合胆汁酸在回肠部位主动重吸收入血，游离胆汁酸在整个肠道可通过被动重吸收的方式回到血液。被肠道吸收的胆汁酸经门静脉入肝。在肝细胞内，游离胆汁酸与甘氨酸或牛磺酸重新结合成为结合型胆汁酸，并同新合成的胆汁酸一起再次排入肠道，此过程称为胆汁酸肠肝循环（图 12-4）。

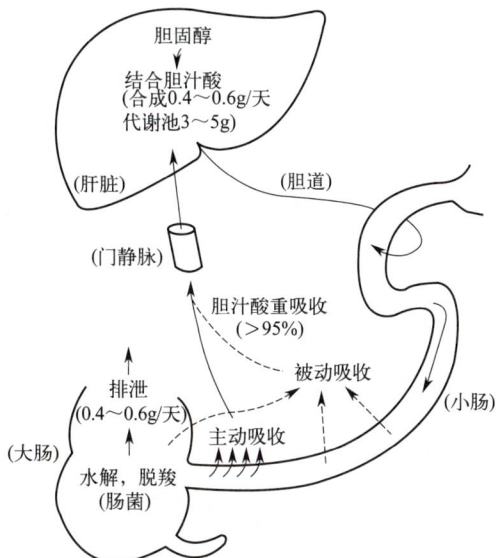

图 12-4　胆汁酸的肠肝循环

　　胆汁酸肠肝循环的生理意义在于能使有限的胆汁酸反复利用，满足脂类物质的消化需要。正常人肝脏每天合成胆汁酸的量仅有 0.4～0.6g，但人体每日需要 16～32g 胆汁酸来帮助脂类消化吸收，体内胆汁酸储备总量无法满足需要，只能通过反复利用胆汁酸来满足脂类乳化需要。人体每餐后进行 2～4 次肠肝循环，每天可进行 6～12 次肠肝循环，从而维持肠内胆汁酸盐浓度，满足每天乳化脂类所需要的 16～32g 胆汁酸量。胆汁酸肠肝循环的意义还在于胆汁酸的重吸收，维持胆汁中的胆汁酸盐与胆固醇比例恒定，避免胆固醇浓度过高而结晶析出胆结石，不易形成胆固醇结石。因此，若肠道切除手术或腹泻等原因破坏了胆汁酸肠肝循环，则会导致患者脂类物质消化能力下降，并易形成胆结石。

　　胆汁酸螯合剂为碱性阴离子交换树脂，是一类安全有效的降血浆总胆固醇和高密度脂蛋白中胆固醇的药物，常用药物有考来烯胺（消胆胺，图 12-5）和考来替泊（降胆宁）。由于胆汁酸螯合剂分子质量大，口服进入小肠后不被破坏和吸收，与胆汁酸结合后，阻止胆汁酸肠肝循环，并由粪便排出，减少胆汁酸重吸收，从而促进肝内胆固醇转化为胆汁

图 12-5　考来烯胺化学结构式

酸，致使肝内胆固醇大量被消耗，进而降低血浆总胆固醇和高密度脂蛋白中胆固醇含量。

三、胆汁酸的生理功能

1. 促进脂类和脂溶性维生素的消化吸收

　　胆汁酸分子内含有亲水（羟基、羧基、磺酸基）和疏水（烃核和甲基）2 种基团，亲水基团位于胆汁酸固醇核的一侧，构成胆汁酸亲水面；又含有疏水基团（烃核和甲基），分布于胆固醇核的另一侧，构成胆汁酸疏水面。两类不同性质的结构恰好位于环戊烷多氢菲核的两侧，故胆

汁酸的立体构象具有亲水性和疏水性两个侧面，能降低油水两相间表面张力，具有很强的界面活性，是较强的乳化剂，促进脂类乳化，并形成直径＜20μm 的微团，增加消化酶和脂类接触面积，加速脂类消化吸收。胆汁酸乳化作用还能促进脂溶性维生素 A、维生素 D、维生素 E、维生素 K 的吸收。在消化道内，脂类物质覆盖在食物微团表面，阻碍了消化酶与食物中其他营养物质接触。因此，胆汁酸对脂类乳化作用也间接促进了对其他营养物质的消化吸收。如胆汁酸分泌不足，肠道残留过多未消化物，在肠道细菌作用下，则发生更多的腐败作用和产生更多的气体。

2. 酸中和作用

胆汁酸呈碱性，在肠道内能中和来自胃的酸性食糜。

3. 抑制胆汁中胆固醇析出产生胆结石

由于胆固醇难溶于水，部分未转化的胆固醇随胆汁酸排入胆囊，胆汁被胆囊浓缩后，胆固醇环戊烷多氢菲结构使胆固醇难溶于水，胆固醇易沉淀析出，形成胆固醇结石。胆汁酸通过与卵磷脂的协同作用，使脂溶性胆固醇形成可溶性微团才能通过胆道排出体外，也能促进胆固醇溶于胆汁中，使之不易结晶沉淀，故胆汁酸有防止结石的作用。因此，胆汁中胆固醇溶解度与胆汁酸盐、卵磷脂与胆固醇相对比例有关。若肝合成、分泌胆汁酸能力下降，消化道丢失胆汁酸过多或肠肝循环中摄取胆汁酸过少，高胆固醇血症导致排入胆汁中的胆固醇过多，均可造成胆汁中胆汁酸、卵磷脂与胆固醇的比值下降，当胆汁酸、卵磷脂与胆固醇比值小于 1∶10 时，可引起胆汁中胆固醇的沉淀结晶析出形成结石。不同胆汁酸对结石形成作用不同，鹅脱氧胆酸可使胆固醇结石溶解，而胆酸及脱氧胆酸则无此作用。临床上常用鹅脱氧胆酸或熊脱氧胆酸治疗胆固醇结石。某些肝病患者，在血清胆红素、ALT 等肝功能指标正常的情况下，血清总胆汁酸可增高，故血清胆汁酸测定是反映肝实质损害的灵敏指标。此外，胆汁酸也是肝脏排出药物、毒物、胆色素及各种无机物的重要载体。

第四节 胆红素的代谢

胆色素是体内铁卟啉化合物的主要分解代谢产物，包括胆红素、胆绿素、胆素原和胆素等，主要随胆汁排出体外。其中，胆红素是胆色素的主要成分，对神经组织（特别是脑）有不可逆的损伤作用，呈橙黄色，也是胆汁中的主要色素。血红素是血红蛋白、肌红蛋白、细胞色素、过氧化物酶和过氧化氢酶等的辅基，是一种铁卟啉化合物。机体内大多数组织具有合成血红素的能力，以肝脏和骨髓为主要场所，血红素也主要在肝内转化与排泄。

一、血红素的合成代谢

血红素合成的原料是甘氨酸、琥珀酰 CoA 和 Fe^{2+}，合成部位是线粒体及胞质，血红素合成过程分为 4 个阶段。

（1）δ- 氨基 -γ- 酮戊酸（ALA）的生成　在线粒体内，琥珀酰 CoA 与甘氨酸在 ALA 合成酶催化下，缩合成 δ- 氨基 -γ- 酮戊酸。ALA 合成酶是血红素合成代谢的限速酶，辅酶为磷酸吡哆醛，酶活性受血红素反馈调节。促红细胞生成素（EPO）是肾脏合成的一种糖蛋白，能诱导 ALA 合成酶合成，从而促进血红素和血红蛋白的生成。

（2）卟胆原的生成　ALA 在线粒体内生成后进入胞质中，经 ALA 脱水酶作用，2 分子 ALA 脱水生成 1 分子卟胆原（PBG）。

（3）尿卟啉原Ⅲ和粪卟啉原Ⅲ的生成　在胞质中，经尿卟啉原Ⅰ同合成酶催化，4 分子卟胆原脱氨转化为线状四吡咯，后者经尿卟啉原Ⅲ同合成酶催化生成尿卟啉原Ⅲ（UPG Ⅲ）。

在 UPG Ⅲ脱羧酶催化下，UPG Ⅲ转变为粪卟啉原Ⅲ。

（4）血红素的生成　粪卟啉原Ⅲ从胞质中扩散入线粒体，在粪卟啉原Ⅲ氧化脱羧酶和原卟啉原Ⅸ氧化酶的作用下，转变为原卟啉Ⅸ，最后经亚铁螯合成酶催化，与 Fe^{2+} 螯合为血红素。在线粒体内血红素生成后转运至胞质中，在骨髓有核红细胞和网状红细胞中与珠蛋白结合生成血红蛋白。血红蛋白的生物合成途径如图 12-6 所示。

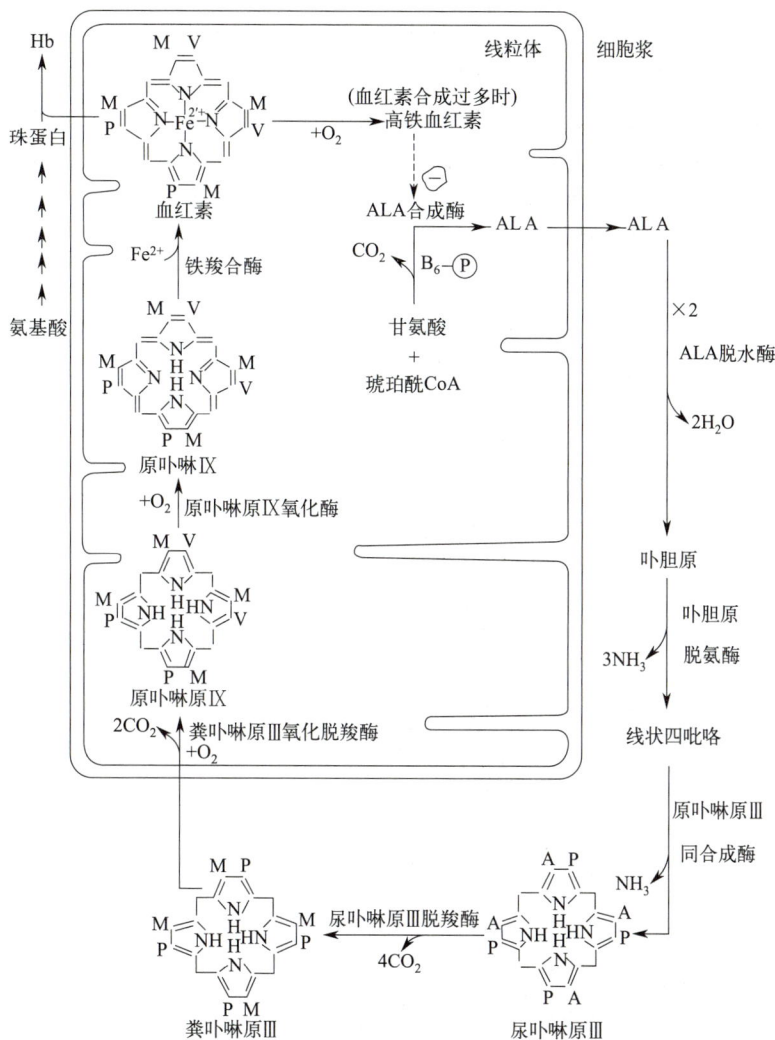

图 12-6　血红蛋白的生物合成途径

二、血红素的分解代谢

血红素分解产物为胆色素，包括胆红素（橙黄色）、胆绿素（蓝绿色）、胆素原（无色）和胆素（黄色）等。正常情况下，这些化合物主要随胆汁排泄。

（一）胆红素的生成

胆红素是血红素降解的产物，正常成人每天产生 250～350mg 胆红素。80% 来自红细胞衰老后释放出的血红蛋白，其余来自造血过程中红细胞过早破坏的血红蛋白，以及肌红蛋白、细胞色素、过氧化物酶、过氧化氢酶等含有铁卟啉化合物的细胞组分。红细胞平均寿命约为

120 天，处于不断更新的过程中。衰老的红细胞被肝、脾、骨髓等单核巨噬细胞系统识别并吞噬，释放出血红蛋白。正常成人每天约有 2×10^{11} 个红细胞被破坏，释放出约 6g 血红蛋白。血红蛋白随后分解为珠蛋白和血红素，其中，珠蛋白按照蛋白质代谢的一般途径分解为氨基酸，并被再次利用。血红素在微粒体上血红素加氧酶催化下生成胆绿素，胆绿素进一步在胞质中胆绿素还原酶催化下，被还原为胆红素。胆红素具有亲脂疏水的性质，可以自由穿透细胞膜进入血流。过多胆红素可与脑部基底核的脂类结合，干扰正常脑功能。现已发现 HO-1、HO-2 和 HO-3 三种血红素加氧酶同工酶，其中，HO-1 研究最为明确，也是血红素加氧反应中的主要功能酶。HO-1 活性受多种因素诱导增强，尤其是在不利环境或疾病条件下，细胞处于应激状，如缺氧、内毒素、重金属、一氧化氮、炎症细胞因子等都能诱导 HO-1 表达增加，导致胆红素增加。所以，HO-1 可看作是一种应激蛋白，其表达增加是机体的自我保护机制。近年研究显示，胆红素是一种强抗氧剂，适量胆红素有利于清除氧化自由基，保护细胞抵御不利因素。胆红素的生成过程见图 12-7。

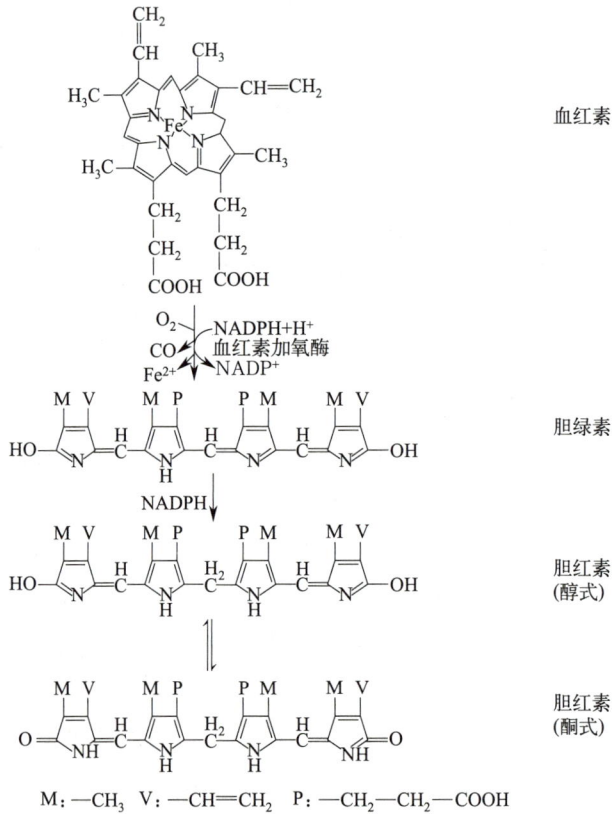

图 12-7 胆红素的生成过程

（二）胆红素的运输

胆红素在单核巨噬细胞中生成后释放入血，在血浆中主要以胆红素 - 清蛋白复合体形式存在和运输，这种形式既提高了血浆对胆红素的运输能力，又限制了胆红素自由通过各种生物膜，避免对组织细胞的毒性作用。正常情况下，每 100mL 血浆中的清蛋白可结合 20 ～25mg 胆红素。由于血液中的胆红素 - 清蛋白复合体并没有进入肝内进行结合反应，称为未结合胆红素、游离胆红素或血胆红素。因其分子内氢键存在不能直接与重氮试剂反应，只有在加入乙醇或尿素等物质破坏氢键后才能与重氮试剂反应，生成紫红色偶氮化合物，故又称为间接胆红素。胆红素与清蛋白结合后分子量变大，不能从肾小球滤过随尿排出，故正常人尿液中无游离胆红素，即使血浆胆红素浓度偏高，尿液检测仍然呈阴性。胆红素进入血液后，与血浆白蛋白结合，理化性质发生改变。其生理意义在于：①增加了亲水性，使其溶解度增加，有利于在血液中运输。②亲脂性减小，不易透过生物膜而对细胞产生毒害。此时胆红素虽结合了清蛋白，但还未经肝脏生物转化，仍然称为游离胆红素或未结合胆红素。

正常人血浆中胆红素浓度为 3.7 ～ 17.1μmol/L。由于每分子清蛋白能结合两分子胆红素，因此，正常人每 100mL 血浆能结合约 25mg 胆红素，足以结合正常情况下人体产生的全部胆红素。如果血液中清蛋白含量明显降低、胆红素浓度升高、清蛋白结合部位被其他物质占据或与胆红素的亲和力降低，均可导致胆红素再次游离出来，损伤细胞。某些有机阴离子，如磺胺药、脂肪酸、水杨酸、胆汁酸等可与胆红素竞争结合清蛋白分子，干扰胆红素与清蛋白的结合，或改变清蛋白构象使胆红素游离出来。过多的游离胆红素可与脑部基底核的脂类结合，将神经核黄染，同时引起一系列神经精神症状，干扰脑的正常功能，发生胆红素脑病，又称核黄疸。对有黄疸倾向的病人或新生儿应尽量避免使用上述药物。新生儿由于血 - 脑屏障发育不全，游离胆红素更易进入脑组织，所以，血浆游离胆红素升高的疾病应谨慎用药。

🔳 生化与医药

胆红素脑病

胆红素脑病又称核黄疸，是由于血中胆红素增高，主要是未结合胆红素增高，后者进入中枢神经系统，在大脑基底节、视丘下核、苍白球等部位引起病变，血清胆红素 > 342μmol/L（20mg/dL）就有发生核黄疸的危险，主要表现为重度黄疸、肌张力过低或过高、嗜睡、拒奶、强直、角弓反张、惊厥等。本病多由于新生儿溶血病所致，黄疸、贫血程度严重者易并发胆红素脑病，如已出现胆红素脑病，则治疗效果欠佳，后果严重，容易遗留智力低下、手足徐动、听觉障碍、抽搐等后遗症。

（三）胆红素在肝细胞中的转变

血液中胆红素以胆红素-清蛋白复合体形式运输至肝后，与清蛋白分离，并被肝细胞摄取进入细胞内。在肝细胞胞质中，胆红素与 Y 蛋白和 Z 蛋白两种配体蛋白结合，以胆红素-Y 蛋白或胆红素-Z 蛋白形式运至内质网。在内质网，胆红素在葡萄糖醛酸基转移酶（UGT）催化下，由 UDP- 葡萄糖醛酸提供葡萄糖醛酸基，胆红素与葡萄糖醛酸结合成葡萄糖醛酸胆红素，即结合胆红素（肝胆红素）。结合胆红素是极性较强的水溶性物质，易被分泌入胆汁，如进入血液，也不易通过细胞膜和血-脑屏障，不易造成中毒反应，也可从肾小球滤过随尿排出，故可将胆红素的结合反应理解为肝细胞对有毒性的胆红素的一种生物转化作用。又因其可迅速、直接与重氮试剂发生反应，故称为直接胆红素。新生儿出生 7 周之后 Y 蛋白水平才能接近成人。某些药物，如苯巴比妥等不仅诱导葡萄糖醛酸基转移酶生成，促进胆红素转化，还能增强结合胆红素的排泄。苯巴比妥可诱导合成 Y 蛋白，促进胆红素的转运，故临床上应用苯巴比妥来消除新生儿黄疸。

未结合胆红素与结合胆红素性质比较见表 12-2。

结合胆红素在肝细胞生成后，经高尔基体、溶酶体分泌进入毛细胆管，最后随胆汁酸排入肠道。结合胆红素在肝毛细胆管内的浓度远远高于肝细胞内的浓度。因此，结合胆红素的排出是逆浓度梯度的过程，需耗能。如果排出发生障碍，结合胆红素极易逆流入血，血浆结合胆红素浓度就会增高。肝细胞对胆红素的摄取、转化和排泄是一个相互协调的体系，保证血浆胆红素不断被清除。

表 12-2　未结合胆红素与结合胆红素性质比较

性质	未结合胆红素	结合胆红素
常用名称	游离胆红素、间接胆红素、血胆红素、肝前胆红素	直接胆红素、肝胆红素
与重氮试剂反应	缓慢、间接阳性	迅速、直接阳性
与葡萄糖醛酸结合	未结合	结合
溶解性	脂溶性	水溶性
透过细胞膜能力	强	弱
经肾随尿排出	不能	能
对脑的毒性作用	大	小

（四）胆红素在肠道中的转变及胆素原的肠肝循环

1. 胆红素在肠道中转变为胆素原

肝内生成的结合胆红素随胆汁进入肠道后，在肠道菌作用下，脱去葡萄糖醛酸基，并最终被还原成无色的胆素原（包括胆素原、粪胆素原和尿胆素原）。大部分胆素原（80%～90%）随粪便排泄，在肠管下段被空气氧化为黄褐色的粪胆素，成为粪便的主要颜色。正常人每日排出的胆素原总量为 40～280mg。肠道完全梗阻时，胆红素不能排入肠道形成胆素原进而形成粪胆素，因此，粪便呈灰白色或陶土色。新生儿肠道细菌稀少，粪便未被细菌作用的胆红素粪便呈现橙黄色。

2. 胆素原的肠肝循环

肠道中形成的胆素原有 10%～20% 被肠黏膜细胞重吸收，经门静脉入肝，其中大部分再次由肝细胞分泌随胆汁排入肠道，形成胆素原的肠肝循环，只有小部分胆素原进入体循环，经肾随尿排出体外。正常人每天随尿排出胆素原 0.5～4.0mg，胆素原接触空气后被氧化为尿胆素，成为尿的主要颜色来源。临床上将尿胆素原、尿胆素及尿胆红素合称为尿三胆，是鉴别黄疸类型常用指标，正常人尿中检查不到胆红素。胆红素代谢与胆素原肠肝循环见图 12-8。

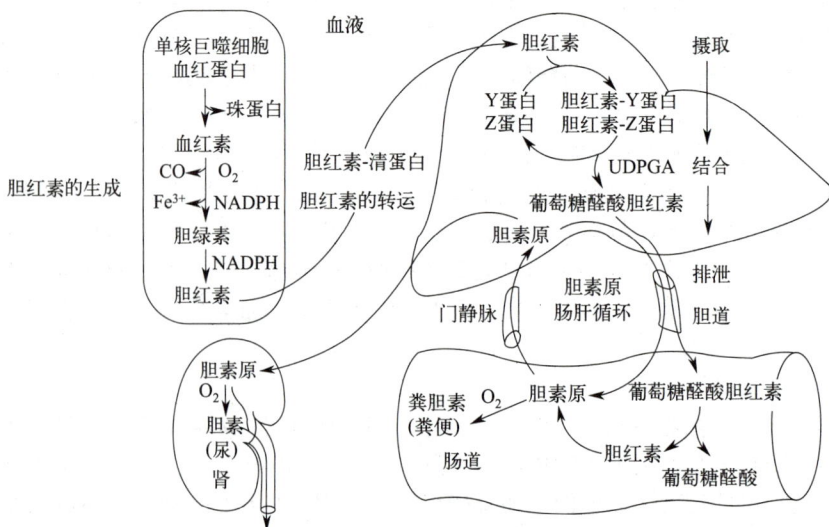

图 12-8　胆红素代谢与胆素原肠肝循环

（五）血清胆红素与黄疸

正常人血清胆红素总量为 3.4 ～ 17.1μmol/L（0.2 ～ 1.0mg/dL），其中约 4/5 是未结合胆红素，其余是结合胆红素。过量胆红素可扩散入组织造成组织黄染，这一体征称为黄疸，特别是皮肤、巩膜等富含弹性蛋白的部位。当血清胆红素超过 34.2μmol/L 时，肉眼可见皮肤、黏膜及巩膜等组织黄染，临床上称为显性黄疸。若血清胆红素高于正常，但不超过 34.2μmol/L 时，肉眼观察不到黄染现象，称为隐性黄疸。临床上，引起血清胆红素含量升高的原因很多，大致可分为三类：①来源增多，如大量红细胞被破坏，造成胆红素来源增多，称溶血性黄疸；②转化障碍，如肝炎等肝脏疾病导致肝细胞处理游离胆红素能力下降，称肝细胞性黄疸；③去路不畅，如肠梗阻造成胆红素排出受阻，称阻塞性黄疸。

1. 溶血性黄疸

又称肝前性黄疸，常见于某些药物、某些疾病（恶性疟疾、过敏等）、输血不当、蚕豆病等多种因素导致红细胞大量破坏，造成胆红素来源增多，生成过多的未结合胆红素。当超过肝脏摄取、转化和排泄能力时，引起未结合胆红素在血中显著升高，从而引起黄疸，称溶血性黄疸。此时，血中游离胆红素浓度过高，因此重氮反应试验检测间接反应（游离胆红素）呈强阳性。结合胆红素浓度改变不大，故尿胆红素呈阴性。同时，肝对胆红素的摄取、转化和排泄增多，胆素原的肠道重吸收增多，粪便、尿液检测胆素原和尿胆素均升高。

2. 肝细胞性黄疸

又称肝原性黄疸，常见于肝实质性疾病，如各种肝炎、肝硬化、自身免疫性肝病、药物性肝损伤、中毒性肝炎、酒精性肝病、遗传代谢性肝病和肝肿瘤等。由于肝细胞功能受损，使其摄取、转化和排泄胆红素能力降低，而导致黄疸。由于肝细胞摄取胆红素能力减弱，造成血清未结合胆红素浓度升高，而且因肝细胞肿胀，造成毛细胆管阻塞，导致部分结合胆红素反流入血，引起血清结合胆红素浓度也增高。结合胆红素可通过肾小球滤过，故尿胆红素呈现阳性，尿液颜色加深。结合胆红素进入肠道减少，粪便颜色可变浅。虽然胆素原生成减少，但经肠肝循环回肝后，却更多地通过损伤的肝细胞进入体循环，到达肾并随尿排出体外，所以，临床检测尿胆素原含量也可能升高。

3. 阻塞性黄疸

又称肝后性黄疸，常见于胆管炎、胆结石、肿瘤或先天性胆管闭锁等疾病。由于胆汁排泄通道受阻，使胆小管和毛细胆管内压力增高而破裂，导致结合胆红素反流入血，血清结合胆红素明显升高，尿胆红素呈阳性，尿液颜色变深。胆管阻塞使肠道生成的胆素原减少，生成的胆素原和粪胆素原减少，粪便颜色变浅，完全阻塞时，粪便因无胆素而变成灰白色或白陶土色。

上述三种类型黄疸血、尿、粪的实验室检查比较见表 12-3。

表 12-3　三种类型黄疸血、尿、粪的实验室检查比较

项目	正常	溶血性黄疸	肝细胞性黄疸	阻塞性黄疸
血清总胆红素 /（μmol/L）	3.4 ～ 17.2	17.2 ～ 85.6	1.7 ～ 819.7	17.2 ～ 513.8
血清结合胆红素 /（μmol/L）	＜ 3.4		↑	↑ ↑
血清未结合胆红素 /（μmol/L）	＜ 13.7	↑ ↑	↑	
尿胆红素	—	—	++	++
尿胆素原	少量	↑	不一定	↓

续表

项目	正常	溶血性黄疸	肝细胞性黄疸	阻塞性黄疸
尿胆素	少量	↑	不一定	↓
尿液颜色	浅黄	↑	↓或正常	↓或—
粪便颜色	正常	深	变浅或正常	完全阻塞时，陶土色

注："—"表示阴性；"++"表示强阳性；↑和↓分别表示升高和降低及其程度。

生化与健康

常见的肝功能试验

肝在多种物质代谢中具有重要生理功能，对每一项肝功能状况，可用一些生化指标来体现，称为肝功能试验。临床上将肝功能试验作为肝病的辅助诊断指标。反映肝细胞损伤的项目包括丙氨酸氨基转移酶（ALT）、天冬氨酸氨基转移酶（AST）、碱性磷酸酶（ALP）、γ-谷氨酰转肽酶（γ-GT 或 GGT）等。反映肝分泌和排泄功能的项目包括总胆红素（Tbil）、直接胆红素（Dbil）、总胆汁酸（TBA）等。反映肝合成、贮备功能的项目，包括前清蛋白（PA）、清蛋白（Alb）、胆碱酯酶 CHE 和凝血酶原时间（PT）等。反映肝纤维化和肝硬化的项目，包括清蛋白（Alb）、总胆红素（Tbil）、单胺氧化酶（MAO）、血清蛋白电泳等。

目标检测

一、填空题

1. 游离胆红素在血液中与____结合运输，易于被____（靶细胞）所摄取。

2. 肝细胞内胆红素的结合蛋白（载体蛋白）有____蛋白和____蛋白。

3. 结合胆汁酸是____和____的 24 位羧基分别与___或____结合而生成。

4. 阻塞性黄疸患者血中以____胆红素升高为主，溶血性黄疸患者血中以____胆红素升高为主。

5. 肝生物转化第一相反应包括_____、_____和_____，第二相反应是_____反应。

二、判断题

1. 游离胆红素水溶性较大，易透过生物膜。（   ）

2. 直接胆红素又称未结合胆红素。（   ）

3. 牛磺胆酸属于次级胆汁酸。（   ）

4. 胆红素在体内是以胆固醇为原料转变而成的。（   ）

5. 胆汁酸盐是血红素代谢的产物。（   ）

三、单选题

1. 人体进行生物转化最主要的器官是（   ）。

A. 肾　　　　　　　　　　B. 肝　　　　　　　　C. 肌肉　　　　D. 肺

2. 肝脏在糖代谢中的作用，最主要的是（   ）。

A. 维持血糖浓度相对稳定　　B. 使糖转变成营养物质　C. 降低血糖　　D. 升高血糖

3. 不属于胆色素的是（   ）。

A. 胆素　　　　　　　　　B. 胆红素　　　　　　　C. 血红素　　　　D. 胆绿素

4. 未结合胆色素是指胆红素与（ ）结合。

A. 清蛋白　　　　　　　　　B. 球蛋白　　　　　　　　C.Z 蛋白　　　D.Y 蛋白

5. 在体内可转变生成胆汁酸的原料是（ ）。

A. 胆汁　　　　　　　　　　B. 胆固醇　　　　　　　　C. 胆绿素　　　D. 血红素

6. 激素灭活的主要器官是（ ）。

A. 肝　　　　　　　　　　　B. 肾　　　　　　　　　　C. 肠　　　　　D. 皮肤

7. 胆道阻塞时，可能导致下列何种维生素缺乏？（ ）

A. 维生素 PP　　　　　　　B. 维生素 B_1　　　　　　C. 维生素 C　　D. 维生素 K

8. 肝脏疾病的男性患者出现乳房发育、蜘蛛痣，主要是由于（ ）。

A. 雌激素分泌过多　　B. 雄激素分泌过少　　C. 雌激素灭活不好　　　　D. 雄激素灭活不好

9. 生物转化的主要目的是（ ）。

A. 解毒　　　　　B. 灭活激素　　　　C. 使药物药理作用减弱　　D. 使药理作用增强

E. 增强非营养物质的水溶性，加快排泄

10. 属于初级结合游离胆汁酸的是（ ）。

A. 甘氨胆酸　　B. 石胆酸　　　C. 脱氧胆酸　　　D. 鹅脱氧胆酸　　　E. 牛磺脱氧胆酸

11. 属于结合胆汁酸的是（ ）。

A. 胆酸　　　　B. 石胆酸　　　C. 脱氧胆酸　　　D. 鹅脱氧胆酸　　　E. 甘氨胆酸

12. 溶血性黄疸血浆中升高的是（ ）。

A. 胆素原　　　B. 胆素　　　　C. 未结合胆红素　　D. 结合胆红素

13. 不需要进行生物转化的物质是（ ）。

A. 药物　　　　B. 食品添加剂　　C. 葡萄糖　　　　D. 激素　　　　　E. 以上都不是

14. 尿中出现胆红素是由于（ ）。

A. 血中未结合胆红素与血中结合胆红素都增加　　　B. 血中胆红素 - 清蛋白复合物增加

C. 血中结合胆红素增加　　　D. 血中游离胆红素增加　　　E. 血中间接胆红素增加

15. 生物转化的反应类型不包括（ ）。

A. 氧化　　　　B. 脱羧　　　　C. 还原　　　　D. 水解　　　　E. 结合

四、问答题

1. 游离胆红素与结合胆红素有何区别？
2. 胆汁酸肠肝循环与胆素原肠肝循环有何异同点？

五、案例分析

　　某新生儿，出生 24h 后血清胆红素由出生时的 33μmol/L 逐步上升到 80μmol/L，出现黄疸，无其他症状，1 ~ 2 周后消退。何为黄疸？简述新生儿生理性黄疸产生的原因。

目标检测
答案 12

第十三章
血液生物化学

学习目标

1. 知识目标

（1）掌握血液的组成及组分含量、血浆蛋白质组成及其生物学功能；

（2）熟悉血浆蛋白质的种类与分离方法；

（3）了解疾病过程中血浆蛋白质的变化情况。

2. 技能目标

（1）能将血浆蛋白质的相关知识应用于血浆蛋白质分离中；

（2）能运用血液的化学成分和血浆蛋白质的功能等知识阐述相关疾病的发病机制。

3. 思政与职业素养目标

（1）培养敬畏生命、尊重生命、关爱生命的职业道德；

（2）能根据血液生物化学指标变化解析疾病发病生化机理，树立健康至上的积极生活态度。

导学案例

临床上，通过检测患者的血液生化指标，如果C反应蛋白升高，再结合高热、皮疹、关节痛、肝脾大、神志改变、休克等临床症状，可诊断为败血症。败血症是指致病菌或条件致病菌侵入血液循环，在血液中生长繁殖，并产生毒素而发生的急性全身性感染。若侵入血液的细菌被人体防御功能所清除，无明显毒血症症状时称菌血症。若伴有多发性脓肿，且病程较长者称脓毒血症。败血症如未能迅速控制，可由原发感染部位向身体其他部位发展，引起转移性脓肿。请思考：C反应蛋白属于急性时相反应蛋白，人体内还有哪些急性时相反应？血液组成成分还有哪些？它们的生理功能是什么？

血液是存在于心血管系统内的液体组织，是由血浆和悬浮于其中的血细胞组成。血液不断地与各器官、组织之间进行物质交换，各种物质不断进出血液，因此，血液化学组成非常复杂。血液在心血管系统内周而复始地循环游动，具有运输气体、输送营养物质、参与机体免疫防御，以及调节和维持内环境稳态等基本功能。

第一节　血液组成及组分含量

血液是体液的重要组成部分，在体内发挥着举足轻重的作用。血液在沟通内外环境及机体各部分之间、维持机体内环境恒定及多种物质的运输、免疫、凝血和抗凝血等方面都具有重要作用。血液化学成分复杂，且流经全身并与各组织器官保持密切物质交换。正常生理情况下，血液中各种成分的含量相对恒定。婴幼儿比成人血容量大，成年人循环血容量约为5L，约占体重的8%。血浆占全血容积的55%～60%，主要成分有水、蛋白质、有机物和无机物。血液细胞以红细胞为主（占细胞总数的99%），还有少量白细胞和血小板。若一次失血少于总量的10%，对身体影响不大；若大于总量的20%以上，则可严重影响身体健康；当失血超过总量的30%时，将危及生命。血液取材方便，通过监测血液中某些代谢物浓度变化可反映体内代谢或功能状况。离体血液加入抗凝剂静置后，浅黄色的上清液即为血浆。血液凝固后析出的淡黄色液体称为血清。血浆与血清主要区别在于血清中缺乏纤维蛋白原和血液凝固过程中被消耗的某些凝血因子。正常人血液 pH 为 7.35～7.45，相对密度为 1.050～1.060，血液黏度为水的 4～5 倍，37℃时渗透压为 6.8 个大气压。正常人血液化学成分有：

（1）水、气体和无机盐　正常人血液含水量为 77%～81%，血浆中含水达 92%～93%。无机盐主要以离子状态存在，主要阳离子有 Na^+、K^+、Ca^{2+}、Mg^{2+} 等，主要阴离子有 Cl^-、HCO_3^-、HPO_4^{2-}，血液中还溶解有少量气体，如 O_2、CO_2 等。

（2）血浆蛋白质　血浆蛋白质是血浆中的固体成分，血浆内蛋白质种类繁多，总含量为 70～75g/L，包括清蛋白、球蛋白和纤维蛋白等，还有一些功能酶及消化腺或细胞分泌、释放的酶。

（3）非蛋白质含氮物质　血中蛋白质以外的含氮化合物称为非蛋白氮（NPN）组分，包括尿素、尿酸、肌酸、肌酐、氨基酸、肽、氨和胆红素等，主要是蛋白质和核酸分解代谢的产物。正常成人血中 NPN 含量为 14～25mmol/L（或 20～35mg/dL），血尿素氮（BUN）占 NPN 的 1/2。非蛋白氮化合物主要通过肾脏进行排泄，临床上通过测定血浆中 NPN 含量，不仅可以了解体内蛋白质代谢概况，还可反映肾脏的排泄功能。

（4）不含氮的有机化合物　血液中不含氮的有机化合物主要是葡萄糖、甘油三酯、胆固醇、磷脂、酮体及乳酸等。

🔬 生化与医药

血液制品

血液制品是指各种人血浆蛋白制品，包括人血白蛋白、人胎盘血白蛋白、静脉注射用人免疫球蛋白、肌内注射人免疫球蛋白、组胺人免疫球蛋白、特异性免疫球蛋白、乙型肝炎免疫球蛋白、狂犬病免疫球蛋白、破伤风免疫球蛋白、人凝血因子Ⅷ、人凝血酶原复合物、人纤维蛋白原、抗人淋巴细胞免疫球蛋白等。

一、蛋白质

（一）血红蛋白

血红蛋白是高等生物体内负责运载氧的一种蛋白质（缩写为 Hb 或 HGB），是使血液呈现红色的关键蛋白质，由 4 条链组成（2 条 α 链和 2 条 β 链），每条链有一个包含一个 Fe^{2+} 的环状血红素（图 13-1）。氧气结合在 Fe^{2+} 上，被血液运输。血红蛋白在氧含量高时容易与氧结合，而在氧含量低时容易与氧分离，该特性使红细胞具有运输氧的生物学功能。血红蛋白占成熟红细胞湿

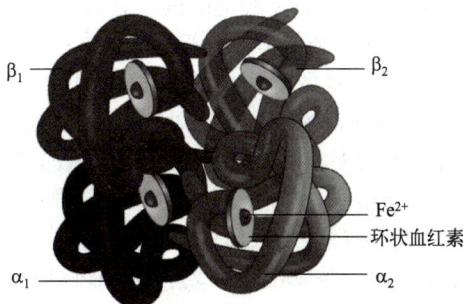

图 13-1　血红蛋白结构示意图

质量的 32%，干质量的 97%。正常成年男性血液中血红蛋白含量为 120～160g/L，正常成年女性为 110～150g/L。血红蛋白减少是指单位容积血液中血红蛋白低于正常值，临床中常通过检测血红蛋白含量来诊断有无贫血。

🔲 生化与健康

血红蛋白的工作原理

血红蛋白结合氧的过程非常神奇。首先，一个氧分子与血红蛋白四个亚基中的一个结合，与氧结合之后的珠蛋白结构发生变化，造成整个血红蛋白结构改变，这种变化使得第二个氧分子相比于第一个氧分子更容易与血红蛋白的另一个亚基结合，而且它的结合会进一步促使与第三个氧分子结合，以此类推，直到构成血红蛋白的四个亚基分别与四个氧分子结合。在组织内释放氧的过程也是这样，一个氧分子的离去会刺激另一个氧分子的离去，直到完全释放所有的氧分子，这种有趣的现象称为协同效应。

（二）血浆蛋白质

血浆蛋白质是指血液中的血细胞蛋白质以外的蛋白质，占血浆质量的 7%～8%。血浆是浓的蛋白质溶液。按分离方法、来源或功能不同，可对血浆蛋白质进行分类。常用分离方法有盐析法和电泳法。血浆蛋白质分为清蛋白、球蛋白和纤维蛋白原 3 类。用滤纸电泳或醋酸纤维素薄膜电泳可将球蛋白为分 α_1、α_2、β 和 γ-球蛋白等。各血清蛋白占总蛋白的百分比依次为：清蛋白（57%～72%）、α_1-球蛋白（2%～5%）、α_2-球蛋白（4%～9%）、β-球蛋白（6.5%～12%）、γ-球蛋白（12%～20%）。正常成人血浆蛋白质含量为 60～80g/L，其中清蛋白为 40～50g/L、球蛋白为 20～30g/L。除 γ-球蛋白来自浆细胞外，清蛋白和大多数蛋白质主要由肝脏产生。正常成人肝脏每天可以合成 12g 清蛋白，其中，清蛋白与球蛋白的浓度比值（A/G）为 1.5～2.5。比值变化可揭示机体可能出现的病变情况。因此，肝脏存在疾病时，常导致血浆蛋白质合成减少，出现清蛋白与球蛋白的比值下降或倒置。肾病综合征时大量清蛋白会随尿排出体外，α_2 和 β-球蛋白升高，A/G 值下降。免疫疾病（如低或无 γ-球蛋白血症）时，γ-球蛋白急剧下降，A/G 可升高。目前，人们对血浆蛋白质了解有限，只有很少部分血浆蛋白质被用于常规临床诊断。

二、非蛋白质含氮物

血液中除蛋白质以外的含氮物质主要有尿素、尿酸、肌酸、肌酐、氨基酸、氨、肽、胆红素等，这些物质总称为非蛋白质含氮物，其含氮量称为非蛋白氮（NPN）。正常成人血中 NPN 含量为 14.28～24.99mmol/L，绝大多数为蛋白质和核酸分解代谢终产物，可经血液循环运输到肾脏，并随尿液排出体外。肾功能障碍影响排泄时，会导致 NPN 在血液中浓度升高，这也是血液中 NPN 升高的最常见原因。此外，当肾血流量下降、体内蛋白质摄入过多、消化道出血或蛋白质分解加强等也会使血中 NPN 升高，临床上将血液中 NPN 升高称为氮质血症。

（1）尿素　是体内蛋白质代谢的终产物，由血液运输到肾脏排出体外。血液尿素氮（BUN）占血液 NPN 总量的 1/3～1/2，临床上检测尿素氮的意义和测定 NPN 的意义大致相同，都能反映肾脏排泄功能。血中尿素氮的浓度受体内蛋白质分解情况的影响，当蛋白质分解加强（如糖尿病）时，尿素合成增加，血中尿素浓度上升。

（2）尿酸　是人体内嘌呤代谢的主要终产物，也由肾脏排出。痛风、体内核酸分解增多（如白血病、恶性肿瘤）或肾功能障碍时，均会出现血尿酸增高现象。

（3）肌酸和肌酐　是以甘氨酸、精氨酸和甲硫氨酸为原料在肝脏中合成的物质，随血液运至肌肉，在肌肉组织中合成肌酸磷酸，肌酸脱水或肌酸磷酸脱去磷酸即为肌酐。肌酸和肌酐均由尿液排出体外。正常人体血液中肌酸为 0.23 ～ 0.58mmol/L，肌酐约为 0.09 ～ 0.18mmol/L。

生化与健康

肌酸与肌酐

　　肌酸是人体自然产生的一种氨基酸衍生物，Michel Eugène Chevreul 于 1832 年首次在骨骼肌中发现，由精氨酸、甘氨酸及甲硫氨酸 3 种氨基酸合成，也可由食物摄取，可快速提供能量（运动时 ATP 很快消耗殆尽，肌酸能快速再合成 ATP 以供给能量），还能增加力量、增长肌肉、加快疲劳恢复。肌酸在人体存储越多，能量供给就越充分，疲劳恢复就越快，运动能量也就越强。肌酐是肌肉在人体内的代谢产物，主要由肾小球滤过排出体外。人体血液中肌酐来源包括外源性和内源性两部分。血肌酐几乎全部经肾小球滤过进入原尿，且不被肾小管重吸收。内源性肌酐每日生成量几乎保持恒定，严格控制外源性肌酐的摄入时，血肌酐浓度为稳定值，测定血肌酐浓度可反映肾小球滤过功能。正常人血清肌酐男性为 54 ～ 106 µmol/L，女性为 44 ～ 97µmol/L，小儿为 24.9 ～ 69.7µmol/L。尿肌酐主要来自血液经过肾小球过滤后随尿液排出的肌酐，8.4 ～ 13.25mmol/24h 尿或 40 ～ 130mg/dL 是正常的。当血肌酐值高于正常值时说明患者肾功能出现了问题，肾脏代谢废物能力下降，体内的一些有害毒素不能正常排出体外。

　　（4）血氨　人体内氨的来源是蛋白质代谢过程中由氨基酸脱氨生成，肾脏谷氨酰胺分解和肠道内细菌作用也是体内氨的来源。正常人血氨为 27 ～ 82µmol/L。大部分氨在肝脏内通过鸟氨酸循环合成尿素，一部分用于酮酸的氨基化、合成谷氨酰胺和在肾内形成铵盐从尿中排出。血氨升高常见于重症肝病、尿素生成功能下降、门静脉侧支循环增强、先天性鸟氨酸循环的有关酶缺乏症。

　　（5）胆红素　来源于含铁卟啉的化合物（血红蛋白、肌红蛋白、细胞色素、过氧化物酶和过氧化氢酶等）。正常血浆中含量很少，总胆红素为 3.4 ～ 17.1µmol/L，结合胆红素为 0 ～ 6.8µmol/L。当总胆红素在 17.1 ～ 34.2µmol/L 时，无肉眼可见的黄疸，为隐性黄疸；当超过 34.2µmol/L 时，肉眼可见巩膜变黄。黄疸是临床重要症状之一。

三、不含氮的有机物

　　血浆中的葡萄糖、乳酸、酮体和脂类等，含量与糖代谢和脂类代谢有密切关系。

四、无机盐

　　血浆中的无机盐主要以离子状态存在。阳离子主要有 Na^+、K^+、Ca^{2+}、Mg^{2+} 等，阴离子主要有 Cl^-、HCO_3^-、HPO_4^{2-} 等，这些离子在维持血浆渗透压、酸碱平衡和神经肌肉兴奋性等方面发挥重要作用。

第二节　血浆蛋白质及其功能

一、血浆蛋白质的种类与分离方法

　　血浆蛋白质是血浆中最主要的固体成分，含量为 65 ～ 85g/L。血浆蛋白质种类繁多、功能各异。血浆中各种蛋白质含量差别极大，多者每升达数十克，少的仅为毫克（mg）甚至微克（μg）水平。绝大多数血浆蛋白质由肝脏合成，如清蛋白、纤维蛋白原、部分球蛋白等，还有少量血浆蛋白质（如免疫球蛋白和蛋白质类激素）由其他组织细胞合成。人血浆中分离出的一些重要蛋白质见表 13-1。

表 13-1   人血浆中分离出的一些重要蛋白质

血浆蛋白质	生物学功能	血浆蛋白质	生物学功能
血清蛋白	参与甲状腺素、视黄醇转运	脂蛋白	运输脂类
清蛋白（白蛋白）	维持血浆渗透压及 pH	运铁蛋白	运输铁
皮质激素传递蛋白	肾上腺皮质激素载体	血红素结合蛋白	具有血红素特异结合能力
甲状腺结合蛋白	与甲状腺素特异结合	免疫球蛋白	抗体活性
铜蓝蛋白	具有亚铁氧化酶活性	纤溶酶原	活化后具有分解纤维蛋白能力
结合珠蛋白	特异地与血红蛋白结合	纤维蛋白原	凝血因子

血浆蛋白质可根据各种蛋白质分子大小、表面电荷及电泳速度不同实现分离，称为电泳法。血清样品醋酸纤维素薄膜电泳可得到五条区带，即清蛋白、α_1- 球蛋白、α_2- 球蛋白、β- 球蛋白和 γ- 球蛋白（图 13-2）。

根据血浆蛋白质中各种蛋白质在不同浓度盐溶液中的溶解度不同加以分离，称为盐析法。用硫酸铵、氯化钠可将血浆蛋白质分为清蛋白、球蛋白及纤维蛋白原。清蛋白可被饱和硫酸铵沉淀，球蛋白和纤维蛋白原可被半饱和硫酸铵沉淀，而纤维蛋白原又可被半饱和氯化钠沉淀，根据这些蛋白质在不同饱和度的硫酸铵溶液和氯化钠溶液中的溶解度，可实现分离。

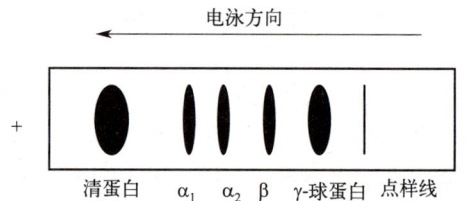

图 13-2   正常人血清蛋白醋酸纤维素薄膜电泳图

二、血浆蛋白质的功能

1. 维持血浆胶体渗透压和血浆正常 pH

血浆胶体渗透压的大小取决于各种蛋白质的分子量。正常人血浆胶体渗透压大小取决于血浆蛋白质的物质的量浓度。清蛋白（白蛋白）分子量小，物质的量浓度高，且在生理 pH 条件下电负性高，能使水分子聚集在其分子表面，所以，清蛋白最能有效地维持血浆胶体渗透压。血浆胶体渗透压主要是由清蛋白维持，在调节血管内外水分布方面发挥重要作用。由清蛋白产生的胶体渗透压约占总胶体渗透压的 75% ~ 80%。当营养不良、肝功能受损伤时，清蛋白合成减少，血浆清蛋白浓度过低时，血浆胶体渗透压下降，导致部分水在组织间隙潴留，出现水肿。血浆清蛋白及其钠盐组成的缓冲对与其他无机盐缓冲对（主要是 $NaHCO_3/H_2CO_3$）一起，能缓冲血浆中可能发生的酸碱变化。正常血浆 pH 为 7.35 ~ 7.45，而血浆蛋白质等电点大多在 4.0 ~ 7.3 之间，所以，在生理 pH 环境下，血浆蛋白质为弱酸，其中一部分可与 Na^+ 等形成弱酸盐，弱酸与弱酸盐组成缓冲对以保持血液 pH 相对稳定，参与维持血浆正常 pH。

2. 运输作用与免疫作用

血浆蛋白质能参与多种物质运输，如血浆清蛋白能与脂肪酸、Ca^{2+}、胆红素、磺胺等多种物质结合。血浆中还有皮质激素传递蛋白、运铁蛋白、铜蓝蛋白等结合运输血浆中某种特定物质。血浆蛋白质中清蛋白、α- 球蛋白和 β- 球蛋白作为载体蛋白运输激素、脂质、离子、维生素及代谢产物等小分子物质。血浆蛋白质分子表面有众多的亲脂性结合位点，可结合运输脂溶性物质。此外，血浆蛋白质还能和一些易被细胞摄取或易随尿液排出的小分子物质结合。

血浆中可发挥免疫作用的蛋白质称为免疫球蛋白（抗体），包括 IgG、IgA、IgM、IgD、IgE，在体液免疫中起着至关重要的作用。参与机体免疫功能的多种免疫球蛋白、补体等都由血浆球蛋白构成。抗原（如病原菌等）刺激机体可产生特异性抗体，它能识别特异性并与之结合成抗原 - 抗体复合物，继而激活补体系统产生溶菌和溶细胞现象。

3. 催化作用与营养作用

血浆中的酶主要在血浆中发挥催化作用，绝大多数由肝合成后分泌入血，如参与凝血和纤溶的系列蛋白水解酶、铜蓝蛋白、肾素和脂蛋白脂肪酶等。由外分泌腺分泌的酶，如唾液淀粉酶、胃蛋白酶、胰蛋白酶、胰脂肪酶、胰淀粉酶等，在生理条件下很少逸入血浆，与血浆正常功能无直接关系，但血浆中这些酶的活性可反应相应腺体的功能状态，有助于临床相关疾病的诊断，如急性胰腺炎时血浆淀粉酶活性升高，肝炎时血浆中丙氨酸氨基转移酶活性升高。每个成人约有 3L 血浆，约有 200g 蛋白质。体内某些细胞，如单核巨噬细胞系统能吞噬血浆蛋白质，然后由胞内酶将蛋白质分解为氨基酸构成氨基酸池。血浆蛋白质可被组织摄取，分解生成的氨基酸可供组织合成蛋白质或转变成其他含氮物质、异生成糖或氧化供能。

4. 凝血、抗凝血和纤溶作用

参与血液凝固的物质统称为凝血因子。绝大多数血浆蛋白质是凝血因子，是重要的抗凝物质。同时，有些蛋白质还与纤溶有关。已知凝血因子主要有 14 种，大多数凝血因子均为存在于血浆中的蛋白质，并以酶原形式存在。当血管内皮损伤，血液流出血管时，凝血因子参与连锁酶促反应，使水溶性纤维蛋白原转变成凝胶状纤维蛋白，并聚合成网状，黏附血细胞，形成血凝块而止血。在生理情况下，也可能发生血管内皮损伤、血小板活化和少量凝血因子激活，从而发生血管内凝血，形成血栓。血浆中存在的抗凝成分和纤溶系统，与凝血系统维持动态平衡，保证血流通畅性。纤溶过程包括纤溶酶原激活和纤维蛋白溶解。纤溶酶原由 790 个氨基酸残基组成，经蛋白酶水解为纤溶酶后，可特异性催化纤维蛋白或纤维蛋白原中由精氨酸或赖氨酸残基的羧基构成的肽键水解，产生一系列降解产物，使血凝块溶解，防止血栓形成。血浆中存在众多的凝血因子、抗凝血因子、纤溶系统，它们在血液中相互作用、相互制约，保持血液循环通畅。

> ### ▣ 生化与健康
>
> #### 清蛋白能够增强人的免疫力和抵抗力吗？
>
> 人血清蛋白是血液制品的一种，俗称"救命药"，它是从健康人的血液中提炼加工而成，临床上主要用于失血创伤和烧伤等引起的休克、脑水肿，以及肝硬化、肾病引起的水肿或腹水等危重病症的治疗，以及低蛋白血症，清蛋白不能增强人的免疫力和抵抗力。

三、疾病与血浆蛋白质

1. 炎症和创伤

急性炎症或某些组织损伤时，有些血浆蛋白质含量增高，有些会降低，这些血浆蛋白质被称为急性时相反应蛋白，包括 α_1- 抗胰蛋白酶、α_1- 酸性糖蛋白、结合珠蛋白、铜蓝蛋白、C 反应蛋白、纤维蛋白原、前清蛋白、清蛋白、转铁蛋白等。除后三者外，其他蛋白质的血浆浓度在炎症、创伤、心肌梗死、感染、肿瘤等情况下显著上升，少则升高 50%，多则升高 1000 倍，而前清蛋白、清蛋白及转铁蛋白则出现相应的低下。急性时相反应是机体防御机制的一部分，可能机制是在机体受损或炎症时释放某些小分子蛋白质（如细胞因子）导致肝细胞中上述蛋白质的合成增加或减少。机体处于炎症或损伤状态时，由于组织坏死及组织更新增加，血浆蛋白质相继出现系列特征性变化，这些变化与炎症创伤的时间进程相关，可用于鉴别急性、亚急性与慢性病理状态，在一定程度上与病理损伤的性质和范围也有相关。

2. 风湿病

风湿病患者血浆蛋白质的异常改变，主要包括急性炎症反应和由于抗原刺激引起的免疫系统增强的反应。

3. 肝脏疾病

肝脏是合成大多数血浆蛋白质的主要器官，肝细胞可参与免疫细胞的生成调节，因此，肝脏疾病可影响到很多血浆蛋白质的变化。急性肝炎时可出现非典型急性时相反应，如乙型肝炎活动期，α_1-抗胰蛋白酶增高，α_1-酸性糖蛋白大致正常，而结合珠蛋白常偏低，IgM 起病时即可上升，血清前清蛋白、清蛋白往往下降，特别是血清前清蛋白是肝功能损害敏感指标。

4. 肾脏疾病

不少肾脏病变早期就可出现蛋白尿，导致血浆蛋白质丢失，与分子量有关。小分子量蛋白质丢失最明显，而大分子量蛋白质因肝细胞代偿性合成增加，绝对含量可升高，表现为血浆清蛋白含量明显下降，前清蛋白、α_1-酸性糖蛋白、α_1-抗凝蛋白酶及转铁蛋白含量降低，α_2-巨球蛋白、β-脂蛋白及结合珠蛋白多聚体增加，IgG 含量降低，而 IgM 可增加。

5. 贫血

正常成人每微升血液中红细胞数的平均值，男性为 400 万～500 万个，女性为 350 万～450 万个。血液中血红蛋白含量，男性为 120～150g/L，女性为 105～135g/L。全身循环血液中红细胞总量减少至正常值以下称为贫血。常见贫血类型有缺铁性贫血、溶血性贫血、巨幼红细胞性贫血、恶性贫血、再生障碍性贫血等。由于缺铁而影响血红蛋白合成所引起的贫血称为缺铁性贫血。由于红细胞破坏加速，而骨髓造血功能代偿不足时发生的一类贫血称为溶血性贫血。由于缺乏红细胞的成熟因素，如缺乏叶酸等会导致巨幼红细胞贫血。缺乏内因子，使维生素 B_{12} 吸收出现障碍而发生的巨幼红细胞贫血称为恶性贫血。

📋 目标检测

一、填空题

1.＿＿＿＿是人体血浆最主要的蛋白质，它与球蛋白的比值是＿＿＿＿，当肝功能受损时，其比值会＿＿＿＿。

2. 血浆功能酶绝大多数由＿＿＿＿合成后分泌入血，并在血浆中发挥＿＿＿＿作用。

3. 正常血液中存在＿＿＿＿、＿＿＿＿和＿＿＿＿，它们共同作用，既可防止血液流失，又能保持血液在血管内的正常流动。

4. 体内血浆总蛋白质的含量为＿＿＿＿，血浆清蛋白的含量为＿＿＿＿，血浆球蛋白的含量为＿＿＿＿。

二、判断题

1. 血清与血浆的区别在于血清内无纤维蛋白原。（　）

2. 血浆蛋白质中清蛋白含量最少。（　）

3. 血浆平均含蛋白质为 7 ~ 7.7g/L。（   ）

4. 血浆胶体渗透压主要取决于清蛋白。（   ）

5. 血浆球蛋白的含量为 35 ~ 50g/L。（   ）

6. A/G 值可以反映肝功能，当肝功能受损时其值增大。（   ）

7. γ- 球蛋白主要在肝脏合成。（   ）

三、选择题

1. 正常成年男性血液中血红蛋白含量为（   ）。

A.90 ~ 160g/L   B.120 ~ 140g/L   C.90 ~ 140g/L   D.120 ~ 160g/L

2. 正常成年女性血液中血红蛋白含量为（   ）。

A.90 ~ 160g/L   B.120 ~ 140g/L   C.110 ~ 150g/L   D.120 ~ 160g/L

3. 正常人血浆中含量最多的阳离子和阴离子为（   ）。

A.Na^+ 和 HCO_3^- B.Na^+ 和 HPO_4^{2-} C.Na^+ 和 SO_4^{2-} D.Na^+ 和 Cl^-

4. 血液中含有微量氨，正常人血氨浓度为（   ）。

A.28 ~ 82μmol/L   B.27 ~ 60μmol/L   C.27 ~ 82μmol/L   D.20 ~ 60μmol/L

5. 正常人血中肌酸和肌酐分别为（   ）。

A.0.23 ~ 0.58mmol/L，0.09 ~ 0.18mmol/L   B.0.09 ~ 0.58mmol/L，0.18 ~ 0.23 mmol/L

C.0.09 ~ 0.18mmol/L，0.23 ~ 0.58mmol/L   D.0.18 ~ 0.23mmol/L，0.09 ~ 0.58mmol/L

6. 血浆清蛋白的功能不包括（   ）。

A. 营养作用   B. 缓冲作用   C. 运输作用   D. 免疫作用   E. 维持血浆胶体渗透压

7. 在血浆蛋白质中，含量最多的蛋白质是（   ）。

A.γ- 球蛋白   B.β- 球蛋白   C. 清蛋白   D.$α_1$- 球蛋白   E.$α_2$- 球蛋白

8. 正常清蛋白（A）与球蛋白（G）的比值是（   ）。

A.0.5 ~ 1.0   B.1.0 ~ 2.0   C.1.5 ~ 2.5   D.2.0 ~ 3.0   E.2.5 ~ 3.5

9. 血浆与血清的不同主要是前者含（   ）。

A. 红细胞   B. 白细胞   C. 无机离子   D.NPN   E. 纤维蛋白原

10. 绝大多数血浆蛋白质的合成场所是（   ）。

A. 肾脏   B. 骨髓   C. 肝脏   D. 肌肉   E. 脾脏

四、简答题

1. 简述血浆蛋白质的主要功能。

2. 血浆和血清的主要区别是什么？

目标检测
答案 13

第十四章

水盐代谢与酸碱平衡

学习目标

1. 知识目标

（1）掌握水和无机盐在体内的生理功能、体液的含量和分布、体内平衡及其调节方式；

（2）掌握水盐代谢紊乱的种类及生物学特性；

（3）掌握酸碱平衡的概念，以及体内酸碱性物质的来源；理解体内酸碱平衡的调节方式；

（4）了解酸碱平衡紊乱的概念及代谢疾病的生化机理。

2. 技能目标

（1）能将酸碱平衡相关知识应用于有关酸碱平衡调节分析，并能解析酸碱平衡紊乱可能导致的疾病；

（2）能运用水盐代谢的有关生化知识分析相关疾病，如低钾血症、高钾血症等的发病机制及相关药物的药效机制。

3. 思政与职业素养目标

（1）树立健康至上的理念；培养敬畏生命、尊重生命、关爱生命的职业道德；

（2）能提出水盐代谢及酸碱平衡紊乱代谢疾病的预防措施与控制策略。

导学案例

（1）某糖尿病患者，其血气分析结果：pH6.82，$[HCO_3^-] < 3.0mmol/L$，PCO_2 12mmHg，PO_2 147mmHg。尿常规检查结果：尿酮体（++），葡萄糖（+++）。请思考：通过这些临床检测结果，如何判定患者是否出现水盐代谢紊乱和酸碱失衡？

（2）对于一个因腹泻而失钾的病人，由于脱水，必然少尿，那么治疗上是直接补充含钾液，还是先补充无钾液，等病人有尿后再补充含钾液体？请学完本章后再来回答此问题，并解释其背后的生物化学机理。

　　体液是指分布于细胞内外、溶解多种无机盐和有机物的溶液。水和无机盐既是人体的重要组成成分，也是构成体液的主要成分，体液不仅是组成各组织器官的重要成分，还对输送生命所需物质、转移代谢产物、维持细胞正常渗透压、沟通各组织器官间联系及调节体温等有重要作用。掌握水和无机盐代谢的生物化学基础理论有助于正确地分析诊断疾病和运用体液疗法。机体在代谢过程中不断产生酸和碱，生理条件下，机体维持体液酸碱度相对稳定的过程称为酸碱平衡，酸碱平衡是机体维持正常生命活动的重要基础。

第一节　水盐代谢概述

一、水和无机盐在体内的生理功能

（一）水的生理功能

水是维持人体正常代谢活动和生理功能所必需的物质之一，是人体含量最多的成分，是维持机体代谢重要的营养物质，在人体正常生命活动中发挥着重要作用，其生理功能有：

1. 维持组织的形态与功能

水在维持组织器官形态、硬度和弹性方面起重要作用。水是构成机体组织的重要成分，体内的水除以自由水形式分布在体液外，还有相当一部分水以结合水形式存在。结合水是指与蛋白质、核酸和蛋白糖等物质结合而存在的水，无流动性，主要作用是使组织器官具有一定形态、硬度及弹性，参与构成细胞质，保证某些特殊生理功能的发挥。如心肌含有 79% 水，血液含水量高达 90%，骨骼中也含 22% 水。血液中的水多以自由水形式存在，使血液流动自如，但心肌主要含有结合水，使心脏具有一定形态，并使心肌具有独特的机械功能，保证心脏有力地推动血液循环。

2. 调节并维持体温恒定

水比热容大，1g 水温度升高 1℃ 需要吸收 4.2kJ 热量，水能吸收较多的热能而不会使体温有明显改变。水蒸发热也很大，1g 水在 37℃ 下蒸发可以吸收 4.2kJ 热能，蒸发较少的水就能带走较多的热能。当外界温度不低于 30℃ 或体内产热过多时，通过蒸发或出汗使体温保持恒定，环境温度降低时，可通过减少水分蒸发而保持体温，不易随外界温度变化而发生显著改变，故水能维持产热与散热平衡，对体温调节有重要作用。水流动性大，能将代谢产生的热量通过血液循环迅速带往全身，使热能迅速转移，以维持机体正常体温。

3. 运输作用

机体所需的多种营养物质和许多代谢产物能溶于水中而运输，即使是某些难溶或不溶于水的物质（如脂类）也能与亲水性蛋白质结合，分散于水中形成胶体溶液，通过血液循环运输至全身。

4. 促进物质溶解并参与物质代谢

水是良好溶剂，体内许多代谢物都能溶解或分散于水中，从而容易进行化学反应。水介电常数高，能促进各种电解质解离，也能促进化学反应加速进行。水黏度小，易于流动，有利于营养物质消化吸收、代谢废物排泄，还直接参与体内物质代谢（水解、水化、加水脱氢等）。

5. 润滑作用

水是一种良好的润滑剂，如唾液能保持口腔和咽部湿润，有利于食物吞咽，泪液能保持眼球湿润，有利于眼球转动和防止眼球干燥，关节囊液有利于关节转动，胸膜腔和腹膜腔浆液能减少组织间摩擦，呼吸道和消化道黏液有良好润滑作用，这些都与水的润滑性有关。

（二）无机盐的生理功能

无机盐在人体化学组成中含量并不多，约占体重 4%～5%，但种类很多。有些无机盐含量甚微，却具有很重要的生理功能，是组成人体组织不可或缺的原料，主要生理功能如下：

1. 维持体液渗透压和酸碱平衡

健康人体细胞间液及血浆 pH 为 7.35～7.45，在血液缓冲系统、肺和肾的调节下维持稳定。Na^+、Cl^- 是维持细胞外液渗透压的主要离子，K^+、HPO_4^{2-} 是维持细胞内液渗透压的主要离子。当这些电解质浓度发生改变时，细胞内外渗透压发生改变，从而影响体内水分布。体液电解质中的阴离子（HCO_3^- 等）与其相应酸类形成缓冲对，是维持体液酸碱平衡的缓冲物质。K^+ 可通过细胞膜与细胞外液的 H^+ 和 Na^+ 进行交换，以维持和调节体液酸碱平衡。

2. 维持神经肌肉的兴奋性

Na^+、K^+ 可提高神经肌肉兴奋性，Ca^{2+}、Mg^{2+} 和 H^+ 可降低神经肌肉兴奋性。低钾血症患者常出现肌肉松弛、腱反射减弱或消失，严重者可导致肌肉麻痹、胃肠蠕动减弱、腹胀，甚至肠麻痹等症状，低钙血症或低镁血症患者可出现手足抽搐。正常神经和肌肉兴奋性是各种离子综合影响的结果。对于心肌，Ca^{2+}、K^+ 作用恰好相反，Na^+、Ca^{2+} 使心肌兴奋性增高，而 K^+、Mg^{2+} 和 H^+ 使心肌兴奋性降低，故 Ca^{2+}、Na^+ 和 K^+、Mg^{2+}、H^+ 间有拮抗作用。因此，常用钠盐或钙盐治疗高血钾或高血镁对心肌所致的毒性作用。血 K^+ 浓度过高对心肌有抑制作用，使心肌兴奋性降低，可出现心动过缓、心率减慢、传导阻滞和收缩力减弱，严重时可使心跳停止于舒张期；而血 K^+ 浓度过低时，心肌兴奋性增强，可出现心率加快、心律失常，严重时可使心跳停止于收缩期。Na^+ 和 Ca^{2+} 可拮抗 K^+ 对心肌的作用，维持心肌正常状态和正常功能。

3. 构成组织细胞和体液的成分

体液中含有重要的无机盐，包括 Na^+、K^+、Cl^-、HCO_3^-、HPO_4^{2-} 等。所有组织细胞都含有电解质成分，如 Ca、P 和 Mg 是组成骨骼、牙齿的主要成分，含硫酸根的蛋白多糖参与构成软骨、皮肤和角膜等组织，软组织含较多的钾，铁是形成血红蛋白的关键物质等。

4. 维持细胞正常的新陈代谢

某些无机离子是多种酶类的激活剂或辅助因子，如细胞色素氧化酶需要 Fe^{2+}、Cu^{2+}。Cl^-、Br^- 及 I^- 可促进唾液淀粉酶对淀粉水解，ATP 酶需一定浓度 Na^+、K^+、Mg^{2+}、Ca^{2+} 存在才表现活性，在细胞膜蛋白质等生物大分子的跨膜转运中具有重要作用。Ca^{2+} 参与凝血过程，糖类、脂类、蛋白质和核酸合成都需要 Mg^{2+} 参与，K^+ 参与糖原、蛋白质合成，Na^+ 参与小肠对葡萄糖的吸收，Ca^{2+} 可作为细胞信号第二信使等。

二、体液的含量和分布

成年人体液占体重的 60% 左右，其中，细胞内液占体重的 40%，细胞外液占体重的 20%。不同年龄正常人的体液分布如表 14-1 所示。

表 14-1　不同年龄正常人的体液分布　　单位：%（占体重百分比）

年龄	体液总量	细胞内液	细胞外液		
			总量	细胞间液	血浆
新生儿	80	35	45	40	5
婴儿	70	40	30	25	5
儿童（2～14岁）	65	40	25	20	5
成年人	55～65	40～45	15～20	10～15	5
老年人	55	30	25	18	7

体液中主要电解质的含量如表 14-2 所示。

表 14-2　体液中主要电解质的含量　　　　单位：mmol/L

电解质		血浆	细胞间液	细胞内液
阳离子	Na^+	145	139	10
	K^+	4.5	4	158
	Ca^{2+}	2.5	2	3
	Mg^{2+}	0.8	0.5	15.5
阴离子	Cl^-	103	112	1
	HCO_3^-	27	25	10
	HPO_4^{2-}	1	1	12
	SO_4^{2-}	0.5	0.5	9.5
蛋白质		2.25	0.25	8.1
有机酸		5	6	16
有机磷酸		—	—	23.3

三、体液平衡及其调节

（一）水的平衡

1. 水的摄入

成人每天所需水量为 2000 ～ 2500mL。人体内水产生的主要来源有：①饮用水。这是主要来源，成人每日摄入 1200mL 以上，但会因气候、劳动强度、运动和生活习惯等因素而发生较大差别。②食物水。成人每日从食物中得到的水量变动不大，摄入量约为 1000mL。③代谢水（内生水）。糖类、脂肪、蛋白质三大营养物质分解代谢产生的水分每日约 300mL。每 100g 糖、脂肪、蛋白质彻底氧化分解产生的水量分别为 55mL、107mL 和 41mL。

2. 水的排出

人体可通过尿液、粪便、肺呼吸及皮肤蒸发等途径排泄水分。人体每天的水排出量与摄入量一致才能维持体内水的动态平衡。

（1）肺呼出　肺呼吸以水蒸气形式排出部分水分，肺排出量取决于呼吸的深度和频率。一般成人每天经肺呼出挥发的水约 350mL。

（2）皮肤蒸发　皮肤排水分为显性出汗和非显性出汗两种方式。显性出汗为皮肤汗腺活动分泌的汗液，其量多少与劳动强度、环境温湿度有关。汗液是低渗溶液，高温作业或强体力劳动大量出汗后，除失水外，也有 Na^+、K^+ 和 Cl^- 等电解质丢失，在补充水分的基础上，还应注意电解质的补充。非显性出汗即体表水分蒸发，因其中电解质含量甚微，故可将其视为纯水，成人每天由此蒸发水 500mL。

（3）消化道排出　消化腺分泌进入胃肠道的唾液、胃液、胆汁、胰液和肠液等消化液约 8000mL/d，其中含有大量水分和电解质。正常情况下，这些消化液绝大部分被肠道重吸收，只有 150mL 左右随粪便排出。不同消化液其水和电解质含量不同，在呕吐、腹泻、胃肠减压和肠瘘等情况下，消化液大量丢失，会导致不同性质的失水、失电解质，故临床补液应根据丢失消化液的性质来决定其应补充的电解质种类。

（4）肾排出　肾脏不仅是重要的排泄器官，同时也是调节体液的主要器官，它通过尿量和尿液浓度维持体液平衡，正常成人每天尿量平均为 1500 ～ 2000mL，这对维持机体水、电解质的动态平衡起重要作用，但尿量受饮水量和其他途径排水量影响较大。尿液中除水和无机盐外，还含有多种非蛋白质的含氮物质（NPN），主要包括尿素、尿酸、肌酐和铵盐等含氮物。成人每天由尿排出 35～40g 固体代谢废物，其中，尿素占 50% 以上。1g 固体溶质至少需要 15mL 水才能使之溶解，故成人每天至少需排尿 500mL 才能将代谢废物排尽。临床上，将每日排尿 500mL 称为最低尿量，尿量少于 500mL 时称为少尿，此时代谢废物将潴留在体内，造成尿毒症。

正常成人每天水进出量大致相等，约 2000～2500mL。儿童、孕妇和恢复期患者需保留部分水作为组织生长或修复需要，故摄水量略大于排水量。婴幼儿新陈代谢旺盛，每天水需要量按千克体重计算比成人约高 2～4 倍，但因其神经、内分泌系统发育尚不健全，调节水、电解质平衡的能力较差，所以，比成人更容易发生水、电解质平衡失调。不能进水患者（如昏迷或禁食患者）每天最少也要补充 1500mL 水才能维持水平衡，称为最低需水量。为保证新陈代谢顺利进行，每天最好补充 2500mL 水。临床上，对不能进水患者，每日应补给 2000～2500mL 水量以满足机体需要。若患者有额外水分丢失，应酌情增加给水量。患者由于心、肾功能障碍或其他原因使其不能耐受如此大量的液体时，可适当减少补水量，但应保证每日给水量不低于 1500mL，此为最低需水量。一般成人每日水的出入量如表 14-3 所示。

表 14-3　一般成人每日水的出入量

水的摄入途径	摄入量 /（mL/d）	水的排出途径	排出量 /（mL/d）
饮水	1200	呼吸	350
食物	1000	皮肤蒸发	500
代谢水	300	粪便排出	150
		肾排出	1500
合计	2500	合计	2500

生化与健康

脱水与水中毒

机体水分摄入减少或排泄增多可造成脱水，分为轻度脱水、中度脱水和重度脱水。脱水量达到体重 2% 时为轻度脱水，表现为口渴。脱水量达到体重 4% 时为中度脱水，表现为严重口渴、心率加快、体温升高、血压下降等。脱水量达到体重 6% 时为重度脱水，表现为恶心、食欲丧失、肌肉抽搐、昏迷等。在病理或人为治疗因素作用下，水在体内潴留时间过长，超过正常体液水的含量，水与电解质比例失调，血钠降低，出现低钠血症，过多水进入细胞内，可引起水中毒，表现为躁动、嗜睡、抽搐，甚至脑细胞水肿，可危及生命。

（二）无机盐的平衡

1. 无机盐的摄入

人体通过每天饮食摄入的无机盐，其中 NaCl 是主要摄入成分。盐摄入量因个人饮食习惯不同而有很大差别。正常成人每天大约食盐 8～15g，已远远超过机体需要，一般不会缺乏。体内 Na^+ 总量的 44%～50% 存在于细胞外液，血钠浓度为 130～150mmol/L；10%～20% 存在于细胞液，35%～45% 存在于骨骼。K^+ 摄入也依靠食物，食盐中含少量钾盐，肉类、水果、蔬菜等含钾量比较丰富。正常人每日钾摄入量约 2～4g（50～100mmol/L），正常进食者一般不会缺乏钾。成人体内 K^+ 总量约 110g，约 98% 存在于细胞内，细胞外液仅占 2%。血浆中 K^+ 正常浓度为 3.5～5.5mmol/L，低于 3.5mmol/L 的称低血钾，高于 5.5mmol/L 的称高血钾。细胞内外液中钾离子分布可因某些生理因素而变化。一般饮食情况下，其他无机盐离子如 Cl^-、Ca^{2+}、Mg^{2+} 和 Fe^{2+} 等都能满足机体需要。

2. 无机盐的排出

约 90% ～ 95% 的 Na^+ 是通过肾脏排泄，少量由汗腺排出，排出量与进食量大致相等。肾脏调节钠的能力很强，进食过量钠，则肾排出量增加，若完全停止钠盐摄取，肾脏排钠量可降至很低，甚至趋近于零。可总结为"多吃多排，少吃少排，不吃不排"。肾炎患者肾脏排钠功能降低，宜少进食盐。Na^+ 经肠道排泄量很少，严重腹泻时可导致大量 Na^+ 丢失。此外，肾脏也是排钾的主要器官，大约 90% 钾由肾脏排出，其余 10% 由肠道排出，大量出汗也可排出少量钾，钾在肾小管的排出与钠的重吸收有关。在远曲小管通过 Na^+-K^+ 交换，保钠排钾。每日约有 2g 钾随尿排出，即使不摄入钾，尿中仍要排出钾，因此，肾脏排钾情况不如钠严格，可总结为"多吃多排，少吃少排，不吃也排"。腹泻可导致 K^+ 丢失，注射胰岛素可驱动 K^+ 进入细胞内，导致血钾降低。对于各种原因导致的低血钾，补钾很重要。补 K^+ 宜慢，K^+ 在各部分体液之间平衡比水慢，大约需要 15h。

生化与健康

低钾血症与高钾血症

（1）低钾血症。血钾浓度低于 3.5mmol/L 时称低血钾。钾摄入不足、排出量增加、钾自细胞外大量移入细胞内可导致低血钾，主要表现为四肢软弱无力、倦怠、腹胀、心律失常等。

（2）高钾血症。当血钾浓度高于 5.5mmol/L 时称高血钾。钾摄入过多、排除障碍或细胞内的钾转运至细胞外均可引起高血钾，主要表现为极度疲乏、肌肉酸痛、肢体湿冷、嗜睡等。

（三）体液调节

人体每天都摄入和排出一定量的水和无机盐，使体液维持着正常渗透压和容积。血浆渗透压是调节水、电解质平衡的主要因素。当血浆渗透压发生变化时，机体可通过神经和激素调节使其恢复动态平衡。

1. 神经系统的调节

中枢神经系统在水、电解质平衡的调节上起着重要作用。当机体失水过多，或摄入食盐过多时，都可引起血浆和细胞间液渗透压升高，减少盐摄入有预防和缓解高血压作用。

2. 肾脏的调节

肾脏在水和无机盐平衡调节过程中有重要作用。通过肾小球滤过作用、肾小管重吸收作用，以及远曲小管中的离子交换作用来调节水和无机盐平衡。正常人每日约有 180L 水、1300g NaCl 和 35g K^+ 通过肾小球。通过肾小球的水、K^+、Na^+ 和 Cl^- 有 99% 以上被肾小球重吸收。生理尿量是 1000 ～ 2000mL，肾小管重吸收作用对机体保存水和盐类非常重要。任何因素对通过肾脏的血流量或肾小球有效滤过压、通透性、滤过面积等发生影响时，均可使肾脏排出的水和盐类的量发生改变。

3. 激素的调节

主要激素是抗利尿激素和醛固酮。抗利尿激素又称血管升压素（ADH），主要由下丘脑视上核神经细胞分泌并贮存在神经垂体，能提高肾远曲小管和集合管对水的通透性，从而促进水重吸收，降低尿量，以维持体液渗透压相对恒定，维持血容量。影响抗利尿激素释放的主要刺激是血浆晶体渗透压循环血量，当机体失去大量水分而使血浆晶体渗透压增高时，刺激下丘脑视上核或其周围区的渗透压感受器而使抗利尿激素释放增多，则血浆渗透压可因肾吸收水分增多而有所回降。大量饮水的情况正好相反，抗利尿激素释放减少，肾排水增多，血浆渗透压升高。血量过多时，可刺激左心房和胸腔内大静脉的容量感受器，反射性地引起抗利尿激素释放减少，结果引起利尿而使血量减少；反之，当失血等原因使血量减少时，抗利尿激素可因容量感受器所受刺激减弱而释放增加，尿量减少而有助于血量恢复。动脉血压升高时可通过刺激颈动脉窦压力感受器而反射性地抑制抗利尿激素释放。疼痛刺激和情绪紧张可使抗利尿激素释放增多，血管紧张素Ⅰ增多也可刺激抗利尿激素分泌。

　　醛固酮是肾上腺皮质球状带所分泌的一种盐皮质激素，主要作用是促进肾远曲小管 H^+-Na^+ 和 K^+-Na^+ 交换，从而增加肾脏对 Na^+、水的重吸收，以及 K^+、H^+ 的排泄。因此，醛固酮具有排钾泌氢、保钠保水的作用。醛固酮是调节细胞外液容量和电解质的激素，其分泌通过肾素 - 血管紧张素系统实现。当细胞外液容量下降时，刺激肾小球旁细胞分泌肾素，激活肾素 - 血管紧张素 - 醛固酮系统，醛固酮分泌增加，使肾重吸收 Na^+ 增加，进而引起水重吸收增加，细胞外液容量增多。相反，细胞外液容量增多时，通过上述相反机制，使醛固酮分泌减少，肾重吸收 Na^+ 和水减少，细胞外液容量下降。血钠降低、血钾升高同样刺激肾上腺皮质，使醛固酮分泌增加。

🧬 生化与健康

为什么会口渴？

　　细胞外液渗透压升高时，下丘脑视前驱的渗透压感受器受到刺激，产生兴奋并传至大脑皮层，引起渴的感觉。细胞外液渗透压升高使细胞内的水向外移动而致细胞内失水，使唾液分泌不足，引起口渴反射。这时适量饮水，则血浆等细胞外液的渗透压下降，水自细胞外向细胞内移动又重新恢复平衡。

四、水盐代谢紊乱

　　在神经 - 体液 - 内分泌系统的调节下，保持水和 NaCl 等无机盐的摄入量和排出量动态平衡，并维持体内含量相对恒定。脱水和水肿是水盐代谢紊乱的两种情况。

（一）脱水

　　依据水与电解质丢失比例不同分为 3 种类型。

1. 高渗性脱水（缺水性脱水或原发性脱水）

　　失水多于失钠，细胞外液呈高渗状态，血浆中 Na^+ 浓度大于 150mmol/L。主要原因是由于水的丢失量大于电解质的丢失量，体液呈高渗状态，细胞外液渗透压增高。由于细胞内液渗透压相对较低，细胞内水分移向细胞间隙，导致细胞内脱水，主要原因有水摄入量不足（不能饮水、给水不足，或因昏迷、食管梗阻、极度虚弱等出现的水源断绝），或水排出量过多（如利尿剂、脱水剂应用，多汗、尿崩症、大面积皮肤烧伤、长期禁食、上消化道梗阻、昏迷、高热、气管切开等情况），机体还不断地通过呼吸和皮肤蒸发丢失水分，使失水多于失钠，从而引发高渗性脱水。若断水 7 ～ 10 天，失水量达到体重的 15%，可导致死亡。

　　失水后细胞外液呈高渗，水自细胞内向外转移，细胞内液减少，使细胞外液得到一定程度的恢复。因此，在脱水初期，血容量减少不多，血压一般也不降低，但细胞内液容量减少。由于细胞外液高渗，刺激渗透压感受器，反射性引起血管升压素（ADH）分泌增加，促进肾小管对水的重吸收，导致尿少和尿比重增高，还可刺激丘脑下部口渴中枢，出现口渴感。由于水的丢失比钠的丢失多，钠含量相对增高，使醛固酮分泌减少，肾小管对钠的重吸收下降，尿中有氯化钠出现，使尿比重进一步增加。细胞内脱水导致代谢障碍，分解代谢增强但不完全，加上尿少，血中非蛋白氮不能有效地排出，可出现氮质血症。严重缺水时，皮肤蒸发水分减少，体温调节受到影响，因而体温升高，称为脱水热，多见于小儿。细胞内液减少可导致脑细胞内脱水，使脑细胞代谢障碍而引起昏睡、意识模糊、狂躁、惊厥，甚至昏迷等。

因血浆 Na^+ 浓度增高，使醛固酮分泌减少，因血浆渗透压升高，使抗利尿激素分泌增多，细胞间液中的水补充血浆，进而细胞内的水进入细胞间液，最终形成细胞内脱水。补充水或低渗溶液，待缺水基本纠正后再适当补充含钠液体，以防细胞外液转为低渗状态。

2. 低渗性脱水（缺钠性脱水）

失钠多于失水，细胞外液呈低渗状态，血 Na^+ 浓度低于 130mmol/L。主要以电解质丢失为主，体液渗透压下降。细胞外液渗透压降低，导致低钠血症。有多种原因，如呕吐、腹泻、胃肠引流等使消化液大量丢失，或大量出汗、肾功能不良、大面积烧伤、反复抽放（胸）腹水、出血、糖尿病酮症酸中毒、利尿剂应用等引起水和电解质的丢失。在此基础上只补充水，而未补充 Na^+ 时，则血浆渗透压降低，发生低渗脱水。

失 Na^+ 后，细胞外液渗透压下降，虽然体内失水但并无口渴感。由于低渗，ADH 分泌减少，肾对水的重吸收下降，因而早期反而排出大量低渗尿。血 Na^+ 下降使醛固酮分泌增加，肾小管对 Na^+ 的重吸收增多，尿中氯化钠减少，使尿比重降低。由于细胞外液呈低渗状态，水向细胞内转移，一方面引起细胞外液及血容量减少，另一方面引起细胞水肿。当脑细胞水肿及血压降低时，引起头痛、头晕、嗜睡、昏迷。由于血容量降低，心输出量减少，导致循环衰竭，血压下降，出现心率加快、四肢厥冷等症状。严重发展时，随着血压和血容量明显降低，肾血流量减少，使肾小球滤过率降低，以致 ADH 分泌反而增加，出现少尿、无尿以及氮质血症。由于血容量降低，血浆蛋白质浓度增高，导致血浆胶体渗透压明显升高，细胞间液水分进入血浆，使细胞间液明显减少，出现皮肤松弛、眼窝下陷症状。

因血浆含量降低，导致醛固酮分泌升高，肾重吸收 Na^+ 增多为主要调节。血浆渗透压降低引起 ADH 分泌减少，肾回收水分减少。细胞间液内"Na^+ 入血，水入细胞内"，造成细胞间液总量减少，直接引起血容量下降，皮肤弹性降低，应及时给予生理盐水来补充血容量，并纠正低钠和低氯的低渗状态。

3. 等渗性脱水（混合性脱水）

是水、盐成比例丢失，体液容量减少，但渗透压变化不大，血 Na^+ 浓度仍在 130～150 mmol/L 正常范围内。多发生在低渗性脱水的基础上又无水补充时，造成体液内水、电解质等比例丢失，体液呈等渗状态。细胞外液渗透压可保持正常，细胞外液量迅速缩减，细胞内液一般不发生变化。但若脱水时间较久，细胞内液可外移使细胞脱水，常见于轻度腹泻、呕吐、出血或胃肠引流等丧失大量等渗液而未及时补充相应液体的情况下。此外，低渗或高渗性脱水患者，在补液治疗中也可能转变为等渗性脱水。可因急性腹膜炎、急性肠梗阻、肠瘘、大面积烧伤早期体液大量渗出和胃肠道丢失或肾丢失（如呕吐、腹泻、应用利尿剂、肾脏疾病、肾上腺疾病）等引起。在丧失大量胃肠消化液（等渗液）且未补充水的情况下，又从皮肤和肺不断丢失水分，造成体液中水及 Na^+ 都丢失，如只补充部分水或低渗盐水可产生等渗脱水，等渗脱水既有细胞内脱水，有明显口渴，又有缺 Na^+ 性脱水造成的血容量降低；既有醛固酮分泌增高，也有 ADH 分泌增多，使肾重吸收 Na^+ 及水都增多。

虽然丢失的是接近等渗的体液，但从肺和皮肤还不断损失低渗体液，故水的丢失仍多于盐，出现口渴、尿少等高渗性脱水症状。由于细胞内外液渗透压差异不大，由细胞内液进入细胞外液的水分不多，不能补充细胞外液丢失导致的血容量减少，严重时可出现与低渗性脱水相似的周围循环衰竭症状。由于等渗性脱水既有高渗性脱水症状，又有低渗性脱水症状，故称为混合性脱水。既要补水，又要补盐，还应纠正血容量不足，改善外周循环，如有酸碱平衡失调，需同时加以纠正。

三种脱水类型的比较见表 14-4。

表 14-4　三种脱水类型的比较

种类	高渗性脱水	低渗性脱水	等渗性脱水
血 Na^+ 浓度	> 150mmol/L	< 130mmol/L	130 ～ 150mmol/L
主要变化与症状	有明显口渴感，血钠增高，醛固酮分泌下降，肾对 Na^+ 重吸收下降，ADH 分泌增加，肾对水重吸收增加，尿少，尿比重增加，小孩易发生脱水热	无明显口渴感，血钠降低，醛固酮分泌增加，肾对 Na^+ 重吸收增加，ADH 分泌减少，肾对水重吸收减少，早期尿量增加、尿比重降低，后期少尿、无尿、酸碱平衡紊乱，细胞间液明显减少，出现皮肤松弛、眼窝下陷等明显症状	既有低渗性脱水症状——血容量和血压下降，又有高渗性脱水症状——口渴、尿少
治疗原则	补充水或低渗溶液，缺水纠正后再补含钠液	及时给予生理盐水补充血容量	既要补水，又要补盐，同时纠正酸碱平衡失调

（二）水肿

水肿是由细胞外液水潴留所致，如毛细血管血压增高、静脉端水回流不畅是心源性或静脉阻塞性水肿的重要原因。肝肾功能不良或营养不良导致血浆清蛋白含量降低，血管内胶体渗透压降低，水由毛细血管进入细胞间液或组织间液是造成腹水和水肿的重要原因。肾性水肿是由于体内 Na^+ 潴留、血浆渗透压升高，使肾对水的重吸收增多，以致水潴留形成水肿。此外，正常人在神经、体液、肾脏等调节下，即使摄入水较多，也可经肾脏及时排出多余水分，但如果摄入水过多，超出肾脏排出限度，则易引起水中毒。造成水中毒的原因可能是抗利尿激素分泌过多（如恐惧、疼痛、失血、休克、外伤及手术后等）、肾血流量不足，使肾脏不能正常排出水分（如急、慢性肾功能不全的少尿期，严重心功能不全及肝硬化合并肾血流量不足），或低渗性脱水患者过多输入水或葡萄糖溶液时，易发展成水中毒。

第二节　酸碱平衡概述

人体正常代谢和生理活动需要在相对恒定的 pH 值条件下进行，正常人血浆的 pH 值维持在 7.35 ～ 7.45，细胞内液、细胞间液的 pH 值低于血浆。尽管体内代谢不断产生酸性或碱性物质，从食物中也摄取一定量的酸碱物质，但人体体液 pH 值并不会发生显著变化，这是由于机体通过一定的调节使体液 pH 值维持在相对恒定范围，这种调节过程称为酸碱平衡。

一、体内酸碱性物质的来源

（一）酸性物质来源

体内酸性物质主要来源是糖、脂肪和蛋白质及核酸分解产生的代谢产物。糖、脂肪、蛋白质和核酸是成酸物质。其次，少量来自某些食物和药物。食物中的醋酸及酸性药物（如氯化铵和阿司匹林等）都能够解离出 H^+，或在体内转变成酸性物质，如氯化铵转变成尿素和 HCl。体内酸性物质可分为挥发酸和固定酸两类。

（1）挥发酸　糖、脂肪、蛋白质及核酸在体内彻底氧化生成的 CO_2 和 H_2O，在碳酸酐酶催化下合成 H_2CO_3。H_2CO_3 可电离出 H^+，这是体内酸的主要来源。碳酸酐酶主要存在于细胞、肾小管上皮细胞及胃黏膜上皮细胞中，血液通过肺时，H_2CO_3 分解成 CO_2 和 H_2O，由肺呼出。成人安静状态下，每日经代谢产生的 CO_2 为 300 ～ 400L，相当于 13 ～ 18mol 的 H_2CO_3。通常把 H_2CO_3 称为挥发性酸，是体内产生的主要酸性物质。运动、代谢率增加时，CO_2 产生增多，导致 CO_2 升高，肺可调节 CO_2 呼出量，称为酸碱平衡的呼吸性调节。

（2）非挥发性酸 又称固定酸，是指糖、脂肪、蛋白质和核酸在分解代谢中产生的丙酮酸、甘油酸、三羧酸、乳酸、β- 羟丁酸、乙酰乙酸、乳酸、尿酸等有机酸，以及磷酸和硫酸等无机酸。正常生理条件下，成人每日产生的这些酸释放出的 H^+ 有 50 ～ 100mmol，比每天产生的挥发性酸要少得多，这些酸可经肾随尿排出体外，不具有挥发性。固定酸还可来自食物和某些酸性药物，如醋酸、水杨酸、阿司匹林等。固定酸主要通过肾脏进行调节，称为酸碱平衡的肾性调节。

（二）碱性物质的来源

人体代谢过程既能产酸，还能产碱，如氨基酸分解代谢产生的氨就是碱性物质，但在正常生理条件下，以产酸为主。体内碱性物质主要来源有 3 个途径：①蔬菜瓜果中的有机酸盐。蔬菜和水果富含有机酸盐，如枸橼酸钠、草酸钠、柠檬酸和苹果酸钠（钾）盐，是弱酸弱碱盐，解离呈碱性；②碱性药物或食物含有小苏打（$NaHCO_3$）；③代谢产生的 NH_3 等。HCO_3^- 是体内最重要的碱。通过代谢，有机酸根会氧化分解成 CO_2 和 H_2O，Na^+ 和 K^+ 则与体液的 HCO_3^- 结合成碱性的碳酸氢盐。在正常饮食情况下，机体代谢产生的酸性物质多于碱性物质。临床上，酸中毒多于碱中毒。体内酸性物质被碱中和后，还剩余 0.07mol 左右的 H^+，因此，机体对酸碱平衡调节以对酸性物质的调节为主。

二、酸碱平衡的调节

人体在生命活动过程中不断地产生酸性和碱性物质，也不断从食物中获取酸性和碱性物质，但血浆 pH 值却能维持在 7.35 ～ 7.45 相对恒定范围内，这主要是体内血液的缓冲作用、肺排出 CO_2 的调节作用和肾排泄与重吸收作用等多重因素综合作用的结果。血液、肺、肾脏三者在中枢神经系统参与下，构成一个统一的调节系统来实现体液 pH 值恒定。

（一）血浆缓冲系统在调节酸碱平衡中的作用

1. 血浆缓冲系统

血液中一种弱酸与该弱酸和强碱所组成的盐（弱酸相对应的共轭碱）构成一对缓冲系统（缓冲对），该溶液具有缓冲酸或碱的能力，称为缓冲溶液。血浆中缓冲体系有碳酸氢盐缓冲体系（$NaHCO_3/H_2CO_3$）、磷酸盐缓冲体系（NaH_2PO_4/Na_2HPO_4）和蛋白质缓冲体系（H-Pr/Na-Pr，Pr 指血浆蛋白，主要缓冲固定酸与碱）等，它们分布在血浆和红细胞中。碳酸氢盐缓冲体系由 HCO_3^-/H_2CO_3 构成，为细胞外液中极为重要的缓冲系统，可缓冲所有固定酸，但不能缓冲挥发酸，缓冲能力强，是细胞外液含量最多的缓冲物质，约占缓冲作用的 53%，为开放性缓冲系统，通过肺对血液中 CO_2 和肾对血液中 HCO_3^- 浓度进行调节。磷酸盐缓冲系统由 $HPO_4^{2-}/H_2PO_4^-$ 构成，存在于细胞内、外液，主要在细胞内发挥作用。蛋白质缓冲系统由 Pr^-/HPr 构成，主要存在于血浆与细胞内，特别是血浆蛋白质缓冲系统，平时作用不大，当其他缓冲系统都被调动后，其作用才显示出来。血红蛋白缓冲系统由 Hb^-/HHb、$HbO_2^-/HHbO_2$ 组成，主要在血液内缓冲挥发酸中发挥作用。全血各缓冲系统的含量与分布见表 14-5。

表 14-5 全血各缓冲系统的含量与分布

缓冲系统	占全血缓冲系统 /%	缓冲系统	占全血缓冲系统 /%
细胞外液 HCO_3^-/H_2CO_3 缓冲系统	35	血浆蛋白质缓冲系统	7
细胞内 HCO_3^-/H_2CO_3 缓冲系统	18	$HPO_4^{2-}/H_2PO_4^-$	5
血红蛋白缓冲系统	35		

2. 红细胞中的缓冲体系（主要缓冲挥发性酸）

红细胞中的缓冲体系有 $KHCO_3/H_2CO_3$、K_2HPO_4/KH_2PO_4、$K-Hb/H-Hb$、$K-HbO_2/H-HbO_2$（Hb 指血红蛋白，HbO_2 指氧合血红蛋白）。这些缓冲对中，血浆中以 $NaHCO_3/H_2CO_3$ 最为重要，红细胞中以 $K-Hb/H-Hb$ 和 $K-HbO_2/H-HbO_2$ 缓冲体系最为重要。

3. 血液缓冲体系的缓冲作用

血浆 pH 值取决于血浆中 $[NaHCO_3]/[H_2CO_3]$ 比值。正常情况下，血浆中 $[NaHCO_3]$ 为 24mmol/L，$[H_2CO_3]$ 为 1.2mmol/L，两者比值为 20∶1。酸性物质进入血浆后，可与 $NaHCO_3$ 作用生成 H_2CO_3，生成的 H_2CO_3 部分可与血浆中其他缓冲系统作用变成 CO_3^-，部分分解成 CO_2 由肺呼出。血浆 $[HCO_3^-]/[H_2CO_3]$ 缓冲对最为重要，主要是因为其抗酸能力强，一定程度上 $[HCO_3^-]$ 可代表血浆对固定酸的缓冲能力，故称为碱储。血浆 pH 值主要取决于此缓冲对比值，且易受肺与肾的调节。

（二）肺脏在维持酸碱平衡中的作用

肺主要通过 CO_2 呼出量来调节血浆中 H_2CO_3 的浓度。肺呼出 CO_2 的作用受呼吸中枢的调节，而呼吸中枢的兴奋性又受血液中 PCO_2 及 pH 值的影响。肺脏通过增加或减少 CO_2 的排出量控制体内 H_2CO_3 浓度，维持正常的 pH。

$$呼吸加深加快 \rightarrow CO_2 呼出增多 \rightarrow H_2CO_3 \downarrow$$
$$呼吸变浅变慢 \rightarrow CO_2 呼出减少 \rightarrow H_2CO_3 \uparrow$$

通过呼吸运动控制肺脏对 CO_2 的排出量，影响血浆中 $[H_2CO_3]$，呼吸中枢对血浆 pH 值和 PCO_2 极为敏感。$H_2CO_3 \uparrow$，血浆 pH 值 $\downarrow$，$PCO_2 \uparrow$，呼吸深快。$H_2CO_3 \downarrow$，血浆 pH 值 $\uparrow$，$PCO_2 \downarrow$，呼吸浅慢，肺呼出 CO_2 的量受延髓呼吸中枢调节。

血液 PCO_2 和 pH 影响呼吸中枢的兴奋性，当血液 PCO_2 升高或 pH 降低时，呼吸中枢兴奋性增加，呼吸加深加快，CO_2 排出增多；当血液 PCO_2 降低和 pH 升高时，呼吸中枢兴奋性降低，呼吸变浅变慢，CO_2 排出减少。肺通过呼出 CO_2 来调节血中 H_2CO_3 的浓度，以维持 $[NaHCO_3]/[H_2CO_3]$ 的正常比值。所以，在临床上密切观察病人的呼吸频率和呼吸深度具有重要意义。

（三）肾脏对酸碱平衡的调节

肾脏对酸碱平衡的调节作用主要是通过排出机体在代谢过程中产生的过多的酸或碱，调节血浆中 $NaHCO_3$ 浓度，以维持血浆 pH 值恒定。当血浆中 $NaHCO_3$ 浓度降低时，肾脏则加强对酸的排泄和对 $NaHCO_3$ 的重吸收作用，以恢复血浆中 $NaHCO_3$ 正常浓度。当血浆中 $NaHCO_3$ 浓度升高时，肾脏则减少对 $NaHCO_3$ 的重吸收并排出过多碱性物质，使血浆中 $NaHCO_3$ 浓度维持在正常范围。肾脏对酸碱平衡的调节作用实质上是调节 $NaHCO_3$ 的浓度，这种作用主要是通过肾小管细胞的泌氢、泌氨及泌钾作用，排出多余酸性物质。肾脏主要通过排出和回收酸性或碱性物质来调节血浆 $NaHCO_3$ 含量。肾脏对酸碱平衡的调节是较为彻底和根本性的。

1.H^+-Na^+ 交换

（1）H^+-Na^+ 交换与 $NaHCO_3$ 的重吸收　机体每天通过肾小球滤过的碳酸氢盐约为 5000mmol（相当于 420g $NaHCO_3$），但排出量仅为 4～6mmol，只占滤过量的 0.1%，表明肾对 $NaHCO_3$ 有很强的重吸收能力。血浆 $[NaHCO_3]$ 低于 28 mmol/L 时，原尿中 $NaHCO_3$ 可完全被重吸收。当超过此值时，则不能完全吸收，多余部分随尿排出体外。肾脏通过 H^+-Na^+ 交换调节体内 $NaHCO_3$ 绝对量和 HCO_3^-/H_2CO_3 比值。H^+-Na^+ 交换与 $NaHCO_3$ 的重吸收如图 14-1 所示。

（2）H^+-Na^+ 交换与尿液的酸化　正常 $[Na_2HPO_4]/[NaH_2PO_4]$ 比值为 4∶1。原尿保持此比值，

终尿排出 NaH_2PO_4 增加而比值变小，尿液 pH 值降低的过程称为尿液酸化。磷酸盐缓冲系统是正常情况下原尿中最重要的缓冲系统。H^+-Na^+ 交换与尿液酸化如图 14-2 所示。

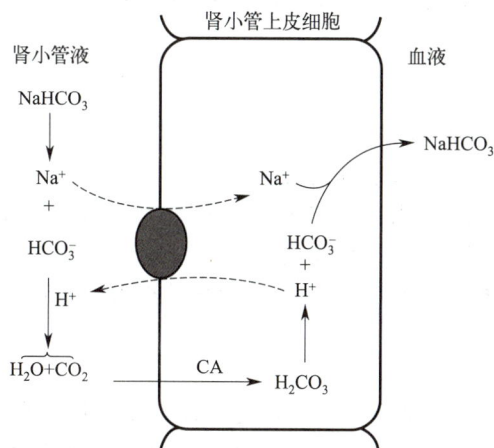

图 14-1　H^+-Na^+ 交换与 $NaHCO_3$ 的重吸收
CA—碳酸酐酶

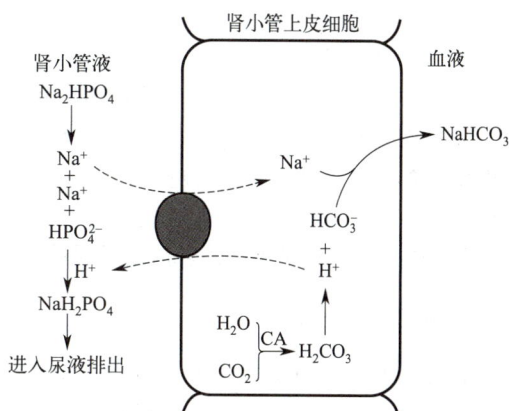

图 14-2　H^+-Na^+ 交换与尿液酸化

2.$NH_4^+-Na^+$ 交换

严重酸中毒时，NH_4^+ 排出增加，肾小管泌 NH_3 与泌 H^+ 可相互促进。尿液酸性愈强，NH_3 分泌愈多，尿液呈碱性时，NH_3 分泌减少甚至停止。$NH_4^+-Na^+$ 交换和铵盐排泄见图 14-3。

通过 $NH_4^+-Na^+$ 交换可将肾小管腔液的强酸盐中 Na^+ 换回，重新生成 $NaHCO_3$ 回到血液，强酸根以铵盐形式排出体外，可避免终尿产生强酸对肾组织造成损害，提高肾脏排 H^+ 能力。肾小管 NH_3 来源为：①NH_3 主要来源于血液转运的谷氨酰胺分解（占 60%），在谷氨酰胺酶催化下可分解为谷氨酸和 NH_3；②另一部分 NH_3 来源于肾小管细胞内氨基酸脱氨基作用（占 40%）。正常成人 24h 有 30 ～ 50mmol NH_3 与 H^+ 结合成 NH_4^+ 随尿排出，但在酸中毒时，每天排出量可增加 10 倍，多达 400mmol。因为酸中毒时，糖皮质激素

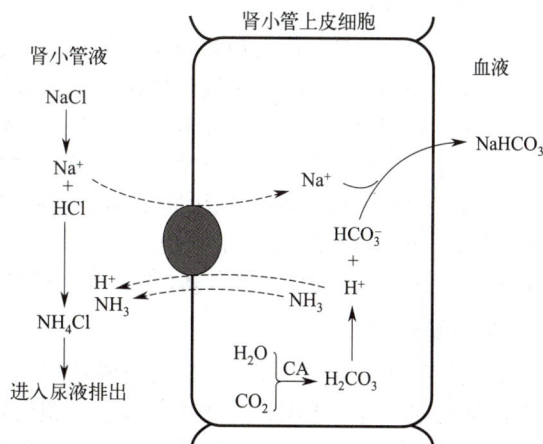

图 14-3　$NH_4^+-Na^+$ 交换和铵盐的排泄

分泌增强，使线粒体内膜对谷氨酰胺的通透性增加几十倍，线粒体内 NH_3 生成量也随之增加 15 ～ 20 倍，酸中毒还可诱导肾近曲小管细胞内谷氨酰胺酶合成。

3.K^+-Na^+ 交换

肾远曲小管上皮细胞具有 K^+-Na^+ 交换作用，K^+-Na^+ 交换与 H^+-Na^+ 交换有竞争性抑制作用，故间接影响体内酸碱平衡。血钾升高时，肾小管细胞 K^+-Na^+ 交换增强，H^+-Na^+ 交换减弱，尿 K^+ 排出增加，H^+ 保留在体内，故高血钾时常伴有酸中毒。血钾降低时，K^+-Na^+ 交换减弱，H^+-Na^+ 交换增强，尿 K^+ 排出减少，细胞外液 H^+ 浓度降低，低血钾时常伴有碱中毒。

综上所述，体内酸碱平衡主要通过血液缓冲体系、肺和肾的调节作用来维持。进入血液的酸性或碱性物质首先由血液缓冲体系进行缓冲，缓冲后引起 $NaHCO_3$ 和 H_2CO_3 含量和比值

发生变化，但可通过肺呼吸作用调节血中 H_2CO_3 含量，通过肾 H^+-Na^+ 交换、NH_4^+-Na^+ 交换和 K^+-Na^+ 交换调节血浆 $NaHCO_3$，协调 $[NaHCO_3]/[H_2CO_3]$ 的比值在 20：1，维持血液 pH 值在 7.35～7.45 范围内。血液调节作用最快，肺调节作用较迅速，肾调节作用较慢但持久。

📖 生化与健康

酸性体质诱发了肿瘤？

对于癌症而言，并不是所谓"酸性体质"诱发了肿瘤，而是肿瘤的生长会导致实体瘤周边的微环境变酸。因为肿瘤细胞比正常细胞生长快，而肿瘤组织中血管的供应往往跟不上肿瘤细胞快速扩增的脚步，导致供氧和养料不足。因此，肿瘤细胞既缺氧又缺养料，新陈代谢也发生了改变，生成了更多的乳酸等酸性代谢产物，使得肿瘤组织周边的组织液 pH 较低。

三、酸碱平衡紊乱

酸碱平衡紊乱是机体内酸性或碱性物质绝对量或相对量过多或过少，人体一时不能调整或缺乏调节能力。如肺、肾功能障碍时，体内电解质平衡紊乱等原因都可引起酸碱平衡失调。酸碱平衡失调时必然影响血浆中 $NaHCO_3$ 和 H_2CO_3 的含量和比值，由血浆 $NaHCO_3$ 原发性减少引起的中毒称为代谢性酸中毒，$NaHCO_3$ 原发性增加引起的中毒则称为代谢性碱中毒；H_2CO_3 原发性增加引起的中毒称为呼吸性酸中毒，H_2CO_3 原发性减少引起的中毒称为呼吸性碱中毒。经过体内调节，血液 pH 仍超出正常范围的称为失代偿性酸碱平衡紊乱，经调节后 pH 虽正常，但缓冲体系的绝对值超出正常范围的称为代偿性酸碱平衡紊乱。

1. 代谢性酸中毒

代谢性酸中毒是临床上最常发生的酸碱平衡紊乱，是由血浆中 $NaHCO_3$ 含量原发性减少所致。HCO_3^- 的原发性↓——→代谢性酸中毒。常见原因有：①非挥发性酸产生或食入过多以致消耗过多 $NaHCO_3$，如糖尿病酮症酸中毒、缺氧引起的乳酸中毒；②体内 $NaHCO_3$ 丢失过多，如腹泻、肠瘘、胆瘘或肠引流等，丢失大量碱性肠液、胰液或胆汁；③高血钾、大面积烧伤引起大量血浆渗出等；④酸性代谢产物排出障碍，如肾功能衰竭时，肾小管分泌 H^+ 和 NH_4^+ 能力下降，引起酸性代谢产物在体内积聚；⑤血氯升高，代谢性酸中毒时，体内代谢废物乳酸和二氧化碳的积聚导致血 pH 值下降，刺激胃酸分泌，导致血氯升高。

2. 代谢性碱中毒

代谢性碱中毒由体内 H^+、Cl^- 丢失或碳酸氢盐积蓄所致。HCO_3^- 原发性↑——→代谢性碱中毒。常见原因有：①碱性药物摄入过多，超过肾脏排泄能力；②固定酸丢失过多；③血钾降低，当肾小管细胞内浓度过低时，K^+-Na^+ 交换减弱，而 K^+-Na^+ 交换加强，使 $NaHCO_3$ 进入血液增加，可造成细胞外碱中毒、细胞内酸中毒；④血氯降低，如胃液丢失和补充 NaCl 不足时可引起体内氯缺少，原发性醛固酮增多症或注射盐皮质激素过多等都可以引起代谢性碱中毒。

3. 呼吸性酸中毒

呼吸性酸中毒主要是由于肺脏的呼吸功能障碍导致体内 CO_2 潴留，使血浆中 H_2CO_3 浓度原发性增高所致。H_2CO_3 的原发性↑——→呼吸性酸中毒。常见原因有：①呼吸道和肺部疾病，如哮喘、肺气肿、气胸等；②呼吸中枢受抑制，如使用麻醉药、吗啡、安眠药等过量；③心脏疾病、脑血管硬化。

4. 呼吸性碱中毒

由肺呼吸过快，换气过度，CO_2 排出过多，血浆 H_2CO_3 浓度减少所致，如中枢神经疾病包括脑炎、脑肿瘤、脑膜炎，以及水杨酸中毒、高烧、癔症，甚至大哭等都可诱发呼吸性碱中毒。H_2CO_3 的原发性↓——→呼吸性碱中毒。

各种酸中毒的原因、代偿机理和特征总结于表 14-6。

表 14-6　各种酸中毒的原因、代偿机理和特征

类别	原因	代偿机理	基本特征
代谢性酸中毒	1. 固定酸产生过多； 2. 肾排酸和回收 $NaHCO_3$ 障碍，引起酸性物质潴留于体内； 3. $NaHCO_3$ 丢失过多； 4. 高血钾	1. 过多酸性物质被血浆 $NaHCO_3$ 中和，导致 $[NaHCO_3]$↓，$[H_2CO_3]$↑，pH 值↓； 2. pH 值↓，使呼吸加深加快，加快 CO_2 排出，$[H_2CO_3]$↓； 3. 肾泌 H^+、泌 NH_4^+↑，重吸收 $NaHCO_3$↑和固定酸排出	血浆 $[NaHCO_3]$ 原发性↓
代谢性碱中毒	1. 胃液持续大量丢失 2. 摄入过多的碱性药物； 3. 低血钾	1. $[NaHCO_3]$↑，pH 值↑，呼吸变浅变慢使机体保留较多 CO_2，血浆 $[H_2CO_3]$↑； 2. 肾泌 H^+、泌 NH_4^+↓，排 $NaHCO_3$↑	血浆 $[NaHCO_3]$ 原发性↑
呼吸性酸中毒	1. 通气量明显↓，CO_2 呼出障碍， 2. CO_2 吸入过多，pH 值↓	pH 值↓，肾泌 H^+、泌 NH_4^+↑，加速排酸和重吸收 $NaHCO_3$	$[H_2CO_3]$↑，PCO_2↑
呼吸性碱中毒	体内 CO_2 呼出过强过快（换气过度）	肾泌 H^+、泌 NH_4^+↓，$NaHCO_3$ 排出↑	$[H_2CO_3]$↓，PCO_2↓

目标检测

一、填空题

1. 体内酸性物质可分为两大类，即_____和_____。

2. 正常人血浆的主要缓冲对是_____。

3. 一般把_____和_____类食物称为碱性食物。

4. 酸碱平衡失常可分为_____、_____、_____和_____。

5. 进入血液的固定酸和固定碱主要被_____缓冲系统所缓冲。

6. 正常人血浆 pH 平均为_____。

7. 肺对酸碱平衡的调节主要通过排出_____的多少，来调节血浆中_____的浓度。

8. 肾脏对酸碱平衡的调节作用主要有_____、_____和_____。

9. 以糖、脂肪、蛋白质为主要成分的食物为_____。

10. 呼吸性酸中毒的特点是：血浆 PCO_2 浓度_____、血浆 H_2CO_3 浓度_____、血浆 $NaHCO_3$ 浓度_____。

11. 呼吸性碱中毒的特点是：血浆 PCO_2 浓度_____、血浆 H_2CO_3 浓度_____、血浆 $NaHCO_3$ 浓度_____。

12. 代谢性酸中毒的特点是：血浆 $NaHCO_3$ 浓度_____、CO_2 结合力_____、血浆 pH_____。

二、判断题

1. 呼吸性酸中毒是由于血浆 H_2CO_3 浓度原发性增高所致。（　　）

2. 反映呼吸性酸碱平衡最重要的指标是 PO_2。（　　）

3. 机体调节酸碱平衡机制包括血液缓冲作用，同时又依赖于肺和肾等脏器的调节作用。（　　）

4. 碳酸属于固定酸。（　　）

5. 乳酸属于挥发性酸。（　　）

6. 体内非挥发性酸的排出主要是靠肾的排酸保碱作用。（　　）

7. 血浆中缓冲固定酸主要依靠碳酸氢钠。（　　）

三、单选题

1. 血浆约占体重的百分比是（　　）。

A.20%　　　　　　　　B.15%　　　　　　　　C.8%　　　　　　　　D.5%

2. 成人每天所需的水量约为（　　）。

A.2000 ～ 2500mL　　　B.5000 ～ 7500mL　　　C.1000 ～ 2500mL　　　D.2500 ～ 5000mL

3. 维持细胞外液渗透压的主要离子是（　　）。

A.Na^+ 和 Cl^-　　　　B.K^+ 和 HPO_4^{2-}　　　C.Na^+ 和 HPO_4^{2-}　　　D.K^+ 和 Cl^-

4. 人体血浆中钾的正常浓度为（　　）。

A.1.5 ～ 3.5mmol/L　　B.5.5 ～ 7.5mmol/L　　C.3.5 ～ 5.5mmol/L　　D.1.5 ～ 7.5mmol/L

5. 人体正常血钠浓度为（　　）。

A.90 ～ 130mmol/L　　B.130 ～ 150mmol/L　　C.150 ～ 180mmol/L　　D.90 ～ 180mmol/L

6. 酸中毒时常伴有血钾过高，其主要原因是（　　）。

A.NH_4^+-Na^+ 交换增加　　B.H^+-Na^+ 交换加强　　C. 使细胞内 K^+ 逸出细胞

D. 醛固酮分泌减少　　E. 肾衰竭，排 K^+ 障碍

7. 低血钾的阈值（mmol/L）是（　　）。

A.2.5　　　　　　　　B.3.5　　　　　　　　C.4.5　　　　　　　　D.5.5

8. 正常成人每日消耗混合食物，可产生的水量（mL）为（　　）。

A.50　　　　　　　　B.100　　　　　　　　C.200　　　　　　　　D.300

9. 机体对固定酸缓冲的主要缓冲系统是（　　）。

A. 血浆蛋白缓冲系统　　B. 血红蛋白缓冲系统　　C. 磷酸盐缓冲系统

D. 碳酸氢盐缓冲系统　　E. 氧合血红蛋白缓冲体系

10. 糖代谢紊乱致体内 β- 羟丁酸和乙酰乙酸过多，血液发挥缓冲作用的主要是（　　）。

A. 血浆蛋白缓冲系统　　B. 血红蛋白缓冲系统　　C. 磷酸盐缓冲系统

D. 碳酸氢盐缓冲系统　　E. 氧合血红蛋白缓冲体系

11. 体内酸性物质主要来源于（　　）。

A. 食物消化吸收　　　　B. 某些酸性物质　　　　C. 糖异生作用

D. 糖、脂类和氨基酸等物质分解代谢　　　　　　E. 蔬菜、水果中含有的有机酸钠盐和钾盐

12. 正常成人每日可产生固定酸（　　）。

A.30 ～ 60mmol　　　　B.40 ～ 80mmol　　　　C.50 ～ 90mmol

D.50 ～ 100mmol　　　　E.60 ～ 90mmol

13. 血浆中缓冲能力最强、最为重要的缓冲体系是（　　）。

A.$NaHCO_3/H_2CO_3$　　　B.Na_2HPO_4/NaH_2PO_4　　　C.K_2HPO_4/KH_2PO_4

D.Na-Pr/H-Pr　　　　　E.$KHCO_3/H_2CO_3$

14. 临床上最常见的酸碱平衡失调类型是（　　）。

A. 呼吸性酸中毒　　　　　B. 呼吸性碱中毒　　　　　C. 代谢性酸中毒

D. 代谢性碱中毒　　　　　E.A+B

15. 下列关于膳食成分对体内酸碱平衡的影响哪项是正确的？（　　）。

A. 糖和脂肪氧化分解产生的产物都是中性产物

B. 蛋白质氧化分解产生的氨导致酸性物质增多

C. 蔬菜、水果等含的有机酸导致体内酸性物质增多

D. 体内酸性产物主要来自糖、脂肪和蛋白质的分解代谢

16. 血浆中缓冲固定酸主要依靠（　　）。

A. 磷酸氢二钠　　　　B. 碳酸氢钠　　C. 蛋白质钠　　　D. 有机酸钠　　　E. 磷酸二氢钠

17. 在体内能使血中 HCO_3^- 浓度升高的是（　　）。

A. 乳酸钠　　　　　B. 葡萄糖　　　　C. 脂肪酸　　　　D. 含硫氨基酸　　E. 氯化铵

18. 红细胞内最主要的缓冲对是（　　）。

A. 碳酸氢钾 / 碳酸　　B. 磷酸氢二钾 / 磷酸二氢钾　　　　C.K-HbO/H-HbO$_2$

D. 有机酸 -K/ 有机酸 -H　　　　　E. 蛋白质 K/ 蛋白质 H

19. 正常人体内每天产生数量最多的酸是（　　）。

A. 乳酸　　　　　　B. 硫酸　　　　　C. 磷酸　　　　　D. 碳酸　　　　E. 乙酰乙酸

20. 下列物质中属于挥发性酸的是（　　）。

A.β- 羟丁酸　　　　B. 乙酰乙酸　　C. 碳酸　　　　D. 乳酸　　　　E. 氯化铵

四、简答题

1. 体内酸碱物质的来源有哪些？

2. 简述血液缓冲体系对酸碱平衡调节的作用机制。

五、案例分析

（1）案例 1：某患者，做消化道手术禁食 3 天，仅输大量的 5% 葡萄糖液，此患者容易发生哪种电解质紊乱？试说出可能的原因。

（2）案例 2：水中毒一般都是由于各种原因而摄取了过量的水分，但这种情况在日常生活里很少发生。一个常见的可能就是大量出汗后又马上大量补充水分。

目标检测
答案 14

第十五章
药物在生物体内转运与代谢转化

学习目标

1. 知识目标

（1）掌握药物生物体转化的基本概念；理解药物在体内的处置过程、代谢转化类型（第一相反应和第二相反应）及其代谢酶系；

（2）了解药物吸收、分布、转化和排泄的影响因素，以及药物跨膜转运机制；

（3）掌握影响药物代谢转化的因素及其生化机理；

（4）理解药物代谢转化的生理意义。

2. 技能目标

（1）能根据影响药物代谢转化的因素作用机理，开展药学服务和健康教育；

（2）能根据药物代谢特点合理选用药物进行疾病治疗；

（3）能应用药物在体内的转运知识分析药物相互作用。

3. 思政与职业素养目标

（1）树立健康至上的理念；培养敬畏生命、尊重生命、关爱生命的职业道德；

（2）能根据药物生物转化特点和代谢转化特点，结合患者疾病特点，培养学生"精准施治"的理念。

导学案例

（1）人们在酒桌上推杯换盏时，你会发现有的人千杯不醉，有的人喝酒就会脸红，有的人不胜杯酌。请思考：为什么有的人喝酒就脸红？乙醇在体内是如何代谢转化的？

（2）为什么苯妥英钠、呋喃妥因等药物最好在饭前1h或饭后2h口服，而灰黄霉素、辛伐他汀等宜在饭后口服。心绞痛发作使用硝酸甘油时，为什么不能进行口服给药，而常采取舌下给药、静脉滴注或经皮给药？这些药物在生物体内的转运和代谢有何特点？

人体对药物的处置过程是从药物进入机体至排出体外的过程，包括药物在体内的吸收、分布、生物转化和排泄。药物在体内吸收、分布与排泄的过程统称为机体对药物的转运代谢，变化过程称为生物转化或药物转化，药物代谢和排泄合称为消除。药物在体内的处置过程如图15-1所示。

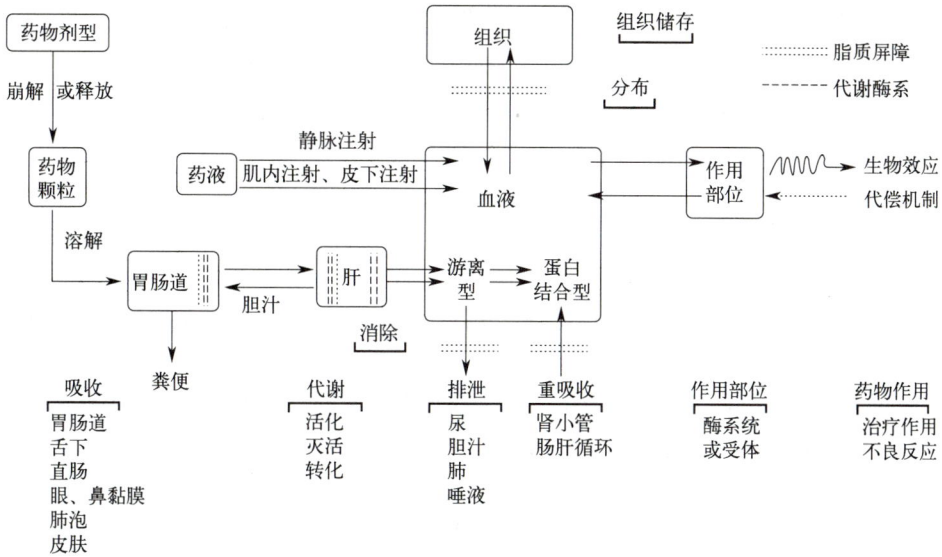

图 15-1　药物在体内的处置过程

第一节　药物在生物体内转运

药物在体内的吸收、分布和排泄过程称为药物体内转运。转运过程中的药物没有发生结构的变化，但药物的吸收过程会影响药物进入人体循环的速度和浓度，而分布过程则会影响药物到达疾病相关组织器官的能力，代谢和排泄过程与药物在体内的存留时间有关。药物在体内的转运直接影响药物在血液中和靶部位的浓度，从而影响药物疗效的发挥。

一、药物的吸收

药物需要从给药部位经过吸收过程进入体循环，然后才能经血液循环运送到各个组织器官。血管内注射给药不需要吸收过程而直接进入体循环。经口服、注射、皮肤、黏膜等不同的给药方式有不同的吸收过程。药物吸收是指药物由给药部位进入血液循环的过程，与吸收表面积、血流速度、药物与吸收表面接触时间长短以及药物浓度有关。除血管内给药外，其他给药途径均存在吸收过程。口服给药是最常用的给药方式，也是最安全、经济和方便的方式，大多数药物以简单扩散的方式通过胃肠道吸收，药物吸收主要部位为小肠。因消化道各部位组织结构以及相应 pH 值不同，对药物的吸收能力与速度也不同。绝大多数药物在胃肠道中吸收是被动扩散方式，因此，脂溶性大的、非离子型的小分子药物易吸收。

（一）影响药物吸收的因素

1. 药物理化性质

药物理化性质包括药物脂溶性、解离度、分子量和药物颗粒大小等。一般来说，分子量小、脂溶性高的药物易于吸收，在水和脂类中均不溶的药物很难吸收，如硫酸钡口服时不溶解也不吸收，可用作造影剂，而水溶性钡盐口服可吸收，有剧毒。

2. 药物的剂型

剂量相同的同一药物，因剂型不同，药物吸收速度、药效产生快慢与强度都会表现出明显差异。一般情况下，溶液制剂比片剂、胶囊剂等固体剂型吸收快。

3. 药物的制剂

即使剂量、剂型相同的同一口服药物，因制剂工艺不同，药物吸收速度和程度不同，也会对药物作用产生明显影响。

4. 首过消除

首过消除是指口服给药后，部分药物在胃肠道、肠黏膜和肝脏被代谢灭活，使进入人体循环的药量减少、药效降低的现象。首过消除明显的药物一般不宜口服给药，如硝酸甘油的首过消除可灭活约 90%，因此口服疗效差，需通过舌下给药、静脉滴注或经皮给药控制心绞痛的发作。首过消除有饱和性，若剂量加大，仍可使血中药物浓度明显升高。

5. 吸收环境与生理因素

（1）消化系统　经消化道吸收的药物受到胃肠液的成分和性质、肠内环境、食物、胃肠道代谢等因素的作用，而影响药物吸收。胃排空速度、肠蠕动快慢、胃内容物多少和性质等因素均可影响药物吸收，如苯妥英钠、呋喃妥因等最好在饭前 1h 或饭后 2h 口服，因为饮食会使这些药物的机体利用度降低，而灰黄霉素、辛伐他汀等应在饭后口服，因为油类食物可促进胆汁分泌，能增加这些脂溶性药物的吸收。

（2）肝首过效应　药物进入体循环前的降解或失活称为首过效应，如在胃肠道吸收的药物经肝门静脉进入肝，在酶作用下降解失活，其吸收过程不经肝的药物则不受影响。

（3）用药部位黏膜（皮肤）的渗透性　药物经黏膜或皮肤吸收时，用药部位处黏膜或皮肤的渗透性越好，药物吸收速度越快，如口腔舌下部位黏膜渗透性最佳，因此舌下含服药物吸收速度非常快。

（4）血流速度　吸收部位血流速度越快，药物吸收速度越快。

（5）疾病因素　疾病引起的胃肠道 pH 变化，以及胃排空和肠内环境的变化都会影响口服药物吸收。如肝硬化患者的肝细胞活性降低，减少了肝首过效应对药物吸收的影响。

【课堂互动】硝酸甘油、普萘洛尔、利多卡因等药物一般不宜口服或需调整口服用药的剂量才能达到所需的治疗效果，这是为什么？

（二）口服药与非口服药物的吸收

1. 口服药物的吸收

口服药物吸收过程包括胃、小肠、大肠内的吸收。药物经胃肠道上皮细胞进入血液，通过体循环分布至各组织器官发生疗效。胃液中含有胃蛋白酶等酶类和 0.4% ～ 0.5% 盐酸，可使口服药物在胃内崩解、分散和溶解，但胃黏膜表面缺乏微绒毛，吸收面积小，仅适合部分弱酸性药物的吸收。小肠黏膜表面分布着环状皱褶和大量指状突起的绒毛，绒毛内有丰富的血管、毛细血管和乳糜淋巴管，表面有丰富的微绒毛。小肠吸收面积很大，是药物的主要吸收部位，大肠黏膜上有皱纹但没有绒毛，吸收面积较小。有些药物在胃和小肠处没有被完全吸收，能够在大肠内被吸收。

2. 非口服药物的吸收

（1）注射给药　直接将药物注射进入静脉或动脉血管，没有吸收过程，直接进入体循环，起效迅速。肌内注射、皮下注射和皮内注射是将药物注射到骨骼肌或皮肤中，经毛细血管吸收进入血液循环。鞘内注射是将药物注射到椎管内，可以克服血 - 脑屏障进入脑内，主要用于颅内等感染的治疗。

（2）皮肤给药 皮肤外用药可用于治疗局部皮肤病，也可经皮肤吸收后进入体循环发挥全身作用。药物需要经过角质层、活性表皮、真皮、皮下组织，才能被毛细血管吸收并进入体循环。其中，角质是药物经皮吸收的主要屏障。

（3）黏膜给药 如药物经口腔黏膜、鼻黏膜吸收后进入循环系统的给药方式，因口腔黏膜、鼻黏膜渗透性好、血管丰富，因而药物吸收速度快、起效迅速。药物经口腔吸入，经咽喉进入呼吸道并在肺部被吸收的给药方式也是常见给药方式，因为肺部毛细血管丰富、细胞膜渗透性好、吸收面积大、代谢酶活性较低，而利于药物吸收。药物经直肠黏膜吸收的剂型以栓剂为主，直肠黏膜吸收面积小、吸收速度较慢，但直肠给药作用时间长。药物经阴道黏膜吸收效果较好，因为阴道吸收面积大、血管丰富，有利于药物吸收。

二、药物的跨膜转运

药物在吸收、分布、代谢和排泄过程中，要不断通过各种生物膜（包括细胞膜及各种细胞器膜）。药物从生物膜一侧转运到另一侧的过程称为药物跨膜转运。药物跨膜能力主要决定于药物脂溶性、解离度及分子量。跨膜转运最主要的是被动转运和主动转运。

1. 被动转运

被动转运是指药物从高浓度一侧向低浓度一侧的跨膜转运，包括简单扩散、易化扩散和滤过扩散3种类型。被动转运不消耗能量、无竞争抑制、无饱和现象、转运速度与生物膜两侧药物浓度差有关，膜内外两侧药物浓度差接近零时，转运即停止。

（1）简单扩散（脂溶性扩散） 是指脂溶性药物可溶解于细胞膜的脂质双分子层，顺浓度差通过细胞膜的转运方式。大多数药物以这种方式在体内跨膜转运。转运速度与细胞膜的理化性质、膜两侧的药物浓度差、药物的性质等有关。分子量（< 200Da）越小、脂溶性越大、极性越小、解离度越小的药物越易通过细胞膜。药物多数是弱酸性或弱碱性化合物，在体液环境中都有一定程度的解离，有解离型和非解离型两种形式。一般来说，弱酸性药物在酸性体液中不易解离，主要以非解离型存在，极性小、脂溶性大、容易跨膜转运；而在碱性体液中易解离，主要以解离型存在，极性大、脂溶性小、难以通过跨膜转运。而弱碱性药物则相反，在碱性体液中易跨膜转运，在酸性体液中不易跨膜转运。临床上，苯巴比妥、阿司匹林等弱酸性药物中毒时，可用碳酸氢钠等碱性药物碱化体液以促进排泄，弱碱性药物中毒时，则用氯化铵等酸性药物酸化体液，来促进排泄。

（2）易化扩散（载体转运） 是指一些不溶于脂质而与机体生理代谢有关的物质（如葡萄糖、核苷酸、氨基酸等）借助于细胞膜上的某些特异性蛋白（转运体）进行扩散的方式。易化扩散不消耗能量，需载体协同转运，由同一载体转运的药物间存在竞争性抑制，有饱和现象。当药物浓度很高时，载体被饱和时出现饱和限速现象，如 Na^+、K^+、Ca^{2+} 等离子经细胞膜上特定蛋白质通道由高浓度一侧向低浓度一侧转运，维生素 B_2 经胃肠道被吸收，甲氨蝶呤进入白细胞等均属于易化扩散。

（3）滤过扩散（水溶性扩散或膜孔扩散） 是指分子直径小于膜孔的水溶性小分子药物，借助膜两侧的流体静压或渗透压差被水携带到低压侧的过程，如水溶性小分子物质（如水、乙醇、尿素等）和气体分子（如 O_2、CO_2）可通过膜孔滤过扩散。

2. 主动转运（逆梯度转运）

主动转运是指药物依赖于细胞膜上的特殊载体，由低浓度一侧向高浓度一侧（逆浓度梯度或电位梯度）的跨膜转运过程。主动转运需消耗能量、需要载体且多为特殊的酶，具有选择性、特异性、有竞争性抑制并具有饱和现象。这类转运主要存在于神经元、肾小管和肝细胞内，如青霉素从肾小管分泌排泄属于主动转运。

除上述转运方式外，体内的药物转运还可通过胞吞、胞饮、胞吐等方式进行。

三、药物分布

药物分布是指药物吸收后随血液循环输送至机体各器官、组织，并转运进入细胞内的过程。药物在体内分布可达到动态平衡，但大部分药物在体内分布是不均匀的，存在明显选择性。药物体内分布关系到药物储存和消除速度，以及药物疗效和毒性。影响因素主要有：

1. 药物的理化性质

药物分子大小、脂溶性、解离度、酸碱性、药物与组织亲和力及药物稳定性等均影响药物分布。脂溶性药物和水溶性小分子药物易通过生物膜而分布，水溶性大分子药物则难通过生物膜分布。弱酸性药物在细胞外液解离型增多，难以进入细胞内液，弱碱性药物则相反。如在抢救巴比妥类药物（弱酸性）中毒时，可用碳酸氢钠碱化尿液和血液。

▲执业药师考点提示▲：基于新生儿体内药物分布特性而容易导致的不良反应有卡那霉素中毒、苯巴比妥中毒、脂溶性药物中毒和磺胺类导致核黄疸。新生儿总体液量占体重的80%，较成人（60%）高，水溶性药物分布容积大，在细胞外液稀释后浓度降低，排出变慢，容易造成卡那霉素中毒，特别是早产儿。新生儿组织中脂肪含量低，脂溶性药物在血中游离型浓度较大，容易导致脂溶性药物中毒。磺胺类、吲哚美辛等药物可与血胆红素竞争结合血浆蛋白，以致血胆红素游离、进入新生儿（血 - 脑屏障未健全）脑细胞，导致核黄疸。

2. 与血浆蛋白质的结合

绝大多数药物进入血液后都可不同程度地与血浆蛋白质发生可逆性结合，可视为药物暂时储存与调节方式。通常酸性药物主要与清蛋白结合，碱性药物主要与 α_1- 酸性糖蛋白或脂蛋白结合，许多内源性物质及维生素等主要与球蛋白结合。进入血液后并与血浆蛋白质结合的药物称为结合型药物，未与血浆蛋白质结合的药物则称为游离型药物。体内只有游离型药物才能透过生物膜，进入相应组织或靶器官，产生效用或进行代谢与排泄。结合型药物分子量大，不能通过生物膜进行跨膜转运，具有以下特点：①暂时失去药理活性，不被代谢和排泄，成为药物在血液中的一种暂时的储存形式；②差异性，不同药物均有各自的血浆蛋白质结合率；③结合和游离两个过程保持着动态平衡，是可逆、疏松的；④药物与血浆蛋白质的结合是非特异性的，存在竞争性抑制和饱和现象。如口服华法林（抗凝血药）后，再服用保泰松（解热镇痛药），可使华法林游离浓度成倍增加，导致抗凝血作用增强，引发出血反应。

▲执业药师考点提示▲：抗凝血药华法林治疗脑卒中推荐初始剂量是 5～10mg。

3. 局部组织器官血流量

药物在组织器官中分布达到平衡的速度，主要取决于通过该组织器官的血流量和细胞膜通透性。人体组织器官的血流量通常以肝、肾、心、脑等较大，分布达到平衡较快，而皮肤、肌肉等次之，脂肪组织很慢。如硫喷妥钠用药后首先分布到血流量大的脑组织，随后迅速地再分布到亲和力高的脂肪等组织，使脑组织中药物浓度下降，药物作用消失。

4. 特殊的屏障

药物在体内转运需要跨越各种生理屏障，如血 - 脑屏障和胎盘屏障。血 - 脑屏障对许多大分子或极性较强的药物是一个障碍，不能穿过血 - 脑屏障进入脑组织，但分子量小、脂溶性高的药物能通过血 - 脑屏障进入脑脊液、脑组织和房水。许多作用于全身的药物（如抗癌药、氨基糖苷类）由于脂溶性差不能透过血 - 脑屏障，但在脑膜炎症时，局部血 - 脑屏障通透性增加，与血浆蛋白质结合较少的药物（如磺胺嘧啶、青霉素）能进入脑脊液，用于治疗流行性脑脊髓膜炎。在妊娠前 3 个月，胎盘还没有完全形成，故尚未形成胎盘屏障，即使在妊娠中后期，胎盘通透性与一般生物膜没有明显差别，几乎所有药物都能通过胎盘屏障进入胎儿体内。因此，孕妇用药应谨慎，以防胎儿中毒或致畸。脂溶性较高的药物，如全身麻醉药和巴比妥类，可从母体进入胎儿血中。

5. 细胞内外液 pH 值差异

生理情况下，细胞外液 pH 值为 7.4，细胞内液 pH 值为 7.0，乳汁更低，pH 值约 6.7。由于体液 pH 值对药物解离有重要影响，因此，弱酸性药物主要分布在血液等细胞外液中，而弱碱性药物则在细胞内液和乳汁中分布高。如巴比妥类等弱酸性药物中毒后，用碳酸氢钠碱化血液和尿液，可促进巴比妥类药物从脑细胞向血液中转移和从尿液排出。

6. 主动转运或特殊亲和力的影响

少数药物对某些组织器官具有特殊亲和力，使药物在该组织器官中的分布浓度明显高于其他组织，如碘主要集中在甲状腺组织，钙主要沉积于骨骼组织中，氯喹在肝、肺中分布较多。有些药物分布多的组织并非药物作用部位，而与药物毒性有关，如四环素与钙结合沉积于骨骼和牙齿中，可使儿童骨骼和牙齿正常生长发育受到抑制。除与血浆蛋白质结合外，药物还可与组织内蛋白质、脂肪、DNA 等大分子物质发生可逆结合，影响药物在血液和组织中的分布。如服用大量对乙酰氨基酚后，由于其活性代谢物与肝蛋白质的结合，从而在肝脏蓄积，而出现肝毒性症状。

7. 药物相互作用

理化性质相似的药物、代谢物间会竞争性结合血浆蛋白质和组织蛋白质，从而相互影响药物与血浆蛋白质、组织蛋白质的结合率，进而影响药物的分布。

四、药物排泄

药物排泄是指药物在体内经吸收、分布、代谢后，以原型或代谢产物的形式经不同途径排出体外的过程，主要有肾脏排泄、胆汁排泄，以及肠、肺、唾液腺、汗腺和乳腺等方式。如果药物排泄速度过快，体内药物量减少会造成药效降低；如果药物排泄速度过慢，造成药物及其代谢物在体内积累，可能引起不良反应。

（一）肾脏排泄

肾脏是药物排泄的重要器官，肾脏排泄药物及其代谢物涉及 3 个过程：

（1）肾小球滤过　肾小球毛细血管壁上分布有直径为 6～10nm 的微孔，肾小球通透性大，绝大部分游离型药物和代谢物都可经肾小球滤过至原尿，血浆蛋白质结合的药物则不能通过。除结合型药物不能经肾小球滤过外，游离型药物及其代谢产物均可经肾小球滤过进入肾小管腔内。

▲执业药师考点提示▲：反映肾小球滤过率并可作为肾损伤敏感指标的是血清尿素氮，血清尿素氮主要经肾小球滤过而随尿液排出体外，肾实质损伤时，肾小球滤过率降低，血清尿素氮明显升高。

（2）肾小管主动分泌　肾小管分泌过程是将药物转运至尿中的主动转运过程。肾小管分泌药物主要是有机酸和有机碱，包括两个主动转运系统，分别通过阴离子分泌机制和阳离子分泌机制进行，一个主动分泌弱酸性药物，一个分泌弱碱性药物。两个系统均为非特异性，若有两个分泌机制相同的药物合并应用，可发生竞争性抑制。如丙磺舒阻断青霉素分泌，使其排泄减少，从而延长其作用时间或增强药理效应。

（3）肾小管重吸收　当游离型药物肾清除率小于肾小球滤过率时，提示存在肾小管重吸收。脂溶性药物（非解离型）重吸收较多，排泄较慢；而水溶性药物（解离型）重吸收较少，排泄较快。经肾小球滤过的药物及代谢物，部分或全部在肾小管重吸收。肾小管重吸收有主动重吸收和被动重吸收。经过肾小球滤过的水分绝大部分被肾小管重吸收，造成药物在原尿中浓度升高，产生尿液与血浆中药物的浓度梯度，有利于药物的被动重吸收。

肾功能不全患者用药时应减低剂量或用药次数，对于肾脏有损害的药物应尽量避免使用。

【课堂互动】患者服用过量的苯巴比妥钠，急诊入院，为了加速苯巴比妥钠的排泄，解除患者中毒症状，临床上可采用什么方法？

（二）胆汁排泄

胆汁排泄是原型药物的次要排泄途径，但是是多数药物的代谢产物，尤其是水溶性代谢产物的主要排泄途径。药物及其代谢物经胆汁排泄往往是主动过程。药物在肝内代谢后，可生成极性大、水溶性高的代谢物（如与葡萄糖醛酸结合），从胆道随胆汁排至十二指肠，然后随粪便排出体外。如强心苷和某些抗生素（如利福平、红霉素）等药物经胆汁排泄。

（三）药物的其他排泄途径

药物还可经肠道排泄，即药物可经胃肠道壁脂质膜从血浆内以被动扩散方式排入胃肠腔内。药物也可通过乳腺进行排泄，虽然多数药物进入乳汁的数量较少，但是婴儿肝肾功能尚未发育完全，仍有造成毒副作用的风险，这也是哺乳期妇女应谨慎用药的原因，如吗啡、阿托品等药物可由乳汁排泄。某些药物及其代谢物甚至可通过汗腺排泄，因此，刑侦破案时可通过测定毛发中的药物残留还原案情。利福平经汗腺排泄，造成红色汗液。苯妥英钠在血液中的游离浓度与唾液中药物浓度相平行，可通过测定唾液中药物浓度进行血药浓度监测。某些分子量较小、沸点较低的挥发性药物可随肺呼气排出，机动车驾驶员呼出气体中的乙醇浓度检测就是利用了这一排泄途径，某些挥发性药物（如吸入麻醉药恩氟烷、乙醇等）也可通过肺排出体外。

▲执业药师考点提示▲：容易进入乳汁并抑制婴儿甲状腺功能的药物是甲巯咪唑，甲巯咪唑影响甲状腺功能，且能进入乳汁，可导致婴儿甲状腺功能减退或甲状腺肿大。可在乳汁中排泄的药物常具有的特性为：弱碱性、分子量小于200以及在母体血浆中处于游离状态。

（四）影响药物排泄的因素

1. 生理因素

个体差异较大，与自身的血流量、胆汁流量、年龄、种族、性别等因素有关。

2. 药物及剂型因素

与药物理化性质相关，如药物分子量、水溶性、脂溶性和解离状态等，药物与血浆蛋白质结合率，如药物与血浆蛋白质结合会影响药物被动扩散，结合后的药物不能经肾小球滤过排泄，而药物主动转运则不受影响，以及药物代谢过程，如药物经代谢后极性和水溶性增加，有利于药物肾排泄和胆汁排泄。此外，药物不同剂型、给药途径、辅料等因素会影响药物排泄。

3. 疾病因素

如肾脏疾病可造成肾小球滤过和肾小管主动分泌能力降低，影响药物肾排泄。此外，肝脏疾病可造成肝药酶活性降低和胆汁排泄能力降低，使药物排泄速度减慢。

4. 药物之间的相互作用

药物相互作用会影响血浆蛋白质结合率，如药物间竞争性与血浆蛋白质结合，可使药物与血浆蛋白质结合率降低，血中游离药物浓度增加，使药物排泄速度加快。同时，药物间相互作用还可影响肾排泄。有些药物会影响肾小球的血流速度或尿液 pH，以及药物间竞争肾小管主动分泌或重吸收位点，从而降低药物从肾排泄的速度。此外，有些药物会影响胆汁流量、药物转运体表达量或肠道菌群活性，以及药物间竞争与肝细胞载体蛋白结合，降低药物从胆汁排泄的速度。

第二节　药物在生物体内的代谢转化

一、药物代谢转化概述

药物代谢转化又称药物生物转化，是指药物或发挥药理作用后，在体内经化学转变，改变其极性或水溶性，使其易于随胆汁或尿液排出体外的过程。多数药物经过代谢转化成为毒性或药理活性减小、水溶性或极性增大、易于随胆汁或尿液排泄的物质，但有些药物经过初步代谢转化，其毒性或药理活性不变或比原来更大，甚至有少数药物经过代谢转化，溶解度反而变小。药物代谢转化主要在肝脏进行，如药物氧化反应大多数是在肝细胞微粒体中进行，药物代谢转化也有在肝外组织（如肺、肾和肠黏膜等）中进行的，如葡萄糖醛酸或硫酸盐的结合反应可在肠黏膜进行、前列腺素 E_2 和 $F_{2\alpha}$ 可在肺部经 15- 羟基前列腺素脱氢酶作用将 15- 羟基脱氢氧化为酮基。药物在体内代谢转化有其特殊方式和酶系，由大肠吸收进入人体的肠道细菌腐败产物、代谢过程中产生的毒物、体内过剩的活性物质（如激素）以及少数正常代谢产物（如胆红素）等在体内的代谢方式与外来有机物相似，还有一些药物进入人体内不经代谢转化而是以原型药直接排出。

二、药物代谢转化的类型和酶系

小分子药物或极性强的药物进入人体后，在生理 pH 条件下可完全呈电离状态，由肾直接排出，从而终止药效，但直接由肾排出的药物为数不多，大多数药物为非极性化合物（脂溶性药物），生理 pH 条件下不电离或仅部分电离，且常与血浆蛋白质呈结合状态，不易通过肾小球滤过膜，仅由肾脏排泄不能消除脂溶性药物。因此，脂溶性药物在体内要经过代谢转化作用，使其水溶性或极性增强才能排出体外。

药物代谢转化可分为第一相反应（非结合反应）和第二相反应（结合反应）。第一相反应是药物分子本身发生的初步化学反应，不需要与特殊结合物结合，包括氧化反应、还原反应和水解反应等。第二相反应需要与特殊结合物结合才能改变药物极性，称为结合反应。有些药物只经过第一相反应极性增加后即可排出体外，而有些药物或毒物经过第一相反应后，其极性改变不明显，需进行第二相反应，即与某些极性更强的物质（如葡萄糖醛酸、硫酸等）结合，增加其溶解度才能排出体外。还有些药物不经过第一相反应，直接进行结合反应。

（一）药物代谢第一相反应

1. 氧化反应

氧化反应是代谢转化中最重要的反应，由肝细胞内微粒体、线粒体及胞液中的各种氧化酶系催化完成，包括微粒体药物氧化酶系、单胺氧化酶和脱氢酶。通过氧化反应，在药物的环系结构或脂链结构的碳上形成羟基或羧基，在氮、氧、硫等原子上脱烃基或生成氮氧化物、硫氧化物等。大多数药物都可在微粒体药物氧化酶系的催化作用下被氧化。

（1）微粒体药物氧化酶系　微粒体药物氧化酶系存在于肝细胞微粒体中，包含多种组分：① 细胞色素 P_{450} 酶（$CytP_{450}$）　因还原型 P_{450} 与 CO 结合后的吸收主峰在 450nm 处而得名。

现已知CytP$_{450}$有四种（a、b、c、d）以上，是一种以铁卟啉为辅基的蛋白质，属细胞色素b类，通过血红素中Fe离子价键变化进行单电子传递。P$_{450}$作用与细胞色素氧化酶类似，能与氧直接作用。

② NADPH-细胞色素P$_{450}$还原酶（以FP$_1$表示） 属于黄素酶类，其辅基为FAD。NADPH-细胞色素P$_{450}$还原酶催化NADPH和P$_{450}$之间的电子传递，并且可能与一种含非血红素铁和硫的铁硫蛋白结合成复合体。微粒体氧化酶系还含有NADH-细胞色素b$_5$还原酶系（以FP$_2$表示），属于另一种黄素酶，它催化NADH和细胞色素b$_5$之间的电子传递。

由于微粒体氧化酶系所催化的反应是在底物分子上加一个氧原子，因此，也称加单氧酶（或羟化酶、混合功能氧化酶），它与正常代谢物在细胞线粒体进行的生物氧化不同，需要还原剂NADPH和分子氧。反应中的一个氧原子被还原为水，另一个氧原子加入到底物分子中形成羟基，由于一个氧分子发挥了两种功能，故称为混合功能氧化酶。

$$RH+O_2+NADPH+H^+ \longrightarrow ROH+NADP^++H_2O$$

微粒体药物催化酶系所催化的反应类型包括羟化、脱烃基氧化、脱氨基氧化、S-氧化、N-氧化和N-羟化等。

① 羟化 可分为芳香族环上的羟化和侧链羟基的羟化，以及脂肪族烃链的羟化。芳香族环的羟化包括苯、乙酰苯胺、水杨酸、萘、萘胺等的羟化，如乙酰苯胺可在苯环上羟化生成对乙酰氨基酚或邻乙酰氨基酚，使其毒性降低。

侧链烃基的羟化，如巴比妥酸衍生物5位碳的侧链烃基羟化，大黄酚和甲苯磺丁脲的甲基羟化，后者羟化为羟甲基，继而氧化为醛基和羧基，但氧化中间产物醛基不易分离。由醇氧化为醛和羧酸则是由一般正常代谢的醇脱氢酶所催化的，这两种酶存在于细胞可溶性部分，并且需要NAD$^+$，与上述羟化酶不同。

$$RCH_3 \xrightarrow{[O]} RCH_2OH \xrightarrow{[O]} RCHO \xrightarrow{[O]} RCOOH$$

② 脱烃基氧化 可分为N-脱烃基、O-脱烃基和S-脱烃基氧化反应。

N-脱烃基是将仲胺或叔胺脱烃基生成伯胺和醛，如氨基比林、麻黄素（麻黄碱）等的氧化脱烃。还有如致癌物二甲基亚硝胺N-脱烃基后，生成活性甲基，可使DNA的鸟嘌呤甲基化而致癌。O-脱烃基是将醚或脂类脱烃基生成酚或醛，如镇痛药非那西丁在体内经O-脱烃基生成乙醛和对乙酰氨基酚，对乙酰氨基酚的镇痛作用强于非那西丁，且不良反应较小。S-脱烃基是将硫烃基脱烃基转化为巯基和醛。

③ 脱氨基氧化 这种脱氨基与氨基酸氧化酶或胺氧化酶的脱氨基方式不同，它主要作用于不被胺氧化酶作用的胺类，如苯丙胺脱氨基生成苯丙酮和氨。

④ *S*- 氧化。如氯丙嗪的氧化。

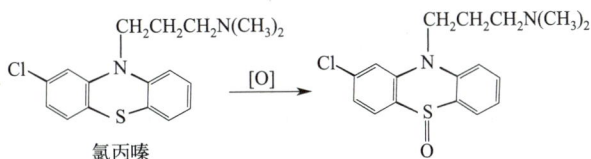

$$CH_2CH_2CH_2N(CH_3)_2 \xrightarrow{[O]} CH_2CH_2CH_2N(CH_3)_2$$

氯丙嗪

⑤ *N*- 氧化和 *N*- 羟化。如三甲胺的 *N*- 氧化，苯胺、非那西丁、2- 乙酰氨基芴的 *N*- 羟化。

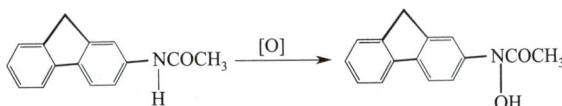

$$\xrightarrow{[O]}$$

NCOCH₃（分子结构图）

生化前沿

细胞色素 P_{450}（CYP_{450}）

　　细胞色素 P_{450} 主要分布于肝脏微粒体，是药物代谢转化最重要的酶系，负责超过 80% 药物代谢转化，人体中至少有 50 种。一般将不同来源细胞色素 P_{450} 的氨基酸序列同源性在 40% 以上者归为同一家族，以阿拉伯数字表示。如人肝细胞 CYP 分为 5 个家族：CYP1、CYP2、CYP3、CYP7 和 CYP27。在同一家族中，氨基酸序列同源性在 55% 以上者归为同一亚家族，以大写字母表示，字母后面的阿拉伯数字表示不同的酶。CYP1、CYP2、CYP3 家族约占细胞色素 P_{450} 含量的 70%，其中 CYP1A2、CYP2C9、CYP2C19、CYP2D6、CYP2E1、CYP3A4 是 CYP450 最主要的六种亚型。肝脏中 CYP_{450} 酶系以 CYP3A4 为主，代谢底物非常广泛，大约 50% 的药物是由 CYP3A4 催化代谢的。研究发现药物通过诱导 CYP_{450} 表达或抑制 CYP_{450} 活性，影响药物代谢或诱发药物 - 药物相互作用，从而影响药物临床疗效。目前，已建立基于 CYP_{450} 体外药物筛选平台，用于筛选 CYP_{450} 透明（无 CYP 诱导或抑制活性）的新药，对降低新药研发成本及避免临床药物相互作用具有重要意义。

　　（2）单胺氧化酶系　单胺氧化酶（MAO）存在于肝细胞线粒体中，属黄素蛋白酶类，可催化胺类物质氧化脱氨，生成相应的醛及氨，但芳香族环上的氨基则不被作用。许多天然存在的生理活性物质和拟肾上腺素药，如 5- 羟色胺、儿茶酚胺、组胺等在此酶作用下氧化脱氨生成相应的醛类，后者由醛脱氢酶催化生成相应的羧酸，然后进入三羧酸循环产生能量、H_2O 和 CO_2。单胺氧化酶系在人体内分布极广，尤以肝、脑及肾等组织细胞内的含量最高。反应式为：

$$RCH_2NH_2+O_2+H_2O \longrightarrow RCHO+NH_3+H_2O_2$$

　　（3）脱氢酶系　醇脱氢酶和醛脱氢酶分别存在于肝细胞的胞质和线粒体中，分别催化醇或醛氧化生成相应的醛或酸。如乙醇由肝细胞中乙醇脱氢酶氧化生成乙醛，乙醛再经乙醛脱氢酶氧化生成乙酸，进入三羧酸循环。甲醇在体内也通过同一酶氧化，生成毒性较大的甲醛和甲酸，甲酸会导致代谢性酸中毒。乙醇与酶的亲和力大于甲醇，故甲醇中毒时，可用乙醇竞争脱氢酶，从而减少对肝细胞的损害及酸中毒。反应式如下：

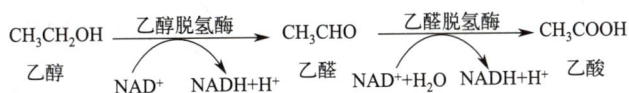

$$CH_3CH_2OH \xrightarrow[NAD^+ \quad NADH+H^+]{\text{乙醇脱氢酶}} CH_3CHO \xrightarrow[NAD^++H_2O \quad NADH+H^+]{\text{乙醛脱氢酶}} CH_3COOH$$

乙醇　　　　　　　　　　　　乙醛　　　　　　　　　　　　乙酸

🔲 生化与健康

"致命的邂逅"——双硫仑样反应

双硫仑样反应，又称酒醉貌反应，是指双硫仑抑制乙醛脱氢酶活性，从而使乙醇正常代谢受阻，致使饮用少量乙醇也可引起乙醛中毒的反应。临床上头孢类药物与乙醇（或含有乙醇的药品）合用而导致双硫仑样反应时有发生。正常情况下，乙醇在体内被醇脱氢酶氧化生成乙醛，乙醛再被醛脱氢酶氧化生成乙酸。头孢类药物不可逆抑制醛脱氢酶活性，导致体内乙醛累积引起中毒反应。因此，在口服或注射头孢类药物后，短时间内应尽可能避免饮酒，最好也不要食用含有乙醇的食品或者药物，也不能使用乙醇进行皮肤消毒或者擦拭降温，以避免发生双硫仑样反应。

2. 还原反应

还原反应在药物代谢中也起着非常重要的作用。药物在体内经还原反应后，分子中往往引入羟基、氨基等易代谢结合的基团，便于排出体外。偶氮或硝基化合物还原酶是催化代谢转化还原反应的主要酶类。此外，还有醛酮还原酶。

（1）偶氮或硝基化合物还原酶　偶氮还原酶和硝基还原酶主要存在于肝细胞微粒体中，均为黄素蛋白酶类，辅基为 FAD 或 FMN，可催化偶氮化合物和硝基化合物还原为相应的胺类，反应时需要 NADH 或 NADPH 提供氢（以后者为主）。此外，在细胞可溶性部分存在有需要 NADH 或 NADPH 的硝基还原酶。偶氮苯在偶氮还原酶催化下还原为苯胺，硝基苯在硝基还原酶催化下还原为苯胺。

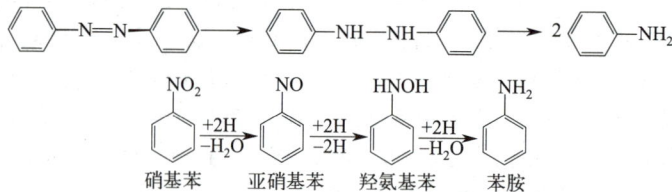

如含硝基的氯霉素可在硝基还原酶作用下，转换成胺类物质而失去药理活性。含偶氮基的抗菌药百浪多息，其本身是无活性的药物前体，在偶氮还原酶的作用下，生成具有抗菌活性的对氨基苯磺酰胺。

（2）醛酮还原酶　醛酮还原酶能催化酮基或醛基还原为醇，如催眠药三氯乙醛在醛酮还原酶催化下还原为三氯乙醇而失去催眠作用，此酶系存在于肝细胞细胞质中，需要 NADH 或 NADPH。

$$CCl_3CHO \xrightarrow{2H} CCl_3CH_2OH$$

3. 水解反应

肝细胞微粒体和胞质中含有一些水解酶类，能将脂类、酰胺类和糖苷类化合物水解生成相应的羧酸，如普鲁卡因、双香豆素醋酸乙酯、琥珀酰胆碱、有机磷农药等的水解，其他如可卡因、丙酸睾丸素等在体内的水解也有类似反应。经过水解反应，许多药物药理活性降低或失效，如普鲁卡因在肝细胞酯酶的催化下迅速水解，故注入机体后很快失效。

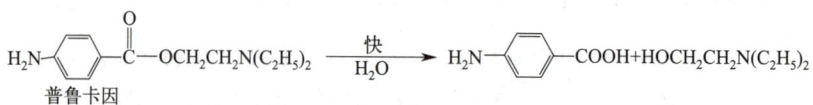

而普鲁卡因酰胺在肝细胞酰胺酶的催化下发生水解，由于水解速度较慢，注入机体后可

维持时间较长。

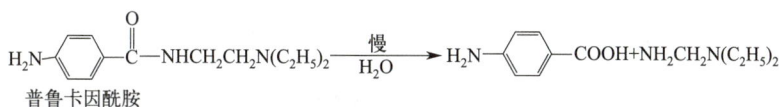

（二）药物代谢第二相反应（结合反应）

第二相反应是指药物分子或其初步（第一相反应）代谢物，与机体内源结合剂（葡萄糖醛酸、硫酸、氨基酸、谷胱甘肽等）的结合反应，由相应基团转移酶催化。结合反应在药物代谢转化中很普遍，是体内最重要的代谢转化方式。有些药物（或毒物）经过代谢转化第一相反应后，其产物常需要进一步转化，使其极性和水溶性进一步增大，才能迅速经肾排泄。如乙酰水杨酸的水解产物——水杨酸，需要进行与葡萄糖醛酸的结合反应才能顺利排出体外，该过程是药物失活和排泄的重要过程。常见结合反应类型有葡萄糖醛酸结合反应、硫酸结合反应、乙酰化结合反应、甲基化结合反应和甘氨酸结合反应等。

1. 葡萄糖醛酸的结合反应

许多药物，如吗啡、可待因、樟脑、大黄蒽醌衍生物、甲状腺素、胆红素等在体内可与葡萄糖醛酸（GA）结合，它们主要是通过醇或酚的羟基、羧基的氧、胺类的氮、含硫化合物的硫与葡萄糖醛酸的第一位碳结合生成相应的葡萄糖醛酸苷。一般来说，酚羟基比醇羟基易于与葡萄糖醛酸结合。葡萄糖醛酸结合物都是水溶性的，因分子中引进了极性糖分子，而且在生理 pH 值条件下羧基可以解离，因此，葡萄糖醛酸结合反应几乎都是使药物活性降低、水溶性增加，且易从尿液和胆汁排出体外。葡萄糖醛酸结合反应是结合剂葡萄糖醛酸以其活化形式尿苷二磷酸葡萄糖醛酸（UDPGA）进行结合反应，此反应需要葡萄糖醛酸基转移酶（GT）催化，该酶主要存在于肝细胞微粒体中，催化葡萄糖醛酸基转移到醇、酚、胺及羧酸类化合物的羟基、羧基及氨基上，生成葡萄糖醛酸苷。近年发现，在肝外其他器官（如胃肠道黏膜和肾等）也存在此结合反应。葡萄糖醛酸基转移酶不能催化逆反应，催化逆反应的是另外一种 β- 葡萄糖醛酸苷酶，此酶具有水解和转移葡萄糖醛酸基的作用。苯酚的反应式如下：

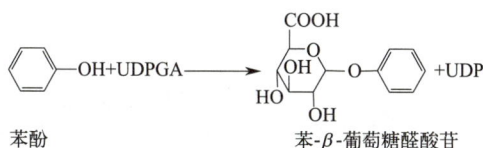

由于新生儿肝脏中尿苷二磷酸葡萄糖醛酸（UDPGA）转移酶活性尚未健全，因此，会引起代谢上的问题，导致药物在体内蓄积产生毒性，如新生儿"灰婴综合征"。

【课堂互动】新生儿"灰婴综合征"是什么药物引起的？其原因是什么？

2. 硫酸盐的结合反应

此反应主要是硫酸盐与含羟基（酚、醇）或芳香族胺类的氨基结合，包括正常代谢物或活性物（如甲状腺素、5- 羟色胺、肾上腺素、类固醇激素等）、外来药物（如氯霉素、水杨酸等）和吸收的肠道腐败产物（如酚、吲哚酚）。硫酸盐也与苯胺、萘胺等胺类的氨基结合。在硫酸盐结合反应中，硫酸盐必须先与 ATP 反应，生成活化硫酸盐即 3′- 磷酸腺苷 -5′- 磷酰硫酸（PAPS），然后，在硫酸基转移酶催化下将硫酸基转移到醇、酚或芳香胺类等物质上，生成硫酸酯，如雌酮转化为雌酮硫酸酯而灭活，反应式如下：

雌酮 　　　　　　　　　　　　雌酮硫酸酯　　　3′-磷酸腺苷-5′-磷酸

　　硫酸基转移酶存在于肝、肾、肠等细胞可溶性部分，对底物有一定专一性，只催化单向反应，逆反应需由硫酸酯酶催化。葡萄糖醛酸结合反应与硫酸盐结合反应有竞争性作用，如对乙酰氨基酚的氨基和羟基都可与之结合，但由于体内硫酸来源有限、容易饱和，所以，葡萄糖醛酸结合反应占优势。硫酸盐结合反应的饱和可被胱氨酸或甲硫氨酸消除。此外，硫酸活化为 PAPS 需要 ATP，因此，呼吸链抑制剂或氧化磷酸化解偶联剂都可影响硫酸盐结合反应。

3. 乙酰化结合反应

　　催化此反应的酶是乙酰基转移酶，主要存在于肝细胞细胞质中。许多含伯氨基或磺酰胺基的生理活性物或药物（如对氨基苯甲酸、氨基葡萄糖、苯乙胺、组胺、磺胺类药物等）可在体内发生乙酰化结合，形成乙酰化衍生物。大部分磺胺类药物在肝内通过乙酰化结合反应灭活。通常情况下，磺胺乙酰化后失去抗菌活性，水溶性降低，在酸性尿中容易析出，可引起尿道结石，故服用磺胺类药物时，应碱化尿液（如服用适量碳酸氢钠）并大量饮水，以提高其水溶性，利于随尿液排出。

$$H_2N-\!\!\!\bigcirc\!\!\!-SO_2NHR+CH_3CO\sim SCoA \xrightarrow{\text{乙酰基转移酶}} CH_3CONH-\!\!\!\bigcirc\!\!\!-SO_2NHR+HSCoA$$

磺胺　　　　　　　乙酰辅酶A　　　　　　　　　　　N-乙酰磺胺　　　　　辅酶A

4. 甲基化结合反应

　　此反应的结合基团甲基由活性供体 S- 腺苷甲硫氨酸（SAM）提供，催化酶是甲基转移酶，主要存在于许多组织细胞（尤其是肝和肾）的细胞质和微粒体中，能将甲基转移给受体（如药物）的羟基或氨基上，生成相应的甲基化衍生物。许多酚、胺类药物或生理活性物（如肾上腺素、去甲肾上腺素、多巴胺、5- 羟色胺、组胺、苯乙胺等）能在体内进行 N- 甲基化或 O- 甲基化。儿茶酚胺类活性物生成和灭活均需发生甲基化反应，如去甲肾上腺素 N- 甲基化生成肾上腺素，肾上腺素 O- 甲基化灭活。一般来说，甲基化产物极性和水溶性反而降低。

去甲肾上腺素　　　　　　　肾上腺素(生成)　　　　　　　间甲肾上腺素(灭活)

5. 氨基酸的结合反应

　　许多氨基酸可作为结合剂，含有芳香羧基和芳香烷酸的药物能够与氨基酸（如甘氨酸、谷氨酰胺等）结合，结合物增加了水溶性，如甘氨酸与苯甲酸结合生成马尿酸。甘氨酸结合酶系存在于肝和肾线粒体中，作用机制是先活化底物，后由甘氨酸 N- 酰化酶将酰基转移至甘氨酸。

苯甲酸　　　　　　　　　　　　　　　　　　　　　　　　　马尿酸

6. 谷胱甘肽结合反应

谷胱甘肽（GSH）是由谷氨酸、半胱氨酸、甘氨酸组成的三肽，具有较强的亲核性和还原性，可与强亲电性物质及氧化性物质发生结合反应，对正常细胞产生保护作用。肝细胞的微粒体和细胞质中存在谷胱甘肽-S-转移酶（GST），可催化谷胱甘肽（GSH）与某些致癌物、抗癌药和毒物结合生成硫醚氨酸类物质，如环氧化物与DNA、RNA及蛋白质发生共价结合而导致细胞损伤，通过与GSH结合减低其细胞毒性，增加其水溶性，利于排出体外。

生化与健康

黄曲霉毒素的代谢转化

黄曲霉毒素（AFT）主要是黄曲霉和寄生曲霉的代谢产物，是一种含高毒性和致癌性的物质，代谢部位主要是肝脏。在体内能通过多条途径进行代谢转化，其中一条途径是在加单氧酶（混合功能氧化酶）的催化作用下，黄曲霉毒素经过第一相反应类型中的氧化反应，生成2,3-环氧黄曲霉毒素，然后又在谷胱甘肽-S-转移酶的作用下，发生第二相结合反应，生成谷胱甘肽结合产物，经尿排出体外，从而消除其毒性，这既体现了生物氧化的连续性，同时也体现了解毒性。另外，黄曲霉毒素氧化所生成的2,3-环氧黄曲霉毒素可与DNA分子中的鸟嘌呤结合，引起DNA突变，成为原发性肝癌发生的重要危险因素，这也是生物氧化致毒性的典型表现。

一个药物的代谢转化过程是极为复杂的，往往多种代谢方式同时或先后进行，因而一般产生较多的代谢产物。药物的代谢转化一般在肝脏中进行，因而肝脏也被称为"解毒器官"，但也有些代谢在肝外进行，如胰岛素和维生素D就在肾中进行代谢。

（三）药物代谢酶系

药物代谢酶是指催化药物在体内代谢转化的酶系，主要分布于肝细胞微粒体中，如催化药物多种类型的氧化、偶氮或硝基的还原、酯或酰胺的水解、甲基化和葡萄糖醛酸结合等反应的酶。其次，分布于细胞可溶性部位，如醇的氧化和醛的氧化、还原、硫酸化、乙酰化、甲基化和谷胱甘肽结合等反应。也有少数分布于线粒体中，如胺类的氧化脱氢、乙酰化和甘氨酸结合以及硫氰酸化等反应。参与代谢转化作用的主要酶类见表15-1。

表15-1 参与代谢转化作用的酶类

类型	类别	酶类	辅酶或结合物	细胞内定位
第一相反应	氧化酶类	加单氧酶系	NADPH+H$^+$、O$_2$、细胞色素P$_{450}$	微粒体
		单胺氧化酶类	黄素辅酶	线粒体
		脱氢酶类	NAD$^+$	细胞质或线粒体
	还原酶类	硝基还原酶	NADH+H$^+$或NADPH+H$^+$	微粒体
		偶氮还原酶	NADH+H$^+$或NADPH+H$^+$	微粒体
	水解酶类	酯酶、酰胺酶、糖苷酶等		细胞质或微粒体
第二相反应	转移酶	葡萄糖醛酸基转移酶	尿苷二磷酸葡萄糖醛酸（UDPGA）	微粒体
		硫酸基转移酶	3′-磷酸腺苷-5′-磷酰硫酸（PAPS）	细胞质
		乙酰基转移酶	乙酰辅酶A	细胞质
		酰基转移酶	甘氨酸	线粒体
		甲基转移酶	S-腺苷甲硫氨酸（SAM）	细胞质与微粒体
		谷胱甘肽-S-转移酶	谷胱甘肽（GSH）	细胞质与微粒体

第三节　影响药物代谢转化的因素

药物代谢转化主要依靠肝细胞内各种药物代谢酶催化，而药物代谢酶的活性受到药物相互作用、种属差异、患者年龄和性别差异、病理状态、遗传变异性等多种因素影响。

一、药物相互作用

同时应用两种或多种药物可出现机体与药物的相互作用，有时可使药效加强，有时可使药效减弱或不良反应加重。药物相互作用影响药物代谢转化主要表现在药物诱导和药物抑制两个方面。

1. 药物代谢酶诱导剂

已知有许多种化合物可促进药物代谢酶的生物合成，称为药物代谢酶诱导剂（或促进剂）。药物代谢酶诱导剂有 200 多种，多数是脂溶性化合物且具有专一性，如中枢兴奋药（尼可刹米、贝美格）、降血糖药（甲苯磺丁脲）、镇静催眠药（巴比妥）、麻醉药（乙醚、N_2O）、抗风湿药（氨基比林、保泰松）、安定药（甲丙氨酯）、甾体激素（睾酮、糖皮质激素）、维生素 C、肌松药、抗组胺药以及食品加工剂、杀虫剂、致癌剂（3- 甲基胆蒽）等，其中，镇静催眠药巴比妥和致癌剂 3- 甲基胆蒽两种比较典型。

药物代谢酶诱导剂可增强药物代谢转化作用。一般来说，药物经过代谢转化，药理活性或毒性降低，因此，药物代谢酶诱导剂可促进药物活性或毒性降低，水溶性或极性增强，有利于药物排出。如动物预先给予苯巴比妥，可增强有机磷化合物的代谢转化，从而降低有机磷杀虫药的毒性。相反，有些药物经过代谢转化，药理活性或毒性反而增加，这样药物代谢酶诱导剂可促使药物活性或毒性增加。如预先给予苯巴比妥，可促使非那西丁转化为毒性更大的对氨基酚，后者可使血红蛋白变为高铁血红蛋白，因此，苯巴比妥和非那西丁合用，副作用增加，这也是临床用药配伍时需要特别注意的。临床治疗上，苯巴比妥可用来防治胆红素血症，其原理是苯巴比妥可诱导葡萄糖醛酸基转移酶生成，促进胆红素与葡萄糖醛酸发生结合，易于排出体外（图 15-2）。另外，不但一种药物可刺激另一些药物代谢，一种药物也可刺激其本身的代谢。因此，常服用一种药物，药效会越来越差，甚至产生耐受性。

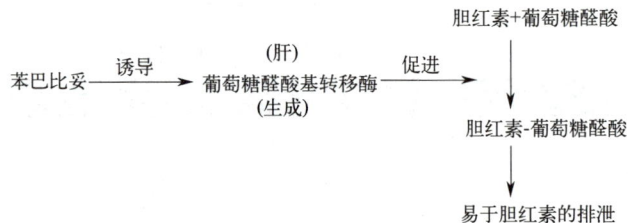

图 15-2　苯巴比妥防治胆红素血症的原理

2. 药物代谢酶抑制剂

许多化合物可抑制某些药物的代谢转化，称为药物代谢酶抑制剂。有的药物代谢酶抑制剂本身就是药物，可抑制其他药物代谢。如别嘌呤醇能抑制黄嘌呤氧化酶，使 6- 巯基嘌呤及巯嘌呤代谢减慢，毒性增加。氯霉素或异烟肼能抑制肝细胞药物代谢酶，可使同时合用的双香豆素类、巴比妥类、苯妥英钠、甲苯磺丁脲等药物药理作用和毒性增加。单胺氧化酶抑制剂可延缓酪胺、苯丙胺、左旋多巴等药物代谢转化，使升压作用和毒性反应增加。有的药物代谢酶抑制剂本身无药理作用，而是通过抑制其他药物的代谢而发挥其作用。如没食子酸对

肾上腺素 -O- 甲基转移酶的抑制。药物代谢酶抑制剂分竞争性抑制剂和非竞争性抑制剂两种。

　　由于多种药物的代谢转化反应常由同一酶系催化，在同时服用这些药物时，这些药物能对该酶系发生竞争性抑制，从而使这些药物的转化率降低，引起药物的系统作用。如没食子酸对肾上腺素 -O- 甲基转移酶的抑制，肾上腺素灭活主要是由于 O- 转甲基酶的催化使 3 位羟基甲基化成为甲氧基，而没食子酸可与此酶竞争结合，导致肾上腺素与 O- 转甲基酶的结合率降低而被抑制，肾上腺素灭活受到抑制，因此，没食子酸可延长儿茶酚胺类活性物质的作用（图 15-3）。又如保泰松和双香豆素类药物同时服用，由于保

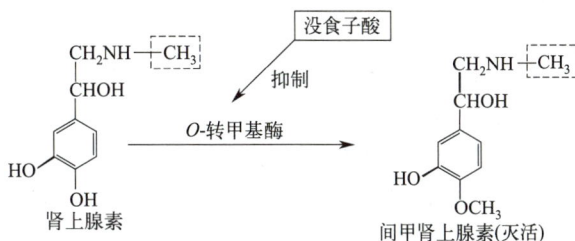

图 15-3　没食子酸延长儿茶酚胺类活性物质的作用机理

泰松的竞争性抑制，使双香豆素类药物代谢减慢，增强其抗凝作用，易发生出血现象。酯类和酰胺类化合物对普鲁卡因水解酶也有竞争性抑制。因此，同时服用多种药物应予注意。

　　非竞争性抑制剂，如普罗地芬（SKF-525A）及其类似物本身并无药理作用，专一性也较低，可以抑制微粒体药物代谢酶系，如药物氧化酶（羟化、脱烃、脱氨、脱硫）、硝基还原酶、偶氮还原酶、葡萄糖醛酸基转移酶活性，但对水解普鲁卡因的酯酶则属于竞争性抑制剂，因为普罗地芬本身也有酯键。由于普罗地芬对许多药物代谢酶有抑制作用，因此，可延长许多药物的作用时间，如延长己巴比妥催眠时间许多倍，但对正常代谢并无抑制作用。此外，有些药物对某些药的代谢转化有促进作用，而对其他药物的代谢转化则有抑制作用，如保泰松对洋地黄苷和氨基比林代谢转化有促进作用，而对苯妥英钠和甲苯磺丁脲代谢转化有抑制作用。某些药物服用后，随时间的推移会呈现抑制和促进两相作用，如普罗地芬（SKF-525A）服用 6h 内对药物的代谢转化呈抑制作用，但 24h 后却转变成促进作用。

　　药物代谢酶抑制剂有重要的药理意义，可加强药物的药理作用，即药物代谢抑制剂和所作用的药物有协同作用。常见的酶诱导剂和酶抑制剂及其相互作用见表 15-2。

表 15-2　常见的酶诱导剂和酶抑制剂及其相互作用

类别	药物种类	受影响的药物
酶诱导剂	苯巴比妥	苯妥英钠、甲苯磺丁脲、香豆素类、氢化可的松、地高辛、口服避孕药
	苯妥英钠	可的松、口服避孕药、甲苯磺丁脲
	卡马西平	苯妥英钠
	水合氯醛	双香豆素
	保泰松	氨基比林、可的松
	灰黄霉素	华法林
	利福平	华法林、口服避孕药、甲苯磺丁脲
	乙醇	苯巴比妥、苯妥英钠、甲苯磺丁脲、氨茶碱
酶抑制剂	氯霉素	苯妥英钠、甲苯磺丁脲、香豆素类
	红霉素	氨茶碱
	泼尼松龙	环磷酰胺
	甲硝唑	乙醇、华法林
	环丙沙星、依诺沙星	氨茶碱
	阿司匹林、保泰松	华法林、甲苯磺丁脲
	吩噻嗪类	华法林
	异烟肼、对氨基水杨酸	华法林

二、其他因素对药物代谢的影响

1. 种属差异

催化第一相反应和第二相反应的代谢酶的同工酶，其组成在不同种属的动物和人体内有所差异。因此，在不同种属的动物和人体内，同一种药物代谢途径和代谢产物可能是不同的，继而导致其在不同种属的动物和人体内的药效和毒性存在一定差异。如吗啡对猫、虎等动物有兴奋作用，而对人、小鼠、大鼠及犬有抑制作用。鱼类不能对药物进行氧化和葡萄糖醛酸结合反应。两栖类动物不能对药物进行氧化，但可进行葡萄糖醛酸或硫酸结合反应。2- 乙酰氨基芴 -N- 羟化物可致癌，豚鼠由于无此 N- 羟化反应，故不致癌；而犬、鼠、兔则有 N- 羟化反应，能致癌。因此，动物实验中获得的药物代谢数据可能与药物在人体内的代谢情况不一致，动物药理实验应用于人体要特别慎重。

2. 年龄差异

由于机体许多生理机能（如肝肾功能等）与年龄有关，故药物代谢的年龄差异表现明显的主要是老年人和儿童。老年人因各器官功能衰退，肝血流量、肾的廓清率下降，尤其是肝中药物代谢酶数量和活性均有不同程度降低，对药物代谢和排泄能力下降。因此，老年人血药浓度过高或作用持续时间过久，有可能出现不良反应，甚至毒性。儿童正处于机体生长发育期，肝脏尚未发育完全，因此，肝药酶含量和活性较低，对药物及毒物代谢转化能力不足，易发生药物及毒素中毒，如新生儿肝脏缺乏葡萄糖醛酸基转移酶，服用氯霉素可导致"灰婴综合征"。临床用药时，老年人和儿童剂量比青年人低，有些药物要求老年人和儿童慎用或禁用。我国药典规定，用药剂量在 14 岁以下为儿童剂量，14 ～ 60 岁为成人剂量，60 岁以上为老人剂量。因此，新生儿和老年人的用药剂量应该低于成人剂量。

3. 性别差异

不同性别人群的药物代谢转化能力不尽相同，有不同耐受性。多数药物在人体内的代谢没有明显的性别差异，但有些药物的体内代谢确实存在性别差异，如利多卡因在女性体内半衰期比男性长。氨基比林在女性体内半衰期低于男性。阿司匹林和利福平在女性体内血药浓度高于男性。普萘洛尔、利眠宁和地西泮在女性体内的清除率低。此外，女性在月经、妊娠、怀孕和哺乳等特殊生理阶段，用药应予以注意。月经期不宜使用抗凝药或泻药，以免引起月经过多或盆腔充血。妊娠期不宜使用易致流产、早产的药物，以及有致畸等毒性反应的药物。哺乳期不宜使用通过乳汁排泄且对婴儿生长发育有影响的药物。

4. 遗传变异性

遗传变异是造成药物体内代谢转化过程出现个体差异的主要原因之一。因为大多数药物在体内通过各种酶的代谢转化而消除，而体内许多参与药物代谢的肝药酶，如 P_{450} 酶、N- 乙酰转移酶、甲基转移酶、硫酸基转移酶、葡萄糖醛酸基转移酶、乙醇脱氢酶和乙醛脱氢酶等均存在遗传变异，造成这些药物代谢酶具有遗传多态性，出现不同的遗传表现型，即强代谢型（或快代谢型）和弱代谢型（或慢代谢型）。使这些酶的含量或活性在不同个体间表现出明显差异，因而对药物代谢转化产生影响，由它们所介导的代谢就会表现出非常显著的个体差异。遗传变异产生的低活性肝药酶会导致药物蓄积，而变异产生的高活性肝药酶则使药效降低或药物转化生成的毒性产物增多。药物代谢酶的遗传变异日益受到人们的关注，如奥美拉唑（OPZ）在肝药酶作用下被代谢为 5- 羟基奥美拉唑和奥美拉唑砜，参与代谢的主要 P_{450} 酶为 CYP2C19，遗传变异使人群中不同个体 CYP2C19 的羟化代谢能力存在较大差异，按代谢能力大小可分为强代谢者和弱代谢者。OPZ 在弱代谢者中的消除半衰期延长，其 AUG 值显著升高，同时生成的 5- 羟基奥美拉唑的量明显低于强代谢者，但奥美拉唑砜的量却明显高于强代谢者，这说明弱代谢者奥美拉唑羟化代谢酶的活性较弱或数量较少。

5. 病理状态

当肝功能严重不足时，必然会对主要经肝脏代谢转化的药物的代谢转化产生显著影响。经肝脏代谢激活的药物（如可的松、泼尼松）的代谢激活作用被减弱，其疗效也被减弱，而主要经肝脏代谢失活的药物（如甲苯磺丁脲、氯霉素）的代谢减弱，作用则被加强。某些疾病（如心脏病）由于肝血流量减少，而使肝血流限制性清除的药物，如普萘洛尔、利多卡因等代谢速度减慢，故肝病患者用药应慎重。又如阿司匹林具有解热作用，但只有当机体体温出现升高时才能表现出解热效果，对正常体温无影响。胆汁分泌不足时，会导致体内维生素 K 吸收障碍。

6. 食物与环境

饮食中含有的蛋白质、脂肪、微量元素和维生素等营养成分是药物代谢酶合成和发挥活性的必需成分，缺少这些营养物质时会造成药物代谢速度降低。环境中存在的放射性物质、重金属、工业污染物、杀虫剂和除草剂等有毒物质会诱导或抑制代谢酶的活性，从而影响药物的代谢。

第四节　药物代谢转化的意义

进入体内的药物一方面通过代谢转化进行化学转变，其生物学活性降低或消失，或有毒物质的毒性降低或消除；另一方面通过代谢转化作用，其极性或水溶性增加，易于随尿液或胆汁排出体外。需注意的是，有些药物经过代谢转化作用后，毒性反而增加或水溶性反而降低。因此，不能简单地将体内的代谢转化理解为"解毒作用"。

一、清除外来异物

进入体内的外来异物（如药物）主要由肾排出体外，也有少数由胆汁排出。肾小管和胆管上皮细胞是一种脂溶性膜，脂溶性物质易通过膜而被再吸收，排泄较慢。为使药物易于排出，必须将脂溶性药物代谢转化为水溶性药物，使其不易通过肾小管和胆管上皮细胞膜，不易被再吸收，而易于排泄。但也有少数药物经过代谢转化水溶性反而降低，如磺胺类乙酰化和含酚羟基药物 O- 甲基化。药物代谢酶是进化过程中发展起来的，专门清除体内不需要的脂溶性外来异物，是机体对外环境的一种防护机制。

二、改变药物活性或毒性

药物在体内经代谢转化，其活性或毒性多数被减弱。一般来说，结合代谢产物活性或毒性降低，而非结合代谢产物多数活性或毒性减弱，也有基本不变或增强的，但可进一步结合代谢解毒并排出体外。活性或毒性增强者，有水合氯醛、非那西丁、百浪多息、有机磷农药和大黄酚等。这些化合物在体内经过第一相代谢转化（氧化或还原）而活化，然后再经结合（葡萄糖醛酸或乙酰化结合）或水解反应而解毒。毒性或活性基本不变者，如可待因 O- 脱甲基氧化为吗啡，可待因和吗啡都有药理活性，只是程度不同。

三、灭活体内活性物质

体内生理活性物质，如激素等在体内不断生成，发挥作用后也不断被灭活，构成动态平衡，而这些生理活性物质灭活的代谢方式和酶系有许多是和药物代谢转化相同的，如肾上腺素是通过 *O*- 甲基化和单胺氧化酶而灭活的，而类固醇、甲状腺素等在体内可与葡萄糖醛酸结合而灭活。

四、阐明药物不良反应的原因

大多数药物需通过肝脏酶系进行代谢转化，使其药理活性减弱或消失（失活）。当肝功能受损时，肝脏代谢转化能力下降，药物代谢速度降低，容易造成药物在体内蓄积，引起不良反应。药物不良反应一般分为 A 型和 B 型，A 型药物不良反应（如呕吐、腹泻、粒细胞和血小板减少、运动失调、眼球震颤和昏睡等）与药物代谢有密切关系，其特点是可以预测、发生率高、死亡率低。药物与血浆蛋白质结合减少，会增加游离型药物浓度，使药效增强，以致产生 A 型不良反应，如低清蛋白血症患者服用苯妥英钠、地西泮等药物时易出现不良反应。有的药物可与组织成分结合，引起 A 型不良反应，如氯喹对黑色素有较高亲和力，可高浓度地蓄积在含黑色素的眼组织中，引起视网膜变性，四环素与新形成的骨螯合形成四环素 - 钙 - 正磷酸盐而抑制新生儿骨骼生长，还可使幼儿牙齿变色和畸形，对成人则无临床后果。在某些情况下，细胞色素 P_{450} 酶的基因多态性导致对某些药物的代谢转化反应明显慢和明显快。慢代谢者易发生与浓度相关的药物不良反应，而快代谢者则对药物相互作用易感，其中，产生抑制的药物相互作用可能会由于血浆中药物浓度增加而导致毒性。如氟康唑、酮康唑或红霉素等已知的细胞色素 P_{450} 酶抑制剂，可抑制西沙必利代谢，使血药浓度升高而引起不良反应。

五、寻找新药

1. 药物活性由低效转化为高效

有些药物本身的药理活性很低，但在体内经过代谢转化第一相反应，发生化学结构改变，转化为药理活性高的化合物，这样可为设计新药指导方向。如抗菌活性低的百浪多息，在体内可转化为抗菌活性高的磺胺，这一发现指导了磺胺类药物的合成。

2. 药物活性由短效转化为长效

将体内易代谢灭活的基团变为不易代谢灭活的基团，可延长药物在体内的作用时间。如睾酮口服经肝脏代谢转化为 17- 甾酮（雄素酮）而灭活，人工合成的 17- 甲睾酮在体内不易转化为雄素酮类，所以口服有效。普鲁卡因易被酯酶水解破坏，作用时间短，如改为普鲁卡因胺则不易水解，药理作用时间延长，因为体内酰胺酶活性比酯酶小。甲苯磺丁脲的甲基在体内可代谢为羟甲基和羧基而被灭活，如把甲基改为氯使其成为氯磺丙脲，则药理活性大大增强。

3. 合成生理活性前体物

有些生理活性物在体内易被代谢破坏，可以人工合成其前体物，在未代谢转化之前不易排出，但在体内可代谢成为活性物，使其作用时间延长。如睾酮 C17 上羟基被酯化为丙酸睾酮，可在体内缓慢水解成睾酮而发挥作用。

4. 其他

有些药物毒性较强，若想使其毒性降低且又能发挥药理作用，可通过化学合成改变其结构，降低其药理活性或毒性，其进入体内后在靶器官再转化为活性强的化合物而发挥其药理作用。如通过化学合成使活性强的氮芥与环磷酰胺结合，该结合产物的毒性降低（比氮芥低数十倍）且在体外无药理活性，但在体内靶细胞经酶催化使—NH^- 转化为—NOH，后者可与癌细胞 DNA- 鸟嘌呤 N7 交联而发挥其抗癌作用。另外，也可利用药物代谢酶抑制原理设计合成新药。通过药物代谢研究可了解原型药物和代谢产物各自具有的活性和毒性，从而设计出更加安全有效的药物，如喜树碱具有较强抗肿瘤活性，但有严重胃肠毒性、抑制骨髓功能和引起出血性膀胱炎等毒副作用，而 10- 羟基喜树碱是喜树碱结构类似物，具有更好的抗肿瘤作用，且毒性大大降低。采用无毒黄曲霉菌株 T-149 可将喜树碱转化为 10- 羟基喜树碱，转化率达 50% 以上。

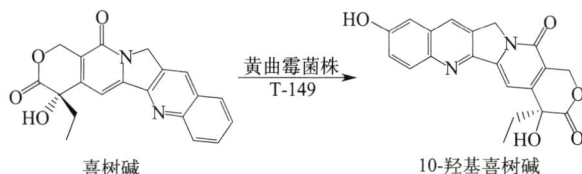

喜树碱 　　黄曲霉菌株 T-149 　　10-羟基喜树碱

雷公藤二萜具有多种显著的生理活性，但肾毒性大，临床应用受限。黑曲霉 AS3.739 能较完全地转化雷公藤内酯酮，转化产物分别为 17- 羟基雷公藤内酯酮、5α- 羟基雷公藤内酯酮和雷公藤甲素。药理活性研究发现，转化产物细胞毒性都小于原有转化底物。

六、解释某些发病机理

许多化学致癌物本身并无致癌作用，但通过在体内的代谢转化（羟化）成有致癌活性的物质，如 3,4- 苯并芘、3- 甲基胆蒽、2- 乙酰氨基芴、β- 萘胺等。芳香胺职业工人易患膀胱癌，可能是由于 β- 萘胺在体内进行芳香环羟化，然后与葡萄糖醛酸结合而由尿排出，在膀胱黏膜诱发癌变，但也有人认为 β- 萘胺的致癌作用主要是由于 N- 羟化。还有些致癌物，在体内可以结合代谢转化，然后由胆汁排出，在肠下段水解，再释放出游离致癌物，作用于肠黏膜而引起癌变。

七、提供临床合理用药参考依据

肝脏是药物代谢主要器官，药物口服时首先到达肝脏，而后进入体循环，因此，凡是在肝脏易被代谢转化而破坏的药物，口服效果差，以注射给药为佳。一般来说，药物经过体内代谢转化，其水溶性增加，但也有例外，如磺胺乙酰化后水溶性反而降低，易患尿道结石。有些药物可作为另一些药物的代谢酶诱导剂，临床用药时要注意两种以上药物同时使用时，可能引起药效降低或毒副作用增加等问题。此外，某些药物也可诱导其本身代谢转化所需的酶系产生。因此，有些药物常服用易产生耐受性。药物代谢有种族、个体、年龄、性别、病理、营养及给药途径的差异，这些也是临床用药要注意的问题。

总之，药物代谢转化研究，一方面可为临床合理用药提供依据，另一方面也可为药物作用机制、构效关系及寻找新药建立理论基础。开展药物代谢转化的研究具有重要的理论和实践意义。

📋 目标检测

一、填空题

1. 药物进入机体至排出体外的过程被称为人体对药物的＿＿＿＿过程。它包括药物在体内的＿＿＿＿、＿＿＿＿、＿＿＿＿和＿＿＿＿。

2. 药物跨膜转运有多种方式，最主要的方式是＿＿＿＿和＿＿＿＿。

3. ＿＿＿＿明显的药物一般不宜口服给药。

4. 大多数药物是通过被动转运方式，其特点有＿＿＿＿能量；无＿＿＿＿和＿＿＿＿。

5. 药物代谢转化主要是在_____进行，也有些在肺、肾和肠黏膜等组织进行。

6. 药物代谢转化第一相反应是药物分子本身发生初步化学反应，不需与特殊的结合物结合，包括_____、_____、_____。

7. 药物吸收是指药物由给药部位进入_____的过程。_____不存在吸收过程。_____是最常用的给药方式，也是最安全、经济和方便的方式。

8. 药物排泄途径为_____和_____。

9. 催化药物在体内代谢转化的酶系称为_____。药物代谢酶主要存在于_____。

10. 常见的结合反应类型有_____、_____、_____、_____和甘氨酸结合反应等。

二、判断题

1. 一般来说弱酸性药物在酸性环境下不易解离，非离子型多、脂溶性大，容易跨膜转运；而在碱性环境中易解离，离子型多、脂溶性小，难以通过跨膜转运。（   ）

2. 药物在体内的吸收、分布与排泄统称为机体对药物的转运。（   ）

3. 多数药物经代谢转化为毒性或药理活性较小、水溶性较大而易于排泄的物质。（   ）

4. 通常酸性药物主要与清蛋白结合；碱性药物主要与 α_1- 酸性糖蛋白或脂蛋白结合；许多内源性物质及维生素等主要与球蛋白结合。（   ）

5. 只有脂溶性低的药物才能通过血脑（眼）屏障扩散进入脑脊液、脑组织和房水。（   ）

6. 药物的代谢转化可分为非结合反应和结合反应。非结合反应包括氧化、还原和水解，结合反应的结合剂也有多种，如葡萄糖醛酸、硫酸盐、乙酰化剂、甲基化剂和氨基酸等。（   ）

7. 药物代谢酶的活性受到药物相互作用、种属差异、病理状态、遗传变异性等多种因素影响，但不受年龄和性别影响。（   ）

8. 药物在体内经代谢转化后，药理活性增强、毒性降低。（   ）

三、单选题

1. 药物代谢转化最主要的器官是（   ）。

A. 肾   B. 肝   C. 肌肉   D. 肺

2. 代谢转化的主要目的是（   ）。

A. 解毒   B. 增强非营养物质的水溶性，加快排泄

C. 使药物药理作用减弱   D. 使药物药理作用增强

3. 大多数药物在体内通过细胞膜的方式是（   ）。

A. 主动转运   B. 简单扩散   C. 易化扩散   D. 膜孔滤过

4. 药物在体内消除是（   ）。

A. 经肾排泄   B. 经消化道排泄   C. 经肝药酶代谢破坏   D. 药物的代谢转化和排泄

5. 下列叙述中哪项与药物的结合反应不符？（   ）

A. 药物的结合反应又称为第二相反应   B. 药物的结合是使药物去活化以利于排泄

C. 药物的结合反应包括葡萄糖醛酸结合、磷酸结合、与氨基的结合、乙酰化结合等

D. 药物的结合反应包括葡萄糖醛酸结合、硫酸结合、与氨基的结合、乙酰化结合等

6. 下列哪项叙述不属于第一相反应？（   ）

A. 氧化反应   B. 水解反应   C. 结合反应   D. 还原反应

7. 影响药物吸收的因素不包括（   ）。

A. 药物的理化性质   B. 药物的剂型   C. 首过消除   D. 与血浆蛋白质的结合

8. 易透过血脑屏障的药物具有的特点为（   ）。

A. 与血浆蛋白质结合率高　　B. 分子量大　　C. 极性大　　D. 脂溶性高

9. 影响药物分布的因素不包括（　　）。

A. 药物与组织的亲和力　　　B. 吸收环境　　C. 体液的 pH

D. 血脑屏障　　　　　　　　E. 药物与血浆蛋白质结合率

10. 对多数药物和患者来说，最安全、最经济和方便的给药途径是（　　）。

A. 肌内注射　　　　　　　B. 静脉注射　　C. 口服　　　D. 皮下注射　　　E. 吸入

四、问答题

1. 药物跨膜转运的方式有哪些？

2. 药物代谢转化的类型有哪些？

3. 简述影响药物代谢转化的因素。

4. 简述药物代谢转化的意义。

五、案例分析

2023 年 7 月的一天郑同学高考结束后在毕业聚会上，为了面子一口气喝了 3 两白酒，导致酒精中毒昏迷，送医抢救后才苏醒，差点造成人生悲剧。请思考：酒精进入人体后，在体内的代谢过程是怎样的？

目标检测
答案 15

第十六章

药物研究的生物化学理论基础

学习目标

1. 知识目标

（1）理解生物药物制备的生物化学基础、药理学研究、药物设计、药物质量控制以及药剂学研究的生物化学基础；

（2）掌握生物药物制备方法的特点及常用生物化学方法，理解药物作用的生物化学基础；

（3）理解新药筛选的常用生物化学方法；

（4）理解药物质量控制常见的生化分析方法以及生物药物质量控制的常用生物化学方法。

2. 技能目标

（1）能根据生物药物的特点选择合适的制备方法；

（2）能根据研究需要，优选新药筛选的生物化学方法；

（3）能阐明常见药物质量控制的生物化学方法的原理。

3. 思政与职业素养目标

（1）培养认真、严谨、细致的职业习惯；

（2）树立科技报国的爱国情怀。

导学案例

生物药物在制备过程中的方法选择与化学药及中药有什么区别？如抗毒素血清、疫苗、血液制品、人凝血因子Ⅷ、重组人生长激素、促红细胞生成素以及白介素-2等生物药物有何特点？如何基于生物药物特点选择合适的制备方法？新药筛选时，如何基于新药筛选模型优化选择最合适的生物化学方法？药物代谢和制剂过程中，药物剂型的确定可基于哪些生物化学手段进行判定？蛋白质多肽类和核酸类药物的药效分析可采取哪些方法？

药物是具有预防、诊断、缓解、治疗疾病及调节机体生理功能等效应的一类物质。药学研究的对象是应用于人体诊断、预防和治疗疾病的药物，药物的开发研究是医学、药学研究领域的一个重要分支。随着科学技术的发展，许多新的理论、技术、方法不断应用于药学研究领域，推动了药学研究的迅速发展。此外，随着生物化学、分子生物学理论与技术的快速发展与广泛应用，药学各研究领域进入了新的发展阶段，药学从传统的以化学为主的模式转化为以生物化学、分子生物学、生物信息学、化学医学等学科相结合的新模式，使药理、毒理等转化为功能分子作用模式，使药物制造转化为化学、生物化学、生物技术等相互结合的模式。在药物发现、设计与制备、药效机制研究等环节都离不开生物化学理论与技术的支持。随着现代生物技术的迅猛发展，基因工程、蛋白质工程、细胞工程等现代生物化学和分子生物学技术与药物研究的结合日益紧密，利用生物技术制备药物已经成为药物研发的热点领域。目前常用的生物化学技术包括分子杂交与印迹技术、PCR 技术、DNA 技术、生物芯片技术、生物大分子相互作用研究技术，等等。

第一节　生物药物制备的生物化学理论基础

生物药物是以生物学与化学结合的方法，或利用生物技术直接或间接从生物材料制得。生物药物制备方法与其他药物相比，有其独特的特点。

一、生物药物制备方法的特点

生物药物具有针对性强、药理活性高、毒副作用小、营养价值高的特点，主要有蛋白质、核酸、糖类、脂类等类型药物，广泛用于治疗癌症、艾滋病、糖尿病、心脑血管疾病和一些罕见的遗传性疾病。大部分生物药物原始材料是细胞及其组分，一般以生物学和化学相结合的手段进行制备，其制造技术具有如下特点：

① 无固定工艺可循。由于药物分子大小、理化性质、分子形式以及在原料中含量存在显著差异，有效物质制备过程中尚处动态代谢中，甚至有些是未知成分。因此，制备过程常无固定工艺可循，需一药一策。

② 分离难度大。离体活性成分易发生变性或破坏，分离过程要求高，这是生物药物制备最大的难点。

③ 制造工艺复杂。提取材料中目的药物含量甚微，为保护活性成分的活性与结构完整性，常采取逐级分离。因此，纯化步骤多、工艺流程长、操作复杂，终产物收率通常都较低。

④ 工艺可重复性差。生物药物制造过程几乎都在溶液中进行，制造工艺影响因素太多且影响机理复制。因此，工艺可重复性较差，需遵循严格的操作流程才能重复制备工艺。

⑤ 产物收率低。生物材料组成非常复杂，目的物含量极微，以及提取工艺复杂导致产物最终收率较低。

⑥ 均一性检测与化学意义纯度不完全相同。生物药物除测定产品纯度外，通常还需测定药物生物活性等生物学指标。

二、生物药物制备的主要生物化学方法

制备生物药物常需根据其理化性质和生物学特性，将多种分离方法联用才能达到预期目的。生物药物制备的主要生物化学方法如下：

1. 小分子生物药物的制备方法

根据组分分配率的差异进行分离，常用方法如溶剂萃取、分配色谱、吸附色谱、盐析、结晶等。小分子生物药物，如氨基酸、脂类药物、固醇类药物及某些维生素等常采用这些方法制备。

2. 生物大分子药物的制备方法

如蛋白质、酶、多肽、多糖、核酸类等药物常需将多种分离方法组合才可达到纯化目的，生物大分子类药物分离纯化的主要方法有：

（1）根据分子形状和大小不同的分离方法　基于分子形状和大小不同，常见分离方法有密度梯度离心、透析、超滤和凝胶过滤等。密度梯度离心是用一定的介质在离心管内形成连

续或不连续的密度梯度，将待离心的混合物置于介质的顶部，通过重力或离心力场作用使混合物分层、分离。颗粒沉降取决于其分子大小和密度，在具有密度梯度的介质中离心时，质量和密度大的颗粒沉降快，且沉降到与自身密度相等的介质密度梯度时即停止，常用介质为氯化铯、蔗糖和多聚蔗糖。作为分离生物大分子的介质，一般要求能产生密度梯度且高密度时黏度低，介质为中性或易调为中性，介质浓度大时渗透压不大，最主要的是要对细胞无毒害，对预分离的生物分子不会造成变性或破坏，具有绝对的安全性。透析是利用生物大分子不能通过半透膜的性质，将其与小分子物质分开，常用半透膜有玻璃纸、火棉纸或其他改性的纤维素材料。超滤是一种加压膜分离技术，即在一定压力下，使小分子溶质和溶剂穿过一定孔径的特制薄膜，而大分子溶质不能透过，留在膜的一侧，从而使大分子物质得到部分纯化。滤膜根据所加压力和膜平均孔径不同，可分为微孔过滤、超滤和反渗透三种。凝胶过滤也称分子筛色谱、排阻色谱，是利用具有网状结构的分子筛作用，根据被分离物质的分子大小不同进行分离。常用凝胶材质为交联的聚糖，如葡聚糖或琼脂糖。小分子物质能进入其多孔内部，流程较长；大分子物质不能进入其多孔内部，流程较短，从而将不同分子量的生物分子进行分离。

（2）根据分子电离性质（带电性）不同的分离方法　根据分子电离性质（带电性）不同的分离方法有离子交换法、电泳法和等电聚焦法等。离子交换法是利用离子交换剂中可交换基团与溶液中各种离子间的交换能力不同，进而分离的一种方法。离子交换剂多采用人工合成的离子交换树脂，按照交换离子性质不同，分为阳离子交换树脂（带负电基团，能交换阳离子）和阴离子交换树脂（带正电基团，能交换阴离子）。在生物化学及临床生化检验中，离子交换色谱技术主要用于分离氨基酸、多肽及蛋白质，也可用于分离核酸、核苷酸及其他带电荷的生物分子。电泳是带电颗粒在电场作用下，向着与其电性相反的电极移动的现象，利用带电粒子在电场中移动速度不同而达到分离的技术称为电泳技术，如聚丙烯酰胺凝胶电泳和琼脂糖凝胶电泳，前者适宜分离鉴定分子量较小的蛋白质分子、小于 1kb 的 DNA 片段和 DNA 序列分析，后者主要用于 DNA 片段的分离、鉴定及回收等。等电聚焦法是在外电场作用下，带电颗粒在具有 pH 梯度的介质中泳动，并停留于等于其等电点的 pH 梯度处，形成一个很窄的区带，是根据各组分等电点进行分离的方法。

（3）根据分子极性大小与溶解度不同的分离方法　根据分子极性大小与溶解度不同的分离方法有溶剂提取法、分配色谱法、盐析法、等电点沉淀法和有机溶剂分级沉淀法等。溶剂提取法是利用组分在不同溶剂中的溶解度差异而实现分离的技术，从中草药中提取有效成分多采用此法。根据中草药各种成分在溶剂中的溶解性，选用对活性成分溶解度大，而对不需要溶出成分溶解度小的溶剂，将有效成分从药材组织中溶解出来。分配色谱法是利用混合物在两种或两种以上不同溶剂中的分配系数不同，而使物质分离的方法。混合物各组分在固定相和流动相中的分配系数不同，具有不同分配系数的各组分以不同的速度移动而得以分离。分配色谱载体通常选用吸附力小、反应性弱的惰性物质，如淀粉、纤维素粉、滤纸等，固定相除水外，也可用稀硫酸、甲醇、仲酰胺等强极性溶液，流动相则采用比固定相极性小或非极性的有机溶剂。盐析法是指向蛋白质溶液中加入某些高浓度的中性盐溶液后，使蛋白质溶解度降低，进而使蛋白质凝聚并从溶液中析出的方法。蛋白质盐析常采用中性盐，主要有硫酸铵、硫酸镁、氯化钠、磷酸钠等，应用最多的是硫酸铵。不同蛋白质盐析所需盐浓度不同，改变盐的浓度，可使蛋白质混合液中的不同组分分段"盐析"出来。等电点沉淀法是利用蛋白质在等电点时溶解度最低，而各种蛋白质又具有不同等电点的特点进行分离的方法。等电点时，蛋白质分子净电荷为零，蛋白质分子因没有相同电荷的相互排斥，分子间作用力减弱，颗粒极易碰撞、凝聚而产生沉淀。有机溶剂分级沉淀法是利用与水互溶的有机溶剂（如甲醇、乙醇、丙酮等）能使蛋白质在水中的溶解度显著降低而沉淀的方法，也称有机溶剂沉淀。有机溶剂能使水溶液介电常数降低，增加两个相反电荷基团间的吸引力，促进蛋白质分子聚集和沉淀，如丙酮沉淀法。亲和色谱是利用生物大分子能与相应配基特异性可逆结合的原理，对大分子物质进行分离纯化的方法。特异性相互作用包括抗原与抗体、酶与底物或抑制剂、激素（或药物）与受体、糖蛋白与其相应的植物凝集素，以及互补核酸单链间的结合等。将配基共价连接在固相载体上制成吸附系统，通过色谱柱的生物大分子就能与配基特异结合，从而与其他杂质分离。

三、生物合成技术

生物合成技术是指利用生物细胞的代谢反应来合成化学方法难以合成的药物或药物中间体，实质是利用微生物代谢过程中的某种酶对底物进行特异性催化（生物转化），从而生成所需的活性物质。微生物转化反应是指利用微生物的代谢作用来进行某些化学反应，在制药工业广泛应用。已知微生物转化进行的有机反应达 50 多种，包括水解、脱氢、氧化、脱水、缩合、脱羧、氨化、酯化、还原、环氧化、氮杂基团氧化、硫杂基团氧化、硫醚开裂、胺化、酰基化、脱羟、脱氨和异构化反应等，如青蒿素生物合成就是利用合成生物学构建人工生命体及采用组装生物合成途径生产出来的，是在酵母中构建与大肠杆菌同样的代谢途径后，将大肠杆菌和青蒿素的若干基因导入酵母 DNA 中，导入的基因与酵母自身基因组相互作用产生青蒿素前体。最后，将从青蒿中克隆的 P_{450} 基因在产青蒿素前体的酵母株中进行表达，将其转化为青蒿素。青蒿作为我国一个传统中药，通过屠呦呦团队辛苦的付出，寻遍古籍药方，最终在现代科技创新的帮助下提纯青蒿素并为世界疟疾的治疗做出巨大贡献，而当前，更依托现代生物化学新的手段，将编码青蒿素的基因重组并在酵母细胞表达，从而为青蒿素的创新发展奠定了良好的生物基础，真正体现我国生物化学领域在传承中医药传统文化基础上的创新发展，实现我国医药产品的"守正创新"。

科学典故与课程思政

屠呦呦：青蒿素是中医药献给世界的礼物

20 世纪 60 年代，氯喹抗疟失效，人类饱受疟疾之害。屠呦呦于 1969 年接受了国家疟疾防治项目"523"办公室艰巨的抗疟研究任务。通过整理中医典籍、走访名老中医，她汇集了 640 余种治疗疟疾的中药单秘验方。在青蒿提取物实验药效不稳定的情况下，在出自东晋葛洪《肘后备急方》中记载的"青蒿一握，以水二升渍，绞取汁，尽服之"的启发下，屠呦呦通过改用低沸点溶剂的提取方法，经过 191 次实验，团队最终于 1972 年成功分离纯化抗疟有效成分——青蒿素。为确保青蒿素用于临床的安全性，屠呦呦向领导提交了志愿试药报告："我是组长，我有责任第一个试药！"屠呦呦等科研人员甘当"小白鼠"，以身试药，最终证明药品无明显毒副作用。有人说，屠呦呦用一株小草改变了世界！据世界卫生组织不完全统计，在过去的几十年里，青蒿素作为一线抗疟药物，在全世界已挽救数百万人生命，每年治疗患者数亿人。"中医药人撸起袖子加油干，一定能把中医药这一祖先留给我们的宝贵财富继承好、发展好、利用好。"中国中医药科学终身研究员、国家最高科学技术奖获得者、诺贝尔生理学或医学奖获得者屠呦呦的声音铿锵有力。几十年来，她从未停止中医药研究实践。

四、生物技术

目前，在制药工业中已形成一个以遗传工程为指导，以发酵工程为基础，包括细胞工程和酶工程有机结合的生物合成技术体系。如在基因工程和细胞工程的基础上，应用发酵法和酶法合成技术生产抗生素、氨基酸、维生素、甾体激素、小肽、辅酶和寡核苷酸等生物活性物质。一些半合成药物就是通过某些生物合成步骤来解决药物合成中难以进行的化学反应而获得的。生物技术也称生物工程，是利用生物有机体（动植物和微生物）或其他组成部分（包括器官、组织、细胞或细胞器等）发展新产品或新工艺的一种技术体系。现代生物技术的核心是重组 DNA 技术和单克隆抗体技术。生物工程药物是指运用重组 DNA 技术和单克隆抗体技术生产的多肽、蛋白质、激素和酶类药物以及疫苗、单抗和细胞生长因子类药物等。

基因工程又称重组 DNA 技术，是用人工方法提取或制备某种细胞的某种基因，在体外将它和一种载体连接构造重组 DNA 分子，然后导入受体细胞，让其复制与表达，以改变受体细胞的某些性状或产生人们所需的产物的工程技术。

细胞工程是指应用细胞生物学和分子生物学方法，在细胞整体水平或细胞水平上按照人们意愿来改变细胞内的遗传物质，以获得新型生物或特定细胞产品的一门综合性科学技术。该技术涉及细胞融合技术、核质移植技术、细胞融合技术、染色体导入技术、基因转移技术、胚胎移植技术、细胞与组织培养技术等。

酶工程是指在酶反应器中，利用酶的生物催化作用生产出人类所需产品的一门科学技术，如在酶反应器中应用淀粉酶将淀粉转化成和蔗糖具有同样甜度的高果糖浆。在制药方面主要应用于手性药物合成和拆分、药物改造、简化药物工艺，酶制剂也可直接用于疾病诊断、治疗、药物生产等方面。以 6- 氨基青霉烷酸（6-APA）的生产介绍酶工程在制药领域中的应用，青霉素 G（或 V）经青霉素酰化酶作用，水解除去侧链后的产物称 6- 氨基青霉烷酸（无侧链青霉素，青霉素母核结构），6-APA 是生产半合成青霉素的最基本原料。固定化细胞法生产 6-APA 的过程是将大肠杆菌 D816（产青霉素酰化酶）斜面培养后，用无菌水制成菌细胞悬液，接种至装有发酵液培养基的摇瓶进行扩大培养，培养结束后收集菌体。将湿菌体与戊二醛等混匀形成固体凝胶，粉碎和过筛，使大肠杆菌成为颗粒状固定化大肠杆菌细胞，用其制备固定化大肠杆菌反应堆，加入青霉素进行转化培养、收集转化液过滤，然后将滤液抽提得到 6-APA。

发酵工程也称微生物工程，是采用现代工程技术手段，利用微生物某些特定功能为人类生产有用的产品，或直接把微生物应用于工业生产过程的一种生物技术。在医药领域中主要用于制备抗生素、核苷酸、氨基酸、维生素、甾体激素等类药物。发酵工程包括菌种选育、培养基配制、灭菌、扩大培养和接种、发酵过程和产品分离纯化等方面。目前，发酵类型主要包括微生物菌体发酵、微生物酶发酵、微生物代谢产物发酵、微生物转化发酵和生物工程细胞发酵等 5 个方面。

基因工程、细胞工程、酶工程和发酵工程在生物制药中常联合使用，是医药生物技术的主体，这几个技术体系相互依赖，相辅相成才能生产新的生物药物。一般以基因工程起主导作用，只有用基因工程改造过的生物细胞才能赋予其他技术以新的生命力，才能基于人类意愿生产出特定的新型高效生物药物。

第二节　药理学研究的生物化学理论基础

药理学是研究药物与机体（含病原体）相互作用，及其作用规律和作用机制的学科，主要包括药效动力学和药代动力学两个方面，前者是阐明药物对机体的作用和作用原理，后者阐明药物在体内吸收、分布、生物转化和排泄等过程，特别是血药浓度随时间变化的规律、影响药物疗效的因素等。药物在生物体内能够发挥各种药理作用，本质在于药物与生物体内各种药物靶点产生特异性和非特异性结合，从而影响生物的各种生理过程。药物作用的生物靶点为酶、核酸、载体蛋白类、糖脂类及受体（包括离子通道）等。药理学是要为阐明药物作用及作用机制、改善药物质量、提高药物疗效、防止不良反应提供理论依据，为研发新药、发现药物新用途，并为探索细胞生理生化及病理过程提供实验资料。

随着细胞生物学、生物化学与分子生物学研究的发展，药理学研究内容也在不断完善。通过对药物靶点在分子水平上的解析，根据特定细胞信号传导或代谢途径进行药物设计已经成为可能。现代药理学研究已从整体、系统、器官、组织、细胞水平深入到亚细胞、分子甚至量子水平。生物化学与分子生物学已成为现代药理学的重要理论基础，其技术广泛应用于药理、毒理学各方面，极大地推动了现代药理学、毒理学理论和技术的建立与发展。生物化学是药学研究的重要理论基础。

一、药物作用的生物化学基础

药物作用的分子基础是药物小分子与机体生物大分子的相互作用。药物产生疗效的本质是受体进行有效接触，从而诱发机体微环境产生与药效相关的一系列生物化学反应。药物与受体结合引发的这些生理生化反应包括受体蛋白构象变化、细胞膜通透性改变、酶活性变化、能量代谢变化等。药物很小剂量就能引发显著生物学效应的原因是其可与靶器官上特异性受体发生相互作用。

（一）神经传导与神经递质

在神经系统中，信息以动作电位的方式沿神经纤维传送。当两个神经元的突触间隙较小时，动作电位可使突触后膜去极化，并使神经冲动继续传递，如果裂隙过大，就必须由神经递质来传递信息。神经末梢合成的乙酰胆碱存在于突触小泡内，动作电位到达时，电压依赖性钙离子通道开放，细胞外 Ca^{2+} 内流，促使小泡内的乙酰胆碱释入裂隙中，乙酰胆碱与膜上受体结合后变构，通道开放，Na^+ 内流而 K^+ 外流，膜去极化，形成新的动作电位，继续向前传导。乙酰胆碱起着信息传递作用，是最早被鉴定的递质，也称为神经质。

已发现的神经递质有 30 多种，除乙酰胆碱外，还有氨基酸类（甘氨酸、γ- 氨基丁酸、组胺、谷氨酸、天冬氨酸等）、单胺类（肾上腺素、去甲肾上腺素、多巴胺、5- 羟色胺等）和肽类（升压肽、催产素、促甲状腺释放激素、脑啡肽、阿片肽、生长抑素等），以及其他类（如一氧化氮）。一氧化氮被普遍认为是神经递质，它不以胞吐方式释放，而是凭借其脂溶性穿过细胞膜，通过化学反应发挥作用并灭活。神经递质是在突触传递中充当"信使"的特定化学物质，称为递质。神经递质由突触前膜释放后，立即与相应的突触后膜受体结合，产生突触去极化电位或超极化电位，导致突触后神经兴奋性升高或降低。用递质拟似剂或受体阻断剂能加强或阻断这一递质的突触传递作用。如果神经传导发生障碍，就会导致疾病发生。如脑、脊髓运动神经细胞及神经纤维受损伤，可导致软瘫、瘫肢肌张力低，一切反射消失。又如锥体外系损害可出现肌张力的改变，不自主多动，如帕金森综合征、亨廷顿病、舞蹈样手足抽动症和扭转性痉挛等。在延髓和脑桥中有许多重要神经中枢，调节呼吸、心血管、消化等生理功能，这些中枢如受损伤，可危及生命。

（二）受体的结构与功能

受体是一类存在于细胞膜或细胞内、能与细胞外专一信号分子结合，进而激活细胞内系列生物化学反应，使细胞对外界刺激产生做出响应的特殊蛋白质。与受体结合的生物活性物质统称配体，受体与配体结合即发生分子构象变化，从而引起细胞反应，如介导细胞间信号转导、细胞间黏合、胞吞等过程。受体化学本质为蛋白质，大部分为糖蛋白，少部分为脂蛋白或糖脂。根据靶细胞上受体存在的部位，可将受体分为细胞内受体和细胞表面受体。细胞内受体介导亲脂性信号分子的信息传递，如胞内甾体类激素受体，细胞表面受体介导亲水性信号分子的信息传递，可分为离子通道型受体、G 蛋白偶联型受体和酶偶联型受体。

1. 离子通道型受体

离子通道型受体是一类自身为离子通道的受体，其开放或关闭直接接受化学配体的控制，这些配体主要为神经递质。离子通道受体信号转导的最终作用是导致细胞膜电位改变，通过将化学信号转变成电信号，影响细胞功能。神经递质通过与受体结合改变通道蛋白构象，导致离子通道开启或关闭，改变质膜离子通透性，在瞬间将胞外化学信号转换为电信号，继而改变突触后细胞兴奋性，如乙酰胆碱受体，两分子乙酰胆碱结合可使之处于通道开放构象，但该受体处于通道开放构象状态的时限十分短暂，几十毫秒内又回到关闭状态。随后，乙酰胆碱与之解离，受体恢复到初始状态，做好重新接受配体的准备。

离子通道型受体（图 16-1）分为阳离子通道（如乙酰胆碱、谷氨酸和 5- 羟色胺受体等）和阴离子通道（如甘氨酸、γ- 氨基丁酸受体等）。许多药物都是通过对这类受体的激动或拮抗来发挥疗效的，如异丙肾上腺素是肾上腺素受体 β_1 型的激动剂，而普萘洛尔是其拮抗剂。研究发现，体内一些内源性致病物质会引起某一种或几种离子通道结构和功能改变，如 β- 淀粉样蛋白、早老素蛋白与钾通道、钙通道的功能异常密切相关，导致患者出现早期记忆损失、认知功能下降等症状。

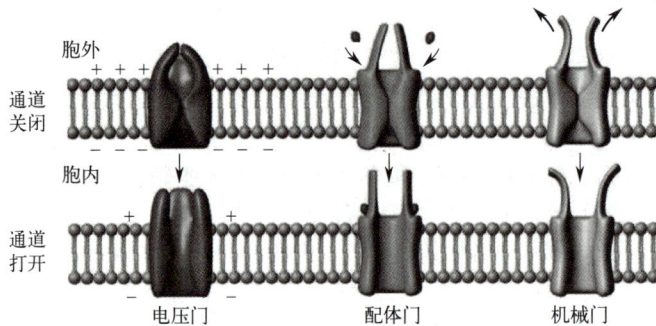

图 16-1   离子通道型受体结构示意图

2. G 蛋白偶联型受体

G 蛋白偶联型受体（图 16-2）是一大类膜蛋白受体的统称，这类受体的共同点是其立体结构中都有七个跨膜 α- 螺旋，且其肽链 C 端和转接第 5 和第 6 个跨膜螺旋的胞内环上都有 G 蛋白（鸟苷酸结合蛋白）的结合位点。研究显示，G 蛋白偶联受体只见于真核生物之中，参与很多细胞信号转导。G 蛋白偶联受体能结合细胞周围环境中的化学物质，并激活细胞内系列信号通路，最终引起细胞状态改变。已知与 G 蛋白偶联受体结合的配体包括气味、外激素、激素、神经递质和趋化因子等，这些配体可以是糖类、脂质和多肽等小分子，也可是蛋白质等生物大分子。一些特殊 G 蛋白偶联受体也可被非化学性刺激原激活，如感光细胞中的视紫红质可被光激活。与 G 蛋白偶联受体相关疾病众多，大约 40% 现代药物都以 G 蛋白偶联受体作为靶点。G 蛋白偶联受体的下游信号通路有多种，与配体结合的 G 蛋白偶联受体会发生构象变化，从而表现出鸟苷酸交换因子（GEF）的特性，通过以鸟苷三磷酸（GTP）交换 G 蛋白上本来结合的二磷酸鸟苷（GDP），使 G 蛋白 α 亚基与 β、γ 亚基分离，从而被激活并参与下一步信号传递。具体传递通路取决于 α 亚基种类，其中两个主要通路分别涉及第二信使 cAMP 和磷脂酰肌醇。

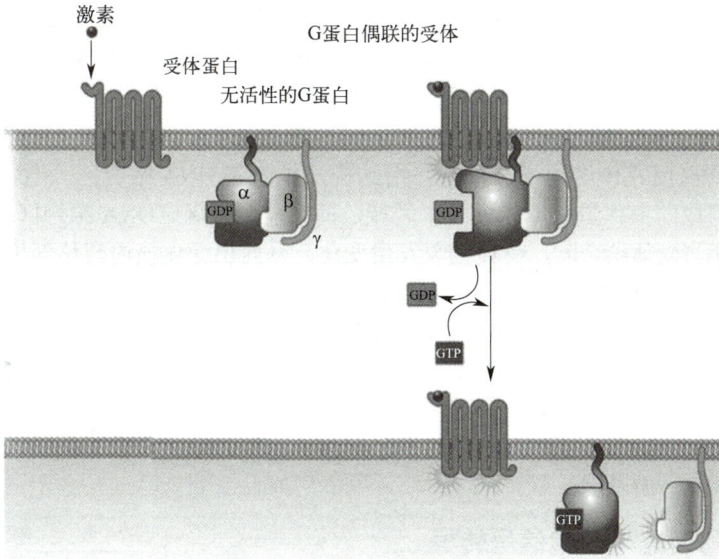

图 16-2　G 蛋白偶联型受体示意图

3. 酶偶联型受体

　　酶偶联型受体分为两类：一类是本身具有激酶活性，如肽类生长因子（EGF、PDGF、CSF 等）受体；另一类是本身没有酶活性，但可连接非受体酪氨酸激酶，如细胞因子受体超家族，最典型的是受体酪氨酸蛋白激酶。酪氨酸蛋白激酶可分为受体酪氨酸激酶（为单次跨膜蛋白，在脊柱动物中发现 50 余种）、胞质酪氨酸激酶（如 Src 家族、Tec 家族、Zap70 家族和 Jak 家族等）和核内酪氨酸激酶（如 Abl 和 Wee）3 类。受体酪氨酸激酶的胞外段是配体结合结构域，配体是可溶性或膜结合的多肽或蛋白类激素，包括胰岛素和多种生长因子；胞内段是酪氨酸蛋白激酶的催化部位，并具有自磷酸化位点。配体（如 EGF）在胞外受体结合并引起构象变化，导致受体二聚体形成同源或异源二聚体，在二聚体内彼此相互磷酸化胞内段酪氨酸残基，激活受体本身的酪氨酸蛋白激酶活性，这类受体主要有 EGF、PDGF、FGF 等。酪氨酸蛋白的下游蛋白分子可以具有酶活性，也可以不具有酶活性。酪氨酸蛋白磷酸酶可将肽链酪氨酸残基的磷酸基水解下来。磷脂酶 C-γ 与磷脂酶 C-β 为同工酶，水解磷脂酰肌醇 4，5- 二磷酸残基的磷酸生成 DAG 和 IP3。IP3 激酶在 ATP 参与下，催化 IP3 分子中第 3 位羟基磷酸化生成 IP4，IP4 也具有第二信使的功能，可提高胞质 Ca^{2+} 浓度。酪氨酸蛋白激酶还可通过激活下游 RAS-GTP 酶激活蛋白、JAK-STAT 通路、G 蛋白偶联受体等，调控细胞内的信号转导途径。此外，还有受体（丝氨酸 / 苏氨酸）蛋白激酶类型、受体 - 半胱氨酸激酶类型、受体（天冬氨酸 / 谷氨酸）蛋白激酶类型、受体（组氨酸 / 赖氨酸 / 精氨酸）蛋白激酶类型等。

　　胰岛素受体是一种具有酪氨酸蛋白激酶活性的跨膜蛋白，由两条 α 链位于细胞膜外侧，包含胰岛素结合位点，两条 β 链是跨膜的，跨膜 β 链的胞内部分含有酪氨酸激酶结构域。无胰岛素结合时，受体 - 酪氨酸蛋白激酶没有活性，当胰岛素与受体的 α 链结合，并改变 β 链的构象后，受体 - 酪氨酸激酶被活化，使 β 链中特异位点的酪氨酸残基磷酸化，即自身磷酸化。受体 - 酪氨酸激酶的自磷酸化，一方面促进酪氨酸激酶活性，另一方面将胰岛素受体底物 -1 的多个酪氨酸激酶残基磷酸化，进而激活下一个效应物，引起系列级联反应，使激素的效应成倍增加，最终引起细胞内的胰岛素效应。

4. 细胞内受体

　　位于细胞内（胞质受体和核内受体），受体要与相应配体结合后才可进入细胞核。胞内受体识别和结合的是能够穿过细胞质膜的小的脂溶性分子，如各种类固醇激素、甲状腺素、维生素 D 及视黄酸。细胞内受体基本结构很相似，有极大同源性。细胞内受体通常有两个不同结构域，一个是与 DNA 结合的中间结构域，另一个是激活基因转录的 N 端结构域。此外，还有两个结合位点，一个是与脂配体结合的位点，位于 C 末端，另一个是与抑制蛋白结合的位点。胞内受体均属反式作用因子，具有锌指结构，作为其 DNA 结合区，通常为 400 ～ 1000 个氨基酸残基组成的单体蛋白，包括四个区域，即高度可变区、DNA 结合区、激素结合区和铰链区。当激素与受体结合时，受体构象发生变化，暴露出受体核内转移部位及 DNA 结合部位，激素 - 受体复合物向核内转移，并结合于 DNA 上特异基因邻近的激素反应元件上，进而改变细胞基因表达谱并发生细胞功能改变。现已知通过细胞内受体调节的激素有糖皮质激素、盐皮质激素、雄激素、孕激素、雌激素、甲状腺素（T3 及 T4）和 1,25-$(OH)_2$-D_3。上述激素除甲状腺素外均为类固醇化合物。不同激素受体复合物结合于不同激素反应元件，结合于激素反应元件的激素受体复合物再与位于启动子区域的基本转录因子及其他转录调节分子作用，进而开放或关闭其下游基因。

（三）跨膜信号转导与细胞信号转导

跨膜信号转导是指不同形式的外界信号作用于细胞膜表面，外界信号通过引起膜结构中某种特殊蛋白质分子变构，再以新的信号传到膜内，从而引发受体细胞相应功能改变。细胞外部信号与刺激都要跨越细胞膜进入细胞，并经过细胞内不同信号转导途径，将信号传递入细胞核，从而诱导或阻遏相应基因表达，造成细胞表型变化和产生各种生物效应。跨膜信号转导可调控许多生命过程，包括生长、发育、神经传导、激素和内分泌作用、学习与记忆、疾病、衰老与死亡等，也包括细胞增殖、细胞周期调控、细胞迁移、细胞形态与功能、免疫、应激、细胞恶变与细胞凋亡等。细胞外刺激信号少部分可跨膜，通过胞内受体引起生理效应，多数只能被质膜上受体识别，通过膜信号转换系统，再转变为细胞内信号。细胞内信号转导通路主要基于以下两类分子基础。

1. 不同种类的受体使用由共同组分构成的转导信号

细胞因子受体与受体 - 酪氨酸蛋白激酶的下游信号转导方式十分相似，两者都募集含有 SH2 结构域的信号转导分子作为建立信号转导通路的基础。SH2 结构域大约由 100 个氨基酸残基组成，不同信号转导分子的 SH2 结构域在三维结构上很相似，含有磷酸化酪氨酸残基的多肽特异结合位点，每一条信号转导通路所构成的组分也有共同功能，如 CSF-1、PDGF 和 EGF 等细胞因子与受体 - 酪氨酸蛋白激酶结合后，就能使 JAK 家族（胞质可溶性酪氨酸激酶家族）的特殊成员发生酪氨酸残基的磷酸化反应，激活含有特定 STAT（信号转导子和转录激活子）的转录因子复合物。这种功能上的重叠可进一步延伸至细胞因子受体所利用的下游信号转导分子。细胞内有多条信号转导通路，每一个信号转导分子不止参加一条通路，同时，每一个信号转导通路也使用不止一种信号转导分子。因此，细胞信号转导分子与转导通路就形成了转导通路网络。

2. 信号转导通路中不同类型的磷酸化同时起作用

在信号转导通路中，有多种类型的磷酸化同时起作用，包括酪氨酸蛋白激酶、丝氨酸 / 苏氨酸蛋白激酶、半胱氨酸激酶、天冬氨酸 / 谷氨酸蛋白激酶、组氨酸 / 赖氨酸 / 精氨酸蛋白激酶等。相比其他类型的蛋白激酶，虽然酪氨酸残基磷酸化起着特别重要的作用，但其他氨基酸残基的磷酸化也不可缺少。多种类型激酶，在各种细胞信号转导通路上交叉穿梭，催化各种类型的磷酸化反应，从而形成细胞内信号转导通路网络。如酪氨酸蛋白激酶使其底物分子的酪氨酸残基磷酸化，继而激活 STAT 复合物时还需丝氨酸残基的磷酸化才能完成其激活作用。又如 IFN-Y 诱导原单核细胞分化为成熟的巨噬细胞时，需要转录因子复合物 GAF 发生双重碳酸化，从而加强它与 DNA 的结合能力。细胞信号转导作用机制及其分子基础说明，细胞内信号转导通路之间是相互交流、形成网络的，有以下特点：首先，它由配体、受体、连接物、激酶和转录因子五大要素组成，组成信号转导通路的分子常有密切关系，它们的基因都是一些多基因家族的成员；其次，由关系密切的分子所组成的各种各样信号转导通路有重复性；最后，有共享组分的各种因子间可在许多水平上进行交流与调控。

（四）细胞信号转导与药物研究

细胞信号转导是维持正常细胞代谢和存活所必需的，与人类健康和疾病密切相关，许多疾病起因涉及细胞信号转导系统紊乱。细胞信号转导机制研究的深入与发展，尤其是对各种疾病过程信号转导异常的不断认知，为发展新的疾病诊断和治疗手段提供了更多的机会。在研究各种疾病的过程中，所发现的信号转导分子结构与功能的改变为新药筛选和开发提供作用靶点。许多药物可通过 G 蛋白、酪氨酸蛋白激酶、鸟苷酸环化酶等介导的信号转导途径影响细胞功能或代谢，由此产生了"信号转导药物"这一概念。

信号转导分子的激动剂和抑制剂是信号转导药物研究的出发点，尤其是各种蛋白激酶的抑制剂，更是被广泛用作母体药物进行抗肿瘤新药研究。一种信号转导干扰药物是否可以用于疾病治疗而又具有较少副作用，取决于两点。首先，它所干扰的信号转导途径在体内是否广泛存在于各种细胞内，如果广泛存在，副作用很难控制。其次，药物自身选择性，对信号转导分子选择性越高，副作用就越小。基于这一背景，可通过筛选化合物库和改造已有化合物来发现具有更高选择性的信号转导分子的激动剂或抑制剂；同时，也可了解信号转导分子在不同细胞的分布情况。针对信号转导通路中异常的基因或蛋白质来设计药物以抑制细胞过度增殖或促进凋亡，成为当前抗肿瘤药物研发的重点。已有一些信号转导药物用于临床，特别是在肿瘤治疗研究领域。

（五）药物作用的酶靶点

现有药物中，除以受体作为靶点的药物外，以酶作为靶点的药物约占 20%，特别是酶抑制剂在临床用药中具有特殊地位。由于酶参与一些疾病的发病过程，机体在酶催化下产生一些病理反应介质或调控因子。因此，酶成为一类重要的药物作用靶点。药物对酶靶点的作用方式包括调节酶含量和调节酶活力两个方面，此类药物以酶的抑制剂为主，全球销量排名前 20 位的药物有 50% 是酶抑制剂。酶抑制剂一般对靶酶具有高度亲和力和特异性，如抗高血压药物卡托普利是血管紧张素 I 转换酶的抑制剂、解热镇痛药阿司匹林可为环氧合酶 -2 的抑制剂、降脂药洛伐他汀为 HMG-CoA 还原酶抑制剂、毒扁豆碱和新斯的明为胆碱酯酶抑制剂、α-甲基多巴为多巴脱羧酶抑制剂、乙酰唑胺为碳酸酐酶抑制剂、TMP 和甲氨蝶呤为二氢叶酸还原酶抑制剂、氟尿嘧啶为胸苷酸合成酶抑制剂、齐多夫定为反转录酶抑制剂。

▲执业药师考点提示▲：HMG-CoA 还原酶抑制剂主要用作高胆固醇血症的首选血脂调节剂，不良反应较多，如腹泻、腹胀、便秘、肌病（肌痛、肌炎、横纹肌溶解）、皮疹（偶有）、胃痛（偶有）等，其中最严重的不良反应是肌病，导致阿托伐他汀因此撤出国际医药市场。

酶生理功能低下或缺乏的原因可能是遗传性或病理性的，有时可采用代谢旁路，甚至建立新的代谢途径来克服，这种适应性常是耐药性产生的重要原因。先天性酶活性缺乏症是许多遗传性疾病的病因，如苯丙酮尿症、白化病、遗传性果糖不耐受（α_1- 抗胰蛋白酶缺乏症）。酶靶点可存在于正常人体组织中或病原体内，一种酶抑制剂要成为临床有效药物，应具备几个条件，如被抑制酶靶点所催化的生化反应与某种疾病发生有关，必须具有特异性，在治疗剂量内不对其他代谢途径或受体产生抑制作用，从而减少副作用，应具有药代动力学特征，可被吸收渗透到作用部位并具有合理、可预见的量效关系及作用持续时间。最后，抑制剂应符合药品标准和工艺，质量与价格等在临床与市场上具有竞争性。

（六）细胞生长调节因子

细胞生长调节因子是对效应细胞的生长、增殖和分化起调控作用的一类活性物质，大多数是蛋白质或多肽，也有的是非蛋白质物质。已发现的细胞生长调节因子有 100 多种，分为细胞生长刺激因子类和细胞生长抑制因子类。许多细胞因子在靶细胞上有特异性受体，仅微量就具有生物活性。细胞生长刺激因子类包括促红细胞生长因子与集落细胞刺激因子等造血细胞生长因子、表皮生长因子、成纤维细胞生长因子、神经生长因子、白细胞介素 1 ～ 25、骨生长因子等。细胞生长抑制因子类即负性细胞生长因子，包括干扰素 α、β、γ，肿瘤坏死因子 α、β，转化生长因子、肝增殖抑制因子等。

（七）细胞凋亡的生物化学

细胞凋亡是在某些生理或病理条件下，细胞受到某种信号所触发，并按一定程序进行的主动、缓慢的死亡过程。细胞凋亡与细胞坏死不同，细胞凋亡不是被动的过程，而是主动过程，它涉及一系列基因激活、表达及调控等作用，它并不是病理条件下自体损伤的一种现象，而是为更好地适应生存环境，而主动争取的一种死亡过程，在机体生长发育和维持内环境的平衡方面起着很大的作用。细胞凋亡对控制细胞增殖、防止肿瘤发生与生长有重要意义。细胞凋亡发生是不可逆的，一旦启动，就会产生系列生物化学和代谢变化的连续反应，最重要的是基因组 DNA 降解及因此导致的细胞死亡。

细胞凋亡的生物化学变化有：① DNA 片段化。细胞凋亡的一个显著特点是细胞染色体的 DNA 降解，是一个普遍现象，这种降解非常特异并有规律，所产生的不同长度的 DNA 片段为 180 ～ 200bp 的整倍数，而这正好是缠绕组蛋白寡聚体的 DNA 长度，提示染色体 DNA 恰好是在核小体与核小体的连接部位被切断，从而产生不同长度的寡聚核小体片段。实验证明，这种 DNA 的有控降解是一种内源性核酸内切酶作用的结果，该酶在核小体连接部位切断染色体 DNA。降解的 DNA 在琼脂糖凝胶电泳中呈现特异的梯状 ladder 图谱（图 16-3），而细胞坏死时 DNA 呈弥漫的连续图谱。②大分子合成。细胞凋亡的生化改变不仅仅是 DNA 的有控

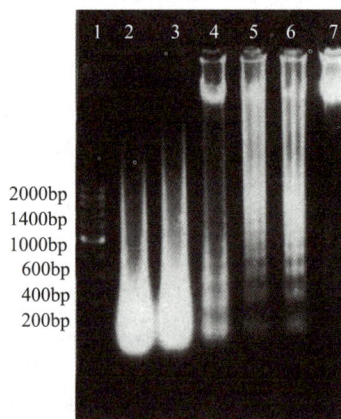

图 16-3　细胞坏死、细胞凋亡和正常细胞的 DNA 电泳图谱对比

泳道 1—DNA ladder；泳道 2 ～ 3—细胞坏死；泳道 4 ～ 6—细胞凋亡；泳道 7—正常细胞

降解，在细胞凋亡过程中往往还有新的基因表达和某些生物大分子的合成作为调控因子。如 TFAR-19 就是在细胞凋亡时高表达一种分子，再如在糖皮质激素诱导鼠胸腺细胞凋亡的过程中，加入 RNA 合成抑制剂或蛋白质合成抑制剂即能抑制细胞凋亡的发生。

诱导细胞发生凋亡的因素很多，细胞凋亡过程失调，包括不恰当激活或抑制，不仅可使机体失去稳定性，还会导致严重疾病。凋亡异常是肿瘤发生发展的重要原因，诱导肿瘤细胞凋亡是治疗肿瘤的一条有效途径。白血病、自身免疫性疾病、神经系统退行性疾病等也与细胞凋亡异常有关。

二、新药筛选的生物化学方法

研究治疗某种疾病的药物，首先要有能反映预期药理作用的筛选模型，新药筛选模型可

以是整体动物，或是细胞、亚细胞或分子水平。

（一）放射配基受体结合法

受体与药物（配基）结合的专一性和结合强度与生成物的药效强度有关。实验是以放射性核素标记的配基与待筛选的药物（非标记配基）进行受体结合实验，一定条件下，配体与受体相结合形成配体－受体复合物，随后作用物和生成物达到平衡，然后，分离除去游离配体，分析药物与标记配基对受体的竞争性结合程度，从而量化药物对受体的亲和力和结合强度，进而判断其药理活性。配基结合实验与药理活性的相关性是放射配基受体结合法用于药物筛选的生化基础。

（二）酶学实验法

药物代谢或清除作用一般通过肝代谢或肾排泄完成。药物代谢中起关键作用的是肝脏细胞色素 P_{450} 系统——药酶，其代谢药物的分子机制及其毒理学关系是药理学基础理论研究的重要内容之一，主要包括：①制备肝微粒体和线粒体用于体外药物代谢研究；②用诱导肝脏药物代谢酶的方法研究药物对肝脏药物代谢酶的影响（活性或含量变化）；③观察药物对细胞色素 P_{450} 活性及含量的影响，以及药物与细胞色素 P_{450} 结合后的光谱分析；④测定药物受肝脏药物代谢酶的水解作用和药物经葡萄糖醛酸基转移酶、谷胱甘肽 S- 转移酶的作用所产生的结合反应等。

（三）膜功能研究方法

药物作用机制阐明越来越多地集中在细胞膜或分子水平上，如线粒体内膜上 ATP 酶亚基的分离与重组研究丰富了对氧化磷酸化进程的认识，细胞膜钠泵的研究推动了强心苷作用机制的深入了解。药理学研究中有许多代表性的膜制备技术与功能研究方法。

1. 钙调蛋白 – 红细胞膜的制备及钙调蛋白功能测定

钙离子在生命活动中的作用主要是通过钙调蛋白（CaM）来实现的。虽然无法测定 CaM 本身的活性，但它一定要有钙离子存在，且与一定靶酶结合后才能表现其激活或调节功能。应用高速离心法制备的红细胞膜含有 Ca^{2+}，Mg^{2+}-ATP 酶，是一种与钙离子转运密切相关的 CaM 靶酶，通过测定 CaM 激活 Ca^{2+}，Mg^{2+}-ATP 酶活性的变化，可观察钙拮抗类药物的药理活性。

2. 心肌细胞膜的制备与功能测定

在维持心肌细胞膜电位和去极化、复极化产生动作电位的过程中，起重要作用的钠钾泵（Na^{2+}，K^+-ATP 酶）贯穿在膜的内外两面，应用差速离心法制备的心肌细胞膜可作为膜上钠钾泵活性的测定材料。如心脏细胞膜上的钠钾泵是强心苷类药物（如地高辛）的作用目标，钠通道阻滞药类抗心律失常药的作用机制与心肌细胞膜上 Na^{2+}，K^+-ATP 酶的活性有关，β- 肾上腺能阻断药的作用机制，与膜上专一性受体及腺苷酸环化酶的功能有关。因此，心肌细胞膜的功能分析可供这类药物的筛选研究。

（四）生化代谢功能分析法

生物体内存在着一整套复杂又十分完整的代谢调节网络，有整体的神经 - 体液调节，还有细胞及其关键酶的调节。疾病发生除酶先天缺陷与后天受抑制导致代谢异常外，还与代谢调节网络失调有关。如糖尿病是由于胰岛素分泌不足，或其受体功能缺陷等原因所致的糖代谢调节功能紊乱与失调，脂质代谢异常导致高脂血症与肥胖。因此，生化代谢功能分析是研究纠正代谢紊乱与失调药物的有效实验方法。

1. 降血糖药物实验法

测定血糖含量变化是观察药物对血糖影响的重要手段。目前，常用方法有磷钼酸比色法、邻甲苯胺法、铁氰化钾法、葡萄糖氧化酶法以及应用酶电泳法、酶试纸等分析法。用于筛选抗糖尿病药物的动物模型主要有胰腺切除法、化学性糖尿病模型及转基因动物模型，如四氧嘧啶糖尿病、链佐霉素糖尿病及 2 型糖尿病小鼠模型等。

2. 调血脂药及抗动脉粥样硬化病理模型是研究动脉粥样硬化药物的重要手段

测定血脂水平和建立动脉粥样硬化动物模型，是研究调血脂药及抗动脉粥样硬化药物的重要手段。如用酶法测定血清总胆固醇酯和游离胆固醇，用比色法测定血清游离胆固醇，用乙酰丙酮显色法和酶法测定血清甘油三酯，用多种电泳法测定血清脂蛋白以及用免疫分析法测定载脂蛋白等。调血脂药及抗动脉粥样硬化药物的筛选模型主要有以下几种：①喂养法，喂养高胆固醇和高脂类饮料使动物形成病理状态；②免疫学方法，将大白鼠主动脉匀浆给兔注射，可以引起兔血胆固醇、低密度脂蛋白和甘油三酯升高；③儿茶酚胺注射法等。

3. 凝血药和抗凝血药实验法

血液凝集过程包括凝血酶原激活物形成、激活凝血酶原以及凝血酶将纤维蛋白原转变为纤维蛋白。在凝血作用的促进和抑制分析中，常有多种实验方法，如测定血浆中抗凝血酶活性物质（这类物质可使凝血酶凝固时间延长）、测定血浆中纤维蛋白原的量、测定凝血酶活力或测定纤维蛋白稳定因子等。

（五）逆向药理学

逆向分子药理学法是应用基因克隆技术从同一家族变体中构建出未知的受体基因，筛选研究与此受体选择性作用的配体药物，即建立孤儿受体筛选新药模型。所谓孤儿受体是指一些与其他已确认的受体结构上明显相似，但其内源配体还没被发现的受体。将克隆的孤儿受体在哺乳动物细胞中表达，并以此细胞为基础，应用功能分析法筛选配基，以此配基为标记物，筛选该孤儿受体的拮抗药或激动药，再研究它们的生物学及药理学效应，从而阐明孤儿受体的功能，在此基础上应用该受体筛选药物。以孤儿 G 蛋白偶联受体（GPCR）为例，目前运用现代生物技术已克隆了 800 多种 GPCR，其中与人有关的有 240 多种，预计人类基因组中有 400 多种以上的 GPCR。传统药理学方法开发以孤儿受体为靶点的药物，既费力又费时，为此人们提出了应用逆向分子药理学建立孤儿受体筛选新药的模型（图 16-4 所示）。逆向分子药理学法为设计作用于单个亚型受体的药物提供了新的思路，为新药开发提供了有效手段。

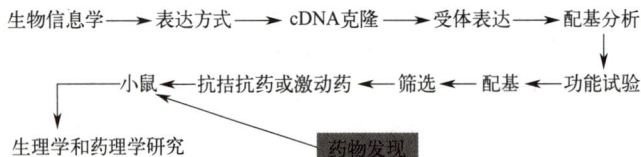

生物信息学 ⟶ 表达方式 ⟶ cDNA克隆 ⟶ 受体表达 ⟶ 配基分析

小鼠 ⟵ 抗拮抗药或激动药 ⟵ 筛选 ⟵ 配基 ⟵ 功能试验

生理学和药理学研究   药物发现

图 16-4   GPCR 类孤儿受体筛选新药模型

第三节   药物设计的生物化学理论基础

药物设计是新药研究的重要内容，是药物研究开发的中心环节，是研究和开发新药的重要手段与途径。所谓药物设计就是通过科学的构思与方法，提出具有特异药理活性、显著提高药理活性或显著提高作用特异性的新化学实体或新化合物结构。研制成功的新化合物在药理活性、适应证、毒副作用等方面应优于已知药物，并尽量降低人力、物力和财力耗费。生物化学和分子生物学是与药物设计密切相关的重要学科。药物设计的基本原理是基于靶点和配体的相互作用，明确药物作用靶点——蛋白质、酶、核酸等生物分子，解析功能作用位点和该区域三维结构乃至整个靶点分子三维结构。基于靶点的药物设计是以生命科学为基础，根据疾病病理机制，研究和发现药物作用靶点及预防相关的调控途径来设计药物。

一、酶与药物设计

酶常作为药物作用靶点，一些重要治疗药物的作用机制在于它们抑制了某种靶酶，如可逆性胆碱酯酶抑制剂毒扁豆碱可抑制乙酰胆碱酯酶活性，下调乙酰胆碱水解效率，延长乙酰胆碱效应，具有拟胆碱剂的作用，主要用于青光眼的缩瞳治疗。抗高血压药卡托普利是通过合理药物设计研究成功的案例，它可与血管紧张素转化酶的活性中心结合，抑制血管紧张素Ⅰ转变成血管紧张素Ⅱ，防止血管壁收缩，达到降压作用。作用于病原体靶酶的药物常常是有效的抗感染、抗病毒和抗寄生虫药物，如磺胺类药物是对氨基苯甲酸的竞争性抑制剂，甲氧苄氨嘧啶（TMP）是二氢叶酸还原酶有效抑制剂，与磺胺类药物合用可增强抑菌作用，称增效磺胺。抗血吸虫药物（葡萄糖酸锑钠和锑波芬）能选择性地抑制血吸虫的磷酸果糖激酶，阻止寄生虫 6- 磷酸果糖转化为 1,6- 二磷酸果糖代谢途径，从而阻断了寄生虫赖以生存的葡萄糖无氧代谢。

基于酶结构的药物设计主要是设计特定靶酶的抑制剂或激动剂，如艾滋病病毒 HIV 蛋白水解酶抑制剂的设计就是一个成功的实例。HIV-1 蛋白水解酶是由两个含 90 个氨基酸残基组成的天冬氨酸水解酶，在艾滋病病毒导入人体细胞的过程中起重要作用。研究发现，高效蛋白水解酶抑制剂是非常有前途的治疗艾滋病的药物。科学家利用计算机辅助设计并合成了具有二重结构对称、口服有效的 HIV 蛋白酶抑制剂。另一个突出例子是抗肿瘤药物胸腺嘧啶核苷酸合成酶抑制剂，它是基于该酶活性中心区结构特点设计的。类似例子还有凝血酶抑制剂、高血压蛋白酶原抑制剂、羧肽酶 A 抑制剂、胰蛋白酶抑制剂等。蛋白激酶类抑制剂设计是当前热点，如酪氨酸蛋白激酶在细胞增殖、细胞转化、代谢调控及细胞迁移等许多方面有重要作用，细胞表面酪氨酸蛋白激酶受体失控信号及细胞内酪氨酸蛋白激酶异常均会导致炎症、癌症、动脉粥样硬化、银屑病等，它的抑制剂的设计是一类有效药物发展的基础。

二、受体与药物设计

药物作用的另一类型靶点是受体，分为细胞表面受体（细胞膜受体、膜上受体）和细胞内受体。受体结构中含有能识别并结合配体（配基）的活性部位，和负责产生应答反应的功能活性部分，只有在与配体结合形成二元复合物并发生变构后才能产生应答。受体基本特征包括：①绝大多数受体化学本质是蛋白质，尤其是糖蛋白，少部分是糖脂；②受体识别结合具有高度特异性，受体与配体识别是基于两者在化学结构和空间结构的互补；③与配体结合具有饱和性和可逆性；④与配体结合后可引发生物效应；⑤配体 - 受体结合的生物效应包括激动激活型、拮抗型和激动抑制型。

（一）受体靶标介导的靶向药物设计

目前，切实可行的途径之一是受体靶标介导的靶向药物。将受体配体（可以没有药理活性）与药物构成一个双功能分子，彼此间互不影响对方活性，其中，配体部分作为受体靶标的靶头，将药物部分通过受体靶标选择性作用于特定细胞（靶细胞），以达到治疗疾病和减少毒副作用的目的。如许多肿瘤细胞的发生、发展与一些细胞因子受体（如表皮生长因子受体）

的高表达密切相关，利用这些受体作为药物作用靶点和靶标，将受体拮抗剂或抑制剂与细胞毒分子结合形成双功能分子。该双功能分子药物，一方面由受体拮抗剂或抑制剂部分抑制或下调受体响应活度，继而抑制或阻断肿瘤细胞增殖、迁移等，或激活肿瘤细胞凋亡、坏死等；另一方面通过受体拮抗剂或抑制剂部分，将双功能分子靶向肿瘤细胞，再由细胞毒分子部分对肿瘤细胞产生杀伤作用，从而有效提高药效并降低毒副作用。根据靶向药物的导向机制可将其分为被动靶向、主动靶向和物理靶向三类。被动靶向是指药物通过正常的生理转运和潴留到达靶部位，如用各种具有生物相容性和生物降解材料制备的脂质体微球、纳米球等。主动靶向是指通过生物识别设计，如抗体识别、受体识别、免疫识别等将药物特异导向靶部位。物理靶向是指通过温度、电场或磁场等因素把药物导向靶部位，如热敏脂质体、磁性微球等。

（二）药物与受体结合的构象分析

分析药物与受体结合的构象变化有助于设计新的有效结构物，目前主要研究方法有两类。利用生物信息学技术模拟构建受体蛋白三维结构，通过计算机辅助药物设计方法，设计合理的新型结构先导化合物药物。另外，通过分析受体蛋白与一系列药物（或配基）结合的结构变化，设计合理的新型结构先导化合物药物。结构分析手段主要有磁共振技术、X 射线晶体衍射分析技术、波谱学方法等，以及量子化学计算或用类似结构的刚性化合物进行实验。药物研究主要流程包括药靶分子三维结构预测模型、药靶分子靶标（靶位）预测与确定，以及先导化合物结构设计与优化。

1. 药靶分子结构预测建模

蛋白质结构预测建模是指从蛋白质的氨基酸序列预测并建模其三维空间结构。蛋白质结构建模一方面利用能量优化算法，对预测所得的结构进行优化，也可研究实验所得结构中局域结构的构象变化；另一方面利用实验结构甚至是预测结构进行蛋白质 - 蛋白质、蛋白质 - 配体结合的研究。蛋白质结构预测的检验是将预测结构与实验结构或其他实验数据对照，以及在预测的各个环节根据研究经验进行人工参与。

2. 药靶分子靶标（靶位）预测与确认

应用生物信息学技术发现药物的作用靶标的方法很多，主要包括表达序列标签（EST）数据库搜寻以及结构生物学方法等。

3. 先导化合物结构设计与优化

利用量子化学、分子力学、数学、计算机科学等理论与技术，通过模拟药物与生物大分子的相互作用分析与优化，或通过分析已知药物结构与活性内在关系，合理设计新型结构先导化合物药物，再根据先导化合物药理学结果进行更加全面的结构优化。

三、药物代谢转化与前体药物设计

药物代谢研究的主要目的是确定药物在体内的转化及其途径，并定量确定每一代谢途径及其中间体的药理活性。药物代谢转化除药物分子或其衍生物极性发生变化外，还伴随着药理活性改变，如非那西丁通过 $O-$ 脱乙基生成对乙酰氨基酚而产生解热镇痛作用。又如分子本身没有药理活性，但进入体内经药物代谢酶催化脱甲基后才具有药理活性的抗抑郁药——地昔帕明。再如抗风湿药保泰松在代谢过程中转化成更有效、毒性较低的羟布宗（羟基保泰松）。药物代谢产物通常比原始（初）药物具有更好的生物学活性，甚至一些原先不具有药理活性的化合物，经过代谢转化后才生成有效、低毒的药物。目前已使用的不少药物存在多种缺陷，如有的口服吸收不完全影响血药浓度；有的在体内分布不理想，产生毒副作用；有的水溶性低，不便制成注射剂；有的因首关效应而被代谢破坏，在体内半衰期太短；有的稳定性差，产品商业化难度大等。为改善药物药动学性质以克服其生物学和药学方面的某些缺点，常根据药物代谢转化研究结果，将药物化学结构进行改造与修饰，将其制成前体药物，或在已知药理作用的药物结构上进行化学修饰，使其比母体药更能充分发挥作用。

四、生物大分子药物设计

利用生物化学与分子生物学、生物信息学理论技术，开展生物大分子药物研究与开发主要体现在突变体设计和基于药物作用靶点及其靶位的设计两方面。

1. 突变体设计

该方法是应用蛋白质工程技术改造生物大分子药物或天然蛋白质分子的一种方法。以蛋白质的结构规律及其生物功能为基础，通过分子设计和有控制的基因修饰，以及基因合成对现有蛋白质类药物加以定向改造，构建最终性能比天然蛋白质更加符合人类需要的新型活性蛋白。常用蛋白质工程药物分子设计方法如下：①用点突变或盒式替换等技术更换天然活性蛋白的某些关键氨基酸残基，使新的蛋白质分子具有更优越的药效学性能；②通过定向进化与基因打靶等技术，增加、删除或调整分子上的某些肽段或结构域或寡糖链，使改变活性或产生新的生物功能；③利用生物信息学技术，通过药靶 - 药物的分子对接等手段，设计更加符合人们需要的生物大分子药物突变体；④通过融合蛋白技术将功能互补的两种蛋白质分子在基因水平上进行融合表达，生成"择优而取"的嵌合型药物，其功能不仅仅是原有药物功能的加和，往往还会出现新的药理作用。如 GM-CSF/IL-3 融合蛋白对 GM-CSF 受体的亲和力与天然 GM-CSF 相同，而对 IL-3 受体的亲和力却比天然的高。此外，应用蛋白质工程技术可获得多种自然界不存在的新型基因工程药物。如结构改造的 tPA，它除去了 tPA 五个结构域中的三个结构域，保留了天然 tPA 的两个结构域，具有更快的溶栓作用。将胰岛素 B 链 Pro_{28} 突变为 Asp，即生成速效胰岛素，还可将 Asp_{21} 突变为 Gly，在 B 链 C 末端加了 2 个 Arg 残基生成长效胰岛素（替代精蛋白锌胰岛素）等。

2. 基于药物作用靶点及其靶位的设计

目前，已有相当数量药靶及其靶位三维结构被精确解析，使得基于药物作用靶点及其靶位的生物大分子药物设计成为可能，并发展成为一种新的药物设计方法——合理药物设计。如治疗性单克隆抗体药物以及在此基础上的人源化乃至全人源单抗药物。基于药物作用靶点及其靶位的设计涉及以下几个方面：①针对药靶分子结构进行设计。主要是利用数据库信息，以药靶分子作为搜寻探针，从生物大分子化合物库中筛选先导化合物，进而优化设计药物及修饰物、衍生物等。②针对药物作用靶点靶位区域结构的设计，主要是针对药物作用靶点靶位的区域结构，从生物大分子化合物库中筛选先导化合物。或直接利用该靶位的区域结构，设计药物及修饰物、衍生物等。③针对药靶分子表面抗原决定簇筛选抗体药物。是通过扫描探针等进行药靶分子表面扫描，或通过其他技术研究确认药靶分子表面抗原决定簇，以这些抗原决定簇获得与其特异识别结合的抗体，该抗体通过结合药靶能够封闭或阻断药靶分子的生理功能。

五、药物基因组学与药物研究

药物基因组学是研究影响药物作用、药物吸收、转运、代谢、清除等基因差异的学科，即研究决定药物作用行为和作用敏感性的相关基因组科学，它以提高药物疗效与安全性为目的，对临床用药具有重要指导作用。通过对疾病相关基因、药物作用靶点、药物代谢酶谱、药物转运蛋白的基因多态性进行研究，寻找新的药物先导物和新的给药方式。在药物发现、药物作用机制、药物代谢转化、药物毒副作用等领域发现相关的个体遗传差异，从而改变药物的研究开发方式或临床治疗模式。将基因组科学融入药物作用的靶点研究是现代药学研究的新方向。药物基因组学在药学领域中的应用：①检测、评估个体对某种药物的适用程度，使药物的有效性达到最大化；②检测药物应答基因的多态性，依据个体的遗传差异实现个性化用药；③确定疾病发生相关基因，筛选新的药物作用靶点，研究药物代谢酶基因谱及药物产生毒副作用的相关基因，从而提高新药研发的成功率，增强药物疗效和安全性，缩短开发周期，降低研究开发成本。

六、系统生物学与药物研究和发现

系统生物学是利用基因组学、转录组学、蛋白质组学、代谢组学等多种组学技术获得数据，并进行定量、综合、动态研究的学科，是研究一个生物系统中所有组成成分（基因、mRNA、蛋白质、代谢物等）的构成，以及在特定条件下这些组分间的相互作用网络关系，是以整体性研究为特征的一种大学科，主要研究内容包括：①系统内所有组分的阐释；②系统内各组分间相互作用与所构成的生物网络的确定；③系统内信号转导过程；④揭示系统内部新的生物过程（特性）。基本研究进程分为 4 个阶段：①系统初始模型的构建。对所选定的某一生物系统的所有组分进行分析和鉴定，阐释系统的组成、结构、网络和代谢途径，以及细胞内和细胞间的相互作用机制，以此构建初步的系统模型。②系统干涉信息的采集和整合，系统地改变被研究对象的内部组成成分（如基因突变）或外部生长条件，然后观测系统组成或结构的变化，对得到的信息进行整合。③系统模型调整与修订。根据获得的整合信息与初始模型预测情况进行比较，对初始模型进行调整与修订。④系统模型的验证和重复。根据修正后的模型的预测或假设，设定和实施新的改变系统状态的实验，重复②和③，不断通过实验对模型进行修订和精炼。所以，系统生物学的研究目标就是要得到一个尽可能接近真正生物系统的理论模型，使其所进行的理论预测能够反映生物系统的真实性。系统生物学是解决药物发现研究中所遇到的一些挑战性问题的有效途径。

1. 加速药物的发现和开发过程

系统生物学在疾病相关基因调控通路和网络水平上，对药物作用机制、代谢途径和潜在毒性等进行多层次研究，在细胞水平上能全面评价候选化合物的成药可能性。使研究者可在新药研究早期阶段就能获得活性化合物对细胞作用效应的评价数据，包括细胞毒性、代谢调节和对其他靶点非特异作用等，从而显著提高发现先导物的速度和增加药物后期开发成功率。

2. 药物作用靶点的发现与确证

通过比较疾病与正常状态的物质代谢网络，可鉴别关键节点（蛋白质），即药物作用靶点。在选择药物作用靶点时，首先考虑的是药靶的药效作用即有效性；其次是药靶与毒副作用的相关性，即安全性；还要考虑对药效起作用的其他靶点与药物作用可能产生的毒副作用，即特异性。通过系统生物学研究，可提前了解先导物对药靶的有效性与毒副作用，以及对其他靶点作用时可能产生的潜在毒副作用。

3. 发现代表性标志物，用于跟踪药物的临床疗效

发现用于评价临床疗效的合适标志物就可通过较少病例的分析，快速、科学地评价临床效果。为鉴别合适的代表性临床监控标志物，可通过评价疾病状态和药物治疗后的蛋白质组表达和代谢组变化，多参数地分析蛋白质组、代谢组网络的变化，发现与临床评价相吻合的标志物。如通过系统生物学研究，应用计算机模拟设计 2 型糖尿病治疗药物的 1 期临床试验方案，通过指导性研究，可降低用药剂量，减少病例数，增加了临床试验成功的可能性。

4. 建立个性化用药方案

系统生物学通过建立调节网络的整合模型，分析基因多态性和蛋白质组表达模式，对患者个体的亚型进行定义与分类，从而实施精确治疗。进行个性化药物治疗方案设计可大大提高治疗效率，同时降低治疗费用，并减少药物不良反应的发生。

第四节　药物质量控制的生物化学理论基础

药物质量控制主要包括药物鉴别、杂质检查和含量测定，生化分析方法在药物质量检验与控制中应用广泛。依据药物的化学本质，人为将其分成小分子药物（化学药物和中药）和大分子药物（生物药物）两个范畴进行介绍。

一、药物质量控制的常用生化分析方法

生化分析方法具有操作简便、用量少、灵敏度高、专业性强等优点，在药物分析中经常被采用。如利用微量凯氏定氮法测定药物有机含氮量，用酶法分析对具有旋光异构体或几何异构体的药物、酶抑制剂、激活剂、变构剂类药物进行定性定量分析，利用免疫分析法对具有半抗原性质的药物或杂质进行定性定量分析等。

（一）免疫分析法

抗原和抗体识别具有特异性，可利用一方鉴定另外一方，常见的有免疫扩散法、免疫电泳法、放射免疫法与酶联免疫测定法等。

1. 免疫扩散法

是以琼脂作为免疫沉淀反应的惰性载体，通过观测沉淀与抗原浓度的关系，即可定量测定抗原（待测样品中蛋白质）的含量。免疫扩散法分为环状免疫单扩散法和双向扩散法两种。环状免疫单扩散法是将一定量的抗体（常用单价抗血清）与含缓冲液的琼脂糖凝胶混匀铺成适当厚度的凝胶板，再把抗原滴进凝胶板的小孔中。在合适的浓度和湿度环境中，抗原由小孔向四周扩散（呈辐射状），经过一定的时间后，抗原与在琼脂糖凝胶中的抗体相互作用。双向扩散法是指抗原与抗体在同一凝胶中扩散的方法，是观察可溶性抗原与相应抗体反应和抗原抗体鉴定的最基本方法之一。其原理为，相应的抗原与抗体在琼脂糖凝胶板上的相应孔内，分别向周围自由扩散。在抗原和抗体孔之间，扩散的抗原与抗体相遇而发生特异性反应，并于两者浓度比例合适处，形成肉眼可见的白色沉淀线，证明有抗原和抗体反应发生。若将待测抗体做系列倍比稀释，根据白色沉淀线逐渐消失的情况可测定抗体效价，如应用免疫扩散法可检测鹿茸、哈什蟆、阿胶等中药中特异性蛋白，亦可作为真伪鉴别方法。

2. 免疫电泳法

是指利用凝胶电泳与双向免疫扩散两种技术结合的实验方法。首先，在电场作用下标本中各组分因电泳迁移率不同而分成若干区带，然后，沿电泳平行方向将凝胶挖一沟槽，将抗体加入沟槽内，使抗原与抗体相互扩散而形成沉淀线。根据沉淀线数量、位置及形状来分析标本中所含组分的性质。本实验常用于抗原分析及免疫性疾病的诊断，此法在微量基础上具有分辨率高、灵敏度高、时间短的优点，是很理想地分离和鉴定蛋白质混合物的方法。还可用于抗原、抗体定性及纯度的测定，常见方法有简易免疫扩散电泳法和对流免疫电泳法。

3. 放射免疫法

利用放射性同位素标记抗原或抗体，通过抗原 - 抗体的特异识别结合属性，借助标记的放射性同位素测量有无和程度，进行超微量的定性定量分析方法。放射免疫法利用了生物学和物理学两方面的技术，生物学是利用抗体抗原特异性反应，物理学技术是利用放射性标记技术。放射免疫法是一种灵敏度高、较简便的测量法，几乎可测定生物体内任何物质，包括生物体自身分泌的各种激素、病人口服或注射的各种药物、一些病毒抗原等，已广泛用于临床常规检验，如用于低分子量且有半抗原性质的药物（如甾体激素类）的分析。其原理是在一定量抗体（Ab）存在时，体系中标记放射性同位素抗原（Ag*）与未标记抗原（Ag）竞争性地与抗体结合，分别生成标记抗原 - 抗体结合物（Ag*-Ab）和未标记抗原抗体结合物（Ag-Ab）。当标记抗原与抗体浓度固定时，如非标记抗原量增多，由于未标记抗原与标记抗原的竞争作用，使标记抗原 - 抗体结合物生成量减少，而游离状态的标记抗原量增加，从而可以量化非标记抗原的存量。通常先以不同浓度的标准抗原和一定量的标记抗原及适量抗体作用后，测定在各种标准浓度抗原存在时的标记抗原 - 抗体结合物的放射性（标记抗原的量），求出结合率并绘制标准曲线（剂量反应曲线），从曲线上查得相应待测抗原结合率则可求得待测抗原量。在放射性同位素标记模式上，也可以标记抗体进行定性定量分析。

4. 酶联免疫法（ELISA）

酶联免疫法是广泛应用的蛋白质标记技术之一，该技术是以酶代替放射性同位素对抗原或抗体进行标记，即酶与抗原或抗体共价连接进行标记，以实现抗原或抗体的定性定量分析。其原理是：首先，使抗原或抗体结合到某种固相载体表面，并保持其免疫活性；然后，使抗原或抗体与某种酶连接成酶标抗原或抗体，这种酶标抗原或抗体既保留其免疫活性，又保留酶的活性。在测定时，把受检标本（测定其中的抗体或抗原）和酶标抗原或抗体按不同的步骤与固相载体表面的抗原或抗体起反应。用洗涤的方法使固相载体上形成的抗原抗体复合物与其他物质分开，最后结合在固相载体上的酶量与标本中受检物质的量成一定的比例。加入酶促反应的底物后，底物被酶催化变为有色产物，产物的量与标本中受检物质的量直接相关，故可根据颜色反应深浅来进行定性或定量分析，由于酶催化效率很高，故可极大地放大反应效果，从而使测定方法达到很高的敏感度。

5. 其他免疫法

与放射免疫测定法、酶联免疫测定法原理一样，利用荧光基因作为标记物标记抗原或抗体分子，通过检测荧光基因的荧光强度进行抗原或抗体定性或定量分析的方法称为荧光免疫测定法。如果利用化学发光基团作为标记物标记抗原或抗体分子，通过检测该化学发光基团发射光的强度来进行抗原或抗体的定性或定量分析的方法称为化学发光免疫测定法。不同标记物（放射性同位素、酶、荧光基因、化学发光基团等）因自身性质不同，使不同免疫测定方法各有优势与不足，其中，放射免疫测定法的检测灵敏度高，但射线对人体和环境的损伤与破坏是其最大的问题。

（二）电泳分析法

电泳是指带电颗粒在电场作用下，向着与其电性相反的电极移动的现象。利用不同带电粒子在电场移动速度不同而达到分离目的的技术称为电泳技术。依据样品分子的理化性质（荷电性质与荷电程度、分子大小与形状）不同，其电泳迁移率也不同，或借助分离介质对移动分子的影响，通过电泳的方法对移动分子进行分离并对分离物进行定性和定量分析。

（三）酶法分析

酶法分析是以酶为试剂测定酶促反应底物、辅酶、辅基、激活剂或抑制剂，以及利用酶促反应测定酶活性的一种方法，是一种生物药物分析方法。酶专一性强，催化效率高。酶分析法在生物药物分析中的应用主要有两个方面：①以酶为分析对象，根据需要对生物药物生产过程中所使用的酶和生物药物样品所含的酶进行酶含量或酶活力测定，称为酶分析法。②利用酶的特点，以酶作为分析工具或分析试剂，用于测定生物药物样品中用一般化学方法难以检测的物质，如底物、辅酶、抑制剂和激动剂（活化剂）或辅助因子含量的方法称为酶法分析。

酶法分析常用于复杂组分中结构和物理化学性质比较相近的同类物质的分离鉴定和分析，且样品一般不需要进行很复杂的预处理，具有特异性强、干扰少、操作简便、样品和试剂用量少、测定快速精确及灵敏度高等特点。在以酶作分析试剂测定非酶物质时，也可用偶联反应，而且偶联反应的特异性可增加反应全过程的特异性。此外，酶反应一般在温和的条件下进行，不需要使用强酸强碱，是一种无污染或污染很少的分析方法。很多需使用气相色谱仪、高压液相色谱仪等贵重的大型精密分析仪器才能完成的分析检验工作，应用酶法分析方法即可简便快速进行。目前主要广泛应用于医药、临床、食品和生化分析检测中，如尿素、各种糖类、氨基酸类、有机酸类、维生素类、毒素等物质的定性和定量分析。酶法分析的特点见表 16-1。

表 16-1 酶法分析的特点

性能	特点
选择性	极高，原则上允许类似物共存
反应速度	快，条件温和，酶促反应大多在 30min 内可以完成
灵敏度	很高，检出限量 $<10^{-7}$mol/L，如荧光法结合，可达 10^{-18}mol/L
精确度	与仪器误差和组合方法有关
简便性	较差，必须有酶分析操作的专门训练
经济性	酶用量甚微，比较经济
适用范围	有一定局限性，只限于酶、底物、辅酶、激动剂或抑制剂的测定

二、生物药物质量控制的生化分析方法

根据各类生物药物的生化本质，可应用生化分析法分析鉴定其结构、纯度与含量，从而有效控制生物药物质量，但生物药物的纯度检测与化学上的纯度概念不完全相同，通常采用"均一性"概念。由于生物药物对环境变化十分敏感，结构与功能间关系复杂，因此，对其均一性评估常常是有条件的，或者只能通过不同角度测定，最后才能给出相对"均一性"的结论。另外，对于生物药物含量检测也与化学上的含量纯度概念不完全相同，通常采用"比活性"或"生物效价"概念。"比活性"或"生物效价"是单位质量生物药物含有的生物活性单位数，或每个使用剂量单位的生物药物活性单位数，利用"比活性"或"生物效价"作为生物药物检测的质控指标是必需的且至关重要。

（一）蛋白质多肽类药物的主要分析方法

1. 蛋白质药物的纯度分析

蛋白质多肽类药物纯度检定方法主要有电泳和色谱。电泳方法如聚丙烯酰胺凝胶电泳（PAGE）、十二烷基硫酸钠 - 聚丙烯酰胺凝胶电泳（SDS-PAGE）、高效毛细管电泳、等电聚焦电泳（IFE）等。色谱包括常规（常压）色谱和高效液相色谱（HPLC）两大类，主要有凝胶色谱、反相色谱、离子交换色谱、疏水色谱等。在鉴定蛋白质多肽药物或药品纯度时，应该

用两种以上的方法，且两种方法分离机制应当不同，其结果判断才比较可靠。

2. 蛋白质类药物的分子量测定

采用渗透压、黏度、超离心、光散射、凝胶色谱、SDS-PAGE、生物质谱等方法可测定分子量，使用较多的是凝胶色谱法和 SDS-PAGE。

3. 蛋白质的含量测定

蛋白质定量方法有：①根据物理性质进行定量。如紫外分光光度法、折射率法和比浊法等。②根据化学性质进行定量。如凯氏定氮法、双缩脲法、Folin-酚法和 BCA 法等。③根据染色后产物颜色进行定量。如考马斯亮蓝 G-250 结合法、银染和金染等。④其他。如利用荧光进行蛋白质定量分析。目前，常用方法主要包括紫外分光光度法、双缩脲法、Folin-酚法、考马斯亮蓝 G-250 结合法。二喹啉甲酸法是一种较新的方法，在碱性条件下，蛋白质将 Cu^{2+} 还原为 Cu^+，Cu^+ 与 BCA 形成紫色络合物，在 562nm 处具有最大光吸收，吸光度值与蛋白质浓度呈正比。反应原理如下：

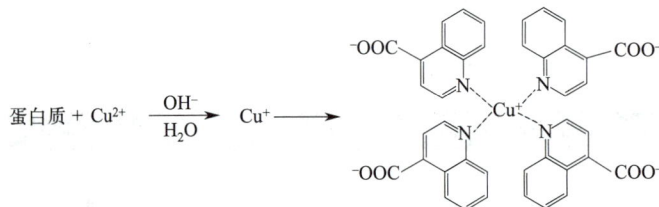

4. 胶体金比色法

胶体金是一种带负电荷的疏水性胶体，加入蛋白质后，红色的胶体金溶液转变为蓝色，在 595nm 处测定样品的吸光度，从而计算含量。

5. 生物质谱法

多肽和蛋白质的分子量可用基质辅助激光解吸离子化质谱法（MALDI/MS）或电喷雾离子化质谱法（ESI/MS）直接测定。利用生物质谱法测定蛋白质分子量简便、快速、灵敏、准确。质谱法还用于测定蛋白质的肽图谱及氨基酸序列。近年来，还利用质谱法研究蛋白质与蛋白质相互作用的非共价复合物。生物质谱法的原理是利用激光源发出的激光束经衰减、折射、通过透镜聚集到离子源的样品靶上，固体基质与样品混合物在真空状态下受到激光脉冲的照射，基质分子吸收了激光的能量转化为系统的激光能，导致样品分子的电离和气化，所产生离子受电场作用加速进入电场飞行区。不同质量和电荷量离子将在电场中获得的电能转化为动能，在相同条件下，不同荷质比的离子以不同速度到达检测器而被分离检出。

（二）核酸类药物的主要分析方法

可通过测定核酸分子的碱基、戊糖和磷酸来计算样品中核酸含量。

1. 紫外分光光度法测定 RNA 与 DNA 含量

核酸类药物多含有碱基，具有共轭双键结构，对紫外光具有特征吸收。RNA 和 DNA 的紫外光特征吸收峰均位于 260nm 处。在 260nm 波长下，每 1mL 含有 1μg RNA 溶液的吸光度为 0.022，每 1mL 含有 1μg DNA 溶液的吸光度为 0.020。测定样品在 260nm 处的吸光度，可测定样品中的核酸含量，但应避免核苷酸与蛋白质杂质的干扰。

2. 地衣酚显色法测定 RNA 含量

核糖核酸与浓盐酸在 100℃共热时，即发生降解，形成的核糖继而转变为糠醛，后者与

3,5- 二羟基甲苯（地衣酚）反应生成绿色复合物，该反应需用三氯化铁或氯化铜作催化剂，反应产物在 670nm 处有最大吸收峰。当 RNA 浓度在 20 ～ 250μg/mL 范围内时，吸光度与 RNA 浓度成正比。地衣酚反应特异性较差，所有戊糖均有此反应，DNA 和其他杂质也能出现类似颜色，因此，应注意其他戊糖 DNA 的干扰。

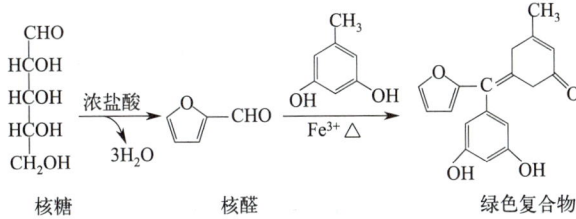

3. 二苯胺法测定 DNA 含量

DNA 分子中 2- 脱氧核糖残基在酸性溶液中加热降解产生 2- 脱氧核糖，并生成 ω- 羟基 -γ- 酮基戊醛，后者与二苯胺试剂反应生成蓝色化合物，在 595nm 处具有最大吸收。当 DNA 浓度为 40 ～ 400μg/mL 时，其吸光度与 DNA 浓度成正比。在反应液中加入少量乙醛，可以提高反应灵敏度。

（三）酶类药物的主要分析方法

酶类药物主要质量指标是它的催化活力，酶比活力是酶浓度和酶纯度的衡量标准。大多数酶对底物都有严格特异性。因此，不同的酶有不同的活力测定方法，酶活性测定方法主要有比色法、紫外分光光度法、旋光测定法、电化学法等。

（四）基因重组药物中的杂质检查

重组药物中主要杂质包括残留的外源性 DNA、宿主细胞蛋白质、内毒素、蛋白质突变体及蛋白质降解物等。

1. 外源性 DNA

基因重组药物中残留的外源性 DNA 来源于基因工程表达的宿主细胞，每种药物及其不同表达宿主细胞都有独特的残留 DNA。因此，产品中必须控制外源 DNA 残留量。WHO 规定，每一个剂量药物中残留 DNA 含量不得超过 100pg。为确保基因重组药物使用安全，我国新生物制品控制要求，基因重组药物中外源 DNA 残留量为每一个剂量小于 100pg。测定残留 DNA 的有效方法是 DNA 分子杂交技术。外源 DNA 经变性成为单链后吸附于固相膜上，在一定温度下可与相匹配的单链 DNA 复性而重新结合成为双链 DNA。探针标记方法有放射性同位素标记法和地高辛配基标记法等。放射性同位素标记探针虽然测定灵敏度较高，但因有放射性污染，且半衰期短，故多采用地高辛配基标记法。测定原理是利用随机启动法，将地高辛配基标记的 dUTP 插入未标记的 DNA 分子中，从而获得标记探针。将此标记探针与待检样品中的目的 DNA 杂交后，用酶联免疫吸附法检测杂交分子。

2. 宿主细胞蛋白质

基因工程表达宿主细胞蛋白质简称宿主蛋白，是指生产过程中来自宿主或培养基中的残留蛋白或多肽等杂质。为确保基因重组药物安全，必须测定药物中宿主蛋白含量，其残留量需低于法定标准。一般采用 ELISA 法，也可采用免疫印迹（western blotting）法进行宿主蛋白的限度检查。

3. 二聚体或多聚体的测定

重组药物可以形成聚体，一般采用分子排阻色谱法测定二聚体或多聚体的含量限度。二聚体或多聚体分子较单体分子量大一倍或数倍，进行色谱分析时，先于单体药物出峰。

4. 降解产物的测定

鉴于降解产物的基本结构通常与未降解的重组药物相似，因此，对降解产物测定多采用离子对反相色谱法，把离子对试剂加入含水流动相中，被分析的组分离子在流动相中与离子对试剂的反离子生成不带电荷的中性离子，从而增加溶质与非极性固定相的作用，使分配系数增加，改善分离效果。

第五节　药剂学研究的生物化学理论基础

药物必须制成适宜剂型才能用于临床。药剂学研究与生命科学各学科理论、技术紧密结合，并促进了现代药物制剂技术的发展。现代药物制剂技术（如纳米技术和脂质体技术等）日渐成熟，药物剂型与制剂研究已进入了药物传递系统时代。药物剂型发展划分为四代：第一代为传统剂型，第二代为常规剂型，第三代为缓控剂型，第四代为靶向给药系统。目前，药物传递系统即第三代、第四代药物新剂型，已成为药剂学领域的重要发展方向，尤其是靶向给药系统是发展的主流和研究的热点。

生物大分子药物不能经胃肠道吸收进入体内，通常利用固体制剂的肠道肠溶制剂、药物载体等解决胃肠道稳定性问题。肠溶制剂的许多辅料是利用羟丙基甲基纤维素等纤维素衍生物为主要成膜材料，辅以增塑剂制成，已广泛应用于片剂、胶囊剂、微球等的制备。利用各种药物载体的物理屏蔽作用，避免药物与胃肠道各种水解酶接触，以解决胃肠道稳定性。如微球是一种利用淀粉、壳聚糖、明胶、蛋白质等生物大分子以及其他高分子聚合物为材料，固化形成的微小球状固体骨架物。药物微球是药物分子分散或被吸附在高分子聚合物载体中制成的球形或类球形微粒分散系统。纳米载体是指溶解或分散有药物的各种纳米粒，如纳米脂质体、纳米球等。纳米制剂是将药物分散、吸附、溶解或包裹在载体中，制成纳米尺寸范围的微粒，再以其为基础制成不同种类的剂型。

靶向制剂是一类能使药物浓集于靶器官、靶组织或靶细胞，且疗效高、毒副作用小的靶向给药系统，其核心是增加药物对靶组织的靶向性和滞留性，降低药物对正常细胞的毒性，减少剂量，提高药物疗效。按照靶向制剂药物载体的材料组成、粒径大小、形态特征和靶向原理分为脂质体、微球、纳米粒等类型载体。按给药途径分为注射用靶向制剂和非注射用靶向制剂。按靶向部位分为肝靶向制剂及肺靶向制剂等。按照靶向性原动力分为被动靶向、物理靶向和主动靶向。物理靶向制剂是通过磁场、电场、温度等物理因素导向靶部位，如磁性微球、热敏脂质体等。被动靶向制剂是利用药物载体的组成、粒径和表面性质等特性，通过机体各组织细胞的内吞、融合、吸附和材料交换，利用毛细血管截留或病变组织毛细血管通透性特征，滞留在靶部位，如纳米粒或微球或脂质体等微粒载体给药后，主要被体内巨噬细胞吞噬而集中分布在单核-巨噬细胞系统丰富的器官（如肝、脾、肺等部位），通过控制其粒径大小可到达不同的靶器官，如小于 100nm 的粒子可缓慢蓄积于骨髓，$200 \sim 400nm$ 的粒子蓄积于肝脏后迅速被肝脏清除，而小于 3μm 的粒子一般被肝脾中巨噬细胞摄取，大于 7μm 的微粒通常被肺的最小毛细血管床以机械滤过方式截留，被单核细胞摄取进入肺组织或肺气泡。纳米粒作为纳米制剂中的一种，可利用生物降解的高分子材料作为药物或基因载体，常用生物高分子材料有蛋白质、磷脂、脂蛋白和胶原蛋白等。纳米粒进入靶细胞后，表层载体被生物降解，芯部药物释放出来发挥疗效，从而避免了药物在其他组织中释放。

脂质体不仅可作为小分子药物递送载体，也可作为蛋白质、多肽、酶，尤其是核酸类（基因、反义药物、小 RNA 药物等）药物递送载体。脂质体区别于其他普通制剂的一个重要特点是其具有靶向性。脂质体的靶向性分为天然靶向性（被动靶向性）、隔室靶向性、物理靶向性和配体专一靶向性。

被动靶向性是脂质体静脉给药时的基本特征，进入机体内主要定位于肝、脾、骨髓、血液中的巨噬细胞等，不仅是肿瘤化疗药物的理想载体，也是免疫激活剂的理想载体。隔室靶向性是指脂质体通过不同给药方式进入体内后，可对不同部位具有靶向性，在组织间或腹膜内给予脂质体时，由于隔室生理及生化属性，可增加对淋巴结的靶向性。

主动靶向是利用配体与受体、抗原与抗体、酶与底物（或抑制剂或激活剂等）、通道与调节剂、转运蛋白与转运物等之间能够特异性识别结合。生物识别模式（或生物模式识别）将细胞的受体、抗原、酶、通道、转运蛋白等作为靶标（或靶部位），利用相应的配体、抗体、底物、通道调节剂、转运物等作为靶头，依据生物识别模式作用原理，通过两者之间的特异性识别结合方式，实现靶头对靶标的靶向作用。药物靶向可通过两种主要方式实现：一种是将药物分子与靶头分子共价偶联；另一种是通过剂型携带的靶头分子，即靶向制剂。后者靶向作用也称为主动靶向，与被动靶向不同，主动靶向是通过靶头-靶标之间的特异性识别作用（生物识别模式）实现的。主动靶向制剂是以脂质体、纳米粒、微球等微粒作为药物载体，借助生物识别模式原理，利用特定靶头分子修饰的药物载体，主动导向靶头分子特异性识别的靶标区的靶向制剂。主动靶向制剂在抗肿瘤药物研发中应用最广，许多肿瘤细胞异常高水平表达一些功能蛋白，如某些细胞生长因子、激素、递质等配基的受体，各种离子通道、转运离子和化合物等的转运体，各种与治疗发生发展相关的细胞信号转导通路中的激酶等。以上述异常高水平表达的功能蛋白作为主动靶向制剂的靶标，利用靶标相应的生物模式识别分子作为主动靶向制剂的"导弹"靶头，将药物载体主动靶向至靶细胞而产生抗肿瘤作用。针对肿瘤细胞的靶标作为抗原制备相应抗体，该抗体同样作为主动靶向制剂的"导弹"靶头而实现靶向治疗肿瘤的作用，如表面修饰 anti-Her2 单抗的靶向阿霉素脂质体，比未修饰的脂质体具有更强的抑瘤作用和更弱的毒性。此外，利用许多肿瘤细胞高水平表达的功能蛋白和转运体等也可实现主动靶向目的，如转铁蛋白介导的主动靶向递药系统，正常细胞和肿瘤细胞表面均存在转铁蛋白受体，但肿瘤细胞表面的受体数量是正常细胞的 $2 \sim 7$ 倍，而且肿瘤细胞受体（靶标）与转铁蛋白（靶头）的亲和力是正常细胞的 $10 \sim 100$ 倍。利用受体数量和两者亲和力的差异，以转铁蛋白修饰药物载体（如脂质体、纳米粒等），从而实现抗肿瘤药物给药系统的肿瘤细胞主动靶向性。

目标检测

一、填空题

1. 生物大分子分离纯化方法主要有＿＿＿、＿＿＿、＿＿＿、＿＿＿、＿＿＿等。
2. 蛋白质药物的纯度分析法主要有＿＿＿、＿＿＿、＿＿＿、＿＿＿等。
3. 蛋白质的定量测定方法有＿＿＿、＿＿＿、＿＿＿、＿＿＿等。
4. 重组 DNA 药物的可能杂质包括＿＿＿、＿＿＿、＿＿＿、＿＿＿、＿＿＿等。
5. 基于酶结构的药物设计主要是设计＿＿＿＿＿。

二、判断题

1. 生物药物具有药理活性高、毒副作用小、营养价值高的特点。（　　）

2. 生物大分子药物通常需采用多种分离手段交互进行才能达到纯化的目的。（　　）

3. 受体的化学本质为蛋白质，大部分为糖蛋白，少部分为脂蛋白或糖脂。（　　）

4. 药物对酶靶点的作用方式包括调节酶含量和调节酶活力。（　　）

5. 蛋白质多肽的纯度一般指的是样品是否含有其他杂蛋白，而不包括盐类、缓冲液离子、SDS 等小分子。（　　）

扫一扫

目标检测
答案 16

第十七章
蛋白质的生物合成体系

学习目标

1. 知识目标

（1）掌握基因、遗传中心法则的基本概念；

（2）理解蛋白质合成的分子生物学基础、DNA 复制的基本规律，半保留复制的特点；

（3）掌握与 DNA 复制有关酶的作用及种类；理解 DNA 复制的机理与过程；

（4）掌握 RNA 聚合酶全酶组成及各亚基功能；理解 RNA 转录的基本过程；

（5）理解蛋白质翻译、转运和加工的基本过程；了解蛋白质代谢疾病及药物对蛋白质合成的影响。

2. 技能目标

（1）能解析遗传中心法则及逆转录的意义；能简述蛋白质生物合成的过程；

（2）能阐明生物体内 DNA 半保留复制的生理意义及半保留复制的生物过程；

（3）能简要说明 RNA 转录加工过程；能解析 mRNA 的帽子结构和 poly（A）尾巴的生物学意义；

（4）能简要说明蛋白质翻译、转运和加工过程。

3. 思政与职业素养目标

（1）培养认真、严谨、细致的职业习惯；

（2）树立科技报国的爱国情怀。

导学案例

（1）患儿，女，13 岁，发热 3 天，咽部疼痛，咀嚼食物时疼痛加重，吞咽困难、四肢乏力、周身不适等。局部症状为咽部剧烈疼痛，放射至耳部，扁桃体明显肿胀。血常规显示白细胞、中性粒细胞明显升高。门诊医生初诊为"化脓性扁桃体炎"。体温 38.2℃，脉搏 95 次 / 分。口服头孢地尼、阿奇霉素、双黄连口服液等药物。请思考：如何从蛋白质合成过程分析抗生素的治疗机制？

（2）穿戴防护服的医护人员对检测人员进行新型冠状病毒咽拭子标本采集，随后送至实验室进行核酸检测。请思考：假设待测人员为阳性患者，理论上其咽拭子标本所含有的新型冠状病毒载量相当少，直接分离检测不切实际，需用 PCR 对样本核酸进行扩增，核酸扩增的原理是什么？

（3）从 1958 年开始，中国科学院上海生物化学研究所、中国科学院上海有机化学研究所和北京大学生物系三个单位联合组建科研协作组，在前人对胰岛素结构和肽链合成方法研究的基础上，探索用化学方法合成胰岛素，于 1965 年成功合成结晶牛胰岛素。请思考，为什么人工合成胰岛素会如此振奋人心？

第一节　蛋白质生物合成体系概述

蛋白质几乎参与所有的生命过程，具有多种复杂的生物学功能。细胞内的每一项代谢活动都需数千种结构蛋白和功能蛋白参与。蛋白质具有种属特异性，不同种属蛋白质均由机体自身合成且不能互相替代。体内蛋白质处于动态代谢和更新之中，蛋白质生物合成是一切生命活动的前提。蛋白质生物合成是以 mRNA 为模板、20 种氨基酸作为原料，由 tRNA、核糖体、酶、ATP 和 GTP 等多种成分共同参与的过程，mRNA 携带的核酸序列决定蛋白质多肽链中的氨基酸排列顺序。从低等细菌至高等哺乳动物均采用这种高度保守的蛋白质合成机制。蛋白质生物合成过程包括起始、肽链延长和终止 3 个阶段。新合成的蛋白质多肽链通常不具备生物学活性，需要经过修饰、加工折叠为正确构象，并运输到特定部位才能正确行使各自生物学功能。蛋白质的生物合成十分复杂，受多种因素影响，对医学研究和药物靶点开发等具有重要作用。

一、基因的概念

基因（遗传因子）是产生一条多肽链或功能 RNA 所需的全部核苷酸序列。基因支持着生命的基本构造和性能，储存着种族、血型、孕育、生长、凋亡等过程的全部信息。环境和遗传互相依赖，演绎着生命繁衍、细胞分裂和蛋白质合成等重要生理过程。生物体的一切生命现象都与基因有关，基因是决定生命健康的内在因素。基因具有物质性（存在方式）和信息性（根本属性）两个基本属性。带有遗传信息的 DNA 片段称为基因，其他 DNA 序列，有些直接以自身构造发挥作用，有些则参与遗传信息的调控。根据遗传密码中心法则，将成熟的 mRNA 分子中碱基的排列顺序解码并生成对应的特定氨基酸序列的过程称为翻译。

二、遗传信息的传递与中心法则

遗传信息的传递包括基因的传递和表达，基因可通过 DNA 复制过程把亲代细胞所含的遗传信息传递给子代细胞，再通过转录将遗传信息转移至 mRNA，mRNA 作为模板指导蛋白质的合成，由不同蛋白质体现不同的生命活动过程和特征。

（一）中心法则

在遗传信息的传递过程中，遗传信息从 DNA 传递给 RNA，再从 RNA 传递给蛋白质，即完成遗传信息的转录和翻译过程，在此过程中，DNA 处于中心地位，这一传递规律是所有有细胞结构的生物所遵循的法则，即中心法则（图 17-1）。在中心法则被阐明后，人们发现了逆转录病毒，这些病毒可在逆转录酶的催化作用下，以 RNA 为模板逆转录合成 cDNA，再由 cDNA 转录出 RNA。在这个过程中，遗传信息由 RNA 反向传递给 DNA，与转录相反，称逆转录，这一重要发现是对中心法则的有力补充。

$$DNA \underset{逆转录}{\overset{转录}{\rightleftharpoons}} RNA \xrightarrow{翻译} 蛋白质$$

图 17-1　遗传中心法则

（二）遗传密码

密码子是指在 mRNA 分子中，每相邻的三个核苷酸编码成一组，在蛋白质合成时，代表某一种氨基酸的规律。mRNA 在细胞中能决定蛋白质分子中的氨基酸种类和排列次序。mRNA 分子中的四种核苷酸（碱基）序列决定了蛋白质分子的 20 种氨基酸的排列顺序，

mRNA 分子上的三个碱基能决定一个氨基酸。人们通过大量实验研究 mRNA 的碱基序列如何转变为蛋白质肽链中的氨基酸序列。用化学合成的 mRNA，在无细胞体系中进行的体外翻译实验表明，用人工合成的 poly（U）代替 mRNA，翻译产物是多聚苯丙氨酸，poly（A）$_n$ 和 poly（C）$_n$ 的翻译产物分别是多聚赖氨酸和多聚脯氨酸，也就是说 UUU、AAA 和 CCC 可分别编码苯丙氨酸、赖氨酸和脯氨酸。M.W. Nirenberg 和 H. Matthaei 破译出了第一个遗传密码，结合克里克得出的 3 个碱基决定 1 个氨基酸的实验结论，在此后的六七年里，科学家沿着蛋白质体外合成的思路，不断改进实验方法，破译出了全部密码子，并编辑出了密码子表（见表 17-1）。其中，AUG 编码甲硫氨酸，也是肽链合成起始信号，称起始密码子，而 UAA、UAG、UGA 不编码任何氨基酸，为肽链合成的终止信号，称终止密码子。

表 17-1 遗传密码表

第一碱基 (5′端)	第二碱基				第三碱基 (3′端)
	U	C	A	G	
U	UUU 苯丙氨酸	UCU 丝氨酸	UAU 酪氨酸	UGU 半胱氨酸	U
	UUC 苯丙氨酸	UCC 丝氨酸	UAC 酪氨酸	UGC 半胱氨酸	C
	UUA 亮氨酸	UCA 丝氨酸	UAA 终止密码	UGA 终止密码	A
	UUG 亮氨酸	UCG 丝氨酸	UAG 终止密码	UGG 色氨酸	G
C	CUU 亮氨酸	CCU 脯氨酸	CAU 组氨酸	CGU 精氨酸	U
	CUC 亮氨酸	CCC 脯氨酸	CAC 组氨酸	CGC 精氨酸	C
	CUA 亮氨酸	CCA 脯氨酸	CAA 谷氨酰胺	CGA 精氨酸	A
	CUG 亮氨酸	CCG 脯氨酸	CAG 谷氨酰胺	CGG 精氨酸	G
A	AUU 异亮氨酸	ACU 苏氨酸	AAU 天冬酰胺	AGU 丝氨酸	U
	AUC 异亮氨酸	ACC 苏氨酸	AAC 天冬酰胺	AGC 丝氨酸	C
	AUA 异亮氨酸	ACA 苏氨酸	AAA 赖氨酸	AGA 精氨酸	A
	AUG 甲硫氨酸	ACG 苏氨酸	AAG 赖氨酸	AGG 精氨酸	G
G	GUU 缬氨酸	GCU 丙氨酸	GAU 天冬氨酸	GGU 甘氨酸	U
	GUC 缬氨酸	GCC 丙氨酸	GAC 天冬氨酸	GGC 甘氨酸	C
	GUA 缬氨酸	GCA 丙氨酸	GAA 谷氨酸	GGA 甘氨酸	A
	GUG 缬氨酸	GCG 丙氨酸	GAG 谷氨酸	GGG 甘氨酸	G

注：AUG 作为起始密码子，在原核生物中代表编码肽链的甲酰甲硫氨酸，在高等动物中代表甲硫氨酸。

上述遗传密码虽然是以大肠杆菌为实验材料所得的，但后来证实，生物遗传密码具有通用性，所有生物都用同一套遗传密码。从原核生物到真核生物，遗传密码有几个重要特点：

1. 方向性

起始密码子总是位于 mRNA 开放阅读框架的 5′端，终止密码子位于 3′端。由于翻译过程中，核糖体是沿着 5′端向 3′端阅读 mRNA 序列，即从起始密码子 AUG 开始，沿着 5′→3′方向逐一阅读密码子，直到终止密码子，这种方向性决定了新生肽链的合成方向是从 N 端向 C 端延伸（图 17-2）。

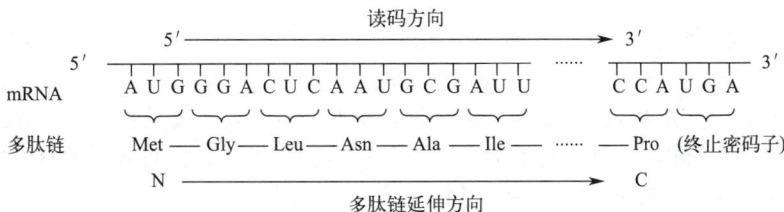

图 17-2 遗传密码的方向性

2. 连续性

mRNA 序列的阅读是按 5′ → 3′ 方向，从 AUG 开始，以三联体密码子方式连续阅读，直到遇到终止密码子，即遗传密码连续性。密码子的连续性决定了密码子阅读不交叉、不重叠和无标点。由于密码子具有连续性，若阅读框中插入或缺失了非 3 的倍数核苷酸，将会引起 mRNA 阅读框发生移动，称为移码（图 17-3）。移码导致后续氨基酸编码序列改变，将导致其编码的蛋白质彻底丧失或改变原有功能，称为移码突变。若连续插入或缺失 3 个或 3 的整数倍个核苷酸，则只会在多肽链产物中增加或缺失 1 个或几个氨基酸残基，但不会导致阅读框移位。

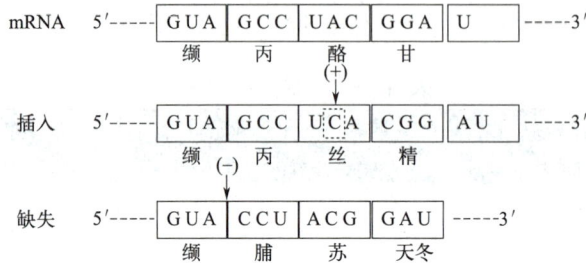

图 17-3　遗传密码的连续性与移码突变

3. 简并性

在 64 个密码子中，除 3 个终止密码子外，余下 61 个密码子可编码 20 种氨基酸，因此，有的氨基酸可由多个密码子编码，一种氨基酸有 2 个或 2 个以上密码子的现象称简并性。除了 Met 和 Trp 只有 1 个密码子外，其他氨基酸均有 2 个以上密码子。Asn、Asp、Cys、Gln、Glu、His、Lys、Phe 和 Tyr 有 2 个密码子，Ile 有 3 个密码子，Gly、Ala、Pro、Thr 和 Val 有 4 个密码子，Arg、Leu 和 Ser 有 6 个密码子（表 17-2）。为同一种氨基酸编码的不同密码子称同义密码子，如 CCU、CCC、CCA、CCG 就是脯氨酸的同义密码子。多数情况下，同义密码子的前 2 位碱基相同，差别仅在于第 3 位碱基不同，即密码子特异性主要由前两位核苷酸决定，第 3 位碱基改变并不影响其所编码的氨基酸，遗传密码简并性是遗传信息保真机制之一，可减少基因突变所带来的生物学效应。

表 17-2　氨基酸密码子数目

氨基酸	密码子数目	氨基酸	密码子数目	氨基酸	密码子数目	氨基酸	密码子数目
甲硫氨酸	1	谷氨酰胺	2	苯丙氨酸	2	脯氨酸	4
色氨酸	1	谷氨酸	2	异亮氨酸	3	缬氨酸	4
天冬酰胺	2	组氨酸	2	丙氨酸	4	亮氨酸	6
天冬氨酸	2	酪氨酸	2	甘氨酸	4	精氨酸	6
半胱氨酸	2	赖氨酸	2	苏氨酸	4	丝氨酸	6

4. 摆动性

在蛋白质生物合成中，密码子通过与 tRNA 的反密码子相互识别配对而发挥翻译作用。密码子第 3 位碱基与反密码子第 1 位碱基配对时，有时并不严格遵循 Waston-Crick 碱基配对原则，称为遗传密码摆动性，如 tRNA 反密码子第 1 位碱基为次黄嘌呤，可与 mRNA 密码子第 3 位的 A、C 或 U 配对，反密码子第 1 位的 U 可与密码子第 3 位的 A 或 G 配对，反密码子第 1 位的 G 可与密码子第 3 位的 C 或 U 配对（图 17-4）。

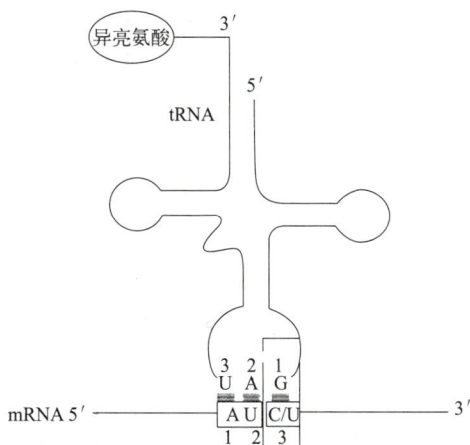

图 17-4　反密码子与密码子的识别与摆动配对

由此可见，密码子摆动性能使一种 tRNA 识别 mRNA 中的多种简并性密码子。反密码子与密码子碱基摆动配对规则如表 17-3 所示。

表 17-3　反密码子与密码子碱基摆动配对规则

反密码子第一碱基	A	C	G	U	I
密码子第三碱基	U	G	C，U	A，G	A，C，G

5. 通用性

从低等生物（如细菌）到高等生物（如人类），都拥有一套共同的遗传密码子，这种现象称为密码子的通用性。密码子通用性为地球上的生物来自同一起源的进化论提供了有力依据，也使得利用细菌等生物来制造人类蛋白质成为可能，但遗传密码子通用性并不是绝对的，也有少数例外，如在哺乳动物线粒体的遗传密码子中，AUA、AUG、AUC、AUU 为起始密码子，AGA、AGG、UAA、UAG 为终止密码子。见表 17-4。

表 17-4　线粒体密码子与通用密码子

密码子	通用密码子	线粒体密码子	密码子	通用密码子	线粒体密码子
UGA	终止密码子	色氨酸	AGA	精氨酸	终止密码子
AUA	异亮氨酸	甲硫氨酸	AGG	精氨酸	终止密码子

三、蛋白质合成的分子基础

（一）mRNA 是蛋白质合成的模板

1961 年，Jacob F 和 Monod J 提出 mRNA 概念，并提出蛋白质是在细胞质中合成。因为编码蛋白质的信息载体 DNA 位于细胞核。因此，肯定存在一种中间产物用来传递细胞核内 DNA 的遗传信息。通过反复实验获得一些信息，如 mRNA 是一种多核苷酸，碱基组成与 DNA 保持一致，长度不同且合成速度快。后续研究确定这是一种新型的 RNA 分子——信使 RNA（mRNA）。mRNA 是肽链合成的直接模板，以遗传密码的方式携带遗传信息，通过这些信息来指导合成多肽链中的氨基酸序列。在 mRNA 分子上，沿 5′ → 3′ 方向，从 AUG 开始，每三个相邻核苷酸构成一个三联体遗传密码子，对应着一个氨基酸，这些密码以连续的方式连接，组成读码框架。读码框架之外的序列称为非编码区，这些区域通常与遗传信息的表达调控有关。在读码框架的 5′ 端，是由起始密码 AUG 开始的，它编码甲硫氨酸；在读码框架的 3′ 端，含有一个或以上终止密码，其功能是终止这一多肽链的合成。在真核生物 mRNA 的 3′ 端，通常还含有转录后加上去的多聚腺嘌呤核苷酸（polyA）序列作为尾巴，其功能可能与增加 mRNA 分子的稳定性有关。

（二）tRNA 转运活化的氨基酸至 mRNA 模板上

如果将 mRNA 理解成合成蛋白质的图纸，核糖体就是合成蛋白质的工厂。合成蛋白质的 20 种氨基酸与 mRNA 碱基间缺乏特异性结合力，须通过 tRNA 把氨基酸转运到核糖体上。tRNA 具有两个关键部位，一个是氨基酸结合部位，另一个是 mRNA 结合部位。tRNA 能根据 mRNA 遗传密码依次准确地将其携带的氨基酸转运过来，形成多肽链，起转运氨基酸和识别密码子的作用。对于组成蛋白质的 20 种氨基酸来说，每一种氨基酸至少有一种 tRNA 负责转运。为了准确地翻译，每一种 tRNA 必须能被很好地识别，大多数氨基酸具有几种用来转运的 tRNA，每种氨基酸可与 1～4 种 tRNA 相结合，但每一种 tRNA 只能特异地转运某一种氨基酸。一个细胞中，通常含有 50 种或更多的不同种类的 tRNA 分子。tRNA 二级结构为三叶草型结构，三级结构为"倒 L"形（图 17-5）。

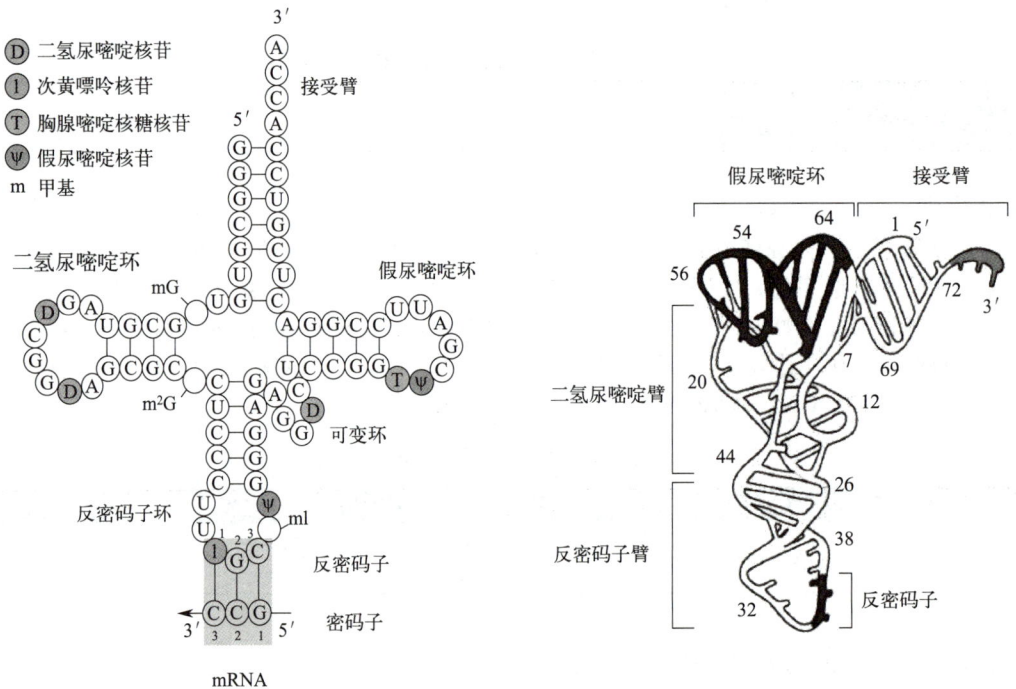

图 17-5　tRNA 的二级和三级结构

tRNA 分子的反密码环顶端有三核苷酸组成的反密码子，可与 mRNA 分子中的密码子通过碱基配对形成氢键，达到相互识别的目的，但二者在结合时具有一定摆动性，即密码子第 3 位碱基与反密码子第 1 位碱基配对并不严格，当密码子第 3 位碱基发生一定程度突变时，并不一定影响 tRNA 携带正确的氨基酸来识别。tRNA 具有以下功能：

（1）与氨基酸结合　tRNA 结构中含有两个关键位点：一端是与氨基酸特异性结合的部位，称为接受臂，tRNA 分子 3′ 末端的 CCA—OH 序列是氨基酸结合部位，可通过酯键与氨基酸相连接；另一端含有反密码子，称为反密码子环。

（2）被特异的氨基酰 -tRNA 合成酶识别　蛋白质合成中，氨基酰 -tRNA 合成酶的专一性可使遗传信息正确表达，否则可能会出现翻译错误，氨基酰 -tRNA 合成酶识别位点是 DHU 环（D 环）。

（3）识别 mRNA 携带的密码子 反密码子环顶端的反密码子可与 mRNA 模板上的密码子相互识别，通过二者碱基互补结合，按照 mRNA 模板的密码顺序，将所携带的氨基酸准确地转入到指定位置合成肽链。需注意一点，tRNA 分子上的反密码子与 mRNA 分子上的密码子相互识别时，二者识别方向正好相反，即密码子识别方向是 $5' \rightarrow 3'$，反密码子结合方向是 $3' \rightarrow 5'$。

（三）核糖体是蛋白质合成的工厂

核糖体又称核糖核蛋白体，是合成蛋白质的场所，含有蛋白质合成过程中所需的多种酶类，由于其自身结构特点，可像装配机一样在恰当位置将 mRNA 与携带氨基酸的 tRNA 分子结合在一起，并按照由 mRNA 确定的遗传密码顺序与相应的氨基酸依次有序结合。在原核细胞中，核糖体可以游离形式存在，也可与 mRNA 结合形成串状多核糖体，平均每个细胞约有 2000 个核糖体。真核细胞中核糖体既可游离存在，也可与细胞内质网结合形成粗面内质网，每个真核细胞所含核糖体数目要多得多，为 $10^6 \sim 10^7$ 个。线粒体、叶绿体及细胞核内也有自己的核糖体。核糖体由大小两个亚基组成，原核细胞中核糖体沉降系数为 70S，由 50S 和 30S 两个亚基组成，真核细胞核糖体沉降系数为 80S，由 60S 和 40S 两个亚基组成。真核细胞的核糖体较大，直径为 $20 \sim 22nm$，参与蛋白质合成的各种成分最终均须在核糖体上将氨基酸按一定顺序组装成多肽链（图 17-6）。

核糖体	亚基	rRNA	蛋白质
70S，66%RNA 分子量： 2.5×10^6 细菌	50S	23S=2904碱基 5S=120碱基	31
	30S	16S=1542碱基	21
80S，60%RNA 分子量： 4.2×10^6 哺乳动物	60S	28S=4718碱基 5.8S=160碱基 5S=120碱基	49
	40S	18S=1874碱基	33

图 17-6 原核生物与真核生物核糖体亚基组成及相关信息

大亚基具有两个 tRNA 结合部位，分别是 P 位和 A 位，P 位可结合肽酰 -tRNA，A 位可结合氨基酰 -tRNA，大亚基还可结合转肽酶和小亚基。小亚基具有 mRNA 结合部位，可将 mRNA 附着于核糖体上依次翻译遗传密码，小亚基上还具有蛋氨酰 -tRNA、启动因子和大亚基的结合部位，核糖体结构如图 17-7 所示。

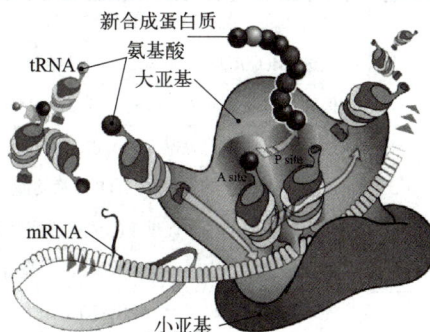

图 17-7 核糖体结构

（四）参与蛋白质生物合成的主要酶类及蛋白因子

1. 氨基酰 -tRNA 合成酶

氨基酰 -tRNA 合成酶参与将氨基酸结合到所对应的 tRNA 上的过程，催化 tRNA 氨基酸臂的—CCA—OH 与氨基酸羧基反应形成酯键连接，氨基酸与 tRNA 分子结合可使氨基酸被活化，有利于下一步反应。氨基酰 -tRNA 合成酶识别 tRNA 反密码子具有高度专一性，既能识别特异氨基酸，又能识别相应特异 tRNA，并将两者连接，从而保证遗传信息准确翻译。每个氨基酰 –tRNA 合成酶可识别一个特定氨基酸和与此氨基酸对应的 tRNA 特定部位，还可纠正酰化错误，即水解发生错误组合的氨基酸和 tRNA 之间形成的共价联系，经过氨基酰化部位及校正部位共同作用，可使翻译过程错误概率小于万分之一。

2. 转肽酶

转肽酶存在于核糖体大亚基上，简称 T 因子，其作用是在肽链延长时，催化氨基酸间形成肽键，可催化核糖体 P 位上的肽酰基转移到 A 位上氨基酰 -tRNA 的 α- 氨基上，结合成肽键，使肽链延长。

3. 转位酶

转位酶可水解 GTP，为肽酰基 -tRNA 转移提供能量，简称 G 因子，可催化核糖体向 mRNA 的 3′ 方向移动一个密码子的距离，使下一个密码子定位于 A 位。

4. 蛋白因子

核糖体上的蛋白质合成可分为起始、延长和终止 3 个不同阶段，每阶段都涉及不同系列蛋白质因子，原核与真核生物蛋白质合成有差异，但有三个共同点：①核糖体小亚基的结合起始于 tRNA；② mRNA 上必须找到合适的起始密码子；③大亚基必须与已经形成复合物的小亚基起始 tRNA、mRNA 相结合。此过程中，参与蛋白质合成的蛋白因子主要有起始因子（原核细胞用 IF 表示，真核细胞用 eIF 表示）、延长因子（原核细胞用 EF 表示，真核细胞用 eEF 表示）以及终止因子（原核细胞用 RF 表示，真核细胞用 eRF 表示），它们参与蛋白质合成过程中氨基酰 -tRNA 对模板的识别和附着、核糖体沿 mRNA 模板的相对移动、合成终止时肽链的解离等环节。在蛋白质生物合成的各阶段需要多种非核糖体蛋白因子参与，这些因子只在蛋白质合成过程中与核糖体暂时发生作用，之后会从核糖体复合物中解离出来。原核生物蛋白质合成所需蛋白因子见表 17-5，原核生物与真核生物蛋白质合成阶段对比见表 17-6。

表 17-5　原核生物蛋白质合成所需蛋白因子

种类	蛋白因子	生物学功能
起始因子	IF-1	占据 A 位，防止结合其他氨酰 tRNA
	IF-2	促进 fMet-tRNA^{Met} 与 30S 小亚基结合
	IF-3	促进大小亚基分离，提高 P 位结合 fMet-tRNA^{Met} 的敏感性
延长因子	EF-Tu	结合 GTP，促进氨酰 tRNA 进入 A 位
	EF-Ts	EF-T 的调节亚基，具有 GTP 交换功能
	EF-G	具有转位酶活性，促进核糖体移位及促进 tRNA 卸载与释放
释放因子	RF-1	特异识别终止密码子 UAA、UAG，诱导转肽酶转变成酯酶
	RF-2	能识别终止密码子 UAA 和 UGA 而终止蛋白质合成的细菌释放因子
	RF-3	具有 GTP 酶活性，协助 RF-1、RF-2 与核糖体结合

表 17-6　原核生物与真核生物蛋白质合成阶段对比

合成阶段	原核生物	真核生物
起始阶段	（1）IF$_1$ 和 IF$_3$ 与游离的 30S 小亚基结合（阻止在与 mRNA 结合前大小亚基结合，防止无活性的核糖体形成）； （2）IF$_2$ 与 GPT 的复合物结合到小亚基； （3）30S 小亚基结合到 mRNA 的 RBS 上，有 SD 序列的作用； （4）tRNA 通过反密码子与 mRNA 上的 AUG 密码子配对，同时释放 IF$_3$（此时的复合物称为 30S 起始复合体）； （5）50S 大亚基与前述复合物结合，替换 IF$_1$、IF$_2$，GTP 被水解为 GDP 和磷酸，形成 70S 复合物； （6）组装完成后，A 位点为氨基酰 -tRNA 结合位点，P 位点是延伸肽链所在处	（1）eIF$_3$ 和 4C 结合到 40S 亚基形成复合物； （2）起始 tRNA、eIF$_2$ 和 GTP 结合形成三元复合物，并与前述复合物结合； （3）mRNA 与 eIF$_4$B 和 4F（4F 识别 5′ 帽子）结合，同时利用 ATP 的能量去掉二级结构； （4）扫描：真核生物没有 SD 序列，故需扫描，即 40S 亚基在 mRNA 上扫描 AUG 起始密码子，并需要有正确的上下游序列（5′-CCRCCAUGG-3′）； （5）eIF$_2$ 和 eIF$_3$ 被 eIF$_5$ 替换后与 60S 亚基结合，水解 GTP，eIF$_2$-GDP 复合体在 eIF$_2$B 的作用下进入下一轮； （6）eIF4C 帮助 60S 亚基结合形成完整的 80S 起始复合体后被释放
延伸阶段	（1）氨基酰 -tRNA 的转运：EF-Tu 为氨基酰 -tRNA 进入 A 位点所必需，在 EF-Ts 作用下，释放的 EF-Tu-GDP 复合体以 EF-Eu- EF-Ts 交换循环可再生； （2）肽链的形成：50S 亚基的肽链转移酶可在两个氨基酸之间形成肽链； （3）移位：EF-G（移位酶）和 GTP 的复合物与核糖体结合后，卸载的 tRNA 从 P 位点解离，肽酰 -tRNA 从 A 位点移至 P 位点，mRNA 相对于核糖体移动一个密码子。GDP 和 EF-G 被释放	与原核生物相似： eFF1α……EF-Tu； eEF1β γ ……EF-Ts； eEF2……EF-G
终止阶段	（1）释放因子与终止密码结合，释放多肽链； （2）RF$_1$ 识别 UAA、UAG，RF$_2$ 识别 UAA、UGA，RF$_3$ 有助于 RF$_1$、RF$_2$ 的活性，释放因子使肽酰转移酶转至 H$_2$O 分子	一个释放因子 eRF，识别 3 个终止密码子，需 GTP

第二节　DNA 的复制与修复

一、DNA 复制

　　原核生物的每个细胞都含有一个染色体，真核生物每个细胞含有多个染色体。在细胞增殖周期的特定阶段，整个染色体组都将发生精确复制，随后以染色体为单位，把复制的基因分配到两个子代细胞中。染色体 DNA 的复制与细胞分裂之间存在密切的关系，复制完成即刻发生细胞分裂。复制是指遗传物质的传代，即以母链 DNA 为模板，合成子链 DNA 的过程。碱基互补配对规律和 DNA 双螺旋结构是复制的分子基础，化学本质是生物细胞内酶促单核苷酸聚合反应。1945 年，证据证明 DNA 是生命体主要的遗传物质，作为遗传物质的 DNA 至少应具有 2 个最基本功能：①高度精确的复制能力，这是生物能将其遗传信息准确、稳定地进行传递的必要前提；②有编码蛋白质和其他生物分子的能力，这是细胞行使其全部功能的结构基础。

（一）DNA 的半保留复制

　　1953 年，Watson 和 Crick 在 DNA 双螺旋结构基础上，提出了 DNA 半保留复制假说。DNA 由两条螺旋多核苷酸链组成，两条链严格以 A-T 和 G-C 碱基配对所形成的氢键联结在一起，两条链是互补的，一条链的核苷酸排列顺序决定了另一条链的核苷酸顺序，这一结构表明 DNA 分子每条链都含有合成它的互补链所必需的所有遗传信息。DNA 复制时，亲代 DNA 双螺旋先行解旋和分开，然后以每条链为模板，按照碱基配对原则，在这两条链上各自形成一条互补链。这样，由亲代 DNA 分子可精确复制出 2 个子代 DNA 分子。每个子代 DNA 分子中有一条链是从亲代 DNA 来的，另一条则是新形成的，这种复制方式叫作半保留复制（图 17-8）。

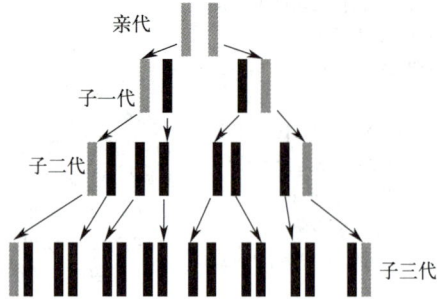

图 17-8　DNA 的半保留复制

1958 年，Meselson 与 Stah 通过利用氮同位素 ^{15}N 标记大肠杆菌 DNA 证明了 DNA 的半保留复制机制。他们让大肠杆菌在以 $^{15}NH_4Cl$ 为唯一氮源的培养基上生长，连续培养 12 代，结果所有的 DNA 分子都标记上了 ^{15}N。^{15}N-DNA 密度比普通 ^{14}N-DNA 密度大，在密度梯度离心过程中，这两种 DNA 分子分布在不同区带。如果将 ^{15}N 标记的大肠杆菌置于普通培养基培养，由于普通培养基含有 ^{14}N 氮源，经过一代之后，所有 DNA 密度都介于 ^{15}N-DNA 和 ^{14}N-DNA 之间，这一结果表明，DNA 分子一半含有 ^{15}N，另一半是含有 ^{14}N 的杂合分子。后续系列实验结果证明，DNA 复制过程中，原有 DNA 分子会分成两个亚单位，分别构成子代分子的一半，经过多代的复制后仍能保持完整性。见图 17-9。

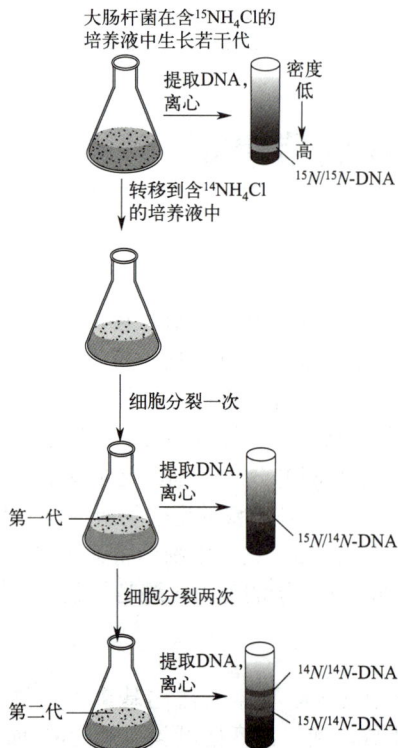

图 17-9　半保留复制验证实验

（二）DNA 复制的起点和方式

1.DNA 复制的起点

基因组能够独立进行复制的单位称为复制子。每个复制子都含有控制复制起始的起点，还可能含有终止复制的终点。复制从起始阶段开始进行控制，当复制开始，它将持续下去，直至整个复制子完成复制。原核生物染色体、质粒，以及真核生物细胞器 DNA 都是环状双链，它们从固定的起始点开始复制，细菌的 DNA 复制起始区通常只有一个，而真核生物有多个复制起始区。复制起始区通常具有以下特征：①通常富含 A＝T 碱基对，有利于 DNA 复制启动时解链，因为 A＝T 碱基对含有的氢键数目少于 G≡C 碱基对；②可被多亚基的复制起始区结合蛋白所识别；③由多个重复短序列构成，如细菌复制起始区含有 3 个同源的十三聚核苷酸序列和 4 个同源的九聚核苷酸序列。当 DNA 复制从起始区启动时，起始区因发生解链而形成叉状结构，称为复制叉（图 17-4）。随着复制进行，复制叉不断向前推进，少数 DNA（如质粒 Col E1）复制是单向复制，复制从起始点开始，复制叉向一个方向推进。

在生长旺盛的原核生物中，第一个染色体 DNA 分子复制尚未结束，第二个 DNA 分子就在同一起点上开始复制，复制叉移动速度可达每分钟 10^5 碱基对。由于真核生物有多个起始点，如果蝇染色体 DNA 含有 30000 个碱基对，其上包含 2000～3000 个复制起始点，虽然真核生物复制叉移动速度较慢，但由于同时有多个复制叉起作用，所以，真核生物染色体 DNA 复制总体速度比原核生物要快，如果蝇胚胎 DNA 在 3min 内可增加 1 倍，大肠杆菌染色体基因组总长是果蝇的 1/40，复制一代却需要 40min。

2.DNA 复制的方向

DNA 复制方向始终是由 $5'→3'$，可朝一个方向复制，也可双向相反方向复制。大多数生物染色体 DNA 复制是双向的，少数 DNA 复制只能向一个方向进行，即单向复制。进行双向复制的 DNA 在复制起始区形成 2 个复制叉，而单向复制的 DNA 只有 1 个复制叉。DNA 复制从特定复制起点开始，大肠杆菌 DNA 是环状 DNA，其复制也是双向进行的，双链的复制始于单一起点或原点，以"θ"方式进行（图 17-10）。

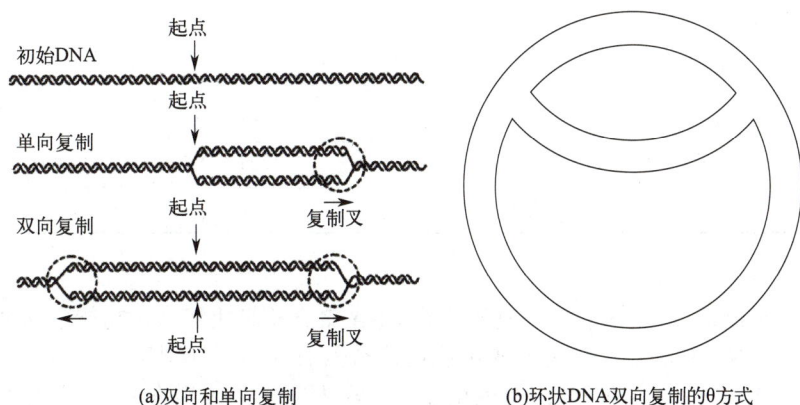

(a)双向和单向复制　　(b)环状DNA双向复制的θ方式

图 17-10　DNA 的双向或单向复制示意图

【课堂互动】（1）在含有 $^{15}NH_4Cl$ 介质中生长的大肠杆菌被转移到含 $^{14}NH_4Cl$ 的介质中培养 3 代（细胞群体增加 8 倍），此时杂合 DNA（^{15}N-^{14}N）和轻 DNA（^{14}N-^{14}N）的分子比例是多少？（2）将 1 个完全被放射标记的 DNA 分子置于无放射标记的环境中复制三代后，所产生的全部 DNA 分子中，有放射标记的 DNA 分子有多少个？

（三）与 DNA 复制有关的酶和蛋白质

DNA 合成具有严格的模板依赖性，复制过程中，需以其中一条单链为模板，指导 dNTP 按照碱基互补配对原则合成新链。该过程是以 dNTP 为底物的聚合反应，需以适量 DNA 为模板，以 RNA（或 DNA）为引物和 Mg^{2+} 参与，需多种酶催化，主要包括 DNA 聚合酶、DNA 解链酶、单链结合蛋白、引物合成酶、拓扑异构酶、DNA 连接酶和端粒酶等。

1.DNA 聚合酶

DNA 由脱氧核糖核苷酸聚合而成。目前已知的 DNA 聚合酶有多种，性状和功能均不相同，具有以下特点：以 4 种脱氧核糖核苷三磷酸为底物、反应需要模板、反应需要引物 $3'$-OH 存在、DNA 链伸长方向是从 $5' \rightarrow 3'$、产物 DNA 的性质与模板相同。

（1）原核生物的 DNA 聚合酶　大肠杆菌中发现 5 种 DNA 聚合酶（DNA 聚合酶Ⅰ、Ⅱ、Ⅲ、Ⅳ和Ⅴ）。DNA 聚合酶Ⅰ最初由 Kornberg 在大肠杆菌内发现，分子量为 103000，由一条单一多肽链组成，每个细胞约含有 400 个分子的 DNA 聚合酶Ⅰ。DNA 聚合酶Ⅰ是多功能酶，可使脱氧核苷酸逐个加成到具有 $3'$-OH 末端的多核苷酸链上，只能在已有核酸链上延伸 DNA，催化作用需有引物链存在。37℃，每分子 DNA 聚合酶Ⅰ每分钟可催化 1000 个核苷酸的聚合。具有 $5' \rightarrow 3'$ 聚合酶、$5' \rightarrow 3'$ 外切酶及 $3' \rightarrow 5'$ 外切酶活性。$3' \rightarrow 5'$ 外切酶活性能切除单链 DNA 的 $3'$ 末端核苷酸，对双链 DNA 无用，由错配造成的无法匹配的核苷酸可被该酶水解切除，对 DNA 复制忠实性十分必要，主要功能是对损伤的 DNA 进行修复，以及在 DNA 复制时，填补 RNA 引物切除后留下的空隙。DNA 聚合酶Ⅱ活力较 DNA 聚合酶Ⅰ高，为多亚基酶，具有 $3' \rightarrow 5'$ 外切酶活力，在修复紫外光引起的 DNA 损伤中起作用。DNA 聚合酶Ⅲ极为复杂，是由多个亚基组成的蛋白质，一般认为，DNA 聚合酶Ⅲ是原核生物 DNA 复制的主要聚合酶。DNA 聚合酶Ⅱ和Ⅲ在促进 DNA 合成的基本性能上与 DNA 聚合酶Ⅰ相同，均需模板引导，需要 $3'$-OH 引物链，聚合过程按照 $5' \rightarrow 3'$ 方向进行，在聚合过程中起校对作用（见表 17-7）。

表 17-7　三种 DNA 聚合酶性质比较

比较项目	DNA 聚合酶Ⅰ	DNA 聚合酶Ⅱ	DNA 聚合酶Ⅲ
分子量	103000	88000	140000
$5' \rightarrow 3'$ 聚合酶	+	+	+
$3' \rightarrow 5'$ 外切酶	+	+	+
$5' \rightarrow 3'$ 外切酶	+	—	—
聚合速度/（核苷酸/分钟）	1000～1200	2400	15000～60000
功能	切除引物，修复	修复	复制

注："+"表示具备 $5' \rightarrow 3'$ 聚合酶活性。

（2）真核细胞的 DNA 聚合酶　真核生物 DNA 聚合酶种类繁多，功能包括细胞核 DNA 复制和细胞器 DNA 复制等。常见真核细胞内聚合酶有 5 种，分别用 α、β、γ、δ 和 ε 表示，均可在 $5' \rightarrow 3'$ 方向上聚合 DNA 链。一般认为，DNA 聚合酶 α 缺乏 $3' \rightarrow 5'$ 外切酶活性，可催化合成滞后链。DNA 聚合酶 δ 是主要的复制酶，能复制染色体 DNA，具有 $3' \rightarrow 5'$ 外切酶活性，可催化合成前导链。DNA 聚合酶 β 的功能主要是参与核 DNA 的修复。DNA 聚合酶 γ 存在于线粒体中，参与线粒体 DNA 复制。DNA 聚合酶 ε 的结构和性质与 δ 相似，参与 DNA 修复。真核细胞 DNA 聚合酶性质的比较见表 17-8。

表 17-8　真核细胞 DNA 聚合酶性质的比较

比较项目	DNA 聚合酶 α	DNA 聚合酶 β	DNA 聚合酶 γ	DNA 聚合酶 δ	DNA 聚合酶 ε
细胞定位	细胞核	细胞核	线粒体	细胞核	细胞核
外切酶活性	—	—	$3' \to 5'$ 外切酶	$3' \to 5'$ 外切酶	$3' \to 5'$ 外切酶
引物合成酶活性	+	—	—	—	—
功能	引物合成和核 DNA 合成	修复	线粒体 DNA 合成	核 DNA 合成	修复

注："+"表示具备 $5' \to 3'$ 聚合酶活性。

2.DNA 连接酶

DNA 连接酶能够催化双链 DNA 中切口处相邻的 $5'$-磷酸基与 $3'$-羟基之间形成磷酸酯键，需消耗 ATP，能催化双链中的单链缺口闭合连接，但不能将单独存在的 DNA 单链或 RNA 单链连接起来（图 17-11），是基因工程的重要工具酶之一，主要参与 DNA 复制，也参与 DNA 修复和重组。

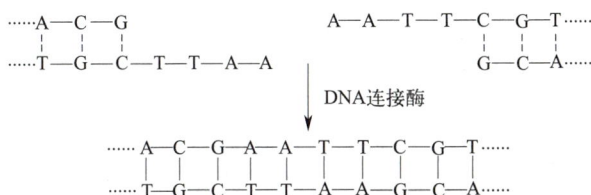

图 17-11　DNA 连接酶示意图

3. 引物合成酶

所有 DNA 聚合酶都不具备从头合成 DNA 的能力，只能催化核酸片段的 $3'$-OH 末端。引物酶是一种特殊的 RNA 聚合酶，只能在特定条件下催化合成小分子 RNA 引物。此酶以 DNA 为模板合成一段 RNA，这段 RNA 作为合成 DNA 的引物。催化引物 RNA 合成的酶对利福平不敏感，在一定程度上可用脱氧核糖核苷酸代替核糖核苷酸作为底物，与经典的 RNA 聚合酶不同。

4. 拓扑异构酶

拓扑异构酶是一类通过催化 DNA 链断裂、旋转和重新连接，而直接改变 DNA 拓扑学性质的酶，兼具内切酶和连接酶活力，能迅速使 DNA 链断开又接上。生物体内 DNA 分子常处于超螺旋状态，而 DNA 的许多功能需解链才能进行。拓扑异构酶能调节细胞内 DNA 超螺旋程度，以促进 DNA 与蛋白质相互作用，可分为拓扑异构酶Ⅰ和拓扑异构酶Ⅱ。Ⅰ型酶可使双链 DNA 分子中的一条链被切开，反应不需要能量，主要集中在活性转录区，与转录有关。Ⅱ型酶能使 DNA 两条链同时发生断裂和再连接，催化过程需由 ATP 提供能量。拓扑异构酶在重组、修复和 DNA 其他转变方面有重要作用，不但可以解决在 DNA 复制、转录、重组和染色质重塑过程中遇到的拓扑学障碍，还可以防止 DNA 形成有害的过度超螺旋。

5.DNA 解链酶

DNA 解链酶是一类催化 DNA 双螺旋打开的酶，可使复制叉前方的 DNA 双链解开一短段。细胞内 DNA 复制、转录、修复和重组过程都需要解链酶。任何一种 DNA 解链酶都可以与 DNA 发生结合，与 DNA 序列无关。解链酶需 ATP 供能，能通过水解 ATP 将 DNA 的两条链打开，ATP 水解活力要有单链 DNA 存在时才表现。因此，大多数解链酶优先结合 DNA 的单链区域，少数解链酶优先结合 DNA 的双链区域。

6. 单链结合蛋白（SSB）

SSB 是一种专门与 DNA 单链区结合的蛋白质，为 DNA 复制、修复和重组所必需。它可与每条分开的 DNA 链紧密结合，防止它们再接触并形成碱基对，本身并无酶活性，在复制过程中，随着复制叉前移，SSB 不断地在单链 DNA 模板上结合和脱离，反复使用。

7. 端粒酶

端粒酶是在细胞中负责端粒延长的一种酶，是基本的核蛋白逆转录酶，可将端粒 DNA 加至真核细胞染色体末端，把 DNA 复制损失的端粒填补起来，使端粒修复延长，可让端粒不会因细胞分裂而有所损耗，使得细胞分裂次数增加。端粒酶能延长缩短端粒（缩短的端粒其细胞复制能力受限），从而增强体外细胞的增殖能力，在保持端粒稳定、基因组完整、细胞长期的活性和潜在的继续增殖能力等方面有重要作用。在正常人体细胞中，端粒酶活性受到严密调控，只有在造血细胞、干细胞和生殖细胞等必须不断分裂的细胞之中，才可以侦测到有活性的端粒酶。细胞分化成熟后必须负责身体各种不同组织的需求，端粒酶活性就会渐渐消失。端粒酶是一种由催化蛋白和 RNA 模板组成的酶，可合成染色体末端的 DNA，赋予细胞复制的永生性。

> ### 🔲 生化与医药
>
> ### 端粒激活与青春再现
>
> 研究表明，端粒缩短是衰老的重要原因。人类有一种早衰性遗传疾病叫先天性角化不良症，患者编码角化不良蛋白的基因有缺陷，致使体内端粒酶 RNA 的量比正常人低 5 倍，使得患者体内所有细胞端粒酶活性先天不足而引发早衰。而正常人体细胞内的端粒酶活性很低，有人通过某种方法激活端粒酶活性，发现有助于延年益寿和抗衰老，而不会增加癌变或其他副作用。2010 年 10 月，哈佛医学院 Ronald A. de Pinho 等在 *Nature* 发文报道，中草药黄芪中提炼的一种名为 TA-65 的有效成分可激活端粒酶。TA-65 注射到老龄小鼠体内后发现，染色体端粒不仅延长了，衰老的脑细胞、免疫系统、脾细胞和生殖器官也恢复了活力，甚至连骨密度都提高了。2011 年 4 月，西班牙国家癌症研究中心 Maria Blasco 在 *Aging Cell* 发文报道，TA-65 能延长特别短的端粒，并在不同器官中都有"复活"功效，对改善健康跨度很有效，在雌鼠食物中添加 TA-65 后发现，许多健康跨度指标（葡萄糖耐受、骨质疏松和皮肤弹性等）都有所改善。人类注射 TA-65 能否具有与动物实验相同的结果，还有待观察。如果有效，TA-65 为人类带来的不仅是美丽，更是健康。

（四）DNA 复制的机制和过程

1. 双链 DNA 复制的机制——冈崎片段和半不连续复制

DNA 两条链均可作为模板，可合成两条新链。所有已知 DNA 聚合酶的合成方向都是 $5' \rightarrow 3'$，但 DNA 分子的两条链遵循碱基互补配对原则，且是反向平行的。基于这一矛盾，日本学者冈崎等提出了 DNA 半不连续复制理论，他认为 $3' \rightarrow 5'$ 方向的 DNA 实际上是由许多 $5' \rightarrow 3'$ 方向合成的 DNA 片段连接起来的，即 DNA 同时以两条单链为模板，合成与之互补的两条新的 DNA 单链，其中，一条新链是连续合成的，但另一条新链合成是不连续的。DNA 解链复制时，以复制叉向前移动的方向为标准，一条模板链是 $3' \rightarrow 5'$ 走向，在其上 DNA 能以 $5' \rightarrow 3'$ 方向连续合成，称为前导链。另一条模板链是 $5' \rightarrow 3'$ 走向，在其上 DNA 也是从 $5' \rightarrow 3'$ 方向合成，但是与复制叉移动的方向正好相反。所以，随着复制叉移动形成许多不连续片段，最后由连接酶连成一条完整的 DNA 链，这条链称为滞后链。这些不连续的片段称为冈崎片段，这种复制方式称为半不连续复制。DNA 复制叉结构示意见图 17-12。

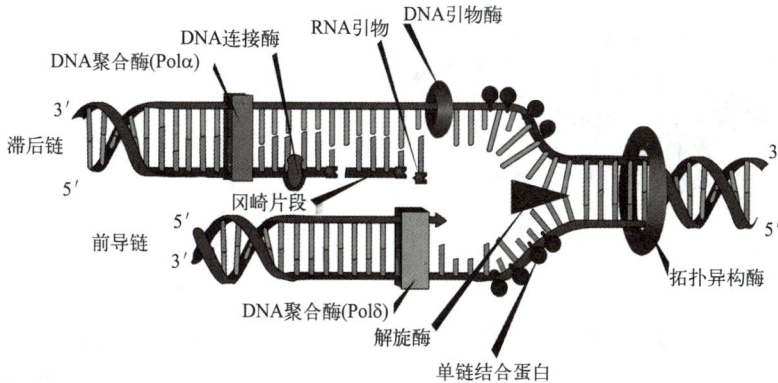

图 17-12　DNA 复制叉结构示意图

2. DNA 复制的过程

大肠杆菌染色体 DNA 复制分为起始、延伸、终止 3 个阶段，参与反应的各种酶和蛋白因子分布在复制叉上。原核和真核生物 DNA 复制有相似特点，但也有不同。以大肠杆菌为例阐述 DNA 复制过程

（1）DNA 复制的起始　原核生物基因组一般只有一个复制起点，所有 DNA 复制起点都处于双螺旋结构内部，就是线状 DNA 也不是从末端开始复制的。大肠杆菌复制起点称为 oriC，由 245bp 构成。许多生物的复制起点都是富含 A、T 的区段，这一区段短时间产生单链可与单链结合蛋白结合，对复制起始十分重要，这是复制中较为复杂的环节，至少有 10 种酶或蛋白质参与复制起始。复制过程中，DNA 复制起始蛋白 DnaA 在细胞内积累到一定浓度即可启动 DNA 复制。DnaA 蛋白携带 ATP 与 DNA 形成起始复合物，HU 蛋白可与 DNA 结合，促使双链 DNA 弯曲，邻近富含 AT 的序列发生变性，形成开链复合物，过程需要能量参与。DnaB（解螺旋酶）在 DnaC 帮助下结合于解链区，借助 ATP 沿 5′→3′ 方向移动，打开 DNA 双链，在解旋酶、拓扑异构酶、单链结合蛋白共同作用下，完成复制起始部位解开双链、形成单链模板、合成 RNA 引物，为 DNA 聚合酶的聚合延伸做准备。

（2）DNA 复制的延伸　延伸阶段同时进行前导链和滞后链的合成，由 DNA 和多种蛋白质组装而成的催化 DNA 复制的复合体称为复制体。大肠杆菌每一个复制体上都有一个由 2 个 DNA 聚合分子组成的不对称二聚体，分别负责前导链和滞后链合成。当一个复制叉内的第一个 RNA 引物被合成后，在 DNA 聚合酶Ⅲ的作用下，连续地催化前导链的合成直到复制终点（见图 17-13）。

滞后链合成分段进行，需要不断合成冈崎片段的 RNA 引物，然后由 DNA 聚合酶Ⅲ加入脱氧核糖核苷酸。合成冈崎片段需要 DNA 聚合酶Ⅲ不断与模板脱离再结合。滞后链的 DNA 模板必须折叠或绕成环状，与前导链正在延长的区域对齐，使两个区域分别处于 DNA 聚合酶的两个催化位点上。滞后链合成方向虽然也是沿 5′→3′，但是却与复制叉移动方向相反，合成不连续的冈崎片段。

（3）DNA 复制的终止　通常复制的终止不需要特定信号及酶类，细菌环状染色体的两个复制叉向前推移，最后在终止区相遇并终止复制过程。终止区含有多个终止子，其中，含有 6 个终止子位点，分别是 terA～terF（图 17-14）。复制终止后，复制体解体。DNA 复制完成后在拓扑异构酶作用下，将 DNA 分子引入超螺旋结构，进一步装配成大肠杆菌的环状染色体。

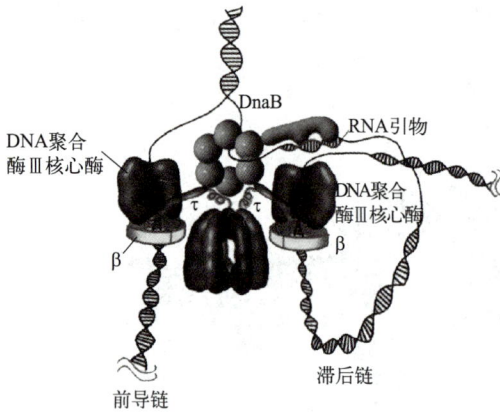

图 17-13   大肠杆菌复制体结构示意图

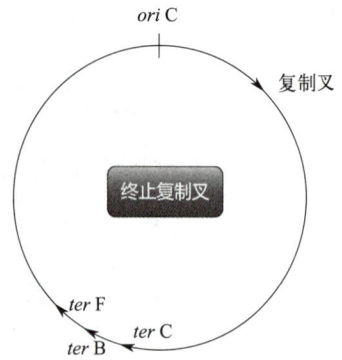

图 17-14   大肠杆菌一个复制叉
染色体复制终止示意图

【课堂互动】一些大肠杆菌突变体含有 DNA 连接酶突变基因，这些突变体用 ^{3}H- 胸腺嘧啶的培养基培养，产生的 DNA 用碱性蔗糖梯度做沉降分析出现两个区带，一个出现在高分子量部分，一个出现在低分子量部分。为什么？

3. 真核细胞的 DNA 复制

真核生物 DNA 复制过程与原核生物相似，其细胞 DNA 结构相当复杂，真核生物 DNA 复制过程也具备复制的基本特点，参与复制的一些关键蛋白或酶在结构与功能上和原核生物中的同源序列高度相似，与原核生物相比，具有以下特点：

① 真核细胞每条染色体上都含有多个复制起点，每个真核 DNA 分子上具有上千个复制子，虽然复制叉移动速度较原核生物慢，但由于数量众多，所以复制总速度快于原核生物。

② 真核细胞内含有 5 种聚合酶，分别命名为 α、β、γ、δ 和 ε，均可以在 $5' \rightarrow 3'$ 方向进行 DNA 的聚合。

③ 线性染色体末端 DNA 称为端粒。端粒复制由端粒酶催化，这个酶在几乎所有真核细胞中都存在，并且具有相似的结构组成和功能。真核细胞中，当复制叉移动到染色体末端时，复制过程就是在端粒酶作用下完成的。

原核生物和真核生物 DNA 聚合酶的分类与比较见表 17-9。

表 17-9   原核生物和真核生物 DNA 聚合酶分类与比较

类型	DNA 聚合酶	亚基数量	亚基功能
原核生物（E.coli）	pol Ⅰ	1	去除 RNA 引物，DNA 损伤修复
	pol Ⅱ	1	DNA 损伤修复
	pol Ⅲ	≥ 10	染色体 DNA 复制
	pol Ⅳ	1	DNA 损伤修复，跨损伤合成（TLS）
	pol Ⅴ	3	跨损伤合成（TLS）
真核生物	pol α	4	合成引物
	pol β	1	碱基切除修复
	pol γ	2	线粒体 DNA 复制与损伤修复
	pol δ	2～3	DNA 复制，核苷酸切除修复，碱基切除修复
	pol ε	4	DNA 复制，核苷酸切除修复，碱基切除修复
	pol θ	1	DNA 交联损伤修复

续表

类型	DNA 聚合酶	亚基数量	亚基功能
真核生物	pol ζ	1	跨损伤合成（TLS）
	pol λ	1	减数分裂相关的 DNA 损伤修复
	polμ	1	体细胞高突变（somatic hypermutation）
	pol κ	1	跨损伤合成（TLS）
	pol η	1	相对准确的 TLS（跨越环丁烷二聚体）
	pol τ	1	跨损伤合成（TLS），体细胞高突变
	pol ζ	1	跨损伤合成（TLS）

二、DNA 逆转录合成（RNA 指导的 DNA 合成）

1970 年，Temin 和 Baltimore 同时分别从致癌 RNA 病毒中发现了 RNA 指导的 DNA 聚合酶。这种酶以 4 种三磷酸脱氧核苷（dCTP，dATP，dGTP，dTTP）为底物，生成与病毒 RNA 碱基序列互补的 DNA（cDNA）。它催化遗传信息从 RNA 流向 DNA，与转录作用正好相反，将这种酶命名为反转录酶（或逆转录酶），含这种酶的病毒称为反转录病毒。病毒感染细胞后，在反转录酶催化下，生成与病毒 RNA 序列互补的 DNA 并整合到宿主细胞染色体 DNA 中去。后来发现，反转录酶不仅普遍存在于 RNA 病毒，哺乳动物胚胎细胞和正在分裂的淋巴细胞中也有。反转录过程的发现证明遗传信息可以从 RNA 到 DNA，传统的"中心法则"得以补充，1975 年两人获诺贝尔生理学或医学奖。反转录过程同样需要引物，反转录酶以 dNTP 为底物，以 RNA 为模板，按 5′ → 3′ 方向合成与 RNA 模板互补的 DNA 单链，这条 DNA 单链叫作互补 DNA（cDNA），它与 RNA 模板形成 RNA-DNA 杂化分子。随后又在反转录酶作用下，水解掉 RNA 链，再以 DNA 为模板合成第二条 DNA 链，完成由 RNA 指导的 DNA 合成过程。见图 17-15。

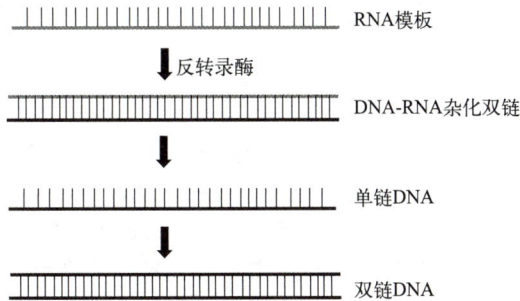

图 17-15　反转录酶催化 RNA 合成 DNA 示意图

三、DNA 突变（损伤）与修复

（一）DNA 的突变

基因突变是指 DNA 的碱基顺序发生突然且永久性的变化，从而影响 DNA 复制并使 DNA 转录和翻译随之改变，表现出异常的遗传特征。DNA 突变包括一个或几个碱基对被置换、插入一个或几个碱基对和一个或多个碱基对缺失等情况（见图 17-16）。DNA 复制过程中可能产生错配，尽管 DNA 聚合酶的校对功能可对复制期间错配的碱基进行及时修复，但仍有一些错配碱基被保留下来，导致原有 DNA 序列发生变化。病毒感染造成 DNA 整合常常会破坏局部

DNA 双螺旋结构。某些理化因子，如紫外线、各种电离辐射、化学诱变剂（如脱氨剂和烷化试剂）等，都可作用于 DNA 并造成结构与功能的损伤。DNA 正常结构被破坏就会影响其生物学功能，导致突变或致死，如紫外线可使 DNA 分子上两个相邻的胸腺嘧啶（T）或胞嘧啶（C）之间形成共价键连接，这种环式结构称为嘧啶二聚体（图 17-17）。X 射线、γ 射线可促使细胞内产生自由基，这些自由基既可使 DNA 分子双链间氢键断裂，也可使其单链或双链断裂。

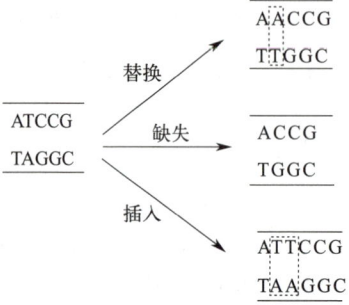

图 17-16　DNA 突变示意图　　　图 17-17　共价交联形成胸腺嘧啶二聚体（TT）

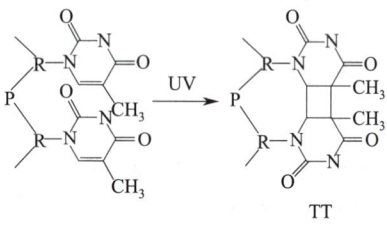

（二）诱发 DNA 损伤的因素

诱发 DNA 损伤的因素一般可分为体内因素和体外因素。体内因素来源于 DNA 复制错误、DNA 结构自身不稳定、细胞代谢中产生的活性氧对 DNA 的攻击等。体外因素包括物理、化学和生物因素引起的 DNA 损伤。

1. 体内因素

DNA 复制过程中，由于碱基异构互变以及 4 种 dNTP 之间浓度的不平衡等因素，会发生个别碱基错配。尽管 DNA 聚合酶 $3' \rightarrow 5'$ 核酸外切酶活性可对错配碱基进行矫正，但仍有个别错配碱基被保留下来。大约每合成 $10^8 \sim 10^9$ 个碱基会产生 1 个突变。真核细胞基因组 DNA 包含大量短重复序列，在复制这些区域时，可能会出现"打滑"，使该区域重复序列的拷贝数在新合成 DNA 上发生改变。DNA 结构自身不稳定是诱发 DNA 损伤的常见因素。在受热或所处环境 pH 值发生改变时，DNA 分子上连接碱基和核糖的糖苷键可自发水解，导致碱基脱落，如脱嘌呤。另外，碱基环上氨基也可自发脱落，进而转变成另一碱基，如腺嘌呤脱氨基成为次黄嘌呤，胞嘧啶脱氨基后成为尿嘧啶。细胞代谢中产生的活性氧对 DNA 的攻击主要体现在对碱基的修饰作用，如修饰鸟嘌呤形成 8- 羟基脱氧鸟嘌呤。

2. 体外因素

（1）物理因素　物理因素主要是指紫外线或电离辐射所造成的 DNA 损伤。紫外线高能量使 DNA 相邻嘧啶碱基间双键打开形成二聚体，二聚体结构使 DNA 产生弯曲扭结，复制与转录受阻。此外，紫外线还会导致 DNA 链间的其他交联或链断裂等损伤。电离辐射（如 X 射线、γ 射线等）可直接作用于 DNA，断裂 DNA 分子化学键，使 DNA 链断裂或发生交联。电离辐射除直接效应外，还可通过水在电离时所形成的自由基起作用（间接效应），导致 DNA 分子碱基被修饰，破坏碱基环结构，使其脱落。

（2）化学因素　化学因素是指一些化学诱变剂，大多数是致癌物，包括碱基类似物、碱基修饰剂、烷化剂、嵌入染料等。碱基类似物是人工合成化合物，与 DNA 正常碱基结构类似，能在 DNA 复制时取代正常碱基掺入到 DNA 分子中，并且与互补链上的碱基配对，进而引发 DNA 碱基置换。如 5- 溴尿嘧啶（5-BU）是胸腺嘧啶类似物，通常情况下以酮式结构存在，能与腺嘌呤配对，但有时候它以烯醇式结构存在，与鸟嘌呤配对，结果便可导致 AT 配对与 GC 配对间的相互转变，5- 溴尿嘧啶常被用作抗癌剂或促突变剂。碱基修饰剂通过对 DNA 碱基修饰改变其配对性质，如亚硝酸能脱去碱基上的氨基，腺嘌呤脱氨基后成为次黄嘌呤，与胞嘧啶配对，而不是与原来的胸腺嘧啶配对。胞嘧啶脱氨基后成为尿嘧啶，与腺嘌呤配对。烷化剂是极强的化学诱变剂，常被用作抗肿瘤药。烷化剂化学活性高，可产生带正电的碳离子中间体，进而可以与生物大分子（主要是 DNA，也可以是 RNA 或某些重要的酶类）中富电子基团（如氨基、巯基、羟基、羧基、磷酸基等）发生共价结合，使其丧失活性或使 DNA 分子断裂，如烷化剂可与 DNA 鸟嘌呤残基中第 7 位氮共价结合，使其烷基化，产生 DNA 双链内或同链不同碱基的交叉连接，阻止 DNA 复制。嵌入染料如溴化乙锭（EB）、吖啶橙（图 17-18）等可插入到 DNA 碱基对之间，使 DNA 碱基对之间的距离增大，导致 DNA 在复制过程中发生核苷酸缺失，结果造成移码突变。

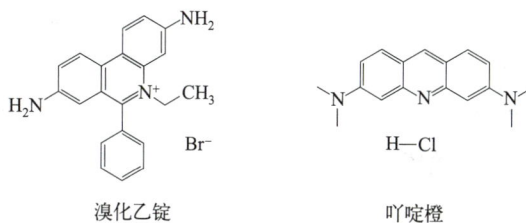

图 17-18　溴化乙锭和吖啶橙化学结构式

（3）生物因素　生物因素主要是一些病毒和霉菌，如麻疹病毒、疱疹病毒、风疹病毒、黄曲霉等，这些病毒或霉菌可产生诱发 DNA 损伤的毒素或蛋白质。

（三）DNA 损伤的类型

DNA 损伤类型多样，有些损伤导致表型改变，并可遗传，属基因突变。

1. 点突变（错配）

是指 DNA 链上的一个碱基对被另一个碱基对置换，有 2 种类型：①嘧啶碱基之间或嘌呤碱基之间的置换称转换；②嘌呤碱基与嘧啶碱基之间的置换称颠换。转换是错配的常见方式。碱基置换突变对多肽链中氨基酸序列的影响一般有下列几种类型：

（1）同义突变　碱基置换后，产生新的密码子，但由于密码子简并性，新旧密码子可能是同义密码子，故所编码的氨基酸保持不变，所以，同义突变不会发生突变效应。如 DNA 分子编码链中 GCC 的第三位 C 被 T 取代，变为 GCT，则 mRNA 中相应密码子 GCC 就变为 GCU，由于 GCC 和 GCU 都是编码丙氨酸的密码子，故突变前后表达的蛋白质完全相同。同义突变约占碱基置换突变总数的 25%。

（2）错义突变　碱基对的置换使 mRNA 的某一密码子变成编码另一种氨基酸的密码子的突变称为错义突变。通常能使机体内某种蛋白质或酶结构及功能发生异常，许多蛋白质异常就是由错义突变引起的。如人类正常血红蛋白 β 链的第六位是谷氨酸，其密码子为 GAA 或 GAG，如果第二个碱基 A 被 U 替代，就变成 GUA 或 GUG，谷氨酸则被缬氨酸替代，形成异常血红蛋白 HbS，导致个体产生镰形细胞贫血，表现出突变效应。

（3）无义突变　某个碱基改变使代表某种氨基酸的密码子突变为终止密码子，从而使肽链合成提前终止，形成一条不完整的多肽链。如 DNA 编码链中的 TAC 中的 C 被 A 取代时，相应 mRNA 链上的密码子便从 UAC 变为 UAA，使翻译提前停止，这种突变在多数情况下会影响蛋白质或酶的功能。

2. 插入和缺失

　　是指 DNA 序列中发生一个核苷酸或一段核苷酸序列的插入或缺失。插入和缺失会导致移码突变，即突变位点下游的遗传密码全部发生改变。这种突变往往产生比碱基置换突变更严重的后果，会造成插入或缺失位点以后的一系列编码顺序发生错位而造成阅读框的改变，翻译过程中其下游的三联体密码子被错读，其后果是翻译出的蛋白质可能完全不同。不过，插入或缺失 $3n$ 个碱基对不会引起移码突变。

3. 基因重排（DNA 重排、染色体易位）

　　是指基因组中 DNA 发生较大片段的交换，但没有遗传物质的丢失与获得。重排发生在基因组中，可发生在 DNA 分子内部或 DNA 分子之间，如血红蛋白 Lepore 病就是重排的结果（图17-19）。

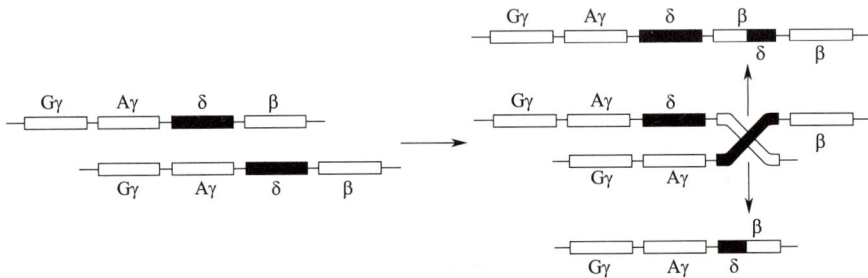

图 17-19　基因重排与血红蛋白 Lepore 病

4. 共价交联

　　如同一股 DNA 链上相邻的胸腺嘧啶发生共价交联，会形成胸腺嘧啶二聚体。

（四）DNA 损伤的意义

　　DNA 损伤导致的基因突变在有利于生物进化的同时，也可能产生不良后果。
　　① 突变是生物进化的分子基础。遗传与变异是对立而又统一的生命现象。大多数 DNA 损伤导致的突变会产生不良后果，但从物种进化长远来看，突变也具有积极意义，它是生命多样性的重要生化基础，也是生物适应环境的重要生化基础，有基因突变才有生物进化。
　　② 致死突变如发生在对生命过程至关重要的基因上，可导致细胞，甚至个体死亡。如短指是一种隐性致死突变，其纯合子会因骨骼缺陷而夭亡。人类常利用此特性消灭病原体。
　　③ 突变是许多疾病的分子基础，如遗传病、肿瘤等。
　　④ DNA 突变可能只是改变基因型，体现为个体差异，而不影响其基本表型。这是基因多态性的分子基础，现广泛用于亲子鉴定、个体识别及疾病易感性分析等。

（五）DNA 的修复

1. 错配修复

　　错配修复机制是在研究大肠杆菌过程中发现的，大肠杆菌参与错配修复的蛋白质有至少12 种，这些蛋白质或负责区分模板链和子代链，或进行修复过程，可识别和切除错配碱基区段，产生的空隙与缺口可分别由 DNA 聚合酶和 DNA 连接酶填补和修复。大肠杆菌模板链包含一段特异序列 5-GATC，其中的 A 在 N 位被甲基化。DNA 复制过程中，新生子代链尚未被甲基化，从而使修复系统能加以区分。由于 GATC 位点往往与错配碱基的距离长达 1kb，因此，碱基错配修复效率较低。值得注意的是，在真核生物中，DNA 甲基化并没有被错配修复系统利用，因此，其对新生链的识别仍然不明。

2. 直接修复

紫外线照射会引起 DNA 相邻的嘧啶碱基共价结合形成嘧啶二聚体（图 17-20），导致 DNA 结构异常。从单细胞生物到鸟类都有光复合酶，但高等哺乳动物缺乏该系统。可见光（最有效波长为 400nm 左右）能激活光复合酶，它能分解由紫外线照射而形成的嘧啶二聚体，切除嘧啶二聚体之间的 C—C 键，而恢复原来状态，使得 DNA 得以修复。光修复机制只作用于紫外线照射所形成的产物。

3. 切除修复

DNA 损伤较为严重时必须进行切除修复，这是机体细胞内 DNA 损伤的主要修复方法，对多种损伤均能起修复作用，由特异性的核酸内切酶、DNA 聚合酶 I、DNA 连接酶完成。其过程是：核酸内切酶水解核酸链内损伤部位的磷酸二酯键，形成一个缺口。DNA 聚合酶 I 在 3′-OH 端按碱基配对原则，催化合成新的 DNA 片段，置换出的片段仍由 DNA 聚合酶 I 切除。DNA 连接酶完成最后的修复，使 DNA 恢复正常（图 17-21）。

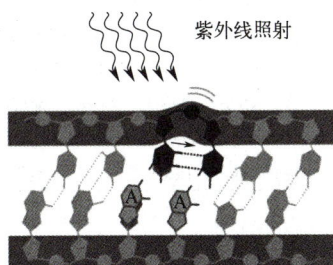

图 17-20　嘧啶二聚体的形成

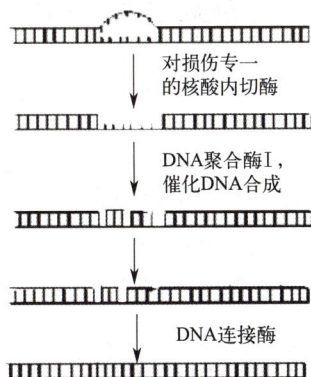

图 17-21　DNA 损伤的切除修复

生化与健康

细胞切除修复系统和癌症

细胞切除修复系统与癌症发生有关，着色性干皮病患者对日光和紫外线特别敏感，往往容易出现皮肤癌。分析表明，患者皮肤细胞中缺乏核苷酸切除修复有关的酶，对紫外线引起的 DNA 损伤不能修复，说明切除修复系统的障碍可能是癌症发生的一个原因。着色性干皮病是一种常染色体隐性遗传性皮肤病，有遗传异质性，是第一个与 DNA 损伤修复缺陷有关的人类疾病，特征是 UV 照射后 DNA 损伤不能修复。患者光暴露部位皮肤萎缩、大量雀斑样色素加深斑，许多患者可伴有眼球、神经系统等病变。患者在日光照射后，皮肤容易被紫外线损伤，先是出现皮肤炎症，继而可发生皮肤癌。患者皮肤癌发病率是 100%。

4. 重组修复

切除修复发生在 DNA 复制之前，当 DNA 开始复制时，尚未修复的损伤部位可先行复制再修复。具有结构损伤的 DNA 仍可进行复制，但在缺损部位则无法合成子代 DNA，损伤部位被跳过，在相应位置留下缺口。这种遗传信息有缺损的子代 DNA 分子可通过遗传重组加以弥补，它可从同源 DNA 的母链上将相应的核苷酸缺损部分搬运到缺口处，在 DNA 聚合酶和

DNA 连接酶作用下，通过重新合成填补母链空缺，这一过程称为重组修复（图 17-22）。当 DNA 分子损伤面较大时，即可通过 DNA 重组来进行修复。由于重组修复发生在复制之后，所以又称复制后修复。

5.SOS 修复

SOS 修复是指 DNA 受到严重损伤、细胞处于危急状态时所诱导的一种 DNA 修复方式，广泛存在于原核生物与真核生物中，是生物在逆境中获得生存的基本功能，包括 DNA 的修复和导致变异。正常环境中的突变常是有害的，但当 DNA 受到损伤和 DNA 复制受到抑制的情况下，生物发生突变将有利于生存。因此，SOS 修复在生物进化中起重要作用。在其他修复系统无法发挥作用时才会被激活，是以牺牲复制准确性为代价来提高细胞生存率的一种机制。

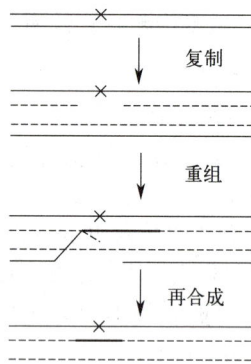

图 17-22　重组修复示意图

常见 DNA 损伤修复途径、修复对象和参与修复的酶或蛋白质见表 17-10。

表 17-10　常见 DNA 损伤修复途径、修复对象和参与修复的酶或蛋白质

修复途径	修复对象	参与修复的酶或蛋白质
光修复	嘧啶二聚体	DNA 光裂合酶
碱基切除修复	受损的碱基	DNA 糖基化酶，无嘌呤嘧啶核酸内切酶
核苷酸切除修复	嘧啶二聚体中，DNA 螺旋结构改变	大肠杆菌：UvrA、UvrB、UvrC 和 UvrD； 人：XP 系列蛋白质 XPA、XPB、XPC、…XPG 等
错配修复	复制或重组中的碱基配对错误	大肠杆菌：MutH、MutL、MutS； 人：MLH1、MSH2、MSH3、MSH6 等
重组修复	大范围损伤或复制前来不及修复的损伤	RecA 蛋白和外切核酸酶 V（RecBCD 复合体）
SOS 修复	其他途径难以修复的损伤	RecA 蛋白、LexA 蛋白、其他类型 DNA 聚合酶

四、DNA 生物合成与药物科学

与 DNA 生物合成密切相关的药物主要应用于肿瘤治疗。临床上，针对 DNA 生物合成途径，研究人员开发出系列抗肿瘤药。肿瘤分子机制是肿瘤细胞基因组 DNA 发生突变。抗肿瘤药物按照作用原理可分为：①直接和 DNA 相作用药物，影响或破坏 DNA 结构和功能，使 DNA 在细胞增殖过程中不能发挥作用；②干扰 DNA 和核苷酸合成的药物；③影响蛋白质合成的药物。

直接作用于 DNA 的抗肿瘤药物主要有烷化剂类、金属铂配合物（顺铂）、DNA 拓扑异构酶抑制剂等。烷化剂类药物是抗肿瘤药物中使用最早且非常重要的一类药物，可通过阻止 DNA 复制来达到抗肿瘤疗效。金属铂配合物最常用的是顺铂，属细胞周期非特异性抗肿瘤药，广泛用于头颈癌、睾丸癌、骨肉瘤、肺癌、乳腺癌、卵巢癌和黑色素瘤等，为当前联合化疗中常用药物之一。作用与烷化剂类药物相似，与 DNA 交叉连接而干扰其复制。

干扰 DNA 和核苷酸合成药物又称为抗代谢肿瘤药物，其化学结构与 DNA 合成所必需物质，如叶酸、嘌呤碱、嘧啶碱等相似，能竞争性与酶结合，从而干扰嘌呤、嘧啶及其前体物代谢。抗代谢肿瘤药物也可与核酸结合而取代正常核苷酸，干扰 DNA 生物合成，此类药物具有周期特异性，一般主要作用于细胞周期的 S 期，如阿糖胞苷主要用于治疗急性白血病和消化道癌，其作用机制是通过抑制细胞 DNA 合成而干扰细胞增殖。阿糖胞苷进入人体后，在相关激酶作用下，可磷酸化成阿糖胞苷三磷酸和阿糖胞苷二磷酸，前者能强有力地抑制 DNA 聚合酶合成，后者能抑制二磷酸胞苷转变为三磷酸脱氧胞苷，从而抑制 DNA 合成和聚合。甲氨

蝶呤是一种广泛的抗代谢药物，被用于白血病、淋巴瘤、头颈部肿瘤、骨肉瘤及多种自身免疫疾病的治疗，也属于细胞周期特异性抗代谢类药物，作用于 S 期。通过抑制二氢叶酸还原酶，使二氢叶酸不能还原成四氢叶酸，抑制 DNA 合成。

第三节 RNA 转录与加工

DNA 是生物最重要的遗传物质，其贮存的遗传信息决定了细胞内外各种蛋白质的氨基酸序列。然而，在 DNA 分子中以 ATCG 这 4 种碱基编码的遗传信息并不能直接作为合成蛋白质的模板。按中心法则，DNA 首先作为模板指导 RNA 的生物合成，然后再由 RNA 直接指导蛋白质的生物合成。以 DNA 作为模板合成 RNA 的过程称为转录。细胞主要有 3 种 RNA，即 mRNA、tRNA 和 rRNA。最初转录的 RNA 产物通常需要经过一系列断裂、拼接、修饰等加工过程才能成为成熟的 RNA 分子。

一、转录的条件

转录是在 DNA 指导下合成 RNA 的反应，RNA 链的转录起始于 DNA 模板的特定位点，并在终点处终止，这一区域称为转录单位。基因转录是一种有选择性的过程，随着细胞处于不同生长阶段以及内外环境因素的影响，基因转录都是不同的。转录需要具备的条件有：①转录以四种核糖核苷三磷酸（ATP、GTP、CTP、UTP）为底物；②以 DNA 特定片段作为模板，不需要引物；③在 RNA 聚合酶催化下进行；④转录需要能量，以 ATP、CTP、CTP 和 UTP 为前体，还需 Mg^{2+} 参与。

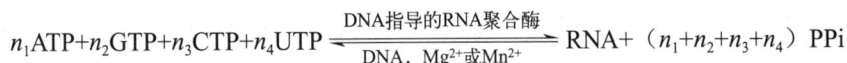

$$n_1ATP+n_2GTP+n_3CTP+n_4UTP \xrightarrow[\text{DNA, } Mg^{2+}\text{或}Mn^{2+}]{\text{DNA指导的RNA聚合酶}} RNA+(n_1+n_2+n_3+n_4)PPi$$

二、参与转录的酶类及蛋白因子

参与 RNA 转录的酶是 RNA 聚合酶，原核和真核生物都含有 RNA 聚合酶，以 DNA 为模板，以 ATP、GTP、CTP、UTP 作为底物，在 Mg^{2+} 或 Mn^{2+} 参与下，催化 RNA 合成。

（一）原核生物的 RNA 聚合酶

以大肠杆菌为例，其 RNA 聚合酶含多个亚基，包含两条 α 链、一条 β 链、一条 β′链和一个 σ 因子，全酶可用 $\alpha_2\beta\beta'\sigma$ 表示。β 亚基可借助疏水作用与 DNA 相结合，β′亚基是一种碱性蛋白，可与酸性 DNA 结合。σ 因子与其他亚基结合不紧密，把 $\alpha_2\beta\beta'$ 称为核心酶（图 17-23）。

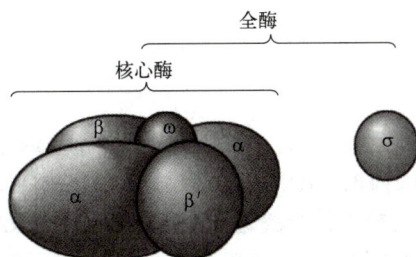

图 17-23 **大肠杆菌 RNA 聚合酶组成示意图**

σ 因子在 RNA 合成时，可识别模板 DNA 的起始位点，使全酶与之结合，形成全酶 -DNA 复合物。当转录开始后，σ 因子立即脱落下来，由核心酶催化后续反应，σ 因子可再和核心酶结合，循环往复、重复使用。σ 因子的存在对核心酶构象有较大影响，它导致 RNA 聚合酶与 DNA 常规序列和启动子序列的亲和力产生较大差异，极大降低了酶与 DNA 常规序列的结合力，同时又大大增加了酶与启动子序列的结合力。大肠杆菌 RNA 聚合酶各亚基的性质及功能见表 17-11。

表 17-11　大肠杆菌 RNA 聚合酶各亚基的性质及功能

亚基	分子量	数量	主要功能
α	40000	2	与基因的调控序列结合，决定被转录基因的类型和种类
β	155000	1	结合核苷酸底物，催化 $3',5'$- 磷酸二酯键形成
β′	160000	1	与 DNA 模板结合，促进 DNA 解链结合模板 DNA
σ	70000	1	识别 DNA 模板上的启动子，促进转录开始

（二）真核生物的 RNA 聚合酶

真核生物基因组比原核生物更大，其 RNA 聚合酶更为复杂。到目前为止，研究的所有真核生物的细胞核中都至少含有 3 种 RNA 聚合酶，分子量大致都在 500000 左右，通常含有 8 ～ 14 个碱基，不同 RNA 聚合酶可转录不同基因，并含有 Zn^{2+}。根据 α- 鹅膏蕈碱对 RNA 聚合酶的特异抑制作用，可将 RNA 聚合酶分为 RNA 聚合酶 Ⅰ、Ⅱ和Ⅲ三种（表 17-12）。其中，RNA 聚合酶 Ⅰ 对鹅膏蕈碱不敏感，RNA 聚合酶 Ⅱ 可被低浓度 α- 鹅膏蕈碱所抑制，RNA 聚合酶Ⅲ只能被高浓度 α- 鹅膏蕈碱所抑制。真核生物 RNA 聚合酶中没有 σ 因子，需要借助各种转录因子与启动子进行结合。

表 17-12　真核生物 RNA 聚合酶的定位及产物

种类	定位	产物	对 α- 鹅膏蕈碱的反应
RNA 聚合酶 Ⅰ	核仁	大部分 rRNA 的前体（45srRNA）	耐受
RNA 聚合酶 Ⅱ	核质	mRNA 前体 hnRNA	敏感
RNA 聚合酶Ⅲ	核质	tRNA 前体，5S rRNA，U6snRNA，scRNA	高浓度下敏感

三、转录过程及转录后加工

原核和真核生物转录都可分为起始、延伸及终止 3 个阶段，真核生物还有转录后加工。

（一）转录

1. 起始阶段

启动子是指 RNA 聚合酶识别、结合和开始转录的一段 DNA 序列，有的位于基因上游，有的全部或部分序列位于基因内部。RNA 聚合酶与 DNA 模板启动子紧密结合，并局部打开 DNA 双螺旋，以使模板链可与核糖核苷酸进行碱基配对合成 RNA 链。解链仅发生在与 RNA 聚合酶结合的部位。起始阶段通常包括对双链 DNA 特定部位识别、局部解开双链和在最初两个核苷酸之间形成磷酸二酯键。在细菌转录系统中，RNA 聚合酶 σ 因子能直接识别启动子，与之结合从而启动基因转录。真核生物启动子由转录因子所识别，多种转录因子和 RNA 聚合酶在起点形成起始复合物，促进转录。人 RNA 聚合酶 II 的通用转录因子见表 17-13。

表 17-13 人 RNA 聚合酶 II 的通用转录因子

转录因子	功能
TF II A	与 TBP 结合，稳定 TBP 与 TATA 框的结合
TF II B	与 TF II D 结合，协助 RNA 聚合酶 II 与启动子结合，决定转录起始
TF II D	TBP 和 TAF 形成的复合物，与 TATA 框结合
TF II E	结合 TF II H，调节 TF II H 的解旋酶和蛋白激酶活性
TF II F	协助 TF II B，促使 RNA 聚合酶 II 与启动子结合，促进转录延长
TF II H	具有解旋酶及蛋白激酶活性，参与转录起始

2. 延伸阶段

一旦 RNA 开始合成，σ 因子就被释放而离开核心酶。核心酶沿 DNA 链的 3′→5′ 方向移动（转录方向），而 RNA 链按 5′→3′ 方向延伸，在模板链上合成的 RNA 链可暂时形成 RNA-DNA 杂交双链。在延伸阶段，随着 RNA 聚合酶向前推移，DNA 解链区也随之推进，RNA 链不断延长，但随后 DNA 的互补链即取代 RNA-DNA 杂交双链中的 RNA 链，模板链与编码链重新形成双螺旋结构。在延伸阶段大约有 20 个碱基对被解开，在同一 DNA 模板上，可有许多 RNA 聚合酶同时结合其上，同步催化转录作用，从转录起始点到终止点有多条不同的新合成的 RNA 链（见图 17-24）。

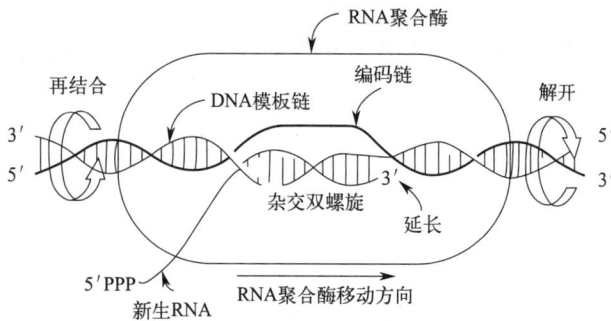

图 17-24 转录的延伸

3. 终止阶段

转录终止有 2 种形式，一是可直接识别模板链上的终止序列，二是依赖于终止因子（ρ 因子）。提供转录终止信号的 DNA 序列称为终止子，辅助 RNA 聚合酶识别终止信号的辅助因子称为终止因子（ρ 因子）。所有原核生物终止子在终止点之前都有一个回文结构，该结构产生的 RNA 可形成发夹结构（图 17-25），这会减慢聚合酶的移动或暂停 RNA 合成，这类结构只有在遇到终止序列时会暂停反应。转录进行到该处即告终止，RNA 链和 RNA 聚合酶便会从 DNA 模板上脱落下来。依赖于 ρ 因子的终止子则必须在 ρ 因子存在时才能发生终止，ρ 因子一种分子量约为 46000 的蛋白质，可结合在新生 RNA 链上，借助能量推动其沿着 RNA 链移动。RNA 聚合酶识别终止子后，反应暂停，ρ 因子与酶相互作用，释放 RNA 和 RNA 聚合酶，转录停止。

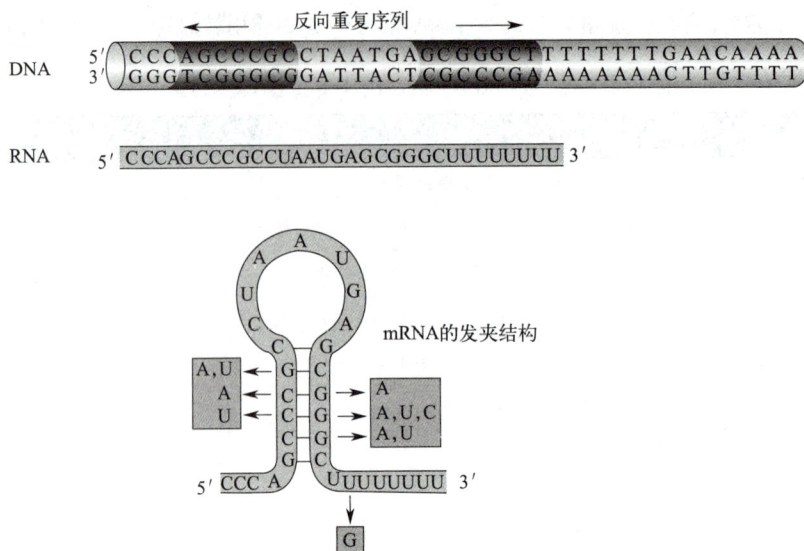

图 17-25   不依赖于 ρ 因子的终止序列及 mRNA 的发夹结构

【课堂互动】σ 因子与 ρ 因子各有什么生物学功能？

知识拓展

操纵子结构模型

法国分子生物学家 Monod 和 Jacob 对大肠杆菌酶产生诱导和阻遏现象进行研究，提出了操纵子结构模型。所谓操纵子是指细菌基因表达和调控的单位，其包括结构基因、调节基因和由调节基因产物所识别的控制序列。通常在功能上相关的基因编码串联在一起，具有共同启动子并受到操纵基因控制。当阻遏蛋白与操纵基因结合后，就可以阻止其临近启动子的起始转录。

（二）转录后加工

转录生成的 RNA 分子是初级转录产物，需经过加工才能成为有功能的成熟 RNA。在细胞内，由 RNA 聚合酶合成的初级转录产物会经过一系列变化，如链裂解、5′端和 3′端切除、特殊结构形成、核苷酸修饰等，最终转变为成熟的 RNA 分子，此过程称为转录后加工。

1.rRNA 前体的转录后加工

原核和真核细胞的 rRNA 都是从较长的前体形成的。原核细胞中，16S 和 23S rRNA 都是由 30S rRNA 前体产生的，30S rRNA 在特定位置发生甲基化后，断裂产生 17S 和 25S rRNA 中间产物，再经核酸酶作用切割，剪除核苷酸残基形成原核生物特有的 16S 和 23S rRNA。真核生物中，45S rRNA 前体在核仁内多种核酸酶作用下剪切形成 18S 和 28S rRNA。首先，45S rRNA 5′端被剪切去除部分核苷酸，生成 41S rRNA，然后进一步生成 32S rRNA 和 20S rRNA 两个中间体，接着 20S rRNA 被剪切为成熟的 18S rRNA，而 32S rRNA 被剪切为成熟的 5.8S rRNA 及 28S rRNA，然后，在核仁内与蛋白质装配成核糖体被输送到胞质参与蛋白质生物合成。

2.mRNA 前体的转录后加工

细菌中用于指导蛋白质合成的 mRNA 一般无须加工，转录完成后可直接进行翻译。真核生物大多数蛋白质基因存在居间序列，需要在转录后加工过程中切除掉，包括以下过程：

（1）5′帽子的形成　真核生物 mRNA 都具有 5′帽子结构（$m^7G^{5'}ppp^{5'}NmpNp$—），可能与 mRNA 稳定和翻译中起识别作用有关。5′帽子结构见图 17-26。

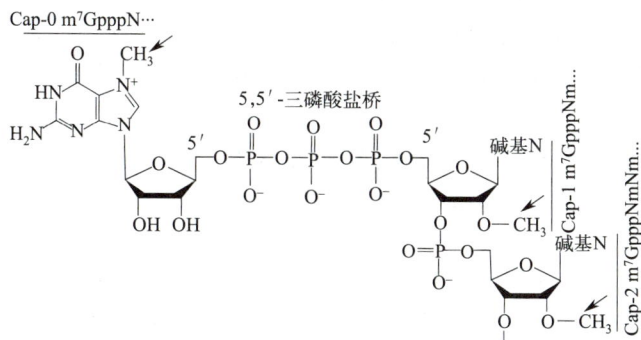

图 17-26　mRNA 的 5′帽子结构

Cap-0—零类帽子结构；Cap-1—Ⅰ类帽子结构；Cap-2—Ⅱ类帽子结构

（2）3′尾巴的产生和多聚腺苷酸化　真核生物 mRNA3′端具有 20 ～ 200 个腺苷酸残基 poly（A），构成多聚腺苷酸尾巴结构。poly（A）尾不是由 DNA 转录合成的，而是转录后在核内加上去的。加尾修饰与 RNA 转录终止同时进行。poly（A）尾可维持 mRNA 翻译模板活性，增加结构稳定性，防止核酸外切酶降解 mRNA 信息序列。

（3）mRNA 前体的剪接　基因转录过程中，内含子与外显子全部被转录，形成 RNA 前体，将前体中内含子切除，称为 RNA 剪接。剪接在加帽和加尾后进行。连接内含子和外显子的磷酸二酯键被核酸内切酶水解，切掉内含子，连接相邻外显子的末端生成功能性 mRNA（成熟 mRNA）。

基因组 DNA 转录翻译成蛋白质的过程如图 17-27 所示。

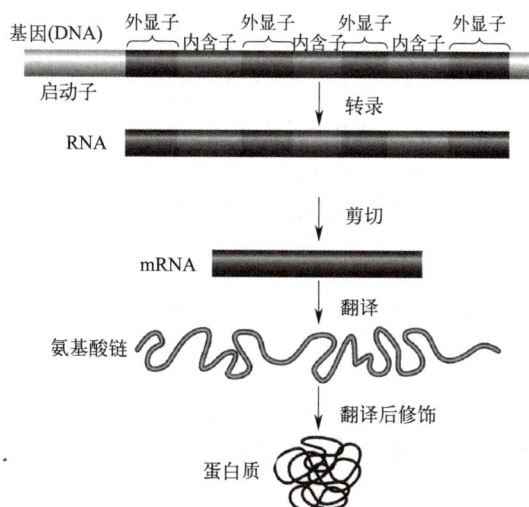

图 17-27　基因组 DNA 转录翻译成蛋白质过程示意图

四、RNA 的复制

在有些生物中，核糖核酸是遗传信息的基本携带者，即 RNA 也可携带遗传信息并能通过复制合成出与自身相同的分子。如大肠杆菌噬菌体，如 f2、MS2、R17、Qβ 等均属于 RNA 病毒，这些病毒染色体 RNA 是在宿主细胞中由 RNA 指导的 RNA 聚合酶催化合成的。

当它们侵入寄主细胞后，可借助于复制酶（RNA 指导的 RNA 聚合酶）进行病毒 RNA 复制。这一过程与 DNA 指导下的 RNA 聚合酶催化反应相近，新 RNA 合成方向都为 5′ → 3′ 方向。RNA 复制酶需要专一 RNA 模板，如 Qβ 复制酶只能用 Qβ 病毒 RNA 作为模板，它无法直接复制宿主细胞的 RNA。RNA 病毒在繁殖方式上有两种类型：①以病毒 RNA 直接作为模板，如 Qβ 病毒；②以病毒 RNA 为模板逆转录 DNA，再由 DNA 转录病毒 RNA。

第四节　蛋白质翻译、转运与加工

蛋白质是包含有内在结构信息的生物大分子，其结构信息储存在蛋白质一级结构中，一级结构信息是由存在于染色体上的核苷酸序列决定的。每种蛋白质均由多肽链组成，每条多肽链是由氨基酸通过酰胺键连接的线性分子。多肽链中氨基酸排列顺序由其对应的 mRNA 分子中核苷酸序列决定。mRNA 编码的遗传信息在核糖体上转变为蛋白质多肽链氨基酸的排列顺序，这一过程类似于从一种语言翻译为另一种语言，因此，把以 mRNA 为模板合成蛋白质的过程称为翻译。

一、氨基酸的活化

每种氨基酸由特异的活化酶系来激活，真核生物每种氨基酸常有一个及以上专一的合成酶，这种酶称为氨基酰 -tRNA 合成酶，活化氨基酸转移到 tRNA 上与其连接，由 tRNA 转运到核糖体上合成肽链，整个反应过程都是由氨基酰 -tRNA 合成酶催化，由 ATP 供能。首先由氨基酰 -tRNA 合成酶识别相应的氨基酸和底物 ATP，在酶催化作用下，氨基酸羧基与 AMP 上磷酸之间形成一个酯键，同时释放出一分子 PPi。

$$\underset{R-\overset{\overset{NH_2}{|}}{CH}-COOH} {} + ATP + E \longrightarrow R-\overset{\overset{NH_2}{|}}{CH}-\overset{\overset{O}{\|}}{C}-O\sim AMP\text{-}E + PPi$$

此反应平衡常数大于 1，因此，ATP 分子高能磷酸键断裂所释放的能量继续保存到了氨基酰 -AMP 分子中。这时，氨基酰 -AMP 仍然紧密地与酶分子结合，形成活性中间复合物，再与 tRNA 相互作用，通过形成酯键将氨基酸连接到 tRNA 的—CCA—OH 上。

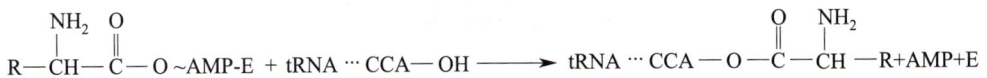

$$R-\overset{\overset{NH_2}{|}}{CH}-\overset{\overset{O}{\|}}{C}-O\sim AMP\text{-}E + tRNA\cdots CCA-OH \longrightarrow tRNA\cdots CCA-O-\overset{\overset{O}{\|}}{C}-\overset{\overset{NH_2}{|}}{CH}-R + AMP + E$$

二、合成阶段

核糖体上蛋白质合成可分为起始、延长及终止与释放三个阶段。

（一）起始阶段

原核和真核生物蛋白质合成起始阶段有差异，但也有相同点：①核糖体小亚基结合起始 tRNA；②在 mRNA 上需要找到合适的起始密码子；③大亚基必须与已经形成复合物的小亚基、起始 tRNA、mRNA 结合；④多种起始因子（IF）参与了这个过程。起始阶段发生的主要事件是起始密码子 AUG 识别和起始复合物形成。

原核细胞中，起始阶段是指在 Mg^{2+}、起始因子及 GTP 参与下，核糖体大亚基、小亚基、mRNA 及甲酰甲硫氨酸 -tRNA 结合形成起始复合物的过程。起始密码子识别主要是依赖于

mRNA 5′ 端的 SD 序列，可与 16S rRNA 3′ 端的反 SD 序列之间相互识别。SD 序列位于起始密码子上游约 10 个碱基区域，是细菌中识别起始密码的主要机制。

起始复合体具有多个功能部位：① mRNA 结合的部位，该部位在小亚基上，小亚基正好覆盖 mRNA 模板两个相邻的密码子；②氨基酰 -tRNA 结合的部位，称为受位或 A 位；③肽酰 -tRNA 结合的部位，在合成肽链时，该部位可供出肽酰基，结合到与之相邻的 A 位氨基酰 -tRNA 上，称为给位或 P 位；④催化肽链形成的部位，转肽酶存在于该部位；⑤各种蛋白质因子结合的部位。A 位、P 位和转肽酶均位于大亚基上。

首先，30S 核糖体亚基与起始因子 3（IF3）结合，接着与 mRNA 结合形成 30S-mRNA-IF3 复合体，该复合体与已经含有结合态 GTP 及甲酰甲硫氨酰 -tRNA 的 IF1、IF2 结合，进一步形成更大的复合物。这一复合物将释放出 IF3，然后与 50S 核糖体大亚基结合，同时与 IF2 结合的 GTP 水解生成 GDP 及磷酸，IF1 和 IF2 也释放出来，这就形成了具有起始功能的核糖体，即起始复合物。此时，甲酰甲硫氨酸 -tRNA 通过密码子与反密码子互补作用定位于 P 部位，第二个密码子落在 A 部位底部，随时准备与进入 A 部位的下一个氨基酰 -tRNA 分子上的反密码子相互作用。见图 17-28。

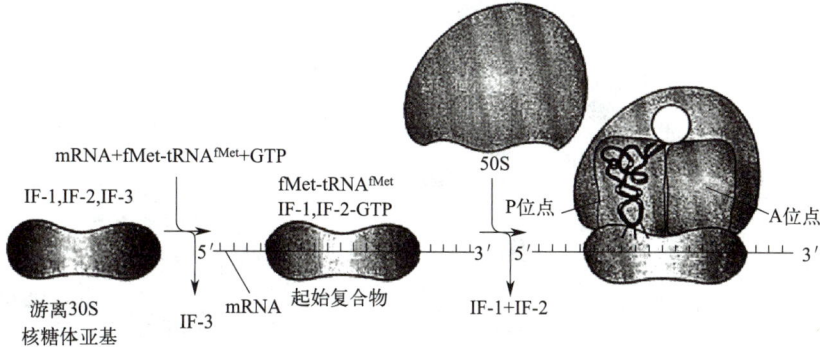

图 17-28　原核生物蛋白质合成起始复合物形成

真核生物起始阶段与原核生物有所差异。首先，真核生物起始的 Met-tRNA 只选择 AUG 作为起始密码，真核生物含有约 9 种起始因子，它的起始复合物形成可分为三步：40S 小亚基首先与起始因子结合形成 43S 起始复合物，然后再与 mRNA 复合物形成 48S 前起始复合物，在 ATP 参与下，其他起始因子在延长因子作用下，60S 大亚基与小亚基结合形成 80S 起始复合物。

（二）延长阶段

在延长因子 EF-Tu、EF-Ts 和 GTP 作用下，氨基酰 -tRNA 识别相应密码子，结合于 A 部位，此时，50S 亚基上 fMet 脱离 tRNA 转肽酶作用，其羧基和所进入的氨基酰 -tRNA 的氨基形成肽键，即转肽过程。然后，携带着肽基的 tRNA 从 A 位转移到 P 位，该过程称为移位。此时 P 部位上原有 tRNA 释放出来，即脱落过程。核糖体沿着 mRNA 从 3′ → 5′ 移动，下一个密码子进入 A 部位，等待第三个氨基酰 -tRNA 进入，即进位过程。由此可见，肽链上每增加一个氨基酸残基，都按照"进位→转肽→脱落→移位"系列步骤循环往复，直至肽链增加到所需的长度。真核生物肽链延长由延长因子 $EF_{1\alpha}$、$EF_{1\beta\gamma}$ 辅助完成。$EF_{1\alpha}$ 与 GTP 氨基酰 -tRNA 形成复合物，引导氨基酰 -tRNA 进入核糖体。真核生物的 EF_2 催化 GTP 水解，驱动氨基酰 -tRNA 从 A 位移至 P 位。见图 17-29。

（三）肽链合成的终止与释放

当核糖体蛋白移位至氨酰位上遇见终止密码子（UAA、UAG、UGA）时，各种氨基

酰 -tRNA 都不能进位。终止因子（RF）识别终止密码并与其结合，原核生物的 RF1 识别 UAA、UAG，RF2 识别 UAA、UGA，使肽链释放，核糖体解聚。终止因子结合大亚基后，使转肽酶构象发生改变，诱导转肽酶变构而表现出水解酶活性，使结合位上 tRNA 所携带的多肽链与 tRNA 之间的酯键水解，并释放出来，tRNA、mRNA 与终止因子从核糖体脱落，核糖体解离成大亚基、小亚基，肽链合成过程结束。真核细胞质翻译系统第四个阶段的反应与细菌很相似，但只有 2 个释放因子参与。eRF1 能识别 3 种终止密码子，其作用机制与细菌的 RF1、RF2 一样，通过模拟 tRNA 的结构来起作用。

蛋白质生物合成过程十分高效，也是耗能过程，每增加 1 个肽键平均需消耗由 GTP 或 ATP 提供的 5 个高能键。

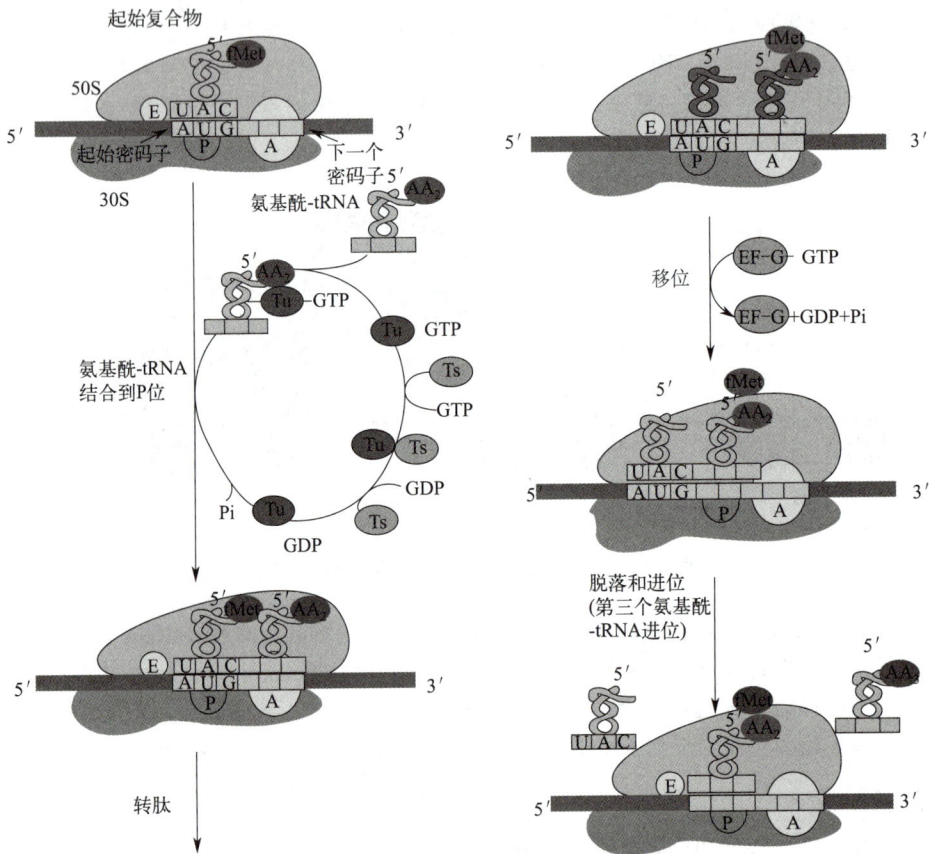

图 17-29　原核生物蛋白质合成肽链的延长

三、蛋白质的转运

生物体内的蛋白质合成区域与功能区域常被内膜系统区隔开，初步合成的蛋白质经过复杂机制，定向输送到最终发挥生物功能的部位，即蛋白质的靶向输送。真核生物蛋白质在核糖体上合成后有三种去向：留在胞质，进入细胞核、线粒体或其他细胞器，或分泌到胞外。留在胞质的蛋白质，从核糖体释放后即可行使其功能，而需转运至其他地方的蛋白质在运送过程中会发生大量修饰加工，修饰加工过程与蛋白质合成部位和运送部位有密切关系。

1. 信号肽序列

每个要运输的多肽都含有一段氨基酸序列，称为信号肽序列，引导多肽到不同的转运系统。真核细胞中，多肽 N 端刚开始合成，其去向就已被决定。信号肽序列通常在被转运肽链的 N 端，长度约 10～40 个氨基酸残基，在其中部有一段高度疏水序列，这一疏水区可引导多肽链通过脂质细胞膜。信号肽可由一种核糖体识别，称为信号识别颗粒（SRP），由 1 分子 RNA 和 6 个不同的多肽分子组成。信号肽与 SRP 的结合在蛋白质刚开始合成时就发生，SRP 可暂时中止肽链延伸，形成 SRP- 核糖体复合物，并可移动到内质网特定位置后，继续进行肽链进一步合成。

2. 部分蛋白质翻译完成后被运输

大部分线粒体和叶绿体蛋白质是由细胞核基因组 DNA 编码的，由胞浆内的游离核糖体合成，再运输到相应细胞器中，这种运输方式称为翻译后运输。这些蛋白质需要经过特定折叠后才能通过内膜系统。由于线粒体具有多层膜结构，故其运输方式比较复杂，需要两个信号肽接替运输，才能到达指定位置。

3. 在内质网内合成的蛋白质

真核细胞中内质网是最大的膜状结构细胞器，表面积是细胞膜的数倍。在粗面内质网上附着很多核糖体，是膜蛋白和分泌性蛋白合成区域。多肽移位后，在内质网小腔室中进行不同修饰，如信号肽切除、二硫键形成、糖基化等。在粗面内质网上初步加工后，分泌蛋白形成被膜包裹的小泡转运至高尔基体，再进一步转运至细胞膜表面或其他细胞器，如溶酶体。

4. 有些蛋白质在翻译的同时被转运

大肠杆菌新生肽的定向运输相对真核细胞来说较为简单，在细胞质内合成的蛋白质可直接行使功能，也可整合到细胞膜上行使功能。大多数非细胞质细菌蛋白在核糖体上合成的同时，也在被转运到质膜，称之为翻译中运输。

四、翻译后蛋白质前体的加工

新生多肽链常不具备蛋白质生物学活性，需经过一定的加工修饰，卷曲形成一定的空间结构，才能转变为具有特定构象的功能蛋白质，该过程称为翻译后加工。

1. 多肽链剪切

许多蛋白质合成时，在氨基酸末端常形成信号肽序列，这些序列需剪切后才能成为有功能的蛋白质。某些蛋白质在翻译后以多聚蛋白质形式存在，或与其他蛋白质融合在一起，也需通过剪切才能得以释放。

2. 蛋白质剪接

蛋白质剪接是指将一条多肽链内部的一段称为内含子的序列切除，同时将两侧称为外显子的序列连接起来的翻译后加工方式。

3. 蛋白质折叠

蛋白质折叠是由多肽链中氨基酸序列决定的。生物体内蛋白质多肽链正确折叠和组装需要一些辅助蛋白参与，这种辅助蛋白称为分子伴侣，其功能是辅助新生肽链的正确折叠、组装和跨膜运输，加速折叠或组装的进程（图 17-30）。它本身不是酶，也不是最终功能蛋白组分。一般结合在不完全装配蛋白或不恰当折叠蛋白上防止它们聚集，诱导它们正确折叠。分子伴侣十分保守，在行使功能时需要 ATP 提供能量。

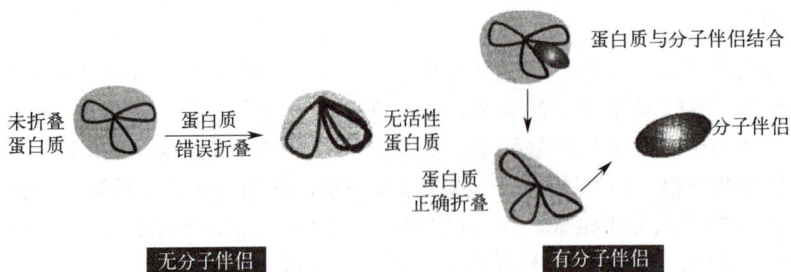

图 17-30　分子伴侣作用示意图

多肽链内或链间二硫键的正确形成对稳定某些蛋白质天然构象十分重要，主要在细胞内质网中进行。蛋白质二硫键异构酶（PDI）在内质网上活性很高，可在较大区段肽链中催化错配二硫键断裂，并形成正确二硫键连接，最终使蛋白质形成热力学最稳定的天然构象。

4. 氨基酸的修饰

某些氨基酸侧链需要经过专一性改变或修饰，如磷酸化、甲基化、糖基化等。磷酸化是最常见的化学修饰，真核生物主要借助于磷酸化来调节蛋白质（或酶）活性，由蛋白激酶催化。蛋白质磷酸化是可逆的，催化磷酸基团水解的酶是蛋白磷酸酶。有些蛋白质通过甲基化修饰来改变活性，被修饰的通常是 Lys 和 Arg。真核生物许多胞外蛋白和定位在质膜上的膜蛋白以及溶酶体蛋白都属于糖蛋白，这是通过糖基化修饰转变而成。蛋白质糖基化需要专一性很强的糖基转移酶和糖苷酶。糖蛋白是在翻译后的肽链上以共价键与单糖或寡糖连接而成，糖基化可改变蛋白质的理化性质，具有保护蛋白质、防止蛋白酶水解等作用。此外，在细胞识别过程中也起到重要作用。

第五节　蛋白质代谢病及药物对蛋白质合成体系的影响

一、异常蛋白质与分子病

蛋白质分子由基因编码，即由 DNA 分子上的碱基排列顺序决定。如果 DNA 分子碱基种类或顺序发生变化，所编码的蛋白质分子结构也会发生相应变化，严重时可引起蛋白质分子病。由蛋白质分子结构或合成量的异常所引起的疾病称为分子病，属遗传原因造成。通常把酶蛋白分子催化功能异常引起的疾病归属于先天性代谢缺陷，把除酶蛋白以外的其他蛋白质异常引起的疾病称为分子病。分子病包括血红蛋白病，还有各种血浆清蛋白异常、球蛋白异常、脂蛋白异常、铜蓝蛋白异常、转铁蛋白异常、补体异常、受体蛋白异常等。迄今为止，已发现的血红蛋白异常达 300 多种，包括由血红蛋白分子结构异常导致的异常血红蛋白病和血红蛋白肽链合成速率异常导致的血红蛋白病，如地中海贫血。

二、干扰蛋白质合成的药物

蛋白质生物合成是许多药物和毒素的作用靶点，这些药物或毒素可通过阻断蛋白质生物合成体系中某组分的功能来抑制生物合成过程。蛋白质生物合成受多种因素影响。病原微生物、病毒及肿瘤细胞在人体内可迅速生长繁殖，大量合成病原体所需核糖体和多种蛋白质，干扰人体正常生理代谢。抑制蛋白质合成药物可通过阻断病原生物蛋白质合成的某个环节，引起其生长繁殖障碍，发挥抗菌消炎作用。蛋白质合成每一步反应几乎都可被特定抗生素所抑制，这些抗生素可被用于蛋白质合成机制研究。某些毒素作用于 DNA 或 RNA 的合成过程，对毒素作用机制进行研究，不仅有助于理解其致病机制，还可从中探索研发新药的途径。

1. 烷化剂

烷化剂是一类化学活性很强的有机化合物，属非特异性药物，生长发育越快的组织，抑制作用越强，主要破坏 DNA 分子结构。分子结构中有一个或几个活性烷基，可与细胞 DNA 分子中的鸟嘌呤或腺嘌呤发生烷化反应并使其脱落，造成 DNA 缺损，引起 DNA 复制异常。具有多个烷基的烷化剂可通过烷化作用在 DNA 的两条链间交联，导致 DNA 核苷酸链断裂。

2. 抗生素类

抗生素的作用原理主要是干扰 DNA 复制、RNA 转录和蛋白质合成的各个环节，选择性抑制细菌和癌细胞蛋白质合成，从而抑制其生长繁殖。抗生素是微生物在代谢过程中产生的，在低浓度下就能抑制其他种类微生物生长，或直接将其杀死。目前发现的抑制蛋白质生物合成的抗生素有很多种，可作用于蛋白质合成各个环节，包括抑制起始因子、延长因子及核糖体的作用等（表 17-14）。常见抗生素抑制肽链合成的作用位点见图 17-31。

表 17-14　常见抗生素抑制蛋白质生物合成作用位点、机制与细胞类型

抗生素	作用位点	作用机制	作用细胞类型
伊短菌素	30S/40S 核糖体小亚基	阻碍翻译起始复合物形成	原核或真核生物
四环素、土霉素	30S 核糖体小亚基	抑制氨基酰 -tRNA 与小亚基结合	原核生物
链霉素、新霉素、巴龙霉素	30S 核糖体小亚基	改变构象引起读码错误、抑制起始阶段	原核生物
氯霉素、林可霉素、红霉素	50S 核糖体大亚基	抑制肽酰转移酶、阻断肽链延长	原核生物
嘌呤霉素	50S/60S 核糖体大亚基	使肽酰基转移到它的氨基上后脱落	原核或真核生物
放线菌酮	60S 核糖体大亚基	抑制肽酰转移酶、阻断肽链延长	真核生物
夫西地酸、希求菌素	EF-G	抑制 EF-G、阻止移位	原核生物
壮观霉素	30S 核糖体小亚基	阻止移位	原核生物
春日霉素	30S 核糖体小亚基	抑制翻译起始阶段	原核生物

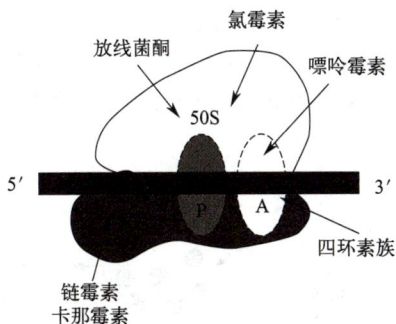

图 17-31　常见抗生素抑制肽链合成的作用位点

生化与医药

红霉素

红霉素为大环内酯类抗生素，可与核糖核蛋白 50S 亚基相结合，抑制转位酶，影响核糖体的移位过程，妨碍肽链增长，从而抑制细菌蛋白质合成。红霉素抗菌谱和青霉素相似，主

要是对革兰阳性菌如金黄色葡萄球菌、溶血性链球菌、肺炎球菌、白喉杆菌、炭疽杆菌及梭形芽孢杆菌等有很强的抗菌作用；对革兰阴性菌如脑膜炎球菌、淋球菌、百日咳杆菌、流感杆菌、布氏杆菌、部分痢疾杆菌及大肠埃希菌等也有一定的作用。

3.生物碱类

一些生物碱对核酸和蛋白质代谢也有影响，具有抗癌作用，如秋水仙碱、长春花碱等。长春花碱可抑制癌细胞蛋白质合成，从而抑制肿瘤细胞生长繁殖。

三、其他影响蛋白质合成的物质

1.毒素

抑制人体蛋白质合成的毒素主要有细菌毒素与植物毒素。细菌毒素如白喉毒素、绿脓毒素和志贺毒素等，它们在多肽链延长阶段抑制蛋白质合成，以白喉毒素的毒性最大。白喉毒素是一种由白喉杆菌产生，对真核细胞蛋白质合成具有强烈抑制作用的毒性物质。白喉毒素实际上是由寄生于白喉杆菌内的溶源性噬菌体 β 基因编码合成，对真核生物延长因子 eEF-2 起到共价修饰作用，生成 eEF-2 腺苷二磷酸核糖衍生物，从而使 eEF-2 失活，毒性强，仅需微量就能有效抑制整个蛋白质合成过程，导致细胞死亡。铜绿假单胞菌外毒素与白喉毒素以相似机制起作用。某些植物毒蛋白也是肽链合成阻断剂，如蓖麻籽所含的蓖麻蛋白可催化真核生物核糖体 60S 大亚基的 28S rRAN 的特异腺苷酸发生脱嘌呤基反应，使 28S rRNA 降解，引起核糖体大亚基失活，抑制肽链延长。

2.干扰素

干扰素是真核细胞感染病毒后合成和分泌的一类小分子蛋白质，具有抗病毒作用，可分为三大类：来源于白细胞的 α 型干扰素、来源于纤维母细胞的 β 型干扰素和来源于致敏淋巴细胞的 γ 型干扰素。干扰素抑制病毒的作用机制（图 17-32）主要有：

① 干扰素在某些病毒双链 RNA 存在时，能诱导特异的蛋白激酶活化，该活化的蛋白激酶使 eEF-2 磷酸化而失活，从而抑制病毒蛋白质合成；

② 干扰素能与双链 RNA 共同活化特殊的 $2',5'$-寡聚腺苷酸合成酶，催化 ATP 聚合，生成单核苷酸间以 $2',5'$-磷酸二酯酶连接的 $2',5'$-A，经 $2',5'$-A 活化核酸内切酶 RNaseL，后者可降解病毒 mRNA，从而阻断病毒蛋白质合成。

干扰素目前在临床上应用十分广泛。因具有广谱的抗病毒作用。所以，在病毒性肝炎、病毒性心肌炎、艾滋病等病毒感染疾病的治疗中发挥了显著作用。此外，还应用于免疫调节和抗肿瘤等疾病的治疗中。

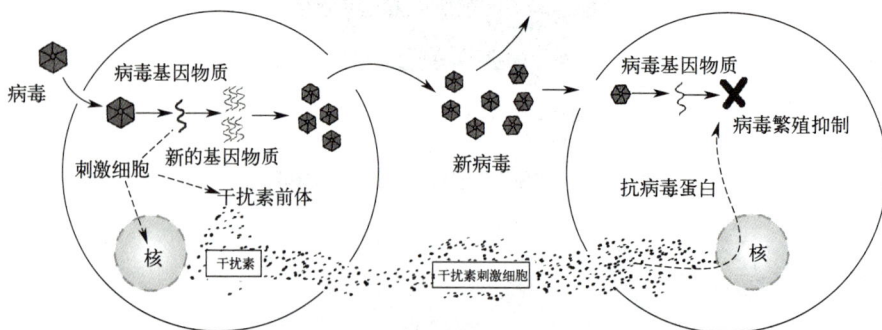

图 17-32　干扰素作用机制

目标检测

一、填空题

1. 进行不对称转录的 DNA 双链，用于转录的链称为_____，对应的链称为___。

2. 常见的 DNA 损伤的修复方式有____、____、____和____等。其中，____是生物界最普遍的一种 DNA 修复方式。

3. 参与 DNA 复制的酶类主要有____、____、____、____及____等。

4. 蛋白质合成的原料是____，细胞中合成蛋白质的场所是____。

5. 密码子共有____个，其中编码氨基酸的密码子有____个。

6. 翻译起始密码子多为____，其相应的氨基酸为____。

7. 遗传密码具有____、____、____和____的特点。

8. 阅读 mRNA 密码子的方向是____，多肽链合成的方向是____。

二、判断题

1. DNA 两条链是互补的，所以当两条链为模板时转录生成的 mRNA 是相同的。（　　　）

2. 真核细胞中结构基因是不连续的，因为有些基因序列并不表达在相应的 mRNA 中。（　　　）

3. 编码链的序列与成熟的 mRNA 序列是一致的，因此，被称为编码链。（　　　）

4. 两条 DNA 链均可作为模板链，不同基因的模板链不一定在同一条链上。（　　　）

5. 真核生物 mRNA 的多聚腺苷酸尾巴是由模板 DNA 上的多聚 T 序列转录生成的。（　　　）

6. 蛋白质生物合成所需的能量都由 ATP 直接供给。（　　　）

7. 反密码子 GAA 只能辨认密码子 UUC。（　　　）

8. 生物遗传信息的流向，只能由 DNA → RNA 而不能由 RNA → DNA。（　　　）

9. 密码子从 $5' → 3'$ 读码，而反密码子则从 $3' → 5'$ 读码。（　　　）

10. 核糖体是细胞内进行蛋白质生物合成的部位。（　　　）

三、单选题

1. 逆转录酶是一类（　　　）。

A. DNA 指导的 DNA 聚合酶　　　　　　　　B. DNA 指导的 RNA 聚合酶

C. RNA 指导的 DNA 聚合酶　　　　　　　　D. RNA 指导的 RNA 聚合酶

2. 新 DNA 链合成的方向是（　　　）。

A. $3' → 5'$　　　　B. $5' → 3'$　　　　C. $3' → 5'$ 或 $3' → 5'$　　D. 无特定顺序

3. 在 DNA 复制中催化 DNA 延长的酶是（　　　）。

A. DNA 聚合酶　　　B. DNA 连接酶　　　　C. 单链结合蛋白　D. 拓扑异构酶

4. 各冈崎片段通过（　　　）相互连接最终形成滞后链。

A. DNA 聚合酶　　　B. DNA 连接酶　　　　C. 单链结合蛋白　D. 解螺旋酶

5. DNA 上某段碱基顺序为 $5'$-ACTAGTCAG-$3'$，转录后相应的碱基顺序为（　　　）。

A. $5'$-TGATCAGTC-$3'$　　　　　　　　B. $5'$-UGAUCAGUC-$3'$

C. $5'$-CUGACUAGU-$3'$　　　　　　　　D. $5'$-CTGACTAGT-$3'$

6. 蛋白质合成所需的能量来自（　　　）。

A. ATP　　　　　　B. GTP　　　　　　C. ATP 和 GTP　　　D. CTP

7. 下列关于蛋白质生物合成的叙述中，不正确的一项是（　　　）。

A. 氨基酸必须活化成活性氨基酸　　　　　B. 氨基酸的羧基端被活化

C. 体内所有密码子都有相应氨基酸　　　　D. 活化的氨基酸被运送到核糖体上

8. 在蛋白质合成过程中，不消耗高能磷酸键的是哪个阶段？（　　　）

A. 移位　　　　　B. 氨基酰 -tRNA 进位　　　C. 氨基酸活化　　　D. 转肽

四、简答题

1. 什么是 DNA 的半保留复制？试说明半保留复制的过程。

2. 试比较 RNA 的转录和 DNA 的逆转录。

3. 简要说明 mRNA 前体的转录后加工过程。

4. 试比较复制、转录、翻译过程的异同点。

五、案例分析

患儿，女，12 岁，因双侧耳周肿痛 4 天入院。患儿于入院前 4 天无明显诱因出现双侧耳周肿胀，局部疼痛，腮腺肿大，咀嚼食物时疼痛加重，无头痛、发热、恶心、呕吐、腹痛、腹泻等症状，今来院门诊就诊，门诊医生初诊为"流行性腮腺炎"。查体：体温 36℃；脉搏 90 次 / 分；呼吸 24 次 / 分；血压 110/80mmHg，体重 40kg。肌内注射 α 1b- 干扰素，剂量 100 万单位 / 次，每日 1 次，疗程 3 ～ 5 天。口服双黄连口服液、板蓝根颗粒等药。

问题：（1）请从生物化学角度分析干扰素治疗流行性腮腺炎的作用机理。（2）干扰素在临床治疗中的其他应用与不良反应是什么？

目标检测
答案 17
扫一扫

附录

教材内容对应国家职业工种名称与相应的职业技能

国家职业工种名称	技能要求	相关知识要求	培养职业技能对应的章节内容
生物药品制造工	能采用生物或化学合成等技术，从动物、植物、微生物中提取原料，制取天然药物	具备化学及生物化学、生物学、生药学、微生物等基础知识	第一章第1、2节，第二章第1、2节、4、5节，第三章第2节，第四章第2、3节，第五章第3、4节，第六章第2、3节
发酵工程制药工	能操作发酵、灭菌、分离等设备，进行菌种培育、产物发酵、提取精制、抗生素酶裂解，制成发酵工程药品	具备化学及生物化学、药学和微生物学等基础知识	第一章第1、2节，第二章第1、2节、第4、5节，第三章第1、3节，第五章第3、4节，第九章第2、3节，第十章第3、4节
生化检验员	能使用检测仪器和设备，对发酵、食品、制药等生产过程中的生物化学物质进行生化检验	具备生物化学、生物学、微生物学等基础知识以及产品检测基础知识	第一章第1、2节，第二章第1、2节、第4、5节，第三章第1、3节，第五章第3、4节，第九章第2、3节，第十章第3、4节
酶制剂制造工	能采用微生物以含碳源、氮源等物质作培养基，经发酵或以动物组织、植物组织为原料提纯精制制成酶	具备酶制剂制造、微生物学及制造设备等基础知识	第二章第1、5节，第五章第2、4节，第十七章1、4节
疫苗制品工	能使用专用设备和器皿等，生产细菌性疫苗、病毒性疫苗、类毒素等制品	具备生物化学、细胞培养、分离纯化等基础知识	第二章第2、4节，第四章第2、3节，第五章第2、4节，第十三章第1、2节，第十五章第1、4节，第十七章第2、4节
血液制品工	能操作过滤、冷冻、分离等设备，分离提纯血液中有形成分和血浆中蛋白质组分，生产血液制品	具备生物化学、分离纯化以及产品质量分析等基础知识	第二章第1、5节，第五章第3、4节，第十三章第1、2节

参考文献

[1] 毕见州，何文胜.生物化学.4版.北京：中国医药科技出版社，2021.

[2] 杨红，郑晓珂.生物化学.北京：中国医药科技出版社，2016.

[3] 杨武荣.生物化学原理.3版.北京：高等教育出版社，2018.

[4] 郑里翔.生物化学.2版.北京：中国医药科技出版社，2018.

[5] 李保存，王含彦.生物化学.武汉：华中科技大学出版社，2019.

[6] 范继业，于文国.生物化学.2版.北京：中国轻工业出版社，2017.

[7] 李玉珍，赵丽.生物化学.2版.北京：化学工业出版社，2022.

[8] 张楚富.生物化学原理.北京：高等教育出版社，2003.

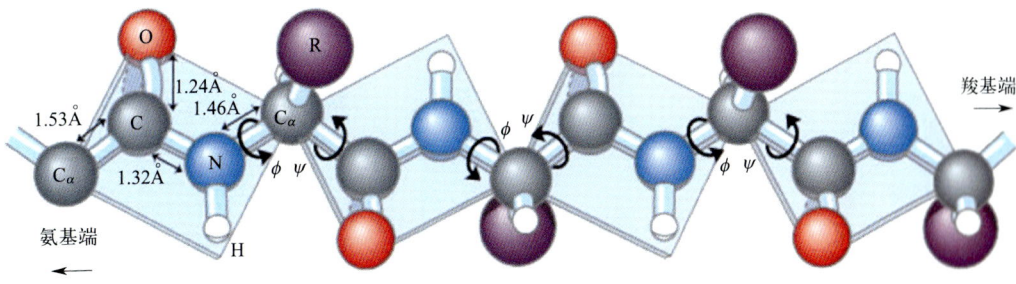

图 2-5　肽单元结构

1Å=0.1nm

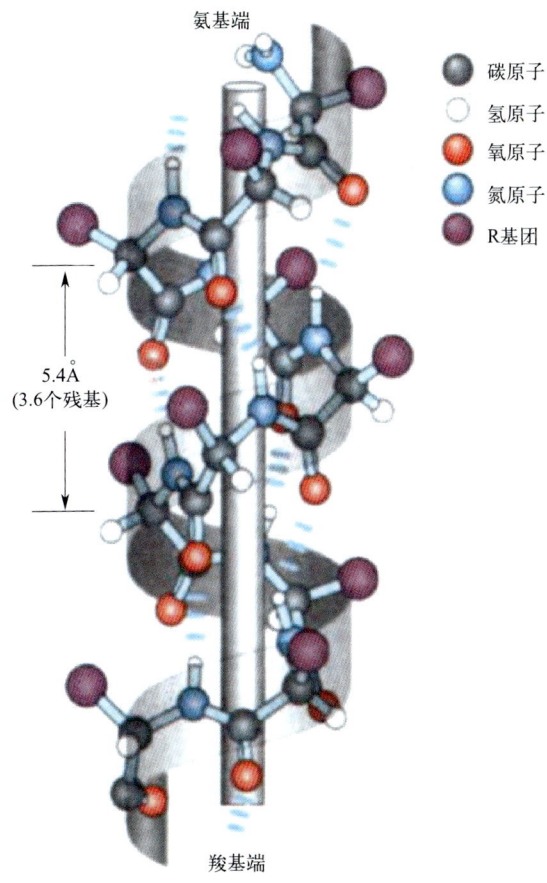

氨基端

碳原子
氢原子
氧原子
氮原子
R基团

5.4Å
(3.6个残基)

羧基端

图 2-15　α- 螺旋结构

1Å=0.1nm

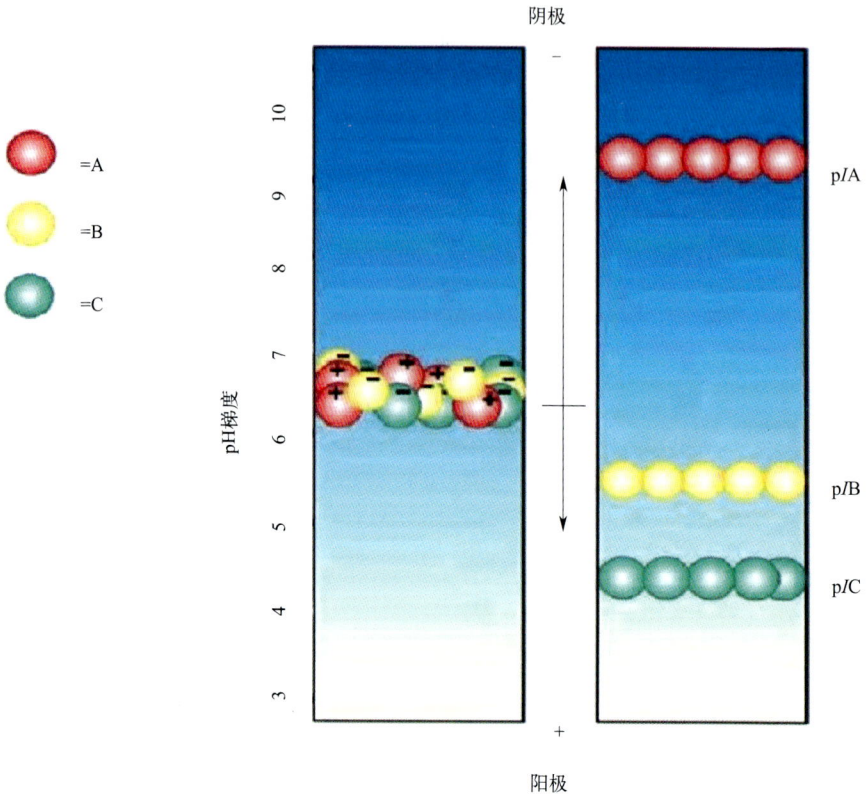

阴极

阳极

图 2-34　等电聚焦电泳示意图

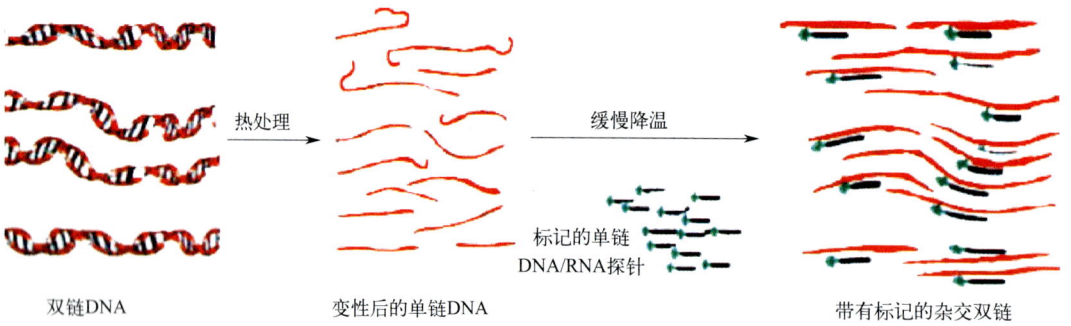

双链DNA　　　　　　　变性后的单链DNA　　　　　　带有标记的杂交双链

图 4-21　DNA 变性、复性与分子杂交